Gerhard de Haan (Hg.)

Studium und Forschung zur Nachhaltigkeit

GEFÖRDERT VOM

Bundesministerium
für Bildung
und Forschung

Bibliografische Information der Deutschen Bibliothek
Die Deutsche Bibliothek verzeichnet diese Publikation in der Deutschen Nationalbibliografie;
detaillierte bibliografische Daten sind im Internet über http://dnb.d-nb.de abrufbar.

© W. Bertelsmann Verlag
GmbH & Co. KG, Bielefeld 2007

Gesamtherstellung:
W. Bertelsmann Verlag, Bielefeld
www.wbv.de

Gestaltung:
Marion Schnepf, www.lokbase.de, Bielefeld

Bestell-Nr. 6001846
ISBN 978-3-7639-3564-2

Herausgeber:
Gerhard de Haan

Verantwortlich für den Bereich der Studiengänge:
Heidi Consentius und Diana Grundmann

Verantwortlich für den Bereich der
Forschungseinrichtungen:
Jonas Kassner

Datenverarbeitung, CD-ROM:
Ralf Bünemann

Koordination:
Heidi Consentius, Katharina D. Giesel, Jonas Kassner

Mitwirkung:
Sven Kluge

Manuskript (Portraitseiten):
Jonas Kassner, Ralf Bünemann

Das dieser Publikation zugrunde liegende Vorhaben wurde mit Mitteln des Bundesministeriums für Bildung und Forschung unter dem Förderkennzeichen 07LF001 gefördert. Die Verantwortung für den Inhalt dieser Veröffentlichung liegt beim Herausgeber.

Das Werk einschließlich aller seiner Teile ist urheberrechtlich geschützt. Jede Verwertung außerhalb der engen Grenzen des Urheberrechtsgesetzes ist ohne Zustimmung des Verlages unzulässig und strafbar. Insbesondere darf kein Teil dieses Werkes ohne vorherige schriftliche Genehmigung des Verlages in irgendeiner Form (unter Verwendung elektronischer Systeme oder als Ausdruck, Fotokopie oder unter Nutzung eines anderen Vervielfältigungsverfahrens) über den persönlichen Gebrauch hinaus verarbeitet, vervielfältigt oder verbreitet werden.

Für alle in diesem Werk verwendeten Warennamen sowie Firmen- und Markenbezeichnungen können Schutzrechte bestehen, auch wenn diese nicht als solche gekennzeichnet sind. Deren Verwendung in diesem Werk berechtigt nicht zu der Annahme, dass diese frei verfügbar seien.

Inhalt

I. Einführung 5

II. Einführung in das Kapitel Studienangebote 19
1. Erhebung, Auswahl und Sortierung der Studienangebote 19
2. Zum Aufbau und zur Nutzung des Kapitels 21

III. Nachhaltigkeitsbezogene Studienangebote 25
1. Grundständige Studiengänge 25
1.1 Ingenieurwissenschaften 26
    a. Ausdrückliche Nachhaltigkeits-Studiengänge 26
    b. Nachhaltigkeitsbezogener Studienschwerpunkt 41
    c. Studienangebote mit nachhaltigkeitsbezogenen Lehrangeboten 93
1.2 Naturwissenschaften 103
    a. Ausdrückliche Nachhaltigkeits-Studiengänge 103
    b. Nachhaltigkeitsbezogener Studienschwerpunkt 108
    c. Studienangebote mit nachhaltigkeitsbezogenen Lehrangeboten 115
1.3 Lebenswissenschaften 116
    a. Ausdrückliche Nachhaltigkeits-Studiengänge 116
    b. Nachhaltigkeitsbezogener Studienschwerpunkt 122
1.4 Geistes-, Sozial-, und Verhaltenswissenschaften 127
    a. Nachhaltigkeitsbezogener Studienschwerpunkt 127
    b. Studienangebote mit nachhaltigkeitsbezogenen Lehrangeboten 137
1.5 Interdisziplinäre Studiengänge 140
    a. Ausdrückliche Nachhaltigkeits-Studiengänge 140
    b. Nachhaltigkeitsbezogener Studienschwerpunkt 156
    c. Studienangebote mit nachhaltigkeitsbezogenen Lehrangeboten 178
2. Weiterführende Studiengänge 181
2.1 Ingenieurwissenschaften 182
    a. Ausdrückliche Nachhaltigkeits-Studiengänge 182
    b. Nachhaltigkeitsbezogener Studienschwerpunkt 199
    c. Studienangebote mit nachhaltigkeitsbezogenen Lehrangeboten 227
2.2 Naturwissenschaften 232
    a. Ausdrückliche Nachhaltigkeits-Studiengänge 232
    b. Nachhaltigkeitsbezogener Studienschwerpunkt 236

2.3	Lebenswissenschaften	246
	a. Ausdrückliche Nachhaltigkeits-Studiengänge	246
	b. Nachhaltigkeitsbezogener Studienschwerpunkt	257
2.4	Geistes-, Sozial-, und Verhaltenswissenschaften	261
	a. Ausdrückliche Nachhaltigkeits-Studiengänge	261
	b. Nachhaltigkeitsbezogener Studienschwerpunkt	267
	c. Studienangebote mit nachhaltigkeitsbezogenen Lehrangeboten	270
2.5	Interdisziplinäre Studiengänge	271
	a. Ausdrückliche Nachhaltigkeits-Studiengänge	271
	b. Nachhaltigkeitsbezogener Studienschwerpunkt	287
	c. Studienangebote mit nachhaltigkeitsbezogenen Lehrangeboten	312
IV.	**Einführung in das Kapitel Forschungseinrichtungen**	313
1.	Auswahl und Erhebung der Forschungseinrichtungen	313
2.	Zum Aufbau und zur Nutzung des Kapitels	315
V.	**Forschungseinrichtungen**	319
1.	Außeruniversitäre Forschungseinrichtungen	319
1.1	Einrichtungen der Forschungsgesellschaften	320
1.2	Bundes- und Landeseinrichtungen	354
1.3	Sonstige	370
2.	Universitäre Forschungseinrichtungen	383
2.1	Fakultäten, Institute, Lehrstühle	384
2.2	Fakultätsübergreifende, interdisziplinäre Zentren	468
2.3	An-Institute	510
VI.	**Anhang**	
1.	Abkürzungsverzeichnis	519
2.	Ortsverzeichnis Studienangebote	521
3.	Ortsverzeichnis Forschungseinrichtungen	524
4.	Register: Wissenschaftsbereiche der Forschungseinrichtungen	527

Einführung in den Leitfaden „Studium und Forschung zur Nachhaltigkeit"

Nachhaltigkeitswissenschaft

Der Klimawandel und seine Folgen, die breite Diskussion um regenerative Energien, die Klagen über mangelnde Entwicklungschancen von Menschen in der sogenannten Dritten Welt, Warnungen vor dem Verlust der Biodiversität, das wachsende Interesse an Bio-Produkten und fair gehandelten Waren, die immer bedeutender werdenden Fragen nach den Entstehungsbedingungen von Konsumgütern und nach ressourcenschonenden Herstellungsverfahren geben Hinweise auf ein deutliches Interesse an nachhaltiger Entwicklung. Die Bearbeitung von Problemen nicht nachhaltiger Entwicklung und positive Veränderungen setzen Innovationen auf der Grundlage intelligenter Problemlösungsstrategien voraus. Neue Technologien müssen entwickelt, weitere Erkenntnisse über Zusammenhänge zwischen der Biosphäre und dem menschlichen Handeln gewonnen und innovative Strategien der Produktion von Gütern und ihrer Distribution entwickelt werden. Aber auch neue politische Strategien sind gefragt, ein verändertes Management wird notwendig, und ebenso wird nach neuen Formen und Inhalten im formellen wie informellen Bereich der Bildung verlangt. All diese Innovationen und damit verbundenen Analysen sowie Strategien sind ohne Wissenschaft und Forschung nicht möglich.

Kein Wunder also, dass sich das Thema nachhaltige Entwicklung auch in der Lehre und Forschung niederschlägt. Traditionelle Wissenschaften werden um Aspekte der Nachhaltigkeit erweitert, aber es entstehen auch neue Fachdisziplinen und wissenschaftsübergreifende Zusammenschlüsse. Seit einiger Zeit spricht man in diesem Zusammenhang auch von der Nachhaltigkeitswissenschaft. Sie ist eine junge Wissenschaft, die im Ideal interdisziplinär ausgerichtet ist und sich mit dem ökologischen, sozialen und ökonomischen Wandel in seinen Interdependenzen befasst. „The world's present development path is not sustainable. Efforts to meet the needs of a growing population in an interconnected but unequal and human-dominated world are undermining the Earth's essential life-support systems. (...) Above all, a response has begun to emerge from science itself and the growing recognition across many disciplines of the need for synthesis and integration – needs that are being reflected in many new multidisciplinary research efforts and institutions. These various scientific efforts to promote the goals of a sustainability transition – meeting human needs while preserving the life support systems of the earth – are leading to the emergence of a new field of sustainability science." (Kates, Robert W. et al.: Sustainability Science. In: Science (2001) No. 292, S. 641f.). Damit ist freilich nicht deutlich definiert, was unter Nachhaltigkeit, speziell unter Nachhaltigkeitswissenschaft genauer zu verstehen ist. In jedem Fall geht es in der Zielstellung um Forschung und Innovationen, die eine optimierte Verbindung zwischen individueller und gesellschaftlicher Entwicklung unter Berücksichtigung der natürlichen Ressourcen und der Belastbarkeit der Ökosysteme bzw. dem Erhalt von Biozönosen schaffen. Dafür sind nicht nur Grundlagenforschung und technologische Innovationen, sondern auch neue politische Strategien, Veränderungen in der Ökonomie und ein mentaler Wandel erforderlich.

Da präzise Informationen nicht zu haben sind, standen wir bei der Zusammenstellung der Studienmöglichkeiten und unseren Recherchen zu Forschungseinrichtungen vor der Verlegenheit, keine exakten Selektionskriterien verfügbar zu haben. So wurde es in der Regel den kontaktierten Einrichtungen überlassen, sich selbst der Nachhaltigkeitswissenschaft zuzuordnen. Damit fiel die Entscheidung für eine Realdefinition, die – wie man an dem Leitfaden sehen kann – zu einer sehr weiten begrifflichen Bestimmung geführt hat.

Versteht man die Nachhaltigkeitswissenschaft allerdings als interdisziplinäre Wissenschaft, in der Natur-, Technik-, Sozial- und Geisteswissenschaften idealerweise gleichberechtigt zusammen kommen, dann ist es bis dahin noch ein weiter Weg. Noch immer dominieren die Umweltwissenschaften im Kontext der Nachhaltigkeit. Dies gilt besonders für den Bereich der Lehre an den Hochschulen. Als das Umweltbundesamt 1977 seinen ersten „Studienführer Umweltschutz" herausgab, dominierten noch die nachsorgenden Strategien: Abfallbeseitigung, die Regeneration verunreinigter Flüsse, kurz „End-of-Pipe-Strategien" standen damals noch im Vordergrund der Ausbildung und Forschung. Das Angebot an entsprechenden Studienangeboten wuchs schnell, so dass der Studienführer des Umweltbundesamtes in seiner letzten Ausgabe von 1993 schon 290 umweltbezogene Studiengänge registrieren konnte. Inzwischen hat sich das Feld gewandelt. Heute spricht man vom integrierten Umweltschutz: Umweltbelastungen sollen möglichst gar nicht erst entstehen. Die Minimierung von Ressourcenverbräuchen, die Entwicklung von optimal recycelbaren und gut zu entsorgenden Produkten oder die Berücksichtigung der Produktionsbedingungen für Mensch und Natur stehen eher im Vordergrund. Das alles ist nicht mehr auf heimische Märkte beschränkt. Ein Master-Studiengang wie jener der Universität Dortmund mit dem Titel „Spatial Planning for Regions in Growing Economies" zeigt an, dass man sich der Globalität der Problematik nachhaltiger Entwicklung angenommen hat.

Der vorliegende Leitfaden vereint Studienangebote und Forschungseinrichtungen aus der Nachhaltigkeitswissenschaft. Damit sollen am Studium und an der Forschung in der Nachhaltigkeitswissenschaft Interessierte einen umfassenden Überblick erhalten. So wird nicht nur eine Orientierung in der Vielfalt der Studienmöglichkeiten und -orte geboten, sondern auch kenntlich gemacht, wo man einen Praktikumsplatz finden kann und wie sich die – auch außeruniversitäre – Forschungslandschaft in dieser Wissenschaft ausgestaltet.

Freilich wendet sich dieser Leitfaden nicht nur an jene, die ein Studium beginnen wollen oder ein Aufbaustudium in Betracht ziehen. Der Leitfaden wendet sich auch an die Lehrenden und Forschenden in der Nachhaltigkeitswissenschaft. Erstmals ist es möglich genauer zu erfahren, wer welche Studienmöglichkeiten anbietet und wer über was forscht. Damit werden Synergien möglich und Kooperationen im Bereich von Forschung und Lehre erleichtert.

Zur Struktur der Studienangebote

Die Studiengänge mit Bezug zur Nachhaltigkeit wurden von uns drei Gruppen zugeteilt: Studiengänge, die ausdrücklich Aspekte der Nachhaltigkeit integrieren,

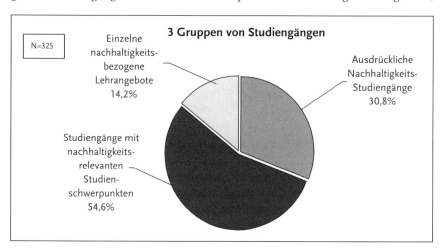

solche mit einem Schwerpunkt im Bereich der Nachhaltigkeit und ferner jene, die einzelne Lehrveranstaltungen oder andere Aktivitäten in diesem Feld offerieren. Ihre Anteile an der Gesamtheit von 325 Studienmöglichkeiten stellen sich wie folgt dar:

Von den erfassten Studienangeboten ließen sich fast ein Drittel, also rund 100, der Gruppe der ausdrücklichen Nachhaltigkeitsstudiengänge zuordnen. Es handelt sich sowohl um grundständige Studiengänge als auch um konsekutive Studiengänge (Beispiel: Bachelor of Science und Master of Science „Abfallwirtschaft und Altlasten"; Bachelor of Science „Internationale Umwelttechnik"). In diesen Fällen liegt ein ausgearbeitetes Curriculum und eine eigenständige Studien- und Prüfungsordnung vor bzw. ist sie in Vorbereitung.

Im Vergleich zum Umweltstudienführer von 1999 (vgl. de Haan/Donning/ Schulte 1999, S. 14) ist die Quote gleich geblieben. Offensichtlich hat auch die Umstellung von den Diplom- und Magisterstudiengängen auf die Bachelor- und Masterstudiengänge keine wesentlichen Verschiebungen in diesem Segment erbracht.

Das ist einerseits erstaunlich in Anbetracht der wachsenden Bedeutung, die den Umweltwissenschaften und insbesondere ihrer immer weiteren Ausdifferenzierung beigemessen wird. Andererseits wird zuweilen auch vorsichtig gegen ein gänzlich auf Umweltaspekte ausgerichtetes Studium plädiert, da man – was schließlich plausibel ist – mit einem genereller ausgerichteten Grundstudium und einem spezialisierten Aufbaustudium oder weiter qualifizierenden Kursen ein größeres Tätigkeitsspektrum abdeckt.

Bei über der Hälfte der erfassten Studienmöglichkeiten handelt es sich um eben diese Studiengänge, die die nachhaltige Entwicklung bzw. entsprechende Themen und Problemstellungen zu einem ihrer ausgewiesenen Schwerpunkte machen. Sie bieten im Verlaufe des Studiums entsprechende Vertiefungsmöglichkeiten, offerieren spezielle Module mit Nachhaltigkeitsbezug oder bieten Wahlpflichtbereiche an (Beispiel: Ein Studiengang „Chemietechnik" bietet als Vertiefung „Umwelttechnik" an). Auch hier sind gegenüber den Erhebungen aus 1998/1999 nur geringfügige Verschiebungen in den Quantitäten zu verzeichnen. Dieses gilt auch für jene etwa 14 % erfassten Studienangebote, bei denen es sich um Studiengänge handelt, in denen einzelne Veranstaltungen einen Nachhaltigkeitsbezug aufweisen. In diesem Fall werden einzelne Lehrveranstaltungen, Exkursionen etc. angeboten, die Bezüge zu Themen der nachhaltigen Entwicklung haben.

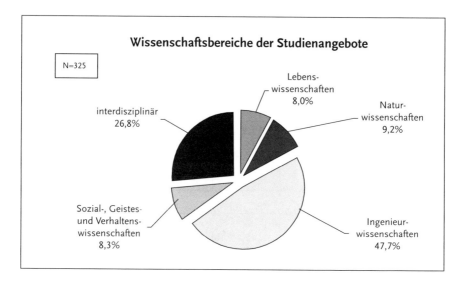

Betrachtet man die Studienangebote nach den Wissenschaftsbereichen, so fällt die deutliche Dominanz der Ingenieurwissenschaften auf. In Relation zum Umweltstudienführer von 1999 ist deren Anteil an der Gesamtheit allerdings rückläufig. 1999 wurden sogar 55 % der Angebote diesem Wissenschaftsbereich zugeordnet, gefolgt von ca. 17 %, die sich der Naturwissenschaft zuordnen ließen – aktuell sind es rund 9 %. Leicht rückläufig sind auch die Angebote in den Sozialwissenschaften – in Bezug auf ihren Anteil am Gesamtangebot. Zwar sind die Daten von 1999 nicht exakt mit jenen von 2007 vergleichbar, da der damalige Umweltstudienführer sich an einer Zuordnung orientierte, die sich an die bis 1993 vom Umweltbundesamt herausgegebenen Studienführer zum Umweltschutz anlehnte, während dieser Leitfaden sich an der Einteilung der Wissenschaftsbereiche orientiert, wie sie die Deutsche Forschungsgemeinschaft (DFG) vornimmt.

Allerdings ist bemerkenswert, dass die interdisziplinären Studienangebote, d.h. jene, in denen mindestens zwei Wissenschaftsbereiche im Studienangebot zusammenwirken, 1999 noch kaum vertreten waren. Ihr Anteil betrug 1999 lediglich 1,6 %. Aktuell sind es nahezu 27 %, d.h. jeder vierte Studiengang ist interdisziplinär ausgerichtet. Hier ist somit eine hohe Dynamik zu verzeichnen – was sicherlich aus der Einsicht resultiert, dass Problemlagen, die von der Nachhaltigkeitswissenschaft bearbeitet werden, in aller Regel nur interdisziplinär bearbeitet werden können. Ihr wachsender Anteil an der Gesamtheit der erfassten Studienmöglichkeiten erklärt auch den Rückgang des Anteils der einzelnen Fachwissenschaften.

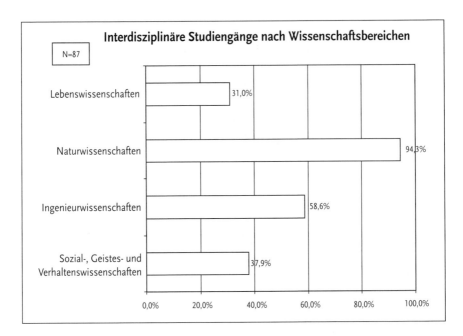

Bei den interdisziplinären Studiengängen lohnt sich aufgrund ihres Anteils und ihrer Bedeutung für die Disziplin eine nähere Analyse. Die Grafik zeigt mit ihren Prozentangaben die Verflechtung in den Kooperationen an, daher wird aufgrund der Mehrfachnennungen die Größe von 100 % überschritten. An den Werten in der Grafik lässt sich erkennen, dass insbesondere die Naturwissenschaften bei der interdisziplinären Zusammenarbeit gefragt sind.

Erfreulich sind nicht nur diese Kooperationen, erfreulich ist auch die Zahl der angebotenen Studienplätze in diesem die Disziplinen verbindenden Angebot. Pro Jahr können sich ca. 4760 Interessierte in diesem Bereich neu immatrikulieren. Zum Vergleich: In den Ingenieur-, Lebens-, Geistes-, Sozial- und Verhaltenswissenschaften, die auf einen ähnlich hohen Prozentanteil bezüglich der Studiengänge kommen, sind es weniger als 4.000 Studienplätze, die pro Jahr angeboten werden.

Fragt man, wie sich grundständige und weiterführende Studiengänge relational zueinander verhalten, so wird deutlich, dass die weiterführenden Studiengänge (inklusive Master-Studiengänge) nahezu die Hälfte des Angebots ausmachen. Das signalisiert deutlich den spezialisierenden Charakter, den die Studiengänge mit Bezug zur Nachhaltigkeit oftmals haben. In den Fachwissenschaften werden

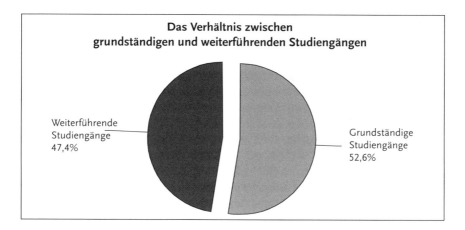

zunächst grundlegende Kenntnisse in den Wissenschaftsbereichen erworben, um sodann Kompetenzen in spezifischen Feldern der Nachhaltigkeit zu erwerben.

Details zu den Modi der Erhebung, zu den Kriterien für die Auswahl der Studienmöglichkeiten und zum Aufbau unserer Darstellung der Studienmöglichkeiten finden Sie im Kapitel II.

Zu den Forschungseinrichtungen

Dass die Forschungseinrichtungen aus dem Bereich der Nachhaltigkeitswissenschaft in einer Zusammenschau dargestellt werden, ist neu. Mit diesem Teil des Leitfadens möchten wir einen systematischen Überblick bezüglich der Wissenschaftsbereiche, der Schwerpunktsetzungen und der Leistungsfähigkeit der Einrichtungen bieten. In unsere Recherchen wurden einerseits systematisch alle Hochschulen einbezogen, andererseits haben wir auch außeruniversitäre Forschungseinrichtungen erfasst. Letzteres betrifft insbesondere Forschungsgesellschaften, aber auch den „freien" Markt. Hier waren keine Totalerhebungen (wie bei den Hochschulen) möglich; dafür ist der Markt zu wenig transparent. Wir denken aber, einen soliden Einblick gewähren zu können, zumal wir nahezu 200 Einrichtungen portraitieren konnten.

Überrascht waren wir von der hohen Zahl der Forschungseinrichtungen, die wir in den Universitäten gefunden haben. Wird oftmals beklagt, dass die Forschung aus den Hochschulen ausgelagert wird, so scheint dieses bezüglich der Nachhaltigkeitsforschung nicht gänzlich korrekt zu sein, wie man folgender Grafik entnehmen kann:

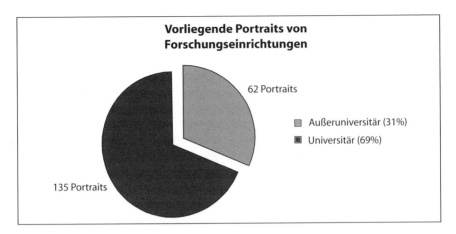

Mit 69 % sind die Hochschulen sehr stark vertreten. Das mag auf der einen Seite unserer Erhebung geschuldet sein. Wie schon betont, haben wir in Bezug auf die außeruniversitäre Nachhaltigkeitsforschung keine umfassende Erhebung realisieren können. Immerhin ergaben unsere Recherchen, dass fast die Hälfte aller deutschen Universitäten und Fachhochschulen, genauer gesagt 136 von 279, mindestens ein Forschungsfeld im Bereich der Nachhaltigkeitswissenschaften aufweisen.

Nimmt man alle Einrichtungen inner- und außerhalb der Hochschulen zusammen, dann ergibt sich, aufgeteilt nach Wissenschaftsbereichen, folgendes Bild:

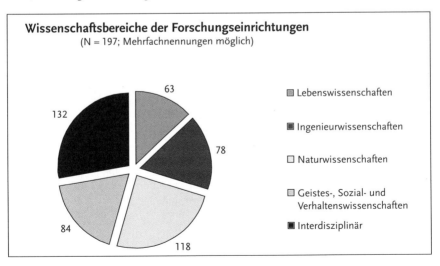

Auffällig ist zunächst – im Vergleich zu den Studienangeboten – der relativ geringe Anteil der Forschungseinrichtungen in den Ingenieurwissenschaften (47,7 % Studienangebote zu 16 % Forschungseinrichtungen) und der hohe Anteil der Naturwissenschaften, aber auch der Geistes-, Sozial- und Verhaltenswissenschaften. Der relational (16 %) wie absolut (78 von 197 Forschungseinrichtungen) gesehen relativ geringe Anteil der Ingenieurwissenschaften resultiert nicht nur aus dem hohen Anteil der Natur- und Geistes-, Sozial- und Verhaltenswissenschaften an den von uns registrierten Forschungseinrichtungen. Er ist primär dem hohen Anteil an interdisziplinär ausgerichteten Forschungseinrichtungen geschuldet. Von den aufgenommenen 197 Forschungseinrichtungen berichteten 132, dass sie interdisziplinär ausgerichtet sind; das sind immerhin 2/3 aller Einrichtungen. Bei den Studiengängen liegt die Zahl bei 67 von 335, das sind nur 1/5 aller Studienmöglichkeiten (dieses drückt sich in der Grafik aufgrund der Mehrfachnennungen nicht aus).

Wenn man bedenkt, dass die Nachhaltigkeitswissenschaft eine junge Disziplin ist, so geben die Forschungseinrichtungen in Bezug auf die Interdisziplinarität sicherlich eher den Trend wieder als die Studiengänge. In der Forschung, die schließlich in starkem Maße von Fördermitteln abhängig ist und oftmals anwendungsorientierte Forschungen offeriert, ist man in der Regel näher am Markt – während Studienangebote sich häufig aus bestehenden Fachdisziplinen erst langsam entwickeln und hier neue Schwerpunktsetzungen längere Prozedere benötigen, bis sie etabliert sind. Die Konsequenz ist: Interdisziplinäre Forschung ist in den Nachhaltigkeitswissenschaften deutlich im Trend.

In den Hochschulen sind nur 1/3 der Forschungseinrichtungen interdisziplinär bzw. fakultätsübergreifend ausgerichtet. Die meisten Forschungen finden in den einzelnen Fachwissenschaften, oftmals an einzelnen Lehrstühlen statt. Das ist ein Indiz für eine immer noch wenig ausgeprägte Kooperation zwischen den Fachwissenschaften. Inneruniversitäre Netzwerke sind immer noch schwach ausgebildet. Daher ist es auch kein Wunder, dass die komplexe, problemorientierte Nachhaltigkeitsforschung eher in außeruniversitären Einrichtungen zu finden ist als in den Hochschulen.

Betrachtet man die Wissenschaftsbereiche in den Hochschulen genauer, so ergibt sich auch hier eine deutliche Stärke der Natur- und Lebenswissenschaften, aber auch der Geistes-, Sozial- und Verhaltenswissenschaften. Dagegen sind die Ingenieurwissenschaften absolut wie relational in der Forschung schwächer vertreten als in den Studienmöglichkeiten.

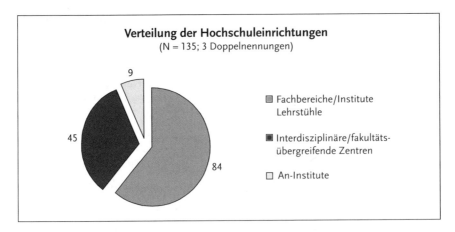

In Bezug auf die außeruniversitären Einrichtungen (hier ohne grafische Darstellung) ergibt sich hinsichtlich der Verteilung der Einrichtungen auf die Wissenschaftsbereiche übrigens ein kaum verändertes Bild, allerdings sind die außeruniversitären Einrichtungen weitaus häufiger in mehreren Wissenschaftsbereichen aktiv.

Bezieht man die Erkenntnis ein, dass die Forschung in den Hochschulen zumeist in Fakultäten, Instituten und an einzelnen Lehrstühlen stattfindet, so darf man für die stark vertretenen Wissenschaftsbereiche eine engere Verzahnung von Forschung und Lehre annehmen. Leider scheint dieses allerdings in Bezug auf die interdisziplinäre Forschung noch nicht der Fall zu sein, da sich die Lehre – wie oben gezeigt – noch wenig in interdisziplinären Kontexten bewegt.

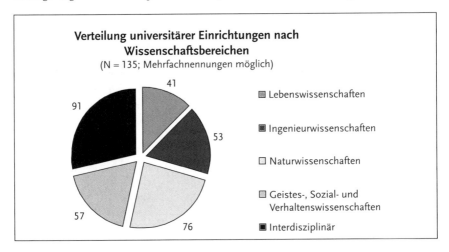

Wirft man abschließend noch einen Blick auf die Verteilung der Forschungseinrichtungen im außeruniversitären Feld, so ergibt sich folgende Struktur: Die sich im Schaubild widerspiegelnde Stärke der Forschungsgesellschaften darf nicht überbewertet werden. Sie resultiert auch aus der selektiven Erhebung, die der Studie zugrunde liegt. So haben wir die Forschungseinrichtungen der Leibniz- und Helmholtz- sowie Fraunhofer- und Max-Planck-Gesellschaft umfassend über deren Websites erfasst. Websites waren auch bei den Erhebungen zur Lage in den Hochschulen unsere erste Datenquelle. Darüber hinaus haben wir primär die

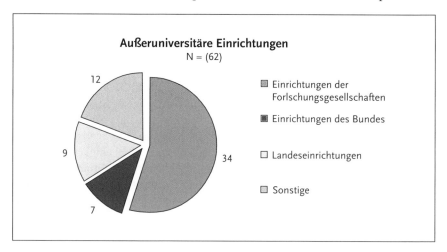

Datenbanken des BMBF, speziell des Forschungsprogramms „Forschung für Nachhaltigkeit" (FoNa), die European DataBank Sustainable Development sowie ferner die Datenbank des Zentrums für Umweltforschung der Universität Münster für unsere Recherchen genutzt.

Details zu den Modi der Erhebung, zu den Kriterien für die Auswahl der Forschungseinrichtungen und zum Aufbau unserer Darstellung der Forschungseinrichtungen finden Sie zu Beginn des entsprechenden Kapitels.

Berufschancen

Über die Berufschancen für Wissenschaftler/innen aus dem Feld der Nachhaltigkeitswissenschaft gibt es keine systematische, umfassende Übersicht. Das ist nicht zuletzt den sehr unterschiedlichen Arbeitsfeldern geschuldet – vom Umweltingenieurwesen über die Landschaftsplanung, Ressourcenökonomie und das Umweltrecht bis in die Umweltpolitik und Bildung für nachhaltige Entwicklung streuen die Tätigkeitsfelder. Allein im Bereich des Umweltschutzes, so schätzte man 2002, waren rund 1,45 Millionen Menschen tätig (http://www.abele-elektro.com/images/pdf/sonstiges/umwelt_beschaeftigung.pdf). Die Berufe haben in diesem Bereich in den letzten Jahren stark expandiert, allerdings mit deutlich veränderten Schwerpunktsetzungen gegenüber den vergangenen Jahrzehnten: Statt nachsorgendem Umweltschutz seht die Vorsorge und stehen Innovationen in Technik, Planung und Gestaltung sowie integrative Aspekte des Umweltschutzes und der Nachhaltigkeit im Vordergrund. Ökobilanzierungen und ökologische Landschaftspflege, Agrarwirtschaft und biologischer Landbau gehören heute mehr und mehr zusammen. Dass die Nachhaltigkeit – wie der Umweltschutz – integriert werden in die bestehende berufliche Tätigkeit, dass sie somit zu einer Selbstverständlichkeit werden im beruflichen Alltag, ist nur konsequent, wenn die nachhaltige Entwicklung als umfassendes gesellschaftliches wie globales Ziel verfolgt wird. Integriert heißt dann, dass etwa im betrieblichen Management Umweltaspekte integriert sind oder in der Firmenphilosophie der Gedanke der „Good Governance" Einzug gehalten hat. So lässt sich in den letzten Jahren in zahlreichen Unternehmen ein Umdenken registrieren. Nachhaltigkeit ist – so die Erkenntnis – eine strategische Ausrichtung, die das Unternehmen erfolgreich wirtschaften lässt, das Image verbessert und die Produkte besser vermarkten lässt. Das betrifft nicht nur den verstärkten Einsatz erneuerbarer Energien, das Stoffstrommanagement, sondern auch das soziale Engagement inner- und außerhalb des Unternehmens.

In manchen Beschäftigungsfeldern kann man mit recht großem Optimismus in die Zukunft blicken. So besagt die im September 2006 veröffentlichte Studie zu den „Auswirkungen des Ausbaus der erneuerbaren Energien auf den Deutschen Arbeitsmarkt unter besonderer Berücksichtigung des Außenhandels" (http://www.erneuerbare-energien.de/inhalt/36860), dass selbst in einem pessimistischen Szenario im Bereich der erneuerbaren Energien bis zum Jahr 2020 70.000 neue Dauerarbeitsplätze entstehen werden. Optimistischere Schätzungen dieser Studie gehen sogar von 130.000 neuen Arbeitsplätzen aus. Der Bundesverband Erneuerbare Energien schätzt, dass sogar ein Wachstum von 285.000 Arbeitsplätzen bis zum Jahr 2020 zu erwarten ist. Gesucht werden nicht nur Ingenieure, sondern auch Manager und Personal für den Vertrieb. Freilich setzen nicht alle Beschäftigungen auch einen Hochschulabschluss voraus. Dennoch scheint hier ein potenzieller Mangel an Fachkräften auf, wenn man bedenkt, dass nach unserer Zählung pro Jahr in allen (!) Ingenieurwissenschaften lediglich knapp 8.000 Neuimmatrikulationen in Feldern möglich sind, die eine Verbindung zu Umweltthemen aufweisen. So werden aktuell – und wohl auch in Zukunft – Ingenieure gesucht, die Biogas-, Solar- und Windkraftanlagen zu entwickeln und zu warten in der Lage sind. Der Wirtschaftszweig Erneuerbare Energien ist derzeit der exponierteste in Bezug auf die Entwicklung nachhaltiger Technologien.

Zu den boomenden Unternehmen gehört auch die Bio-Branche. In ihr sind derzeit in den Bereichen landwirtschaftliche Erzeugung, Lebensmittelherstellung, Handel und Dienstleistungen ca. 160.000 Personen beschäftigt. Auch diese Branche weist erhebliche Zuwächse auf: 2005 stieg der Inlandsumsatz um 15 %. Damit ging insbesondere ein Wachstum von Arbeitsplätzen im Bereich der Lebensmittelherstellung und -verarbeitung einher.

Aus welchen Gründen sollte man ein Studium in den Nachhaltigkeitswissenschaften anstreben? Die Antwort kann man sich letztlich nur selbst geben. Befragt man Personen, die in den entsprechenden Berufsfeldern tätig sind, so findet man – z.B. im Bereich der Bio-Unternehmen – eine ganze Reihe guter Gründe: Vielen ist es erstens wichtig, einer ökologisch und gesellschaftlich sinnvollen Tätigkeit nachzugehen; man will in seinem Beruf einen persönlichen Beitrag zur nachhaltigen Entwicklung leisten. Zweitens kann man bei seiner Tätigkeit in der Regel sehr viel Fachwissen einsetzen. Da es sich um eine dynamische Branche handelt, steht man in Bezug auf Innovationen immer wieder vor neuen Herausforderungen – nicht zuletzt, um hohe Qualitätsstandards für hochwertige Produkte und Dienstleistungen erfüllen zu können. Drittens schließlich wird in den einschlägigen Betrieben und Einrichtungen in der Regel viel Wert auf eine gute Arbeitsatmosphäre und Teamgeist gelegt.

Wer sich noch nicht sicher ist, ob ein Studium in den Nachhaltigkeitswissenschaften für ihn oder sie das Richtige ist, kann auch eine Orientierung im Rahmen eines „Freiwilligen Ökologischen Jahres" (FÖJ) suchen. Das FÖJ bietet die Möglichkeit, in ein Berufsfeld hineinzuschnuppern. Es kommt für Personen im Alter zwischen 16 und 27 Jahren in Frage und wird als Praktikum für manche Studiengänge angerechnet. In der Regel wird vom Anbieter freie Unterkunft und Verpflegung geboten – und es gibt ein Taschengeld zwischen 140 und 180 Euro pro Monat. Adressen von Trägern des FÖJ findet man unter www.foej.de.

Zudem bieten die im zweiten Teil dieses Bandes präsentierten Forschungseinrichtungen oftmals Praktikumsplätze an.

Wer eine berufliche Tätigkeit im Bereich der Nachhaltigkeit sucht, dem sei geraten, sich regelmäßig die Seiten des Wissenschaftsladen Bonn (www.wila-bonn.de) anzuschauen. Der Wissenschaftsladen wertet regelmäßig die Stellenanzeigen in den Tages- und Wochenzeitungen sowie anderen Periodika in Hinblick auf Angebote im Bereich Umwelt / Nachhaltigkeit aus.

Die Mitarbeiter und der Dank

Diese Publikation ist durch die Mitarbeit folgender Personen entstanden:

Die Verantwortung für das gesamte Projekt, die Entwicklung der Grundkonzeption für die Datenerhebung und -auswertung lag bei Gerhard de Haan.
Verantwortlich für den Bereich der Studiengänge waren Heidi Consentius und Diana Grundmann, für den Bereich der Forschungseinrichtungen Jonas Kassner. Katharina D. Giesel hat neben Heidi Consentius und Jonas Kassner die Aufgabe der Koordination des Teams übernommen. Die Teams wurden bei der Recherche und Erhebung der Daten unterstützt durch die Mitarbeit von Sven Kluge.
Die IT-Beratung sowie Datenverarbeitung lag in den Händen von Ralf Bünemann. Die Datenbank wurde von Arne Psczolla programmiert.

Die Einleitungskapitel zu den Forschungseinrichtungen wurden verfasst von Jonas Kassner, entsprechende Kapitel bei den Studiengängen von Diana Grundmann und Katharina D. Giesel. Das Manuskript (Portraitseiten) wurde erstellt von Jonas Kassner und Ralf Bünemann.

Des Weiteren wird Anika Michaelis und Saskia Hoffmann für ihre Unterstützung gedankt.
Das Team dankt allen Institutionen und Personen, die Portraits von Studiengängen und Forschungseinrichtungen für diesen Leitfaden zur Verfügung gestellt haben und uns bei der Konzipierung des Leitfadens unterstützten. Unser besonderer Dank gilt dem Bundesministerium für Bildung und Forschung (BMBF), das die Erstellung des Leitfadens großzügig gefördert hat.

Internet

Die Portraits können auch im Internet unter www.leitfaden-nachhaltigkeit.de eingesehen werden. Über die Website können Sie auch bezüglich bestimmter Fragen Kontakt mit uns aufnehmen.
Prof. Dr. Gerhard de Haan

---

6 Vgl. IHK des Saarlandes.

II. Einführung in das Kapitel Studienangebote

Im folgenden Kapitel stellen wir Ihnen 325 Studienmöglichkeiten zur nachhaltigen Entwicklung vor, die an deutschen Hochschulen angeboten werden. Es werden Nachhaltigkeits-Studiengänge, Studienschwerpunkte sowie sonstige Studienangebote mit einzelnen nachhaltigkeitsbezogenen Lehrangeboten portraitiert.

II.1 Erhebung, Auswahl und Sortierung der Studienangebote

Auf der Grundlage des Hochschulkompasses[1] der HRK (Hochschulrektorenkonferenz), der einen vollständigen Überblick der deutschen Hochschullandschaft bietet, wurden seit dem Sommer 2006 alle 337 deutschen Universitäten und Fachhochschulen angeschrieben. Sie wurden um Informationen zu ihren Studienmöglichkeiten zur nachhaltigen Entwicklung gebeten. Die Anfrage zielte darauf, sowohl Studiengänge als auch ausgewiesene Studienschwerpunkte im Kontext nachhaltiger Entwicklung zu erfassen. Parallel zu dieser bundesweiten Anfrage wurden durch Selbstrecherche entsprechende Studienangebote recherchiert und die anbietenden Hochschulen kontaktiert. Insgesamt liegen Rückmeldungen von bzw. Informationen über 314 Hochschulen vor (etwa 93 %).

Zur Darstellung ihrer relevanten Studiengänge und -schwerpunkte haben die Hochschuleinrichtungen (Institute, Fachbereiche, Fakultäten etc.) Portraitbögen ausgefüllt. Diese werden, redaktionell bearbeitet, auf den folgenden Seiten präsentiert. Entsprechend der Anfrage, die an die Hochschulen gerichtet wurde, werden in diesem Leitfaden drei Kategorien nachhaltigkeitsbezogener Studienangebote unterschieden. Die Zuordnung eines Studienangebots zu einer dieser Kategorien hängt dabei weniger von seinem Titel als vielmehr von seiner inhaltlichen Ausgestaltung ab. Entsprechend können Studiengänge z.B. des Bau-

---

[1] http://www.hochschulkompass.de

ingenieurwesens verschiedener Hochschulen aufgrund ihrer unterschiedlichen Profilierung jeweils einer anderen Gruppe zugeordnet sein.

Folgende Kategorien werden unterschieden: 1. *Nachhaltigkeits-Studiengänge*, d.h. solche Studiengänge, deren Profil ausdrücklich auf die Themen nachhaltiger Entwicklung ausgerichtet ist (Beispiel: Studiengang „Nachhaltiger Tourismus"). 2. *Studiengänge mit nachhaltigkeitsbezogenen Studienschwerpunkten*, also Studiengänge, die Nachhaltigkeitsthemen zu ausgewiesenen Schwerpunkten anbieten – etwa durch Wahlpflichtfächer, Studienrichtungen oder -schwerpunkte, Vertiefungsmöglichkeiten, Module etc. (Beispiel: Studiengang „Betriebswirtschaftslehre" mit der Spezialisierung „Ressourcenmanagement"). 3. *Studiengänge mit einzelnen nachhaltigkeitsbezogenen Lehrangeboten:* Eine Sammlung sämtlicher deutscher Studiengänge, in denen im Rahmen von einzelnen Vorlesungen, Seminaren, Exkursionen etc. Bezüge zur nachhaltigen Entwicklung hergestellt werden, war nicht das Ziel dieses Leitfadens. Es wurden jedoch über 40 solcher Angebote rückgemeldet. Damit ihr Beitrag zur Verankerung der Nachhaltigkeit an Hochschulen nicht in Vergessenheit gerät, werden sie in dieser dritten Kategorie zusammengefasst (Beispiel: der Studiengang „Betriebswirtschaftslehre" mit einer Vorlesung zur „Nachhaltigen Unternehmensführung"). Eine Schwerpunktbildung im Studiengang, die sich in der Studien- oder Prüfungsordnung niederschlagen und einen bestimmten Umfang erreichen müsste, ist den Studierenden jedoch nicht möglich.

Von den insgesamt 325 recherchierten Studienmöglichkeiten lassen sich rund 280 den beiden erstgenannten Kategorien zuordnen, d.h. sie machen das Thema Nachhaltigkeit umfassend zum Gegenstand oder bieten einen entsprechenden Studienschwerpunkt an. Auf der Grundlage der zur Verfügung stehenden Informationen wird geschätzt, dass in Deutschland rund 300 solcher Studienangebote existieren, von denen im Leitfaden über 90% erfasst werden.

Das zentrale Kriterium für die Auswahl der Studienangebote war das Selbstverständnis der Hochschulen. Sie haben entschieden, ob und, wenn ja, welche Studienangebote in welcher Form vorgestellt werden. Die Entscheidung der Hochschulen zur Aufnahme in den Leitfaden wurde jedoch um eine externe Einschätzung ergänzt. Als wesentliche Orientierung diente dabei die Berücksichtigung der integrativen Dimensionen von Nachhaltigkeit (ökologische, ökonomische, soziale, politische und kulturelle Dimension). Da diese in Studienangeboten selten gleichrangig behandelt werden, war es wichtig, dass die Perspektive über eine einzelne Dimension hinausreicht. Weitere Hinweise auf eine deutliche Ausrichtung eines Studienangebots auf die Herausforderungen nachhaltiger Entwicklung haben die

Handlungs- und Problemlösungsorientierung und die globale Relevanz der Inhalte geboten. Verbindliche Ein- oder Ausschlusskriterien wurden jedoch nicht formuliert.

Nur wenige der eingereichten Portraitbögen wurden aus dem Kreis der Studienangebote ausgeschlossen, die in dem vorliegenden Leitfaden präsentiert werden. Ihnen wird damit nicht abgesprochen, sich am Leitbild der nachhaltigen Entwicklung zu orientieren und entsprechende Fragen im Studium zu berücksichtigen. Der Bezug des jeweiligen Angebots zur nachhaltigen Entwicklung wurde in diesen Fällen jedoch als nicht hinreichend eingeschätzt, um hier aufgenommen zu werden. Der Leitfaden „Studium und Forschung zur Nachhaltigkeit" soll diejenigen unterstützen, die sich über einschlägige Studienmöglichkeiten informieren möchten. Dafür müssen die komplexen Problemstellungen im Kontext nachhaltiger Entwicklung zumindest zeitweise im Mittelpunkt der Studienangebote stehen und einen gewissen Umfang aufweisen.

II.2 Zum Aufbau und zur Nutzung des Kapitels

Der *erste Abschnitt* dieses Kapitels widmet sich den nachhaltigkeitsbezogenen Angeboten in *grundständigen Studiengängen*. Diese verlangen als Zugangsvoraussetzung eine Hochschulzugangsberechtigung (z.B. Allgemeine Hochschulreife, Fachhochschulreife etc.) und in ausgewählten Fällen ein Vorpraktikum, eine Aufnahmeprüfung o. Ä. Sie führen zu einem ersten berufsqualifizierenden Abschluss (z. B. Dipl.-Ingenieur, Bachelor of Arts etc.). Im *zweiten Abschnitt* werden die relevanten Angebote der Weiterführenden Studiengänge vorgestellt. Diese setzen meistens eine einschlägige hochschulische und/oder berufliche Vorbildung voraus und schließen z.B. mit einem Master of Science ab. Einige Bachelor- und Masterstudiengänge sind in Inhalt und Struktur so eng verzahnt, dass auf eine getrennte Darstellung verzichtet wurde. Sie werden bei den grundständigen Studiengängen aufgeführt.[2]

Innerhalb der grundständigen Studiengänge bzw. der Weiterführenden Studiengänge werden die Angebote sortiert nach *Wissenschaftsbereichen* vorgestellt. In Anlehnung an die Einteilung der Deutschen Forschungsgemeinschaft (DFG)

---

[2] Dies betrifft 19 Studiengänge, die doppelt gezählt werden müssen, obwohl sie in den folgenden zwei Abschnitten und auf der beiliegenden CD-ROM in jeweils einem Portraitbogen vorgestellt werden. Die Gesamtzahl von 325 Studienangeboten ergibt sich somit aus der Summe der 306 Portraits und der 19 konsekutiven Studiengänge.

haben die Hochschulen ihre Studienangebote den folgenden vier Wissenschaftsbereichen zugeordnet. 1. Ingenieurwissenschaften, 2. Lebenswissenschaften, 3. Naturwissenschaften oder 4. Geistes-, Sozial- und Verhaltenswissenschaften.[3] Studienangebote, denen mindestens zwei Wissenschaftsbereiche zugeteilt wurden, werden in diesem Leitfaden in der Rubrik „Interdisziplinäre Studiengänge" aufgeführt.

Entsprechend der vorgestellten Differenzierung werden für alle Wissenschaftsbereiche zuerst die ausdrücklichen Nachhaltigkeits-Studiengänge (Kategorie 1), dann die Studiengänge mit nachhaltigkeitsbezogenen Studienschwerpunkten (Kategorie 2) und abschließend die Studiengänge mit einzelnen nachhaltigkeitsbezogenen Lehrangeboten (Kategorie 3) vorgestellt. Für die Studienangebote der Kategorien 1 und 2 werden die wichtigsten Eckdaten aufgelistet (Hochschule, Studienabschluss, Ansprechpartner, Webadresse, Studienfachberatung, Zulassung, Studienbeginn und -gebühren etc.), Kurzbeschreibungen abgedruckt (Studienstruktur, -inhalte, -schwerpunkte u. Ä.) und Zukunftsperspektiven in Hinblick auf die Studienstruktur und/oder die Arbeitsmarktmöglichkeiten für Studierende beschrieben. Für die Studienangebote, die der dritten Kategorie zugeordnet wurden, wird auf die Kurzbeschreibung und die Darstellung der Zukunftsperspektiven verzichtet. Da einzelne Lehrangebote erfahrungsgemäß von Semester zu Semester variieren, werden nur die wichtigsten Eckdaten zum Studiengang aufgelistet. Wird ein langer Strich angegeben, so bedeutet dies, dass keine Informationen vorhanden sind. Es bedeutet nicht, dass beispielsweise *keine* Studiengebühren zu zahlen sind.

---

[3] Eine ausführliche Systematik der Wissenschaftsbereiche ist im Internet bei der DFG zu erhalten: www.dfg.de/dfg_im_profil/zahlen_und_fakten/download/dfg_fachsystematik.pdf (Stand: 12/2006)

Im folgenden Kapitel wird aus Gründen der Lesbarkeit weitgehend nur die männliche oder die neutrale Form verwendet. Die weibliche Form ist mit eingeschlossen.

Kapitel III: Nachhaltigkeitsbezogene Studienangebote

III.1 Grundständige Studiengänge

Energietechnik, Gebäudetechnik, Umwelttechnik

Studienabschluss: Bachelor of Engineering
Hochschule: Fachhochschule Münster
Fachbereich/Fakultät: Fachbereich Energie – Gebäude – Umwelt
Institut/Einrichtung: —
Anschrift: Stegerwaldstraße 39, 48565 Steinfurt
Ansprechpartner: Prof. Dr. F.-P. Schmickler, Tel. 0251-83 621 97
egu@fh-muenster.de
Web-Adresse: http://www.fh-muenster.de/fb4/
Studienfachberatung: egu@fh-muenster.de
Zulassung/Bewerbung: —
Studienbeginn/-plätze: Wintersemester, 100 Studienplätze
Studiengebühren: —
Regelstudienzeit: 6 Semester

Kurzbeschreibung des Studiengangs:
Der Fachbereich Energie – Gebäude – Umwelt wurde vor rund 30 Jahren an der Fachhochschule Münster am Standort Steinfurt gegründet. Der Tradition einer Fachhochschule gemäß, die ihre Stärken in den angewandten Technologien sieht, besitzt der Fachbereich 18 Labor- und Lehrgebiete, die sich mit allen Fragestellungen des nachhaltigen Einsatzes von Energie und der umweltschonenden Ressourcennutzung innerhalb und ausserhalb unserer Gebäude beschäftigt. Neben der gerade bei Fachhochschulen im Vordergrund stehenden Lehre werden in vielen Bereichen Forschungsaufträge abgehandelt. So ist gewährleistet, dass aktuelle Themen auch in Lehre und Weiterbildung vermittelt werden. Viele Professoren sind auch in der Erstellung technischer Regelwerke eingebunden, so dass die Erkenntnisse unserer Forschungsprojekte auch dort einfließen.
Grundsätzlich sind alle unserer Themengebiete von jeher auch der Nachhaltigkeit gewidmet. Als Beispiel können die regenerative Energienutzung (aktuell: Biogasanlagen), die Forschung an Horizontal-Bodenfiltern für die dezentrale Wasseraufbereitung und die Prototypen Entwicklung einer gewerblichen Spülmaschine mit 50%iger Wassereinsparung genannt werden. Durch Forschungsvorhaben bestehen Kooperationen und Netzwerke zu den verschiedensten Einrichtungen und zur Industrie.

Besondere Hinweise zum Studiengang:
Die Studenten werden angehalten, Praxisphasen auch im Ausland zu absolvieren.

Zukunftsperspektiven:
Studienstruktur: Der Bachelor-Studiengang ist akkreditiert.
Arbeitsmarktmöglichkeiten: Die Arbeitsmarktmöglichkeiten sind hervorragend.

Environmental Engineering

Studienabschluss: Bachelor of Science
Hochschule: Technische Universität Clausthal – Clausthal-Zellerfeld
Fachbereich/Fakultät: Fakultät für Energie- und Wirtschaftswissenschaften
Institut/Einrichtung: Institut für Geotechnik und Markscheidewesen
Anschrift: Erzstraße 18, 38678 Clausthal-Zellerfeld
Ansprechpartner: Univ.-Prof. Dr.-Ing. W. Busch, Tel. 05323-72 20 76
wolfgang.busch@tu-clausthal.de
Web-Adresse: http://www.igmc.tu-clausthal.de/
Studienfachberatung: norbert.meyer@tu-clausthal.de
Zulassung/Bewerbung: Keine Zulassungsbeschränkung
Studienbeginn/-plätze: Wintersemester, —
Studiengebühren: 1.-10. Semester: 500,- Euro; 11.-12.: 600,- Euro; 13.-14.: 700,- Euro ab 15.: 800,- Euro/Semester
Regelstudienzeit: 6 Semester

Kurzbeschreibung des Studiengangs:
Im ersten Studienjahr werden mathematisch-naturwissenschaftliche Grundlagen, hauptsächlich auf der Basis von Vorlesungen und Übungen, vermittelt. Im zweiten Studienjahr folgen weitere Grundlagenmodule zu den Themenbereichen Geologie, Ingenieurbau und Technische Mechanik sowie Betriebswirtschaftslehre und Recht.
Im dritten Studienjahr wird das Fachwissen mit geotechnischen Modulen und Inhalten aus der Umweltschutztechnik erweitert und vertieft, Präsentationstechnik wird erlernt und die Bachelor-Abschlussarbeit angefertigt.
Die Kernkompetenzen der TU Clausthal in den Bereichen Umweltschutztechnik, Angewandte Geologie und Geotechnik werden in Verbindung mit wirtschaftswissenschaftlichen Elementen in diesem interdisziplinären Studiengang zielführend kombiniert. Die Qualität der Ausbildung wird durch Evaluierungsmaßnahmen im Rahmen eines Mentoren- und Tutorenprogrammes sowie durch weitere Qualitätssicherungsinstrumente gewährleistet.

Zukunftsperspektiven:
Studienstruktur: Es besteht die Möglichkeit, an der TU Clausthal einen aufbauenden Master-Studiengang Geoenvironmental Engineering zu absolvieren.
Arbeitsmarktmöglichkeiten: Arbeitsmöglichkeiten in Behörden des Umweltschutzes, in Geologischen Diensten, Abfallwirtschaft, Industrieunternehmen im Bereich des Umweltschutzes und der Umweltgeotechnik, Bergbehörden, Planungs- und Ingenieurbüros, in der Versicherungswirtschaft, Kommunalen Verbänden und in der Rohstoffindustrie.

Landschaftsarchitektur

Studienabschluss: Bachelor of Engineering
Hochschule: Fachhochschule Wiesbaden
Fachbereich/Fakultät: Fachbereich Geisenheim
Institut/Einrichtung: —
Anschrift: Von-Lade-Straße 1, 65366 Geisenheim
Ansprechpartner: Prof. Dr. Bartfelder, Tel. 06722-50 27 75
F.Bartfelder@fbg.fh-wiesbaden.de
Web-Adresse: http://www.campus-geisenheim.de
Studienfachberatung: F.Bartfelder@fbg.fh-wiesbaden.de
Zulassung/Bewerbung: NC
Studienbeginn/-plätze: Wintersemester, 50 Studienplätze
Studiengebühren: 500,- Euro/Semester
Regelstudienzeit: 6 Semester

Kurzbeschreibung des Studiengangs:
Der Studiengang ist wissenschaftlich basiert und stark anwendungsorientiert. Der Studiengang umfasst die klassischen drei Bereiche der Landschaftsarchitektur. Er ist modular aufgebaut und beinhaltet ein Projektstudium und eine Praxiszeit im Berufsfeld. Der Studiengang ist an Fragestellungen der nachhaltigen Entwicklung, speziell der „grünen" Aufgabenstellungen in Ballungsräumen ausgerichtet und kommt den Aufgaben einer nachhaltigen Umweltentwicklung und Freiraumplanung im speziellen Fachgebiet der Landschaftsarchitektur engagiert nach. Im Studium werden drei Vertiefungen ermöglicht, die auf eine jeweilige besondere Berufsqualifikation abstellen. Dies ist die Freiraumplanung insbesondere der urbanen Zentren (z.B. Garten,- Landschafts- und Sportplatzbau) und im Bereich Naturschutz und Umweltprüfungen. Der Studiengang ist querschnittsorientiert angelegt, so dass alle Studierenden von allen drei Sektoren das notwendige Grundlagenwissen vermittelt bekommen. Möglich ist aber auch ein allgemeines querschnittsorientiertes Studium. 2 Projekte sind zu absolvieren. Integriert ist eine Praxiszeit im Berufsfeld und die Vermittlung der notwendigen Schlüsselqualifikationen. Ein Pflichtanteil von etwa 50% gewährleistet, dass das für die berufliche Praxis erforderliche Grundlagenwissen in jedem Fall garantiert wird.

Besondere Hinweise zum Studiengang:
Der Studiengang ist verknüpft mit dem weiterführenden, konsekutiven Masterstudiengang UMIB, der eine Schwerpunktsetzung im Bereich der Landschaftsarchitektur gewährleistet und damit ein fünfjähriges Vollstudium mit Kammerfähigkeit aufweist.

Zukunftsperspektiven:
Studienstruktur: Durch die enge Verknüpfung mit einem Masterstudiengang für die Landschaftsarchitektur und der Anerkennung zum höheren Dienst ist der Studiengang zukunftsorientiert aufgestellt.
Arbeitsmarktmöglichkeiten: Beschäftigungsmöglichkeiten in Planungsbüros, Ingenieurbüros, Institutionen und Behörden, die im Bereich Naturschutz und Umweltprüfung sowie des Städtebaus und der Infrastrukturplanungen tätig sind.

Landschaftsarchitektur und Umweltplanung

Studienabschluss: Bachelor of Science
Hochschule: Gottfried Wilhelm Leibniz Universität Hannover
Fachbereich/Fakultät: Fakultät für Architektur und Landschaft
Institut/Einrichtung: Fachgruppe Landschaft
Anschrift: Herrenhäuser Straße 2a, 30419 Hannover
Ansprechpartner: Studiendekanat Fachgruppe Landschaft, Tel. 0511-762 55 63
studiendekanat@laum.uni-hannover.de
Web-Adresse: http://www.landschaft.uni-hannover.de
Studienfachberatung: prominski@ila.uni-hannover.de
Zulassung/Bewerbung: NC-Studiengang
Studienbeginn/-plätze: Wintersemester, ca. 73 Studienplätze
Studiengebühren: 500,- Euro/Semester
Regelstudienzeit: 6 Semester

Kurzbeschreibung des Studiengangs:
Der Studiengang zielt auf eine breite fachliche Ausbildung und befähigt die Studierenden dazu, im Berufsfeld der Landschaftsarchitektur und Umweltplanung qualifizierte berufliche Tätigkeiten auszuführen. Der Entwurf und die Umsetzung gestaltender, ökologischer, technischer, wirtschaftlicher und sozialer Pläne für Freiräume und Landschaften zur Schaffung hochwertiger Lebens- und Umweltbedingungen bildet den Kern des Faches. Dazu ist ein grundlegendes ökologisches Wissen sowie die Kenntnis von Pflanzen und Gestaltungsmaterialien Voraussetzung.

Eine intensive Verknüpfung zwischen theoretischem Wissen, methodischen Problemlösungsansätzen und praktischen Fertigkeiten wird durch vier Projektarbeiten gewährleistet, innerhalb derer das Wissen aus den Vorlesungen in die praktische Anwendung im Gelände überführt wird. Die Studierenden haben Erfahrungen in der Teamarbeit und sind geschult, Fachwissen zu vermitteln, um Bürger und Entscheidungsträger zu überzeugen.

Besondere Hinweise zum Studiengang:
Vor Beginn des Studiums ist ein viermonatiges Vorpraktikum zu absolvieren. Spätestens bis zu Beginn des 4. Semesters müssen die Studierenden dieses nachweisen.

Zukunftsperspektiven:
Studienstruktur: Nach erfolgreichem Studienabschluss ist die Aufnahme eines Masterstudiums im Bereich der „Landschaftsarchitektur" oder der „Umweltplanung" möglich.
Arbeitsmarktmöglichkeiten: Die Absolventen sind in der Lage, Arbeitsmöglichkeiten in Büros, in Verbänden und Vereinen, im öffentlichen Dienst und an den Universitäten im Forschungsbereich zu besetzen.

Ökologische Landwirtschaft

Studienabschluss:	Bachelor of Science
Hochschule:	Universität Kassel
Fachbereich/Fakultät:	Ökologische Agrarwissenschaften (FB 11)
Institut/Einrichtung:	—
Anschrift:	Steinstraße 19, 37213 Witzenhausen
Ansprechpartner:	Holger Mittelstraß, Tel. 05542-98 12 40 mittelst@wiz.uni-kassel.de
Web-Adresse:	http://www.uni-kassel.de/agrar
Studienfachberatung:	studienservice@uni-kassel.de
Zulassung/Bewerbung:	Hochschul- oder Fachhochschulreife; 13 Wochen landwirtschaftliche Praxis
Studienbeginn/-plätze:	Sommer- und Wintersemester, unbegrenzt
Studiengebühren:	—
Regelstudienzeit:	6 Semester

Kurzbeschreibung des Studiengangs:

Die Landwirtschaft steht heute vor großen Herausforderungen: Einerseits muss sie für eine weiter wachsende Weltbevölkerung ausreichen und hochwertige Lebensmittel erzeugen, andererseits die natürlichen Ressourcen erhalten, Kreisläufe beachten und die Kulturlandschaft gestalten.

Ziel des Studienganges ist es, Studierende praxisnah und wissenschaftlich fundiert auf die Herausforderungen der ökologischen Landwirtschaft vorzubereiten. Dazu erwerben die Studierenden Wissen und Handlungskompetenzen, die sie für die vielfältigen Berufsmöglichkeiten qualifizieren.

Das Grundstudium verzahnt die wissenschaftlichen Grundlagenfächer mit den angewandten landwirtschaftlichen Fächern. Das Hauptstudium eröffnet durch Wahl- und Wahlpflichtmodule, Projekte und Bachelorarbeit einen individuellen Spielraum entweder für eine breit gestaltete Ausbildung oder für eigene Schwerpunktsetzung in den Bereichen Boden, Pflanzen, Tiere, Ökonomie oder Umwelt.

Der Studiengang dauert 6 Semester und ist modular nach dem European Credit Transfer System (ECTS) aufgebaut. Nähere Angaben zu den credits sind der homepage zu entnehmen.

Besondere Hinweise zum Studiengang:

Die Zulassung erfolgt mit allgemeiner oder mit Fachhochschulreife. Zusätzlich sind 13 Wochen landwirtschaftliche Vorpraxis erforderlich. Der Studiengang ist als offizielles Projekt der UN-Dekade „Bildung für nachhaltige Entwicklung 2005-2014" ausgezeichnet.

Zukunftsperspektiven:

Studienstruktur: Weiterqualifizierung in den Masterstudiengängen „Ökologische Landwirtschaft", „International Food Business and Consumer Studies" oder „International Organic Agriculture" möglich.

Arbeitsmarktmöglichkeiten: Es besteht eine Vielfalt an Berufsmöglichkeiten (u.a. in der landwirtschaftlichen Praxis, in Beratung, Verwaltung, Verbänden, Naturschutz, Verarbeitung und Vermarktung von landwirtschaftlichen Erzeugnissen, Kontrolle, Entwicklungszusammenarbeit).

Raum- und Umweltplanung

Studienabschluss:	Dipl.-Ing.; Umstellung auf Bachelor und Master in 2007
Hochschule:	Technische Universität Kaiserslautern
Fachbereich/Fakultät:	Architektur/Raum- und Umweltplanung/Bauingenieurwesen
Institut/Einrichtung:	Fachrichtung Raum- und Umweltplanung
Anschrift:	Gottlieb-Daimler-Straße, Gebäude 47, 67663 Kaiserslautern
Ansprechpartner:	Dr.-Ing. Martin Rumberg, Tel. 0631-205 4661
	rumberg@rhrk.uni-kl.de
Web-Adresse:	www.uni-kl.de/wcms/fb-arubi.html
Studienfachberatung:	—
Zulassung/Bewerbung:	NC
Studienbeginn/-plätze:	Sommer- und Wintersemester, —
Studiengebühren:	keine für das Erststudium
Regelstudienzeit:	9 Fachsemester

Kurzbeschreibung des Studiengangs:

Der Studiengang Raum- und Umweltplanung befasst sich mit der Entwicklung und Ordnung von Städten, Dörfern, Regionen und Ländern. Dabei sind die ökonomischen, ökologischen und sozialen Lebensbedingungen der Menschen sowohl im ländlichen Raum als auch in den Verdichtungsräumen zu sichern und für künftige Generationen weiterzuentwickeln.

Das Aufgabenfeld der Raum- und Umweltplanung bezieht sich dabei sowohl auf die bebauten Siedlungsgebiete als auch auf die umgebende unverbaute Landschaft.

Der interdisziplinär und querschnittsorientiert ausgerichtete Studiengang vermittelt Lehrinhalte in den Bereichen Stadtplanung und Städtebau, ländliche Ortsplanung, Landes- und Regionalplanung, Regionalentwicklung und Regionalmanagement, Bauplanungs- und Umweltrecht, ökologische Planung, Freiraumentwicklung, Stadtsoziologie sowie in der Immobilienökonomie und zukünftig auch in der Stadt-, Regional- und Umweltökonomie. Ein wesentlicher Schwerpunkt des Studiums liegt in der praxisorientierten Ausbildung mit zahlreichen Projektarbeiten. Neben Projekten im Bereich der räumlichen Entwicklung auf Kommunal- oder Landesebene werden auch vielfältige Forschungsaufgaben mit nationaler und internationaler Reichweite durchgeführt. Der Ausbau der internationalen Vernetzung wird auch zukünftig ein zentrales Ziel der Fachrichtung Raum- und Umweltplanung bleiben, um den durch Globalisierung und Strukturwandel bedingten wachsenden Anforderungen an die Planung gerecht zu werden.

Besondere Hinweise zum Studiengang:

Die Fachrichtung Raum- und Umweltplanung ist strukturell in einen Fachbereichsverbund mit der Architektur und dem Bauingenieurwesen eingebunden.

Zukunftsperspektiven:

Studienstruktur: Ab 2007 sind ein Bachelorstudiengang „Raumplanung" sowie die Masterstudiengänge „Stadt- und Regionalentwicklung", „Umweltplanung und Recht", als auch ein kostenpflichtiges Angebot Master „Europa und Regionplanung" geplant. Weitere Informationen nach der Akkreditierung (Mai 2007) auf den Seiten der Fachrichtung Raum- und Umweltplanung.

Arbeitsmarktmöglichkeiten: Mögliche Berufsfelder sind öffentliche Verwaltungen, Ingenieur- und Planungsbüros, Wirtschaftsunternehmen, Immobilienwirtschaft, Forschungseinrichtungen sowie Verbände.

Raumplanung

Studienabschluss:	Bachelor of Science/Master of Science
Hochschule:	Universität Dortmund
Fachbereich/Fakultät:	Fakultät Raumplanung
Institut/Einrichtung:	—
Anschrift:	August-Schmidt-Straße 10, 44227 Dortmund
Ansprechpartner:	Dr. Tanja Fleischhauer, Tel. 0231-755 69 13 oder 0231-755 22 84 dekanat.rp@uni-dortmund.de
Web-Adresse:	www.raumplanung.uni-dortmund.de/rp/
Studienfachberatung:	sfb.rp@uni-dortmund.de
Zulassung/Bewerbung:	Örtlicher NC
Studienbeginn/-plätze:	Wintersemester, ca. 180 Studienplätze
Studiengebühren:	500,- Euro/Semester
Regelstudienzeit:	8 + 2 Semester

Kurzbeschreibung des Studiengangs:
Das 8-semestrige Bachelor-Studium wird durch sich abwechselnde Projekt- und Entwurfsarbeiten geprägt, die einen hohen Anteil am Stundenumfang der Lehre und des Studiums haben. Diese Studienelemente gewährleisten ein sehr praxisorientiertes Studium, da die Studierenden in Gruppen an aktuellen und konkreten Raumplanungsthemen arbeiten.

Im Bachelor-Studium werden die fachnotwendigen gesellschafts-, natur- und ingenieurwissenschaftlichen Grundkenntnisse sowie grundlegende Methodenkenntnisse vermittelt. Studienfächer sind: Soziologische Grundlagen, Ökonomische Grundlagen, Grundlagen der Stadt-, Regional- und Landesplanung, Städtebau und Stadtbauwesen, Bodenordnung, Grundlagen der Ökologie und des Umweltschutzes, Systemtechnische Grundlagen. Insbesondere die zweite Hälfte des Bachelor-Studiums dient der Erweiterung und Vertiefung der fachlichen Kenntnisse und unterscheidet Fachplanungen und Querschnittsfächer.

Das 2-semestrige Master-Studium bereitet auf eine berufliche Tätigkeit in der Wissenschaft und Praxis vor sowie auf leitende Tätigkeiten in der Berufspraxis. Wesentliche Bausteine des Master-Studiums sind die sechs möglichen Vertiefungsrichtungen (Strategische Stadt- und Regionalentwicklung, Städtebau, kommunale und regionale Wirtschaftspolitik, Immobilienmanagement, Comparative European Planning Studies, Planning in Developing Countries) sowie ein einsemestriges Master-Projekt.

Besondere Hinweise zum Studiengang:
Innerhalb der Studienfächer sowohl im Bachelor- als auch im Master-Studium wird Nachhaltigkeit als Grundprinzip räumlicher Planung vorausgesetzt.

Zukunftsperspektiven:
Studienstruktur: Der Bachelor- und Master-Studiengang „Raumplanung" wird zum WS 2007/2008 eingeführt, ebenso der Master SPRING. Der Master Europe wird zum WS 2008/2009 eingeführt.
Arbeitsmarktmöglichkeiten: siehe dazu die aktuelle Absolventenbefragung der Fakultät: www.raumplanung.uni-dortmund.de/rp/dokumente/absolbefragbericht2006_07_20.pdf.

Regenerative Energiesysteme

Studienabschluss:	Bachelor of Science
Hochschule:	Fachhochschule für Technik und Wirtschaft Berlin
Fachbereich/Fakultät:	FB1 – Ingenieurwissenschaften 1
Institut/Einrichtung:	—
Anschrift:	Marktstraße 9, 10317 Berlin
Ansprechpartner:	Prof. Dr. Volker Quaschning, Tel. 030-50 19 36 56 volker.quaschning@fhtw-berlin.de
Web-Adresse:	www.f1.fhtw-berlin.de/studiengang/ut
Studienfachberatung:	Prof. Dr. Petra Bittrich: bittrich@fhtw-berlin.de
Zulassung/Bewerbung:	NC, Vorpraktikum erforderlich
Studienbeginn/-plätze:	Wintersemester, 40 Studienplätze
Studiengebühren:	keine
Regelstudienzeit:	6 Semester

Kurzbeschreibung des Studiengangs:

Zur erfolgreichen Nutzung regenerativer Energien für eine nachhaltige und zukunftsorientierte Energieversorgung wird ein extrem breites und fachübergreifendes Wissen benötigt, das klassische Ingenieursstudiengänge nicht in ausreichendem Umfang vermitteln. Diese Lücke schließt die FHTW Berlin mit speziellen und europaweit einzigartigen Studiengängen zu regenerativen Energien.

Auf üblichen ingenieur- und naturwissenschaftlichen Grundlagen basierend vermittelt das Studium bereits früh ingenieurwissenschaftliche Kenntnisse regenerativer Energiesysteme. Dazu zählen sowohl Prinzip und Entwurf regenerativer Energiewandler und regenerativer Energiesysteme als auch deren ökonomische und ökologische Bewertung. Praxisnahe Laborversuche vertiefen und festigen das erworbene theoretische Wissen zu Wind- und Wasserkraft, solaren Anwendungen, Energieeffizienz, verschiedensten Energiespeichertechniken und der Wasserstofftechnik bis hin zur Bioenergie und dem solaren Bauen.

Praktika in Industrie oder Forschungseinrichtungen bereiten die Studierenden gezielt auf die späteren Aufgaben vor. Hierbei profitieren die Studierenden durch umfangreiche Kontakte zu führenden Forschungsinstituten und Unternehmen der freien Wirtschaft sowie aktuelle Forschungsarbeiten an der FHTW Berlin.

Besondere Hinweise zum Studiengang:

Im Anschluss an den Bachelor-Studiengang kann der 4-semestrige Master-Studiengang absolviert werden.

Zukunftsperspektiven:

Studienstruktur: Der Bachelor/Master-Studiengang „Regenerative Energiesysteme" wird künftig mit dem Diplomstudiengang „Umwelttechnik/Regenerative Energien" einen gemeinsamen Bachelor/Master-Studiengang bilden.

Arbeitsmarktmöglichkeiten: Die Branche der regenerativen Energien zeichnet sich durch zweistellige Wachstumsraten pro Jahr aus. In diesem dynamischen Umfeld entsteht derzeit eine Vielzahl neuer Jobs, für die gut ausgebildete Fachkräfte benötigt werden.

Umweltingenieurwesen

Studienabschluss: Bachelor of Engineering
Hochschule: Technische Universität München
Fachbereich/Fakultät: Fakultät für Bau- und Vermessungswesen
Institut/Einrichtung: Lehrstuhl für Wasserbau und Wasserwirtschaft
Anschrift: Arcisstraße 21, 80333 München
Ansprechpartner: Prof. Harald Horn, Tel. 089-28 91 37 13
Web-Adresse: www.umwelt.bv.tum.de
Studienfachberatung: umwelt@bv.tum.de
Zulassung/Bewerbung: m.schindler@bv.tum.de
Studienbeginn/-plätze: Wintersemester, ohne Begrenzung
Studiengebühren: m.schindler@bv.tum.de
Regelstudienzeit: 6 Semester

Kurzbeschreibung des Studiengangs:
Mit diesem neuen Studiengang sollen in München Ingenieure ausgebildet werden, die auf dem Gebiet des vorausschauenden Umweltschutzes Spezialkenntnisse erworben haben. Reparative Umwelttechniken (Abwasserreinigung, Abfallbehandlung, Abgasreinigung, Altlastensanierung) werden im Rahmen des Studiengangs nur exemplarisch behandelt. Mit dem auf Prävention ausgerichteten Studiengang gewinnt die TUM ein wichtiges Alleinstellungsmerkmal.

Der Bachelor teilt sich in ein Grundstudium von 3 Semestern Dauer und ein Grundfachstudium von ebenfalls 3 Semestern Dauer. Neben den wesentlichen Grundzügen des Bauingenieurwesens werden naturwissenschaftliche Grundlagen wie Chemie, Biologie oder Meteorologie, sozio-ökonomische Grundlagen aus der volks- und betriebswirtschaftlichen Lehre und vor allem umweltingenieurspezifische Fächer aus den Bereichen Energie, Luft, Wasser, Verkehr, Recht oder Verfahrenstechnik gelehrt. Das Grundfachstudium ergänzt es mit planerischen und fachbezogenen Grundlagen. Das Fächerspektrum reicht dabei über Landschaftsarchitektur, Ökotoxikologie, Wasserbau, Siedlungswasser- und Abfallwirtschaft oder auch Risikomanagement, Geoinformationssysteme (GIS), Landmanagement und Siedlungsplanung. Das durchaus umfangreiche Programm ist für die Studierenden zu bewältigen, dadurch dass im Fächerkanon Module vorgesehen sind, die einen Einblick in benachbarte Disziplinen geben.

Besondere Hinweise zum Studiengang:
Eine fächerübergreifende Vermittlung des Lehrinhaltes gewährleistet eine zukunftsorientierte Ausbildung in den unterschiedlichen Bereichen. Im Anschluss an den Bachelorstudiengang besteht die Möglichkeit eines Masterstudiengangs.

Zukunftsperspektiven:
Arbeitsmarktmöglichkeiten: Umweltingenieure arbeiten primär in den folgenden Bereichen: nachhaltige Bewirtschaftung der Ressourcen Wasser, Boden, Biomasse, Metalle, Gestein; Analyse, Bewertung und Minderung von Risiken für Umwelt und Gesellschaft; Sanierung; Lärmschutz.

Umwelttechnik und Ressourcenmanagement

Studienabschluss: Dipl.-Ing.
Hochschule: Ruhr-Universität Bochum
Fachbereich/Fakultät: Fakultät für Maschinenbau/Fakultät für Bauingenieurwesen
Institut/Einrichtung: RUB, Lehrstuhl für Verfahrens- und Umwelttechnik
Anschrift: Universitätsstraße 150, 44780 Bochum
Ansprechpartner: PD Dr. sc. nat. G. Ewert, Tel. 0234-322 64 00
ewert@lvu.rub.de
Web-Adresse: www.lvu.rub.de
Studienfachberatung: ewert@lvu.rub.de
Zulassung/Bewerbung: Zulassungsfrei
Studienbeginn/-plätze: Wintersemester, 150 Studienplätze
Studiengebühren: ja
Regelstudienzeit: 9 Semester

Kurzbeschreibung des Studiengangs:
Der im Jahre 2000 an der Ruhr-Universität Bochum eingeführte Studiengang „Umwelttechnik und Ressourcenmanagement" ist ein interdisziplinärer Studiengang, der sich mit dem technischen Umweltschutz in seiner Gesamtheit, Vielfältigkeit und Nachhaltigkeit befasst. Die Regelstudienzeit beträgt 9 Semester und endet einschließlich eines integrierten Betriebspraktikums mit dem berufsqualifizierten Abschluss „Diplom-Ingenieur". Zu den wichtigsten Schwerpunktgebieten gehören neben der Umwelttechnik und des produktionsintegrierten Umweltschutzes insbesondere solche Bereiche wie Verfahrens- und Energietechnik, Raumplanung und Ressourcenmanagement, aber auch Zusammenhänge zwischen Ökologie, Ökonomie und Umweltrecht zur Ausbildung. Im Sinne eines praxisnahen und zukunftsorientierten Studiums wird ein breites Fächerspektrum beispielsweise zur Reinhaltung von Luft, Wasser, Boden, zur umweltgerechten Abfallwirtschaft und Energieeinsparung, auf dem Gebiet der Biotechnologie, zum ressourcensparenden Bauen und im Altlastensanierungsbereich vertiefend angeboten. So können sich die Studierenden in unterschiedlichen Bereichen spezialisieren, wie z.B. Siedlungswasserwirtschaft/Wassertechnik, Sicherheitstechnik, regenerative Energien und Umweltverfahrenstechnik/Prozesstechnik.
Im Hauptstudium werden zwei Vertiefungsrichtungen angeboten: Nachhaltige Prozess- und Umwelttechnik, Umwelttechnik und Umweltplanung.

Zukunftsperspektiven:
Studienstruktur: Ab WS 2007/08 wird der Diplom-Studiengang „Umwelttechnik und Ressourcenmanagement" als Bachelor-Studiengang und spätestens 2009 als Master-Studiengang an der RUB angeboten.
Arbeitsmarktmöglichkeiten: Zurzeit gibt es sehr gute Berufseinstiegschancen für Ingenieure im Bereich Umwelttechnik, Umweltplanung und Ressourcenmanagement, die für zukünftige Bachelor- und Master-Absolventen noch ansteigen sollten.

Umwelttechnik/Regenerative Energien

Studienabschluss: Dipl.-Ing. (FH)
Hochschule: Fachhochschule für Technik und Wirtschaft Berlin
Fachbereich/Fakultät: FB1 – Ingenieurwissenschaften 1
Institut/Einrichtung: —
Anschrift: Marktstraße 9, 10317 Berlin
Ansprechpartner: Prof. Wolfgang Brösicke, Tel. 030-50 19 21 10; -35 38
broesick@fhtw-berlin.de
Web-Adresse: www.f1.fhtw-berlin.de/studiengang/ut
Studienfachberatung: F.Sick@fhtw-berlin.de
Zulassung/Bewerbung: NC, Vorpraktikum erforderlich
Studienbeginn/-plätze: Sommer- und Wintersemester, 40 Studienplätze
Studiengebühren: keine
Regelstudienzeit: 8 Semester

Kurzbeschreibung des Studiengangs:
Zur erfolgreichen Nutzung regenerativer Energien für eine nachhaltige und zukunftsorientierte Energieversorgung wird ein extrem breites und fachübergreifendes Wissen benötigt, das klassische Ingenieursstudiengänge nicht in ausreichendem Umfang vermitteln. Diese Lücke schließt die FHTW Berlin mit speziellen und europaweit einzigartigen Studiengängen zu regenerativen Energien.
Auf üblichen ingenieur- und naturwissenschaftlichen Grundlagen basierend vermittelt das Studium bereits früh ingenieurwissenschaftliche Kenntnisse regenerativer Energiesysteme. Dazu zählen sowohl Prinzip und Entwurf regenerativer Energiewandler und regenerativer Energiesysteme als auch deren ökonomische und ökologische Bewertung. Praxisnahe Laborversuche vertiefen und festigen das erworbene theoretische Wissen zu Wind- und Wasserkraft, solaren Anwendungen, Energieeffizienz, verschiedensten Energiespeichertechniken und der Wasserstofftechnik bis hin zur Bioenergie und dem solaren Bauen.
Praktika in Industrie oder Forschungseinrichtungen bereiten die Studierenden gezielt auf die späteren Aufgaben vor. Hierbei profitieren die Studierenden durch umfangreiche Kontakte zu führenden Forschungsinstituten und Unternehmen der freien Wirtschaft sowie aktuelle Forschungsarbeiten an der FHTW Berlin.

Zukunftsperspektiven:
Studienstruktur: Der Bachelor/Master-Studiengang „Regenerative Energiesysteme" wird künftig mit dem Diplomstudiengang „Umwelttechnik/Regenerative Energien" einen gemeinsamen Bachelor/Master-Studiengang bilden.
Arbeitsmarktmöglichkeiten: Die Branche der regenerativen Energien zeichnet sich zur zweistellige Wachstumsraten pro Jahr aus. In diesem dynamischen Umfeld entstehen derzeit eine Vielzahl neuer Jobs, für die gut ausgebildete Fachkräfte benötigt werden.

Versorgungstechnik

Studienabschluss: Bachelor of Engineering
Hochschule: Georg-Simon-Ohm-Fachhochschule Nürnberg
Fachbereich/Fakultät: Maschinenbau und Versorgungstechnik
Institut/Einrichtung: Institut für Energie und Gebäude
Anschrift: Keßlerplatz 12, 90489 Nürnberg
Ansprechpartner: Prof. Dr. M. Deichsel, Tel. 0911-58 80 13 46
michael.deichsel@fh-nuernberg.de
Web-Adresse: www.fh-nuernberg.de/seitenbaum/home/fachbereiche/maschinenbau_und_versorgungstechnik/1/page.html
Studienfachberatung: michael.deichsel@fh-nuernberg.de
Zulassung/Bewerbung: Praktikum: 6 Wochen Vorpraktikum
Studienbeginn/-plätze: Wintersemester, ca. 60 Studienplätze
Studiengebühren: 500,- Euro/Semester
Regelstudienzeit: 7 Semester

Kurzbeschreibung des Studiengangs:
Ziel des Studiengangs ist der Erwerb von Kenntnissen und Fähigkeiten zur selbstständigen Anwendung ingenieurwissenschaftlicher Erkenntnisse und Methoden in der Versorgungs- und Gebäudetechnik. Der Studierende soll nach Abschluss des Studiums in der Lage sein, technische Anlagen und Systeme zur Ver- und Entsorgung von Wohn- und Verwaltungsgebäuden, Produktionsstätten oder ganzen Siedlungsgebieten zu planen, zu erstellen, zu betreiben und zu erhalten. Die eingesetzten Systeme und Verfahren sollen unter den gegebenen Randbedingungen nachhaltig und umweltfreundlich sein sowie einen minimalen Verbrauch an Wasser- und Energieressourcen aufweisen.
Dazu vermittelt das Studium die Befähigung, bei vertretbaren Investitions- und Betriebskosten technische Bedingungen sicherzustellen, die den Energieverbrauch und die Emissionen möglichst niedrig halten sowie die Wartungsfreundlichkeit unter Vermeidung nachteiliger Auswirkungen auf die Umwelt gewährleisten. Bereiche der Versorgungs- und Gebäudetechnik sind insbesondere die Heizungs-, Lüftungs-, Klima-, Kälte-, Sanitär-, und Elektrotechnik sowie die nachgeschalteten Luftreinigungs- und Wasseraufbereitungsanlagen mit den dazugehörigen Kanälen und Rohrleitungen.
Neben der Vermittlung von Fachkenntnissen werden Schlüsselqualifikationen wie Lern- und Arbeitstechniken, Team- und Kommunikationsfähigkeit gefördert.

Besondere Hinweise zum Studiengang:
Bis zum Ende des zweiten Semesters müssen 12 Wochen Vor- und Grundpraktikum abgeleistet werden. Das 5. Semester ist ein praktisches Studiensemester mit 20 Wochen Industriepraktikum.

Zukunftsperspektiven:
Studienstruktur: Im Anschluss besteht die Möglichkeit den Masterabschluss im Studiengang Gebäudetechnik zu erwerben.
Arbeitsmarktmöglichkeiten: Die Absolventen finden ihren Arbeitsplatz unmittelbar nach Abschluss des Studiums im Bereich der Gebäude- und Anlagenplanung, den Firmen der Wasser- und Energieversorgung sowie der Energieerzeugung.

Wasserwirtschaft und Bodenmanagement

Studienabschluss: Dipl.-Ing. (FH)
Hochschule: Universität Lüneburg
Fachbereich/Fakultät: Fakultät III – Umwelt und Technik, Campus Suderburg
Institut/Einrichtung: —
Anschrift: Herbert-Meyer-Straße 7, 29556 Suderburg
Ansprechpartner: Studienkoordinatorin: Prof. Dr.-Ing. Andrea Töppe, Tel. 05826-988 93 10
toeppe@uni-lueneburg.de
Web-Adresse: http://fbbwu.uni-lueneburg.de
Studienfachberatung: buczek@uni-lueneburg.de
Zulassung/Bewerbung: Allgemeine sowie fachgebundene Hochschulreife oder gleichwertiger Abschluss
Studienbeginn/-plätze: Wintersemester, 35 Studienplätze
Studiengebühren: 500,- Euro/Semester
Regelstudienzeit: 8 Semester

Kurzbeschreibung des Studiengangs:
„Wasser ist das Öl des 21. Jahrhunderts." Dieser Satz kennzeichnet die zunehmende politische und wirtschaftliche Bedeutung der natürlichen Ressourcen Wasser und Boden.
Ihr Schutz und ihre nachhaltige Bewirtschaftung sind die Ziele des stark interdisziplinären Studienganges. Absolventen dieses Studienganges sind in der Lage, Problemstellungen in der Wasserversorgung und Abwasserentsorgung sowie mit der Ressource Boden zu erkennen, zu analysieren und geeignete organisatorische, rechtliche und technische Instrumente zur Problemlösung einzusetzen. Der Studiengang ist folgendermaßen aufgebaut: Das 1. und 2.Semester bilden das Grundstudium (Vordiplom). Hier werden die wissenschaftlichen Grundlagen vermittelt: Natur- und Umweltwissenschaften, Hydro- und Geowissenschaften, Informatik, Betriebswirtschaftslehre und Recht, Technisches Englisch und Rhetorik. Im 3. und 4. Semester findet das Grundfachstudium statt mit der Vermittlung fachbezogener Grundlagen: Wasser- und Siedlungswasserwirtschaft, Geo- und Pedowissenschaften, Umweltmanagement, Mess-, Regel- und Verfahrenstechnik, Wasser- und Geoanalytik, Informatik, Moderation und Mediation. Das 5. Semester ist ein Praxissemester (26 Wochen). Das 6. und 7. Semester ist das Schwerpunktstudium mit folgenden zur Wahl stehenden Vertiefungsschwerpunkten: Anlagenbetrieb und Bestandserhaltung, Bodenschutz und Flächenrecycling, Gewässerschutz und Flussgebietsmanagement. Im 8. Semester findet ein weiteres Praxissemester (26 Wochen) statt, das mit der Diplomarbeit abschließt.

Besondere Hinweise zum Studiengang:
Internationale Kontakte und Kooperationen bestehen zu bzw. mit einer großen Anzahl von Hochschulen und Institutionen auf allen Kontinenten. Diese Kontakte werden in vielfältiger Weise z.B. für die Durchführung von Exkursionen, Projektarbeiten, Praktika und Diplomarbeiten genutzt. Gastdozenten aus dem In- und Ausland ergänzen das Lehrangebot.

Zukunftsperspektiven:
Studienstruktur: Folgende Masterstudiengänge sind z. Zt. in Planung: International Water and Soil Management (INWAS); Integrated Water Resources Management (IWRM).

Wirtschaftsingenieur Umwelt und Nachhaltigkeit

Studienabschluss: Bachelor of Engineering
Hochschule: Technische Fachhochschule Berlin (TFH) und Fachhochschule für Wirtschaft Berlin (FHW)
Fachbereich/Fakultät: Fachbereich Maschinenbau, Verfahrens- und Umwelttechnik (TFH), Fachbereich Wirtschaftswissenschaften (FHW)
Institut/Einrichtung: —
Anschrift: Lütticher Straße 38, 13353 Berlin
Ansprechpartner: Prof. Dr.-Ing. Wolfgang Seifert (TFH); Prof. Dr. rer. pol. Anja Grothe (FHW), Tel. 030-45 04 24 97 (TFH); 030-85 78 91 16 (FHW) wseifert@tfh-berlin.de; angrothe@fhw-berlin.de
Web-Adresse: www.tfh-berlin.de/studium/fbviii/index.htm; www.fhw-berlin.de/index.php?id=199
Studienfachberatung: wseifert@tfh-berlin.de; angrothe@fhw-berlin.de
Zulassung/Bewerbung: NC, 13 Wochen technisches Grundpraktikum vor Studienbeginn
Studienbeginn/-plätze: Wintersemester, 40 Studienplätze
Studiengebühren: keine
Regelstudienzeit: 7 Semester

Kurzbeschreibung des Studiengangs:
Der Studiengang Wirtschaftsingenieur/in Umwelt und Nachhaltigkeit umfasst eine Regelstudienzeit von 7 Semestern. Diese teilen sich in 4 Semester Grundlagenstudium und 3 Semester Kern- und Vertiefungsstudium (mit integrierter Praxisphase in einem Betrieb, Bachelor-Arbeit und -Prüfung) auf. Das Grundlagenstudium soll betriebswirtschaftliche und naturwissenschaftliche sowie technische Grundlagen vermitteln. Mit den Modulen „Nachhaltiges Wirtschaften im Betrieb" sowie „Nachhaltigkeit in Wirtschafts- und Gesellschaftspolitik" sollen schon früh die Interdisziplinarität sowie die Facetten, die sich aus dem Leitbild der Nachhaltigkeit ergeben, im Grundlagenstudium verankert werden. Das Kern- und Vertiefungsstudium findet im 5., 6. und 7. Semester statt. In den Semestern 5 und 6 erfolgt aufbauend auf den Grundlagen die Ausbildung in den für die spätere Berufstätigkeit besonders relevanten Bereichen der „Umweltverfahrenstechnik" mit dem Fokus auf (regenerative) - Energietechnik und integrierter Umwelttechnik und der „Managementsysteme" (Umwelt- und Qualitätsmanagement) eine Vertiefung.
Im 5. und 6. Semester kann zwischen den beiden Schwerpunkten „Management" und „Umwelttechnik" gewählt werden (Wahlpflicht). Dort steht die Anwendung der erworbenen Kenntnisse im Mittelpunkt. Das „Kernstudium" und die Module zur „Schlüsselkompetenz" müssen von allen Studierenden belegt werden.

Besondere Hinweise zum Studiengang:
Gemeinsamer Studiengang beider Hochschulen. Bewerbung und Immatrikulation erfolgen nur an einer der beiden Hochschulen (freie Wahl).

Zukunftsperspektiven:
Studienstruktur: Konsekutives Masterstudium in weiteren Wirtschaftsingenieur-Studiengängen (Schwerpunkte Maschinenbau oder Bauingenieur) oder im Masterstudiengang Verfahrenstechnik/Process Engineering an der TFH möglich.
Arbeitsmarktmöglichkeiten: Einsatz der Absolventen in unterschiedlichen Organisationen (gewerbliche Wirtschaft und Dienstleistungsorganisationen, KMU wie Großunternehmen, nationale wie internationale Organisationen).

Wirtschaftsingenieurwesen/Umweltplanung

Studienabschluss:	Bachelor of Science
Hochschule:	Fachhochschule Trier, Hochschule für Technik, Wirtschaft und Gestaltung – Standort Birkenfeld
Fachbereich/Fakultät:	Umweltplanung/Umwelttechnik
Institut/Einrichtung:	—
Anschrift:	Campusallee, 55768 Hoppstädten-Weiersbach
Ansprechpartner:	Prof. Dr. Thomas Geib, Tel. 06782-17 12 41 t.geib@umwelt-campus.de
Web-Adresse:	—
Studienfachberatung:	umweltplanung@umwelt-campus.de
Zulassung/Bewerbung:	Allgemeine Hochschulreife (z.B. Abitur) oder Fachhochschulreife
Studienbeginn/-plätze:	Wintersemester, keine Einschränkung
Studiengebühren:	—
Regelstudienzeit:	6 Semester

Kurzbeschreibung des Studiengangs:
Der Studiengang Umweltplanung ist aufgrund seiner Ausrichtung als Wirtschaftsingenieurstudiengang stark interdisziplinär ausgerichtet. Das Studium stellt eine ausgewogene Verknüpfung ingenieurwissenschaftlicher Fächer mit betriebswirtschaftlichen und juristischen Studieninhalten dar.

Ziel des Studienganges ist es, den Studierenden Kenntnisse auf dem Gebiet der Strukturierung der Industriewelt unter ökologischen Randbedingungen zu vermitteln. Diese sollen sie in die Lage versetzen u.a. folgende Themenstellungen bearbeiten zu können:
Realisierung umweltgerechter Betriebsabläufe (Kreislaufwirtschaft), Erarbeitung interdisziplinärer Problemlösungen in den Bereichen Produktion, Entsorgung, Logistik und Energietechnik, Zertifizierung von Unternehmen nach Umweltstandards, Genehmigung umwelttechnischer Anlagen, Gestaltung des betrieblichen Umweltschutzes.

Durch interdisziplinäre Projektarbeiten werden Teamfähigkeit und vernetztes Denken erlernt. Daneben vermittelt das umweltorientierte Studium durch eine Sprachausbildung und Kommunikationstrainings weitere Sozialkompetenz, die zunehmend wichtiger wird.
Zum sechssemestrigen Studium gehört ein 12-wöchiges Vorpraktikum. Über die Art des Vorpraktikums sollte, wenn möglich, vor Antritt mit dem Studiengangsbeauftragten Rücksprache gehalten werden, da dieser über die Anerkennung entscheidet. Passende Berufsausbildungen können anerkannt werden.

Zukunftsperspektiven:
Studienstruktur: Konsekutiv zum Bachelor „Wirtschaftsingenieurwesen/Umweltplanung" ist der Master „Business Administration and Engineering" am Standort; weiterführend kann aber auch sehr gut der Master „Energie- und Umwelttechnik" angeschlossen werden.
Arbeitsmarktmöglichkeiten: Mögliche Berufsfelder sind Planungs- und Entwicklungsbüros, Industrieunternehmen, Behörden, Versicherungen und Umweltorganisationen, Unternehmensberatung und Logistikunternehmen.

Abfallwirtschaft und Altlasten

Studienabschluss: Bachelor of Science bzw. Master of Science
Typ Grundständiger Studiengang/Aufbaustudiengang
Hochschule: Technische Universität Dresden
Fachbereich/Fakultät: Fakultät Forst-, Geo- und Hydrowissenschaften, Fachrichtung Wasserwesen
Institut/Einrichtung: Institut für Abfallwirtschaft und Altlasten
Anschrift: Pratzschwitzer Straße 15, 01796 Pirna
Ansprechpartner: Prof. Dr.-Ing. habil. Bernd Bilitewski, Tel. 03501-53 00 30
abfall@rcs.urz.tu-dresden.de
Web-Adresse: http://www.tu-dresden.de/fghhiaa/
Studienfachberatung: Karin.Luckner@tu-dresden.de
Zulassung/Bewerbung: TU-interner NC entfällt ab WS 2007/08
Studienbeginn/-plätze: Wintersemester, 50 Studienplätze
Studiengebühren: keine
Regelstudienzeit: 9 Semester

Kurzbeschreibung des Studiengangs:
Das Studium gliedert sich in ein viersemestriges Grundstudium, in ein zweisemestriges Grundfachstudium und in ein dreisemestriges Vertiefungsstudium, das mit der Masterprüfung endet. Zum Studium gehört ein Fachpraktikum im Umfang von 8 Wochen. Es wird in Institutionen abgeleistet, die sich auf Gebieten der Abfallwirtschaft, Bewertung und Sanierung von Altlasten, Verfahrenstechnik und Wasserwirtschaft beschäftigen. Im Grundstudium werden Schwerpunkte in der natur-, wirtschafts- und ingenieurwissenschaftlichen Ausbildung sowie in wasserwirtschaftlichen Anwendungsfächern gesetzt. Die folgenden Prüfungsfächer verdeutlichen die Breite der Ausbildung: Angewandte Informatik, Mathematik, Mathematische Statistik, Physik, Chemie, Bio- und geowissenschaftliche Grundlagen, Grundlagen der Meteorologie und Hydrologie, der Altlastenbehandlung, der Abfallwirtschaft, der Wasserwirtschaft sowie der Wirtschaftslehre. Zum Studium gehören außerdem das Studium generale, das Öffentliche Recht, Altlasten/Deponietechnik und die Fremdsprachenausbildung. Das Grundfachstudium umfasst vier obligatorische Prüfungsfächer. Das Vertiefungsstudium gliedert sich in Pflichtfächer mit Prüfung, Nebenfach mit Prüfung, Projektstudium mit Prüfung, Wahlpflichtstudium mit Leistungsnachweis, Fachpraktikum, Masterarbeit. Nebenfachausbildung: Hydrologie, Siedlungswasserwirtschaft, Umweltökonomie, Verfahrenstechnik, Wasserbewirtschaftung oder Aquatische Ökosysteme.

Besondere Hinweise zum Studiengang:
Die Ausbildung berücksichtigt insbesondere natur- und wirtschaftswissenschaftliche Aspekte und ist eng mit den Studiengängen Wasserwirtschaft und Hydrologie verbunden und damit einmalig in Deutschland.

Zukunftsperspektiven:
Studienstruktur: Masterstudium „Waste Management And Contaminated Site Treatment" wird bereits angeboten.
Arbeitsmarktmöglichkeiten: Einsatz in Firmen, Kommunen, Verbänden, Planungsgesellschaften und Ingenieurbüros, in Umweltabteilungen der Industrie und des Öffentlichen Dienstes zu Fragen der Entsorgung, Verwertung und Vermeidung von Abfällen sowie zur Bewertung und Sanierung von Altlasten, Einsatz in Forschung und Lehre.

Angewandte Informatik

Studienabschluss: Bachelor of Science
Hochschule: Fachhochschule Lippe und Höxter – Lemgo
Fachbereich/Fakultät: Technischer Umweltschutz
Institut/Einrichtung: —
Anschrift: An der Wilhelmshöhe 44, 37671 Höxter
Ansprechpartner: Prof. Dr. K. Maßmeyer, Tel. 05271-68 71 09
klaus.massmeyer@fh-luh.de
Web-Adresse: http://www.fh-hoexter.de/
Studienfachberatung: stefan.wolf@fh-luh.de
Zulassung/Bewerbung: Bewerbung über die Hochschule
Studienbeginn/-plätze: Wintersemester, keine Zulassungsbeschränkung
Studiengebühren: 500,- Euro/Semester
Regelstudienzeit: 6 Semester

Kurzbeschreibung des Studiengangs:
Der Studiengang Angewandte Informatik versteht sich als anwendungsorientiertes Bachelor-Studium mit dem Schwerpunkt Umwelt. Ziel des Studiums ist eine praxisorientierte interdisziplinäre Ausbildung, bei welcher der Umweltaspekt von Beginn an durchgängig in das Studium integriert ist. Dazu werden die informatikspezifischen Lehrinhalte durch Themenbereiche aus der Landschaftsarchitektur und dem Technischen Umweltschutz ergänzt. Für einen erfolgreichen Berufseinstieg werden zudem Kenntnisse der Betriebswirtschaft und des Projektmanagements vermittelt. Die Vorlesungen beinhalten informatiktypische Veranstaltungen wie Betriebs- und Datenverarbeitungssysteme, Softwareentwicklung, Netzwerktechnik und Datenbanksysteme. Geographische Informationssysteme und Satellitenbildauswertung zeigen darüber hinaus deutlich die Verbindung zum Umweltschwerpunkt. Dieser zeigt sich auch in den Einführungsveranstaltungen zur Landschaftsarchitektur und zum Umweltingenieurwesen. Weitere naturwissenschaftliche und anwendungsorientierte Vorlesungen bilden die Grundlage für ein tiefergehendes Verständnis für Vorgänge und Aufgaben in Behörden, Unternehmen und Ingenieurbüros. Als akkreditierter Bachelor-Studiengang beinhaltet die Angewandte Informatik zwei jeweils dreisemestrige Studienphasen und schließt mit dem Bachelor of Science ab. Die praktische Studienphase (mindestens 8 Wochen) und die Abschlussarbeit werden nach Möglichkeit außerhalb der Hochschule in Unternehmen und Behörden durchgeführt.

Besondere Hinweise zum Studiengang:
Mit dem MA-Studiengang „Environmental Sciences" besteht die Möglichkeit einer Weiterqualifikation für Tätigkeiten im Bereich F&E/Leitungsfunktionen. Über das Aninstitut „Institut für Nachhaltigkeit & Innovation" erschließen sich für Studierende vielfältige Möglichkeiten der Auseinandersetzung mit dem Thema Nachhaltigkeit (Projekt-/Diplomarbeiten)

Zukunftsperspektiven:
Studienstruktur: An einer Beteiligung des Fachbereichs Technischer Umweltschutz an einem internationalen Masterprogramm „Sustainability Management" wird gearbeitet. Es ist geplant, im Wintersemester 2008/09 mit dem Programm zu starten.
Arbeitsmarktmöglichkeiten: Das Studium bereitet die Absolventen wissenschaftlich fundiert und stark anwendungsbezogen optimal auf ein erfolgreiches Berufsleben vor. Es befähigt zur computergestützten, effizienten Problemlösung und Ergebnispräsentation nicht nur im technischen und planerischen Umweltschutz.

Bauingenieur- und Umweltingenieurwesen

Studienabschluss: Bachelor of Science
Hochschule: Technische Universität Hamburg-Harburg
Fachbereich/Fakultät: Bauwesen
Institut/Einrichtung: Institute für Wasserressourcen & Wasserversorgung, Abwasserwirtschaft & Gewässerschutz, AbfallressourcenWirtschaft, Umwelttechnik & Energiewirtschaft
Anschrift: Schwarzenbergstraße 95, 21073 Hamburg
Ansprechpartner: Prof. Dr.-Ing. Wilfried Schneider, Tel. 040-428 78 30 94
w.schneider@tu-harburg.de
Web-Adresse: http://www.tu-harburg.de/wwv
Studienfachberatung: olaf.moeller@tu-harburg.de
Zulassung/Bewerbung: http://www.tu-harburg.de/studium/studienint/
Studienbeginn/-plätze: Wintersemester, ca. 110 Studienplätze
Studiengebühren: 500,- Euro/Semester
Regelstudienzeit: 6 Semester

Kurzbeschreibung des Studiengangs:

Der Bachelorstudiengang Bauingenieur- und Umweltingenieurwesen gliedert sich in ein dreisemestriges Grundstudium und in ein dreisemestriges Fachstudium.

Für die Bachelor-Prüfung ist ein Nachweis über eine grundlegende berufspraktische Tätigkeit von mind. 12 Wochen Dauer zu erbringen.

Im Grundstudium werden natur- und ingenieurwissenschaftliche Grundlagen vermittelt, das Fachstudium wird neben den klassischen konstruktiven Fächern mit den Fächern Siedlungswasserwirtschaft, Abfall und Boden, Hydrologie und Wasserbau abgeschlossen. Ergänzt werden Grund- und Fachstudium jeweils durch ein Angebot an technischen und nichttechnischen Wahlpflichtfächern.

Die Prüfungen zu Lehrveranstaltungen in den einzelnen Fächern erfolgen studienbegleitend. Die Bachelor-Thesis in einem Umfang von 9 Wochen bildet den Abschluss des Studiums.

Besondere Hinweise zum Studiengang:

Zum WS 2007/08 wird der Bachelorstudiengang Bauingenieur- und Umweltingenieurwesen erstmalig angeboten.

Zukunftsperspektiven:

Studienstruktur: Zum WS 2008/09 werden zwei Masterstudiengänge Bauingenieurwesen und Wasser- und Umweltingenieurwesen angeboten.

Arbeitsmarktmöglichkeiten: Die Berufstätigkeit kann in Behörden, Bauunternehmen, Ingenieurbüros oder freiberuflich ausgeübt werden.

Bauingenieurwesen

Studienabschluss: Bachelor of Science
Hochschule: Technische Universität Carolo-Wilhelmina zu Braunschweig
Fachbereich/Fakultät: Fakultät Architektur, Bauingenieurwesen und Umweltwissenschaften
Institut/Einrichtung: Geschäftsstelle Bauingenieurwesen
Anschrift: Pockelsstraße 4, 38106 Braunschweig
Ansprechpartner: Frau Müller, Tel. 0531-391 23 10
bau@tu-braunschweig.de
Web-Adresse: www.tu-braunschweig.de/bau
Studienfachberatung: bau@tu-bs.de
Zulassung/Bewerbung: Immatrikulationsamt der Technischen Universität Carolo-Wilhelmina Braunschweig
Studienbeginn/-plätze: Wintersemester, zulassungsfrei
Studiengebühren: 500,- Euro/Semester
Regelstudienzeit: 6 Semester

Kurzbeschreibung des Studiengangs:
Der Studiengang Bauingenieurwesen der Technischen Universität Braunschweig zeichnet sich vor allem durch das so genannte „Braunschweiger Modell" für den Aufbau des Studiums aus: In den ersten 3 Semestern wird den Studierenden ein Grundlagenwissen vermittelt, dessen Beherrschung Voraussetzung für die anschließende fachspezifische Vertiefung ist. In den fachspezifischen Grundlagen wird den Studierenden die notwendige Basis für das Verstehen und Lösen bauingenieurwissenschaftlicher Zusammenhänge und Problemstellungen vermittelt. In den folgenden drei Semestern werden Grundlagenkenntnisse in allen Fächern des Bauingenieurwesens vermittelt. In der heutigen Zeit werden neben dem Ingenieurfachwissen auch themenübergreifende Kenntnisse bzw. so genannte „Soft Skills" gefordert. Um die Studierenden optimal für den Arbeitsmarkt vorzubereiten, sind übergreifende Lehrveranstaltungen integriert. Nach dieser fundierten Vermittlung des Grund- und Grundfachwissens in allen Richtungen des Bauingenieurwesens im Bachelorstudium, erfolgt im Masterstudium eine intensive Vertiefung mit 21 Vertiefungsrichtungen, aus denen die Studierenden drei auswählen können. Zu Beginn des Masterstudiums werden Grundlagenfächer belegt, die den Wissensbereich des Bachelorstudiums übersteigen und die methodischen Voraussetzungen im Masterstudium schaffen. Aus dem breiten Spektrum an 21 Vertiefungsfächern entscheiden die Studierenden selbst, ob sie sich zum Spezialisten, z.B. im Bereich Nachhaltigkeit, oder zum Generalisten ausbilden lassen.

Besondere Hinweise zum Studiengang:
In Zusammenarbeit mit der University of Rhode Island besteht die Möglichkeit an einem Doppelabschlussprogramm teilzunehmen. Weiterhin bestehen weltweite Kooperationen, um ein oder mehrere Semester im Ausland zu verbringen.

Zukunftsperspektiven:
Studienstruktur: Ab dem WS 2008/09 bieten wir den konsekutiven Masterstudiengang Bauingenieurwesen an.
Arbeitsmarktmöglichkeiten: Aufgrund der momentan geringen Absolventenzahlen wird erwartet, dass in den nächsten Jahren der erhöhte Bedarf an Bauingenieuren nicht abgedeckt werden kann. Durch die sich erholende Baukonjunktur werden in den nächsten Jahren weitere Fachkräfte benötigt. Im Ausland werden deutsche Ingenieure gesucht.

Bauingenieurwesen

Studienabschluss: Bachelor of Science
Hochschule: Universität Siegen
Fachbereich/Fakultät: Bauingenieurwesen
Institut/Einrichtung: —
Anschrift: Paul-Bonatz-Straße 9-11, 57068 Siegen
Ansprechpartner: Prof. Dr.-Ing. Jürgen Steinbrecher, Tel. 0271-740 21 10
dekanat@bau.uni-siegen.de
Web-Adresse: www.uni-siegen.de/fb10/
Studienfachberatung: dekanat@bau.uni-siegen.de
Zulassung/Bewerbung: Baustellenpraktikum
Studienbeginn/-plätze: Wintersemester, derzeit keine Begrenzung
Studiengebühren: 500,- Euro/Semester
Regelstudienzeit: 6 Semester

Kurzbeschreibung des Studiengangs:

Es handelt sich um ein Bauingenieurstudium, in dessen Curriculum an mehreren Stellen das Thema Nachhaltigkeit von zentraler Bedeutung ist. Grund dafür ist die Ausrichtung des Curriculums auf geänderte Anforderungen in der Berufspraxis des Bauingenieurwesens. In der Planung spielt der Umweltschutz eine große Rolle, bei der Bautätigkeit rückt die Erhaltung und Sanierung von Gebäuden und Infrastruktur stark in den Vordergrund und bei den Bauprozessen ist die Kreislaufwirtschaft sowie das Recycling wichtiger Bestandteil der Nachhaltigkeit.

Daher zieht sich das Thema Nachhaltigkeit durch verschiedene Module des Bachelor- und des Masterstudiengangs. Im Grundstudium werden die Studierenden durch ein Modul „Umweltschutz" in die Grundlagen eingeführt. Im Modul „Bauphysik" spielt die Nachhaltigkeit eine Rolle bei dem Thema Energie. Im Fachstudium sind beispielhaft nachhaltige Wasserbewirtschaftungssysteme sowie Raum- und Verkehrskonzepte zu nennen. Diese Inhalte werden im letzten Abschnitt des Bachelorstudiengangs vertieft.

Alle Module sind mit Prüfungen abzuschließen. Als Prüfungsformen kommen Referate, Vorträge, Klausuren und mündliche Prüfungen zum Einsatz. Außerdem sind Studienarbeiten in Kooperation mit der Praxis zu absolvieren.

Besondere Hinweise zum Studiengang:

Es besteht die Möglichkeit, im Anschluss an den Bachelorabschluss den Masterstudiengang Bauingenieurwesen zu absolvieren. Der Studiengang ist akkreditiert bis 2012.

Bauingenieurwesen (Fachrichtung Wasser und Umwelt)

Studienabschluss:	Diplom, Bachelor of Science bzw. Master of Science
Typ	Grundständiger Studiengang/Aufbaustudiengang
Hochschule:	Gottfried Wilhelm Leibniz Universität Hannover
Fachbereich/Fakultät:	Fakultät für Bauingenieurwesen und Geodäsie
Institut/Einrichtung:	Studiendekanat Bauingenieurwesen
Anschrift:	Appelstraße 9a, 30167 Hannover
Ansprechpartner:	Studiendekan Bauingenieurwesen, Tel. 0511-76 21 91 90 studsek@fb-bauing.uni-hannover.de
Web-Adresse:	http://www.fb-bauing.uni-hannover.de/
Studienfachberatung:	studsek@fb-bauing.uni-hannover.de
Zulassung/Bewerbung:	Zulassungsfrei
Studienbeginn/-plätze:	Wintersemester, derzeit keine Beschränkung
Studiengebühren:	ja
Regelstudienzeit:	10 Semester (Dipl.), 7 Semester (B.Sc.), 3 Semester (M.Sc.)

Kurzbeschreibung des Studiengangs:
Das Kursangebot des 3-semestrigen Grundstudiums ist für alle Studierenden verpflichtend. Es ist fachlich so ausgerichtet, dass die naturwissenschaftlichen und technischen Grundlagen für alle Fachgebiete des Bauingenieurwesens gleichermaßen ausreichend behandelt werden. Das anschließende 4-semestrige Fachstudium bildet den Kern des Studiums. Es umfasst fachgebietsbezogene und zusätzliche Kurse sowie eine fachgebietsbezogene Projektarbeit. Das Kursangebot deckt ein breites fachgebietsorientiertes Spektrum ab. Es setzt sich aus den Fachgebieten Statik und Dynamik, Konstruktiver Ingenieurbau, Geotechnik, Baubetrieb und Baubetriebswirtschaft, Verkehrswesen, Wasserwesen sowie Numerische Methoden zusammen. Das Fachstudium kann mit dem berufsqualifizierenden Abschluss Bachelor of Science abgeschlossen werden. Im 3-semestrigen Vertiefungsstudium erfolgt eine Spezialisierung in einer der Fachrichtungen Bauwerksplanung und -konstruktion, Verkehrswesen, Wasserwesen oder Numerische Modelle und Angewandte Informatik. Das Vertiefungsstudium umfasst Kurse der gewählten Fachrichtung, Kurse außerhalb des Angebotes der gewählten Fachrichtung sowie eine fachrichtungsbezogene Studienarbeit. Der Kurskatalog wird laufend den Entwicklungen in der Forschung und den Anforderungen in der Praxis angepasst. Das modulare Kurssystem mit seinen Wahlmöglichkeiten erlaubt den Studierenden, ein Studium entsprechend ihren Neigungen, Fähigkeiten und Berufsvorstellungen zu gestalten. Es gibt an der Fakultät diverse Forschungsobjekte zum Thema Nachhaltigkeit, deren Ergebnisse direkt in die Lehre einfließen.

Besondere Hinweise zum Studiengang:
Ein personell gut ausgestattetes Studiendekanat steht als Ansprechpartner bei allen Fragen zur Studienplanung, -beratung und -organisation zur Verfügung. Es wird unterstützt von Fachstudienberatern der verschiedenen Fachrichtungen des Vertiefungsstudiums. Zusätzlich gibt es zu jedem Studienabschnitt diverse Informationsveranstaltungen.

Zukunftsperspektiven:
Studienstruktur: Ein spezieller Masterstudiengang zum Thema Nachhaltigkeit/Erneuerbare Energien ist in Planung.
Arbeitsmarktmöglichkeiten: Studienanfänger- und Absolventenzahlen sind seit einigen Jahren rückläufig. Das heißt, wer jetzt mit seinem Studium beginnt, studiert mit nur wenigen Kommilitonen gegen den Trend und hat daher sehr gute Karriereaussichten.

Bauingenieurwesen (Schwerpunkt Wasserwirtschaft und Umwelttechnik)

Studienabschluss:	Bachelor of Engineering bzw. Master of Engineering
Typ	Grundständiger Studiengang/Aufbaustudiengang
Hochschule:	Hochschule Darmstadt (FH)
Fachbereich/Fakultät:	Bauingenieurwesen
Institut/Einrichtung:	Schwerpunkt Wasserwirtschaft und Umwelttechnik
Anschrift:	Haardtring 100, 64295 Darmstadt
Ansprechpartner:	Dekan, Tel. 06151-216 81 31
	dekan@fbb.h-da.de
Web-Adresse:	http://www2.fbb.h-da.de/fbbneu/index.htm
Studienfachberatung:	kaercher@fbb.h-da.de
Zulassung/Bewerbung:	Keine Zulassungsbeschränkung
Studienbeginn/-plätze:	Sommer- und Wintersemester, z.Zt. keine Begrenzung
Studiengebühren:	500,-/Semester (1500,-/Semester für nicht EU-Studierende)
Regelstudienzeit:	6 (Bachelor) bzw. 4 (Master) Semester

Kurzbeschreibung des Studiengangs:

Der Bachelorstudiengang ist in drei Abschnitte unterteilt: In den ersten 2 Semestern werden allgemeine Grundlagen einschließlich sozialer Kompetenzen und Schlüsselqualifikationen vermittelt. Im Kernstudium (3. u. 4. Semester) werden im Wesentlichen Bauingenieurgrundlagen in allen Bereichen gelehrt. Bis zu diesem Zeitpunkt sind die Lehrinhalte abgesehen von wenigen Wahlmöglichkeiten relativ fest vorgegeben. Im Schwerpunktstudium (5. u. 6. Semester) besteht dann die Möglichkeit einer Spezialisierung innerhalb der 4 Schwerpunkte „Bauwirtschaft", „Konstruktiver Ingenieurbau", „Verkehrswesen und Infrastruktur" und „Wasserwirtschaft und Umwelttechnik". In dem gewählten Schwerpunkt muss dann auch ein berufspraktisches Projekt absolviert und die Bachelor-Arbeit erstellt werden.

Der konsekutiv angelegte Masterstudiengang fordert als Zugangsvoraussetzung einen ersten berufsqualifizierenden Abschluss wie Diplom oder Bachelor. Das Masterstudium bietet sowohl eine Wissensvertiefung/-spezialisierung als auch eine Wissensverbreiterung für besonders qualifizierte Bachelor- oder Diplom-Absolventen innerhalb der angebotenen o.a. Schwerpunkte. Es umfasst insgesamt vier Semester (3 Theoriesemester und 1 Semester für die Masterarbeit). Die Auswahl der Lehrveranstaltungen im Rahmen des Curriculums kann aus allen Schwerpunkten erfolgen.

Besondere Hinweise zum Studiengang:

Der Master-Abschluss berechtigt für den Zugang zum höheren Dienst.

Zukunftsperspektiven:

Studienstruktur: Die Umstellung von Diplom auf Bachelor und Master (beide akkreditiert) ist gerade erfolgt.

Arbeitsmarktmöglichkeiten: Sehr gute Berufsaussichten in den Bereichen Wasserversorgung, Abwasserableitung/Abwasserentsorgung und Altlasten, besonders im internationalen Bereich.

Bauingenieurwesen (Schwerpunkte: Umwelttechnik – Umweltvorsorge; Umwelttechnik – Verfahrenstechnik; Stadt- und Verkehrsplanung)

Studienabschluss: Dipl.-Ing.
Hochschule: Technische Universität Kaiserslautern
Fachbereich/Fakultät: Architektur/Raum- und Umweltplanung/Bauingenieurwesen
Institut/Einrichtung: Fachrichtung Bauingenieurwesen
Anschrift: Pfaffenbergstraße 95, 67663 Kaiserslautern
Ansprechpartner: Dipl.-Ing. Peter Weisenstein, Tel. 0631-205 30 30
Bauingenieurwesen@uni-kl.de
Web-Adresse: www.uni-kl.de/BI
Studienfachberatung: Bauingenieurwesen@uni-kl.de
Zulassung/Bewerbung: Keine Zulassungsbeschränkung
Studienbeginn/-plätze: Sommer- und Wintersemester, 100 Studienplätze
Studiengebühren: derzeit keine für das Erststudium (Stand: 08/2006)
Regelstudienzeit: 9 Fachsemester

Kurzbeschreibung des Studiengangs:
Im Rahmen des Studiengangs Bauingenieurwesen werden im Hauptstudium u.a. die interdisziplinären Studienschwerpunkte Umwelttechnik – Umweltvorsorge, Umwelttechnik – Verfahrenstechnik sowie Stadt- und Verkehrsplanung angeboten.
Der Studienschwerpunkt Umwelttechnik – Umweltvorsorge ermöglicht eine Vertiefung in den Fächern des Wasserbereichs sowie eine Kombination mit Angeboten aus dem Bereich der Raum- und Umweltplanung. Der Studienschwerpunkt Umwelttechnik – Verfahrenstechnik ermöglicht eine Vertiefung im Bereich der Siedlungswasserwirtschaft in Kombination mit Angeboten aus dem Bereich Verfahrenstechnik. Im Studienschwerpunkt Stadt- und Verkehrsplanung sollen den Studierenden sowohl großräumliche städtebauliche Zusammenhänge als auch kleinteilige verkehrliche Individuallösungen vermittelt werden, die in der Praxis zu einer ganzheitlichen Sicht bezüglich Stadt und Verkehr führen sollen. Dies geschieht insbesondere über die Vertiefungsfächer Verkehrswesen, Orts- und Regionalplanung sowie Stadtplanung für Verkehrsplaner.

Zukunftsperspektiven:
Studienstruktur: Im Rahmen der zukünftigen Umstellung des Studiengangs Bauingenieurwesen auf die Abschlüsse Bachelor und Master werden auch die interdisziplinären Studienschwerpunkte betroffen sein.
Arbeitsmarktmöglichkeiten: Die Arbeitsmarktsituation im Bauwesen war in den letzten Jahren – bedingt durch die Konjunkturkrise in der Bauwirtschaft – sehr angespannt. Zur Zeit sind schon deutliche Anzeichen für eine Verbesserung des Stellenmarktes spürbar, so dass derzeit die Berufschancen wesentlich besser geworden sind.

Bauingenieurwesen (Studienrichtung Wasser- und Abfallwirtschaft)

Studienabschluss: Bachelor of Engineering
Hochschule: Fachhochschule Aachen
Fachbereich/Fakultät: Fachbereich 2 – Bauingenieurwesen
Institut/Einrichtung: Fachbereich Bauingenieurwesen
Anschrift: Bayernallee 9, 52066 Aachen
Ansprechpartner: Dipl.-Ing. Walter Kleiker, Tel. 0241-600 95 11 84
kleiker@fh-aachen.de
Web-Adresse: http://www.labwa.fh-aachen.de/
Studienfachberatung: kleiker@fh-aachen.de
Zulassung/Bewerbung: Praktikum 16 Wochen, davon 8 Wochen vor Studienaufnahme
Studienbeginn/-plätze: Wintersemester, ca. 150 Studienplätze – derzeit keine Begrenzung
Studiengebühren: 500,- Euro/Semester
Regelstudienzeit: 6 Semester ohne Praxissemester und 7 Semester mit Praxissemester

Kurzbeschreibung des Studiengangs:
Unter Wasserwirtschaft wird die zielbewusste Ordnung aller menschlichen Einwirkungen auf das ober- und unterirdische Wasser verstanden. Ziel der in der Wasser- und Abfallwirtschaft tätigen Ingenieure ist es dabei nicht nur, die Versorgung der Bevölkerung, des Gewerbes und der Industrie mit einwandfreiem Trink- und Brauchwasser sicherzustellen, sondern auch dafür zu sorgen, dass durch menschliche Eingriffe in den Wasser- und Naturhaushalt wie z.B. der Entsorgung von Abfällen und der Ableitung von Abwässern unsere natürlichen Lebensgrundlagen nicht geschädigt werden.
Die in der Wasserwirtschaft tätigen Bauingenieure haben sich mit den planerischen, baulichen und betrieblichen Aufgaben auf dem Gebiet des Wasserbaus und der Siedlungswasserwirtschaft zu beschäftigen. Die ingenieurrelevanten Aufgabengebiete der Siedlungswasserwirtschaft sind die Entwicklung und Erarbeitung von Maßnahmen zur Bereitstellung einwandfreien Trinkwassers, der Siedlungsentwässerung, sowie der damit verbundenen Abwasserreinigung und Schlammbehandlung. Die typischen Tätigkeitsgebiete der in der Siedlungswasserwirtschaft tätigen Ingenieure sind Projektierung, Bau und Betrieb von wasserwirtschaftlichen Bauwerken zur Wasserversorgung, Siedlungsentwässerung, Abwasserreinigung und Klärschlammentsorgung. In Zukunft werden insbesondere die Aufgaben des Unterhaltens, des Erneuerns, des Betreibens und Verbesserns von siedlungswasserwirtschaftlichen Anlagen zunehmend an Bedeutung gewinnen.

Zukunftsperspektiven:
Arbeitsmarktmöglichkeiten: Arbeitsmöglichkeiten in Ingenieurbüros, Bauunternehmen, im Öffentlichen Dienst, in Verbänden etc.

Bauingenieurwesen

Studienabschluss: Dipl.-Ing.
Hochschule: Technische Universität Dresden
Fachbereich/Fakultät: Fakultät Bauingenieurwesen
Institut/Einrichtung: —
Anschrift: George-Bähr-Straße 1, 01069 Dresden
Ansprechpartner: Dr.-Ing. Dirk Carstensen, Tel. 0351-46 33 35 24
dirk.carstensen@tu-dresden.de
Web-Adresse: http://www.tu-dresden.de/biw/studium/index.htm
Studienfachberatung: dekanat.biw@tu-dresden.de
Zulassung/Bewerbung: Hochschulreife, 12-wöchiges Praktikum
Studienbeginn/-plätze: Sommer- und Wintersemester, 200 Studienplätze
Studiengebühren: keine
Regelstudienzeit: Diplom (10 Semester – Präsenzstudium; 16 Semester – Teilzeit-/Fernstudium)

Kurzbeschreibung des Studiengangs:
Das Studium ist modular aufgebaut und gliedert sich in das Grundstudium und das Hauptstudium, welches in das Grundfachstudium und ein Vertiefungsstudium unterteilt ist. Schwerpunkte in der Ausbildung während des Grundstudiums stellen die Fächer Baukonstruktion, Mathematik, Technische Mechanik, Baustofflehre, Betriebswirtschaft und Ingenieurgeologie sowie die Grundlagen der Ökologie und des Umweltschutzes dar. In dieser Phase der Ausbildung wird besonders auf die nachhaltige Verwendung von Baustoffen, den Umgang mit Wasserressourcen sowie die Nutzung regenerativer Energien hingewiesen.

Im Grundfachstudium wird gerade in den Fächern Grundbau, Technischer und Wirtschaftlicher Baubetrieb, Infrastrukturplanung sowie Gewässerkunde und Grundlagen des Wasserbaus der Nachhaltigkeit besondere Bedeutung beigemessen. Den Studierenden wird beispielsweise die Bedeutung von heute aktuellen Stadt- und Verkehrsplanungen oder Wasserkraftanlagen als regenerativer Energieträger für die Abdeckung der Bedürfnisse der heutigen Generation erläutert. Gleichzeitig wird das Grundlagenwissen dahin gehend vertieft, dass zukünftigen Generationen durch aktuelle Baumaßnahmen nicht die Möglichkeiten zur Bedürfnisbefriedigung genommen werden.

Im Vertiefungsstudium werden verschiedene Faktoren der ökologischen und ökonomischen Nachhaltigkeit schwerpunktmäßig behandelt. Dafür werden die Vertiefungen Konstruktiver Ingenieurbau, Baubetriebswesen, Stadtbauwesen und Verkehr, Wasserbau und Umwelt sowie Computational Engineering angeboten.

Besondere Hinweise zum Studiengang:
Den Studenten wird stets die Möglichkeit für ein Auslandsstudium nach dem ECTS (European Credit Transfer System) angeboten. Auf der Grundlage von Vereinbarungen mit verschiedenen internationalen Universitäten kann das Doppeldiplom abgelegt werden.

Zukunftsperspektiven:
Studienstruktur: Das Studium basiert auf einer neuen, aktuellen Studienprüfungsordnung. Diese orientiert sich am internationalen Trend ebenso wie an bewährten und weltweit anerkannten Entwicklungen.

Arbeitsmarktmöglichkeiten: Mit dem erlangten Know-how an der TU Dresden kann ein Bauingenieur entsprechend seiner gewählten Vertiefung weltweit eingesetzt werden. Wegen der umfangreichen und interdisziplinären Ausbildung sind unsere Absolventen weltweit gefragt.

Bauphysik

Studienabschluss:	Bachelor of Science
Hochschule:	Hochschule für Technik Stuttgart (FH)
Fachbereich/Fakultät:	Fakultät B: Bauingenieurwesen, Bauphysik und Wirtschaft
Institut/Einrichtung:	Institut für angewandte Forschung, Fachgebiet Solartechnik und Energieeffizienz
Anschrift:	Schellingstraße 24, 70174 Stuttgart
Ansprechpartner:	Prof. Dipl.-Phys. Herwig Baumgartner, Tel. 0711-89 26 28 37 herwig.baumgartner@hft-stuttgart.de
Web-Adresse:	www.hft-stuttgart.de
Studienfachberatung:	christa.arnold@hft-stuttgart.de
Zulassung/Bewerbung:	3 Monate Vorpraktikum
Studienbeginn/-plätze:	Wintersemester, 35 Studienplätze
Studiengebühren:	500,- Euro/Semester
Regelstudienzeit:	7 Semester

Kurzbeschreibung des Studiengangs:

Bauphysikstudierende erlernen die wissenschaftlichen Grundlagen, um Wohnen und Arbeiten energetisch effizient, emissionsarm sowie gesund und komfortabel zu gestalten.
Der Studiengang bildet Sonderingenieure für die gesamte Breite der Bauphysik aus: naturwissenschaftliche Grundlagen (z.B. Mathematik, Physik, Messtechnik, EDV); Bauphysik-Kernfächer (Baustoffkunde, Schall-, Wärme- und Feuchteschutz, Brandschutz); Bauphysik-Vertiefung (Solartechnik, Nachhaltigkeit und Energieeffizienz, gesundes Bauen, Schallimmissionsschutz, Licht- und Beleuchtungstechnik, Lokalklimasimulation)
Integriert sind 2 praktische, betreute Studienmodule in der Berufspraxis von zusammen 90 Arbeitstagen. Die Bachelor-Thesis wird in der Regel an externen Aufgabenstellungen unter externer Betreuung (z.B. Fraunhofer-Institute, Bauphysikinstitute) erstellt. Die Themen der aktuellen anwendungsorientierten Forschung sind über Laborversuche und Studienprojekte in die Lehre integriert. Spezialisierungsmöglichkeiten bestehen in nachhaltiger Energietechnik im Schallschutz.
Über Kooperationen mit ausländischen Partnern sind Studien- und Praxisaufenthalte im Ausland integriert. Studienprojekte zur Nachhaltigkeit im Ausland (z.B. Installation eines Solartrockners in Afrika, Bau einer Photovoltaikanlage in Nepal) fördern die internationale und interkulturelle Kompetenz.

Besondere Hinweise zum Studiengang:

Einziger Bauphysik-Studiengang an Universitäten und Fachhochschulen in Deutschland mit besonderem Schwerpunkt in nachhaltiger Energietechnik. Seit 2006 durch ASIIN akkreditiert.

Zukunftsperspektiven:

Studienstruktur: Der Studiengang eröffnet den Zugang zum Master-Studienprogramm SENCE (Sustainable Energy Competence) der HfT Stuttgart und zu anderen Master- und Promotionsprogrammen ausländischer Partneruniversitäten.
Arbeitsmarktmöglichkeiten: Sehr gute Arbeitschancen als Beratender Ingenieur oder Gutachter, als Energieberater oder Entwicklungs- und Projektingenieur.

Bio-, Umwelt- und Prozessverfahrenstechnik

Studienabschluss: Bachelor of Engineering
Hochschule: Fachhochschule Trier, Hochschule für Technik, Wirtschaft und Gestaltung – Standort Birkenfeld
Fachbereich/Fakultät: Umweltplanung/Umwelttechnik
Institut/Einrichtung: —
Anschrift: Campusallee, 55768 Hoppstädten-Weiersbach
Ansprechpartner: Prof. Dr.-Ing. Percy Kampeis, Tel. 06782-17 20 13
p.kampeis@umwelt-campus.de
Web-Adresse: —
Studienfachberatung: verfahrenstechnik@umwelt-campus.de
Zulassung/Bewerbung: Allgemeine Hochschulreife (z.B. Abitur) oder Fachhochschulreife
Studienbeginn/-plätze: Wintersemester, keine Einschränkung
Studiengebühren: —
Regelstudienzeit: 6 Semester

Kurzbeschreibung des Studiengangs:
Ziel des technischen Studiengangs ist es, den Studierenden grundlegende Kenntnisse in den Disziplinen der Verfahrenstechnik zu vermitteln. Dadurch werden sie in die Lage versetzt, in Produktionsbetrieben und Unternehmen verfahrenstechnische Problemstellungen in den Bereichen der Bio-, der Prozess- und der Umweltverfahrenstechnik effizient und kompetent zu bearbeiten. In der fachlichen Ausbildung werden die Studierenden mit den Bereichen Mathematik, Naturwissenschaften, Informatik und ingenieurwissenschaftlichen Grundlagen an die Materie Verfahrenstechnik heran geführt. Im weiteren Studienverlauf wählt der Studierende einen der Schwerpunkte Bio-Verfahrenstechnik; Umwelt-Verfahrenstechnik; Prozess-Verfahrenstechnik aus. In einem verfahrenstechnischen Praktikum, dem Fachseminar und der interdisziplinären Projektarbeit bearbeiten kleine Gruppen von Studierenden Projekte bzw. Laborübungen. Dabei sammeln sie Erfahrungen in der Praxis verfahrenstechnischer Prozesse und lernen Teamfähigkeit und vernetztes Denken. Kooperationen mit Unternehmen ermöglichen einen engen Bezug zur beruflichen Praxis. Daneben vermittelt das Studium durch eine Sprach- und Kommunikationsausbildung eine weitere Sozialkompetenz, die zunehmend wichtiger wird. Zum sechssemestrigen Studium gehört ein 12-wöchiges Vorpraktikum. Über die Art des Vorpraktikums sollte vor Antritt mit dem Studiengangsbeauftragten Rücksprache gehalten werden, da dieser über die Anerkennung entscheidet. Passende Berufsausbildungen können anerkannt werden.

Besondere Hinweise zum Studiengang:
Konsekutiv zum Bachelor „Bio-, Umwelt- und Prozessverfahrenstechnik" ist der Master „Nachhaltiges Prozessmanagement" am Standort; weiterführend kann aber auch der Master „Energie- und Umwelttechnik" angeschlossen werden.

Zukunftsperspektiven:
Arbeitsmarktmöglichkeiten: Es besteht ein breites Spektrum an Betätigungsfeldern: traditionelle und innovative Jungunternehmen aus den Bereichen Chemie, Biotechnologie, Pharmazie, Werkstoffver- und -bearbeitung als auch Unternehmen, die im technischen Umweltschutz tätig sind; ebenso Dienstleistungsgewerbe oder öffentlicher Dienst.

Chemie- und Umwelttechnik

Studienabschluss: Bachelor of Engineering
Hochschule: Hochschule Merseburg (FH)
Fachbereich/Fakultät: Ingenieur- und Naturwissenschaften
Institut/Einrichtung: Hochschule Merseburg (FH)
Anschrift: Geusaer Straße, 06217 Merseburg
Ansprechpartner: Prof. Dr. Dietmar Heinz, Tel. 03461-46 21 91 oder 03461-46 20 07
dietmar.heinz@hs-merseburg.de
Web-Adresse: www.hs-merseburg.de
Studienfachberatung: dietmar.heinz@hs-merseburg.de
Zulassung/Bewerbung: Zulassungsfrei, Bewerbungen bis 15. September eines Jahres
Studienbeginn/-plätze: Wintersemester, 80 Studienplätze
Studiengebühren: keine
Regelstudienzeit: 6 Semester

Kurzbeschreibung des Studiengangs:
Der Studiengang gliedert sich in zwei Studienphasen. Zur Wahl stehen die beiden Studienrichtungen Chemietechnik oder Umwelttechnik.
Die erste Studienphase umfasst 3 Semester mit folgenden Inhalten: Naturwissenschaftliche Grundlagen: Mathematik, Angewandte Datenverarbeitung, Physik; Chemie: Allgemeine, anorganische, organische, analytische und physikalische Chemie; Technische Grundlagen: Werkstofftechnik, Thermodynamik, Strömungslehre, Konstruktionslehre, Statik und Festigkeitslehre; Prozessgrundlagen: Technische Grundoperationen, mechanische und thermische Prozesse; Soft Skills: Fachsprache, allgemein wissenschaftliches Ergänzungsfach. Die zweite Studienphase umfasst 3 Semester mit integriertem Praxiseinsatz und Bachelorprüfung. Die technischen Vertiefungsrichtungen in der zweiten Studienphase beinhalten folgende Gebiete zur Wahl: Chemietechnik: Angewandte Chemie; Chemische Technologie; Prozess- und Anlagentechnik; Umwelttechnik: Entsorgungstechnik und Ingenieurtechnische Grundlagen.

Zukunftsperspektiven:
Studienstruktur: Ab 2008 ist der Masterstudiengang Chemieingenieurwesen im Angebot.
Arbeitsmarktmöglichkeiten: Sehr gute Arbeitsmarktmöglichkeiten

Elektrotechnik

Studienabschluss: Bachelor of Engineering
Hochschule: Technische Fachhochschule Berlin
Fachbereich/Fakultät: FB VII Elektrotechnik und Feinwerktechnik
Institut/Einrichtung: Studiengang: Elektrotechnik
Anschrift: Luxemburger Straße 10, 13353 Berlin
Ansprechpartner: Veuhoff, Tel. 030-45 04 24 68
veuhoff@tfh-berlin.de
Web-Adresse: www.tfh-berlin.de
Studienfachberatung: veuhoff@tfh-berlin.de
Zulassung/Bewerbung: NC, Praktikum
Studienbeginn/-plätze: Sommer- und Wintersemester, 40 Studienplätze
Studiengebühren: keine
Regelstudienzeit: 7 Semester

Kurzbeschreibung des Studiengangs:
Die Elektrotechnik ist nach wie vor die Grundlage unserer modernen technischen Welt. Aus der Gestaltung einer lebenswerten und umweltgerechten Zukunft ergeben sich stets neue Herausforderungen: Energiesparen, Einsatz regenerativer Energiequellen, verbesserte Prozesssteuerungen, moderne Antriebskonzepte und vieles mehr.
Elektroingenieure arbeiten besonders interdisziplinär, denn keine innovative Technik kommt ohne Stromversorgung und elektrische Steuerung aus. Die Tätigkeitsfelder sind vielseitig: von der Planung und Errichtung von Solar- oder Windkraftanlagen, der Projektierung und dem Bau von automatisierten Antriebssystemen bis zur Auslegung unserer Hochspannungsnetze. Diese Vielseitigkeit macht das Studium zukunftssicher und schlägt sich in den Ausbildungsinhalten nieder.
Ein wesentlicher Teil des Studiums findet in unseren Laboren statt, die zu praktisch allen Bereichen entsprechende Einrichtungen besitzen. Entsprechend den Anforderungen der Praxis sind die Laborversuche weitgehend systemorientiert und fachübergreifend gestaltet und erwarten als Projektlabor einen hohen Selbstständigkeitsgrad der Studierenden, natürlich mit Unterstützung der Hochschullehrer.
Der Studiengang Elektrotechnik pflegt den Praxisbezug besonders durch die vielfältigen Kontakte zu Herstellern und Ingenieurbüros, durch Einbindung von Fachleuten aus der Industrie in die Lehre, durch die hochschulbetreute Praxisphase und durch praxisorientierte Bachelorarbeiten an der TFH oder direkt in einem Unternehmen.

Besondere Hinweise zum Studiengang:
Absolventen dieser Studiengänge sowie der Studiengänge Technische Informatik und Communication Systems haben die Möglichkeit, im konsekutiven Master-Studiengang Automatisierungstechnik und Elektronik (MAE) ihr Studium fortzusetzen.

Zukunftsperspektiven:
Studienstruktur: Auf Grund der durch den Bologna Prozess eingeführten Studiengänge BA und MA und der damit erreichten Vergleichbarkeit im internationalen Maßstab sind die Zukunftsperspektiven auch global gestiegen.
Arbeitsmarktmöglichkeiten: Wegen der zunehmend geführten Diskussionen zu Fragen der Energieversorgung wird die Elektrische Energieversorgung an Bedeutung gewinnen insbesondere unter dem Aspekt der Klimaveränderungen. Die Berufsaussichten werden als gut bis sehr gut auch von verschiedenen Verbänden beurteilt.

Elektrotechnik und Informationstechnik (Vertiefungsrichtung Optoelektronische Systeme)

Studienabschluss: Dipl.-Ing.
Hochschule: Universität Stuttgart
Fachbereich/Fakultät: FB: Elektrotechnik und Informationstechnik, Fakultät 5: Informatik, Elektrotechnik und Informationstechnik
Institut/Einrichtung: Es sind mehrere Institute des FB involviert, speziell für Photovoltaik: Institut für Physikalische Elektronik (IPE)
Anschrift: Pfaffenwaldring 47, 70569 Stuttgart
Ansprechpartner: Studiendekan: Prof. Rucker (Diplom), Tel. 0711-68 56 72 34 oder -5 studiendekan-ei@f-iei.uni-stuttgart.de
Web-Adresse: http://www.ei.uni-stuttgart.de
Studienfachberatung: studiendekan-ei@f-iei.uni-stuttgart.de
Zulassung/Bewerbung: Zulassungsfrei; Bewerbung über die Universität Stuttgart
Studienbeginn/-plätze: Wintersemester, 200 Studienplätze
Studiengebühren: 500,- Euro/Semester
Regelstudienzeit: 9 Semester + Industriepraktikum

Kurzbeschreibung des Studiengangs:
Der Diplomstudiengang „Elektrotechnik und Informationstechnik" vermittelt in den ersten vier Semestern während des Grundstudiums die allgemeinen Grundlagen der Mathematik, Physik und Elektrotechnik. Spezielle Grundlagen werden gelehrt in Mikroelektronik, Informatik, Energietechnik und Nachrichtentechnik. Danach kann einer von 5 Schwerpunkten gewählt werden: Elektrische Energiesysteme; Automatisierungs- und Regelungstechnik; Kommunikationstechnik; Technische Informatik; Mikro- und Optoelektronik. Im Schwerpunkt „Mikro- und Optoelektronik" werden die Vertiefungen in Festkörperelektronik, Optoelektronik, Quantenelektronik und Halbleitertechnik gelehrt. In der Vertiefung „Optoelektronische Systeme" speziell das Fach Photovoltaik. Die Photovoltaik ist die Basis einer nachhaltigen Energiegewinnung aus Licht und Sonnenenergie, eine der Energiearten, welche erneuerbar ist und nicht auf dem Verbrauch nicht erneuerbarer Ressourcen beruht (also: Wasserkraft, Windenergie, Biogas, Zucker, Bio-Öle u.Ä.). Dieses Fach ist auch Forschungsschwerpunkt am IPE und wird durch Studien- sowie Promotionsarbeiten intensiv gepflegt. Hierzu gehört eine umfangreiche gerätetechnische Ausstattung an den beteiligten Instituten.

Besondere Hinweise zum Studiengang:
Neben der Spezialrichtung „Photovoltaik" sei darauf hingewiesen, dass die anderen Schwerpunkte im Zusammenhang mit Energieforschung, -versorgung, -einsparung ebenfalls nachhaltigen Charakter haben wie die dezentrale Energieversorgung, die Automatisierungstechnik, die Informations- und Kommunikationstechnik, ohne die neue Systeme zur nachhaltigen Energieversorgung nicht denkbar sind.

Zukunftsperspektiven:
Studienstruktur: Ab 2008 ist eine Umstellung des Diplomstudiengangs „Elektrotechnik und Informationstechnik" zum Bachelorstudiengang „Elektrotechnik und Informationstechnik", Masterstudiengang „Elektrotechnik", Masterstudiengang „Informations- und Kommunikationstechnik" vorgesehen.
Arbeitsmarktmöglichkeiten: Exzellente Berufsaussichten im gesamten Fach der Elektrotechnik und Informationstechnik.

Energie und Rohstoffe

Studienabschluss: Bachelor of Science
Hochschule: Technische Universität Clausthal – Clausthal-Zellerfeld
Fachbereich/Fakultät: Fakultät für Energie- und Wirtschaftswissenschaften
Institut/Einrichtung: Institut für Bergbau
Anschrift: Erzstraße 20, 38678 Clausthal-Zellerfeld
Ansprechpartner: Univ.-Prof. Dr.-Ing. habil. H. Tudeshki, Tel. 05323-72 22 25
tudeshki@tu-clausthal.de
Web-Adresse: http://www.bergbau.tu-clausthal.de
Studienfachberatung: tudeshki@tu-clausthal.de
Zulassung/Bewerbung: Keine Zulassungsbeschränkung, Praktikum vor dem Studium wird empfohlen
Studienbeginn/-plätze: Sommer- und Wintersemester, 60 Studienplätze
Studiengebühren: 500,- Euro/Semester
Regelstudienzeit: 6 Semester

Kurzbeschreibung des Studiengangs:
Das Studium Energie Rohstoffe und richtet sich an Interessierte eines ingenieurwissenschaftlichen Studiums aus dem Bereich der Rohstoffgewinnung und Energieversorgung.
Das Bachelor-Studium hat eine Regelstudienzeit von sechs Semestern. Es gliedert sich in ein sechssemestriges Studium, das mit der Bachelor-Prüfung abschließt, und eine berufsspezifische Tätigkeit (Praktikum) in Höhe von 12 Wochen.
Die Aufnahme des Bachelor-Studiums erfolgt in der Regel zum Wintersemester.
Im Bachelor-Studium werden die grundlegenden Kenntnisse und Fähigkeiten eines im Bereich der Rohstoff- und Energieversorgung eingesetzten Ingenieurs vermittelt. Es werden Vorlesungen und Veranstaltungen zu den Themenbereichen Natur-, Ingenieur-, Geo-, Rechts- und Wirtschaftswissenschaften sowie der sozialen Kompetenzen angeboten.
Die Schwerpunktsetzung liegt während des Bachelor-Studiums auf Energie- und Rohstoffversorgungstechnik oder Petroleum Engineering.

Besondere Hinweise zum Studiengang:
Aufbauend auf den Bachelor Energie und Rohstoffe besteht die Möglichkeit den Master-Studiengang Energie- und Rohstoffversorgungstechnik bzw. den Master-Studiengang Petroleum Engineering zu belegen.

Zukunftsperspektiven:
Studienstruktur: Der Bachelor-Studiengang Energie und Rohstoffe wurde neu konzipiert und erstmalig im Wintersemester 2004 angeboten. Es zeigt sich eine überaus positive Entwicklung einhergehend mit einer steigenden Anzahl von Studienanfängern.
Arbeitsmarktmöglichkeiten: Das Berufsbild umfasst beratende, untersuchende und planerische Tätigkeiten sowohl in den klassischen Bereichen der Rohstoffindustrie als auch branchenübergreifend. Die möglichen Berufsfelder sind sehr vielfältig und die Aussichten sind auch längerfristig sehr gut.

Energie- und Umweltsystemtechnik

Studienabschluss: Bachelor of Engineering
Hochschule: Fachhochschule Ansbach
Fachbereich/Fakultät: Ingenieurwissenschaften
Institut/Einrichtung: —
Anschrift: Residenzstraße 8, 91522 Ansbach
Ansprechpartner: Prof. Dr.-Ing. J. Kapischke, Tel. 0981-487 73 10
joerg.kapischke@fh-ansbach.de
Web-Adresse: http://www.fh-ansbach.de/iw/
Studienfachberatung: joerg.kapischke@fh-ansbach.de
Zulassung/Bewerbung: NC
Studienbeginn/-plätze: Wintersemester, 60 Studienplätze
Studiengebühren: 400,- Euro/Semester
Regelstudienzeit: 7 Semester

Kurzbeschreibung des Studiengangs:
Die umweltschonende und ausreichende Bereitstellung von Energie ist eine wesentliche Voraussetzung für einen angemessenen Wohlstand und Basis für den Fortbestand der technischen Zivilisation. Die zunehmende Verknappung der fossilen Energieträger und nachteilige Auswirkungen auf Umwelt und Klima bei deren Einsatz zwingen zu einer steten Verbesserung der energetischen Prozesse und intensivieren die Suche nach regenerativen Energie- und Rohstoffquellen. Neue, oft miteinander vernetzte Technologien und sich dynamisch verändernde Märkte kennzeichnen diese Wirtschaftsbranche. Der noch junge Studiengang der Energie- und Umweltsystemtechnik an der Fachhochschule Ansbach bietet eine Ingenieurausbildung, die sich diesen interdisziplinären Fragestellungen der Energiebereitstellung und -nutzung widmet. Die Integration klassischer Ingenieurelemente aus dem Maschinenbau, der Verfahrenstechnik und der Elektrotechnik mit wesentlichen Elementen der Systemtechnik und der energetischen und rohstofflichen Biotechnologie spiegelt die Komplexität der zu lösenden Aufgaben wider und ist in dieser Kombination einmalig im deutschsprachigen Hochschulraum. Einem Ingenieur der Energie- und Umweltsystemtechnik kommen Aufgaben in der Planung, Entwicklung, Auslegung, Montage und dem Betrieb von Anlagen im Bereich der Energie-, Umwelt-, und Biotechnik zu. Der Ingenieur der Energie- und Umweltsystemtechnik optimiert den energetischen Einsatz in allen industriellen sowie kommunalen Prozessen und minimiert die störende Beeinflussung der Umwelt.
Details zum Aufbau des Studiengangs unter: http://www2.fh-ansbach.de/index.php?id=179

Besondere Hinweise zum Studiengang:
Das Studienprogramm Energie- und Umweltsystemtechnik (B.Eng.) ist modular aufgebaut. Die Standardgröße einer Lerneinheit (Modul) beträgt 5 ECTS-Punkte. Sie entspricht einem Arbeitsaufwand (workload) von ca. 120-150 Stunden, den ein Studierender im Durchschnitt erbringen muss, um das definierte Lernziel des Moduls zu erreichen.

Zukunftsperspektiven:
Studienstruktur: Auf dem Bachelorstudiengang „Energie- und Umweltsystemtechnik" kann voraussichtlich ab dem Wintersemester 2007 der Masterstudiengang „Energietechnik und Energiemanagement" aufgebaut werden.
Arbeitsmarktmöglichkeiten: Sowohl der Maschinen- und Anlagenbau sowie die Elektroindustrie als auch Energieversorger stellen potentielle Arbeitgeber dar. Es bestehen zur Zeit gute bis sehr gute Arbeitsplatzaussichten.

Energie- und Umwelttechnik

Studienabschluss: Diplom-Ingenieur
Hochschule: Hochschule Zittau/Görlitz (FH)
Fachbereich/Fakultät: Maschinenwesen
Institut/Einrichtung: —
Anschrift: Schwenninger Weg 1, 02763 Zittau
Ansprechpartner: Prof. Dr.-Ing. habil. V. Weise, Tel. 03583-61 18 65
V.Weise@HS-ZiGr.de
Web-Adresse: http://cmsweb.hs-zigr.de/de/Studienangebot/Studiengaenge/Umwelttechnik.html
Studienfachberatung: V.Weise@HS-ZiGr.de
Zulassung/Bewerbung: Offen
Studienbeginn/-plätze: Wintersemester, ca. 30 Studienplätze
Studiengebühren: keine
Regelstudienzeit: 8 Semester

Kurzbeschreibung des Studiengangs:
Im Studiengang Energie- und Umwelttechnik werden Diplom-Ingenieure (FH) ausgebildet, die als Fachleute auf den Gebieten Wärmetechnik, Energieanwendung, Energieversorgung, Energiewirtschaft, Kraftwerkstechnik und Umweltschutztechnik sowie wahlweise in der Kernenergie- und Strahlentechnik tätig werden können. Die Hochschulausbildung auf dem Gebiet der Energie- und Kraftwerkstechnik hat in Zittau eine über 40-jährige Tradition, so dass den Studierenden umfangreiche Erfahrungen und wissenschaftliche Spezialkenntnisse in energietechnischen Disziplinen zur Verfügung stehen.
Die effektive, zuverlässige und umweltschonende Versorgung mit Energie verlangt von jeher die Ausbildung spezialisierter Fachleute. Hierzu werden drei Studienrichtungen mit entsprechenden Vertiefungsmöglichkeiten angeboten: Wärme- und Kraftwerkstechnik; Regenerative Energietechnik; Kernenergie- und Strahlentechnik.
Die Basis hierfür wird im 3-semestrigen Grundstudium gelegt, das für alle Studienrichtungen einheitlich ist. Neben den mathematisch-naturwissenschaftlichen, ingenieurtechnischen und allgemeinwissenschaftlichen Grundlagen werden die des Fachgebietes mit den Modulen Thermodynamik, Fluiddynamik und Messtechnik gelegt. Allgemeinwissenschaftliche Module wie Ökologie und Umweltschutz, das Studium Fundamentale und Englisch für Ingenieure ergänzen diesen Studienabschnitt. Im Verlauf des Grundstudiums entscheidet sich der Student für eine der angebotenen Studienrichtungen.

Zukunftsperspektiven:
Studienstruktur: Aufbaustudien mit Masterabschluss: Computational Mechanics; Energiesystemtechnik/Energiemanagement. Geplante Umstellung des Studiums der Energie- und Umwelttechnik auf Bachelor-Abschluss: 2008.
Arbeitsmarktmöglichkeiten: Einsatzfelder in den Gebieten: Energieversorgungsunternehmen, Energiemaschinenbauunternehmen, Kommunale Energieversorger, Energietechnische Forschungseinrichtungen; Ingenieur- und Planungsbüros.

Energie- und Umwelttechnik

Studienabschluss:	Bachelor of Engineering
Hochschule:	Hochschule für Technik, Wirtschaft und Kultur Leipzig (FH)
Fachbereich/Fakultät:	Maschinen- und Energietechnik
Institut/Einrichtung:	—
Anschrift:	Koburger Straße 62 PF 301166, 04416 Markkleeberg
Ansprechpartner:	Prof. Dr-Ing. Steffen Winkler, Tel. 0341-30 76 42 04 winkler@me.htwk-leipzig.de
Web-Adresse:	www.htwk-leipzig.de/fbme/index.html
Studienfachberatung:	winkler@me.htwk-leipzig.de
Zulassung/Bewerbung:	NC
Studienbeginn/-plätze:	Wintersemester, 60 Studienplätze
Studiengebühren:	keine
Regelstudienzeit:	6 Semester

Kurzbeschreibung des Studiengangs:
Die energie- und umwelttechnische Ausbildung basiert auf einer langjährigen Tradition. Vermittelt werden sowohl konventionelle Techniken und Verfahren, als auch moderne und neueste Zusammenhänge auf den genannten Gebieten. Besondere Bedeutung erlangen der Einsatz regenerativer Energien und die Vermittlung geschlossener Prozessketten (Kreislaufwirtschaft). Neben der Vermittlung der theoretischen naturwissenschaftlichen Grundlagen wird besonderes Augenmerk auf eine praxisbezogene Ausbildung gelegt. Die theoretische Ausbildung wird durch eine Vielzahl von Praktika und Laboren ergänzt.
In den Pflicht- und Wahlpflichtmodulen werden zunächst mathematisch-naturwissenschaftliche, technische und betriebswirtschaftliche Grundkenntnisse vermittelt. Darauf aufbauend werden Module angeboten, die das handwerklich-praktische Wissen und Können zur Lösung technisch-wirtschaftlicher Problemstellungen beinhalten. Die inhaltlichen Schwerpunkte konzentrieren sich auf die Versorgung mit ausgewählten Energieträgern einschließlich der erneuerbaren Energien, auf die Grundlagen der technischen Gebäudeausrüstung sowie auf wesentliche Methoden der Umweltverfahrenstechnik. Lehrangebote/Module, in denen Nachhaltigkeit eine besondere Rolle spielt, sind: Werkstofftechnik, Energiewirtschaft, Modul Energietechnik, Technische Gebäudeausrüstung, Umwelttechnik, Verfahrenstechnik, Wasserstofftechnologie, Abfallbehandlung.

Besondere Hinweise zum Studiengang:
Nach dem erfolgreichen Abschluss zum Bachelor besteht die Möglichkeit zur Einschreibung im höherqualifizierenden konsekutiven Master-Studiengang Maschinenbau (Profillinie Energie- und Umwelttechnik) am Fachbereich Maschinen- und Energietechnik.

Zukunftsperspektiven:
Studienstruktur: Das Studium ist bereits auf Bachelor und Master umgestellt.
Arbeitsmarktmöglichkeiten: Bezogen auf berufliche Tätigkeitsfelder befähigt der Bachelor-Abschluss vor allem zu praktischen Tätigkeiten wie Beratungs- und Dienstleistungsaufgaben, Betriebsführung von Anlagen, Baubetreuung sowie Service- und Wartungstätigkeiten bei Anlagen und Technologien der Energie- und Umwelttechnik.

Energie- und Umwelttechnik

Studienabschluss:	Bachelor of Science bzw. Master of Science
Typ	Grundständiger Studiengang/Aufbaustudiengang
Hochschule:	Technische Universität Hamburg-Harburg
Fachbereich/Fakultät:	Chemie- und Verfahrenstechnik
Institut/Einrichtung:	Institut für Umwelttechnik u.Energiewirtschaft
Anschrift:	Schwarzenbergstraße 95, 21073 Hamburg
Ansprechpartner:	Prof. Calmano, Tel. 040-428 78 31 08
	calmano@tu-harburg.de
Web-Adresse:	http://www.tuhh.de/studium/studgange/eut/
Studienfachberatung:	hartge@tu-harburg.de
Zulassung/Bewerbung:	Abiturschnitt und Bewerbung siehe www.tu-harburg.de/studium/immatrikulation/
Studienbeginn/-plätze:	Wintersemester, 46 Studienplätze
Studiengebühren:	500,- Euro/Semester
Regelstudienzeit:	10 Semester

Kurzbeschreibung des Studiengangs:

Das Grundstudium ist für alle Studiengänge im Studiendekanat Verfahrenstechnik gleich. Viele Vorlesungen im Vordiplom hört man mit anderen Studiengängen zusammen, da Grundlagen wie Mathematik, Physik, Technische Mechanik usw. in vielen Ingenieurstudiengängen benötigt werden.

In einem Ingenieurstudium ist es typisch, dass es eine gewisse Reihenfolge in den Vorlesungen gibt, daher hat man in den ersten Semestern nicht viele Wahlmöglichkeiten. Die Regelstudienzeit bis zum Vordiplom beträgt vier Semester. Auf dem Vordiplom ist die Durchschnittsnote vermerkt.

Nach Beendigung des Vordiploms können im Rahmen des Studiengangs Energie- und Umwelttechnik an der TUHH Wahlpflichtveranstaltungen aus den Teilbereichen Energietechnik und Umwelttechnik gewählt werden. Weiterhin gibt es Pflichtprüfungen.

Besondere Hinweise zum Studiengang:

Das Studium wird zur Zeit mit Diplom abgeschlossen, ab WS 2007/08 Übergang zu Master und Bachelor.

Zukunftsperspektiven:

Studienstruktur: Master: Zugangsvoraussetzungen: Allgemeine Hochschulreife und Bachelor of Science. Ab WS 2007/08 ausschließlich Zulassung zu Bachelor- oder Masterstudiengängen.

Arbeitsmarktmöglichkeiten: Industrie: Projektierung, Anlagenbau, Marketing, Vertrieb, Sicherheitstechnik u.v.m. Öffentlicher Dienst: Umweltbehörden, Patentamt, Energie- und umwelttechnische Forschungsinstitute u.v.m./Freiberuflich: Ingenieurbüros, Gutachter, Berater, Presse u.v.m.

Energiesystemtechnik

Studienabschluss:	Dipl.-Ing.
Hochschule:	Fachhochschule Gießen-Friedberg
Fachbereich/Fakultät:	Maschinenbau, Mikrotechnik, Energie- und Wärmetechnik
Institut/Einrichtung:	Bereich Energie- und Wärmetechnik
Anschrift:	Wiesenstraße 14, 35390 Gießen
Ansprechpartner:	Prof. Dr.-Ing. Olaf Strelow, Tel. 0641-309 21 26
	webmaster@ew.fh-giessen.de
Web-Adresse:	www.few-giessen.de
Studienfachberatung:	webmaster@ew.fh-giessen.de
Zulassung/Bewerbung:	Direkteinschreibung
Studienbeginn/-plätze:	Sommer- und Wintersemester, 50 Studienplätze
Studiengebühren:	190,- Euro/Semester
Regelstudienzeit:	8 Semester

Kurzbeschreibung des Studiengangs:
Energiesysteme sind für Industriegesellschaften eine wesentliche Basis für den wirtschaftlichen Erfolg. In vielen Bereichen der Gesellschaft geht es daher um die Einführung neuer, ressourcenschonender („nachhaltiger") und hochleistungsfähiger Technologien, Verfahren und Anlagen zur Gewinnung, Verteilung, Speicherung und Nutzung von thermischer und elektrischer Energie.

Der Studiengang Energiesystemtechnik ist ein interdisziplinärer Studiengang zwischen Verfahrenstechnik, Maschinenbau und Elektrotechnik. Energieumwandlung und -nutzung durch leistungsfähige Energiesysteme sind Mittelpunkt des neuen Studiengangs.

Der Studiengang Energiesystemtechnik teilt sich in folgende Studienrichtungen auf:
Energieanlagentechnik, Energie- und Umweltverfahrenstechnik, Technische Infrastruktur - (Energiemanagement)
Energieanlagentechnik: Apparative Gestaltung von Energiewandlungsanlagen und Komponenten, Energieumwandlung, Energiebereitstellung, Energienutzung, Reststoffminimierung und -beseitigung unter Beachtung aller Sicherheits- und Umweltaspekte; Energie- und Umweltverfahrenstechnik: Verfahren zur Wandlung von Primärenergie, Verfahren zur mechanischen, chemischen, thermischen Wandlung von Stoffen; Klassischer Umweltschutz, Nachsorge (Behandlung von Abfall, Abwasser, Abgas); Apparative Gestaltung von Anlagen und Komponenten; Technische Infrastruktur (Energiemanagement): Vernetzung von leitungsgebundenen Energie- und Stoffströmen, Planung und Umsetzung von Energiever- und Entsorgungskonzepten, Rationeller Energieeinsatz und die damit verbundenen Optimierungsmöglichkeiten.

Zukunftsperspektiven:
Studienstruktur: Es ist beabsichtigt, den Studiengang zum WS 2009/10 in einen konsekutiven Masterstudiengang zu überführen.
Arbeitsmarktmöglichkeiten: Die Nachfrage nach qualifizierten Ingenieuren zur Lösung dieser Aufgaben wächst zunehmend. Der derzeitige Bedarf ist durch die momentanen Anfängerzahlen nicht zu decken.

Entsorgungsingenieurwesen

Studienabschluss:	Bachelor of Science
Hochschule:	Rheinisch-Westfälische Technische Hochschule Aachen (U)
Fachbereich/Fakultät:	Fakultät für Georessourcen und Materialtechnik (Fachbereich 5) gemeinsam mit der Fakultät für Bauingenieurwesen (Fachbereich 3)
Institut/Einrichtung:	Fachgruppe für Rohstoffe und Entsorgungstechnik (Hauptbetreuung durch: Lehrstuhl für Aufbereitung und Recycling fester Abfallstoffe)
Anschrift:	Wüllnerstraße 2, 52062 Aachen
Ansprechpartner:	Frau Indra Weranek, Tel. 0241-809 57 10 weranek@rohstoffe.rwth-aachen.de
Web-Adresse:	www.rohstoffe.rwth-aachen.de
Studienfachberatung:	weranek@rohstoffe.rwth-aachen.de
Zulassung/Bewerbung:	Direkte Einschreibung bei der RWTH Aachen; allgemeine Hochschulreife
Studienbeginn/-plätze:	Wintersemester, unbegrenzt (momentan ca. 50 Erstsemester je Wintersemester)
Studiengebühren:	500,- Euro/Semester
Regelstudienzeit:	6 Semester

Kurzbeschreibung des Studiengangs:
Der Studiengang Entsorgungsingenieurwesen beinhaltet Vorlesungen aus den Bereichen mathematisch-naturwissenschaftliche Grundlagen (Mathematik, Physik, Chemie, Biologie, Geologie), ingenieursspezifische Grundlagen (Statistik, Maschinenkomponenten, elektrische Antriebstechnik, Geotechnik, Bautechnik) und fachspezifische Grundlagen (Kreislaufwirtschaft, Abwasserbehandlung, Deponietechnik, Aufbereitung, Luftreinhaltung, thermische Abfallbehandlung, Umweltbewertung, Umweltanalytik, Umweltmanagement) und fachübergreifende Grundlagen (Recht, Betriebswirtschaftslehre, Fremdsprache).
Zum vierten Semester wählen die Studierenden eine der drei Vertiefungsrichtungen: Feste Abfallstoffe, Abwasser, Bodenschutz und Wasserwirtschaft.
Im Bachelor-Studiengang ist in der Vertiefung „Feste Abfallstoffe" ein Industriepraktikum im Umfang von 8 Wochen geplant. Die beiden anderen Vertiefungsrichtungen sehen im Bachelor kein Industriepraktikum vor.
Leistungen werden durch schriftliche Prüfungen, mündliche Prüfungen, schriftliche Hausarbeiten, mündliche Präsentationen und eine Projektarbeit nachgewiesen. Die Projektarbeit und die Bachelorarbeit können in Industrieunternehmen angefertigt werden.

Besondere Hinweise zum Studiengang:
Der Studiengang ist interdisziplinär aufgebaut und auf das Lösen von fachübergreifenden Ingenieuraufgaben ausgerichtet. Umstellung auf Bachelor/Master im WS 2007/08. Im Anschluss an den Bachelorabschluss kann der konsekutive Masterstudiengang absolviert werden.

Zukunftsperspektiven:
Studienstruktur: Verkürzung der Studiendauer durch Straffung von Inhalten und verbesserte Ablauforganisation.
Arbeitsmarktmöglichkeiten: Einsatzgebiete sind vorwiegend in der Ingenieurberatung und im Bereich fachübergreifende Tätigkeiten wie im Anlagenbetrieb oder Anlagenbau.

Geoenvironmental Engineering

Studienabschluss:	Bachelor of Science
Hochschule:	Technische Universität Clausthal – Clausthal-Zellerfeld
Fachbereich/Fakultät:	Fakultät für Energie- und Wirtschaftswissenschaften
Institut/Einrichtung:	Institut für Geotechnik und Markscheidewesen
Anschrift:	Erzstraße 18, 38678 Clausthal-Zellerfeld
Ansprechpartner:	Univ.-Prof. Dr.-Ing. Norbert Meyer, Tel. 05323-72 22 95 norbert.meyer@tu-clausthal.de
Web-Adresse:	www.igmc.tu-clausthal.de/studium/bachelor-geoenvironmental-engineering/
Studienfachberatung:	norbert.meyer@tu-clausthal.de
Zulassung/Bewerbung:	—
Studienbeginn/-plätze:	Sommer- und Wintersemester, 60 Studienplätze
Studiengebühren:	500,- Euro/Semester
Regelstudienzeit:	6 Semester

Kurzbeschreibung des Studiengangs:
Beim neuen Bachelor-Studiengang Geoenvironmental Engineering an der TU Clausthal handelt es sich um einen interdisziplinären Studiengang aus den Bereichen der Umweltschutztechnik, der Angewandten Geologie und der Geotechnik.
Das Lehrangebot des Bachelor-Studienganges wird in deutscher Sprache angeboten.
Es untergliedert sich in Fachmodule mit Grundlageninhalten und Vertiefungsangeboten. Der Studiengang wird in Kooperation mit der Sichuan University in China angeboten. Im ersten Studienjahr werden mathematisch-naturwissenschaftliche Grundlagen, hauptsächlich auf der Basis von Vorlesungen und Übungen, vermittelt.
Im zweiten Studienjahr folgen weitere Grundlagenmodule zu den Themenbereichen Geologie, Ingenieurbau und Technische Mechanik sowie Betriebswirtschaftslehre und Recht. Im dritten Studienjahr wird das Fachwissen mit geotechnischen Modulen und Inhalten aus der Umweltschutztechnik erweitert und vertieft, Präsentationstechnik erlernt und die Bachelor-Abschlussarbeit angefertigt.
Die Kernkompetenzen der TU Clausthal in den Bereichen Umweltschutztechnik, Angewandte Geologie und Geotechnik werden in Verbindung mit wirtschaftswissenschaftlichen Elementen in diesem interdisziplinären Studiengang zielführend kombiniert. Die Qualität der Ausbildung wird durch Evaluierungsmaßnahmen im Rahmen eines Mentoren- und Tutorenprogrammes sowie durch weitere Qualitätssicherungsinstrumente gewährleistet.

Besondere Hinweise zum Studiengang:
Kooperation mit führenden chinesischen Hochschulen.

Zukunftsperspektiven:
Studienstruktur: Einrichtung des Masterstudienganges „Geoenvironmental Engineering" geplant zum WS 2007/08.
Arbeitsmarktmöglichkeiten: Die Tätigkeitsfelder der Absolventen liegen in der Umweltberatung und -untersuchung im Bereich Boden, Wasser, Abfall und Altlasten: Umweltrisikoanalysen und -beurteilung, Umweltmanagementsysteme (Ökoaudit), Umweltgeotechnik (Boden- und Grundwasserschutz, Altlastenerkundung und -sanierung).

Internationale Umwelttechnik

Studienabschluss:	Bachelor of Science
Hochschule:	Hochschule Bremen (FH)
Fachbereich/Fakultät:	Bauingenieurwesen
Institut/Einrichtung:	Institut für Umwelt- und Biotechnik
Anschrift:	Neustadtswall 30, 28199 Bremen
Ansprechpartner:	Prof. Dr. Bernd Mahro, Tel. 0421-59 05 23 05 mahro@fbb.hs-bremen.de
Web-Adresse:	http://www.umwelttechnik.hs-bremen.de
Studienfachberatung:	mahro@fbb.hs-bremen.de
Zulassung/Bewerbung:	Hochschuleigene Zulassung in Abhängigkeit von Angebot und Nachfrage (ggf. NC)
Studienbeginn/-plätze:	Wintersemester, 36 Studienplätze
Studiengebühren:	keine
Regelstudienzeit:	7 Semester

Kurzbeschreibung des Studiengangs:

Der Studiengang ist folgendermaßen aufgebaut: Im 1. und 2. Semester finden natur- und ingenieurwissenschaftliche Grundlagenkurse statt, das 3. und 4. Semester bietet Umwelttechnik-Fachkurse an, im 5. und 6. Semester findet ein frei wählbares Auslandsstudium im Bereich Umwelttechnik statt, das 7.Semester ist das Praxis- und Thesis-Semester.

Schwerpunkte des Grundlagenstudiums sind: Umweltchemie, Umweltbiologie, Mathematik, Messtechnik, Physik, Grundlagen umwelt- und bautechnischer Verfahren; English for Environmental Engineers. Die inhaltlichen Schwerpunkte umfassen: Wasser- und Abwassertechnik, Kreislaufwirtschaft und Altlasten, Umwelt-Prozesstechnik, Biotechnischer Umweltschutz.

Jedes Modul wird mit einer Studien- oder Prüfungsleistung abgeschlossen (Klausur, Kolloquium, Referat oder ingenieurtechnischer Entwurf). Während des Auslandsstudiums müssen die jeweils vor Ort geltenden Leistungsanforderungen in den belegten Modulen erfüllt werden. Im 7. Semester ist ein 11-wöchiges Praktikum zu absolvieren bevor das Studium mit einer Bachelorthesis abgeschlossen wird.

Besondere Hinweise zum Studiengang:

Das einjährige Auslandsstudium ist obligatorisch, kann aber sowohl im Hinblick auf Studienort als auch hinsichtlich der umwelttechnischen Schwerpunktsetzung frei gewählt werden.

Studierende mit einem mindestens guten BSc-Abschluss (bis Notendurchschnitt 2,5) können konsekutiv in einem akkreditierten Master-Studiengang weiter studieren (MSc).

Zukunftsperspektiven:

Studienstruktur: Es ist geplant, den Bachelor-Studiengang um einen Schwerpunkt im Bereich der Biokonversions- und Energietechnik zu erweitern.

Arbeitsmarktmöglichkeiten: Die im 7.Semester zusätzlich integrierte Praxisphase hilft die für Bachelor-Studiengänge angestrebte Berufsqualifizierung abzusichern. Die bisherigen Erfahrungen zeigen, dass Absolventen des internationalen und praxisorientierten Studiengangs auf dem Arbeitsmarkt sehr erfolgreich sind.

Landschaftsentwicklung

Studienabschluss: Bachelor of Engineering
Hochschule: Fachhochschule Osnabrück
Fachbereich/Fakultät: Fakultät Agrarwissenschaften und Landschaftsarchitektur
Institut/Einrichtung: —
Anschrift: Oldenburger Landstraße 24, 49090 Osnabrück
Ansprechpartner: Prof. Hubertus von Dressler, Tel. 0541-969 51 80
h.von-dressler@fh-osnabrueck.de
Web-Adresse: http://www.al.fh-osnabrueck.de/
Studienfachberatung: v.stillger@fh-osnabrueck.de
Zulassung/Bewerbung: NC, Bewerbung über die Hochschule, 3 Monate Vorpraktikum
Studienbeginn/-plätze: Wintersemester, 40 Studienplätze
Studiengebühren: 500,- Euro/Semester
Regelstudienzeit: 6 Semester

Kurzbeschreibung des Studiengangs:
Der Studiengang qualifiziert die Absolventen für den Bereich der Landschaftsentwicklung und Landschaftsplanung innerhalb des weiten Berufsfeldes Landschaftsarchitektur, d.h. für die Aufgaben der Berufspraxis, die sich aus den Anforderungen des Naturschutzes und der Landschaftspflege nach den Naturschutzgesetzen sowie der räumlichen Umweltplanung und den jeweils daraus resultierenden Planungsaufgaben ergeben. Im Rahmen einer querschnittsorientierten Ausbildung werden vor allem Kreativität und Anwendung fachspezifischen Wissens zur Lösung von Planungsaufgaben vermittelt. Der interdisziplinäre Ansatz, die Befähigung zur selbstständigen Bewältigung unterschiedlichster Aufgabenstellungen durch das intensive Projektstudium, Schlüsselkompetenzen in den Bereichen Moderation und Präsentation sowie die Nutzung ergänzender Studienangebote zur Qualifikation für internationale Aufgaben kennzeichnen den Studiengang. Das Studium ist modular aufgebaut mit einem hohen Projektanteil, darunter ein berufspraktisches Projekt mit einem Büropraktikum von 10 Wochen. Das 1. Semester ist ein Grundlagensemester, das gemeinsam mit den Nachbarstudiengängen „Freiraumplanung" und „Ingenieurwesen im Landschaftsbau" absolviert wird. Das Lehrangebot orientiert sich vor allem an den Tätigkeitsfeldern der Landschaftsplanung und räumlichen Umweltplanung in Planungsbüros, Ingenieurgesellschaften, Verwaltungen und nichtstaatlichen Institutionen mit den Aufgaben: Landschafts- und Grünordnungsplanung sowie Prüfung der Umweltverträglichkeit von Maßnahmen.

Besondere Hinweise zum Studiengang:
Aufgrund des gemeinsamen 1. Semesters ist ab dem 2. Semester ein Wechsel zu den Nachbarstudiengängen „Freiraumplanung" und „Ingenieurwesen im Landschaftsbau" ohne Zeitverlust möglich, vorausgesetzt die jeweiligen Zugangsvoraussetzungen sind erfüllt und Studienplätze stehen zur Verfügung.

Zukunftsperspektiven:
Studienstruktur: Aufbauend auf den Studiengang werden mehrere konsekutive Masterstudiengänge angeboten: Landschaftsarchitektur und Regionalentwicklung, Management im Landschaftsbau, Bodennutzung und Bodenschutz
Arbeitsmarktmöglichkeiten: Die breit angelegte Vermittlung von Schlüsselqualifikationen führt trotz konjunktureller Schwankungen und der Mittelkürzungen im Umweltbereich dazu, dass die Absolventen neben dem engeren Berufsfeld der Landschafts- und Umweltplanung Anstellungen in benachbarten oder neuen Aufgabenfeldern finden.

Landwirtschaft

Studienabschluss:	Bachelor of Science
Hochschule:	Fachhochschule Kiel
Fachbereich/Fakultät:	Landbau
Institut/Einrichtung:	—
Anschrift:	Am Kamp 11, 24783 Osterrönfeld
Ansprechpartner:	Prof. Dr. Martin Braatz, Tel. 04331-84 51 23 martin.braatz@fh-kiel.de
Web-Adresse:	www.landbau.fh-kiel.de
Studienfachberatung:	kathrin.stoeve-schimmelpfennig@fh-kiel.de
Zulassung/Bewerbung:	Allgemeine Fachhochschulreife und Praktikantenprüfung Landwirtschaft
Studienbeginn/-plätze:	Sommer- und Wintersemester, 36 Studienplätze
Studiengebühren:	keine
Regelstudienzeit:	6 Semester

Kurzbeschreibung des Studiengangs:
Studienziel ist die Befähigung zu einer auf wissenschaftlicher Grundlage beruhenden, selbstständigen Tätigkeit im Berufsfeld der Agrarwirtschaft, z.b. zur Leitung eines landwirtschaftlichen Betriebes, zur Beratung von Betriebsleitern oder verwandte Tätigkeiten. Dazu gehören ein solides, breites Fundament an theoretischem sowie an praxisnahem Wissen und die Befähigung zum Anwenden und Vernetzen dieses Wissens im Berufsalltag. Ebenso sind fachunabhängige Qualifikationen (z.b. Mitarbeiterführung) und Methodenkompetenzen nötig, z.b. Verfahrensketten zu optimieren oder Planungsmethoden und Verhandlungsstrategien anzuwenden. Das Studium ist durchgehend modularisiert und in drei Studienjahre gegliedert. Im ersten Studienjahr werden natur- und wirtschaftswissenschaftliche sowie landwirtschaftsnahe Grundlagen vermittelt. Im zweiten Studienjahr werden die Fundamente in Fächern der landwirtschaftlichen Produktionstechnik sowie zur Leitung landwirtschaftlicher Betriebe gelegt. Aufbauend auf diesem Fundament aus Pflichtfächern wird im dritten Studienjahr ein Katalog von Wahlpflichtfächern angeboten, der eine individuelle Spezialisierung aller Studierenden ermöglicht. In zusätzlichen Seminaren werden weitere Fertigkeiten vermittelt wie z.b. eigenständiges Erarbeiten, Anwenden und Vernetzen von Wissen, Vortragen vor Publikum, Leiten von Versammlungen, Kritikfähigkeit. Das Anwenden von Wissen im Berufsfeld ist auch Ziel des studienintegrierten Praktikums und der Bachelor-Thesis.

Besondere Hinweise zum Studiengang:
Voraussetzung zum Studium ist neben der Fachhochschulreife ein einjähriges Praktikum mit Abschlussprüfung, das spätestens vor dem dritten Semester nachgewiesen sein muss.

Zukunftsperspektiven:
Studienstruktur: Ab WS 2007/08 ist der konsekutive Master-Studiengang Agrar- und Produktionsmanagement geplant. Dieser Master-Studiengang ist stärker anwendungsorientiert ausgerichtet.
Arbeitsmarktmöglichkeiten: Breit gefächertes Berufsfeld, über 50% der Absolventen sind in der praktischen Landwirtschaft tätig. Weitere Berufsfelder im landwirtschaftlichen Dienstleistungsbereich. Mit Abschluss des Studiums haben ca. 85% der Absolventen eine qualifizierte Stelle.

Maschinenbau – Erneuerbare Energien

Studienabschluss:	Bachelor of Engineering
Hochschule:	Technische Fachhochschule Berlin
Fachbereich/Fakultät:	Fachbereich VIII, Maschinenbau, Verfahrens- und Umwelttechnik
Institut/Einrichtung:	Labor für konventionelle und erneuerbare Energien
Anschrift:	Luxemburger Straße 10, 13353 Berlin
Ansprechpartner:	Prof. Dr.-Ing. Theo Bracke, Tel. 030 45 04 27 75 laborkee@tfh-berlin.de
Web-Adresse:	www.tfh-berlin.de/studium/fbviii
Studienfachberatung:	laborkee@tfh-berlin.de
Zulassung/Bewerbung:	NC, Bewerbung bei der Studienverwaltung, 13 Wochen Praktikum
Studienbeginn/-plätze:	Sommer- und Wintersemester, 40 Studienplätze
Studiengebühren:	derzeit (2007) keine
Regelstudienzeit:	7 Semester

Kurzbeschreibung des Studiengangs:

Das Bachelorstudium umfasst sieben Semester und ist in Module gegliedert. In allen Modulen sind studienbegleitend Leistungsnachweise zu erbringen. Neben einer mathematisch/naturwissenschaftlichen Basis werden grundlegende ingenieurwissenschaftliche Kenntnisse vermittelt. Ein allgemeinwissenschaftliches Ergänzungsmodul rundet das Studienprogramm ab. Der Bereich Maschinenbau/Erneuerbare Energien und dessen Anwendung in verschiedenen Bereichen wird vertieft vermittelt. Die Lehrveranstaltungen finden in kleinen Gruppen nach seminaristischem Prinzip statt: Vortrag und Diskussion wechseln in pädagogisch sinnvoller Weise. Übungen dienen zur Vertiefung des Lehrstoffes und vermitteln praxisbezogene Methoden und Verfahrenstechniken. Für Studienfächer mit Rechnereinsatz stehen in den Übungen EDV-Arbeitsplätze zur Verfügung.

Das siebente Studiensemester umfasst eine Praxisphase und die Abschlussprüfung mit der Anfertigung der aus einer praxisrelevanten Problemstellung abgeleiteten Bachelor-Abschlussarbeit und einem begleitenden Abschluss-Seminar. Die Absolventen sind nach Abschluss des Studienganges in der Lage, Aufgaben des Maschinenbaus oder der Erneuerbaren Energien methodisch konsequent zu einer funktions-, kosten- und termingerechten Lösung zu führen.

Zukunftsperspektiven:

Studienstruktur: Es besteht die Möglichkeit, im konsekutiven Masterstudiengang Maschinenbau – Konstruktionstechnik und Erneuerbare Energien den akademischen Grad Master of Engineering (M. Eng.) zu erwerben.

Arbeitsmarktmöglichkeiten: Die Absolventen sind in allen Bereichen des Maschinenbaues und der Erneuerbaren Energien einsetzbar; z.B.: Entwicklung; Anlagenplanung und Berechnung; Produktion und Vertrieb.

Maschinenbau (Schwerpunkt: Energie- und Umwelttechnologie)

Studienabschluss: Dipl.-Ing.
Hochschule: Fachhochschule Brandenburg
Fachbereich/Fakultät: Technik
Institut/Einrichtung: —
Anschrift: Magdeburger Straße 50, 14770 Brandenburg
Ansprechpartner: Prof. Dr. Reiner Malessa
malessa@fh-brandenburg.de
Web-Adresse: www.fh-brandenburg.de/fbt/
Studienfachberatung: malessa@fh-brandenburg.de
Zulassung/Bewerbung: —
Studienbeginn/-plätze: Wintersemester, 20 Studienplätze
Studiengebühren: keine
Regelstudienzeit: 8 Semester

Kurzbeschreibung des Studiengangs:
Aufbauend auf ein grundlegendes Ingenieurstudium des Maschinenbaus werden in diesem Schwerpunkt nach dem Vordiplom Spezialkenntnisse in den Energie- und Umwelttechnologien vermittelt. Der angehende Ingenieur erwirbt zusätzlich Kenntnisse in Technologien zur Energiewandlung, wobei der Schwerpunkt in innovative, nachhaltige Verfahren gesetzt wird.
Zusätzliche Kenntnisse in grundlegenden Prinzipien der Thermodynamik, des Apparatebaus und der Verfahrenstechnik sollen die ingenieursmäßige Umsetzung dieser Technologien in der beruflichen Tätigkeit sicherstellen.

Zukunftsperspektiven:
Studienstruktur: Eine Fortsetzung dieses Schwerpunkts als Spezialisierung in der Maschinenbau-Masterausbildung ist vorgesehen.
Arbeitsmarktmöglichkeiten: Die Arbeitsmarktmöglichkeiten der Maschinenbauer sind hervorragend. Durch Wahl dieses Schwerpunkts ergibt sich zusätzlich die Möglichkeit, zukünftig an bedeutenden Problemstellungen der Energiebereitstellung mitzuarbeiten.

Maschinenbau (Schwerpunkt: Regenerative Energie- und Stofftechnik)

Studienabschluss:	Bachelor of Engineering bzw. Master of Engineering
Typ	Grundständiger Studiengang/Aufbaustudiengang
Hochschule:	Fachhochschule Köln
Fachbereich/Fakultät:	Fakultät 09, Fakultät Anlagen-, Energie- und Maschinensysteme
Institut/Einrichtung:	Institut für Landmaschinentechnik und Regenerative Energien
Anschrift:	Betzdorfer Straße2, 50679 Köln
Ansprechpartner:	Prof. Rieker, Tel. 0221-82 75 23 98 christiane.rieker@fh-koeln.de
Web-Adresse:	http://www.f09.fh-koeln.de/institute/ltre/
Studienfachberatung:	Heiner.Wesche@fh-koeln.de
Zulassung/Bewerbung:	Vorpraktikum oder Lehre, NC
Studienbeginn/-plätze:	Sommer- und Wintersemester, 50 Studienplätze
Studiengebühren:	500,- Euro/Semester
Regelstudienzeit:	6 bzw. 7 Semester (mit Praxissemester, Bachelor) und 3 Semester (Master)

Kurzbeschreibung des Studiengangs:
Im Grundstudium des Bachelorstudiengangs werden Mathematik, Physik, EDV, CAD, Mechanik, Werkstoffkunde, Elektrotechnik, Maschinenelemente, Konstruktionslehre und Thermodynamik gelehrt. Ab dem 5. Semester wird ein Praxissemester in der industriellen Praxis durchgeführt. Hier soll ein Einblick in das ingenieurmäßige Arbeiten im beruflichen Umfeld unter begleitender Betreuung der Fachhochschule gegeben werden. Zu den Querschnittsfächern des Hauptstudiums gehören Ölhydraulik, Kolben- und Strömungsmaschinen, Regelungs- und Steuerungstechnik, Management und Betriebswirtschaft, Konstruktions-, Fertigungs- und Versuchstechnik, CAD-Aufbau- und FEM-Kurse, Labor- und Projektarbeit (z.T. in der Industrie und/oder im Ausland). Im Hauptstudium des Bachelorstudiengangs werden im Nachhaltigkeitskontext Solartechnik (Photovoltaik, Solarthermie) und Windenergie, Biogas, Biomasseverbrennung, Kraftstoffe aus Biomasse (Grundlagen, Verfahren, Technik, Anlagenkonzeption, Potentiale, Energiebilanz, Wirtschaftlichkeit, Anwendungsbeispiele) gelehrt. Inhalt ist die Maschinen- und Anlagentechnik für die Produktion nachwachsender Rohstoffe und ihrer energetischen oder stofflichen Nutzung. Dabei wird das gesamte Feld von der energetischen Biomassenutzung bis zu Wind- und Solarenergie behandelt. Energieeffizienz, Energiemanagement und die Einbindung in Gesamtsysteme runden das Studium ab. Im Anschluss an den Bachelorstudiengang ist ein Masterstudiengang Maschinenbau möglich, in dessen Rahmen Bioenergietechnik und Management regenerativer Energiesysteme und Verbundsysteme als Schwerpunktmodule gewählt werden können.

Besondere Hinweise zum Studiengang:
Master Maschinenbau im Anschluss an den Bachelorstudiengang möglich (3 Semester). Der Bachelor startet jeweils zum Wintersemester, der Master zum Sommer- und Wintersemester.

Zukunftsperspektiven:
Arbeitsmarktmöglichkeiten: Tätigkeitsfelder in der Konstruktion und Fertigung der entsprechenden Maschinen und Anlagen, vor allem auch im Bereich der Planung und Optimierung, sowie die Beratung beim Einsatz regenerativer Energien; Nutzungspotentiale und Tätigkeitsfelder auch in Ländern der Dritten Welt.

Maschinenbau (Studienschwerpunkt Umwelttechnik)

Studienabschluss: Dipl.-Ing. (FH)
Hochschule: Universität der Bundeswehr München – Neubiberg
Fachbereich/Fakultät: Maschinenbau
Institut/Einrichtung: WE 5 Thermische Maschinen und Geräte und WE 6 Umwelttechnik (mit dem Forschungsschwerpunkt Energie- und Umwelttechnik)
Anschrift: Werner-Heisenberg-Weg 39, 85577 Neubiberg
Ansprechpartner: Prof. Dr.-Ing. Stefan Lecheler, Tel. 089-60 04 23 57
stefan.lecheler@unibw.de
Web-Adresse: http://www.unibw.de/mb/
Studienfachberatung: mb_dekanat@unibw.de
Zulassung/Bewerbung: Bewerbung über die Offiziersprüfzentrale (OPZ) Köln
Studienbeginn/-plätze: Wintersemester, ca. 70 Studienplätze
Studiengebühren: Für Offiziere keine; für zivile Studierende ca. 10.000,- Euro/Jahr
Regelstudienzeit: 3,3 Jahre

Kurzbeschreibung des Studiengangs:
Das Studium umfasst 8 Studientrimester, 4 praktische Abschnitte sowie die Diplomarbeit und dauert 3 Jahre und 3 Monate. Das 1. Studienjahr (Grundstudium) umfasst 3 Studientrimester und 10 Wochen Praktikum. Vermittelt werden die ingenieurwissenschaftlichen Grundlagen wie z.B. Mathematik, Mechanik, Thermodynamik, Konstruktion, Werkstofftechnik, Informatik und technisches Englisch. Das 2. Studienjahr (Hauptstudium) beinhaltet das vierte und fünfte Studientrimester, in denen die ingenieurwissenschaftlichen Grundlagen vertieft werden. Typische Fächer sind z.B. Strömungsmechanik, Fertigungsverfahren, Numerische Verfahren und Regelungstechnik. Zwei weitere praktische Studienabschnitte in der Industrie oder bei der Bundeswehr von 8 und 10 Wochen schließen das Jahr ab. Im 3. Studienjahr erfolgt im sechsten, siebten und achten Studientrimester die Vertiefung der ingenieurwissenschaftlichen Fächer und die Spezialisierung auf einen der 5 Studienschwerpunkte Kraftfahrzeugtechnik, Waffentechnik, Luft- und Raumfahrttechnik, Umwelttechnik oder - Energieanlagen- und Marinetechnik. In einer Projektstudie wenden die Studierenden ihr Wissen und Können an und führen ein praxisnahes Projekt von der Planung über die Auslegung bis zur Präsentation selbstständig durch. Abschluss des Studiums ist die Diplomarbeit, die oftmals in Zusammenarbeit mit der Industrie durchgeführt wird.

Besondere Hinweise zum Studiengang:
Die Studierenden sind in der Regel Offiziere der Bundeswehr, die sich für 12 Jahre verpflichtet haben. Zivile Studierende müssen das Studium bezahlen. Durch die Trimesterregelung und die persönliche Betreuung in Kleingruppen mit ca. 15 Studenten pro Professor ist die Studiendauer kurz und die Qualität sehr gut.

Zukunftsperspektiven:
Studienstruktur: Die Umstellung des Diplomstudiengangs auf einen Bachelor- und Masterstudiengang ist ab Oktober 2007 vorgesehen, wobei die Inhalte bestehen bleiben oder sogar erweitert werden.
Arbeitsmarktmöglichkeiten: Die Berufsaussichten sind sehr gut, da die Studierenden neben der fachlichen auch soziale und organisatorische Kompetenzen erworben haben und leistungsbereit sind. Sie finden sowohl nach dem Studium als auch nach Abschluss ihrer Offizierslaufbahn gute Anstellungen in der Industrie und in der Verwaltung.

Maschinentechnik in natürlichen Kreisläufen (Regenerative Boden- und Landschaftstechnik)

Studienabschluss: Diplom (FH); ab WS 2007: auch Bachelor
Hochschule: Fachhochschule Köln
Fachbereich/Fakultät: Fakultät 09, Fakultät Anlagen-, Energie- und Maschinensysteme
Institut/Einrichtung: Landmaschinen und Regenerative Energien
Anschrift: Betzdorfer Straße 2, 50679 Köln
Ansprechpartner: Prof. Dr. Dagmar Gaese, Tel. 0221-82 75 23 96
dagmar.gaese@fh-koeln.de
Web-Adresse: http://www.f09.fh-koeln.de/institute/ltre/
Studienfachberatung: dagmar.gaese@fh-koeln.de
Zulassung/Bewerbung: NC
Studienbeginn/-plätze: Wintersemester, ca. 60 Studienplätze
Studiengebühren: 500,- Euro/Semester zzgl. Semesterbeitrag
Regelstudienzeit: 8 Semester (Bachelor: 7 Semester)

Kurzbeschreibung des Studiengangs:
Das Grundstudium umfasst 3 Semester (Grundlagen). Das Hauptstudium beinhaltet folgende Thematiken: Maschinen und Verfahren zur Bodenbearbeitung, Bodensanierung, Rekultivierung und Landschaftspflege im weitesten Sinne. Kommunalmaschinen, Erdbau- oder Forstmaschinen sind Beispiele für diesen Anwendungsbereich. Die Bewässerungstechniken und Wasserwirtschaft in Trocken- oder Nassgebieten werden ein weiteres Ausbildungsgebiet sein.

Das Studium wird durch eine Diplomarbeit abgeschlossen. Sie besteht aus einer in 3 bis 4 Monaten selbstständig zu bearbeitenden ingenieurmäßigen Forschungsaufgabe. Oft wird sie in enger Zusammenarbeit mit der Fachindustrie durchgeführt.

Besondere Hinweise zum Studiengang:
Der Studiengang ist als Bachelor-Studiengang ab WS 2007 von der Agentur für Qualitätssicherung durch Akkreditierung von Studiengängen ASIIN akkreditiert.

Zukunftsperspektiven:
Arbeitsmarktmöglichkeiten: Führungspositionen in Unternehmen, Verbänden und Verwaltungen des Wassersektors, Agrar- und Ernährungssektors, Bausektors und anderer ressourcenbezogener Disziplinen.

Prozess-, Energie- und Umwelttechnik

Studienabschluss: Bachelor of Engineering
Hochschule: Fachhochschule Düsseldorf
Fachbereich/Fakultät: Maschinenbau und Verfahrenstechnik
Institut/Einrichtung: —
Anschrift: Josef-Gockeln-Straße 9, 40474 Düsseldorf
Ansprechpartner: Prof. Ulrich Schwellenberg (Dekan des Fachbereichs)
Tel. 0211-435 14 01
dekanat.fb4@fh-duesseldorf.de
Web-Adresse: www.fh-duesseldorf.de/DOCS/FB/MUV/1studiengaenge.html
Studienfachberatung: ulrich.schwellenberg@fh-duesseldorf.de
Zulassung/Bewerbung: Fachhochschulreife, Grundpraktikum
Studienbeginn/-plätze: Wintersemester, 50 Studienplätze
Studiengebühren: keine
Regelstudienzeit: 6 Semester

Kurzbeschreibung des Studiengangs:
Der Studiengang Prozess-, Energie- und Umwelttechnik integriert drei benachbarte Fachrichtungen zu einer breit angelegten Ingenieurausbildung mit vielfältigen Berufsmöglichkeiten.

Das zweisemestrige Grundstudium beinhaltet allgemein verwendbare ingenieur- und naturwissenschaftliche Grundlagenfächer wie Mathematik, Informatik, Physik und Werkstoffkunde. Eine Projektarbeit direkt im ersten Semester vermittelt erste interessante Einblicke in die Tätigkeiten eines Ingenieurs. Das viersemestrige Hauptstudium beginnt mit fachspezifischen Grundlagenfächern wie Thermodynamik, Wärmeübertragung, Chemie und Strömungstechnik. Den Kern des Hauptstudiums bilden die fachspezifischen Inhalte der Prozess-, der Energie- und der Umwelttechnik. Eine Projektarbeit, zwei Wahlfächer und die Abschlussarbeit bieten Raum für persönliche Schwerpunktbildungen. Neben den fachlichen Inhalten wird den im Berufsleben immer wichtiger werdenden fachübergreifenden, methodischen und sozialen Kompetenzen ein hoher Stellenwert beigemessen: Computeranwendung, Kostenrechnung, Projektmanagement und Fremdsprachen gehören mit zu den Studieninhalten. Projektorientierte Studienformen und ein hoher Anteil an Praktika innerhalb und außerhalb der Hochschule verbinden in idealer Weise die Aneignung und praxisorientierte Anwendung fachlichen Wissens mit dem Einüben von selbstständigem Arbeiten, Teamfähigkeit und Moderations- und Präsentationsfertigkeiten.

Besondere Hinweise zum Studiengang:
Der Studiengang Prozess-, Energie- und Umwelttechnik war im Jahr 2000 einer der ersten ingenieurwissenschaftlichen Bachelor-Studiengänge in Deutschland. Mit der weiter verbesserten Studienordnung aus dem Jahr 2005 handelt es sich um ein erprobtes und ausgereiftes Studienangebot hoher Qualität.

Zukunftsperspektiven:
Studienstruktur: Aufbauend auf dem Bachelorstudiengang Prozess-, Energie- und Umwelttechnik bietet die FH Düsseldorf den konsekutiven Masterstudiengang Simulation und Experimentaltechnik an.

Arbeitsmarktmöglichkeiten: Die breit gefächerte Ausbildung in den drei Bereichen der Prozess-, der Energie- und der Umwelttechnik und der internationale Bachelor-Abschluss schaffen die Voraussetzungen, flexibel auf sich verändernde Arbeitsmärkte reagieren zu können.

Prozessintegrierter Umweltschutz

Studienabschluss: Bachelor of Engineering
Hochschule: Fachhochschule Jena
Fachbereich/Fakultät: Fachbereich SciTec Präzision – Optik – Materialien – Umwelt
Institut/Einrichtung: —
Anschrift: Carl-Zeiss-Promenade 2, 07745 Jena
Ansprechpartner: Prof. Dr. B. Rudolph, Tel. 03641-20 54 74
rudolph@fh-jena.de
Web-Adresse: www.fh-jena.de
Studienfachberatung: rudolph@fh-jena.de
Zulassung/Bewerbung: Vorpraktikum 12 Wochen
Studienbeginn/-plätze: Wintersemester, ca. 50 Studienplätze
Studiengebühren: keine
Regelstudienzeit: 6 Semester

Kurzbeschreibung des Studiengangs:
Der Studiengang ist darauf ausgelegt, sowohl die fachlichen als auch die fachübergreifenden Qualifikationen zu vermitteln, die für eine erfolgreiche Berufsausübung benötigt werden. Entsprechend dem interdisziplinären Charakter des Prozessintegrierten Umweltschutzes setzt sich das Fächerspektrum des Studienplans zu großen Teilen aus naturwissenschaftlichen und technischen Inhalten zusammen. Für das Verstehen und Optimieren von technischen Prozessen sind Physik, Chemie und Mathematik unverzichtbares Handwerkszeug. Sie sind daher ein wichtiger Bestandteil der ersten Studiensemester.

In Fächern wie Prozesswassertechnologien, Chemischer Analytik oder Umweltverfahrenstechnik werden Methoden und Verfahren vermittelt, die für die technische Seite des Prozessintegrierten Umweltschutz eine entscheidende Rolle spielen. Umwelt- und Energiemanagement sowie Betriebswirtschaft als Werkzeuge der kostenorientierten Planung und der Auswahl optimaler Problemlösungsansätze vervollständigen die Ausbildung. Das letzte Studiensemester beinhaltet eine integrierte Praxisphase, in der unter Anleitung eine ingenieurtechnische Aufgabe aus der Berufspraxis bearbeitet wird. Im Anschluss an die Praxisphase wird die Bachelorarbeit angefertigt. Bachelorarbeit und Praxisphase werden in der Regel in der Industrie oder in Ingenieurbüros und Forschungseinrichtungen durchgeführt. Sie werden durch die entsprechende Institution und die Hochschule wissenschaftlich betreut.

Zukunftsperspektiven:
Studienstruktur: Derzeit wird am Aufbau von Kooperationsbeziehungen mit anderen Hochschulen gearbeitet, um den Übergang in Masterstudiengänge zu unterstützen. Beim Vorliegen der Voraussetzungen ist auch eine Immatrikulation in den Masterstudiengang „Scientific Instrumentation" an der FH Jena möglich.
Arbeitsmarktmöglichkeiten: Deutschlandweit existieren ca. 1,4 Millionen Arbeitsplätze auf dem Gebiet des technischen Umweltschutzes. Allein zwischen 1998 und 2002 wurden etwa 100.000 Stellen geschaffen. Deren Schwerpunkt lag in den Bereichen der erneuerbaren - Energien, umweltbezogener Dienstleistungen u. des Exports.

Regenerative Energietechnik

Studienabschluss:	Bachelor of Engineering
Hochschule:	Fachhochschule Nordhausen
Fachbereich/Fakultät:	Fachbereich Ingenieurwissenschaften
Institut/Einrichtung:	—
Anschrift:	Weinberghof 4, 99734 Nordhausen
Ansprechpartner:	Sekretariat Regenerative Energietechnik, Tel. 03631-42 04 01 ret@fh-nordhausen.de
Web-Adresse:	www.fh-nordhausen.de
Studienfachberatung:	ret@fh-nordhausen.de
Zulassung/Bewerbung:	Bewerbung direkt über Internet möglich (www.fh-nordhausen.de -> Bewerbung)
Studienbeginn/-plätze:	Wintersemester, > 100 Studienplätze
Studiengebühren:	—
Regelstudienzeit:	6 Semester

Kurzbeschreibung des Studiengangs:
Die Fachhochschule Nordhausen verfolgt in dem Bachelor-Studiengang Regenerative Energietechnik eine grundlegende systemtechnische Ausbildung im Bereich der Entwicklung, der Planung und dem Betrieb von Regenerativen Energieanlagen.
Neben einer soliden ingenieurwissenschaftlichen Grundlage stehen die energie- und verfahrenstechnischen Prinzipien regenerativer Energiesysteme – wie beispielsweise solarthermischer, photovoltaischer, geothermischer oder windenergetischer Anlagen – sowie deren Einbindung in vorhandene elektrische oder thermische Energiesysteme im Zentrum der Ausbildung. Der Studiengang Regenerative Energietechnik verbindet somit die energietechnischen Lehrinhalte des Maschinenbaus und der Elektrotechnik unter dem Fokus regenerativer Energiesysteme.
Die Vermittlung der Lehrinhalte geschieht in zwei Studienabschnitten. Im ersten Studienabschnitt, der das 1. bis 3. Fachsemester umfasst, werden insbesondere die Grundlagen gelegt und Eignungsdefizite der Studienanfänger ermittelt. Im zweiten Studienabschnitt werden die Grundlagen vertieft, sowie die praxisbezogene Fachausbildung vorgenommen, die die drei Ebenen Energiesystem, Systemintegration und Implikationen umfasst. Das Studium wird mit einer Bachelor-Arbeit abgeschlossen.

Besondere Hinweise zum Studiengang:
Ein Master-Studiengang „Master of Systems-Engineering" mit mehreren Studienschwerpunkten zu Regenerativer Energietechnik ist in der Akkreditierungsphase.

Zukunftsperspektiven:
Studienstruktur: Das Ausbildungsspektrum garantiert eine breite Palette an Einsatzmöglichkeiten der Absolventen, die weit über die regenerative Energietechnik hinausgehen. Sie sind einsetzbar als Konstrukteur, Entwicklungsingenieur, Projektmanager, Vertriebsingenieur, Energieberater etc.

Technologie Nachwachsender Rohstoffe

Studienabschluss: Bachelor of Engineering
Hochschule: Fachhochschule Hannover
Fachbereich/Fakultät: —
Institut/Einrichtung: Abteilung Bioverfahrenstechnik
Anschrift: Heisterbergallee 12, 30453 Hannover
Ansprechpartner: E. Wüst, Tel. 0511-92 96 22 13
Eberhard.Wuest@bv.fh-hannover.de
Web-Adresse: www.fakultaet2.fh-hannover.de
Studienfachberatung: hermann.frister@bv.fh-hannover.de
Zulassung/Bewerbung: NC
Studienbeginn/-plätze: Wintersemester, 24 Studienplätze
Studiengebühren: 500,- Euro/Semester
Regelstudienzeit: 6 Semester

Kurzbeschreibung des Studiengangs:
Es handelt sich um ein 6-semestriges Studium, das aus 5 Präsenzsemestern (Theorie und Praktika) an der Hochschule und einem Semester in der Industrie (Praxisphase in Verbindung mit der Anfertigung der Bachelor-Arbeit) besteht. Die Studierenden erlernen natur-, ingenieurwissenschaftliche und verfahrenstechnische Grundlagen, die von betriebswirtschaftlichen, fremdsprachlichen, kommunikativen und projektorientierten Elementen flankiert werden. In der ganzheitlichen Betrachtung stehen Pflanzen im Mittelpunkt. Die Züchtung, der Anbau und die Ernte bis hin zur Verarbeitung pflanzlichen Materials sind Inhalte des Studiums. Neben der breiten Betrachtung der Verarbeitungs- und Einsatzmöglichkeiten herrschen im Rahmen von Vorlesungen insbesondere zwei praktische Schwerpunkte vor: die Herstellung und Untersuchung von Materialeigenschaften von Verbundwerkstoffen und der Einsatz der technischen Mikrobiologie (Fermentation) zur Gewinnung chemischer und pharmazeutischer Wertstoffe.
Der Studiengang ist modularisiert, ECTS-orientiert und von der ASIIN akkreditiert. Alle Module sind bzgl. der Studienziele, -inhalte und Prüfungsnachweise auf der zuvor genannten Internetseite beschrieben.

Besondere Hinweise zum Studiengang:
In Kooperation mit der Hochschule für Angewandte Wissenschaften und Kunst in Göttingen (Fachhochschule) wird ein gemeinsames Master-Studium „Nachwachsende Rohstoffe und Erneuerbare Energien" angeboten, das zum Studienabschluss Master of Engineering führt.

Zukunftsperspektiven:
Studienstruktur: Siehe „Besondere Hinweise zum Studiengang"
Arbeitsmarktmöglichkeiten: Arbeitsmarktmöglichkeiten in der verfahrenstechnisch orientierten Industrie.

Umwelt- und Bioingenieurwissenschaften

Studienabschluss: Dipl.-Ing.
Hochschule: Universität Bayreuth
Fachbereich/Fakultät: Fakultät für Angewandte Naturwissenschaften
Institut/Einrichtung: —
Anschrift: Universitätstraße 30, 95440 Bayreuth
Ansprechpartner: Studiendekan Prof. Dr.-Ing. Ralf Moos, Tel. 0921-55 74 01
Studiendekan.FAN@Uni-Bayreuth.de
Web-Adresse: http://www.fan.uni-bayreuth.de//umbiwi.html
Studienfachberatung: Studiendekan.FAN@Uni-Bayreuth.de
Zulassung/Bewerbung: Kein NC
Studienbeginn/-plätze: Wintersemester, ca. 200 Studienplätze
Studiengebühren: 500,- Euro/Semester
Regelstudienzeit: 10 Semester

Kurzbeschreibung des Studiengangs:

Im Studiengang Umwelt- und Bioingenieurwissenschaft (Werkstoff- und Verfahrenstechnik) werden Natur und Technik verbunden und nicht als Gegensätze behandelt. Die Studierenden lernen durch eine breite ingenieur- und naturwissenschaftliche Ausbildung umwelt- und biotechnische Gesamtabläufe zu erfassen und durch innovative Werkstoffe und Verfahren zu verbessern.

Das Studium der Umwelt- und Bioingenieurwissenschaft gliedert sich in Grundstudium und Hauptstudium mit jeweils 4 Semestern, plus 1 Semester für die Diplomarbeit. Um bereits während des Studiums einen Einblick in die Praxis und mögliche spätere Berufsfelder zu erhalten, gehört zum Studium ein 26-wöchiges Industriepraktikum.

Der Grad des Dipl.-Ing. Univ. ist ein angesehener Abschluss, der den unmittelbaren Einstieg in verschiedene berufliche Laufbahnen im In- und Ausland ermöglicht. Durch weitere Forschungsleistungen kann an der FAN oder auch an einer anderen Universität die Promotion zum Dr.-Ing. erlangt werden.

Besondere Hinweise zum Studiengang:

In der Regelstudienzeit sind 6 Monate Berufspraktikum enthalten.

Zukunftsperspektiven:

Studienstruktur: Umstellung auf BA/MA geplant; MA-Abschluss wird Diplomäquivalent sein.

Arbeitsmarktmöglichkeiten: Es bestehen sehr gute Berufsaussichten.

Umwelt- und Energieprozesstechnik

Studienabschluss:	Bachelor of Science / Master of Science
Hochschule:	Otto-von-Guericke-Universität Magdeburg
Fachbereich/Fakultät:	Fakultät für Verfahrens- und Systemtechnik
Institut/Einrichtung:	Institut für Strömungstechnik und Thermodynamik
Anschrift:	Universitätsplatz 2, 39106 Magdeburg
Ansprechpartner:	Prof. Dr.-Ing. Eckehard Specht, Tel. 0391-671 87 65
	eckehard.specht@vst.uni-magdeburg.de
Web-Adresse:	www.uni-magdeburg.de/fvst
Studienfachberatung:	eckehard.specht@vst.uni-magdeburg.de
	evangelos.tsotsas@vst.uni-magdeburg.de
Zulassung/Bewerbung:	—
Studienbeginn/-plätze:	Wintersemester, —
Studiengebühren:	—
Regelstudienzeit:	10 Semester

Kurzbeschreibung des Studiengangs:
Um künftig entscheidende Fortschritte in der Umwelttechnik (Luft, Wasser, Boden, Abfälle) zu erzielen, sind insbesondere Untersuchungen zur detaillierten Aufklärung der Beziehungen zwischen den komplizierten Stoffstrukturen, den typischen Wandlungsprozessen im Mikromaßstab und deren komplexe Verschaltung erforderlich. Als Werkzeuge zum Erreichen dieser anspruchsvollen Zielstellung dienen pyhsikalisch begründete Modelle (Stoff-, Impuls- und Energiebilanzen mit verteilten Parametern), Prozesssimulationen und deren Überprüfung. In Zukunft werden neue Verfahren zur stofflichen und energetischen Verwertung von Abfällen und Reststoffen immer wichtiger. Hierbei kommt der energetischen Verwertung eine große Bedeutung zu, da nur noch Abfälle mit weniger als 5% organischen Bestandteilen deponiert werden dürfen. Beispiele der energetischen Nutzung sind das Verbrennen von Altreifen in Drehrohröfen zur Zementherstellung und das Einblasen von Altkunststoffen in Hochöfen zur Stahlerzeugung. Kennzeichnend ist hierbei, dass die energetische Nutzung stets mit der Stoffumwandlung gekoppelt ist. In effizienten Prozessen ist die energetische Nutzung daher so auf die Stoffumwandlung abzustimmen, dass die Qualität des Zielproduktes stets gewährleistet bleibt. Insbesondere auf diese Kopplung ist die „Energieprozesstechnik" ausgerichtet, die sich als Teil des prozessintegrierten Umweltschutzes versteht und zunehmend ein eigenständiges Profil innerhalb der Energietechnik als auch der Verfahrenstechnik erlangt.

Besondere Hinweise zum Studiengang:
Es handelt sich hierbei um einen konsekutiven Bachelor-/Master-Studiengang.

Umwelt- und Recyclingtechnik

Studienabschluss: Bachelor of Engineering
Hochschule: Fachhochschule Nordhausen
Fachbereich/Fakultät: Ingenieurwissenschaften
Institut/Einrichtung: —
Anschrift: Weinberghof 4, 99734 Nordhausen
Ansprechpartner: Prof. Dr.-Ing. Gerd Mühlenbeck, Tel. 03631-42 03 01
mueck@fh-ndh.de
Web-Adresse: http://www.fh-nordhausen.de
Studienfachberatung: mueck@fh-ndh.de
Zulassung/Bewerbung: Praktikum
Studienbeginn/-plätze: Wintersemester, 35 Studienplätze
Studiengebühren: keine
Regelstudienzeit: 6 Semester

Kurzbeschreibung des Studiengangs:
Der Studiengang „Umwelt- und Recyclingtechnik" vermittelt das Bildungsangebot der ingenieurwissenschaftlichen Grundlagen und bietet nach dem dritten Semester die Vertiefung in Ingenieurgeologie oder Verfahrenstechnik an. Der Studiengang ist in 3 Semester Grundlagenstudium und 3 Semester Vertiefung unterteilt.
Im Grundstudium liegt der Schwerpunkt auf der Physik und deren Anwendung in den Gebieten der Mechanik, Thermodynamik, Elektrotechnik sowie der Werkstoffkunde und der Mathematik. Unerwähnt dabei dürfen nicht die Sprachen bleiben, denn deren Studium ist über 6 Semester Pflicht.
Nach dem 3. Semester folgt die Wahl der Vertiefungsrichtung.
Geoengineering (Ingenieurgeologie): Ingenieurgeologie, Bodenkunde, Geobasierte Umweltinformationssysteme, Recycling von Flächenressourcen sowie ein Feldpraktikum.
Verfahrenstechnik: Chemische Verfahrenstechnik, Biologische Verfahrenstechnik, Mechanische Verfahrenstechnik, Thermische Verfahrenstechnik sowie Prozess- & Anlagentechnik.
Das Studium wird durch ein 10-wöchiges Praktikum und die Bachelorarbeit abgeschlossen.

Besondere Hinweise zum Studiengang:
Nach dem 1. Semester wird ein zweiwöchiger Kurs „Technische Informationsmittel" und nach dem 2. Semester ein CAD Kurs angeboten.

Zukunftsperspektiven:
Studienstruktur: Zur Zeit befinden sich zwei Master-Studiengänge in der Akkreditierungsphase: Wirtschaftsingenieurwesen, Systems-Engineering.
Arbeitsmarktmöglichkeiten: Etwa 95% der Absolventen gehen über ihre Abschlussarbeit unmittelbar in den Beruf. Da die Branche „Maschinenbau/Verfahrenstechnik" die größte in Deutschland ist, wird sich das auch in Zukunft nicht ändern.

Umwelt- und Verfahrenstechnik

Studienabschluss: Dipl.-Ing. (FH)
Hochschule: Fachhochschule Augsburg
Fachbereich/Fakultät: Maschinenbau
Institut/Einrichtung: —
Anschrift: Baumgartnerstraße 16, 86199 Augsburg
Ansprechpartner: Hr. D. Braunmiller, Tel. 0821-55 86-294
umwelt@fh-augsburg.de
Web-Adresse: www.fh-augsburg.de/projekte/umweltseite
Studienfachberatung: reich@rz.fh-augsburg.de
Zulassung/Bewerbung: NC, Vorpraktikum
Studienbeginn/-plätze: Wintersemester, 60 Studienplätze
Studiengebühren: im WS 2007/08 430,- Euro und ab SoSe 2008 500,- Euro
Regelstudienzeit: 8 Semester

Kurzbeschreibung des Studiengangs:
Der Studiengang Umwelt- und Verfahrenstechnik wird heute zusammen mit dem Studiengang „Maschinenbau" von rund 450 Studenten besucht. Markenzeichen des Fachbereichs sind kleine Unterrichtsgruppen, die eine intensive Betreuung der Studierenden gewährleisten. Im Rahmen der High-Tech-Offensive „Arbeits- und Lebensperspektiven für das 21. Jahrhundert" wurde die Fachhochschule mit einem modernen umwelttechnischen Labor ausgestattet, das im Rahmen des Technologietransfers für anwendungsorientierte Forschung genutzt werden kann. Beispielhaft seien hier das Labor für Energietechnik, das Labor für Verbrennungskraftmaschinen, das strömungstechnische Labor sowie das Labor für Regelungs- und Steuerungstechnik genannt. CAD (Computer Aided Design)-Arbeitsplätze bieten den Studierenden hochwertige Übungs- und Arbeitsmöglichkeiten, im Rechenzentrum der Fachhochschule stehen Computerarbeitsplätze zur Verfügung. Der Studiengang Umwelt- und Verfahrenstechnik legt großen Wert auf eine praxisnahe Ausbildung. Eine besonders enge Zusammenarbeit besteht mit dem Bayerischen Institut für Abfallforschung GmbH (BIfA), in dessen Großtechnik zum Teil Praktikumsversuche durchgeführt werden. Wesentliche Bedeutung misst der Studiengang interdisziplinären Anforderungen an eine ganzheitliche systemtechnische Betrachtung des Technischen Umweltschutzes bei. Neben klassischen Grundlagenfächern der Ingenieur- und Verfahrenstechnik umfasst das Ausbildungsangebot u.a. die Bereiche Ökologie, regenerative Energien, Kreislaufwirtschaft, produkt- und produktionsintegrierter Umweltschutz, Umweltrecht und Umweltmanagement.

Besondere Hinweise zum Studiengang:
Die Fachkunde des Immisionsschutz-, Störfall-, Gewässerschutz- und Abfallbeauftragten wird vermittelt und durch ein eigenes Zertifikat belegt.

Zukunftsperspektiven:
Studienstruktur: Bachelor/Master in Planung ab WS 2007/08.
Arbeitsmarktmöglichkeiten: Der Studiengang bietet mit einer soliden Ingenieursausbildung gute Aussichten auf dem Arbeitsmarkt. Die Qualifikationen, die er bietet, werden zunehmend mehr nachgefragt.

Umwelt-, Hygiene- und Sicherheitstechnik

Studienabschluss:	Dipl.-Ing. (FH)
Hochschule:	Fachhochschule Gießen-Friedberg
Fachbereich/Fakultät:	Krankenhaus- und Medizintechnik, Umwelt- und Biotechnologie
Institut/Einrichtung:	s.o.
Anschrift:	Wiesenstraße 14, 35390 Gießen
Ansprechpartner:	Prof. Dr.-Ing. Markus Röhricht, Tel. 0641-309 25 24 markus.roehricht@tg.fh-giessen.de
Web-Adresse:	http://kmubserv.tg.fh-giessen.de/
Studienfachberatung:	s.o.
Zulassung/Bewerbung:	Keine Zulassungsbeschränkung
Studienbeginn/-plätze:	Sommer- und Wintersemester, 50 Studienplätze
Studiengebühren:	keine
Regelstudienzeit:	8 Semester

Kurzbeschreibung des Studiengangs:
Aufbauend auf der schon bestehenden Studienrichtung Umwelt- und Hygienetechnik an der Fachhochschule Gießen-Friedberg wurde der Studiengang Umwelt-, Hygiene- und Sicherheitstechnik konzipiert. Seit 1974 kann an der Fachhochschule Gießen-Friedberg Umwelt- und Hygienetechnik studiert werden.
Im 1.-3. Semester werden hauptsächlich Grundlagen für eine solide Ingenieurausbildung vermittelt. Aber schon hier werden im Modul „Berufsqualifizierendes Training" durch Planspiele, Seminare und Sprachunterricht soziale Kompetenzen erworben. Durch Blockpraktika, z.B. eine Woche in einer Umweltstation am Edersee, lernen die Studierenden sich selbst zu organisieren und im Team zu arbeiten. Im 4.-6. Semester folgen anwendungsbezogene Fächer aus den Bereichen Umwelttechnik und Arbeitsschutz/Sicherheitstechnik, die durch Managementwissen abgerundet werden. Im Berufspraktischen Semester (BPS) werden dann die erworbenen Kenntnisse anhand kleiner Projekte bei Firmen in die Praxis umgesetzt (das BPS kann auch bereits im 5. oder 6. Semester absolviert werden). Die Diplomarbeit im 8. Semester, welche in der Regel außerhalb der Fachhochschule durchgeführt wird, schließt das Studium ab. Während des BPS und der Diplomarbeit knüpfen die Studierenden wichtige Kontakte zu potentiellen Arbeitgebern, so dass sie teilweise schon vor Beendigung der Diplomarbeit eine Arbeitszusage erhalten.

Besondere Hinweise zum Studiengang:
Im Rahmen des Studiums können folgende Zusatzqualifikationen erworben werden: Fachkunde als Gewässerschutzbeauftragter; Fachkunde als Abfallbeauftragter; Fachkunde als Immissionsschutzbeauftragter; Fachkraft für Arbeitssicherheit.

Zukunftsperspektiven:
Studienstruktur: Für das Wintersemester 2008/09 ist die Umstellung auf einen Bachelorstudiengang und einen Masterstudiengang geplant. Der Studiengangsname ändert sich nicht.
Arbeitsmarktmöglichkeiten: Durch die breite Ausbildung können Absolventen in vielen verschiedenen Branchen und Bereichen tätig werden, wie z.B. bei Behörden (Gesundheits- und Umweltämter), Ingenieurbüros, Anlagenbauern oder in Umwelt- bzw. Sicherheitsabteilungen von größeren Firmen.

Umweltingenieurwesen

Studienabschluss: Bachelor of Engineering
Hochschule: Fachhochschule Lippe und Höxter – Lemgo
Fachbereich/Fakultät: Technischer Umweltschutz
Institut/Einrichtung: —
Anschrift: An der Wilhelmshöhe 44, 37671 Höxter
Ansprechpartner: Prof. Dr. K. Maßmeyer, Tel. 05271-68 71 09
klaus.massmeyer@fh-luh.de
Web-Adresse: http://www.fh-hoexter.de/
Studienfachberatung: klaus.massmeyer@fh-luh.de
Zulassung/Bewerbung: Bewerbung über die Hochschule
Studienbeginn/-plätze: Wintersemester, keine Zulassungsbeschränkung
Studiengebühren: 500,- Euro/Semester
Regelstudienzeit: 6 Semester

Kurzbeschreibung des Studiengangs:
Der Bachelor-Studiengang befähigt, umwelttechnische Fragen und Aufgaben in Zusammenhang mit Wasser, Boden und Luft auf der Grundlage einer praxisorientierten Ausbildung kompetent zu bearbeiten. Die Studierenden lernen Planung, Genehmigung, Bau, Betrieb und Überwachung umwelttechnischer Anlagen zu begleiten bzw. durchzuführen. Neben Kompetenzen in den klassischen Disziplinen des nachsorgenden Umweltschutzes werden verstärkt Kenntnisse über den produktionsintegrierten Umweltschutz und die Umweltvorsorge vermittelt, wozu auch Fragen der Nachhaltigkeit beim Einsatz von Rohstoffen und -Energie gehören. Über die Natur- und Ingenieurwissenschaften hinaus werden Grundkenntnisse in verschiedenen Managementbereichen sowie der Betriebswirtschaftslehre und des Technischen Englischs vermittelt. Das Studium gliedert sich in einen 2-semestrigen ersten und einen 4-semestrigen zweiten Studienabschnitt, der mit der Bachelorarbeit im sechsten Semester abgeschlossen wird. Lehrveranstaltungen gibt es z.B. zu folgenden Themenbereichen: Umweltchemie, Biotechnologie, Bodenkunde/Geologie, Betriebswirtschaft, Mathematik/EDV/CAD, Abwasserreinigung, Abfallwirtschaft, energieeffizientes Bauen, Luftreinhaltung, Boden- und Gewässerschutz, Wassertechnologien, Hydrologie, Umwelt- und Qualitätsmanagement, Projektmanagement, technisches Stoffstrommanagement, nachhaltige Ressourcennutzung, regenerative Energien. In das Studium ist eine obligatorische Praxisphase integriert, die auch im Ausland verbracht werden kann. Die Bachelorarbeit kann in Kooperation mit dem Parallelstudiengang Angewandte Informatik durchgeführt werden.

Besondere Hinweise zum Studiengang:
Mit dem MA-Studiengang „Environmental Sciences" besteht die Möglichkeit einer Weiterqualifikation für Tätigkeiten im Bereich F&E/Leitungsfunktionen. Über das Aninstitut „Institut für Nachhaltigkeit & Innovation"erschließen sich für Studierende vielfältige Möglichkeiten der Auseinandersetzung mit dem Thema Nachhaltigkeit (Projekt-/Diplomarbeiten)

Zukunftsperspektiven:
Studienstruktur: An einer Beteiligung des Fachbereichs Technischer Umweltschutz an einem internationalen Masterprogramm „Sustainability Management" wird gearbeitet. Es ist geplant, im Wintersemester 2008/09 mit dem Programm zu starten.
Arbeitsmarktmöglichkeiten: Absolventen des Studienganges Umweltingenieurwesen finden Arbeitsmöglichkeiten in folgenden Bereichen (Auswahl): Ingenieurbüros, Anlagenhersteller, Verbänden, Industrieunternehmen; Kommunen, Verwaltung, Beratung.

Umweltsicherung

Studienabschluss: z.Zt. Dipl.-Ing. (FH), ab WS 2008/09 Bachelor
Hochschule: Fachhochschule Weihenstephan – Freising
Fachbereich/Fakultät: Umweltsicherung
Institut/Einrichtung: Abteilung Triesdorf
Anschrift: Steingruberstraße 2, 91746 Weidenbach
Ansprechpartner: Prof. Dr. Rudolf Huth (Dekan), Tel. 09826-65 42 14
rudolf.huth@fh-weihenstephan.de
Web-Adresse: www.fh-weihenstephan.de
Studienfachberatung: axel.alf@fh-weihenstephan.de
Zulassung/Bewerbung: Keine Zulassungsbeschränkung, Bewerbung bei Fachhochschule Weihenstephan – Freising
Studienbeginn/-plätze: Wintersemester, ca. 80 Studienplätze
Studiengebühren: 500,- Euro/Semester
Regelstudienzeit: z.Zt. 8 Semester, ab WS 2008/09 wegen Bachelor-Umstellung 7 Semester

Kurzbeschreibung des Studiengangs:
Das Grundstudium (1. und 2. Semester) umfasst ingenieurwissenschaftliche Grundlagenfächer (z.b. Mathematik, Statistik, Physik, Chemie, Biologie und Ökologie, Datenverarbeitung, Gewässerkunde, Bodenkunde, Strömungslehre) sowie Abfallwirtschaft I und Umweltrecht.
Das Hauptstudium (4. und 5. Semester) gliedert sich in: Mechanische Verfahrenstechnik, Thermische Verfahrenstechnik, Regeltechnik, Mikrobiologie, Bodentechnologie, Hydrogeologie, Hydrologie, Geobotanik, Fauna Mitteleuropas, Umweltrecht und -verwaltung, Betriebswirtschaftslehre, Umweltanalytik, Abfallwirtschaft II, Umweltmanagement, Umweltplanung.
Im 7. und 8. Semester werden die Schwerpunkte Gewässerschutz und -sanierung oder Bodenschutz und -sanierung oder Abfallwirtschaft vertieft; zusätzlich müssen drei Unterschwerpunkte gewählt werden aus den Bereichen: Boden, Wasser, Abfall, Angewandte Ökologie, Umweltmanagement, Erneuerbare Energien, Umweltüberwachung.
Weiterhin gibt es ein großes Angebot an allgemeinen und fachbezogenen Wahlfächern.
Es sind 2 Praxissemester, jeweils im 3. und im 6. Semester, zu absolvieren. Insgesamt handelt es sich um ein sehr stark praxisorientiertes Studium mit Praktika in fast allen Fächern.
In allen Pflichtfächern werden schriftliche oder mündliche Prüfungen abgelegt.

Besondere Hinweise zum Studiengang:
Zusatzkompetenz als Immissionsschutzbeauftragter kann erworben werden.

Zukunftsperspektiven:
Studienstruktur: Demnächst erfolgt Bachelor-Umstellung; Master-Angebot ist in Vorbereitung.
Arbeitsmarktmöglichkeiten: Sehr gute Berufsaussichten

Umwelttechnik

Studienabschluss:	Bachelor of Engineering
Hochschule:	Fachhochschule Wiesbaden
Fachbereich/Fakultät:	Ingenieurwissenschaften
Institut/Einrichtung:	Institut für Umwelt- und Verfahrenstechnik
Anschrift:	Am Brückweg 26, 65428 Rüsselsheim
Ansprechpartner:	Prof. Dr. Matthias Götz, Tel. 06142-89 84 22 goetz@mndu.fh-wiesbaden.de
Web-Adresse:	http://www.mndu.fh-wiesbaden.de
Studienfachberatung:	goetz@mndu.fh-wiesbaden.de
Zulassung/Bewerbung:	Direkt
Studienbeginn/-plätze:	Sommer- und Wintersemester, ca. 40 Studienplätze
Studiengebühren:	Erststudium in Regelstudienzeit plus 3 Semester gebührenfrei
Regelstudienzeit:	6 Semester

Kurzbeschreibung des Studiengangs:

Allgemeines Ziel des Studienganges ist es, den Studierenden eine im Berufsfeld des Umweltingenieurs anwendbare wissenschaftlich fundierte Qualifikation zu vermitteln. Die Studierenden sollen lernen, problemorientiert und fachübergreifend Lösungen zu entwickeln.

Der Studiengang ist modular aufgebaut. Die Inhalte der ersten drei Semester sind durch obligatorisch zu studierende Module festgelegt, in denen vor allem mathematisch-naturwissenschaftliche Grundlagen und das Basiswissen für die Umwelttechnik vermittelt werden. Im weiteren Verlauf des Studiums werden folgende Fachgebiete behandelt: Umweltgerechtes Produzieren, Umweltanalytik und -messtechnik, Abwasserreinigung, Abluftreinigung, Abfallwirtschaft, Umweltinformatik, Moderation/Präsentation. In dieser Phase bestehen Wahlmöglichkeiten zwischen verschiedenen Fächern.

Im Rahmen des fünften Semesters absolvieren die Studierenden ein Praxisprojekt, das während der Vorlesungszeit in Zusammenarbeit mit Betrieben oder Behörden durchgeführt wird. Dieses Praxisprojekt bietet den Studierenden die Möglichkeit, ihre an der Hochschule erworbenen fachlichen Fähigkeiten in der Praxis zu erproben und darüber hinaus wichtige Kompetenzen im außerfachlichen Bereich zu erwerben. Exkursionen veranschaulichen die Studieninhalte durch Besichtigungen von beispielhaft ausgewählten Projekten außerhalb der Hochschule.

Besondere Hinweise zum Studiengang:

Dem Fachbereich ist das Institut für Umwelt- und Verfahrenstechnik angegliedert.

Für die Studierenden besteht bei Interesse die Möglichkeit, im Rahmen des Sokrates-Austauschprogrammes ein Semester an ausländischen Hochschulen zu absolvieren.

Zukunftsperspektiven:

Studienstruktur: Ein Masterstudiengang mit Schwerpunkt Biotechnologie ist in Vorbereitung.

Arbeitsmarktmöglichkeiten: Sehr gute Arbeitsmarktperspektiven für Umwelttechniker bestehen in mittelständischen Betrieben, Großunternehmen, vor allem der chemischen Industrie, im Anlagenbau sowie in Ingenieurbüros, Laboratorien, Forschungsinstituten, Unternehmensberatungen und im öffentlichen Dienst.

Umwelttechnik

Studienabschluss:	Dipl.-Ing.; Bachelor of Engineering nach 6 Semestern möglich
Hochschule:	Fachhochschule Amberg-Weiden, Hochschule für Technik und Wirtschaft
Fachbereich/Fakultät:	Fachbereich Maschinenbau/Umwelttechnik
Institut/Einrichtung:	Studiengang Umwelttechnik
Anschrift:	Kaiser-Wilhelm-Ring 23, 92224 Amberg
Ansprechpartner:	Dekan Prof. Dr. Horst Rönnebeck, Tel. 09621-48 22 22 h.roennebeck@fh-amberg-weiden.de
Web-Adresse:	http://www.fh-amberg-weiden.de/hp56/Umwelttechnik.htm
Studienfachberatung:	b.berninger@fh-amberg-weiden.de
Zulassung/Bewerbung:	Zulassung nur zum Wintersemester
Studienbeginn/-plätze:	Wintersemester, keine Zulassungsbeschränkung
Studiengebühren:	500,- Euro/Semester
Regelstudienzeit:	8 Semester

Kurzbeschreibung des Studiengangs:
Der Studiengang Umwelttechnik an der Fachhochschule Amberg-Weiden (Bayern) richtet sich auf die Entwicklung und den Einsatz technischer Anlagen zum vorbeugenden oder nachsorgenden Schutz der natürlichen Umwelt. Ingenieure der Umwelttechnik entwickeln technische Methoden und Verfahren, mit denen sich künftige Umweltschäden durch integrierte Technologien von Anfang an vermeiden und entstandene Belastungen durch nachsorgende Maßnahmen vermindern lassen. Der Diplom- und Bachelorstudiengang gliedert sich jeweils in ein Grund- und Hauptstudium. Das gemeinsame Grundstudium umfasst drei theoretische Studiensemester mit einem Grundpraktikum in der vorlesungsfreien Zeit. Das Hauptstudium umfasst im Diplomstudium vier bzw. im Bachelorstudium zwei theoretische Semester sowie jeweils ein Praktisches Studiensemester (im 5. Semester). Im Hauptstudium werden folgende Studienschwerpunkte angeboten: Energietechnik, Produktionsintegrierter Umweltschutz und Umweltverfahrenstechnik. Im Studium der Umwelttechnik vermitteln Lehrveranstaltungen, Praktika und Studienprojekte damit spezielle Kenntnisse der Umweltverfahrenstechnik und der umweltgerechten Produktion. Dies reicht bis hin zur rationellen Energienutzung mit erneuerbaren Energiequellen (Biogas, Pflanzenöl, Holzgas, Sonnenenergie, Elektrolysewasserstoff, Brennstoffzellen oder Superkondensatoren). Hierbei besteht ein enger Praxisbezug in Form von Projekten des Wissens- und Technologietransfers im In- und Ausland.

Besondere Hinweise zum Studiengang:
An der FH Amberg-Weiden kann im Studiengang Umwelttechnik nach sechs Semestern Regelstudienzeit ein Bachelor-Abschluss erworben werden, und nach 8 Semestern Regelstudienzeit der Abschluss Diplom-Ingenieur (FH) für Umwelttechnik.

Zukunftsperspektiven:
Studienstruktur: Geplant ist die Einführung eines konsekutiven Masterstudienganges in der Umwelttechnik in Kooperation mit Hochschulen im In- und Ausland.
Arbeitsmarktmöglichkeiten: Die Berufsaussichten für die Absolventinnen und Absolventen sind sehr gut, belegt durch reibungslose Übergänge nach dem Studienabschluss in das Berufsleben.

Umwelttechnik/Environmental Engineering (Studienschwerpunkt Nachhaltiger Energieeinsatz)

Studienabschluss:	Bachelor of Science
Hochschule:	Hochschule für Angewandte Wissenschaften Hamburg (FH)
Fachbereich/Fakultät:	Fakultät Life Sciences
Institut/Einrichtung:	Department Umwelttechnik
Anschrift:	Stiftstraße 69, 20099 Hamburg
Ansprechpartner:	Prof. Dr. Heiner Kühle, Tel. 040-428 75 62 31
	Heiner.Kuehle@rzbd.haw-hamburg.de
Web-Adresse:	www.HAW-Hamburg.de/ls
Studienfachberatung:	Heiner.Kuehle@rzbd.haw-hamburg.de
Zulassung/Bewerbung:	Numerus Clausus, Vorpraxis möglichst vor Aufnahme des Studiums
Studienbeginn/-plätze:	Sommer- und Wintersemester, 30 Studienplätze
Studiengebühren:	500,- Euro/Semester
Regelstudienzeit:	7 Semester

Kurzbeschreibung des Studiengangs:

Der Studiengang Umwelttechnik zeichnet sich durch einen stark interdisziplinären Charakter aus. Er gehört zu den wenigen Studiengängen in Deutschland, die neben ingenieurwissenschaftlich-technischen auch naturwissenschaftliche Grundlagen bis hin zur Biologie beinhalten. Diese breit gefächerte Basis bildet ein solides Fundament für eine Spezialisierung auf einen der Studienschwerpunkte Umweltbewertung oder Nachhaltiger Energieeinsatz. Im Studium werden die notwendigen Voraussetzungen gelegt, um betriebswirtschaftlich und kostenorientiert arbeiten zu können. Über Projekte, Praxissemester und Studienabschlussarbeiten werden intensive Kooperationen mit Industriefirmen, Ingenieurbüros und Behörden gepflegt.

Im Grundlagenstudium werden allgemeine naturwissenschaftliche und ingenieurwissenschaftliche Grundlagen (z.B. Mathematik, Physik, Thermodynamik) vermittelt. Das im zweiten Studienjahr beginnende Fachstudium beinhaltet fachrichtungsspezifische Lehrveranstaltungen zu technischen oder naturwissenschaftlichen Anwendungen (z.B. Lärmanalyse, Umweltmesstechnik, Instrumentelle Analytik) sowie Umweltrecht und Betriebswirtschaft. Schwerpunkte im Studium sind: Regenerative Energien und Energieeinsparung, Instrumentelle Analytik, Umweltbewertung, Gewässerreinhaltung, Abwasser-und Abluftreinigung.

Besondere Hinweise zum Studiengang:

Der Bachelorstudiengang führt nach einer Regelstudienzeit von 3,5 Jahren zu einem ersten berufsqualifizierenden Abschluss „Bachelor of Science in Umwelttechnik/Environmental Engineering". Dieser Abschluss bildet die Grundvoraussetzung zur Teilnahme am konsekutiven Masterstudiengang.

Zukunftsperspektiven:

Studienstruktur: Der Studiengang ist aktuell gerade neu aufgestellt. Eine Anpassung an Erfordernisse des Marktes wird laufend durchgeführt.

Arbeitsmarktmöglichkeiten: Absolventen des Studienganges haben z. Zt. sehr gute Aussichten auf dem Arbeitsmarkt, insbesondere in den Sektoren Regenerative Energien sowie Wasser und Abwasser.

Verfahrens- und Umwelttechnik

Studienabschluss:	Bachelor of Science
Hochschule:	Hochschule Heilbronn, Technik, Wirtschaft, Informatik (FH)
Fachbereich/Fakultät:	Technik 2
Institut/Einrichtung:	—
Anschrift:	Max-Planck-Straße 39, 74081 Heilbronn
Ansprechpartner:	Prof. Dr. Klemens Flick, Tel. 07131-50 43 08
	kflick@hs-heilbronn.de
Web-Adresse:	www.hs-heilbronn.de/vu
Studienfachberatung:	vu@hs-heilbronn.de
Zulassung/Bewerbung:	8 Wochen technisches Vorpraktikum
Studienbeginn/-plätze:	Sommer- und Wintersemester, zum Wintersemester 42, zum Sommersemester 28
Studiengebühren:	500,- Euro/Semester
Regelstudienzeit:	7 Semester

Kurzbeschreibung des Studiengangs:

Ziel des Studiengangs ist die Ausbildung von Verfahrensingenieuren, die breit angelegte Kenntnisse in den grundlegenden Teilgebieten der Verfahrenstechnik haben und spezielle Kenntnisse in der Umwelttechnik aufweisen. Dies betrifft klassische Felder wie die Chemische Industrie, die Lebensmittelverarbeitung und die Pharmazie, aber auch neue Bereiche wie die Herstellung und den Einsatz neuer Materialien sowie optimierte Recyclingkonzepte. Die Aufgaben sind dabei die Entwicklung und Gestaltung neuer Verfahren, die Auslegung und Optimierung von Anlagen sowie die Mitwirkung bei der Produktgestaltung. Durch die Verknüpfung von technischem Wissen mit Kompetenzen im Bereich von Wirtschaft, Recht und Kommunikation werden Studierende optimal auf die Anforderungen des Berufslebens oder einer selbstständigen Tätigkeit vorbereitet. Die Studiendauer beträgt 7 Semester, davon ein Praxissemester. Das Praxissemester liegt im 5. Studiensemester.

Das Grundstudium dient der Vermittlung von natur- und ingenieurwissenschaftlichen Grundlagen (Physik, Mathematik, Chemie, Werkstoffkunde ....). Im Hauptstudium werden die verfahrenstechnischen Kernfächer wie thermische, mechanische, physikalisch-chemische Verfahrenstechnik, chemische Reaktionstechnik, Bioverfahrenstechnik gelehrt. Durch die Auswahl von Wahlpflichtfächern kann im 6. und 7. Semester eine Vertiefung in Richtung Verfahrenstechnik oder Umwelttechnik erreicht werden. Das Studium wird mit der Anfertigung einer Bachelor-Thesis im 7. Semester (Dauer 4 Monate) abgeschlossen.

Zukunftsperspektiven:

Studienstruktur: Ab dem WS 2008/09 wird ein weiterer Schwerpunkt Computer Aided Process Engineering angeboten.

Arbeitsmarktmöglichkeiten: Verfahrensingenieure sind nicht auf eine Industriebranche begrenzt, sondern finden in vielen verschiedenen Bereichen der produzierenden Industrie Einsatzmöglichkeiten. Verfahrensingenieure haben zur Zeit gute Berufschancen.

Verfahrens- und Umwelttechnik

Studienabschluss: Dipl.-Ing. (FH)
Hochschule: Hochschule Wismar, University of Technology, Business and Design (FH)
Fachbereich/Fakultät: Fakultät für Ingenieurwissenschaften - Bereich Maschinenbau/Verfahrens- und Umwelttechnik
Institut/Einrichtung: —
Anschrift: Philipp-Müller-Straße PF 1210, 23952 Wismar
Ansprechpartner: Prof. Dr.-Ing. Mathias Wilichowski, Tel. 03841-75 31 06
m.wilichowski@mb.hs-wismar.de
Web-Adresse: http://www.mb.hs-wismar.de/
Studienfachberatung: m.sellner@mb.hs-wismar.de
Zulassung/Bewerbung: Direktbewerbung an der Hochschule Wismar (Vorpraktikum erforderlich)
Studienbeginn/-plätze: Wintersemester, 40 Studienplätze
Studiengebühren: keine
Regelstudienzeit: 8 Semester

Kurzbeschreibung des Studiengangs:
Die Verfahrens- und Umwelttechnik gehört seit Jahrzehnten zu den klassischen Ingenieurwissenschaften. Dieser Wissenschaftszweig beinhaltet das Studium der Wirkprinzipien und Betriebsweisen von Apparaten, Ausrüstungen und Anlagen für Prozesse in der Stoffwirtschaft und ist entscheidend an der Entwicklung von Schlüsseltechnologien beteiligt.
Im Grundstudium (1.-3. Semester) werden die naturwissenschaftlich/technischen Grundlagen der Ingenieurwissenschaften vermittelt. Das Grundstudium wird mit dem Vordiplom abgeschlossen.
Im Hauptstudium (4.-8. Semester) erlernen die Studierenden das nötige technische Spezialwissen in wichtigen Fachgebieten der Verfahrens- und Umwelttechnik und wenden die erworbenen Kenntnisse während eines Praktikumssemesters (5. Semester) in der Praxis an.
Im 6. und 7. Semester werden durch Wahl einer der folgenden Studienrichtungen eigene inhaltliche Schwerpunkte gesetzt: Wassertechnologie, Verfahrenstechnik biogener Rohstoffe, Abfall- und Recyclingtechnik
Im Diplomsemester (8. Semester) wird von den Studierenden eine ingenieurwissenschaftliche Problemstellung aus der Praxis selbstständig bearbeitet, ausgewertet und in Form eines wissenschaftlichen Berichtes (Diplomarbeit) dokumentiert.

Zukunftsperspektiven:
Studienstruktur: Zum WS 07/08 ist die Umstellung auf einen 7-semestrigen Bachelor-Studiengang „Verfahrens- und Umwelttechnik" mit den beiden Profilierungsrichtungen „Wassertechnologie und Ressourcenmanagement" und „Biotechnologie und Verfahrenstechnik biogener Rohstoffe" beantragt worden. Ein konsekutiver Master-Studiengang befindet sich in der Planung.
Arbeitsmarktmöglichkeiten: Breites Betätigungsfeld in nahezu jeder Branche der stoffumwandelnden und produzierenden Industrie (z.B. chemische und pharmazeutische Technologie), im Bereich der Planung, Entwicklung und dem Anlagenbau sowie in der öffentlichen Verwaltung.

Verfahrens-, Energie- und Umwelttechnik

Studienabschluss:	Bachelor of Engineering
Hochschule:	Fachhochschule Hannover
Fachbereich/Fakultät:	Fakultät Maschinenbau und Bioverfahrenstechnik
Institut/Einrichtung:	Abteilung Maschinenbau
Anschrift:	Ricklinger Stadtweg 120, 30459 Hannover
Ansprechpartner:	Prof. Dr. Wilfried Stiller, Tel. 0511-92 96 13 72
	wilfried.stiller@fh-hannover.de
Web-Adresse:	www.mbau.fh-hannover.de/de/studium/bachelor/VEU/
Studienfachberatung:	wilfried.stiller@fh-hannover.de
Zulassung/Bewerbung:	NC, Praktikum
Studienbeginn/-plätze:	Sommer- und Wintersemester, Wintersemester: 20 Plätze; Sommersemester: 10 Plätze
Studiengebühren:	500,- Euro/Semester
Regelstudienzeit:	7 Semester

Kurzbeschreibung des Studiengangs:
Der Bachelor-Studiengang VEU bietet in 6 Theoriesemestern und einem anschließenden Praxissemester, in dem die Abschlussarbeit durchgeführt wird, eine praxisnahe Ausbildung, die naturwissenschaftliche und ingenieurtechnische Grundlagen verknüpft. Zusätzlich werden ökonomische Kenntnisse und interdisziplinäre Fähigkeiten vermittelt, sowie Veranstaltungen zur Erlangung von Schlüsselqualifikationen angeboten.
Der Bachelor-Studiengang VEU basiert auf einem 3-semestrigen ersten Studienabschnitt, der weitgehend mit dem ersten Studienabschnitt des Studiengangs Maschinenbau übereinstimmt. In den Theoriesemestern 4-6 des zweiten Studienabschnitts werden die beiden Schwerpunkte Verfahrens- und Umwelttechnik sowie Energiesystemtechnik angeboten.
Der Studiengang ist modular aufgebaut. Die Prüfungsformen der einzelnen Module können dem Modulhandbuch entnommen werden. Die Bachelorarbeit ist ebenso wie die vorlaufende betreute Praxisphase Bestandteil des 7. Studiensemesters. Die Bachelorarbeit knüpft in der Regel unmittelbar an die Inhalte der vorangegangenen Praxisphase an. Die Studierenden haben damit die Möglichkeit, sich im Laufe der Praxisphase thematisch zu orientieren und sich in ein spezielles ingenieurwissenschaftliches Themengebiet einzuarbeiten. In der Bachelorarbeit wird dann ein Projekt aus diesem Bereich weitgehend selbstständig bearbeitet.

Besondere Hinweise zum Studiengang:
Durch Partnerverträge mit ausländischen Hochschulen besteht die Möglichkeit, zusätzlich einen internationalen Bachelor-Abschluss (Double-Degree) zu erwerben.

Zukunftsperspektiven:
Studienstruktur: Der Bachelor-Abschluss ermöglicht den Zugang zu einschlägigen Masterstudiengängen an Fachhochschulen und Universitäten. Die Fakultät MBV der Fachhochschule Hannover bietet für Absolventen des Bachelor-Studiengangs VEU den Master-Studiengang „Prozessengineering und Produktionsmanagement" (PEP) an.
Arbeitsmarktmöglichkeiten: Die breite anwendungsorientierte Ausbildung eröffnet den Absolventen ein weites Tätigkeitsfeld, z.B. im Maschinen-, Apparate- und Anlagenbau, Energieversorgung, Kfz-Industrie, Regenerative Energien, Chemie- und Pharma-Industrie, Heizungs-, Lüftungs- und Klimatechnik u.a.

Verfahrenstechnik

Studienabschluss:	Bachelor of Science
Hochschule:	Hochschule für Technik, Wirtschaft und Medien Offenburg (FH)
Fachbereich/Fakultät:	Maschinenbau/Verfahrenstechnik
Institut/Einrichtung:	—
Anschrift:	Badstraße 24, 77652 Offenburg
Ansprechpartner:	Prof. Dr. Bernd Spangenberg
	Spangenberg@FH-Offenburg.de
Web-Adresse:	http://fh-offenburg.de/
Studienfachberatung:	—
Zulassung/Bewerbung:	—
Studienbeginn/-plätze:	Wintersemester, 70 Studienplätze
Studiengebühren:	keine
Regelstudienzeit:	7 Semester

Kurzbeschreibung des Studiengangs:
Der Bachelor-Studiengang Verfahrenstechnik bietet durch die Vertiefungen in den Schwerpunkten Energie-, Umwelt- oder Biotechnik hervorragende Voraussetzungen, um sich für die verfahrenstechnischen Berufsfelder zu qualifizieren. Die Flexibilität des Studienprogramms ermöglicht es den Studierenden, noch während des Studienverlaufs die Vertiefungsrichtung fest zu legen und damit durch die Wahl der Lehrmodule ihr Studienprogramm selbst zu gestalten. Das Bachelor-Studium umfasst insgesamt sieben Semester. Nach einem weitgehend gemeinsamen Grundstudium verzweigt sich das Lehrangebot im Hauptstudium in die drei Schwerpunkte. Das 5. Semester ist ein praktisches Studiensemester, welches in der Regel in den Unternehmen der Branche absolviert wird.

Besondere Hinweise zum Studiengang:
Der Bachelor-Studiengang Verfahrenstechnik bietet ideale Voraussetzungen für den Anschluss an den internationalen Masterstudiengang Energy Conversion and Management (ECM) sowie den konsekutiv konzipierten Masterstudiengang Process Engineering (PEM).

Versorgungs- und Umwelttechnik

Studienabschluss:	Dipl.-Ing.
Hochschule:	Westsächsische Hochschule Zwickau (FH)
Fachbereich/Fakultät:	Maschinenbau und Kraftfahrzeugtechnik
Institut/Einrichtung:	Fachgruppe Versorgungs- und Umwelttechnik
Anschrift:	Scheffelstraße 39, 08012 Zwickau
Ansprechpartner:	Prof. Dr. rer. nat. Hoffmann, M.; Prof. Dr.-Ing. Reichel, M.
	Tel. 0375-536 38 85
	matthias.hoffmann@fh-zwickau.de; mario.reichel@fh-zwickau.de
Web-Adresse:	http://www.fh-zwickau.de
Studienfachberatung:	karla.tuerschmann@fh-zwickau.de
Zulassung/Bewerbung:	NC
Studienbeginn/-plätze:	Sommer- und Wintersemester, 30 Studienplätze
Studiengebühren:	81,50 Euro/Semester mit Fahrticket für Zwickau
Regelstudienzeit:	8 Semester

Kurzbeschreibung des Studiengangs:

Der Diplom-Studiengang Versorgungs- und Umwelttechnik wurde grundlegend überarbeitet und durch Modularisierung an die Erfordernisse des europäischen Hochschulraumes angepasst. Der Studiengang gliedert sich in ein dreisemestriges Grundstudium und ein fünfsemestriges Hauptstudium. Im sechsten Semester ist ein Praktisches Studiensemester zu absolvieren. Das 8. Semester dient vorrangig der Durchführung des Diplomprojektes. Im Grundstudium des Studienganges Versorgungs- und Umwelttechnik werden die Grundlagen der Verfahrenstechnik und des Maschinenbaues mit dem fachrichtungsbedingt hohen Gewicht auf den Lehrgebieten Thermodynamik und Strömungslehre vermittelt. Parallel dazu sind wirtschaftswissenschaftliche und wirtschaftsrechtliche Module zu besuchen. Fakultativ kann eine vertiefte Sprachausbildung belegt werden. Das Grundstudium schließt mit der Diplom-Vorprüfung ab. Im Hauptstudium des Studienganges Versorgungs- und Umwelttechnik werden Module für die Fachgebiete: Heizungstechnik; Klima- und Kältetechnik; Versorgungstechnik; Facility Management, Energiewirtschaft, Nutzung alternativer Energien; Regelungstechnik, Gebäudeleittechnik; Umweltschutztechnik (Luftreinhaltung, Wasserreinhaltung, Lärmschutz, Entsorgungstechnik); Umweltmesstechnik; Projektabwicklung und Anlagenplanung angeboten. Das Modulangebot des Studienganges im Hauptstudium sieht eine obligatorische Grundausbildung in den profilbestimmenden Lehrgebieten in folgenden zwei Studienschwerpunkten vor: Versorgungstechnik/Facility Management; Umwelttechnik/Recycling.

Zukunftsperspektiven:

Studienstruktur: Umstellung auf Bachelor- und Masterstudiengänge ist geplant ab etwa 2009.

Wirtschaftsingenieurwesen

Studienabschluss:	Bachelor/Master of Engineering in Industrial Management
Typ	Grundständiger Studiengang/Aufbaustudiengang
Hochschule:	Fachhochschule Aalen, Hochschule für Technik und Wirtschaft
Fachbereich/Fakultät:	Wirtschaftswissenschaften
Institut/Einrichtung:	—
Anschrift:	Beethovenstraße 1, 73428 Aalen
Ansprechpartner:	Prof. Dr. Ulrich Holzbaur, Tel. 07361-94 30 20 ulrich.holzbaur@htw-aalen.de
Web-Adresse:	http://www.wiw.htw-aalen.de/
Studienfachberatung:	volker.beck@htw-aalen.de
Zulassung/Bewerbung:	NC
Studienbeginn/-plätze:	Sommer- und Wintersemester, 38 Studienplätze
Studiengebühren:	500,- Euro/ Semester
Regelstudienzeit:	7 + 3 (Bachelor+Master)

Kurzbeschreibung des Studiengangs:
Die Hochschule Aalen hat sich in den letzten 10 Jahren von einer technisch orientierten Fachhochschule zu einer Hochschule mit fast 4000 Studierenden und einem breiten Angebot im Ingenieur- und betriebswirtschaftlichen Bereich entwickelt.

Der Studiengang Wirtschaftsingenieurwesen bildet seit 30 Jahren erfolgreich Wirtschaftsingenieure mit einer Kompetenz in Betriebswirtschaft und Technik aus. Pro Semester werden ca. 40 Studenten aufgenommen, so dass insgesamt ca. 300 Studenten im Studiengang studieren.

Der Studiengang bietet eine breite technische Basis (Maschinenbau, Thermodynamik), Vertiefung in Management, Betriebswirtschaft und Informatik und Schnittstellenkompetenz. Im Bachelor ist ein Praxissemester integriert, im Master wird im dritten Semester die Master Thesis angefertigt.

Das Thema Nachhaltigkeit ist unter anderem in einer expliziten Lehrveranstaltung „Qualitätsmanagement und Nachhaltige Entwicklung" im Modul „Qualität und Nachhaltigkeit" mit integrierten Projekten enthalten. Das Modul wurde als offizielles Projekt der UN-Dekade „Bildung für nachhaltige Entwicklung 2005-2014" ausgezeichnet.

Zukunftsperspektiven:
Studienstruktur: Konsekutiver Master ab 2008
Arbeitsmarktmöglichkeiten: Sehr gute Arbeitsmarktchancen in der Industrie.

Wirtschaftsingenieurwesen & Wirtschaftswissenschaftliches Aufbaustudium (BWL-Schwerpunkt: Ökonomie und Ökologie des Wohnungsbaus)

Studienabschluss:	Dipl.-Wirt.-Ing.
Hochschule:	Universität Fridericiana zu Karlsruhe (Technische Hochschule)
Fachbereich/Fakultät:	Fakultät für Wirtschaftswissenschaften
Institut/Einrichtung:	Stiftungslehrstuhl für Ökonomie und Ökologie des Wohnungsbaus (Chair of Sustainable Management of Housing and Real Estate)
Anschrift:	Kaiserstraße 12, 76131 Karlsruhe
Ansprechpartner:	Prof. Dr.-Ing. habil. Thomas Lützkendorf, Tel. 0721-608 83 36, thomas.luetzkendorf@wiwi.uni-karlsruhe.de
Web-Adresse:	http://housing.wiwi.uni-karlsruhe.de
Studienfachberatung:	pruefungssekretariat@wiwi.uni-karlsruhe.de
Zulassung/Bewerbung:	Auswahlverfahren, Bewerbung bei der Fakultät für Wirtschaftswissenschaften
Studienbeginn/-plätze:	Wintersemester, 360 Studienplätze
Studiengebühren:	ja
Regelstudienzeit:	Wirtschaftsingenieur: 10 Semester (incl. 26 Wochen Praktikum)

Kurzbeschreibung des Studiengangs:

Das Grundstudium des Studiengangs Wirtschaftsingenieurwesen setzt sich aus den Fächern Betriebswirtschaftslehre, Informatik, Operations Research, Statistik, Volkswirtschaftslehre, Mathematik und Ingenieurwissenschaftlichen Grundlagen zusammen. Im Hauptstudium sind sechs Fachprüfungen im Umfang von jeweils 12 SWS in den Gebieten BWL, VWL, Ingenieurwissenschaften und Operations Research zu absolvieren.

Innerhalb des Hauptstudiums kann das BWL-Gebiet „Ökonomie und Ökologie des Wohnungsbaus – Sustainable Management of Housing and Real Estate" belegt werden. Es setzt sich aus den Teilprüfungen „Sustainable Housing", „Real Estate Management" sowie „Real Estate Investment and Finance" zusammen. Hierbei sollen die Studierenden befähigt werden, Grundlagen aus ingenieurwissenschaftlichen Disziplinen aufzunehmen, mit Methoden der Investitions- und Wirtschaftlichkeitsrechnung sowie der Ökobilanzierung und des produkt- und produktionsintegrierten Umweltschutzes zu kombinieren und auf Probleme der Bau- und Immobilienwirtschaft anzuwenden. Schwerpunkt in Lehre und Forschung sind die Umsetzung von Prinzipien einer nachhaltigen Entwicklung in der Bau-, Wohnungs- und Immobilienwirtschaft einschließlich der Finanzierung und Versicherung von Immobilien.

Um fundierte Kenntnisse zu erlangen bietet sich die Kombination mit den Fächern Baukonstruktion, Bauphysik, Industrielle Produktion oder Finanz- und Versicherungswirtschaft an.

Zukunftsperspektiven:

Studienstruktur: Eine Umstellung des Diplomstudiengangs auf Bachelor und Master ist für das Wintersemester 2007/08 geplant.

Arbeitsmarktmöglichkeiten: Ein Studium des Wirtschaftsingenieurwesens mit Kenntnissen ökonomischer und ökologischer Bewertungsmethoden bildet den Ausgangspunkt für den Aufstieg in der Branche Bau- und Immobilienwirtschaft, in der alters- und ausbildungsbedingt ein Generationswechsel ansteht.

Angewandte Chemie

Studienabschluss:	Dipl.-Ing. (FH)
Hochschule:	Georg-Simon-Ohm-Fachhochschule Nürnberg
Fachbereich/Fakultät:	Angewandte Chemie
Institut/Einrichtung:	—
Anschrift:	Keßlerplatz 12, 90489 Nürnberg
Ansprechpartner:	Prof. Dr. Jacob, Tel. 0911-58 80 12 74
	karl-heinz.jacob@fh-nuernberg.de
Web-Adresse:	www.fh-nuernberg.de/seitenbaum/home/fachbereiche/page.html
Studienfachberatung:	—
Zulassung/Bewerbung:	—
Studienbeginn	Wintersemester
Studienplätze:	100 Studienplätze
Studiengebühren:	ja
Regelstudienzeit:	8 Semester

Architektur und Städtebau

Studienabschluss:	Bachelor of Arts
Hochschule:	Fachhochschule Potsdam
Fachbereich/Fakultät:	Architektur und Städtebau
Institut/Einrichtung:	—
Anschrift:	Pappelallee 8-9, 14469 Potsdam
Ansprechpartner:	Dekanat des Fachbereichs, Tel. 0331-580 12 01
	architektur@fh-potsdam.de
Web-Adresse:	http://forge.fh-potsdam.de/architektur/
Studienfachberatung:	architektur@fh-potsdam.de
Zulassung/Bewerbung:	Örtliche Auswahl/Eignungsprüfung, Bewerbung an FH bis 01. April, Vorpraktikum 26 Wochen
Studienbeginn:	Wintersemester
Studienplätze:	77 Studienplätze pro Jahr
Studiengebühren:	—
Regelstudienzeit:	6 Semester

Bau- und Immobilienmanagement – DUAL

Studienabschluss:	Bachelor of Engineering
Hochschule:	Hochschule 21 – Buxtehude (FH)
Fachbereich/Fakultät:	Hochschule 21 – Buxtehude
Institut/Einrichtung:	—
Anschrift:	Harburger Straße 6, 21614 Buxtehude
Ansprechpartner:	Prof. Dr.-Ing. Jens Göttsche, Tel. 04161-64 80 oder 04161-64 81 53 goettsche@hs21.de
Web-Adresse:	www.hs21.de
Studienfachberatung:	goettsche@hs21.de
Zulassung/Bewerbung:	Eigenes Verfahren mit Eignungsprüfung (Punktesystem)
Studienbeginn	Wintersemester
Studienplätze:	30 Studienplätze
Studiengebühren:	300,- Euro/Monat (ganzjährig)
Regelstudienzeit:	6 Semester

Bauen im Bestand – DUAL

Studienabschluss:	Bachelor of Engineering
Hochschule:	Hochschule 21 – Buxtehude (FH)
Fachbereich/Fakultät:	Hochschule 21 – Buxtehude
Institut/Einrichtung:	—
Anschrift:	Harburger Straße 6, 21614 Buxtehude
Ansprechpartner:	Prof. Dr.-Ing. Jens Göttsche, Tel. 04161-64 80 oder 04161-64 81 53 goettsche@hs21.de
Web-Adresse:	www.hs21.de
Studienfachberatung:	goettsche@hs21.de
Zulassung/Bewerbung:	Eigenes Verfahren mit Eignungsprüfung (Punktesystem)
Studienbeginn:	Wintersemester
Studienplätze:	20 Studienplätze
Studiengebühren:	300,- Euro/Monat (ganzjährig)
Regelstudienzeit:	6 Semester

Bauingenieur

Studienabschluss:	Dipl.-Ing. (FH)
Hochschule:	Fachhochschule Potsdam
Fachbereich/Fakultät:	Bauingenieurwesen
Institut/Einrichtung:	Fachhochschule Potsdam
Anschrift:	Pappelallee 8-9, 14469 Potsdam
Ansprechpartner:	Prof. Dr.-Ing. Herbert Staadt, Tel. 0331-580 13 00 staadt@fh-potsdam.de
Web-Adresse:	http://forge.fh-potsdam.de/~Bauing/index.htm
Studienfachberatung:	bauingenieurwesen@fh-potsdam.de
Zulassung/Bewerbung:	Kein NC, bis 11. Oktober an FH Potsdam, 13 Wochen Vorpraktikum (7 bei Bewerbung)
Studienbeginn	Wintersemester
Studienplätze:	80 Studienplätze pro Jahr
Studiengebühren:	—
Regelstudienzeit:	8 Semester

Bauingenieurwesen

Studienabschluss:	Diplom
Hochschule:	Rheinisch-Westfälische Technische Hochschule Aachen (U)
Fachbereich/Fakultät:	Bauingenieurwesen
Institut/Einrichtung:	—
Anschrift:	Mies-van-der-Rohe-Straße 1, 52074 Aachen
Ansprechpartner:	Rosemarie Knippen bzw. Frau Ljubica Rhein, Tel. 0241-802 50 78 pruefungsamt@fb3.rwth-aachen.de
Web-Adresse:	http://www.fb3.rwth-aachen.de
Studienfachberatung:	pruefungsamt@fb3.rwth-aachen.de
Zulassung/Bewerbung:	Zulassungsfrei
Studienbeginn:	Wintersemester
Studienplätze:	—
Studiengebühren:	500,- Euro/Semester
Regelstudienzeit:	9 Semester

Bauingenieurwesen – DUAL

Studienabschluss:	Bachelor of Engineering
Hochschule:	Hochschule 21 – Buxtehude (FH)
Fachbereich/Fakultät:	Hochschule 21 – Buxtehude
Institut/Einrichtung:	—
Anschrift:	Harburger Straße 6, 21614 Buxtehude
Ansprechpartner:	Prof. Dr.-Ing. Jens Göttsche, Tel. 04161-64 80 oder 04161-64 81 53, Fax 04161-64 81 23 goettsche@hs21.de
Web-Adresse:	www.hs21.de
Studienfachberatung:	goettsche@hs21.de
Zulassung/Bewerbung:	Eigenes Verfahren mit Eignungsprüfung (Punktesystem)
Studienbeginn	Wintersemester
Studienplätze:	20 Studienplätze
Studiengebühren:	300,- Euro/Monat (ganzjährig)
Regelstudienzeit:	6 Semester

Bioingenieurwesen

Studienabschluss:	Dipl.-Ing.
Hochschule:	Technische Universität Carolo-Wilhelmina zu Braunschweig
Fachbereich/Fakultät:	Maschinenbau
Institut/Einrichtung:	—
Anschrift:	Schleinitzstraße 20, 38106 Braunschweig
Ansprechpartner:	Fakultät für Maschinenbau, Frau Jähne, Tel. 0531-391 40 14 c.jaehne@tu-braunschweig.de
Web-Adresse:	www.mb-bs.de
Studienfachberatung:	info@mb-bs.de
Zulassung/Bewerbung:	NC, Bewerbung über das Immatrikulationsamt der Technischen Universität Braunschweig
Studienbeginn:	Wintersemester
Studienplätze:	25 Studienplätze
Studiengebühren:	500,- Euro/Semester / Erlass (Art Stipendium, leistungsabhängig im Vordiplom, mit Antrag)
Regelstudienzeit:	10 Semester

Computergestützte Ingenieurwissenschaften

Studienabschluss:	Bachelor of Science bzw. Master of Science
Typ	Grundständiger Studiengang/Aufbaustudiengang
Hochschule:	Gottfried Wilhelm Leibniz Universität Hannover
Fachbereich/Fakultät:	Fakultät für Bauingenieurwesen und Geodäsie
Institut/Einrichtung:	Studiendekanat Bauingenieurwesen
Anschrift:	Appelstraße 9a, 30167 Hannover
Ansprechpartner:	Studiendekan Bauingenieurwesen, Tel. 0511-76 21 9 190
	studsek@fb-bauing.uni-hannover.de
Web-Adresse:	http://www.fb-bauing.uni-hannover.de/
Studienfachberatung:	studsek@fb-bauing.uni-hannover.de
Zulassung/Bewerbung:	Zulassungsfrei
Studienbeginn	Wintersemester
Studienplätze:	derzeit keine Beschränkung
Studiengebühren:	ja
Regelstudienzeit:	6 Semester (Bachelor); 2 Semester (Master)

Energiesystemtechnik

Studienabschluss:	Dipl.-Ing.
Hochschule:	Technische Universität Clausthal – Clausthal-Zellerfeld
Fachbereich/Fakultät:	Fakultät für Energie- und Wirtschaftswissenschaften, Lehreinheit für Energie und Rohstoffe
Institut/Einrichtung:	Institut für Elektrische Energietechnik
Anschrift:	Leibnizstraße 28, 38678 Clausthal-Zellerfeld
Ansprechpartner:	Dipl.-Ing. Hanno Stagge, Tel. 05323-72 25 94
	stagge@iee.tu-clausthal.de
Web-Adresse:	www.studium.tu-clausthal.de
Studienfachberatung:	est@tu-clausthal.de
Zulassung/Bewerbung:	Keine Zulassungsbeschränkung
Studienbeginn:	Sommer- und Wintersemester
Studienplätze:	—
Studiengebühren:	500,- Euro/Semester
Regelstudienzeit:	9 Semester

Landschaftsarchitektur

Studienabschluss:	Bachelor of Engineering
Hochschule:	Fachhochschule Weihenstephan – Freising
Fachbereich/Fakultät:	Landschaftsarchitektur
Institut/Einrichtung:	—
Anschrift:	Am Hofgarten 4, 85354 Freising
Ansprechpartner:	Prof. Fritz Auweck, Tel. 08161-71 36 57
	fritz.auweck@fh-weihenstephan.de
Web-Adresse:	http://www2.fh-weihenstephan.de/fh/fakultaet/la.html
Studienfachberatung:	bernd.stoecklein@fh-weihenstephan.de
Zulassung/Bewerbung:	NC
Studienbeginn	Sommer- und Wintersemester
Studienplätze:	140 Studienplätze
Studiengebühren:	500,- Euro/Semester
Regelstudienzeit:	8 Semester

Landschaftsbau und Management

Studienabschluss:	Bachelor of Engineering
Hochschule:	Fachhochschule Weihenstephan – Freising
Fachbereich/Fakultät:	Landschaftsarchitektur
Institut/Einrichtung:	—
Anschrift:	Am Hofgarten 4, 85354 Freising
Ansprechpartner:	Prof. Fritz Auweck, Tel. 08161-71 36 57
	fritz.auweck@fh-weihenstephan.de
Web-Adresse:	http://www2.fh-weihenstephan.de/fh/fakultaet/la.html
Studienfachberatung:	bernd.stoecklein@fh-weihenstephan.de
Zulassung/Bewerbung:	NC
Studienbeginn:	Sommer- und Wintersemester
Studienplätze:	60 Studienplätze
Studiengebühren:	500,- Euro/Semester
Regelstudienzeit:	8 Semester

Maschinenbau

Studienabschluss:	Dipl.-Ing.
Hochschule:	Technische Universität Carolo-Wilhelmina zu Braunschweig
Fachbereich/Fakultät:	Maschinenbau
Institut/Einrichtung:	—
Anschrift:	Schleinitzstraße 20, 38106 Braunschweig
Ansprechpartner:	Fakultät für Maschinenbau, Frau Jähne, Tel. 0531-391 40 13 c.jaehne@tu-braunschweig.de
Web-Adresse:	www.mb-bs.de
Studienfachberatung:	info@mb-bs.de
Zulassung/Bewerbung:	Vorpraktikum
Studienbeginn	Wintersemester
Studienplätze:	wird jedes Jahr festgelegt
Studiengebühren:	500,- Euro/Semester
Regelstudienzeit:	10 Semester

Mobilität und Verkehr

Studienabschluss:	Bachelor of Science bzw. Master of Science
Typ	Grundständiger Studiengang/Aufbaustudiengang
Hochschule:	Technische Universität Carolo-Wilhelmina zu Braunschweig
Fachbereich/Fakultät:	Mathematik und Informatik; Architektur, Bauingenieurwesen und Umweltwissenschaften; Maschinenbau; Elektro- und Informationstechnik;
Institut/Einrichtung:	—
Anschrift:	Schleinitzstraße 20, 38106 Braunschweig
Ansprechpartner:	Fakultät Maschinenbau, Tel. 0531-391 40 40 fb-mb@tu-braunschweig.de
Web-Adresse:	www.tu-braunschweig.de/move
Studienfachberatung:	move@tu-braunschweig.de
Zulassung/Bewerbung:	Vorpraktikum
Studienbeginn:	Wintersemester
Studienplätze:	wird jedes Jahr festgelegt
Studiengebühren:	500,- Euro/Semester
Regelstudienzeit:	6 (+4) Semester

Physikalische Technik

Studienabschluss:	Bachelor of Science
Hochschule:	Hochschule Ravensburg-Weingarten (FH)
Fachbereich/Fakultät:	Technologie und Management
Institut/Einrichtung:	—
Anschrift:	Doggenriedstraße, 88250 Weingarten
Ansprechpartner:	Prof. Dr. Wolfgang Speckle, Tel. 0751-501 94 30 speckle@hs-weingarten.de
Web-Adresse:	http://www.hs-weingarten.de/
Studienfachberatung:	info@hs-weingarten.de
Zulassung/Bewerbung:	NC
Studienbeginn	Sommersemester
Studienplätze:	40 Studienplätze
Studiengebühren:	500,- Euro/Semester
Regelstudienzeit:	7 Semester

Verfahrens- und Umwelttechnik

Studienabschluss:	Bachelor of Engineering
Hochschule:	Technische Fachhochschule Berlin
Fachbereich/Fakultät:	Maschinenbau, Verfahrens- und Umwelttechnik
Institut/Einrichtung:	—
Anschrift:	Lütticher Straße 38 Haus Beuth (A), 13353 Berlin
Ansprechpartner:	Prof. Dr.-Ing. habil. Rainer Geike, Tel. 030-45 04 29 36 rainer.geike@tfh-berlin.de
Web-Adresse:	http://www.tfh-berlin.de/studium/fbviii
Studienfachberatung:	rainer.geike@tfh-berlin.de bzw. studienberatung@tfh-berlin.de
Zulassung/Bewerbung:	NC, 13 Wochen Vorpraktikum
Studienbeginn:	Wintersemester
Studienplätze:	40 Studienplätze
Studiengebühren:	keine
Regelstudienzeit:	7 Semester

Versorgungs- und Entsorgungstechnik

Studienabschluss:	Bachelor of Engineering
Hochschule:	Fachhochschule Gelsenkirchen
Fachbereich/Fakultät:	Versorgung und Entsorgung
Institut/Einrichtung:	—
Anschrift:	Neidenburger Straße 10, 45877 Gelsenkirchen
Ansprechpartner:	Dekanat, Tel. 0209-959 63 15
	Versorgung-Entsorgung@fh-gelsenkirchen.de
Web-Adresse:	http://www2.fh-gelsenkirchen.de/FH-Sites/FH-Main/index.php?id=365
Studienfachberatung:	versorgung-entsorgung@fh-gelsenkirchen.de
Zulassung/Bewerbung:	Über die Hochschule, keine Beschränkung, Praktikum
Studienbeginn	Wintersemester
Studienplätze:	ca. 60 Studienplätze
Studiengebühren:	400,- Euro/Semester
Regelstudienzeit:	6 Semester

Wirtschaftsingenieurwesen

Studienabschluss:	Bachelor of Science bzw. Master of Science
Typ	Grundständiger Studiengang/Aufbaustudiengang
Hochschule:	Universität Siegen
Fachbereich/Fakultät:	Maschinenbau
Institut/Einrichtung:	Fachbereiche Maschinenbau/Wirtschaftswissenschaften
Anschrift:	Paul-Bonatz-Straße 9-11, 57068 Siegen
Ansprechpartner:	Prof. Dr. U. Stache, Tel. 0271
	thomas@imr.mb.uni-siegen.de
Web-Adresse:	www3.uni-siegen.de/fb11/index.html
Studienfachberatung:	info@studienberatung.uni-siegen.de
Zulassung/Bewerbung:	—
Studienbeginn:	
Studienplätze:	200 Studienplätze
Studiengebühren:	ja
Regelstudienzeit:	6 bzw. 4 Semester

Wirtschaftsingenieurwesen (Automatisierung, Umwelt)

Studienabschluss:	Bachelor of Engineering
Hochschule:	Hochschule Harz, Hochschule für angewandte Wissenschaften (FH) – Wernigerode
Fachbereich/Fakultät:	Fachbereich Automatisierung und Informatik
Institut/Einrichtung:	—
Anschrift:	Friedrichstraße 57-59, 38855 Wernigerode
Ansprechpartner:	Prof. Dr. Andrea Heilmann, Tel. 03943-65 93 12 aheilmann@hs-harz.de
Web-Adresse:	http://www.hs-harz.de/wing.html
Studienfachberatung:	aheilmann@hs-harz.de
Zulassung/Bewerbung:	Bewerbung bei der Hochschule; keine Zulassungsbeschränkung
Studienbeginn	Wintersemester
Studienplätze:	—
Studiengebühren:	keine
Regelstudienzeit:	7 Semester

Forstwirtschaft

Studienabschluss:	Bachelor of Science
Hochschule:	Hochschule für Angewandte Wissenschaft und Kunst, Fachhochschule Hildesheim/Holzminden/Göttingen
Fachbereich/Fakultät:	Ressourcenmanagement in Göttingen
Institut/Einrichtung:	—
Anschrift:	Büsgenweg 1a, 37077 Göttingen
Ansprechpartner:	Prof. Dr. Thorsten Gaertig, Tel. 0551-503 21 71 gaertig@hawk-hhg.de
Web-Adresse:	http://www.hawk-hhg.de/hawk/fk_ressourcen/107180.php
Studienfachberatung:	gaertig@hawk-hhg.de
Zulassung/Bewerbung:	NC (örtlich zulassungsbeschränkt)
Studienbeginn/-plätze:	Wintersemester, ca. 80 pro Studienjahr
Studiengebühren:	500,- Euro/Semester
Regelstudienzeit:	6 Semester

Kurzbeschreibung des Studiengangs:
Das Fächerangebot des sechssemestrigen Bachelor-Studienganges Forstwirtschaft orientiert sich an der Vielfältigkeit des Ökosystems Wald.
Die Studienschwerpunkte liegen auf der anwendungsorientierten Vermittlung von Kenntnissen, die für eine nachhaltige und zielgerichtete Bewirtschaftung unserer Wälder auf ökologischer Grundlage unter Beachtung der vielfältigen Waldfunktionen zum größten Nutzen der Bevölkerung erforderlich sind.
Neben einer fundierten naturwissenschaftlichen, technischen, rechtlichen und ökonomischen Ausbildung werden die kommunikativen und sozialen Fähigkeiten der Studierenden im Hinblick auf eine umfassende forstwirtschaftliche Fachkompetenz gefördert.
Der Studiengang an der Fakultät Ressourcenmanagement berücksichtigt wesentliche Inhalte der Empfehlungen des Wissenschaftsrates, wie: praxisbezogene Ausbildung im In- und Ausland; Kooperation mit Forst- und Industriebetrieben aus allen Waldbesitzarten sowie mit wichtigen Institutionen und Verbänden; konsequente Modularisierung des Studiums.
Der Studiengang umfasst 27 Pflichtmodule, 3 Wahlpflichtmodule sowie 8 Wochen Bearbeitungszeit für die Bachelorarbeit. Das fünfte Semester enthält eine 12-wöchige Praxisphase.

Besondere Hinweise zum Studiengang:
Voraussetzung für den gehobenen forst(-technischen) Dienst der Bundesländer

Zukunftsperspektiven:
Arbeitsmarktmöglichkeiten: Neben den „klassischen" Berufsfeldern der Forstwirtschaft eröffnen sich auch neuartige Berufstätigkeiten im Cluster Forst/Holz.

Forstwissenschaften und Waldökologie

Studienabschluss: Bachelor of Science
Hochschule: Georg-August-Universität Göttingen
Fachbereich/Fakultät: Fakultät für Forstwissenschaften und Waldökologie
Institut/Einrichtung: —
Anschrift: Büsgenweg 5, 37077 Göttingen
Ansprechpartner: Prof. Dr. Joachim Saborowski, Studiendekan, Tel. 0551-39 34 50
jsaboro@uni-forst.gwdg.de
Web-Adresse: www.forst.uni-goettingen.de
Studienfachberatung: abuck1@gwdg.de
Zulassung/Bewerbung: Zulassungsfrei
Studienbeginn/-plätze: Wintersemester, 96 Studienplätze
Studiengebühren: 500,- Euro/Semester
Regelstudienzeit: 6 Semester

Kurzbeschreibung des Studiengangs:
Im Zentrum der modernen Forstwissenschaften steht der Wald mit seinen vielfältigen Wechselbeziehungen zu Wirtschaft und Gesellschaft. Das leitende Prinzip der Nachhaltigkeit umfasst heute die Holzproduktion genauso wie die Bedeutung des Waldes als Lebensraum: den Artenschutz bzw. den Schutz genetischer Ressourcen, den Schutz von Boden, Klima und Wasser und den des Waldes für die Erholung der Menschen. Sowohl in Deutschland als auch global hat die Schutz- und Erholungsfunktion des Waldes gegenüber seiner Funktion als Rohstoffquelle in den letzten Jahren an Bedeutung gewonnen. Damit sind auch die Aufgabenbereiche und Berufsmöglichkeiten universitär ausgebildeter Forstleute vielfältiger geworden.

Die Fakultät hat dies zum Anlass genommen, eine tiefgreifende Studienreform zu vollziehen: Neben der Einführung der international anerkannten Abschlüsse Bachelor und Master wurden fünf Studienschwerpunkte gebildet, die auf verschiedenste Berufsfelder mit dem Bezug zu Wald und Holz vorbereiten. Die „klassische" Aufgabe – die Leitung staatlicher und privater Forstbetriebe – wird ergänzt durch Tätigkeiten beispielsweise in Natur- und Umweltschutz, Holzforschung und Holzwirtschaft, Umweltplanung und Umweltinformatik sowie internationaler Forstwirtschaft. Durch die Verbindung der wissenschaftlichen Ausbildung, u.a. in den Grundlagen der Biologie, Technik und Wirtschaft, mit der Praxis von Wald und Holz, bietet das Studium der Forstwissenschaften und Waldökologie eine Synthese von Wissen und Praxiserfahrung.

Besondere Hinweise zum Studiengang:
Online-Immatrikulation jeweils 01.08.-30.09. für das nachfolgende Wintersemester; Sprachvoraussetzungen: Deutsch

Zukunftsperspektiven:
Studienstruktur: Studienreform 2007

Georessourcenmanagement

Studienabschluss:	Bachelor of Science
Hochschule:	Rheinisch-Westfälische Technische Hochschule Aachen (U)
Fachbereich/Fakultät:	Fachgruppe für Geowissenschaften und Geographie in der Fakultät für Georessourcen und Materialtechnik
Institut/Einrichtung:	Geologisches Institut Aachen (stellvertretend für den Fachbereich)
Anschrift:	Wüllnerstraße 2, 52062 Aachen
Ansprechpartner:	Dipl.-Geol. Kathrin Gallmeister, Tel. 0241-809 52 68 gallmeister@geol.rwth-aachen.de
Web-Adresse:	www.fgeo.rwth-aachen.de
Studienfachberatung:	gallmeister@geol.rwth-aachen.de
Zulassung/Bewerbung:	Bitte jedes Jahr neu erfragen, da sich die Zulassung ändern kann
Studienbeginn/-plätze:	Wintersemester, —
Studiengebühren:	500,- Euro/Semester
Regelstudienzeit:	6 Semester

Kurzbeschreibung des Studiengangs:
Der Begriff Georessourcen umfasst – mit Ausnahme der Sonnenenergie – alle Ressourcen, die der modernen menschlichen Gesellschaft als Lebensgrundlage dienen und deren umfängliche Nutzung mit einem Eingriff des Menschen in das System Erde verbunden ist. Die sinnvolle, nachhaltige Nutzung der Georessourcen zum Vorteil der Menschheit erfordert ein Management auf der Basis von Regeln und Erfahrungen. Die Komplexität und Vielschichtigkeit der damit verbundenen Fragestellungen verlangt nach vernetzten Lösungsansätzen und einer Kombination der Sachkenntnisse aus Geowissenschaften und anderen wissenschaftlich-technischen Bereichen. Deshalb ist dieser neue Studiengang interdisziplinär ausgerichtet. Er basiert auf einer engen Kooperation der klassischen geologischen Wissenschaften mit der Wirtschaftsgeographie/Geographie und der Rohstoff- und Entsorgungstechnik, wobei wichtige Inhalte der Wirtschafts- und Rechtswissenschaften einfließen. Das Studium ist modular aufgebaut. Im ersten Jahr des Bachelorstudiums werden die Grundlagen der Geologie, Geographie, Mathematik, Chemie und Physik gelegt. Auf dieser Basis werden im zweiten Studienjahr unter Einbeziehung von Exkursionen und Seminaren weitere geowissenschaftliche Inhalte vertieft und wirtschafts- und rechtswissenschaftliche Grundlagen vermittelt. Das dritte Studienjahr dient der Vertiefung in vier der fünf Bereiche „Wasser", „Energie", „Boden", „Mineralische Rohstoffe" und „Georisiken". In einem dieser Bereiche wird die Bachelorarbeit angefertigt. Alle Studienleistungen werden studienbegleitend abgeprüft.

Besondere Hinweise zum Studiengang:
Neben dem Nachweis der Hochschulreife sind keine weiteren Voraussetzungen vor Beginn des Studiums zu erbringen. Mitzubringen ist ein ausgesprochenes Interesse an den Naturwissenschaften und am interdisziplinären Arbeiten.

Zukunftsperspektiven:
Studienstruktur: Das Studium des Georessourcenmanagements ist konsekutiv aufgebaut. Damit kann an den Bachelor-Abschluss eine vertiefende Ausbildung im gleichnamigen Masterstudiengang angeschlossen werden.
Arbeitsmarktmöglichkeiten: Die Berufschancen werden als hoch eingeschätzt, da erstmals Absolventen der Geowissenschaften mit einer kombinierten naturwissenschaftlichen und wirtschafts- und rechtswissenschaftlichen Ausbildung in den Beruf einsteigen.

Landschaftsökologie und Naturschutz

Studienabschluss: Diplom
Hochschule: Ernst-Moritz-Arndt-Universität Greifswald
Fachbereich/Fakultät: Biologie/Mathematisch-Naturwissenschaftliche Fakultät
Institut/Einrichtung: Institut für Botanik und Landschaftsökologie
Anschrift: Grimmer Straße 88, 17487 Greifswald
Ansprechpartner: Prof. Dr. Ulrich Hampicke, Tel. 03834-86 41 22
hampicke@uni-greifswald.de
Web-Adresse: www.botanik.uni-greifswald.de/studgang/
Studienfachberatung: kowatsch@uni-greifswald.de
Zulassung/Bewerbung: Örtliche Zulassungsbeschränkung, dreimonatiges Vorpraktikum
Studienbeginn/-plätze: Wintersemester, 28 Studienplätze
Studiengebühren: —
Regelstudienzeit: 9 Semester

Kurzbeschreibung des Studiengangs:
Integrierter Studiengang seit 1996 mit Ausbildungsinhalten der Bio- und Geowissenschaften, der Landnutzung sowie aus den Bereichen Ökonomie, Ethik und Recht; übergreifendes Studienangebot im Sinne des notwendigen dauerhaft-umweltgerechten Umgangs mit dem Naturraum; nationale und internationale Aspekte werden berücksichtigt.

Grundstudium: Naturwissenschaftliche Grundlagen der Landschaftskunde im abiotischen und biotischen Bereich: Erfassung der Genese und Formenmannigfaltigkeit der Landschaft in ihrem Zusammenspiel, Kennzeichnung und funktionale Verknüpfung der Geokomponenten eines Naturraumes, botanische und zoologische Artenkenntnis, ökonomische und juristische Betrachtungsweisen und Methoden der Landschaftsanalysen.

Erwerb von Leistungsnachweisen; Vordiplomsprüfungen in vier Fächern (Physische Geographie, Biologie, Landschaftsökonomie, Ökologie und Vegetationskunde).

Hauptstudium: Erweiterung, Vertiefung und Spezialisierung der im Grundstudium erworbenen Kenntnisse; Vorlesungen für alle (Zentraler Block) sowie Wahl eines Haupt- und eines Nebenfaches aus folgenden Fachgebieten: Landschaftsnutzung/Landschaftsökonomie, Internationaler Naturschutz/Umweltethik, Vegetationsökologie, Botanik/Pflanzenökologie, Tierökologie, Gewässerökologie, Moorökologie.

Besondere Hinweise zum Studiengang:
Studienplatzvergabe: 60% werden über den örtlichen NC vergeben, 40% über die Wartezeit. Ergänzung der Vorlesungen und Seminare durch Praktika und Exkursionen in der vorlesungsfreien Zeit.

Zukunftsperspektiven:
Studienstruktur: Diplomstudiengang wird bis zur „Pflichtumstellung" auf BA/MA beibehalten.

Umweltwissenschaften

Studienabschluss: Bachelor of Science
Hochschule: Ernst-Moritz-Arndt-Universität Greifswald
Fachbereich/Fakultät: Mathematisch-Naturwissenschaftliche Fakultät
Institut/Einrichtung: Institut für Physik
Anschrift: Domstraße 10a, 17487 Greifswald
Ansprechpartner: Prof. Dr. Rainer Hippler, Tel. 03834-86 47 80
hippler@physik.uni-greifswald.de
Web-Adresse: http://www.umweltwissenschaften.uni-greifswald.de/
Studienfachberatung: salewski@physik.uni-greifswald.de
Zulassung/Bewerbung: Keine Zulassungsbeschränkung
Studienbeginn/-plätze: Wintersemester, 30 Studienplätze
Studiengebühren: keine
Regelstudienzeit: 6 Semester

Kurzbeschreibung des Studiengangs:
Während in den klassischen Naturwissenschaften schon seit langem eine Arbeitsteilung und eine Aufteilung in Fachgebiete wie Physik, Chemie, Biologie und Geologie praktiziert wird, ist in der Umweltwissenschaft – wie sich zunehmend zeigt – eine derartige Systematik nicht angebracht. Vielmehr verlangen die anstehenden Zukunftsaufgaben, die immer stärker in den Vordergrund drängenden Umweltprobleme und der bevorstehende Strukturwandel in Industrie und Wirtschaft zunehmend nach ganzheitlichen Lösungsansätzen, die von einzelnen Fachdisziplinen nicht geleistet werden können und interdisziplinär angegangen werden müssen.

Das Studium gliedert sich in Basismodule, Fachmodule, Vertiefungsmodule und ein Spezialmodul mit integrierter Bachelorarbeit. Für die Bachelorarbeit ist eine dreimonatige Bearbeitungszeit vorgesehen.

Im Vordergrund des integrierten Studiengangs Umweltwissenschaft steht eine ganzheitliche Betrachtung der Umwelt und der für die Erhaltung einer lebenswerten Umgebung wichtigen Vorgänge und Prozesse. Grundsätzlich handelt es sich folglich um eine naturwissenschaftliche Studienkonzeption mit Beiträgen hauptsächlich aus den Fachdisziplinen Physik und Chemie, die durch Ökologie, Mikrobiologie, Geologie und Mathematik ergänzt werden. Hinzu kommen als rechts- und betriebswirtschaftliche Komponente die Fächer Rechtswissenschaft und Betriebswirtschaftslehre sowie Umweltethik.

Besondere Hinweise zum Studiengang:
Der Studiengang ist überwiegend naturwissenschaftlich ausgerichtet. Sehr gute Vorkenntnisse in Chemie, Mathematik und Physik sind von Vorteil.

Zukunftsperspektiven:
Arbeitsmarktmöglichkeiten: Die Tätigkeitsfelder der Umweltwissenschaftler liegen sowohl in privatrechtlichen Firmen, Einrichtungen, Organisationen und Wirtschaftsverbänden als auch in Lehreinrichtungen, in Forschungsanstalten und in der öffentlichen Verwaltung.

Agrarökonomie

Studienabschluss: Diplom-Agrarökonom
Hochschule: Christian-Albrechts-Universität zu Kiel
Fachbereich/Fakultät: Agrar- und Ernährungswissenschaftliche Fakultät
Institut/Einrichtung: Institut für Agrarökonomie
Anschrift: Olshausenstraße 40, 24098 Kiel
Ansprechpartner: Prof. Dr. Dr. Christian Henning, Tel. 0431-880 44 53
chenning@agric-econ.uni-kiel.de
Web-Adresse: www.agric-econ.uni-kiel.de
Studienfachberatung: chenning@agric-econ.uni-kiel.de
Zulassung/Bewerbung: Zulassungsfreier Studiengang: Beginn zum 5. Semester (Stand: WS 2006/07)
Studienbeginn/-plätze: Sommer- und Wintersemester, keine Beschränkung der Studienplätze (Stand: WS 2006/07)
Studiengebühren: —
Regelstudienzeit: 9 Semester

Kurzbeschreibung des Studiengangs:
Das Studium der Agrarökonomie ist auf die speziellen Anforderungen der Landwirtschaft und des Agribusiness ausgerichtet. Das Grundstudium (1.-4. Semester) wird an einer Wirtschafts- und Sozialwissenschaftlichen Fakultät absolviert und ist identisch mit dem Grundstudium für Betriebs- und Volkswirte. Das Hauptstudium (5.-8. Semester) wird an der Agrar- und Ernährungswissenschaftlichen Fakultät absolviert und umfasst agrarwissenschaftliche und betriebswirtschaftliche Grundlagen, quantitative Analysemethoden, Agribusiness Management und Marketing, Agrar- und Ernährungspolitik und Marktlehre sowie diverse Spezialisierungsmöglichkeiten.
Es ist eine praktische Tätigkeit von mindestens 8 Wochen studienbegleitend abzuleisten. Der Nachweis muss spätestens bis zur Diplom-Hauptprüfung erfolgen.

Besondere Hinweise zum Studiengang:
Studienanfänger immatrikulieren sich zunächst an einer wirtschaftswissenschaftlichen Fakultät, an der sie das Grundstudium absolvieren. Die Diplom-Studiengänge VWL und BWL, die als Grundstudium an der Christian-Albrechts-Universität zu Kiel gewählt werden können, sind zulassungsbeschränkt im hochschuleigenen Zulassungsverfahren.
(Stand: WS 2006/07)

Zukunftsperspektiven:
Studienstruktur: Im Zuge der Änderung auf Bachelor- und Masterstudiengänge werden auch in diesem Studiengang Änderungen erfolgen.

Arboristik

Studienabschluss:	Bachelor of Science
Hochschule:	Hochschule für Angewandte Wissenschaft und Kunst, Fachhochschule Hildesheim/Holzminden/Göttingen
Fachbereich/Fakultät:	Ressourcenmanagement in Göttingen
Institut/Einrichtung:	—
Anschrift:	Büsgenweg 1a, 37077 Göttingen
Ansprechpartner:	Prof. Dr. Rolf Kehr, Tel. 0551-503 21 52 kehr@hawk-hhg.de
Web-Adresse:	http://www.hawk-hhg.de/hawk/fk_ressourcen/107181.php
Studienfachberatung:	kehr@hawk-hhg.de
Zulassung/Bewerbung:	NC (örtlich zulassungsbeschränkt)
Studienbeginn/-plätze:	Wintersemester, ca. 40 Studienplätze pro Studienjahr
Studiengebühren:	500,- Euro/Semester
Regelstudienzeit:	6 Semester

Kurzbeschreibung des Studiengangs:

Die Schwerpunkte des sechssemestrigen Bachelorstudienganges liegen auf den Gebieten Schutz von Bäumen, inklusive Naturschutz und urbaner Gehölz- und Standortskunde, Pflege und Unterhaltung sowie Planung und Entwicklung von urbanem Grün. Neben einer fundierten naturwissenschaftlichen, ökonomischen und rechtlichen Ausbildung werden die kommunikativen und sozialen Fähigkeiten der Studierenden im Hinblick auf eine umfassende Fachkompetenz für das städtische Grün gefördert.

Im Rahmen der Akkreditierung der Studiengänge an der Fakultät Ressourcenmanagement wurden die wesentlichen Inhalte der Empfehlungen des Wissenschaftsrates berücksichtigt: praxisbezogene Ausbildung im In- und Ausland; Kooperation mit Wirtschaft und Verbänden; Kooperation mit Forst- und Industriebetrieben aus allen Waldbesitzarten sowie mit wichtigen Institutionen und Verbänden.

Die konsequente Modularisierung des Studiums beinhaltet 27 Pflichtmodule und 3 Wahlpflichtmodule; das erste Semester enthält eine 12-wöchige Praxisphase.

Geoökologie

Studienabschluss:	Bachelor of Science
Hochschule:	Technische Universität Bergakademie Freiberg
Fachbereich/Fakultät:	Geowissenschaften, Geotechnik und Bergbau
Institut/Einrichtung:	Fachgebiet Boden- und Gewässerschutz
Anschrift:	Agricolastraße 22, 09599 Freiberg
Ansprechpartner:	Prof. Dr. Jürgen Schmidt (Studiendekan), Tel. 03731-39 26 81 jhschmidt@web.de
Web-Adresse:	http://www.goek.tu-freiberg.de/
Studienfachberatung:	Hannelore.Schaal@geort.tu-freiberg.de
Zulassung/Bewerbung:	NC
Studienbeginn/-plätze:	Wintersemester, 50 Studienplätze
Studiengebühren:	keine
Regelstudienzeit:	6 Semester

Kurzbeschreibung des Studiengangs:

Der Bachelor-Studiengang ist modular aufgebaut und gliedert sich in 4 Phasen: Phase I: naturwissenschaftliche Grundlagen (Mathematik, Chemie, Physik), Phase II: fachspezifische Grundlagen (Geologie, Hydrologie, Pedologie, Biologie, Meteorologie, Klimatologie, Geotechnik, Umweltanalytik), Phase III: Berufsfeld orientierte Spezialisierung (Grundwasserschutz, Boden- und Gewässerschutz, Naturschutz, Klimaschutz, Geographische Informationssysteme, Fernerkundung), Phase IV: individuelle Vertiefung (u.a. Bio- oder Geowissenschaften) und Bachelorarbeit. Begleitend zum Studium werden darüber hinaus übergreifende Inhalte (z.B. Sprach- und Persönlichkeitsbildung, Recht etc.) angeboten. Ferner ist ein mindestens 4-wöchiges Betriebspraktikum zu absolvieren.

Das Studium der Geoökologie qualifiziert für Tätigkeiten im Bereich des Natur- und Umweltschutzes, des Klima-, Boden- und Gewässerschutzes sowie der Regionalplanung und der Landesentwicklung. Im Mittelpunkt stehen dabei die Bewertung von Umweltrisiken, die Durchführung von Öko-Audit-Verfahren, die Planung und Bemessung von Maßnahmen zur Umweltsicherung, die Umweltanalytik sowie Teilbereiche des Umweltrechts und des Umweltmanagements. Als Arbeitgeber kommen in Frage: Ingenieur-, Consulting- und Planungsbüros, Kommunen, Landes- und Bundesbehörden, Verbände und Parteien, Lehr- und Forschungseinrichtungen, Entwicklungshilfe-Organisationen, umweltanalytische Laboratorien, Agrar- und Forstwirtschaftsbetriebe sowie Industrieunternehmen (Life Sciences) und Versicherungen.

Zukunftsperspektiven:

Studienstruktur: Der Masterstudiengang Geoökologie befindet sich derzeit in der Planung.
Arbeitsmarktmöglichkeiten: Im öffentlichen Sektor ist wegen allgemeiner Stellenreduzierungen die Situation derzeit schwierig. Die Beschäftigungschancen im privaten Sektor und im Ausland entwickeln sich positiv.

Landschaftsökologie

Studienabschluss:	Bachelor of Science
Hochschule:	Westfälische Wilhelms-Universität Münster
Fachbereich/Fakultät:	Geowissenschaften/Mathematisch-Naturwissenschaftliche Fakultät
Institut/Einrichtung:	Institut für Landschaftsökologie
Anschrift:	Robert-Koch-Straße 26, 48149 Münster
Ansprechpartner:	Prof. Dr. Otto Klemm, Geschäftsführender Direktor
	Tel. 0251-833 39 21
	otto.klemm@uni-muenster.de
Web-Adresse:	http://iloek.uni-muenster.de
Studienfachberatung:	voghild@uni-muenster.de
Zulassung/Bewerbung:	NC
Studienbeginn/-plätze:	Wintersemester, 60 Studienplätze
Studiengebühren:	—
Regelstudienzeit:	6 Semester

Kurzbeschreibung des Studiengangs:

Landschaftsökologie befasst sich mit der physischen und biologischen Dynamik der Umwelt in der Landschaftsskala. Besondere Aufmerksamkeit verdienen Prozesse, die mit der Nutzung der Umwelt durch menschliche Aktivität direkt oder indirekt zusammenhängen.

Das Studium ist ein grundständiges wissenschaftliches Studium, das zu einem ersten berufsqualifizierenden Abschluss führt. Es vermittelt wissenschaftliche Grundlagen und Fachkenntnisse der Landschaftsökologie sowie Methodenkompetenz und berufsfeldbezogene Qualifikationen so, dass die Studierenden zu wissenschaftlicher Arbeit, Problemlösung und Diskussion, zur kritischen Einordnung der wissenschaftlichen Erkenntnis und zum verantwortlichen Handeln befähigt werden.

Das Studium umfasst die folgenden Module: Geologie/Bodenkunde, Biologie, Chemie, Mathematik/Physik, Tier- und Vegetationsökologie, Sozialkompetenz, Klimatologie/Hydrologie, Boden und Vegetation, Planung, Geoinformatik, Landschaftsökologie, wissenschaftliches Arbeiten, Angewandte Landschaftsökologie. Wahlpflichtmodule: Ökosystemforschung, Ökologische Planung, Ökosystemmanagement. Im dritten Studienjahr wird eine Bachelor-Arbeit angefertigt.

Die Bedeutung der biologischen Fächer, insbesondere Vegetationskunde und Zoologie, als Grundlage, ist für Münster besonders zu betonen.

Zukunftsperspektiven:

Studienstruktur: An den BSc-Studiengang Landschaftsökologie schließt sich an der Universität Münster der Master-Studiengang (MSc) Landschaftsökologie an. Im Anschluss daran ist grundsätzlich Gelegenheit zur Promotion gegeben.

Arbeitsmarktmöglichkeiten: Potenzielle Arbeitgeber sind Behörden auf EU-, Bundes-, Landes- und Stadt- und Landkreisebenen, Planungs-, Ingenieur- und Beratungsunternehmen, Naturschutzzentren, Öffentlichkeitsarbeit, Unternehmen, die fachübergreifend ausgebildete, integrierend tätige Mitarbeiter suchen.

Naturschutz und Landschaftsplanung

Studienabschluss:	Bachelor of Science
Hochschule:	Hochschule Anhalt (FH), Hochschule für angewandte Wissenschaften – Köthen, Bernburg, Dessau
Fachbereich/Fakultät:	Fachbereich Landwirtschaft, Ökotrophologie und Landschaftsentwicklung
Institut/Einrichtung:	Hochschule Anhalt (FH)
Anschrift:	Strenzfelder Allee 28, 06406 Bernburg
Ansprechpartner:	Prof. Dr. Klaus Richter (Studienfachberater), Tel. 03471-11 82 krichter@loel.hs-anhalt.de
Web-Adresse:	www.hs-anhalt.de
Studienfachberatung:	beratung@hs-anhalt.de
Zulassung/Bewerbung:	NC-Studiengang; Bewerbungsfrist: 15. Juli; Unterlagen und Infos im Internet
Studienbeginn/-plätze:	Wintersemester, max. 40 Studienplätze
Studiengebühren:	keine
Regelstudienzeit:	6 Semester

Kurzbeschreibung des Studiengangs:
Das Studium ist modular aufgebaut. Durch die Studierenden sind Pflicht- und Wahlpflichtmodule entsprechend dem Modulstudienplan zu belegen. Prüfungen sind u.a. in Form von Klausuren und praktischen Belegarbeiten zu erbringen. Ziel ist es, qualifizierte Fachkräfte auszubilden, die in der Lage sind, die komplexen Aufgaben zum Schutz von Natur und Landschaft auf der Grundlage fundierter ökologischer Kenntnisse zu bewältigen. Schwerpunkte des praxisorientierten Studiums sind: fundierte Artenkenntnisse von Flora und Fauna als wesentliche Grundlage zur Erfassung der aktuellen Situation in der Natur; naturwissenschaftliche Analysen ökologischer Zusammenhänge; Schutzgebietsplanungen und -management; Biotopvernetzungen; Landschaftsplanung, Eingriffsregelung und Artenschutz; Planung und Umsetzung von Maßnahmen zum Schutz, zur Entwicklung sowie zur Wiederherstellung; sachkundige Beurteilung der Folgen von Eingriffen in bestehende Ökosysteme auf der Basis umfangreicher naturwissenschaftlicher Kenntnisse und vorhandener gesetzlicher Regelungen sowie ökologisch begründete Entscheidungsfindung; wissenschaftliche Methoden zur Erhebung, Verwaltung und Auswertung von Fachdaten sowie deren integrative Verarbeitung und Bewertung; Umgang mit modernen Informationssystemen/Computerprogrammen (z.B. GIS, CAD, ACCESS, SPSS). Im Studium sind ein Projekt sowie ein 18-wöchiges Berufspraktikum durchzuführen.

Besondere Hinweise zum Studiengang:
Eine berufspraktische Tätigkeit/Vorpraktikum ist nicht nachzuweisen. Liegen keine einschlägigen Berufserfahrungen vor, ist ein Vorpraktikum jedoch zu empfehlen.

Zukunftsperspektiven:
Studienstruktur: Mit dem absolvierten Bachelor-Studium wird der erste berufsqualifizierende Abschluss erworben. Die Hochschule Anhalt bietet auch einen Master-Studiengang an.
Arbeitsmarktmöglichkeiten: Berufsmöglichkeiten in Naturschutzbehörden, Planungs- und Ingenieurbüros, Verwaltungseinrichtungen der Kommunen, in Großschutzgebieten, Einrichtungen von Wissenschaft und Forschung sowie in nationalen und internationalen Umweltorganisationen.

Technische und Angewandte Biologie

Studienabschluss:	Bachelor of Science
Hochschule:	Hochschule Bremen (FH)
Fachbereich/Fakultät:	Schiffbau, Technik und Angewandte Naturwissenschaften
Institut/Einrichtung:	Institut für Umwelt und Biotechnik; Kompetenzzentrum „Nachhaltigkeit im Globalen Wandel"
Anschrift:	Neustadtswall 30, 28199 Bremen
Ansprechpartner:	Prof. Dr. Heiko Brunken, Tel. 0421-59 05 42 80 brunken@fbsm.hs-bremen.de
Web-Adresse:	http://www.hs-bremen.de/Deutsch/Seiten.asp?SeitenID=821
Studienfachberatung:	weber@hs-bremen.de
Zulassung/Bewerbung:	NC
Studienbeginn/-plätze:	Wintersemester, 38 Studienplätze
Studiengebühren:	keine
Regelstudienzeit:	7 Semester

Kurzbeschreibung des Studiengangs:

Der Internationale Studiengang Technische und Angewandte Biologie (BSc) hat die beiden Studienschwerpunkte Umweltbiologie und Industriebiologie. Obligatorisch ist ein einjähriger Auslandsaufenthalt (ein Studiensemester und ein Praxissemester). Die Hochschule will mit dem Studienangebot eine Lücke zwischen den forschungsorientierten Studiengängen der Universitäten und den praxis- und anwendungsbezogenen Studiengängen der Fachhochschulen schließen. Der Studiengang wird nach dem ECTS-Kreditpunktesystem bewertet und ist modular aufgebaut. Nach einem gemeinsamen Studium im ersten Studienjahr muss im dritten Semester eine der beiden Vertiefungsrichtungen Industriebiologie oder Umweltbiologie gewählt werden. Nach dem obligatorischen Auslandsaufenthalt im fünften und sechsten Semester wird ein weiteres Fachsemester in Bremen studiert. Wesentlicher Bestandteil des abschließenden siebten Semesters ist ein Projektstudium. Die Projektarbeit erfolgt in der Regel in Kleingruppen, umfasst selbstständige Planung, Durchführung und Auswertung von Labor- und Freilandversuchen. Das Studium schließt mit einer neunwöchigen Bachelorarbeit. Fachliche Schwerpunkte in der Vertiefungsrichtung Umweltbiologie sind Biodiversität mit den Ebenen Ökosysteme und Arten, Schutz und Erhalt innerartlicher Biodiversität und Gewässerschutz. Hinzu kommen Themen wie Datenverarbeitung mittels geographischer Informationssysteme (GIS), Landschaftsplanung, Renaturierung, Umweltrecht, nachhaltige Pflanzenproduktion und Umweltbildung.

Besondere Hinweise zum Studiengang:

Es bestehen enge Kooperationen mit ausländischen Universitäten (u.a. Salford, GB; Kalmar, S; Groningen, NL; Recife, Brasilien). Im Bereich der Nachhaltigkeit existieren gemeinsame Projekte mit den Schwerpunkten Gewässerschutz, Umweltbildung, Entwicklungsarbeit und Biodiversität in Nordostbrasilien (Bundesstaat Pernambuco). Portugiesischunterricht wird optional angeboten.

Zukunftsperspektiven:

Studienstruktur: Ein Masterstudiengang für Technische und Angewandte Biologie ist in Vorbereitung mit Spezialisierung im Bereich Umweltbiologie/Nachhaltigkeit.
Arbeitsmarktmöglichkeiten: Durch integrierten Auslandsaufenthalt, konsequente Praxisorientierung und Vermittlung von Softskills (z.B. Projektmanagement, Präsentationstechniken) relativ gute Chancen auf dem Arbeitsmarkt.

Umweltwissenschaften

Studienabschluss: Bachelor of Science
Hochschule: Universität Bielefeld
Fachbereich/Fakultät: Biologie
Institut/Einrichtung: Fakultät für Biologie
Anschrift: Postfach 100 131, 33501 Bielefeld
Ansprechpartner: Dr. Bodo Müller, Tel. 0521-106 55 81
bodo.mueller@uni-bielefeld.de
Web-Adresse: www.uni-bielefeld.de
Studienfachberatung: bodo.mueller@uni-bielefeld.de
Zulassung/Bewerbung: NC, Bewerbung bei der Hochschule bis 15. Juli
Studienbeginn/-plätze: Wintersemester, 24 Studienplätze
Studiengebühren: ja
Regelstudienzeit: 6 Semester

Kurzbeschreibung des Studiengangs:
Das Kernfach Umweltwissenschaften besteht aus einer fachlichen Grundlage und dem Profil „Umweltbiologie". Dabei wird die fachliche Grundlage in den Basismodulen der beiden ersten Semester gelegt, sowohl des Kernfachs als auch des Nebenfachs Biologie. Diese Struktur erlaubt ein hohes Maß an „Umentscheidungs- und Differenzierungsspielraum" im ersten Studienjahr. Das Kernfach kann nur mit dem entsprechenden Nebenfach (s.u.) kombiniert werden. Ab dem 3. Semester findet die Profilbildung „Umweltbiologie" statt, indem ein Aufbaumodul Ökologie durch zwei Spezialmodule ergänzt und erweitert wird. Das Aufbaumodul verfolgt auch den Zweck, über die Praxis im Berufsfeld zu informieren. Hierfür finden Vorträge von im Berufsleben stehenden Personen mit ökologischer Ausbildung sowie Besuche bei möglichen Arbeitgebern statt.
Die beiden Projektmodule führen in selbstständiges wissenschaftliches Arbeiten und Recherchieren ein und schließen mit der Bachelorarbeit ab. Die gewonnenen Ergebnisse sind zu diskutieren und in zeitgemäßer Form darzustellen. Eines der Projektmodule sollte bei einem „potentiellen Arbeitgeber", d.h. einem Unternehmen, einer Kommune oder einer Behörde stattfinden. Für die Kontaktaufnahme mit möglichen Arbeitgebern bietet die Fakultät Informationen und Unterstützung an.

Besondere Hinweise zum Studiengang:
(Umwelt-)Biologie als Kernfach, integriertes Nebenfach mit Anteilen aus Chemie, Physik, Rechtswissenschaft

Zukunftsperspektiven:
Studienstruktur: Bewerbungen für den biologischen Masterstudiengang „Ökologie und Diversität" an der Universität Bielefeld sind möglich.

Chemie (Studienrichtung Umweltchemie)

Studienabschluss:	Dipl.-Chem.
Hochschule:	Friedrich-Schiller-Universität Jena
Fachbereich/Fakultät:	Chemisch-Geowissenschaftliche Fakultät
Institut/Einrichtung:	Chemische Institute der CGF, speziell Institut für Technische und Umweltchemie
Anschrift:	Humboldtstraße 11, 07743 Jena
Ansprechpartner:	Prof. Bernd Ondruschka, Tel. 03641-94 84 00 DekanatChemGeo@uni-jena.de
Web-Adresse:	www.uni-jena.de/chemie
Studienfachberatung:	heike.schreer@uni-jena.de
Zulassung/Bewerbung:	—
Studienbeginn:	Wintersemester
Studienplätze:	etwa 30 Studienplätze
Studiengebühren:	keine
Regelstudienzeit:	10 Semester

Geologie/Paläontologie

Studienabschluss:	Dipl.-Geol.
Hochschule:	Christian-Albrechts-Universität zu Kiel
Fachbereich/Fakultät:	Mathematisch-Naturwissenschaftliche Fakultät
Institut/Einrichtung:	Institut für Geowissenschaften
Anschrift:	Ludewig-Meyn-Straße 10, 24118 Kiel
Ansprechpartner:	PD Dr. Markus Ebert, Tel. 0431-880 46 09 me@gpi.uni-kiel.de
Web-Adresse:	www.uni-kiel.de/fakultas/mathnat/geowiss/ifg
Studienfachberatung:	me@gpi.uni-kiel.de
Zulassung/Bewerbung:	Zulassungsfreier Studiengang (Stand: WS 2006/07)
Studienbeginn	Wintersemester
Studienplätze:	keine Beschränkung der Studienplätze (Stand: WS 2006/07)
Studiengebühren:	—
Regelstudienzeit:	9 Semester

Agrarökologie

Studienabschluss:	Bachelor of Science
Hochschule:	Universität Rostock
Fachbereich/Fakultät:	Agrar- und Umweltwissenschaftliche Fakultät
Institut/Einrichtung:	Beteiligung verschiedener Institute
Anschrift:	Justus-von-Liebig-Weg 6, 18059 Rostock
Ansprechpartner:	Prof. Dr. Norbert Kanswohl, Tel. 0381-498 33 45 Norbert.Kanswohl@uni-rostock.de
Web-Adresse:	http://www.auf.uni-rostock.de/aoe/studium
Studienfachberatung:	studienbuero.agraroekologie@uni-rostock.de
Zulassung/Bewerbung:	Keine Beschränkung
Studienbeginn/-plätze:	Wintersemester, —
Studiengebühren:	keine
Regelstudienzeit:	6 Semester

Kurzbeschreibung des Studiengangs:
Der konsekutive Studiengang Agrarökologie ist der erste deutsche Studiengang, der auf die Gestaltung, Nutzung und Entwicklung des ländlichen Raumes als Ganzes orientiert ist.
Er berücksichtigt naturwissenschaftliche, landwirtschaftliche, ökologische und ökonomische Studieninhalte und verknüpft die Lehrkomplexe Ökologie, Landbewirtschaftung und Landespflege sowie Agrar- und Umweltökonomie, z.b. im Rahmen eines einjährigen Agrarökologischen Komplexpraktikums. Er bindet andere Institute der Universität Rostock, u.a. Biologie, Chemie, Wirtschaftswissenschaften ein.
Das Studium gliedert sich in einen Teil der Ausbildung zum Bachelor of Science und einen darauf aufbauenden Abschnitt der Ausbildung zum Master of Science. Die Studierenden erwerben in den Wahlpflichtmodulen und Wahlmodulen vertiefende Kenntnisse auf Spezialgebieten der im folgenden genannten Lehrgebiete.
Bachelorstudium: 1. berufsqualifizierender Abschluss (6 Semester) mit folgenden Lehrkomplexen: Naturwissenschaftliche Grundlagen, Ökosysteme, Landschaftsplanung, Landeinrichtung, Umweltgerechter Pflanzenbau, Umweltgerechte Tierhaltung, Betriebswirtschaft, Agrar- und Umweltökonomie.

Besondere Hinweise zum Studiengang:
Es besteht die Möglichkeit, nach Abschluss den konsekutiven Masterstudiengang zu belegen (weitere Informationen siehe dort).

Zukunftsperspektiven:
Arbeitsmarktmöglichkeiten: Vielfältige Einsatzbereiche z.B. in landwirtschaftlichen Unternehmen, öffentlichem Dienst, Ernährungs- und Futtermittelindustrie, Versorgungsunternehmen, chemischer Industrie, Verarbeitungs- und Vertriebsunternehmen, Tourismusbranche, Beratungsstellen, Verbänden.

Forstwirtschaft

Studienabschluss: Bachelor of Science
Hochschule: Fachhochschule Eberswalde
Fachbereich/Fakultät: Forstwirtschaft
Institut/Einrichtung: —
Anschrift: Alfred-Möller-Straße 1, 16225 Eberswalde
Ansprechpartner: Prof. Dr. Heinz Frommhold, Tel. 03334-654 55
hfrommho@fh-eberswalde.de
Web-Adresse: http://www.fh-eberswalde.de/de/Fachbereiche/Forstwirtschaft/K239.htm
Studienfachberatung: hfrommho@fh-eberswalde.de
Zulassung/Bewerbung: Zulassungsbeschränkt, Abitur oder Fachhochschulreife
Studienbeginn/-plätze: Wintersemester, 51 Studienplätze
Studiengebühren: keine
Regelstudienzeit: 6 Semester

Kurzbeschreibung des Studiengangs:
Ziel des Studiengangs ist eine praxisnahe Ausbildung von Forst-Managern, die qualifiziert sind, eigenverantwortlich praktische Waldbewirtschaftungsmaßnahmen anzuleiten und durchzuführen. Vor dem Hintergrund sich wandelnder eigentumsrechtlicher Rahmenbedingungen mit einem deutlichen Trend hin zu privatwirtschaftlichen Unternehmensformen befähigt der Studiengang, im Konfliktfeld der ökonomischen, ökologischen und sozialen Nachhaltigkeit eine erfolgsorientierte Bewirtschaftung und Entwicklung der Naturressource Wald zu agieren.

In der Ausbildung werden naturwissenschaftliche Grundlagen, technologische Kenntnisse und sozioökonomische Kompetenzen vermittelt:
Im Einzelnen: Das 1. und 2. Semester dient vornehmlich der Vermittlung ökologisch-naturwissenschaftlicher und ökonomisch-technischer Grundlagen; das 3. und 4. Semester umfasst anwendungsbezogene Lehre, v. a. mit den Schwerpunkten Produktion, Dienstleistung und Absatz im Bereich Waldmanagement; das 5. Semester ist ein praktisches Studiensemester; das 6. Semester beinhaltet die projektorientierte Umsetzung von innovativen Betriebsführungsstrategien; wissenschaftliches Arbeiten, Anfertigung der Bachelor-Arbeit. Folgende Schlüsselqualifikationen werden erworben: Problemlösungs- und Entscheidungskompetenzen, Teamfähigkeiten und soziale Kompetenzen, Prozess- und Projektmanagementkompetenzen, kommunikative und rhetorische Fähigkeiten sowie Fähigkeiten im Bereich der Informationsbeschaffung und -verarbeitung.

Zukunftsperspektiven:
Studienstruktur: Der Abschluss „Bachelor of Science" qualifiziert zu einem weiterführenden Studium in Master-Studiengängen an in- und ausländischen Hochschulen. Aufbauende Master-Studiengänge werden an der FH Eberswalde mit Forest Information Technology (M. Sc.) sowie Global Change Management (M. Sc.) angeboten.
Arbeitsmarktmöglichkeiten: Als Manager von Forstbetrieben, forstlichen Dienstleistungsbetrieben sowie Unternehmungen in verwandten Bereichen, zum Beispiel in der Holzindustrie. Leitung von Forstrevieren, Betreuung privater und kommunaler Forstbetriebe, in der öffentlichen Verwaltung oder in Landschafts- und Naturschutzbehörden.

Geoökologie

Studienabschluss:	Bachelor of Science
Hochschule:	Technische Universität Carolo-Wilhelmina zu Braunschweig
Fachbereich/Fakultät:	Fakultät 3: Architektur, Bauingenieurwesen und Umweltwissenschaften
Institut/Einrichtung:	Geschäftsstelle Geoökologie
Anschrift:	Pockelsstraße 4, 38106 Braunschweig
Ansprechpartner:	Frau Pößel, Tel. 0531-391 23 11 s.poessel@tu-bs.de; geo@tu-bs.de
Web-Adresse:	http://www.tu-braunschweig.de/abu
Studienfachberatung:	geo@tu-bs.de
Zulassung/Bewerbung:	NC
Studienbeginn/-plätze:	Wintersemester, ca. 30 Studienplätze
Studiengebühren:	500,- Euro/Semester
Regelstudienzeit:	6 Semester

Kurzbeschreibung des Studiengangs:

Geoökologen untersuchen, welche Prozesse in Landschaftsausschnitten ablaufen, wie verschiedene Stoffe miteinander reagieren, wie ihre Transportpfade verlaufen und welche Auswirkungen das auf die Umwelt hat. Die Studierenden erwerben ein breites fachliches und methodisches Wissen, mit dem sie in dem Raum zwischen Natur, Mensch und Technik tätig sein können. Als Ziel des Studiums der Geoökologie steht am Ende ein tiefes Verständnis der vielfach vernetzten Prozessabläufe in Geoökosystemen, das befähigt, Lösungen für Umweltprobleme zu entwickeln. Geoökologie weist daher über die Naturwissenschaft hinaus in den sozialen und politischen Raum. Um dieses Ziel zu erreichen, werden neue Formen der Lehre erprobt, welche die zuvor erworbenen interdisziplinären Kompetenzen zusammenfügen. Das Studium ist sehr praxisnah ausgerichtet. In Geländepraktika wird theoretisches Wissen praktisch erprobt. Ein Berufspraktikum verschafft Einblick in die spätere Berufspraxis. Alle Lehrveranstaltungen sind zu thematischen Modulen zusammengestellt, die gemeinsam eine bestimmte Kompetenz vermitteln.

Zukunftsperspektiven:

Studienstruktur: Ein Masterstudiengang wird voraussichtlich 2008/09 eingerichtet.

International Forest Ecosystem Management

Studienabschluss: Bachelor of Science
Hochschule: Fachhochschule Eberswalde
Fachbereich/Fakultät: Fachbereich Forstwirtschaft
Institut/Einrichtung: —
Anschrift: Alfred-Möller-Straße 1, 16225 Eberswalde
Ansprechpartner: Astrid Schilling, Tel. 03334-654 17
aschilling@fh-eberswalde.de
Web-Adresse: http://www.fh-eberswalde.de/Ifem
Studienfachberatung: aschilling@fh-eberswalde.de
Zulassung/Bewerbung: Zulassungsbeschränkt, Abitur oder Fachhochschulreife, Englischkenntnisse
Studienbeginn/-plätze: Wintersemester, 50 Studienplätze
Studiengebühren: keine
Regelstudienzeit: 6 Semester

Kurzbeschreibung des Studiengangs:
Ziel des Studiengangs ist die Ausbildung von Ökosystem-Managern, welche befähigt sind, die Wälder der Erde auf der Basis des Ökosystem-Ansatzes und nach den Prinzipien der nachhaltigen Forstwirtschaft zu erhalten und zu bewirtschaften. Sie sollen zur Umsetzung internationaler Beschlüsse und Konventionen zum Schutz und zur nachhaltigen Nutzung der natürlichen Ressourcen unserer Erde beitragen. In der praxisnahen Ausbildung werden vor allem Fach- und Methodenkompetenz bezüglich der nachhaltigen Bewirtschaftung und des Schutzes von temperierten, borealen und tropischen Waldökosystemen sowie Entscheidungs- und Handlungskompetenz hinsichtlich der Analyse und Lösung komplexer internationaler Forst- und Umweltprobleme vermittelt. Studieninhalte: Im 1. und 2. Semester werden methodische und fachliche Grundlagen vermittelt, insbesondere im Bereich der Biologie, Ökologie und Sozioökonomie. Im 3. und 4. Semester stehen die Nutzung und Erhaltung von Waldökosystemen im Zentrum der Betrachtung. Das 5. Semester ist ein praktisches Studiensemester (Praktikum im Ausland mit starkem Berufsbezug; ausländische Studierende können das praktische Studiensemester in Deutschland absolvieren). Das 6. Semester beinhaltet integrale Module zum Waldökosystem- und Naturschutzmanagement, ergänzt durch ein Angebot von anwendungsorientierten Wahlpflichtmodulen und die Anfertigung der Bachelor-Arbeit.

Besondere Hinweise zum Studiengang:
Der Studiengang wurde wegen seiner innovativen Gestaltung und der internationalen Ausrichtung mit einem Gütesiegel des DAAD und der Hochschulrektorenkonferenz ausgezeichnet. Die Lehrveranstaltungen werden in deutscher und englischer Sprache durchgeführt.

Zukunftsperspektiven:
Studienstruktur: Der Abschluss „Bachelor of Science" qualifiziert zu einem weiterführenden Studium in Master-Studiengängen an in- und ausländischen Hochschulen. Aufbauende Master-Studiengänge werden an der FH Eberswalde mit Forest Information Technology (M. Sc.) sowie Global Change Management (M. Sc.) angeboten.
Arbeitsmarktmöglichkeiten: Berufsmöglichkeiten im In- und Ausland: Organisationen der Entwicklungszusammenarbeit (z.B. GTZ, DED), Umwelt- und Naturschutzorganisationen, Beratungsfirmen und Planungsbüros im Forst- und Umweltbereich, Forst- und Naturschutzbehörden inkl. Schutzgebietsverwaltungen, Tourismusbranche.

Landschaftsnutzung und Naturschutz

Studienabschluss:	Bachelor of Science
Hochschule:	Fachhochschule Eberswalde
Fachbereich/Fakultät:	Fachbereich Landschaftsnutzung und Naturschutz
Institut/Einrichtung:	—
Anschrift:	Friedrich-Ebert-Straße 28, 16225 Eberswalde
Ansprechpartner:	Prof. Dr. Norbert Jung, Tel. 03334-65 73 11 njung@fh-eberswalde.de
Web-Adresse:	http://www.fh-eberswalde.de/de/Fachbereiche/ Landschaftsnutzung_und_Naturschutz
Studienfachberatung:	njung@fh-eberswalde.de
Zulassung/Bewerbung:	Zulassungsbeschränkt, Abitur/Fachhochschulreife, 12-wöchiges Vorpraktikum
Studienbeginn/-plätze:	Wintersemester, 60 Studienplätze
Studiengebühren:	keine
Regelstudienzeit:	6 Semester

Kurzbeschreibung des Studiengangs:
Der deutschlandweit einzigartige Studiengang für Landschaftsnutzung und Naturschutz wurde 1993 gegründet. Er befähigt dazu, alle Bestandteile und Prozesse im Lebensraum Landschaft praktisch zu analysieren, zu bewerten sowie ökologisch und sozial tragfähige Entwicklungen zu planen und umzusetzen. Breite Methodenkenntnis und vielfältige Exkursionserfahrung stellen den notwendigen intensiven Praxisbezug schon im Studium her.
Die Ausbildung im Bachelor-Studiengang erfolgt praxisnah, mit umfangreichen Praktika und Exkursionen. Es wird ein Praxissemester in die Ausbildung einbezogen.
Das Studium ist wie folgt aufgebaut: Das 1. und 2. Semester dienen dem Grundlagenstudium. Im 3. Semester findet ein berufsbezogenes Praktikum mit den Schwerpunkten Biotopkartierung, Landschaftsanalyse, praktische Landschaftspflege statt.
Die 4.-6. Semester sind ein Fachstudium, wobei ein Teil des 6. Fachsemesters für ein weiteres studienbegleitendes Praktikum oder ein Studium im Ausland genutzt wird.
Das praktische Studiensemester wird in Behörden und Verwaltungen (Umweltämtern, Ämtern für Agrarordnung, Schutzgebietsverwaltungen etc.), Unternehmen (Planungsbüros, Landschaftsbau, ökologisch wirtschaftende Betriebe etc.) sowie in Naturschutzverbänden des In- und Auslandes absolviert.

Zukunftsperspektiven:
Arbeitsmarktmöglichkeiten: Arbeitsmöglichkeiten u.a. in Natur-/Umweltschutz-, Landwirtschafts-, Forstwirtschafts-, Wasserwirtschafts- und Tourismusbehörden, Schutzgebietsverwaltungen einschließlich Naturschutzstationen, Privatwirtschaftliche Planungs-, Beratungs-, Gutachterbüros, Touristischen u.a. Wirtschaftsunternehmen, Verbänden.

Ökolandbau und Vermarktung

Studienabschluss: Bachelor of Science
Hochschule: Fachhochschule Eberswalde
Fachbereich/Fakultät: Fachbereich Landschaftsnutzung und Naturschutz
Institut/Einrichtung: —
Anschrift: Friedrich-Ebert-Straße 28, 16225 Eberswalde
Ansprechpartner: Ralf Bloch, Tel. 03334-65 7321
rbloch@fh-eberswalde.de
Web-Adresse: http://www.fh-eberswalde.de/oelbv
Studienfachberatung: oekolandbau@fh-eberswalde.de
Zulassung/Bewerbung: Zulassungsbeschränkt, Abitur/Fachhochschulreife, 12-wöchiges Vorpraktikum
Studienbeginn/-plätze: Wintersemester, 44 Studienplätze
Studiengebühren: keine
Regelstudienzeit: 6 Semester

Kurzbeschreibung des Studiengangs:
Immer mehr Landwirte stellen ihre Produktion auf eine ökologische Wirtschaftsweise um und entsprechen damit dem wachsenden Verbraucherwunsch nach qualitativ hochwertigen Nahrungsmitteln und einer artgerechten Tierhaltung.
Der Bachelor-Studiengang Ökolandbau und Vermarktung bietet eine umfassende landwirtschaftliche Ausbildung an, die neben den Grundlagen der Landwirtschaft Kenntnisse auf dem Gebiet der Vermarktung, Unternehmensführung und Produktqualität vermittelt.
Die praxisorientierte Lehre wird im Rahmen eines regionalen Ausbildungsmodells gemeinsam mit ökologisch wirtschaftenden Partnerbetrieben in der Region Barnim/Uckermark organisiert und durchgeführt. Hierbei werden die Studieninhalte mit praktischen Projekterfahrungen kombiniert. Das Studium untergliedert sich in ein Grundlagenstudium (1.-3. Semester), ein praktisches Studiensemester (4. Semester) sowie ein Fachstudium (5.-6. Semester, einschließlich der Bachelor-Arbeit im 6. Semester).
Ein hoher Anteil des Studiums entfällt auf praktische Übungen, die in Betrieben des Ökolandbaus absolviert werden. Das integrierte praktische Studiensemester (4. Semester) ist in der Regel auf einem ökologisch wirtschaftenden Betrieb im In- oder Ausland zu absolvieren

Besondere Hinweise zum Studiengang:
Die Lehre wird im Rahmen eines regionalen Ausbildungsmodells in enger Zusammenarbeit mit Öko-Betrieben der Region durchgeführt.

Zukunftsperspektiven:
Studienstruktur: Als konsekutives Studium wird ab dem Wintersemester 2007/08 an der Fachhochschule Eberswalde der Master-Studiengang „Öko-Agrarmanagement" angeboten.
Arbeitsmarktmöglichkeiten: Arbeitsmöglichkeiten z.B. als Betriebsleiter bzw. Spezialist mit eigenem Verantwortungsbereich (z.B. Feldbau, Herdenmanagement, Qualitätssicherung und Vermarktung), in der Beratung landwirtschaftlicher Betriebe, in Verbänden, Stiftungen, politischen Gremien, Dienstleistungsunternehmen, Lebensmittelwirtschaft, Behörden etc.

Agrarwissenschaften

Studienabschluss:	Bachelor of Science
Hochschule:	Universität Hohenheim
Fachbereich/Fakultät:	Agrarwissenschaften
Institut/Einrichtung:	Fakultät Agrarwissenschaften
Anschrift:	Schloss – Speisemeistereiflügel, 70593 Stuttgart
Ansprechpartner:	Prof. Dr. Joachim Müller; Dr. Karin Amler, Tel. 0711-45 92 32 57 agrar@uni-hohenheim.de
Web-Adresse:	www.uni-hohenheim.de/agrar
Studienfachberatung:	amler@uni-hohenheim.de
Zulassung/Bewerbung:	Kein NC
Studienbeginn/-plätze:	Sommer- und Wintersemester, unbegrenzt
Studiengebühren:	500,- Euro/Semester
Regelstudienzeit:	6 Semester

Kurzbeschreibung des Studiengangs:
Das breitgefächerte Lehrangebot dieses deutschsprachigen Bachelor-Studiengangs qualifiziert in den unterschiedlichsten Bereichen: Ökonomie, Naturwissenschaften, Technik und neue Biotechnologien. Das Studium ist modularisiert. Die Bewertung erfolgt nach dem European Credit Transfer System (ECTS). Insgesamt sind für den Abschluss des Studiums 180 Credits nachzuweisen. In den ersten vier Semestern werden naturwissenschaftliche und mathematisch-statistische Kenntnisse, agrarwissenschaftliche Grundlagen sowie Basiswissen in Ressourcenschutz und Ernährungssicherung vermittelt. Ab dem 5. Semester wählen die Studierenden zwischen fünf Vertiefungsrichtungen: Pflanzenwissenschaften, Tierwissenschaften, Wirtschafts- und Sozialwissenschaften, Agrartechnik oder Bodenwissenschaften. Die Kombination von Modulen erlaubt die flexible Gestaltung des Studiums und Kenntniserwerb in den Bereichen der Umwelttechnik/Umweltforschung. Im 6. Semester erfolgt die Anfertigung und Präsentation der Bachelor-Arbeit. Im Laufe des Studiums ist ein berufsbezogenes Praktikum von 26 Wochen abzuleisten, das in einem Unternehmen, einer Behörde oder in der Landwirtschaft abgeleistet werden kann.

Besondere Hinweise zum Studiengang:
Der Studiengang wurde in einem Vergleich mit Agrarstudiengängen von drei anderen führenden Agrarfakultäten/-universitäten in Europa erfolgreich evaluiert.

Zukunftsperspektiven:
Arbeitsmarktmöglichkeiten: Tätigkeitsfelder sind Entwicklung, Beratung und Vertrieb in Unternehmen in den Bereichen Nahrungs-, Genuss- und Futtermittel, Maschinen-/Anlagenbau, Saatzucht, Energiewirtschaft, in Verbänden und Behörden im Agrar- und Umweltsektor, Consultingunternehmen sowie in Internationalen Organisationen.

Biology (Schwerpunktbildung Biodiversitätsmanagement)

Studienabschluss: Bachelor of Science
Hochschule: Philipps-Universität Marburg
Fachbereich/Fakultät: Biologie
Institut/Einrichtung: —
Anschrift: Karl-von-Frisch-Straße 8, 35043 Marburg
Ansprechpartner: Dr. Sylvia Busch, Tel. 06421-282 65 71
busch2@staff.uni-marburg.de
Web-Adresse: www.uni-marburg.de/fb17
Studienfachberatung: hassel@staff.uni-marburg.de
Zulassung/Bewerbung: NC oder/und Wartezeit, Bewerbung bei der Universität Marburg
Studienbeginn/-plätze: Wintersemester, 150 Studienplätze
Studiengebühren: keine
Regelstudienzeit: 6 Semester

Kurzbeschreibung des Studiengangs:
Der dreijährige Bachelor-Studiengang „Biology" ist in drei Studienphasen untergliedert. In der ersten zweieinhalbjährigen Phase findet die biologische und naturwissenschaftlich-mathematische Grundausbildung statt. In einem anschließenden zweisemestrigen Studienabschnitt wird der Erwerb biologischer Fachkenntnisse in Modulen aus dem Bereich „Organismische Biologie" (Naturschutzbiologie, Tier- und Pflanzenökologie, Spezielle Botanik und Mykologie) sowie „Biodiversitätsmanagement" ermöglicht. In der abschließenden eineinhalbsemestrigen Vertiefungsphase wird das zuvor erworbene Fachwissen in einem Vertiefungs- und einem Praxismodul erweitert und der Studiengang mit der Bachelorarbeit zum Abschluss gebracht.

Nach Abschluss des Studiengangs, der im Schwerpunktbereich „Organismische Biologie" bzw. „Biodiversitätsmangement" erfolgen kann, verfügen die Studierenden über ein fundiertes Wissen über Lebensformen, ihre taxonomischen und morphologischen Merkmale, ihre Abhängigkeit von der Umwelt sowie potentielle Gefahren für die biologische und genetische Vielfalt. Diese Kenntnisse zur Erfassung von Arten und Ökosystemen befähigen die Studierenden zur Interpretation und naturschutzfachlichen Bewertung im Gelände vorgefundener Biozönosen und zur Integration der erworbenen Kenntnisse in naturschutzfachliche Bewertungen und Planungsprozesse.

Zukunftsperspektiven:
Studienstruktur: Der Fachbereich Biologie der Philipps-Universität Marburg bietet im Anschluss an den Bachelor-Studiengang „Biology" den Master-Studiengang „Organismic Biology" an.
Arbeitsmarktmöglichkeiten: Der Studiengang befähigt Absolventen zum freiberuflichen Arbeiten, der Mitarbeit in Planungsbüros sowie Beschäftigungen in mittleren Verwaltungsbehörden, der Hochschul- und Industrieforschung und zur Ausübung von Gutachtertätigkeiten.

Biotechnologie

Studienabschluss:	Bachelor of Science
Hochschule:	Fachhochschule Aachen
Fachbereich/Fakultät:	Angewandte Naturwissenschaften und Technik
Institut/Einrichtung:	—
Anschrift:	Ginsterweg 1, 52428 Jülich
Ansprechpartner:	Prof. Dr. Marcus Baumann, Prof. Dr. Christiane Zeise
	Tel. 0241-600 95 31 92
	baumann@fh-aachen.de; zeise@fh-aachen.de
Web-Adresse:	www.fh-aachen.de/naturwissenschaften.html
Studienfachberatung:	elbers@fh-aachen.de
Zulassung/Bewerbung:	NC, 12-wöchiges Vorpraktikum
Studienbeginn/-plätze:	Wintersemester, 77 Studienplätze
Studiengebühren:	500,- Euro/Semester
Regelstudienzeit:	6 Semester (ohne Praxissemester), 7 Semester (mit Praxissemester)

Kurzbeschreibung des Studiengangs:
Das Studium gliedert sich in ein 3-semestriges Grund- und ein 3- resp. 4-semestriges Hauptstudium. In den ersten drei Semestern erhalten die Studierenden als notwendige Basis eine fundierte Ausbildung in allgemeiner/anorganischer Chemie, organischer Chemie, physikalischer Chemie, Biochemie sowie in Mathematik, Physik. Weiterhin umfasst das Grundstudium EDV und ingenieurwissenschaftliche Fächer sowie die Module allgemeine Biologie, Mikrobiologie und instrumentelle Analytik. Die Inhalte des 4. und 5. Semesters umfassen spezielle biotechnologische Gebiete und vermitteln den Studierenden moderne Techniken und den aktuellen Stand der Wissenschaft und Forschung. Hierzu gehören u.a.: Enzymtechnik, Gentechnik, Zellkulturtechnik, spezielle Mikrobiologie, Molekularbiologie, Bioverfahrenstechnik. Downstreamprocessing, Umweltbiotechnologie und Pflanzenbiotechnologie. Neben aktuellem theoretischen Wissen wird ein besonderes Augenmerk auf die Einübung von laborpraktischen, modernen Methoden gelegt.
Die abzuleistenden Prüfungen finden studienbegleitend in der vorlesungsfreien Zeit statt. Im 6. Semester absolvieren die Studierenden im Studiengang mit Praxissemester dieses in Forschungseinrichtungen oder Industriebetrieben im In- und Ausland. Daran schließt sich die Bachelorarbeit an. Beim Studiengang ohne Praxissemester wird im 6. Semester die Bachelorarbeit angefertigt, die mit einem Kolloquium abschließt.

Besondere Hinweise zum Studiengang:
Bei der Konzipierung des Studienganges wurde bewusst auf das Angebot von Wahlpflichtveranstaltungen verzichtet, um allen Studierenden in den 5 Theoriesemestern eine möglichst umfassende Ausbildung zu garantieren. Eine Spezialisierung soll erst im Rahmen des Praxissemesters bzw. der Bachelorarbeit erfolgen.

Zukunftsperspektiven:
Studienstruktur: Ein Biotechnologie-Master ist mit verschiedenen wissenschaftlichen Einrichtungen in Planung. In den bereits etablierten Masterstudiengängen „Biomedical Engineering", „Angewandte Polymerwissenschaften", „Energy Systems" und „Nuclear Application" ist nach dem Bachelorabschluss eine Weiterqualifikation möglich.
Arbeitsmarktmöglichkeiten: Aufgrund der soliden theoretischen und auch praktischen Ausbildung im Bereich der deutschen Biotechnologie gibt es gute Einstiegsmöglichkeiten für die Absolventen.

Nachwachsende Rohstoffe und Bioenergie

Studienabschluss: Bachelor of Science
Hochschule: Universität Hohenheim
Fachbereich/Fakultät: Agrarwissenschaften
Institut/Einrichtung: Fakultät Agrarwissenschaften
Anschrift: Schloss, Speisemeistereiflügel, 70593 Stuttgart
Ansprechpartner: Prof. Dr. Joachim Müller / Dr. Karin Amler, Tel. 0711-459 32 57
agrar@uni-hohenheim.de
Web-Adresse: http://www.uni-hohenheim.de/nawaro
Studienfachberatung: amler@uni-hohenheim.de
Zulassung/Bewerbung: kein NC
Studienbeginn/-plätze: Wintersemester, unbegrenzt
Studiengebühren: 500,- Euro/ Semester
Regelstudienzeit: 6 Semester

Kurzbeschreibung des Studiengangs:

In den ersten drei Semestern (Grundstudium) werden Grundlagen in Mathematik, Physik, Biologie, Chemie und Ökonomie anwendungsbezogen gelehrt und grundlegende Kenntnisse im pflanzlichen, technischen und ökonomischen Bereich der Nachwachsenden Rohstoffe und Bioenergie vermittelt.

Mit der ab dem vierten Semester gewählten Vertiefungsrichtung (Profile Pflanzenbau, Technik oder Ökonomie) und der spezifischen Kombination der gewählten Module geben sich die Studierenden im Vertiefungsstudium ein individuelles Qualifikationsprofil. Im 6. Semester werden eine Projektarbeit im Team und eine individuelle Bachelor-Arbeit angefertigt.

Das Studium ist modular aufgebaut. Für jedes Modul werden i.d.R. 6 credits (Anrechnungspunkte) vergeben; insgesamt sind mindestens 180 credits zu erbringen.

Besondere Hinweise zum Studiengang:

Der Studiengang wird zum WS 2007/08 neu eingerichtet.

Zukunftsperspektiven:

Arbeitsmarktmöglichkeiten: Mögliche Tätigkeitsfelder in Unternehmen im Anlagenbau, Energieversorgungsunternehmen, Unternehmen in Pflanzenbau und -züchtung, Behörden in Umweltschutz, Wirtschaft und Land- und Forstwirtschaft, Fachpressewesen, Öffentlichkeitsarbeit, Ingenieurbüros und Consultingunternehmen, Freiberufliche Tätigkeiten.

Oecotrophologie

Studienabschluss: Bachelor of Science
Hochschule: Hochschule Fulda – University of Applied Sciences (FH)
Fachbereich/Fakultät: Oecotrophologie
Institut/Einrichtung: —
Anschrift: Marquardstraße 35, 36039 Fulda
Ansprechpartner: Dekanat, Tel. 0661-964 03 50
he.dekanat@he.hs-fulda.de
Web-Adresse: http://www.hs-fulda.de/fb/oe/
Studienfachberatung: studienberatung@he.hs-fulda.de
Zulassung/Bewerbung: NC, Bewerbung über die Hochschule, kein Vorpraktikum
Studienbeginn/-plätze: Wintersemester, etwa 80 Studienplätze pro Jahr
Studiengebühren: möglicherweise ab Studienjahr 2007/08
Regelstudienzeit: 6 Semester

Kurzbeschreibung des Studiengangs:
Der Studiengang ist aus Modulen aufgebaut, die mit Prüfungen abgeschlossen werden. Er umfasst 3 Semester Grundlagenstudium mit 12 Modulen, die in erster Linie der Wissensverbreiterung dienen (Biologie, Chemie, Physik und Technik, ernährungswissenschaftliche Grundlagen, Lebensmittelwissenschaft, Humanernährung, Wirtschaft, Psychologie und Kommunikation, Soziologie, Kultur – Lebensstile – Ernährung), 4 Modulen zur Wissenserschließung und zum Erwerb von Schlüsselqualifikationen: Forschungsmethoden, Projektarbeit (über 3 Semester in Zusammenarbeit mit der beruflichen Praxis), Sprachen. Das dreisemestrige Vertiefungsstudium bietet folgende Schwerpunkte zur Wahl: Ernährung und Gesundheit, Ernährungswirtschaft, Leben, Wohnen und Versorgung. Im 5. Semester erfolgt die individuelle Profilierung mit integrierter Praxisphase und anschließender Bachelor-Arbeit und Kolloquium.
Die Studierenden lernen problembezogen, praxisnah und in fachübergreifenden Zusammenhängen. Gruppenarbeit und DV-gestütztes Lernen haben einen hohen Stellenwert.
Im Rahmen von Projekt-, Praxis- und Abschlussarbeiten sowie von Forschungsvorhaben wurden und werden im FB Oecotrophologie über viele Jahre Themen bearbeitet, die eine nachhaltige Entwicklung fördern, mit den Schwerpunkten Gesundheit, Ernährung, Lebensmittelerzeugung und -verarbeitung sowie Umwelt.

Besondere Hinweise zum Studiengang:
Laut Prüfungsordnung soll das Studium die Studierenden dazu qualifizieren, „ihre Arbeit in Verantwortung für Mitwelt und Nachwelt unter besonderer Berücksichtigung von Ethik, Nachhaltigkeit und Ernährungsökologie zu tun". Außerdem ist Nachhaltigkeit in vielen einzelnen Modulen nochmals als Lehrinhalt verankert.

Zukunftsperspektiven:
Studienstruktur: Master-Studiengänge „MSc Public Health Nutrition" und „MSc International Food Business and Consumer Studies" führen die jeweiligen Vertiefungsrichtungen weiter, ein Master-Angebot im Bereich Leben, Wohnen, Versorgung ist in Vorbereitung.
Arbeitsmarktmöglichkeiten: In allen Berufsfeldern, für die der Studiengang qualifiziert, steigt der Bedarf an Fachkräften, die naturwissenschaftlich-technische, wirtschafts- und sozialwissenschaftliche Kenntnisse zur Bewältigung konkreter Probleme im Dienste einer nachhaltigen Entwicklung einsetzen können.

Betriebswirtschaftslehre (Spezialisierung Ressourcenmanagement)

Studienabschluss: Dipl.-Kfm., Dipl.-Kff.
Hochschule: Internationales Hochschulinstitut Zittau (IHI) (U)
Fachbereich/Fakultät: Allgemeine Betriebswirtschaftslehre
Institut/Einrichtung: —
Anschrift: Markt 23, 02763 Zittau
Ansprechpartner: Dr. Jana Brauweiler, Tel. 03583-61 27 58
brauweiler@ihi-zittau.de
Web-Adresse: www.ihi-zittau.de/bwl
Studienfachberatung: brauweiler@ihi-zittau.de
Zulassung/Bewerbung: Bewerbung nach dem wirtschaftswissenschaftlichen Grundstudium, Einzelfallprüfung
Studienbeginn/-plätze: Wintersemester, 50 Studienplätze
Studiengebühren: keine
Regelstudienzeit: 6 Semester

Kurzbeschreibung des Studiengangs:
Im Rahmen des Studienganges Betriebswirtschaftslehre ist eine Spezialisierung „Ressourcenmanagement" möglich, die aus folgenden Schwerpunkten besteht: Umweltorientierte Anspruchsgruppen I und II (umweltsystemwissenschaftliche Grundlagen, Übersicht über umweltorientierte Anspruchsgruppen, Vertiefung von Umweltpolitik und Umweltrecht), Umweltmanagementsysteme (ISO 14001, EMAS, niederschwellige Systeme), Umweltmanagementinstrumente (Input-Output-Analyse, Ökobilanzen, Umweltkostenrechnung, Kennzahlen), Operatives Umweltmanagement (umweltorientierte Beschaffung, Produktion, Absatz, Logistik, Personalwesen), Grundlagen Umwelttechnik (Wasser-Abwasserwirtschaft, Abfallwirtschaft, Energiemanagement), Integrierte Managementsysteme (Qualitäts- und Arbeitssicherheitsmanagementsysteme), Modellierung (Softwareanwendungen), Prozessmanagement mit SAP.

Die Vermittlung der Lehrinhalte erfolgt sehr praxisorientiert unter Nutzung von Fallstudien und Planspielen, ergänzt durch ausgewählte Praxisbeiträge aus Unternehmen.

Die Lehrinhalte wurden in Kooperation mit über 70 Vertretern aus deutschen, polnischen, tschechischen und österreichischen Hochschulen und der Wirtschaft entwickelt, so dass für die Vermittlung von Praktikanten- bzw. Diplomandenplätzen ein umfangreiches Netzwerk zur Verfügung steht.

Besondere Hinweise zum Studiengang:
Ausbildung erfolgt nur im Hauptstudium; Studenten müssen ein Auslandspraktikumssemester absolvieren.

Zukunftsperspektiven:
Studienstruktur: Ab WS 2007/08 wird zusätzlich ein Masterstudiengang „International Management" angeboten, in dessen Rahmen es eine Spezialisierung „Internationales Umweltmanagement" gibt.
Arbeitsmarktmöglichkeiten: Alle Arbeitsmarktmöglichkeiten, die jede Dipl.-Kff. oder Dipl.-Kfm. hat.

BWL (Schwerpunkt: Betriebliche Umweltwirtschaft und Controlling)

Studienabschluss: —
Hochschule: Universität Duisburg-Essen
Fachbereich/Fakultät: Wirtschaftswissenschaften
Institut/Einrichtung: Lehrstuhl für Umweltwirtschaft und Controlling, Prof. Dr. Christoph Lange
Anschrift: Campus Essen, 45117 Essen
Ansprechpartner: PD Anette von Ahsen, Tel. 0201-183 23 00
anette.von-ahsen@uni-duisburg-essen.de
Web-Adresse: www.uni-due.de/wirtschaftswissenschaften
Studienfachberatung: anette.von-ahsen@uni-duisburg-essen.de
Zulassung/Bewerbung: —
Studienbeginn/-plätze: Sommer- und Wintersemester, —
Studiengebühren: —
Regelstudienzeit: —

Kurzbeschreibung des Studiengangs:
Es handelt sich nicht um einen Studiengang, sondern um ein Wahlpflichtfach im Rahmen der BWL.
„Betriebliche Umweltwirtschaft und Controlling" stellt eine Teildisziplin der Betriebswirtschaftslehre dar, welche die Implikationen einer nachhaltigkeitsorientierten Unternehmenspolitik für die Ausgestaltung des Controlling analysiert.
Die Schwerpunkte des Lehrprogramms zur Betrieblichen Umweltwirtschaft und zum Controlling (UC) liegen bei der Darstellung und Analyse der entscheidungsrelevanten Zusammenhänge zwischen betriebswirtschaftlicher Umweltökonomie, Controlling und betrieblichem Rechnungswesen.
Das Curriculum ist grundsätzlich auf ein dreisemestriges, ggf. auch viersemestriges Studium des Fachs ausgerichtet. Ein Studium in zwei Semestern ist aufgrund des Vorlesungsturnus ebenfalls möglich. Außerdem werden Seminare zu verschiedenen Themen des umweltbezogenen Controlling angeboten.

Energie- und Recycling-Management

Studienabschluss: Bachelor of Arts
Hochschule: Hochschule für Wirtschaft und Umwelt – Nürtingen-Geislingen (FH)
Fachbereich/Fakultät: Fakultät IV
Institut/Einrichtung: Studiengang Energie- und Recycling-Management
Anschrift: Parkstraße 4, 73312 Geislingen
Ansprechpartner: Prof. Dr. Lisa Schwalbe, C. Müller (Ass.), Tel. 07331-225 21, 07331-225 62
Web-Adresse: www.hfwu.de
Studienfachberatung: erm@hfwu.de
Zulassung/Bewerbung: Bewerbung direkt an Hochschule, Auswahlverfahren
Studienbeginn/-plätze: Sommer- und Wintersemester, 40 Studienplätze
Studiengebühren: 500,- Euro/Semester
Regelstudienzeit: 7 Semester

Kurzbeschreibung des Studiengangs:
Der betriebswirtschaftliche Studiengang besteht seit WS 2000/01 und ist insbesondere für die Tätigkeit in den Branchen der Ver- und Entsorgung konzipiert. Grundlage bildet die Betriebswirtschaftslehre (Allgemeine BWL, Rechnungswesen, Informatik, Beschaffung, Logistik, Controlling, Investition und Finanzierung, Operations Research, Steuerlehre, Personal und Organisation) inklusive der Volkswirtschaftslehre und dem dazugehörigen Recht.
Weiterhin werden Kenntnisse in der Ver- und Entsorgungswirtschaft vermittelt. Diese umfassen außer den technischen Grundlagen, das einschlägige Energie- und Umweltrecht sowie die Besonderheiten bei der Vermarktung der Produkte. Qualitäts-, Umwelt-, Arbeitsschutz- und Risikomanagement sind ergänzende Themen. Die Vermittlung von Handlungskompetenz und die Anwendung der fachlichen Inhalte im Projektstudium, in Kooperation mit Unternehmen, runden die Ausbildung ab.
Die ersten vier Semester dienen der Grundlagenvermittlung und -vertiefung. Anschließend befinden sich die Studierenden fünf Monate im Praxissemester. Je nach Neigung können sie im sechsten und siebten Semester Module aus den Bereichen Betriebswirtschaft, Versorgungswirtschaft, Entsorgungswirtschaft und Nachhaltigkeit wählen. Die Bachelor-Thesis wird im siebten Semester verfasst.

Besondere Hinweise zum Studiengang:
Der Studiengang ist besonders für die Branchen der Ver- und Entsorgung konzipiert.

Zukunftsperspektiven:
Studienstruktur: Der Studiengang wird regelmäßig intern und extern evaluiert und bei Bedarf angepasst. Projekte im Bereich der Nachhaltigkeit sind ab 2007 geplant, insbesondere zu regenerativen Energien, Stoffstrommanagement, nachhaltigen Entsorgungskonzepten, jeweils im In- und Ausland.
Arbeitsmarktmöglichkeiten: Arbeitsfelder sind in allen Unternehmen vorhanden, z.B.: Energieversorgung, Regenerative Energien, Wasserversorgung, Entsorgung, Stoffstrommanagement, Industrie, Dienstleistung, Öffentliche Verwaltung.

General Management (Studienschwerpunkt Nachhaltiges Wirtschaften)

Studienabschluss: Bachelor of Arts bzw. Master of Arts in General Management
Typ Grundständiger Studiengang/Aufbaustudiengang
Hochschule: Private Universität Witten/Herdecke gGmbH (U)
Fachbereich/Fakultät: Wirtschaftsfakultät
Institut/Einrichtung: Deutsches Kompetenzzentrum für Nachhaltiges Wirtschaften
Anschrift: Alfred-Herrhausen-Straße 50, 58448 Witten
Ansprechpartner: Prof. Dr. Werner F. Schulz, Tel. 02302-92 65 05
dknw@uni-wh.de
Web-Adresse: www.uni-wh.de/dknw
Studienfachberatung: —
Zulassung/Bewerbung: Auswahlverfahren
Studienbeginn/-plätze: Wintersemester, 50 (BA) bzw. 20 (MA) Studienplätze
Studiengebühren: ja
Regelstudienzeit: 6 (BA) bzw. 4 (MA) Semester

Kurzbeschreibung des Studiengangs:
Der Studienschwerpunkt Nachhaltiges Wirtschaften wird als eine Vertiefungsmöglichkeit im Rahmen des Bachelor- bzw. Master-Studienganges General Management der Fakultät für Wirtschaftswissenschaft der Universität Witten/Herdecke angeboten. Teilnehmer müssen in sechs für den Studienschwerpunkt anerkannten Lehrveranstaltungen Leistungsnachweise erwerben. Das Angebot wird mit den Studierenden selbst abgesprochen und weitgehend nach den von diesen zum Ausdruck gebrachten Interessen zusammengestellt. Dazu können ggf. auch Lehrbeauftragte anderer Universitäten bzw. aus der Praxis an die Fakultät geholt werden. Auch Veranstaltungen der Nachbarfakultäten (Biowissenschaften, Medizin) sowie des Studium fundamentale können anerkannt werden. Projekt- und Konferenzstudien zu Themen des Nachhaltigen Wirtschaftens können ebenfalls als Studienleistung eingebracht werden. Ziel des Studienschwerpunktes ist die Sensibilisierung zukünftiger Führungspersönlichkeiten auf ökologische, technologische und soziale Rahmenbedingungen des Wirtschaftens. Einige beispielhafte Veranstaltungen der vergangenen Semester sind: Umweltökonomie; Nachhaltiges Wirtschaften in Unternehmen; Nachhaltigkeitskommunikation; Perspektiven; Sustainable Economy; Internationale Kooperationen und nachhaltiges Supply Chain Management; Nachhaltige Produktion; Sustainable Investing; Umwelt-, Technik- und Energiepolitik in Russland; Oikos Olympos – Nachhaltigkeitsmanagement bei den Olympischen Spielen 2004 in Athen; Seminar und Konferenzstudium: www.oikos-olympos.de.

Besondere Hinweise zum Studiengang:
Es handelt sich nicht um einen Studiengang, sondern um einen Studienschwerpunkt im Rahmen der Studiengänge zum BA bzw. MA General Management der Fakultät für Wirtschaftswissenschaft der Universität Witten/Herdecke.

Zukunftsperspektiven:
Studienstruktur: Die inhaltliche Ausrichtung des Studienschwerpunkts wird flexibel an die Interessen der Studierenden angepasst. Die Einrichtung eines eigenen Studienganges ist nicht vorgesehen.
Arbeitsmarktmöglichkeiten: Die Wirtschaftsfakultät der Universität Witten/Herdecke will gebildete Ökonomen für die Übernahme von Verantwortung in Führungspositionen und Selbstständigkeit vorbereiten. Die Absolventen zeigen, dass dieses Konzept Erfolg hat.

Lehrerstudiengang Sozialkunde

Studienabschluss:	Staatsexamen
Hochschule:	Technische Universität Berlin
Fachbereich/Fakultät:	Fakultät I
Institut/Einrichtung:	Institut für Gesellschaftswissenschaften und historisch-politische Bildung
Anschrift:	Franklinstraße 28/29, 10587 Berlin
Ansprechpartner:	Prof. Hanns-Fred Rathenow, Prof. Dr. Bernd Overwien
	Tel. 030-31 47 31 44
	rathenow@tu-berlin.de; bernd.overwien@tu-berlin.de
Web-Adresse:	www.tu-berlin.de/fak1/gsw/, www.globaleslerneninberlin.de
Studienfachberatung:	bernd.overwien@tu-berlin.de
Zulassung/Bewerbung:	Keine Neuzulassung, Lehrangebot auch für andere Universitäten
Studienbeginn/-plätze:	Sommer- und Wintersemester, —
Studiengebühren:	—
Regelstudienzeit:	—

Kurzbeschreibung des Studiengangs:

Innerhalb der Didaktik der Sozialkunde werden Seminare im Regelstudienangebot zu Fragen des Globalen Lernens angeboten. So konzentrieren sich etwa auch Methodenseminare auf Fragen des Globalen Lernens als Querschnittsthema. Auch im Pflichtpraktikum der Lehrerstudierenden werden diese im Bereich der Bildung für nachhaltige Entwicklung liegenden Inhalte im Unterricht umgesetzt.

Regelmäßig werden in jedem Semester ein bis zwei Hauptseminare explizit zum Globalen Lernen angeboten. Diese Seminare sind i.d.R. auch für Erziehungswissenschaft anerkannt und werden auch von Studierenden anderer Fächer absolviert. Darüber hinaus gibt es in jedem Semester ein Seminar der Reihe „Treffpunkt Süd-Nord". Diese Seminarreihe ist so ge_staltet, dass Vorträge von Experten und Diskussionen sich ergänzen. Im Mittelpunkt stehen Globalisierungsfragen, Internationalisierungsaspekte und entwicklungspolitische Themen.

Leistungsscheine sind zu erwerben, im 1. Staatsexamen gehört der Themenbereich in der Didaktik politischer Bildung zu den „Standardthemen". Es werden auch Staatsexamensarbeiten und Magisterarbeiten der Erziehungswissenschaft in diesem Bereich geschrieben.

Über die Seminare (für Teilnehmende!) werden auch Praktika in entwicklungspolitische Institutionen hinein vermittelt.

Besondere Hinweise zum Studiengang:

Der Lehrerstudiengang Sozialkunde an der TU läuft aus. Lehrangebote gibt es aber noch bis 2009 bzw. 2010. Die Lehrangebote sind auch für Studierende anderer Fächer nutzbar.

Zukunftsperspektiven:

Studienstruktur: Es gibt Kooperationen mit dem MA „European Master in Intercultural Education" an der FU Berlin.

Arbeitsmarktmöglichkeiten: Globalisierungsfragen als Querschnittsfragen der Gesellschaft gehören zum professionellen Hintergrund vieler Bereiche. Lehrkräfte sollten sich damit aus Gründen weltweiter Veränderungen befassen.

Soziale Arbeit (Schwerpunkt: Nachhaltige Entwicklung)

Studienabschluss: Bachelor of Arts + Zertifikat „Bildung für eine Nachhaltige Entwicklung"
Hochschule: Fachhochschule Bielefeld
Fachbereich/Fakultät: Sozialwesen
Institut/Einrichtung: —
Anschrift: Kurt-Schumacher-Straße 6, 33615 Bielefeld
Ansprechpartner: Hildegard Schumacher-Grub, Tel. 0521-106 78 61
hildegard.schumacher-grub@fh-bielefeld.de
Web-Adresse: http://www.fh-bielefeld.de/
Studienfachberatung: bettina.sagebiel-dittrich@fh-bielefeld.de
Zulassung/Bewerbung: Ortsgebundener NC (2,3); Bewerbung über die ZVS
Studienbeginn/-plätze: Sommer- und Wintersemester, für den Studiengang: 65; im Schwerpunkt „Nachhaltige Entwicklung": 15
Studiengebühren: 500,- Euro/Semester
Regelstudienzeit: 6 Semester

Kurzbeschreibung des Studiengangs:
Das allgemeine Ziel des BA-Studienganges „Soziale Arbeit" ist es, die Studierenden auf der Basis wissenschaftlicher Erkenntnisse sowie wissenschaftlicher Methoden zu selbstständigem beruflichem Handeln in den Arbeitsfeldern der Sozialen Arbeit (Sozialpädagogik und Sozialarbeit) auszubilden. Es geht um die Vermittlung von wissenschaftlichem Wissen und berufsbezogenen Kompetenzen, die es ermöglichen, Lebenssituationen zu beschreiben, zu analysieren, zu erklären, Handlungspläne mit den Beteiligten zu entwickeln und zu verwirklichen sowie das eigene berufliche Handeln theoriebezogen zu begründen und zu reflektieren.

Inhaltliche Schwerpunkte sind Sozialarbeitswissenschaft, Menschliche Entwicklung im sozialen Umfeld, Gesellschafts- und kulturwissenschaftliche Bezüge der Sozialen Arbeit, rechtliche, Verwaltungs- und Sozialmanagementbezüge der Sozialen Arbeit.

Im Profilbereich stehen Beratung und Management, Bildung und Erziehung, Kultur und Interkulturelle Arbeit sowie Prävention und Rehabilitation, Integration und Inklusion zur Wahl. Innerhalb des Projektstudiums, das ab dem 3. Studiensemester über drei Semester angeboten wird, kann die Schwerpunktqualifikation „Bildung für eine Nachhaltige Entwicklung" erworben werden. Bestandteil dieses Schwerpunktes ist über drei Semester ein vierstündiges Seminar zur „Nachhaltigen Bildung", sowie ein aufbauendes Seminar „Handlungsorientierte ökologische Grundlagen". Zusätzlich müssen 60 Arbeitstage in einem Arbeitsbereich für Nachhaltige Bildung abgeleistet werden.

Besondere Hinweise zum Studiengang:
Bei erfolgreichem Abschluss des Schwerpunktes wird zusätzlich zur BA-Urkunde ein Zertifikat über „Bildung für eine Nachhaltige Entwicklung" ausgehändigt.

Zukunftsperspektiven:
Studienstruktur: Der Schwerpunkt „Bildung für eine Nachhaltige Entwicklung" läuft derzeit noch in den Diplomstudiengängen Sozialpädagogik und Sozialarbeit. Ab dem WS 2007/08 wird der Schwerpunkt im BA „Soziale Arbeit" angeboten.
Arbeitsmarktmöglichkeiten: Durch die Zusatzqualifikation erhöhen sich die Chancen auf dem Arbeitsmarkt.

Soziale Arbeit (Vertiefungsbereich Kulturpädagogik, Ökologisches Lernen, Bildung für Nachhaltigkeit)

Studienabschluss: Bachelor of Arts
Hochschule: Katholische Stiftungsfachhochschule München (FH)
Fachbereich/Fakultät: Fachbereich Soziale Arbeit, Abteilung Benediktbeuern
Institut/Einrichtung: —
Anschrift: Don-Bosco-Straße 1, 83671 Benediktbeuern
Ansprechpartner: Prof. Dr. Gerhard Kral (Umweltbeauftragter, Leiter des Vertiefungsbereichs), Tel. 08857-885 01
gerhard.kral@ksfh.de
Web-Adresse: http://www.ksfh.de/ksfh/abt_bene/
Studienfachberatung: gerhard.kral@ksfh.de
Zulassung/Bewerbung: Bewerbung an die Abteilung Benediktbeuern, internes Auswahlverfahren
Studienbeginn/-plätze: Wintersemester, 110 Studienplätze
Studiengebühren: Ab Wintersemester 2007/2008 (350,- €)
Regelstudienzeit: 7 Semester

Kurzbeschreibung des Studiengangs:
Der Vertiefungsbereich „Kulturpädagogik, Ökologisches Lernen, Bildung für Nachhaltigkeit" wird im Studienabschnitt II über 2 Semester (5. und 6. Studiensemester) angeboten. Er umfasst drei Teile mit insgesamt 16 Semesterwochenstunden, 20 CP Leistungspunkte und einem Arbeitsaufwand von 500 Stunden: (1.) Zentrale Veranstaltung, (2.) Zugeordnete Veranstaltungen, (3.) Übergreifende Veranstaltungen. Thematische Schwerpunkte sind Methoden und Einrichtungen der außerschulischen Jugendbildung und der Erwachsenenbildung, Ansätze der Sozialen Kulturarbeit bzw. der Kulturellen Sozialarbeit, Theorien und Ziele des Ökologischen Lernens und der Bildung für Nachhaltigkeit, Naturpädagogik, Erlebnispädagogik. Ergänzt wird das Themenangebot durch Lehrveranstaltungen zu Umweltethik und Schöpfungsverantwortung, Umweltmedizin, Umweltrecht, Umweltpsychologie, Kulturmanagement, Praktische Naturerfahrung, Umweltpsychologie sowie Medien-, Theater-, Museums- und Gedenkstättenpädagogik mit Exkursionen. Einen hohen Stellenwert nimmt die Projektarbeit (z.B. aktivierende Gemeinwesenarbeit, Kurzfilmprojekte, Jugendkulturtage oder Konzepte der Dorf- und Regionalentwicklung) ein. Zu den zu vermittelnden Handlungskompetenzen zählen außerdem Presse- und Öffentlichkeitsarbeit, Projektmanagement, Fundraising und Sponsoring, Präsentations- und Moderationstechniken, aktivierende Methoden wie Zukunftswerkstatt oder Open Space.
Neben einer mündlichen Abschlussprüfung werden als Leistungen eine individuelle Hausarbeit, die Mitarbeit in einer fachlich spezialisierten Arbeitsgruppe und einem Projektteam verlangt.

Zukunftsperspektiven:
Studienstruktur: Im Rahmen der Einführung der neuen Studiengänge ist die Aufnahme eines vergleichbaren Vertiefungsmoduls „Bildung für Nachhaltigkeit" im Masterstudiengang (Beginn 2008) geplant.
Arbeitsmarktmöglichkeiten: Insbesondere leitende Mitarbeit in Agenda 21-Prozessen, Projektmanagement, kommunale Sozialplanung, Personal- und Organisationsentwicklung, Aktivierung von Senioren zu Bürgerschaftlichem Engagement neben den (eher traditionellen) Einsätzen in Bildungsprojekten für Kinder, Jugendliche und Erwachsene.

Umwelt- und Betriebswirtschaft

Studienabschluss: Bachelor of Arts
Hochschule: Fachhochschule Trier
Fachbereich/Fakultät: Umweltwirtschaft/Umweltrecht
Institut/Einrichtung: —
Anschrift: Postfach 13 80, 55761 Birkenfeld
Ansprechpartner: Prof. Moser, Tel. 06782-17 11 16
r.moser@umwelt-campus.de
Web-Adresse: www.umwelt-campus.de
Studienfachberatung: bwl@umwelt-campus.de
Zulassung/Bewerbung: Der Studiengang ist zulassungsbeschränkt
Studienbeginn/-plätze: Wintersemester, 100 Studienplätze
Studiengebühren: keine
Regelstudienzeit: 6 Semester

Kurzbeschreibung des Studiengangs:
Ziel des Studiums ist es, den Studierenden in einem ersten berufsqualifizierenden Abschluss die grundlegenden Erkenntnisse und Methoden der Betriebswirtschaftslehre zu vermitteln. Das Studium versetzt die Studierenden in die Lage, für komplexe betriebs- und umweltwirtschaftliche Fragestellungen aus den verschiedensten Bereichen der Wirtschaft, im Dienstleistungsbereich, der Industrie oder auch im öffentlichen Dienst, Lösungsansätze zu entwickeln und umzusetzen. Die Ausbildung erfolgt einerseits durch eine ausführliche Vermittlung wissenschaftlicher und methodischer Grundlagen in den unterschiedlichen Teilgebieten des Rechnungswesens, des Marketings, des Nachhaltigen Wirtschaftens und der Volkswirtschaftslehre. In Betrieben, Organisationen oder Verwaltungen können die Studierenden im Rahmen von Praktika tätig werden, um das erworbene Wissen direkt anzuwenden. Sozialkompetenz, Medien- und Sprachausbildung als „weiche Faktoren" werden durch Präsentationen, Kommunikationstrainings, eigene Unterrichtsgestaltungen vor der Gruppe, in Gruppenarbeiten und Tutorien erlernt und vertieft.
Im 5. Semester können die Studierenden zwischen einer praktischen Studienphase und einem Auslandssemester wählen. Auf Basis des im bisherigen Studium erworbenen Wissens sollen die Studierenden in der 16-wöchigen Praxisphase praktische Kenntnisse und Erfahrungen erwerben. Am Ende des 6. Semesters wird die Bachelorarbeit (Bachelor Thesis) angefertigt.

Zukunftsperspektiven:
Studienstruktur: Im Fachbereich Umweltwirtschaft/-recht wird ab dem WS 2008/09 der konsekutive Masterstudiengang „Umwelt- und Betriebswirtschaft" angeboten.
Arbeitsmarktmöglichkeiten: Zusätzlich zum klassischen Berufsbild eines Kaufmanns besteht für die Absolventen die Chance auf eine schwerpunktmäßig umwelt- und nachhaltigkeitsorientierte berufliche Karriere, z.B. in Behörden, Nicht-Regierungs-Organisationen oder in Großunternehmen.

Umweltschutz und Umwelttechnik

Studienabschluss:	1. Staatsexamen
Hochschule:	Technische Universität Dresden
Fachbereich/Fakultät:	Erziehungswissenschaften
Institut/Einrichtung:	Institut für Berufliche Fachrichtungen
Anschrift:	Weberplatz 5, 01062 Dresden
Ansprechpartner:	PD Dr. Manuela Niethammer, Tel. 0351-46 33 30 68
	manuela.niethammer@tu-dresden.de
Web-Adresse:	http://tu-dresden.de/die_tu_dresden/fakultaeten/erzw/erzwibf/ct
Studienfachberatung:	manuela.niethammer@tu-dresden.de
Zulassung/Bewerbung:	Keine Einschränkung
Studienbeginn/-plätze:	Sommer- und Wintersemester, ohne Begrenzung
Studiengebühren:	—
Regelstudienzeit:	9 Semester

Kurzbeschreibung des Studiengangs:

Ziel des Studiums ist es, die Studierenden zu befähigen, berufliche Bildungsprozesse in zunehmend neu entstehenden umweltbezogenen Handlungsfeldern zu gestalten. Sie erwerben die Fähigkeit, Lösungen zum Umweltschutz aus natur- und technikwissenschaftlicher Sicht vermitteln zu können bzw. Problemlösungen mit den Lernenden gemeinsam zu entwickeln.

Das Studium des beruflichen Faches Umweltschutz/Umwelttechnik gliedert sich in ein Grundstudium (Zwischenprüfung nach dem 4. Semester) und ein Hauptstudium mit wahlobligatorischer Vertiefung. Die Ausbildung umfasst im Grundstudium:
Berufliche Didaktik Umweltschutz/Umwelttechnik, Biologie, Ingenieurökologie, Grundlagen der Luftreinhaltung, Atmosphärische Spurenstoffe und ihre Wirkungen, Bioindikatoren, Bodenkunde, Bodenbelastung, Grundlagen der Trinkwasseraufbereitung, Grundlagen der Kanalisation, Grundlagen der Hydrochemie, Umweltsystemanalyse. Das Hauptstudium umfasst: Berufliche Didaktik Umweltschutz/Umwelttechnik, Lehrexperimente zu Umweltschutz und Umwelttechnik, Schulpraktika, Bodensanierung, Renaturierung, Abfallwirtschaft I u. II, Biotechnologie, Grundlagen der Abwasserbehandlung, Grundlagen der Wasserverteilung, Rationelle Energieanwendung, Produktionsintegrierter Umweltschutz.

Besondere Hinweise zum Studiengang:

Das Fach Umweltschutz/Umwelttechnik wird als berufliches Fach im Rahmen des Lehramtsstudienganges für berufsbildende Schulen angeboten. Es ist mit dem Studium einer weiteren beruflichen Fachrichtung zu kombinieren.

Zukunftsperspektiven:

Studienstruktur: Es ist beabsichtigt, die Studienstrukturen ab Wintersemester 2007 auf BA- und MA-Studiengänge umzustellen. Die inhaltlichen Anforderungen bleiben von der Strukturreform weitgehend unberührt.

Arbeitsmarktmöglichkeiten: Berufsschullehrer sind bundesweit gefragt, da der Bedarf nicht gedeckt werden kann. Das berufliche Fach Umweltschutz und Umwelttechnik ist jedoch noch nicht in allen Bundesländern anerkannt. Zu den Bundesländern, die das Fach nachfragen gehören z.B. Sachsen, Hamburg, Berlin.

Wirtschaftswissenschaften (ökologisches/nachhaltiges Wirtschaften)

Studienabschluss: Diplom 1 (Bachelor) bzw. Diplom 2 (Master)
Typ Grundständiger Studiengang/Aufbaustudiengang
Hochschule: Universität Kassel
Fachbereich/Fakultät: Wirtschaftswissenschaften
Institut/Einrichtung: —
Anschrift: Nora-Platiel-Straße 4, 34109 Kassel
Ansprechpartner: Prof. Dr. Frank Beckenbach
Web-Adresse: http://www.uni-kassel.de/fb7/
Studienfachberatung: kniel@wirtschaft.uni-kassel.de
Zulassung/Bewerbung: NC
Studienbeginn/-plätze: Wintersemester, 330 Studienplätze
Studiengebühren: nach hessischer Landesgesetzgebung
Regelstudienzeit: 7 bzw. 10 Semester

Kurzbeschreibung des Studiengangs:
Der Studienschwerpunkt behandelt Aspekte des ökologischen bzw. nachhaltigen Wirtschaftens aus der Sicht verschiedener Disziplinen, insbesondere der Volkswirtschaftslehre und der Betriebswirtschaftslehre. Er ist multidisziplinär angelegt. Vertreten sind als wirtschaftswissenschaftliches Kernangebot die Fachgebiete Ökologische Ökonomik und Nachhaltige/Ökologische Unternehmensführung. Sie werden ergänzt durch die angrenzenden Fachgebiete Umweltsystemanalyse, Umweltrecht, Umweltpsychologie sowie Entwicklung und Umwelt. Dadurch wird ein Lehrangebot erbracht, das alle sozialwissenschaftlichen Aspekte der Umweltproblematik behandelt, ausgehend von der Einzelwirtschaft bis zur globalen Entwicklung, ausgehend vom einzelnen Akteur bis zu weltpolitischen Institutionen.

Das Lehrangebot wendet sich an Studierende der Wirtschaftswissenschaften und des Wirtschaftsingenieurwesens sowie an Studierende anderer Studiengänge, die Teilangebote dieser Studiengänge nutzen können.

Im Studienschwerpunkt können alle Formen von Leistungsnachweisen, die die Prüfungsordnungen verlangen bzw. zulassen, erbracht werden. Die Grundlagenveranstaltungen werden in der Regel mit Klausuren abgeschlossen, die aufbauenden Veranstaltungen mit Referaten/Hausarbeiten. Alle Veranstaltungen können für die mündliche Prüfung gewählt werden.

Zukunftsperspektiven:
Studienstruktur: Die Umstellung auf Bachelor/Master wird derzeit vollzogen (geplanter Start WS 2007/08). Da der Studiengang Wirtschaftswissenschaften bereits vorher zweistufig (Diplom 1 und 2) angelegt war, wird sich am Studienrahmen nichts ändern.
Arbeitsmarktmöglichkeiten: Berufliche Perspektiven gibt es im betrieblichen Umweltschutz aber auch verstärkt in „klassischen" Funktionen wie Unternehmensführung, Marketing, Controlling etc., in der Umweltberatung und im Umweltgutachterwesen sowie in der Forschung und in der Lobbyarbeit für das nachhaltige Wirtschaften.

Betriebswirtschaft für kleine und mittlere Unternehmen

Studienabschluss:	Bachelor of Arts
Hochschule:	Fachhochschule Aalen, Hochschule für Technik und Wirtschaft
Fachbereich/Fakultät:	Wirtschaftswissenschaften
Institut/Einrichtung:	—
Anschrift:	Beethovenstraße 1, 73430 Aalen
Ansprechpartner:	Prof. Dr. Alexander Haubrock, Tel. 07361-576 23 66
	alexander.haubrock@htw-aalen.de
Web-Adresse:	http://www.htw-aalen.de/studium/b/
Studienfachberatung:	alexander.haubrock@htw-aalen.de
Zulassung/Bewerbung:	NC
Studienbeginn	Sommer- und Wintersemester
Studienplätze:	45 Studienplätze
Studiengebühren:	500,- Euro/ Semester
Regelstudienzeit:	7 Semester

Betriebswirtschaftslehre (Vorlesung nachhaltige Unternehmensführung)

Studienabschluss:	—
Hochschule:	Universität Potsdam
Fachbereich/Fakultät:	Wirtschaftswissenschaften
Institut/Einrichtung:	Lehrstuhl für BWL mit dem Schwerpunkt Marketing
Anschrift:	August-Bebel-Straße 89, 14482 Potsdam
Ansprechpartner:	Prof. Dr. Ingo Balderjahn, Tel. 0331-977 35 95
	balderja@uni-potsdam.de
Web-Adresse:	www.ls-balderjahn.de
Studienfachberatung:	—
Zulassung/Bewerbung:	—
Studienbeginn:	Sommer- und Wintersemester
Studienplätze:	—
Studiengebühren:	—
Regelstudienzeit:	—

Katholische Theologie (ökologischer Schwerpunkt u.a. innerhalb der Sozialethik)

Studienabschluss:	Diplom-Theol.
Hochschule:	Philosophisch-Theologische Hochschule der Salesianer Don Boscos Benediktbeuern (U)
Fachbereich/Fakultät:	Fachbereich Sozialethik mit Schwerpunkt Umweltethik
Institut/Einrichtung:	Clearingstelle Kirche und Umwelt (Kooperation mit der Kommission VI für soziale und gesellschaftliche Fragen der Deutschen Bischofskonferenz)
Anschrift:	Don-Bosco-Straße 1, 83671 Benediktbeuern
Ansprechpartner:	Prof. Dr. theol. M.A. phil. Markus Vogt, Tel. 08857-882 24 clear.k-u@t-online.de
Web-Adresse:	www.kloster-benediktbeuern.de/clear
Studienfachberatung:	brunner@pth-bb.de
Zulassung/Bewerbung:	Allgemeine Hochschulreife
Studienbeginn	Sommer- und Wintersemester
Studienplätze:	nicht begrenzt
Studiengebühren:	—
Regelstudienzeit:	10 Semester

Sozialarbeit/Sozialpädagogik

Studienabschluss:	Diplom
Hochschule:	Fachhochschule Lausitz – Senftenberg
Fachbereich/Fakultät:	Sozialwesen
Institut/Einrichtung:	Fachhochschule Lausitz
Anschrift:	Lipezker Straße 47, 03048 Cottbus
Ansprechpartner:	Prof. Dr. Agnes Saretz (Dekanin), Tel. 0355-581 84 00 sw@fh-lausitz.de; asaretz@sozialwesen.fh-lausitz.de
Web-Adresse:	http://www.fh-lausitz.de/fachbereiche/sozialwesen.html
Studienfachberatung:	upaetzol@sozialwesen.fh-lausitz.de
Zulassung/Bewerbung:	NC, Vorpraktium
Studienbeginn:	Wintersemester
Studienplätze:	ca. 100 Studienplätze
Studiengebühren:	keine
Regelstudienzeit:	8 Semester

Sozialwissenschaften

Studienabschluss:	Diplom
Hochschule:	Internationales Hochschulinstitut Zittau (IHI) (U)
Fachbereich/Fakultät:	Sozialwissenschaften
Institut/Einrichtung:	Internationales Hochschulinstitut Zittau
Anschrift:	Markt 23, 02763 Zittau
Ansprechpartner:	Angelika Odziemczyk, Tel. 03583-61 39
	odziemczyk@ihi-zittau.de
Web-Adresse:	http://www.ihi-zittau.de/sowi/
Studienfachberatung:	siegemund@ihi-zittau.de
Zulassung/Bewerbung:	Vordiplom bzw. äquivalenter Nachweis / Individuelle Bewerbung an der Hochschule
Studienbeginn	Wintersemester
Studienplätze:	25 Studienplätze
Studiengebühren:	keine
Regelstudienzeit:	6 Semester

Wirtschafts- und Umweltrecht

Studienabschluss:	Bachelor of Laws
Hochschule:	Fachhochschule Trier, Hochschule für Technik, Wirtschaft und Gestaltung, Umwelt
Fachbereich/Fakultät:	Umweltwirtschaft/-recht
Institut/Einrichtung:	—
Anschrift:	Postfach 13 80, 55761 Birkenfeld
Ansprechpartner:	Prof. Dr. Tillman Cosack, Tel. 06782-17 15 94
	t.cosack@umwelt-campus.de
Web-Adresse:	http://www.umwelt-campus.de
Studienfachberatung:	—
Zulassung/Bewerbung:	—
Studienbeginn:	Wintersemester
Studienplätze:	120 Studienplätze
Studiengebühren:	—
Regelstudienzeit:	7 Semester (einschließlich Bachelor-Thesis)

Agrarwissenschaften

Studienabschluss: Bachelor of Science
Hochschule: Christian-Albrechts-Universität zu Kiel
Wissenschaftsbereiche: Lebenswissenschaften; Naturwissenschaften; Ingenieurwissenschaften; Geistes- und Sozialwissenschaften
Fachbereich/Fakultät: Agrar- und Ernährungswissenschaftliche Fakultät
Institut/Einrichtung: —
Anschrift: Olshausenstraße 40, 24098 Kiel
Ansprechpartner: Prof. Dr. Christian Jung, Tel. 0431-880 73 64
c.jung@plantbreeding.uni-kiel.de
Web-Adresse: www.agrar.uni-kiel.de
Studienfachberatung: c.jung@plantbreeding.uni-kiel.de
Zulassung/Bewerbung: Zulassungsfreier Studiengang (Stand: WS 2006/07)
Studienbeginn/-plätze: Sommer- und Wintersemester, keine Beschränkung der Studienplätze (Stand: WS 2006/07)
Studiengebühren: —
Regelstudienzeit: 6 Semester

Kurzbeschreibung des Studiengangs:
Den Studierenden und Absolventen des Studienganges Agrarwissenschaften wird ein sehr vielseitiges Studium angeboten, das sowohl naturwissenschaftliche und technische als auch wirtschafts- und sozialwissenschaftliche Fächer beinhaltet. Die Agrarwissenschaften umfassen alle Disziplinen, die sich mit der ökonomischen und ökologischen Nutzung des Bodens durch Pflanzenbau und Tierhaltung befassen. Der Studiengang Agrarwissenschaften beschäftigt sich mit der Erzeugung von Nahrungsmitteln und Rohstoffen unter Berücksichtigung von Effizienz, Qualität und Nachhaltigkeit. Dabei wird die gesamte Wertschöpfungskette von der Primärproduktion bis zum Konsumenten mit einbezogen. Außerdem werden Fragen der Landnutzung unter Einbeziehung von Umweltaspekten behandelt. Das Studium beinhaltet somit einen breiten Fächerkatalog aus den Natur- und Wirtschaftswissenschaften sowie der Technik. Im Studiengang Agrarwissenschaften mit dem Abschluss Bachelor of Science (B.Sc.) werden methodische und praktische Fähigkeiten in der gewählten Fachrichtung erworben.
Der Studiengang besteht aus Grundstudium, Hauptstudium und der Bachelorarbeit. Das eineinhalb Jahre umfassende Grundstudium beinhaltet die Module der propädeutischen Fächer und die der Grundlagen aller Fachrichtungen in den Agrarwissenschaften. Das eineinhalb Jahre umfassende Hauptstudium enthält die Module zur Spezialisierung auf eine Fachrichtung.
Zu den fachspezifischen Grundlagen gehören im Grundstudium u.a. Pflanzenbau/-züchtung und Grünlandwirtschaft, Agrarpolitik und Marktlehre, Ökologie und Hydrologie sowie Landtechnik. Im Hauptstudium muss eine der folgenden Fachrichtungen gewählt werden: Nutzpflanzenwissenschaften, Nutztierwissenschaften, Agrarökonomie und Agribusiness oder Umweltwissenschaften der Agrarlandschaften.

Besondere Hinweise zum Studiengang:
Vor Beginn des Studiums oder während des Studiums ist ein Fachpraktikum von insgesamt vier Monaten Dauer abzuleisten. Dieses ist nachzuweisen bis zum Tag des Antrags auf Zulassung zur letzten Modulprüfung. Im Anschluss an den Bachelorabschluss kann ein Masterstudium Agrarwissenschaften Vertiefung/Aufbau absolviert werden.

BioEnergie

Studienabschluss:	Bachelor of Science
Hochschule:	Hochschule für Forstwirtschaft Rottenburg (FH)
Wissenschaftsbereiche:	Naturwissenschaften; Ingenieurwissenschaften
Fachbereich/Fakultät:	Forstwirtschaft
Institut/Einrichtung:	Hochschule Rottenburg
Anschrift:	Schadenweilerhof, 72108 Rottenburg
Ansprechpartner:	Prof. Dr. Wolfgang Tschupke, Tel. 07472-95 12 50 tzschupke@hs-rottenburg.de
Web-Adresse:	http://www.hs-rottenburg.de
Studienfachberatung:	vogt@hs-rottenburg.de
Zulassung/Bewerbung:	NC
Studienbeginn/-plätze:	Wintersemester, 35 Studienplätze
Studiengebühren:	500,- Euro/Semester
Regelstudienzeit:	7 Semester

Kurzbeschreibung des Studiengangs:
Der ab dem WS 2007/08 erstmals angebotene Studiengang BioEnergie (B.Sc.) bietet in 7 Semestern (6 Studiensemester + 1 gebührenfreies Praxissemester) eine innovative und einzigartige berufsqualifizierende Hochschulausbildung. Durch sie erwerben die Absolventen die Kompetenz, Energiekonzepte im Bereich der Biomasse zu planen und umzusetzen. Dazu gehören auch die Produktion der nachwachsenden Rohstoffe auf forst- und landwirtschaftlichen Flächen sowie deren Logistik vom Produktionsort bis zur energetischen und stofflichen Verwertung. Der hohe Praxisanteil und der Erwerb von technischem, kaufmännischem und ökologischem Wissen sowie von sozialer Kompetenz sind die Basis, um in diesem zukunftsträchtigen Bereich der Bioenergie erfolgreich arbeiten zu können.

Besondere Hinweise zum Studiengang:
Hoher Praxisbezug durch Praxissemester

Zukunftsperspektiven:
Studienstruktur: Der abgeschlossene Studiengang bietet eine ideale Grundlage für den ebenfalls an der Hochschule für Forstwirtschaft gemeinsam mit den Hochschulen für Technik Stuttgart und Ulm angebotenen Masterstudiengang SENCE (Sustainable Energy Competence).
Arbeitsmarktmöglichkeiten: Beratung beim Energiepflanzenanbau, Logistik & Bereitstellung (Biomass Chain), Entwicklung von Energiekonzepten und Beratung, Management regionaler Wertschöpfung, Vertrieb und Betrieb von Heizanlagen.

Energie- und Umweltmanagement

Studienabschluss: Bachelor of Engineering
Hochschule: Fachhochschule Flensburg
Wissenschaftsbereiche: Ingenieurwissenschaften; Geistes- und Sozialwissenschaften
Fachbereich/Fakultät: Fachbereich Technik
Institut/Einrichtung: Institut für Energiesystemtechnik
Anschrift: Kanzleistraße 91-93, 24943 Flensburg
Ansprechpartner: Prof. Dr. J. Wendiggensen, Tel. 0461-805 13 90
jochen.wendiggensen@fh-flensburg.de
Web-Adresse: http://www.fh-flensburg.de/fhfl/
index.php?myHTML=t_EUM&fsize=2
Studienfachberatung: jochen.wendiggensen@fh-flensburg.de
Zulassung/Bewerbung: NC
Studienbeginn/-plätze: Wintersemester, 70 Studienplätze
Studiengebühren: keine
Regelstudienzeit: 7 Semester

Kurzbeschreibung des Studiengangs:
Ziel des Studiengangs ist es, Wirtschaftsingenieure auszubilden, die auf der Basis eines interdisziplinär geprägten Denkens Lösungsansätze für verschiedenste Probleme des Energie- und Umweltbereichs im Sinne einer dauerhaft-umweltgerechten Entwicklung (sustainable development) erarbeiten können. Das Studium soll grundlegende mathematische und naturwissenschaftlich-technische Kenntnisse und Einblicke in die Methoden der Ingenieurswissenschaften und der Volks- und Betriebswirtschaft, Kenntnisse über energie- und umwelttechnische bzw. -wirtschaftliche Theorien und Verfahren, die Beherrschung der ingenieurlichen und wirtschaftlichen Fachsprache sowie Fähigkeiten zum Management vermitteln. Dazu gehört die Vermittlung mathematischer, statistischer und informationstechnischer Grundfertigkeiten, grundlegender Kenntnisse der allgemeinen Naturwissenschaften, allgemeiner ingenieurtechnischer Kenntnisse, spezieller Grundkenntnisse der - Energie- und Umwelttechnik, allgemeiner volks- und betriebswirtschaftlicher Kenntnisse, spezieller Grundkenntnisse der wirtschaftlichen und rechtlichen Grundlagen im Energie- und Umweltbereich, analytischer Fähigkeiten zur Problemerkennung, grundlegender Fähigkeiten zur Problemlösung und zum Management sowie Erwerb sprachlicher und kultureller Auslandserfahrung. Außerdem wird ein Pflichtsemester im Ausland absolviert.

Besondere Hinweise zum Studiengang:
Der konsekutive Studiengang umfasst diesen Bachelor an der FH Flensburg und den Master an der Universität Flensburg. Der Studiengang ist straff organisiert. Wahlmöglichkeiten gibt es im Bereich des wirtschaftswissenschaftlichen Anteils während des Auslandsaufenthaltes.

Zukunftsperspektiven:
Studienstruktur: Bei qualifiziertem Abschluss soll ein Absolvent des Bachelor-Studiengangs über alle notwendigen Voraussetzungen verfügen, um ein Masterstudium aus den Bereichen Wirtschaftsingenieurwesen, Ingenieur- oder Wirtschaftswissenschaften aufnehmen zu können.
Arbeitsmarktmöglichkeiten: Energie- und Umweltmanager werden als Wirtschaftsingenieure in Führungspositionen von Industrie-, Versorgungs-, und Beratungsunternehmen universell eingesetzt. Die Aufgabenbereiche liegen sowohl im Managementbereich wie auch in Entwicklung, Beratung und im Vertrieb.

Forstwirtschaft

Studienabschluss: Bachelor of Science
Hochschule: Hochschule für Forstwirtschaft Rottenburg (FH)
Wissenschaftsbereiche: Naturwissenschaften; Ingenieurwissenschaften
Fachbereich/Fakultät: —
Institut/Einrichtung: Hochschule für Forstwirtschaft Rottenburg
Anschrift: Schadenweilerhof, 72108 Rottenburg
Ansprechpartner: Prof. Otmar Fuchß, Tel. 07472-95 12 58
fuchss@hs-rottenburg.de
Web-Adresse: www.hs-rottenburg.de
Studienfachberatung: fuchss@hs-rottenburg.de
Zulassung/Bewerbung: NC
Studienbeginn/-plätze: Wintersemester, 80 Studienplätze
Studiengebühren: 500,- Euro/Semester
Regelstudienzeit: 7 Semester

Kurzbeschreibung des Studiengangs:
Der Bachelor of Science Forstwirtschaft ist siebensemestrig aufgebaut, das 5.Semester ist ein Praxissemester. Für die praxisnahe Ausbildung steht ein 2500 ha großer Lehrwald mit zahlreichen Versuchsbeständen zur Verfügung, außerdem eine eigene Ausbildungsjagd und ein Fischereigewässer. Zahlreiche Exkursionen ins In- und Ausland bieten darüber hinaus die Gewähr für die Vermittlung breit angelegten Fachwissens. Wesentliche Studienziele sind die Vermittlung der Schlüsselqualifikationen und der Fachkenntnisse, die zu einer Führungstätigkeit in einem staatlichen, kommunalen oder privaten Forstbetrieb befähigen. Durch die Wahl von Vertiefungsrichtungen bestehen außerdem gute Berufsaussichten auch in anderen Bereichen. Forst- und Kommunalwirtschaft: Dieser Studienschwerpunkt bietet die Möglichkeit, speziell die Fächer zu vertiefen, die im staatlichen, kommunalen und privaten Forstbetrieb von Bedeutung sind. Angeboten werden Fächer wie Forstpflanzenanzucht, Seltenere Baumarten, Waldschutz, Forstpolitik, Waldbewertung, Forstrecht, Spezialfragen der Forstnutzung u.a.m. Angewandte Betriebswirtschaftslehre (Holzwirtschaft): In dieser Vertiefungsrichtung werden überwiegend Fächer angeboten, die im Bereich der Holzwirtschaft von Bedeutung sind. U.a. werden angeboten Investitionsplanung und Controlling, Betriebliches Rechnungswesen, Holzverwendung, Holzschutz, Marketing, Spezielle EDV, Holzmarkt- und Holzhandel. Geographische Informationssysteme (GIS) und Landschaftsmanagement: Dieser Schwerpunkt bietet die Möglichkeit, sich in folgenden Bereichen zu vertiefen: Geographische Informationssysteme, Landespflege und Naturschutzpraxis, Regionalwirtschaft und Agrarökologie, Boden- und Klimaschutz, Umweltrecht, Datenbank-Management-Systeme. Tropische Forstwirtschaft: Bei der Wahl dieser Vertiefungsrichtung, die in Kooperation mit der internationalen Agrarhochschule in Larenstein (Niederlande) angeboten wird, ist das zweite Praxissemester in den Tropen und der zweite Teil des Hauptstudiums in den Niederlanden zu absolvieren.

Besondere Hinweise zum Studiengang:
Hoher Praxisbezug durch Praxissemester

Zukunftsperspektiven:
Arbeitsmarktmöglichkeiten: Führungstätigkeiten in staatlichen, kommunalen oder privaten Forstbetrieben; Leitung eines Forstservice-Unternehmens; leitende Funktionen in der Säge- und Holzindustrie oder in mittelständischen Betrieben fachverwandter Branchen.

Forstwissenschaft und Ressourcenmanagement

Studienabschluss: Bachelor of Science
Hochschule: Technische Universität München
Wissenschaftsbereiche: Lebenswissenschaften; Naturwissenschaften; Ingenieurwissenschaften
Fachbereich/Fakultät: Fakultät Wissenschaftszentrum Weihenstephan für Ernährung, Landnutzung und Umwelt
Institut/Einrichtung: Studienfakultät für Forstwissenschaft und Ressourcenmanagement
Anschrift: Am Hochanger 13, 85354 Freising
Ansprechpartner: Studiendekan, Tel. 08161-71 45 50
studienberatung@forst.wzw.tum.de
Web-Adresse: www.forst.wzw.tum.de
Studienfachberatung: studienberatung@forst.wzw.tum.de
Zulassung/Bewerbung: Bewerbung an der Hochschule, nicht zulassungsbeschränkt
Studienbeginn/-plätze: Wintersemester, ca. 100 Studienplätze
Studiengebühren: 500,- Euro/Semester
Regelstudienzeit: 6 Semester

Kurzbeschreibung des Studiengangs:
Ziel des Studiengangs „Forstwissenschaft und Ressourcenmanagement" ist es, nachhaltiges Wirtschaften am Beispiel des Objektes „Wald" zu erlernen. Basierend auf einer fundierten wirtschafts- und naturwissenschaftlichen Grundausbildung werden Methodenkompetenz und Systemverständnis rund um Forstwissenschaft und Ressourcenmanagement vermittelt.

Für einen erfolgreichen Berufseinstieg sind Methodenkenntnis und persönliche Kompetenzen entscheidend. Neben einer wissenschaftlich fundierten Fachausbildung werden daher auch die persönlichen Kompetenzen der Studierenden ausgebaut. Durch Projektarbeiten im Team, Zusatzangebote wie Rhetorik oder Konfliktmanagement und die Unterstützung bei Auslandsaufenthalten entwickeln sich die Studierenden zu Persönlichkeiten, die über den fachlichen Tellerrand hinausblicken. Das Bachelorstudium wird mit einer wissenschaftlichen Ausarbeitung, der Bachelor Thesis, abgeschlossen. Das Bachelorstudium an der TU München wird in erster Linie als Drehscheibe zu einem weiterführenden wissenschaftsorientierten Masterstudiengang gesehen.

Besondere Hinweise zum Studiengang:
Ein 2-monatiges Praktikum ist Bestandteil des Studiums.

Zukunftsperspektiven:
Arbeitsmarktmöglichkeiten: Zu den Berufsbildern des Bachelor-Absolventen zählen neben der Leitung kleinerer Betriebe der Forst- und Holzwirtschaft die Beschäftigung in der Industrie und in Unternehmen im Bereich der nachhaltigen Bewirtschaftung natürlicher Ressourcen, insbesondere biogener Rohstoffe, sowie Planungstätigkeiten im Dienstleistungssektor.

Geographie

Studienabschluss: Bachelor of Science
Hochschule: Universität Leipzig
Wissenschaftsbereiche: Naturwissenschaften; Geistes- und Sozialwissenschaften
Fachbereich/Fakultät: Fakultät für Physik und Geowissenschaften
Institut/Einrichtung: Institut für Geographie
Anschrift: Johannisallee 19a, 04103 Leipzig
Ansprechpartner: Prof. Dr. Reinhard Wießner, Tel. 0341-973 29 60 oder -61
geographie@rz.uni-leipzig.de
Web-Adresse: www.uni-leipzig.de/~geograph
Studienfachberatung: kstein@rz.uni-leipzig.de; akrueger@rz.uni-leipzig.de
Zulassung/Bewerbung: Örtlicher NC, Bewerbung an der Universität Leipzig
Studienbeginn/-plätze: Wintersemester, ca. 60 Studienplätze
Studiengebühren: bislang keine
Regelstudienzeit: 6 Semester

Kurzbeschreibung des Studiengangs:
Im Bachelorstudiengang Geographie sollen die Studierenden insbesondere befähigt werden, räumliche, ökonomische, soziokulturelle, geowissenschaftliche und ökologische Struktur- und Wirkungsgefüge sowie deren räumliche Verflechtungen und Interaktionen in unterschiedlichen Dimensionen zu erfassen, Entwicklungsprozesse zu analysieren, Kausalitäten, Regelhaftigkeiten und Zusammenhänge in Natur- und Kulturräumen aufzuzeigen und darzustellen. Dafür ist eine die Grenzen der Teilgebiete der Geographie übergreifende Betrachtung unerlässlich, um den Wechselwirkungen zwischen physischen und anthropogenen Faktoren gerecht zu werden. In den letzten Semestern ist aber eine Spezialisierung in den Richtungen Anthropogeographie und Physische Geographie vorgesehen.

Fragen der Nachhaltigkeit spielen eine zentrale Rolle, gerade angesichts der in der Geographie vorhandenen Vernetzung von ökologischen, ökonomischen und soziokulturellen Sichtweisen.

Besondere Hinweise zum Studiengang:
Im Anschluss an den Bachelor werden (voraussichtlich ab WS 2009/10) zwei Masterstudiengänge angeboten: M.Sc. Wirtschafts- und Sozialgeographie mit den Schwerpunkten städtische Räume und Mittel- und Osteuropa und M.Sc. Physische Geographie/Geoökologie mit dem Schwerpunkt Geosystemanalyse, Methoden und Management.

Zukunftsperspektiven:
Studienstruktur: Masterstudiengänge ab WS 2009/10
Arbeitsmarktmöglichkeiten: Die bisher relativ guten Arbeitsmarktchancen für Geographen werden voraussichtlich auch in Zukunft gegeben sein.

Geoökologie & Ökosystemmanagement

Studienabschluss: Dipl.-Geoökol.
Hochschule: Eberhard-Karls-Universität Tübingen
Wissenschaftsbereiche: Lebenswissenschaften; Naturwissenschaften; Geistes- und Sozialwissenschaften
Fachbereich/Fakultät: Geowiss. Fakultät zusammen mit der Fakultät für Biologie Kooperation mit der Universität Hohenheim und der FH Rottenburg
Institut/Einrichtung: Institut für Geowissenschaften (IfG)
Anschrift: Wilhelmstraße 56, 72074 Tübingen
Ansprechpartner: Dr. Martin Ebner / Dipl.-Geogr. Jens Wahr, Tel. 07071-297 75 47, 07071-297 73 77
martin.ebner@uni-tuebingen.de; jens.wahr@uni-tuebingen.de
Web-Adresse: http://www.geooekologie.uni-tuebingen.de/
Studienfachberatung: geooekologie@uni-tuebingen.de
Zulassung/Bewerbung: Internes Auswahlverfahren, siehe:
http://www.geooekologie.uni-tuebingen.de/
Studienbeginn/-plätze: Wintersemester, 20 Studienplätze
Studiengebühren: 500,- Euro/Semester; siehe:
http://mwk.baden-wuerttemberg.de/themen/studium/
Regelstudienzeit: 9 Semester

Kurzbeschreibung des Studiengangs:
Innerhalb des Studiengangs Geoökologie & Ökosystemmanagement wird den Studierenden das umfassende Verständnis von Geoökosystemen mit den darin enthaltenen Wechselwirkungen zwischen Geo- und Biosphäre sowie Grundlagen und Methoden eines nachhaltigen Umweltmanagements vermittelt. Eine Tübinger Besonderheit ist die Kooperation der Fakultät für Biologie und der Geowissenschaftlichen Fakultät zusammen mit der Forsthochschule Rottenburg und der Universität Hohenheim, welche zusätzlich zu den klassischen Feldern der Geoökologie auch ein Studium im Bereich Ökosystemmanagement ermöglicht. Hierdurch steht den Studenten auf der Basis einer soliden naturwissenschaftlich-geoökologischen Grundausbildung ein breites Angebot an Lehrveranstaltungen in den drei Fachrichtungen „Geoökosysteme/Geoökosystemanalyse", „Boden und Grundwasser" sowie „Ökosystemmanagement" zur Auswahl. In diesen Vertiefungsrichtungen können sie dann im Hauptstudium individuell ihren Schwerpunkt setzen. Vor Ablegen der Diplomprüfung ist ein mindestens 8-wöchiges außeruniversitäres Praktikum nachzuweisen.

Besondere Hinweise zum Studiengang:
Ab Wintersemester 2007/08 wird der Studiengang auf das Bachelor/Master-System umgestellt. Oben genannte Informationen beziehen sich noch auf den Diplomstudiengang und können nicht auf den Bachelor-Studiengang übertragen werden. Das oben genannte Studienkonzept bleibt aber bestehen.

Zukunftsperspektiven:
Studienstruktur: Ab Wintersemester 2007/08 wird der Studiengang auf das Bachelor/Master-System umgestellt. Informationen dazu unter http://www.geooekologie.uni-tuebingen.de. Es ist geplant einen Master-Studiengang Geoökologie einzurichten.
Arbeitsmarktmöglichkeiten: Das breite und internationale Berufsfeld umfasst insbesondere Tätigkeiten in folgenden Bereichen: Ingenieur-, Consulting-, und Planungsbüros, Umwelt- und Naturschutzorganisationen, Verwaltung und Öffentlicher Dienst, Freie Berufe.

Landeskultur und Umweltschutz

Studienabschluss: Bachelor of Science bzw. Master of Science
Typ Grundständiger Studiengang/Aufbaustudiengang
Hochschule: Universität Rostock
Wissenschaftsbereiche: Naturwissenschaften; Ingenieurwissenschaften
Fachbereich/Fakultät: Agrar- und Umweltwissenschaftliche Fakultät
Institut/Einrichtung: Beteiligung verschiedener Institute
Anschrift: Justus-von-Liebig-Weg 6, 18051 Rostock
Ansprechpartner: Prof. Dr. Konrad Miegel, Dr. Andreas Werner (Kommission Studium und Lehre), Tel. 0381- 498 3660 (Dr. Werner 0381-498 3445) konrad.miegel@uni-rostock.de
Web-Adresse: http://www.auf.uni-rostock.de/lu/studium/
Studienfachberatung: konrad.miegel@uni-rostock.de
Zulassung/Bewerbung: Keine Beschränkungen (http://www.uni-rostock.de/studieninteressierte/)
Studienbeginn/-plätze: Wintersemester, kein NC
Studiengebühren: keine
Regelstudienzeit: 6 + 4 Semester

Kurzbeschreibung des Studiengangs:
Das konsekutive Studium gliedert sich in 6 Semester Bachelorstudiengang und 4 Semester Masterstudiengang. Die Grundlagen betreffen alle naturwissenschaftlichen Disziplinen einschließlich Ökologie als auch planerische und Ingenieurgrundlagen. Jedes der 22 Pflicht- und der jeweils 4 Vertiefungsmodule ist mit einer Fachprüfung abzuschließen. Das Master-Studium schließt mit stärkerem Gewicht auf den Vertiefungen daran an. Gegenstand des Studiums ist der ländliche Raum und seine nachhaltige Nutzung. Der Absolvent wird befähigt, die dafür erforderlichen Maßnahmen von der Planung bis zur konkreten Umsetzung mit dem Ziel zu begleiten, die Naturraumpotenziale (insbesondere die Ressourcen Wasser, Boden und Luft) nach gesellschaftlichen Vorgaben zu gestalten, rationell zu nutzen sowie als Lebensgrundlage zu sichern. Daneben wird er befähigt, diese Maßnahmen ökologisch und ökonomisch zu bewerten. Den Studierenden werden Fähigkeiten vermittelt, die es ihnen unter Nutzung moderner Methoden ermöglichen, geowissenschaftliche Erkundungen und landschafts- und siedlungsanalytische Untersuchungen durchzuführen, Lösungen der Landschafts-, Bauleit- und Objektplanung abzuleiten sowie des Landschafts- und Wegebaus im ländlichen Raum zu planen und zu begleiten, Aufgaben der Abfall- und Siedlungswasserwirtschaft zu bewältigen sowie landeskulturelle Maßnahmen in ihrer Wirkung ökologisch zu beurteilen und ökonomisch zu bewerten.

Besondere Hinweise zum Studiengang:
Der Studiengang stellt mit der Verknüpfung von ingenieurtechnischen, planerischen und naturwissenschaftlichen Disziplinen in Deutschland eine Besonderheit dar.

Zukunftsperspektiven:
Studienstruktur: Ab dem Wintersemester 2007/08 soll zusätzlich zum Bachelor- der gleichnamige konsekutive Masterstudiengang angeboten werden. Beide Studiengänge befinden sich gegenwärtig im Genehmigungsverfahren.
Arbeitsmarktmöglichkeiten: Arbeitsmöglichkeiten in regional, national oder international agierenden Ingenieur- und Planungsbüros, in Unternehmen, Verbänden, Ämtern und Behörden sowie wissenschaftlichen und Bildungseinrichtungen.

Landeskultur und Umweltschutz

Studienabschluss: Bachelor of Science
Hochschule: Universität Rostock
Wissenschaftsbereiche: Naturwissenschaften; Ingenieurwissenschaften
Fachbereich/Fakultät: Agrar- und Umweltwissenschaftliche Fakultät
Institut/Einrichtung: Beteiligung verschiedener Institute
Anschrift: Justus-von-Liebig-Weg 6, 18051 Rostock
Ansprechpartner: Prof. Dr. Konrad Miegel / Dr. Andreas Werner (Kommission Studium und Lehre), Tel. 0381-498 22 16; Dr. Werner: 0381-498 21 45
konrad.miegel@uni-rostock.de
Web-Adresse: http://www.auf.uni-rostock.de/lu/studium/
Studienfachberatung: konrad.miegel@uni-rostock.de
Zulassung/Bewerbung: Keine Zulassungsbeschränkung
Studienbeginn/-plätze: Wintersemester, —
Studiengebühren: keine
Regelstudienzeit: 6 Semester

Kurzbeschreibung des Studiengangs:
Das Studium gliedert sich in 6 Semester mit in der Regel 20 Wochenstunden je Semester, in denen insgesamt 180 Leistungspunkte erworben werden können. Zunächst werden Grundlagen in allen naturwissenschaftlichen Disziplinen sowie Grundlagen der Ökologie und des Ingenieurbaus vermittelt. Gegenstand des ingenieur- und naturwissenschaftlich sowie planerisch ausgerichteten Studiums ist der ländliche Raum und seine nachhaltige Nutzung. Der Absolvent wird befähigt, die dafür erforderlichen Maßnahmen von der Planung bis zur konkreten Umsetzung mit dem Ziel zu begleiten, die Naturraumpotenziale nach gesellschaftlichen Vorgaben zu gestalten, rationell zu nutzen sowie als Lebensgrundlage zu sichern. Daneben wird er befähigt, diese Maßnahmen ökologisch und ökonomisch zu bewerten. Den Studierenden werden Fähigkeiten vermittelt, die es ihnen unter Nutzung moderner Methoden wie z.B. der Fernerkundung, Geoinformatik und Modellierung ermöglichen, geowissenschaftliche Erkundungen und landschafts- und siedlungsanalytische Untersuchungen durchzuführen, Lösungen der Landschafts-, Bauleit- und Objektplanung abzuleiten, ingenieurtechnische Bauwerke der Kulturtechnik sowie des Landschafts- und Wegebaus im ländlichen Raum zu planen und zu begleiten, Aufgaben der Abfall- und Siedlungswasserwirtschaft zu bewältigen sowie landeskulturelle Maßnahmen in ihrer Wirkung ökologisch zu beurteilen und ökonomisch zu bewerten.

Besondere Hinweise zum Studiengang:
Der Studiengang stellt mit der Verknüpfung von ingenieurtechnischen, planerischen und naturwissenschaftlichen Disziplinen in Deutschland eine Besonderheit dar.

Zukunftsperspektiven:
Studienstruktur: Ab dem Wintersemester 2007/08 soll zusätzlich der gleichnamige Masterstudiengang mit dem Studienabschluss Master of Science (M.Sc.) angeboten werden. Beide Studiengänge bilden zusammen einen konsekutiven Studiengang und befinden sich gegenwärtig im Genehmigungsverfahren.
Arbeitsmarktmöglichkeiten: Entsprechend vielfältig wie seine Ausbildung sind die Einsatzfelder des Bachelor für Landeskultur und Umweltschutz in regional, national oder international agierenden Ingenieur- und Planungsbüros, in Unternehmen, Verbänden, Ämtern und Behörden sowie wissenschaftlichen und Bildungseinrichtungen.

Landnutzung und Wasserbewirtschaftung

Studienabschluss: Dipl.-Ing. (zukünftig Bachelor of Science bzw. Master of Science)
Typ Grundständiger Studiengang/Aufbaustudiengang
Hochschule: Brandenburgische Technische Universität Cottbus
Wissenschaftsbereiche: Naturwissenschaften; Ingenieurwissenschaften
Fachbereich/Fakultät: Fakultät 4, Umweltwissenschaften und Verfahrenstechnik
Institut/Einrichtung: Institut Boden, Wasser, Luft; Lehrstuhl für Bodenschutz und Rekultivierung
Anschrift: Postfach 101344, 03013 Cottbus
Ansprechpartner: Dr. Jens Wöllecke, Tel. 0355-69 43 37
jens.woellecke@tu-cottbus.de
Web-Adresse: http://www.tu-cottbus.de/bodenschutz/deutsch/LuW/luwhome.htm
Studienfachberatung: jens.woellecke@tu-cottbus.de
Zulassung/Bewerbung: —
Studienbeginn/-plätze: Wintersemester, 40 Studienplätze
Studiengebühren: keine; Semesterbeitrag von derzeit 209,- Euro/Semester
Regelstudienzeit: 9 Semester

Kurzbeschreibung des Studiengangs:
Landnutzung und Wasserbewirtschaftung ist ein interdisziplinärer Studiengang der ingenieur- und naturwissenschaftlichen, geistes- und wirtschaftswissenschaftlichen sowie juristischen Fächer zu einer Einheit zusammenfasst.
Ziel des Studienganges ist die Ausbildung eines Managers für den ländlichen Raum, der fachübergreifende Kenntnisse zum Erhalt und zur nachhaltigen Entwicklung von Kulturlandschaften und zur wirtschaftlichen und strukturellen Regionalentwicklung erwirbt und eine entwicklungsorientierte Landnutzungsforschung unter Berücksichtigung terrestrischer wie auch aquatischer Ökosysteme betreibt.
Die fachliche Expertise der Fakultät wird erweitert durch die Lehrintegration außeruniversitärer Forschungsinstitute wie dem Leibnitz-Zentrum für Agrarlandschaftsforschung (ZALF) e.V. und dem Leibnitz-Institut für Agrartechnik Bornim e.V. Daneben treten als Kooperationspartner Vertreter der Industrie sowie des Carl-Thiem-Klinikums Cottbus auf.
Der Studiengang umfasst 4 Semester Grundstudium (Vordiplom), 4 Semester Hauptstudium, zwei außeruniversitäre Praktika (Grundpraktikum (8 Wochen), Fachpraktikum (10 Wochen); 2 Studienprojekte vorzugsweise als Gruppenarbeit zu absolvieren; Grundstudium mit semesterbegleitenden Prüfungen.

Besondere Hinweise zum Studiengang:
Im Hauptstudium sind 2 Studienprojekte (je 15 credits) vorzugsweise als Gruppenarbeit zu frei wählbaren Themen zu absolvieren. Damit sind eine projektbezogene Ausbildung und die enge Anbindung an aktuelle Forschungsarbeiten der Lehrstühle gegeben.

Zukunftsperspektiven:
Studienstruktur: Ab WS 2007/08 erfolgt das bisherige Angebot des Diplomstudienganges als Bachelor- und Master-Studiengang.

Landschaftsplanung und Landschaftsarchitektur

Studienabschluss: Bachelor of Science
Hochschule: Technische Universität Berlin
Wissenschaftsbereiche: Naturwissenschaften; Ingenieurwissenschaften
Fachbereich/Fakultät: Fakultät VI
Institut/Einrichtung: Landschaftsplanung
Anschrift: Straße des 17. Juni 145, 10623 Berlin
Ansprechpartner: Studienfachberatung: Eva Consentius und Jutta Speckmann
Tel. 030-31 42 24 39, lapla@fbv7.tu-berlin.de
Web-Adresse: http://www.t3ilaup.tu-berlin.de/index.php?id=stubera_start
Studienfachberatung: lapla@fbv7.tu-berlin.de
Zulassung/Bewerbung: NC
Studienbeginn/-plätze: Wintersemester, ca. 90 Studienplätze
Studiengebühren: —
Regelstudienzeit: 6 Semester

Kurzbeschreibung des Studiengangs:
Landschaftsplanung ist ein interdisziplinärer Studiengang: Er setzt sich aus ökologischen, sozialwissenschaftlichen, ingenieur- und planungswissenschaftlichen Fachinhalten zusammen. Der gesellschaftliche Umgang mit der Landschaft hat sich immer wieder geändert und sowohl die landschaftsplanerische Praxis als auch die Ausbildung haben sich den jeweils neuen Anforderungen angepasst.
In dem sich ausweitenden Berufsspektrum der Landschaftsplanung gibt es eine Vielfalt an Aufgaben. Dies sind beispielsweise der Entwurf, der Bau sowie die Unterhaltung und Pflege von öffentlichen und privaten Grünanlagen und sonstigen Freiflächen. Ein weiteres Aufgabenfeld umfasst den Beitrag der Landespflege zur räumlichen Gesamtplanung. Dies sind einerseits die in der Naturschutzgesetzgebung vorgeschriebenen Instrumente wie z.B. Landschaftsrahmenplan oder Grünordnungsplan, andererseits die Mitwirkung bei anderen Fachplanungen (z.B. im Rahmen der Eingriffsregelung) sowie eigenständige landespflegerische Fachpläne in den Bereichen „Naturschutz" und „freiraumbezogene Erholung". Als Erweiterung zu den fachlichen Aspekten entwickeln sich vor allem im Bereich des Umweltmanagements Aufgaben im Bereich von Kommunikation und Moderation (z.B. zur prozessbegleitenden Beratung bzw. zum Konfliktmanagement bei der Vermittlung ökologischer, ökonomischer und sozialer Belange in Planungs- und Entscheidungsprozessen). Ein Praktikum von 12 Wochen ist zu absolvieren.

Zukunftsperspektiven:
Studienstruktur: Voraussichtlich werden ab Wintersemester 2008/09 drei Masterstudiengänge, in den Vertiefungsfächern Landschaftsarchitektur, Umweltplanung und Ökologie, eingerichtet.
Arbeitsmarktmöglichkeiten: Durch eine sehr interdisziplinäre Ausbildung bieten sich viele Möglichkeiten auf dem Arbeitsmarkt.

Ökotrophologie

Studienabschluss: Bachelor of Science
Hochschule: Fachhochschule Osnabrück
Wissenschaftsbereiche: Lebenswissenschaften; Naturwissenschaften; Geistes- und Sozialwissenschaften
Fachbereich/Fakultät: Fakultät Agrarwissenschaften und Landschaftsarchitektur
Institut/Einrichtung: —
Anschrift: Oldenburger Landstraße 24, 49090 Osnabrück
Ansprechpartner: Prof. Dr. Stephan A. Kolfhaus, Tel. 0541-969 51 08
s.kolfhaus@fh-osnabrueck.de
Web-Adresse: www.al.fh-osnabrueck.de
Studienfachberatung: s.kolfhaus@fh-osnabrueck.de
Zulassung/Bewerbung: NC, Vorauss. fachbezogene Vorkenntnisse oder Vorpraktikum
Studienbeginn/-plätze: Wintersemester, 42 Studienplätze
Studiengebühren: 500,- Euro/Semester
Regelstudienzeit: 6 Semester

Kurzbeschreibung des Studiengangs:
Ökotrophologie – die Haushalts- und Ernährungswissenschaft – ist ein interdisziplinäres Studium, das unterschiedliche Fachgebiete in einem übergreifenden wissenschaftlichen Zusammenhang verbindet. Im Zentrum des Studiums steht das „Alltagshandeln" von Menschen. Dieses Handeln wird aus der Perspektive der Natur-, Wirtschafts- und Sozialwissenschaften und unter Einbeziehung von Nachhaltigkeitsaspekten analysiert. Durch die Einbindung des Studiengangs in die Studienangebote von Landwirtschaft, Gartenbau eröffnet sich die Möglichkeit, die Lebensmittel-Urproduktion mit der Ebene des Konsums und der Verbraucher zu vernetzen. Daraus ergibt sich als Schwerpunkt neben der Information, Beratung und Bildung die Ökotrophologie im ländlichen Raum, was wiederum das Thema Nachhaltigkeit mit beinhaltet. Neben den Pflichtmodulen wählen die Studierenden ab dem 4. Semester aus einem Modulkatalog eine individuelle fachliche Kombination, um ihren eigenen Schwerpunkt im Studium zu bilden. Dieses persönliche Profil kann je nach angestrebtem Berufsfeld mehrere miteinander verknüpfte Wahlmodule, z.B. Nachhaltiger Konsum, beinhalten. Zudem sind in das Studium zwei Projekte integriert, die eine Auseinandersetzung mit Problemen aus der Praxis von Ökotrophologen erfahrbar machen. Durch das Berufspraktische Projekt, in welchem die Studierenden konkrete Fragestellung aus der späteren Berufspraxis in Zusammenarbeit mit externen Institutionen, Firmen oder Behörden erarbeiten, wird eine weitere berufliche Orientierung der Studierenden angestrebt.

Besondere Hinweise zum Studiengang:
Der Studiengang nutzt für seine Projektarbeiten u.a. das WABE-Zentrum, den Versuchsbetrieb des Studiengangs, der sich vornehmlich mit Themen der Verbraucherinformation, Ernährung, nachhaltige Lebensmittelproduktion und Nacherntetechnologie befasst.

Zukunftsperspektiven:
Studienstruktur: Gemeinsames Master-Programm mit der Fachhochschule Münster/Fachbereich Oecotrophologie. Das Programm qualifiziert Führungskräfte im Schwerpunkt „Nachhaltige Ernährungs- und Dienstleistungswirtschaft".
Arbeitsmarktmöglichkeiten: Angestrebte Berufsfelder vor allem im Bereich Information, Beratung, Bildung und Management, z.B. persönliche und mediengestützte Information und Beratung, Kundeninformationen/Öffentlichkeitsarbeit etc.

Umweltingenieurwesen

Studienabschluss: Bachelor of Science
Hochschule: Brandenburgische Technische Universität Cottbus
Wissenschaftsbereiche: Lebenswissenschaften; Ingenieurwissenschaften
Fachbereich/Fakultät: Umweltwissenschaften und Verfahrenstechnik
Institut/Einrichtung: Institut für Umwelttechnik
Anschrift: Siemens-Halske-Ring 8, 03046 Cottbus
Ansprechpartner: Prof. Dr.-Ing. habil. Günter Busch, Tel. 0355-69 43 30
busch@tu-cottbus.de
Web-Adresse: http://www.tu-cottbus.de/fakultaet4/
Studienfachberatung: busch@tu-cottbus.de
Zulassung/Bewerbung: Direkte Bewerbung, keine Zulassungsbeschränkungen
Studienbeginn/-plätze: Wintersemester, 50 Studienplätze
Studiengebühren: keine
Regelstudienzeit: 6 Semester

Kurzbeschreibung des Studiengangs:
Der Studiengang hat eine Regelstudienzeit von 3 Semestern und ist modular aufgebaut. In jedem Semester sind fünf Module mit je sechs Kreditpunkten sowie zugehöriger Abschlussprüfung zu absolvieren. In den ersten drei Semestern werden bevorzugt die naturwissenschaftlichen, ökologischen und technologischen Grundlagen angeboten, in den höheren Semestern soll sich der Studierende vertiefende Kenntnisse nach eigener Wahl in mindestens zwei der Schwerpunktfächer 1. Bodenschutz, Rekultivierung; 2. Gewässerschutz, Wasserbewirtschaftung; 3. Luftreinhaltung, Klimaschutz; 4. Altlastensanierung, Konversion; 5. Wasserver- und entsorgung; 6. Kreislaufwirtschaft und Entsorgungslogistik aneignen. Das Studium enthält ein Industriepraktikum von 8 Wochen Dauer und wird mit der Bachelorarbeit abgeschlossen.

Das Studium vermittelt eine breit gefächerte Grundlagenausbildung, die es dem Absolventen ermöglicht, das Studium in einem relevanten Master-Studiengang fortzusetzen oder sich in seinem Beruf ständig weiterzubilden. Neben Grundlagen werden auch die gesellschaftlichen Rahmenbedingungen und die technischen Prinzipien des Umweltingenieurwesens vermittelt. Die Absolventen sollen befähigt werden, Probleme des Umweltschutzes zu verstehen, zu analysieren und angemessene technische Mittel und Methoden zur Lösung unter Beachtung ökonomischer, ökologischer und sozialer Rahmenbedingungen einzusetzen.

Besondere Hinweise zum Studiengang:
Interesse für Natur- und Technikwissenschaften, integratives und strukturiertes Denkvermögen, Verständnis und Interesse für Umweltprobleme sowie Konflikt- und Handlungsbereitschaft sind wichtige Voraussetzungen für das Studium.

Zukunftsperspektiven:
Studienstruktur: Ab WS 2007 ist die Einführung von zwei weiterführenden Master-Studiengängen vorgesehen, von denen einer das Wasser und der andere die stoffliche und energetische Nutzung biogener Ressourcen zum Inhalt haben wird.
Arbeitsmarktmöglichkeiten: Da sich der Studiengang mit der Sicherung grundlegender Existenzbedingungen beschäftigt, ist eine ständige Nachfrage auf mittlerem Niveau ohne die sonst typischen periodischen Schwankungen gewährleistet.

Umweltschutz

Studienabschluss: Bachelor of Science
Hochschule: Fachhochschule Bingen
Wissenschaftsbereiche: Naturwissenschaften; Ingenieurwissenschaften
Fachbereich/Fakultät: FB1 – Life Sciences and Engineering
Institut/Einrichtung: —
Anschrift: Berlinstraße 109, 55411 Bingen
Ansprechpartner: Ellen Kessler, Tel. 06721-40 94 42
sek-u@fh-bingen.de
Web-Adresse: http://www.fh-bingen.de/Umweltschutz_B_Sc.7524.0.html
Studienfachberatung: beratung-u@fh-bingen
Zulassung/Bewerbung: 8-wöchiges Vorpraktikum bzw. einschl. Berufsausbildung
Studienbeginn/-plätze: Wintersemester, 77 Studienplätze
Studiengebühren: keine
Regelstudienzeit: 7 Semester

Kurzbeschreibung des Studiengangs:
Ab Wintersemester 2006/07 wird an der Fachhochschule Bingen der akkreditierte Bachelor-Studiengang Umweltschutz angeboten.
Das moderne Konzept basiert auf mehr als 30 Jahren Erfahrung im Bereich des Umweltschutzes an der Fachhochschule und berücksichtigt die aktuellen Anforderungen. Die Erhaltung und Verbesserung natürlicher Ressourcen ist auch in Zukunft eine zentrale Aufgabe. Dadurch sollen unsere Lebensgrundlagen und auch die unserer Nachkommen nachhaltig verbessert und gesichert werden. Das siebensemestrige Studium mit integriertem Praxismodul vermittelt alle notwendigen Kenntnisse über ökologische, technische und rechtlich-ökonomische Umweltaspekte. Der erfolgreiche Abschluss des Studiums ‚Umweltschutz' führt zum akademischen Grad Bachelor of Science (B.Sc.).
Die an der FH Bingen erworbene ‚Umweltkompetenz' bietet den Absolventinnen und Absolventen auch in Zukunft eine gute Grundlage für interessante Tätigkeitsfelder auf dem nationalen und internationalen Arbeitsmarkt.

Besondere Hinweise zum Studiengang:
Absolventen haben weiterhin die Möglichkeit, sich an der FH Bingen in den dreisemestrigen akkreditierten Masterstudiengängen ‚Landwirtschaft und Umwelt' oder ‚Energie-, Gebäude- und Umweltmanagement' zum Master of Science (M.Sc.) weiterzuqualifizieren.

Zukunftsperspektiven:
Arbeitsmarktmöglichkeiten: Berufliche Perspektiven für den Umweltingenieur bieten sich in den Bereichen Wasser-/Abwassertechnologie, Immissionsschutz, Abfall- und Energiewirtschaft, Landschaftspflege und Naturschutz bei Behörden, Forschungseinrichtungen und im Industrie- und Dienstleistungssektor.

Umweltwissenschaften

Studienabschluss: Diplom
Hochschule: Universität Koblenz-Landau
Wissenschaftsbereiche: Lebenswissenschaften; Naturwissenschaften
Fachbereich/Fakultät: Mathematisch-naturwissenschaftliche Fakultät
Institut/Einrichtung: Institut für Umweltwissenschaften
Anschrift: Fortstraße 7, 76829 Landau
Ansprechpartner: Jun.-Prof. Dr. Markus Dotterweich, Tel. 06341-28 03 28
dotter@uni-landau.de
Web-Adresse: http://www.uni-landau.de/umwelt
Studienfachberatung: dotter@uni-landau.de
Zulassung/Bewerbung: Bewerbung über die Universität, NC
Studienbeginn/-plätze: Sommer- und Wintersemester, ca. 30 Studienplätze
Studiengebühren: keine
Regelstudienzeit: 9 Semester

Kurzbeschreibung des Studiengangs:
Es existieren viele Antworten auf eine ökologische Problemstellung: Antworten von Naturwissenschaftlern, Ökonomen und Soziologen. Der Studiengang Umweltwissenschaften integriert diese Bereiche und ermöglicht eine umfassende Betrachtungsweise aus multiplen Perspektiven. Aufgrund der Interdisziplinarität und der individuellen Schwerpunktsetzung im Verlauf des Studiums besteht für Umweltwissenschaftler kein typisches Berufsfeld. Vielmehr stehen ihnen die Türen für verschiedenste Aufgabenbereiche offen.

Umweltwissenschaftliche Belange geraten aufgrund der begrenzten Tragfähigkeit und Ressourcenkapazität der Erde zunehmend ins Blickfeld der Medien. Konfliktherde breiten sich aus und erfordern umsichtiges Handeln. Hier braucht die Welt tatkräftige junge Leute, welche die Folgen menschlichen Handelns im Sinne der Nachhaltigkeit überdenken und ein Umdenken möglich machen. Ziel des Studiengangs ist die Ausbildung interdisziplinär befähigter Diplom-Umweltwissenschaftler zur Betrachtung, Analyse und Lösung komplexer Umweltprobleme vor naturwissenschaftlichem Hintergrund. Das Studium ist wie folgt aufgebaut: Während des Grundstudiums erfolgt die Grundlagenaneignung, im Hauptstudium die Spezialisierung. Durch Berufspraktika im In- und Ausland werden berufliche Orientierungshilfen vermittelt.

Zukunftsperspektiven:
Studienstruktur: Ein Masterstudiengang wird derzeit konzipiert.
Arbeitsmarktmöglichkeiten: Auswahl möglicher Berufsfelder: Wissenschaftliche Einrichtungen, Umweltabteilungen großer Unternehmen, Natur- und Umweltschutzbehörden, Gutachter-, Planungs- und Beratungsbüros, Verbände, Vereine, Stiftungen, Körperschaften und NGOs, Schutzgebietsverwaltungen, politische Organisationen.

Umweltwissenschaften

Studienabschluss: Bachelor of Science
Hochschule: Universität Lüneburg
Wissenschaftsbereiche: Naturwissenschaften; Geistes- und Sozialwissenschaften
Fachbereich/Fakultät: Fakultät III – Umwelt und Technik
Institut/Einrichtung: Institut für Ökologie und Umweltchemie
Anschrift: Scharnhorststraße 1, 21335 Lüneburg
Ansprechpartner: Prof. Dr. W. Ruck, Tel. 04131-677 28 70, ruck@uni-lueneburg.de
Web-Adresse: http://www.uni-lueneburg.de/fb4/
Studienfachberatung: zsb@uni-lueneburg.de
Zulassung/Bewerbung: Direkt an der Universität, interner NC
Studienbeginn/-plätze: Wintersemester, 120 pro Jahr
Studiengebühren: 500,- Euro/Semester
Regelstudienzeit: 6 Semester

Kurzbeschreibung des Studiengangs:
Unter dem Leitbild der Nachhaltigkeit arbeiten im Studiengang Umweltnatur- und Umweltsozialwissenschaften eng zusammen. Der Studiengang ist modularisiert. Alle Module sind so angelegt, dass die ihnen zugeordneten Prüfungen studienbegleitend, in der Regel innerhalb eines Semesters, abzulegen sind. In jedem Semester sind sechs Module zu studieren. Nach einer zweisemestrigen Orientierungsphase ist seitens der Studierenden das Erreichen einer Mindestpunktzahl nachzuweisen. Die Studienmodule der ersten beiden Studiensemester dienen schwerpunktmäßig der Vermittlung natur- und sozialwissenschaftlicher Grundlagenkenntnisse. Diese werden in den folgenden Semestern vertieft und durch Module des Studienbereichs „General Studies" ergänzt, die für alle Studierenden verpflichtend sind und neben Schlüsselkompetenzen Fähigkeiten zur überfachlichen Orientierung in Wissenschaft und Gesellschaft vermitteln. Im 5. bzw. 6. Semester sind Module mit interdisziplinären Ansätzen der Wissensvermittlung sowie Projektstudien von besonderer Bedeutung. Im Projektstudium wird zusammen mit Vertretern aus der gesellschaftlichen, politischen und wirtschaftlichen Praxis das erworbene Wissen angewendet und auf Fallbeispiele bezogen. Während des Studiums ist ein mindestens vierwöchiges berufsbezogenes Praktikum in einer von der Universität anerkannten Einrichtung zu absolvieren. Das 4. bzw. 5. Semester kann als Auslandsstudium genutzt werden.

Besondere Hinweise zum Studiengang:
Der Studiengang Umweltwissenschaften ist einer von sieben möglichen Major-Bereichen. Der Major Umweltwissenschaften muss mit einer Minor-Vertiefungsrichtung kombiniert werden. Dazu gehören u.a. die Minors Nachhaltigkeitsökonomie und Management, Umweltsozialwissenschaften, Umweltchemie und Ökologie und Naturschutzbiologie.

Zukunftsperspektiven:
Studienstruktur: Masterstudiengang „Environmental Sciences" als Aufbau zum Bachelor (ab WS 2008/9), Masterstudiengang „Public Sustainability Economics" als Aufbau zum Bachelor (ab WS 2008/9), Promotionsstudium in Vorbereitung.
Arbeitsmarktmöglichkeiten: Freie Wirtschaft (Umweltmanagement, Umweltkommunikation, Regenerative Energien, Abfall/Altlasten, Wasser/Abwasser, Öffentlichkeitsarbeit) beratende, moderierende und gutachterliche Bereiche, Bildung für nachhaltige Entwicklung, Wissenschaft, Hochschule, Politik und Verwaltung, Verbände.

Agrarbiologie

Studienabschluss: Bachelor of Science
Hochschule: Universität Hohenheim – Stuttgart
Wissenschaftsbereiche: Lebenswissenschaften; Naturwissenschaften
Fachbereich/Fakultät: Agrarwissenschaften
Institut/Einrichtung: Fakultät Agrarwissenschaften
Anschrift: Schloss – Speisemeistereiflügel, 70593 Stuttgart
Ansprechpartner: Prof. Dr. Michael Kruse; Dr. Karin Amler, Tel. 0711-45 92 32 57
agrar@uni-hohenheim.de
Web-Adresse: www.uni-hohenheim.de/agrar
Studienfachberatung: amler@uni-hohenheim.de
Zulassung/Bewerbung: 100 Zulassungen zum WS, 20 Zulassungen zum SoSe
Studienbeginn/-plätze: Sommer- und Wintersemester, 120 Studienplätze
Studiengebühren: 500,- Euro/Semester
Regelstudienzeit: 6 Semester

Kurzbeschreibung des Studiengangs:
Innovative Methoden, Verfahren und Produkte nehmen immer mehr Einfluss auf die Umwelt und die Erzeugung landwirtschaftlicher Produkte. Die Agrarbiologie übernimmt dabei eine Brückenfunktion zwischen der Biologie und den angewandten Agrarwissenschaften.

Im dreisemestrigen Grundstudium wird naturwissenschaftliches, statistisches und agrarbiologisches Basiswissen vermittelt. Das 4. Semester ist dem methodisch ausgerichteten „Großpraktikum" gewidmet, das aus fünf Wissensgebieten alternativ gewählt wird. Ab dem 5. Semester können sich die Studierenden durch die Wahl von Modulen aus den Bereichen Biotechnologie/Analytik, Pflanze, Tier, Boden/Landschaft oder Naturwissenschaften profilieren. Das Profil wird ergänzt durch die Module Biometrie und Berufspflichtpraktikum. Im 6. Semester wird die Bachelor-Arbeit angefertigt und präsentiert. Die Lehrveranstaltungen werden gemeinsam von der agrarwissenschaftlichen und der naturwissenschaftlichen Fakultät der Universität Hohenheim angeboten. Dieses in Deutschland einzigartige Konzept bietet ein Höchstmaß an Effizienz mit flexiblen Wahlmöglichkeiten im Studium. Studierende erhalten umfassende Kenntnisse über die naturwissenschaftlichen Grundlagen der Agrarwissenschaften und deren Umsetzung in Produktionsverfahren sowie Grundkompetenzen, um komplexe landschaftsökologische Zusammenhänge der Agrarlandschaft zu analysieren und Handlungskonzepte, auch im Hinblick auf Nachhaltigkeit und Umweltsicherung, entwickeln zu können.

Besondere Hinweise zum Studiengang:
Der Bachelor-Studiengang Agrarbiologie wird zum WS 2007/08 erstmalig angeboten. Er wurde aus dem gleichnamigen, dann auslaufenden Diplomstudiengang entwickelt.

Zukunftsperspektiven:
Studienstruktur: Der Bachelor-Studiengang wurde durch Umstellung des Diplomstudiengangs Agrarbiologie auf das gestufte Studiensystem entwickelt.
Arbeitsmarktmöglichkeiten: Berufsfelder liegen auf den Gebieten der agrarischen Anwendung von Laborverfahren und Ergebnissen der Grundlagenforschung in Laboratorien, Forschungsstätten, Fachministerien, Agrarbehörden, Agrarunternehmen, Naturschutz, Landschaftsplanung und -analyse.

Agrarwissenschaften

Studienabschluss:	Bachelor of Science
Hochschule:	Georg-August-Universität Göttingen
Wissenschaftsbereiche:	Naturwissenschaften; Geistes- und Sozialwissenschaften
Fachbereich/Fakultät:	Fakultät für Agrarwissenschaften
Institut/Einrichtung:	Department für Nutzpflanzenwissenschaften, Department für Nutztierwissenschaften, Department für Agrarökonomie und Rurale Entwicklung
Anschrift:	Am Vogelsang 6, 37075 Göttingen
Ansprechpartner:	Studienschwerpunkt Ressourcenmanagement: Prof. Dr. Teja Tscharntke, Tel. 0551-39 92 09, ttschar@gwdg.de
Web-Adresse:	http://www.agrar.uni-goettingen.de
Studienfachberatung:	sbagrar@gwdg.de
Zulassung/Bewerbung:	Zulassungsfrei; 6monatiges Praktikum vor / während des Studiums
Studienbeginn/-plätze:	Sommer- und Wintersemester, 107 Studienplätze
Studiengebühren:	500,- Euro/Semester zzgl. Verwaltungsgebühr (inkl. Semesterticket)
Regelstudienzeit:	6 Semester

Kurzbeschreibung des Studiengangs:
In den ersten drei Semestern des Studiengangs belegen die Studierenden 15 Pflichtmodule in den Bereichen Pflanze, Tier und Ökonomie sowie Schlüsselqualifikationen. Vom vierten bis zum sechsten Semester belegen sie 13 Module in einem von folgenden fünf Studienschwerpunkten: Agribusiness, Nutzpflanzenwissenschaften, Nutztierwissenschaften, Ressourcenmanagement, Wirtschafts- und Sozialwissenschaften des Landbaus. Ressourcenmanagement ist der Studienschwerpunkt, der die Inhalte zur Nachhaltigkeit umfasst. Folgende Module werden in Ressourcenmanagement angeboten: Wahlpflichtmodule: Agrarökologie und biotischer Ressourcenschutz, Betriebspraktikum II, Geoökologie und abiotischer Ressourcenschutz, Nachhaltigkeit von Produktionssystemen, Ökonomische und soziale Grundlagen nachhaltiger Landwirtschaft, Ökotoxikologie und Umweltanalytik Wahlmodule: Agrar- und Umweltrecht, Emissionen und Immissionsschutz, Ökologischer Landbau I: Pflanzenbau und Tierwirtschaft, Ökologischer Landbau II: Ökonomische Aspekte, Betriebsumstellung, Ringvorlesung nach Vorgabe des Studienschwerpunktes, Stoffhaushalt des ländlichen Raumes, Vegetationskunde.

Besondere Hinweise zum Studiengang:
Die Fakultät für Agrarwissenschaften betreibt über 25 Kooperationen mit Fakultäten im europäischen Ausland im SOKRATES-Programm. Die Studierenden haben darüber hinaus gute Möglichkeiten im außereuropäischen Raum ein Auslandssemester zu verbringen und ihre Leistungen für ihr Studium in Göttingen anerkennen zu lassen.

Zukunftsperspektiven:
Studienstruktur: Der Bachelorstudiengang Agrarwissenschaften und der Masterstudiengang Agrarwissenschaften wurden bereits 1999 eingerichtet. Ab dem WS 2006/07 gibt es den Masterstudiengang Pferdewissenschaften sowie den Masterstudiengang Tropical and International Agriculture an der Fakultät für Agrarwissenschaften.
Arbeitsmarktmöglichkeiten: Die Uni Göttingen verfügt über einen Karriereservice. Die Aussichten für die Absolventen sind gut, ca. 80% finden einen adäquaten Job nach dem Studium. Zahlreiche Einrichtungen aus Wirtschaft und Forschung wenden sich mit Stellenanzeigen an die Fakultät.

Agrarwissenschaften und Umweltmanagement

Studienabschluss: Bachelor of Science
Hochschule: Justus-Liebig-Universität Gießen
Wissenschaftsbereiche: Lebenswissenschaften; Naturwissenschaften
Fachbereich/Fakultät: FB 09 Agrarwissenschaften, Ökotrophologie und Umweltmanagement
Institut/Einrichtung: —
Anschrift: Bismarckstraße 24, 35390 Gießen
Ansprechpartner: Prof. Dr. Honermeier (Studiendekan), Dr. Claus Mückschel Referent, Tel. 0641-993 70 01, Bernd.Honermeier@agrar.uni-giessen.de
Web-Adresse: www.uni-giessen.de/fbr09
Studienfachberatung: Bernd.Honermeier@agrar.uni-giessen.de
Zulassung/Bewerbung: Lokaler NC
Studienbeginn/-plätze: Wintersemester, 420 Studienplätze
Studiengebühren: —
Regelstudienzeit: 6 Semester

Kurzbeschreibung des Studiengangs:
Der Bachelorstudiengang gliedert sich in folgende Inhalte und Semester:
1. Semester: Vermittlung der Grundlagen in Mathematik, Chemie, Biologie, Volkswirtschaftslehre, Betriebswirtschaftslehre, Bodenkunde und Landtechnik;
2. Semester: Tierzucht & Tierhaltung, Genetik & Biotechnologie, Landschaftshaushalt & Landschaftsanalyse, Betriebliches Produktionsmanagement, plus 1 Profilmodul;
3. Semester: Nutzpflanzenproduktion, Tierernährung, Landschaftsökologie & Regionalplanung plus 2 Profilmodule; 4. Semester: Pflanzenernährung & Phytomedizin, Politik & Märkte, plus 3 Profilmodule; 5. Semester: Auswahl von 5 Profilmodulen;
6. Semester: Anfertigung der Bachelorarbeit und Absolvierung von 3 Profilmodulen.
Den Studierenden wird ein sehr breites Spektrum an Wissen in Agrarwissenschaften und Umweltmanagement vermittelt. Die Studierenden können sich profilieren in Pflanzenproduktion, Tierproduktion, Betriebswirtschaft, Landschaftshaushalt und Landschaftsökologie. Näheres zu den Modulen und Prüfungsleistungen siehe Website.

Besondere Hinweise zum Studiengang:
Der Studiengang wird im Jahr 2007 reakkreditiert.

Zukunftsperspektiven:
Studienstruktur: Ab WS 2007/08 werden 4 Bachelor-Studienrichtungen angeboten: 1. Agrarwissenschaften, 2. Umweltmanagement, 3. Ernährungswissenschaften, 4. Ökotrophologie. Zusätzlich wird es 8 Masterstudienrichtungen geben.
Arbeitsmarktmöglichkeiten: Wir sehen einen Bedarf auf den Gebieten: Betriebsmanagement, Bioenergie, Handel und Vermarktung.

Angewandte Systemwissenschaft

Studienabschluss: Bachelor of Science bzw. Master of Science
Typ Grundständiger Studiengang/Aufbaustudiengang
Hochschule: Universität Osnabrück
Wissenschaftsbereiche: Naturwissenschaften; Geistes- und Sozialwissenschaften
Fachbereich/Fakultät: Mathematik/Informatik
Institut/Einrichtung: Institut für Umweltsystemforschung
Anschrift: Barbarastraße 12, Gebäude 66, 49069 Osnabrück
Ansprechpartner: Prof. Dr. Horst Malchow, Tel. 0541-969 24 99, malchow@uos.de
Web-Adresse: www.usf.uos.de
Studienfachberatung: malchow@uos.de
Zulassung/Bewerbung: Kein NC, besondere Zugangs- und Zulassungsordnung für den M.Sc.
Studienbeginn/-plätze: Wintersemester, 59 Bachelor, 30 Master
Studiengebühren: 500,- Euro/Semester (zzgl. Verwaltungsgebühr)
Regelstudienzeit: 6 Semester (Bachelor), 4 Semester (Master)

Kurzbeschreibung des Studiengangs:
In den meisten wissenschaftlichen Disziplinen gibt es ein Denken in Systemen. Was die Systemwissenschaft jedoch auszeichnet, ist die Kompetenz bei der Analyse komplexer Systeme. Im Mittelpunkt steht die Methodik. Die Studierenden lernen eine breite Palette an Methoden, um die Wechselwirkungen verschiedener Systemelemente beschreiben zu können. Analogien zwischen Systemen aus verschiedenen Bereichen ermöglichen die Übertragung von bereits vorhandenem Verständnis auf neue Probleme. Die Systemwissenschaft entfaltet ihre besondere Leistungsfähigkeit bei der Bearbeitung disziplinübergreifender Fragestellungen. Dabei kooperiert sie eng mit verschiedenen Wissenschaften, die Beiträge gemäß der Fragestellung zu einem Gesamtkonzept liefern. Das Ziel systemwissenschaftlicher Arbeit ist die Erklärung des Verhaltens oder auch die Steuerung von Systemen. Im Mittelpunkt der Systemwissenschaft stehen dynamische Modelle, d.h. die Elemente ändern sich fortwährend gemäß den Wechselwirkungen und können so eine ungeheure Komplexität entwickeln. Um diese Dynamik zu beschreiben, macht man sich die Mathematik und Informatik zu Nutze. Der Einsatz von Computern erlaubt zudem Simulationen, die immer neue Anwendungsgebiete erobern. Daneben wird aber auch der Einsatz von Modellen in gesellschaftlichen Beteiligungsprozessen thematisiert. Hier stehen die gesellschaftlichen Akteure und ihre Sichtweisen im Mittelpunkt.

Besondere Hinweise zum Studiengang:
Die „Angewandte Systemwissenschaft" ist ein konsekutives Bachelor-Master-Studienprogramm an der Universität Osnabrück.
Besonderes Interesse an Mathematik, Informatik und ihren Anwendungen ist erforderlich.

Zukunftsperspektiven:
Arbeitsmarktmöglichkeiten: Aufgrund der Qualifikationen, die der Studiengang vermittelt, konnten alle bisherigen Absolventen unmittelbar oder bald nach dem Diplom einen Arbeitsplatz finden.

Biodiversität und Ökologie

Studienabschluss: Bachelor of Science
Hochschule: Georg-August-Universität Göttingen
Wissenschaftsbereiche: Lebenswissenschaften; Naturwissenschaften
Fachbereich/Fakultät: Biologie
Institut/Einrichtung: Göttinger Zentrum für Biodiversitätsforschung und Ökologie (Göttingen Centre of Biodiversity and Ecology)
Anschrift: Untere Karspüle 2, 37073 Göttingen
Ansprechpartner: PD Dr. Dirk Gansert, Tel. 0551-391 24 04
dganser@gwdg.de
Web-Adresse: www.biodiversitaet.gwdg.de
Studienfachberatung: dganser@gwdg.de
Zulassung/Bewerbung: Bewerbung beim Studentensekretariat der Universität Göttingen
Studienbeginn/-plätze: Wintersemester, 20 Studienplätze
Studiengebühren: 500,- Euro/Semester
Regelstudienzeit: 6 Semester

Kurzbeschreibung des Studiengangs:
Dieser Studiengang ist in Deutschland bisher einmalig auf dem Gebiet der biologischen Diversität und Ökologie. Am Studiengang beteiligte Fakultäten sind: Biologie, Agrarwissenschaften, Geowissenschaften und Geographie.
Merkmale des Studiengangs sind: 1) biologisch-naturwissenschaftliche Grundausbildung (1.-4. Semester = 1. Studienabschnitt) mit Gewichtung auf organismischer Biologie (botanisch und zoologisch). 2) Schwerpunkte in den Bereichen Biodiversitätsforschung, Ökologie (Pflanzen- und Tierökologie, Agrarökologie), Evolution und Systematik, Anthropologie.
3) Vermittlung von Kenntnissen der mitteleuropäischen Flora, Fauna und Vegetation. Dies ist Voraussetzung zum Verständnis von Biodiversität und Ökologie. Darauf aufbauend Grundlagen zur Biodiversität und Ökologie im globalen Maßstab (von den Tropen bis zur Arktis bzw. Antarktis). 4) Vermittlung moderner Methoden in den Kerndisziplinen der Biodiversitäts- und ökologischen Forschung (von Stoffanalytik über Sequenzierung bis GIS). 5) Vollständige Modularisierung (Vorlesungen, Praktika, Seminare, Exkursionen) mit studienbegleitenden Prüfungen. 6) Bewertung der Studieneinheiten nach dem European Credit Transfer System (ECTS). 7) Sechs- bis achtwöchiges Berufspraktikum; 8) Sechswöchige Bachelor-Abschlussarbeit. Der Schwerpunkt der Ausbildung liegt auf dem Gebiet der terrestrischen Ökologie und Biodiversität.

Besondere Hinweise zum Studiengang:
Hohe Interdisziplinarität durch eine Vielzahl beteiligter Institute. Internationale Forschung. Frühzeitige Heranführung der Studierenden an aktuelle Forschungsthemen im internationalen Maßstab.

Zukunftsperspektiven:
Studienstruktur: Der Studiengang Biodiversität und Ökologie ist Teil des Göttinger Bachelor-Programms zur Ausbildung in den Bio- und Geowissenschaften.
Arbeitsmarktmöglichkeiten: Breites Tätigkeitsspektrum im Bereich des nationalen und internationalen Natur- und Artenschutzes (Naturschutzbehörden, Nationalparks, WWF, EU, Stiftungen etc.), schulische und Erwachsenenbildung, Tourismus, Wissenschaftsmedien, Verlage, Parteien und Fachverbände, Entwicklungsdienste.

Biogeowissenschaften

Studienabschluss:	Bachelor of Science
Hochschule:	Friedrich-Schiller-Universität Jena
Wissenschaftsbereiche:	Lebenswissenschaften; Naturwissenschaften
Fachbereich/Fakultät:	Chemisch-Geowissenschaftliche Fakultät
Institut/Einrichtung:	Institut für Geowissenschaften
Anschrift:	Burgweg 11, 07749 Jena
Ansprechpartner:	Prof. Dr. Falko Langenhorst, Tel. 03641-94 87 00
	Falko.Langenhorst@uni-jena.de
Web-Adresse:	http://www.bgw.uni-jena.de
Studienfachberatung:	Falko.Langenhorst@uni-jena.de
Zulassung/Bewerbung:	Hochschulreife und ausreichende Kenntnisse in englischer Sprache
Studienbeginn/-plätze:	Wintersemester, keine Beschränkung
Studiengebühren:	keine
Regelstudienzeit:	6 Semester

Kurzbeschreibung des Studiengangs:
Der interdisziplinäre Bachelor-Studiengang Biogeowissenschaften ist als naturwissenschaftlicher, auf Grundlagenforschung basierender Umwelt-Studiengang an der Schnittstelle der Teildisziplinen Biologie, Geowissenschaften, Geographie und Chemie angelegt. Ziel des auf eine Regelstudienzeit von 6 Semestern ausgelegten Bachelor-Studiengangs Biogeowissenschaften ist es, mit der starken naturwissenschaftlichen Grundausbildung fachübergreifende Themen wie z.B. Fragen des Schadstofftransfers aus kontaminierten Böden bzw. Gewässern in die Nahrungsketten zu bearbeiten und ökotoxikologische Potenziale einzuschätzen sowie regionalisierte und aufgabenspezifische Remediations- und Sanierungsstrategien zu entwickeln.

Im Mittelpunkt des modular aufgebauten Studienprogramms steht eine solide naturwissenschaftliche Ausbildung im Überlappungsbereich Biologie und Geowissenschaften (Mikrobiologie, Angewandte Botanik, Hydrogeologie, Limnologie, Sedimentologie, Umweltmineralogie, Bodenkunde, Ökologie, Umweltchemie), die Vermittlung interdisziplinären wissenschaftlichen Denkens und Handelns, und der Erwerb von Schlüsselqualifikationen. Ein breites Wahlpflichtangebot bietet die Möglichkeit, sich auf den forschungsorientierten Master-Studiengang oder für die Berufstätigkeit in Form von bewusst gewählten Fächerkombinationen vorzubereiten und kann im Rahmen ein Auslandssemesters in einem verwandten Umweltstudiengang abgedeckt werden. Der Studiengang wird mit einer Bachelor-Arbeit und einem berufsbezogenen Praktikum abgeschlossen.

Besondere Hinweise zum Studiengang:
Studierende aller Fachrichtungen der Universität Jena sind herzlich zum Engagement im Arbeitskreis Nachhaltigkeit eingeladen! http://www.umweltreferat-jena.de/.

Zukunftsperspektiven:
Arbeitsmarktmöglichkeiten: Der Studiengang qualifiziert die Studierenden für die Aufnahme eines Master-Studienganges in einer verwandten Disziplin. Die Einstiegschancen der biologisch-geowissenschaftlich ausgebildeten Absolventen werden auch in der freien Wirtschaft als hoch eingeschätzt.

Biologie

Studienabschluss:	Bachelor of Science bzw. Master of Science
Typ	Grundständiger Studiengang/Aufbaustudiengang
Hochschule:	Rheinisch-Westfälische Technische Hochschule Aachen (U)
Wissenschaftsbereiche:	Lebenswissenschaften; Naturwissenschaften
Fachbereich/Fakultät:	Mathematik, Informatik und Naturwissenschaften
Institut/Einrichtung:	Biologie
Anschrift:	Worringer Weg 1, 52056 Aachen
Ansprechpartner:	Prof. Dr. Andreas Schäffer, Tel. 0241-802 68 15
	andreas.schaeffer@bio5.rwth-aachen.de
Web-Adresse:	www.biologie.rwth-aachen.de/fachgruppe/fgrbio.htm
Studienfachberatung:	Martin.Zimmermann@rwth-aachen.de
Zulassung/Bewerbung:	Hochschulinterner NC
Studienbeginn/-plätze:	Wintersemester, 100 Studienplätze
Studiengebühren:	ja
Regelstudienzeit:	6+4 Semester

Kurzbeschreibung des Studiengangs:

Das Fach Biologie, so wie es an der RWTH vertreten wird, schließt angewandte Aspekte der Bioressourcen, der Biomedizin, der Bioinformationssysteme sowie der Biotechnologie ein. Diese Gebiete sind Schwerpunkte in Forschung und Lehre an der RWTH Aachen. Auf Grund der technischen Ausrichtung der Hochschule bestehen vielfältige Interaktionen mit den ingenieurwissenschaftlichen, medizinischen und naturwissenschaftlichen Fächern. Hier sind für die Frage der nachhaltigen Nutzung der Ressourcen besonders die Fächer Siedlungswasserwirtschaft, Geowissenschaften, Verfahrenstechnik und Umwelthygiene zu nennen.

Der Bachelor-Masterstudiengang Biologie umfasst 6 (Bachelor) plus 4 (Master) Semester. In den ersten vier Semestern werden die Grundlagen in Mathematik, Physik, Chemie, Physikalischer Chemie, Biochemie und allgemeiner Biologie vermittelt. In den Vertiefungsrichtungen, die im fünften Semester gewählt werden, sollen vor allem anwendungsorientierte Aspekte (z.B. Nachhaltigkeit) dargelegt werden. Ein Wahlmodul gibt den Studierenden große Freiheit bei dem Erwerb von Zusatzqualifikationen (Kenntnisse in Fremdsprachen, Industriepraktika, wirtschaftliche Fragestellungen). Die Bachelorarbeit (B.Sc. Thesis) soll die Fähigkeit zur selbstständigen wissenschaftlichen Arbeit belegen. Die Vertiefungsrichtung kann dann im Masterstudiengang fortgesetzt werden. Das Studium ist modularisiert, Prüfungen erfolgen studienbegleitend.

Zukunftsperspektiven:

Studienstruktur: Die obige Beschreibung bezieht sich sowohl auf den Bachelor- wie den Masterstudiengang.

Arbeitsmarktmöglichkeiten: Bisher hatten die Absolventen der RWTH auf dem Arbeitsmarkt sehr gute Chancen, wir erwarten eine ähnlich hohe Akzeptanz der Bachelor- bzw. Masterabsolventen.

Biowissenschaften (Schwerpunkt: Organismische Biologie)

Studienabschluss: Bachelor of Science
Hochschule: Universität Potsdam
Wissenschaftsbereiche: Lebenswissenschaften; Naturwissenschaften
Fachbereich/Fakultät: Mathematisch-Naturwissenschaftliche Fakultät
Institut/Einrichtung: Institut für Biochemie und Biologie
Anschrift: Universitätskomplex Golm, Karl-Liebknecht-Str. 24-25, 14476 Golm
Ansprechpartner: Zentrale Studienberatung, Tel. 0331-977 17 15
zsb@uni-potsdam.de
Web-Adresse: http://www.uni-potsdam.de/zsb/
Studienfachberatung: http://www.uni-potsdam.de/zsb/
Zulassung/Bewerbung: Studiengang mit NC, Bewerbung an der Uni Potsdam
Studienbeginn/-plätze: Wintersemester, 89 Studienplätze
Studiengebühren: keine
Regelstudienzeit: 6 Semester

Kurzbeschreibung des Studiengangs:

Das Bachelorstudium Biowissenschaften dauert in der Regel 6 Semester und beinhaltet in Modulen zusammengefasste Lehrveranstaltungen im Umfang von 180 Leistungspunkten (LP) einschließlich einer Bachelorarbeit im Umfang von 12 Leistungspunkten. Es beginnt in einer Grundlagen- und Orientierungsphase mit der Einführung in die Biochemie und die molekulare, zelluläre und organismische Biologie sowie in die Mathematik, Statistik, Physik und Chemie. Es folgt die Spezialisierung in den Richtungen Biochemie (BC), Molekularbiologie/Physiologie (MP) oder Organismische Biologie (OB). Alle Prüfungen erfolgen studienbegleitend. Das Bachelorstudium schließt mit einer Bachelorarbeit ab. Lehrveranstaltungen mit Bezug zur Nachhaltigkeit finden sich insbesondere im Bereich Organismische Biologie in der Ökologie/Ökosystemmodellierung, Evolutionsbiologie, Biozönoseforschung und Vegetationsökologie/Naturschutz.

Zukunftsperspektiven:

Studienstruktur: Möglichkeit des Masterstudiums in Ökologie, Evolution & Naturschutz.
Arbeitsmarktmöglichkeiten: Tätigkeiten in biotechnologischen oder biomedizinischen Unternehmen, in biowissenschaftlichen Forschungseinrichtungen, im angewandten Umwelt- und Naturschutz, in Beratungs- und Bildungseinrichtungen, Verbänden und Behörden oder den Medien.

Chemietechnik/Umwelttechnik (Vertiefungen Chemietechnik oder Umwelttechnik)

Studienabschluss: Bachelor of Science
Hochschule: Fachhochschule Oldenburg/Ostfriesland/Wilhelmshaven – Emden
Wissenschaftsbereiche: Naturwissenschaften; Ingenieurwissenschaften
Fachbereich/Fakultät: Technik
Institut/Einrichtung: Life Sciences
Anschrift: Constantiaplatz 4, 26723 Emden
Ansprechpartner: Prof. Dr. E. Siefert / Prof. Dr. S. Steinigeweg, Tel. 04921-807 13 22 Siefert@fho-emden.de
Web-Adresse: http://www.technik-emden.de
Studienfachberatung: Siefert@fho-emden.de
Zulassung/Bewerbung: 40 Studierende über NC
Studienbeginn/-plätze: Wintersemester, 40 Studienplätze
Studiengebühren: 500,- Euro/Semester
Regelstudienzeit: 7 Semester

Kurzbeschreibung des Studiengangs:
In den ersten 3 Semestern werden schwerpunktmäßig die naturwissenschaftlichen Grundlagen (Mathematik, Chemie, Physik, Physikalische Chemie) vermittelt. Dazu werden in projektorientierten Veranstaltungen auch Softskills vermittelt, die zu selbstständigem Lernen und Arbeiten führen. In den nachfolgenden Semestern verlagert sich der Schwerpunkt im Studium hauptsächlich auf die technischen Grundkenntnisse in der Verfahrenstechnik, der Prozessautomatisierung und der Technischen Chemie sowie auf die Instrumentelle Analytik. In der zweiten Studienhälfte wählen die Studierenden eine der beiden Vertiefungen (Chemietechnik oder Umwelttechnik). Im Bereich dieser Vertiefungen wird eine Reihe von Veranstaltungen zur Wahl angeboten und erlaubt eine individuelle Gestaltung der Schwerpunkte durch die Studierenden. Insbesondere im Bereich der Softskills und der (nichttechnischen) Wahlfächer werden die Ideen einer nachhaltigen Zukunftstechnologie vermittelt. Am Ende des Studiums (nach dem 6. Semester) führen die Studierenden aufbauend auf ein Industriepraktikum eine selbstständige Abschlussarbeit durch (BA-Arbeit). Diese kann auch im Ausland durchgeführt werden. Zu diesem Zweck hat der Fachbereich eine Vielzahl von Kontakten zu anderen Hochschulen in der ganzen Welt aufgebaut.

Besondere Hinweise zum Studiengang:
Der Studiengang mit den beiden Vertiefungen in der Chemietechnik oder Umwelttechnik vermittelt eine breite Basis im Bereich der angewandten Naturwissenschaften und Ingenieurwissenschaften, so dass sich für die Absolventen ein breites Feld an Arbeitsgebieten eröffnet.

Zukunftsperspektiven:
Studienstruktur: Aufbauend auf diesen BA-Studiengang kann u.a. mit folgenden Masterkursen die Ausbildung erweitert werden: MA in Environmental Technology and Management (Emden, Esbjerg, Leicester), MA in Polymertechnology bei unserem Partner in Athlone (IR).
Arbeitsmarktmöglichkeiten: Auf Grund der relativ breiten Ausbildung können die Absolventen vielseitig in der Chemietechnik, in der Verfahrenstechnik und in umweltbezogenen Aufgabengebieten Arbeit finden.

Ecological Impact Assessment

Studienabschluss: Bachelor of Science
Hochschule: Universität Koblenz-Landau, Campus Koblenz
Wissenschaftsbereiche: Lebenswissenschaften; Naturwissenschaften
Fachbereich/Fakultät: Fachbereich 3: Mathematik/Naturwissenschaften
Institut/Einrichtung: Institut für Integrierte Naturwissenschaften
Anschrift: Universitätsstraße 1, 56070 Koblenz
Ansprechpartner: Prof. Dr. Ulrich Sinsch oder Prof. Dr. Dieter König, Tel. 0261-287 22 23, sinsch@uni-koblenz.de; dkoenig@uni-koblenz.de
Web-Adresse: www.uni-koblenz.de/~ifin/
Studienfachberatung: sinsch@uni-koblenz.de; dkoenig@uni-koblenz.de
Zulassung/Bewerbung: Bewerbung an das Studierendensekretariat
Studienbeginn/-plätze: Sommersemester, 25 Studienplätze
Studiengebühren: keine
Regelstudienzeit: 6 Semester

Kurzbeschreibung des Studiengangs:
Der 2005 eingerichtete Bachelor-Studiengang richtet sich an alle, die sich für eine naturwissenschaftliche Ausbildung auf umweltwissenschaftlichem Gebiet interessieren. Er beschäftigt sich mit den ökologischen Auswirkungen von Eingriffen in den Landschaftshaushalt und umfasst Lehrveranstaltungen aus der Biologie, der Chemie, der Geographie und der Physik. Zugleich vermittelt er den Studierenden sozioökonomische und rechtliche Grundlagen sowie Kenntnisse aus dem Bereich der Planungspraxis. Wichtige Inhalte der Ecological Impact Assessment Studiengänge umfassen: Qualitative und quantitative Erfassung von Landschaftsveränderungen und daraus resultierenden Belastungen für Ökosysteme; Abschätzung künftiger Auswirkungen geplanter oder bereits umgesetzter Maßnahmen auf Ökosysteme; Aufbereitung und Darstellung der Ergebnisse für Entscheidungsträger aus Politik, Wirtschaft und Gesellschaft zur Verringerung des Risikos; Einflussnahme auf Entscheidungsprozesse durch Erarbeitung neuer Handlungsmöglichkeiten. Die ersten drei BSc-Semester vermitteln die Grundlagen in 12 Basismodulen, wobei die Veranstaltungen des 1. Semesters (4 Module) in englischer Sprache abgehalten werden. Es schließt sich ein externes Modul als Betriebspraktikum während der vorlesungsfreien Zeit an. Die letzten drei BSc-Semester mit 10-11 Vertiefungsmodulen (davon 3-4 Wahlpflichtmodule zur individuellen Schwerpunktsetzung) sind den spezifischen Methoden in terrestrischen und limnischen Ökosystemen gewidmet.

Besondere Hinweise zum Studiengang:
Der interdisziplinäre naturwissenschaftliche Ansatz steht im Vordergrund des Studiums. Umfangreiche Praktikumsanteile erzielen eine verbesserte Berufsfähigkeit auch schon für die BSc-Absolventen. Akkreditert durch AQAS im Februar 2005.

Zukunftsperspektiven:
Studienstruktur: 2008 wird der erste Jahrgang für den forschungsorientierten Masterstudiengang zugelassen. Der MSc Studiengang „Ecological Impact Assessment in Freshwater Ecosystem" vermittelt limnoökologische Forschungsansätze zum nachhaltigen Umgang mit der Ressource Wasser.
Arbeitsmarktmöglichkeiten: Tätigkeitsfelder in Umweltdiagnose und -bewertung, Bewertung umweltkompatibler Technik, Abschätzung ökologischer Risiken, Bewertung von Altlasten in Verwaltungen.

Gebäudetechnik

Studienabschluss: Bachelor of Engineering
Hochschule: Fachhochschule Biberach, Hochschule für Bauwesen und Wirtschaft
Wissenschaftsbereiche: Naturwissenschaften; Ingenieurwissenschaften
Fachbereich/Fakultät: Architektur und Gebäudeklimatik
Institut/Einrichtung: —
Anschrift: Karlstraße 11 D, 88400 Biberach/Riß
Ansprechpartner: Prof. Dipl.-Phys. Andreas Gerber, Tel. 07351-58 22 50
gerber@fh-biberach.de
Web-Adresse: http://www.fh-biberach.de/studium/gebaeudeklimatik
Studienfachberatung: info-g@fh-biberach.de
Zulassung/Bewerbung: Ableistung eines 2-monatigen Vorpraktikums
Studienbeginn/-plätze: Wintersemester, 42 Studienplätze
Studiengebühren: 500,- Euro/Semester
Regelstudienzeit: 7 Semester inklusive Praxissemester

Kurzbeschreibung des Studiengangs:
Das Studium der Gebäudetechnik/Gebäudeklimatik schließt eine Lücke in der Ausbildung zwischen den klassischen Studiengängen Versorgungstechnik, Bauphysik und Architektur.
Dabei stellt der Studiengang ein Höchstmaß an Wirtschaftlichkeit, Ressourcenschonung sowie Behaglichkeit, Komfort und Aufenthaltsqualität von Räumen in Planung, Bau und Betrieb in den Mittelpunkt.
Neben den ingenieurtechnischen Grundlagen stehen die für den Beruf immer wichtiger werdenden Soft Skills. An konkreten Projekten werden diese unterschiedlichen Aspekte und Anwendungen der Gebäudeklimatik und der Gebäudetechnik erarbeitet.
Das Studium ist modular aufgebaut. Im ersten Studienmodul (1. und 2. Semester) werden die Grundlagen gebildet, das zweite (3. und 4. Semester) dient der Einführung in die berufspraktischen Fachgebiete, im dritten (Praxissemster) werden die erworbenen Kenntnisse und Fähigkeiten in die Praxis umgesetzt; im letzten Modul (6. und 7. Semester) erlangen die Studierenden in Vertiefungs- und Projektarbeiten die Berufsfähigkeit.
Für den erfolgreichen Abschluss des Studiums müssen 148 Semesterwochenstunden geleistet und 210 Credits erworben werden. Das Studium beinhaltet Themen wie: Architektur und Gebäudekonstruktion, Gebäude- und Anlagentechnik, Projekt- und Facility Management, Wert- und Nutzenoptimierung von Gebäuden, teamorientiertes Projektstudium.

Besondere Hinweise zum Studiengang:
Der Studiengang Gebäudetechnik/Gebäudeklimatik bietet vor dem Studium und insbesondere an den wesentlichen Schnittstellen des Studiums eine intensive, obligatorische Studienberatung an.

Zukunftsperspektiven:
Studienstruktur: Absolventen des Bachelors sowie des Diplomstudiengangs steht bei entsprechender Eignung der Master-Studiengang Gebäudeklimatik offen.
Arbeitsmarktmöglichkeiten: Arbeitsmöglichkeiten in der Planung technischer Gewerke, Bauphysik und Fassadenplanung, Solarenergienutzung an Gebäuden, Facility Management.

Geographie

Studienabschluss: Dipl.-Geogr.
Hochschule: Katholische Universität Eichstätt – Ingolstadt
Wissenschaftsbereiche: Naturwissenschaften; Geistes- und Sozialwissenschaften
Fachbereich/Fakultät: Mathematisch-naturwissenschaftliche Fakultät
Institut/Einrichtung: Fachgebiet Geographie
Anschrift: Ostenstraße 18, 85072 Eichstätt
Ansprechpartner: Prof. Dr. Bernd Cyffkaxy, Tel. 08421-93 13 92
bernd.cyffka@ku-eichstaett.de
Web-Adresse: http://www.ku-eichstaett.de/Fakultaeten/MGF/Geographie
Studienfachberatung: marianne.rolshoven@ku-eichstaett.de
Zulassung/Bewerbung: Bewerbung über die Uni
Studienbeginn/-plätze: Wintersemester, ca. 50 Studienplätze
Studiengebühren: 500,- Euro/Semester
Regelstudienzeit: 9 Semester

Kurzbeschreibung des Studiengangs:
Das Studium gliedert sich in ein viersemestriges Grund- und ein fünfsemestriges Hauptstudium. Das Hauptfach Geographie wird durch zwei Wahlpflichtfächer (Nebenfächer) ergänzt. Diese sollen auf den jeweiligen Studienschwerpunkt abgestimmt sein. Beim Übergang vom Grund- in das Hauptstudium können die Wahlpflichtfächer gewechselt werden. Das Grundstudium vermittelt grundlegende Kenntnisse und Fertigkeiten in den verschiedenen Teilgebieten der Geographie (Kulturgeographie, Wirtschaftsgeographie, Physische Geographie, Geoökologie, Länderkunde bzw. Regionale Geographie) und in Techniken der Regionalanalyse (Kartenkunde, Statistik, Geoinformatik und EDV). Es wird durch das Vordiplom abgeschlossen, das vor Beginn des 5. Studiensemesters abgelegt werden soll. Im Hauptstudium werden die Kenntnisse verbreitert und vertieft. Neben einem gemeinsamen Kern von Lehrveranstaltungen für alle Diplomstudierenden werden spezielle Veranstaltungen für den jeweiligen Studienschwerpunkt angeboten. Die Wahl eines solchen Schwerpunktes ist obligatorisch. Die Studienschwerpunkte „Freizeit, Tourismus und Umwelt" sowie „Umweltprozesse/Umweltgefahren" bieten besondere Betonung von praxisnahem Wissen durch entsprechende Lehrbeauftragte.
Der engen Verbindung mit Praxis dienen Exkursionen, Geländepraktika und ein mindestens dreimonatiges Berufspraktikum. Dieses kann z.B. in Behörden oder Firmen abgeleistet werden.

Besondere Hinweise zum Studiengang:
Im Rahmen des Sokrates-Programmes bestehen Möglichkeiten, im Ausland zu studieren.

Zukunftsperspektiven:
Studienstruktur: Derzeit wird das Studium auf Bachelor- und Masterangebote umgestellt.
Arbeitsmarktmöglichkeiten: Diplomgeographen sind vielseitig einsetzbar und finden sich in vielen Berufsfeldern.

Geographie

Studienabschluss: Staatsexamen
Hochschule: Universität Augsburg
Wissenschaftsbereiche: Naturwissenschaften; Geistes- und Sozialwissenschaften
Fachbereich/Fakultät: Fakultät für Angewandte Informatik
Institut/Einrichtung: Institut für Geographie
Anschrift: Universitätsstraße 10, 86159 Augsburg
Ansprechpartner: Prof. Dr. Ulrich Wieczorek, Tel. 0821-598 22 61
ulrich.wieczorek@geo.uni-augsburg.de
Web-Adresse: www.geo.uni-augsburg.de
Studienfachberatung: —
Zulassung/Bewerbung: Bewerbung über die Universität
Studienbeginn/-plätze: Wintersemester, ca. 130 Studienplätze
Studiengebühren: 500,- Euro/Semester
Regelstudienzeit: 7 bzw. 9 Semester

Kurzbeschreibung des Studiengangs:
Die Geographie an der Universität Augsburg versteht sich als integrative Wissenschaft, welche die Interaktionen von Mensch und Umwelt im Raum erforscht, das heißt, die Systemzusammenhänge zwischen Natur, Wirtschaft und Gesellschaft. Die stetige Zunahme des Ressourcenverbrauchs erhöht die Notwendigkeit des Erwerbs geographischer Kenntnisse und Methoden. Die Geographie, andere Naturwissenschaften und das Wissenschaftszentrum Umwelt (WZU) an der Universität Augsburg streben die Errichtung eines interdisziplinären Kompetenzzentrums für integrative Umweltforschung an.

Das Studium gliedert sich in ein viersemestriges Grund- und je nach angestrebtem Lehramt in ein drei- oder fünfsemestriges Hauptstudium. Das Fach Geographie kann mit verschiedenen anderen Fächern gekoppelt werden. Das Grundstudium vermittelt grundlegende Kenntnisse und Fertigkeiten in den verschiedenen Teilgebieten der Geographie (Humangeographie, Physische Geographie, Geoökologie, Länderkunde bzw. Regionale Geographie), in Methoden der Geographie (Kartenkunde, Statistik, GIS) sowie in die Didaktik des Faches (Medieneinsatz, Unterrichtsplanung, Exkursionsdidaktik, Umwelterziehung). Im Hauptstudium werden die Kenntnisse verbreitert und vertieft. Die Themen Umweltprobleme, Umweltbildung, nachhaltige Entwicklung gehören zum verbindlichen Themenkanon, der innerhalb der Lehrveranstaltungen regelmäßig behandelt wird.

Zukunftsperspektiven:
Studienstruktur: Derzeit wird der Lehramtsstudiengang modularisiert. Im Rahmen des zweiten einzubringenden Moduls aus der Geographiedidaktik kann der Schwerpunkt Umweltbildung gewählt werden.
Arbeitsmarktmöglichkeiten: Möglichkeiten umweltspezifische Funktionen an Schulen zu übernehmen.

Infrastruktur und Umwelt

Studienabschluss: Bachelor of Science
Hochschule: Bauhaus-Universität Weimar
Wissenschaftsbereiche: Naturwissenschaften; Ingenieurwissenschaften
Fachbereich/Fakultät: Bauingenieurwesen
Institut/Einrichtung: —
Anschrift: Marienstraße 13B, 99423 Weimar
Ansprechpartner: Prof. Dr.-Ing. J. Londong, Tel. 03643-58 46 16
joerg.londong@bauing.uni-weimar.de
Web-Adresse: http://www.uni-weimar.de/cms/Infrastruktur_und_Umwelt_neu.4520.0.html
Studienfachberatung: ralf.englert@bauing.uni-weimar.de
Zulassung/Bewerbung: Onlinebewerbung über die Universität
Studienbeginn/-plätze: Wintersemester, 120 Studienplätze
Studiengebühren: keine
Regelstudienzeit: 6 Semester

Kurzbeschreibung des Studiengangs:

Im Bachelor-Studiengang Infrastruktur und Umwelt werden Ingenieure ausgebildet, die im Bereich Infrastruktur und Umwelt urbaner Räume für die konzeptionelle Planung, die verfahrenstechnische Auslegung von Prozessen und zugehöriger Technik verantwortlich sind. In den ersten Semestern stehen naturwissenschaftliche Fächer wie Physik, Chemie, Biologie und entsprechende ingenieurwissenschaftliche Grundlagen Mathematik, Informatik und Verfahrenstechnik im Vordergrund. Ab dem 4. Semester erfolgt eine fachspezifische Ausbildung in den Schwerpunkten der Versorgung (Wasser, Energie), der Behandlung und Entsorgung (Abwasser, Abfall, Luft) und der entsprechenden Logistik (Verkehr, Rohrleitungen, Gewässer). Die ausgebildeten Ingenieure des Bachelor-Studiengangs Infrastruktur und Umwelt kennen die bei der Ver- und Entsorgung zu bewältigenden Stoffströme in Menge und Qualität, kennen die Methoden und Verfahren sie zu vermeiden, zu behandeln und ihre gegenseitige Verknüpfung. Vor Aufnahme des Studiums hat der Studienbewerber eine mindestens zwölfwöchige baupraktische Tätigkeit zu absolvieren. Das Praktikum kann in einem oder mehreren Betrieben abgeleistet werden. Eine abgeschlossene Berufsausbildung in einem Bauhaupt- oder Baunebengewerk wird anerkannt. Wurde ein Praktikum bis zum Studienbeginn noch nicht abgeleistet, kann es spätestens bis zur Beantragung der Bachelorarbeit nachgeholt werden.

Zukunftsperspektiven:

Studienstruktur: Der Studiengang Infrastruktur und Umwelt ist bereits als konsekutiver Studiengang nach dem Bachelor-/Mastersystem akkreditiert.

Arbeitsmarktmöglichkeiten: Den Absolventen bietet sich ein Einsatzfeld in Ingenieurbüros, Dienstleistungsunternehmen, kommunalen Verwaltungen und Ver- und Entsorgungsunternehmen.

Landschaftsarchitektur und Landschaftsplanung

Studienabschluss:	Bachelor of Science
Hochschule:	Technische Universität München
Wissenschaftsbereiche:	Naturwissenschaften; Ingenieurwissenschaften
Fachbereich/Fakultät:	Fakultätsübergreifender Studiengang organisiert von der Studienfakultät Landschaftsarchitektur und Landschaftsplanung
Institut/Einrichtung:	Studienfakultät Landschaftsarchitektur und Landschaftsplanung
Anschrift:	Am Hochanger 6, 85350 Freising-Weihenstephan
Ansprechpartner:	Studiendekan Prof. Dr. Jörg Pfadenhauer, Tel. 08161-71 34 98 pfadenhauer@wzw.tum.de
Web-Adresse:	http://wzw.tum.de/bachelor-la
Studienfachberatung:	info_landschaft@wzw.tum.de
Zulassung/Bewerbung:	Spezielles Bewerbungsverfahren (Eignungsfeststellungsverfahren)
Studienbeginn/-plätze:	Wintersemester, 60 Studienplätze
Studiengebühren:	500,- Euro/Semester
Regelstudienzeit:	8 Semester

Kurzbeschreibung des Studiengangs:
Planung und Gestaltung der räumlichen Umwelt des Menschen – Freiräume in Siedlungen (Plätze, Gärten, Parks, Grünzüge) ebenso wie land- oder forstwirtschaftlich genutzte Kulturlandschaften bzw. ‚Naturlandschaften' – stehen im Mittelpunkt des Studiums Landschaftsarchitektur und Landschaftsplanung. Der Umgang mit Landschaft als einem einerseits physisch-materiellen andererseits ästhetisch-kulturellen Gegenstand bringt die Auseinandersetzung mit einem breiten Spektrum an Fachgebieten mit sich. Je nach Aufgabenstellung wird ingenieurwissenschaftlich-technisches, naturwissenschaftlich/ökologisches oder gesellschaftswissenschaftliches Wissen eingesetzt. Dieses Wissen muss vor dem Hintergrund eines ästhetisch-kulturgeschichtlichen oder naturschutzfachlichen Diskurses in Entwürfen und Planungen zusammengeführt werden.

Besondere Hinweise zum Studiengang:
Ein Semester des Hauptstudiums verbringen die Studierenden im Ausland zu Praktika oder einem Semester an einer ausländischen Hochschule. Ein Berufspraktikum wird nicht gefordert.

Zukunftsperspektiven:
Studienstruktur: Auf dem grundständigen Bachelorstudiengang bauen Masterstudiengänge mit einer Regelstudienzeit von 3 Semestern auf, die eine weitergehende Vertiefung in Landschaftsarchitektur oder Landschaftsplanung und Naturschutz (ab WS 2009/10) ermöglichen.
Arbeitsmarktmöglichkeiten: Die Absolventen haben Zugang zu dem etablierten Berufsfeld des Landschaftsarchitekten. Durch die Regelstudienzeit von 8 Semestern ermöglicht der Bachelorabschluss die reguläre Eintragung in die Architektenliste. Daneben bieten sich Tätigkeiten im Baubereich sowie dem Natur- und Umweltschutz an.

Lehramt an Grund- und Hauptschulen, Fach: Sachunterricht

Studienabschluss: Erstes Staatsexamen, ab WS 2007/08: Bachelor of Arts
Hochschule: Universität Osnabrück
Wissenschaftsbereiche: Naturwissenschaften; Geistes- und Sozialwissenschaften
Fachbereich/Fakultät: Fachbereich 03: Erziehungs- und Kulturwissenschaften
Institut/Einrichtung: Fachgebiet Sachunterricht
Anschrift: Seminarstraße 20, 49069 Osnabrück
Ansprechpartner: Claudia Schomaker, Tel. 0541-969 41 22
cschomak@uni-osnabrueck.de
Web-Adresse: http://www.sachunterricht.uni-osnabrueck.de/
Studienfachberatung: edaum@uni-osnabrueck.de
Zulassung/Bewerbung: NC
Studienbeginn/-plätze: Wintersemester, ca. 70 Studienplätze
Studiengebühren: 500,- Euro/Semester
Regelstudienzeit: 7 Semester

Kurzbeschreibung des Studiengangs:

Das Studium „Sachunterricht in der Grundschule" in Osnabrück umfasst sieben Semester und ein Prüfungssemester. Teilgebiete des Studiums sind: Konzeptionen, Geschichte, Inhalte des Sachunterrichts, Kind und Lebenswirklichkeit, Lehren und Lernen im Sachunterricht, sozialwissenschaftlicher und naturwissenschaftlicher Bereich des Sachunterrichts, fächerübergreifende Lernfelder wie z.B. Interkulturelle Bildung, Umweltbildung, Gesundheitserziehung, Erziehung zur Gleichberechtigung der Geschlechter, Mobilitätserziehung. Zum Studium gehören vier Exkursionstage. Das Fachpraktikum kann im Sachunterricht geleistet werden, in der Regel im 5. Semester. Sachunterricht kann als Langfach oder als Kurzfach studiert werden. Als Schwerpunktbezugsfach im Langfach ist Biologie, Erdkunde, Geschichte oder Physik wählbar. Das Studium schließt mit dem ersten Staatsexamen ab.

Den Mittelpunkt des Studiums im Fach Sachunterricht bildet die Didaktische Werkstatt Sachunterricht. Hier wird konzeptionell im Sinne eines handlungsorientierten Sachunterrichts praktisch und theoretisch gearbeitet und geforscht. Kennzeichnend sind unterrichtspraktisch ausgerichtete Ideen, Probleme und Lösungen, Werkmaterial und Werkstücke. In der Mediothek befinden sich ein Grundstock an wissenschaftlicher Literatur sowie eine Sammlung von Lehr- und Lernmitteln. Computer mit Internet-Anschlüssen, Drucker und Scanner werden ebenfalls in die sachunterrichtliche Arbeit einbezogen.

Besondere Hinweise zum Studiengang:

Das Fach Sachunterricht stellt keinen eigenständigen Studiengang dar. Es kann innerhalb des Lehramtsstudiums als ein Fach der Grundschule gewählt werden. Die Leitidee der Bildung für eine nachhaltige Entwicklung ist inzwischen in der fachdidaktischen Diskussion allgemein anerkannt und findet in Osnabrück u.a. in Kooperationen mit Umweltbildungszentren besonderen Ausdruck.

Zukunftsperspektiven:

Studienstruktur: Ab dem Wintersemester 07/08 werden die Lehramtsstudiengänge in Osnabrück als Bachelorstudiengänge angeboten (Bachelor-Studiengang Bachelor of Arts Grundbildung (GHR)). Ein Lehrermaster ist vorgesehen und in Planung.
Arbeitsmarktmöglichkeiten: Eine Ausbildung im Fach Sachunterricht, als einem der Kernfächer der Grundschule, bereitet auf die inhaltlich und methodisch-didaktisch vielfältige Arbeit als Grundschullehrkraft vor.

Lehramt für Grundschule, Hauptschule und Realschule, Fach Biologie (Schwerpunkt Nachhaltige Entwicklung)

Studienabschluss: 1. Staatsexamen
Hochschule: Pädagogische Hochschule Freiburg (U)
Wissenschaftsbereiche: Naturwissenschaften; Geistes- und Sozialwissenschaften
Fachbereich/Fakultät: Fakultät III
Institut/Einrichtung: Institut für Naturwissenschaften, Abteilung Biologie
Anschrift: Kunzenweg 21, 79117 Freiburg
Ansprechpartner: Prof. Dr. Werner Rieß, Tel. 0761-68 22 17, riess@ph-freiburg.de
Web-Adresse: www.ph-freiburg.de/biologie/
Studienfachberatung: —
Zulassung/Bewerbung: —
Studienbeginn/-plätze: Sommer- und Wintersemester, —
Studiengebühren: —
Regelstudienzeit: 6-7 Semester

Kurzbeschreibung des Studiengangs:
In den Lehramtsstudiengängen kann das Fach Biologie als Hauptfach, Leitfach oder affines Fach studiert werden. Das Studium ist in (6-7) Module gegliedert. Im Rahmen zweier Module werden schwerpunktmäßig Themen einer nachhaltigen Entwicklung behandelt. In Modul 4 (6 SWS) werden grundsätzliche biologische, ökologische und pädagogisch-didaktische Aspekte einer nachhaltigen Entwicklung thematisiert. In Modul 6 werden die Studierenden mit der empirischen Forschung zur Bildung für eine nachhaltige Entwicklung (BNE) vertraut gemacht. Im Rahmen kleiner Forschungsprojekte werden die Studierenden dabei unterstützt, das zuvor erworbene Wissen und die erworbenen forschungsmethodischen Kompetenzen in Anwendung zu bringen und eigene Fragestellungen im Feld der BNE einer wissenschaftlichen Untersuchung zu unterziehen.

Zukunftsperspektiven:
Studienstruktur: Die Umstellung der Lehramtstudiengänge auf BA und MA sind in der Planung.
Arbeitsmarktmöglichkeiten: Bisher gut

Lehramtsstudiengänge Geographie

Studienabschluss: Staatsexamen
Hochschule: Katholische Universität Eichstätt – Ingolstadt
Wissenschaftsbereiche: Naturwissenschaften; Geistes- und Sozialwissenschaften
Fachbereich/Fakultät: Mathematisch-geographische Fakultät
Institut/Einrichtung: Fachgebiet Geographie
Anschrift: Ostenstraße 18, 85072 Eichstätt
Ansprechpartner: Prof. Dr. Ingrid Hemmer, Tel. 08421-93 13 94
ingrid.hemmer@ku-eichstaett.de
Web-Adresse: http://www.ku-eichstaett.de/Fakultaeten/MGF/Geographie
Studienfachberatung: marianne.rolshoven@ku-eichstaett.de
Zulassung/Bewerbung: Bewerbung über die Uni
Studienbeginn/-plätze: Wintersemester, ca. 50 Studienplätze
Studiengebühren: 500,- Euro/Semester
Regelstudienzeit: 7 bzw. 9 Semester

Kurzbeschreibung des Studiengangs:
Geographie versteht sich als integrative Mensch-Umwelt-Wissenschaft. Im 21. Jahrhundert werden Entscheidungsträger benötigt, die Systemzusammenhänge zwischen Natur, Wirtschaft und Gesellschaft erkennen, Probleme analysieren und umwelt- und sozialverträgliche Lösungen finden. Die Geographie vermittelt aus räumlicher Sicht die dafür notwendigen Kenntnisse, Konzepte und Methoden. Die Globalisierung hat die Bedeutung der Geographie weiter verstärkt.

Das Studium gliedert sich in ein viersemestriges Grund- und je nach angestrebtem Lehramt in ein drei- oder fünfsemestriges Hauptstudium. Das Fach Geographie kann mit verschiedenen anderen Fächern gekoppelt werden. Das Grundstudium vermittelt grundlegende Kenntnisse und Fertigkeiten in den verschiedenen Teilgebieten der Geographie (Humangeographie, Wirtschaftsgeographie, Physische Geographie, Geoökologie, Länderkunde bzw. Regionale Geographie), in Methoden der Geographie (Kartenkunde, Statistik, GIS) sowie in der Didaktik des Faches (Medieneinsatz, Unterrichtsplanung, Exkursionsdidaktik). Im Hauptstudium werden die Kenntnisse verbreitert und vertieft. Neben einem gemeinsamen Kern von Lehrveranstaltungen für alle Lehramtstudierenden werden in der Didaktik spezielle Veranstaltungen für das jeweilige Lehramt angeboten. Die Themen Umweltprobleme, Umweltbildung, Entwicklungsländer, Interkulturelles Lernen, nachhaltige Entwicklung gehören zum verbindlichen Themenkanon, der innerhalb der Lehrveranstaltungen behandelt wird.

Besondere Hinweise zum Studiengang:
Im Rahmen des Sokrates-Programmes bestehen Möglichkeiten, im Ausland zu studieren. Der engen Verbindung mit der Praxis dienen 2 bis 4 Schulpraktika und die Exkursionen.

Zukunftsperspektiven:
Studienstruktur: Ab WS 07/08 werden die Lehramtsstudiengänge modularisiert angeboten. Es gibt zwei Module, die sich zentral mit der Bildung für nachhaltige Entwicklung beschäftigen: Modul: Umwelt und Umweltbildung sowie Modul: Entwicklungsprobleme und globales Lernen. Darüber hinaus werden Aspekte der nachhaltigen Entwicklung auch in anderen geographischen Modulen thematisiert (siehe Kurzbeschreibung).
Arbeitsmarktmöglichkeiten: Im Rahmen der eingeforderten Profilbildung der Schulen könnten die Absolventen Vorteile gegenüber Mitbewerbern haben.

Lehramtsstudiengänge Geographie (Modul Nachhaltigkeit)

Studienabschluss: Staatsexamen
Hochschule: Julius-Maximilians-Universität Würzburg
Wissenschaftsbereiche: Naturwissenschaften; Geistes- und Sozialwissenschaften
Fachbereich/Fakultät: Fakultät für Geowissenschaften
Institut/Einrichtung: Institut für Geographie, Didaktik der Geographie
Anschrift: Am Hubland, 97074 Würzburg
Ansprechpartner: Prof. Dr. Dieter Böhn, Tel. 0931-888 4806
dieter.boehn@mail.uni-wuerzburg.de
Web-Adresse: www.geographie.uni-wuerzburg.de/arbeitsbereiche/didaktik_der_geographie/
Studienfachberatung: barbara.sponholz@mail.uni-wuerzburg.de
Zulassung/Bewerbung: Bewerbung über die Universität
Studienbeginn/-plätze: Sommer- und Wintersemester, ca. 200 Studienplätze
Studiengebühren: 500,- Euro/Semester
Regelstudienzeit: 7 bzw. 9 Semester

Kurzbeschreibung des Studiengangs:
Der Themenbereich „Nachhaltigkeit" wird in Würzburg als Modul entwickelt, das über den Standort Würzburg hinaus gültig werden soll. Inhaltlich ist es begrenzt, weil angesichts der Fülle der zu vermittelnden Themen während des Studiums die Gefahr besteht, dass „Nachhaltige Entwicklung" auf freiwillige Projekte oder andere Sonderveranstaltungen reduziert und nicht in das Studium für die Lehrämter Grundschule, Hauptschule, Realschule, Gymnasium und Förderschule integriert wird.

Das Modul wird folgende Teile umfassen: Vorlesung (2 SWS), Seminar (2 SWS) und Feldarbeit/Projekt/Exkursionen (2 SWS). Inhaltlich werden folgende Bereiche angesprochen: Wasser, Regenerative Energien, Bevölkerungsentwicklung, Klimawandel, Entwicklungsländer, Agenda 21. Weitere Themen wären möglich; hier erfolgt eine Koordination mit anderen Bereichen, die sich mit Nachhaltiger Entwicklung befassen.

Das Modul wird in internationaler Zusammenarbeit mit den USA und China entwickelt. Es gibt in Deutschland gegenwärtig noch kein Modul in der Lehrerausbildung, das sich speziell mit der Nachhaltigen Entwicklung befasst. Schwerpunkt ist bislang die Umweltbildung, die auch in Würzburg schon seit 15 Jahren betrieben wird.

Über dieses Modul hinaus umfasst die Ausbildung künftiger Geographielehrer in Würzburg das gesamte Spektrum der Geographie und ausgewählte Bereiche der Nachbarwissenschaften Geologie und Mineralogie.

Besondere Hinweise zum Studiengang:
Verständnis für die Bedeutung der Nachhaltigen Entwicklung von der globalen bis zur lokalen Maßstabsebene.

Zukunftsperspektiven:
Arbeitsmarktmöglichkeiten: Im Rahmen der eingeforderten Profilbildung der Schulen könnten die Absolventen Vorteile gegenüber Mitbewerbern haben.

Studium liberale (Nachhaltigkeit als ein thematischer Schwerpunkt)

Studienabschluss: Bachelor
Hochschule: Universität Duisburg-Essen
Wissenschaftsbereiche: Lebenswissenschaften; Naturwissenschaften; Ingenieurwissenschaften; Geistes- und Sozialwissenschaften
Fachbereich/Fakultät: alle Fachbereiche der Universität Duisburg-Essen
Institut/Einrichtung: Zentrum für Interdisziplinäre Studien ZIS (Konzeption und Organisation)
Anschrift: Geibelstraße 41, 47057 Duisburg
Ansprechpartner: Skarlett Brune-Wawer (Geschäftsführerin), Tel. 0203-379 24 57 zis@uni-due.de
Web-Adresse: http://www.uni-duisburg-essen.de/zis
Studienfachberatung: zis@uni-due.de
Zulassung/Bewerbung: Zugelassen sind alle Bachelor-Studierenden der Universität Duisburg-Essen
Studienbeginn/-plätze: Sommer- und Wintersemester, entsprechend der jeweiligen Bachelor-Studierendenzahlen
Studiengebühren: 500,- Euro/Semester für alle Bachelor-Studiengänge
Regelstudienzeit: gemäß dem jeweiligen Bachelor-Studiengang

Kurzbeschreibung des Studiengangs:
Das Studium liberale stellt in Anknüpfung an die Tradition der artes liberales fachfremde sowie fachübergreifende Studienangebote bereit, die das Fachstudium in ein Programm wissenschaftlicher und über die engen Fachgrenzen hinaus erweiterter Bildung einbetten. Das Bildungskonzept erhebt den Anspruch, Offenheit für andere Wissenschaftskulturen zu fördern und eine Denkweise zu unterstützen, die es ermöglicht, eigenes Fachwissen und Handeln in übergeordneten Zusammenhängen zu sehen. Das Studium liberale umfasst Lehrveranstaltungen, die grundlegende Inhalte einer fremden Disziplin in Form eines nach Themenfeldern strukturierten Studienangebots vermitteln, sowie genuin interdisziplinäre Lehrveranstaltungen, in denen Themen und Fragestellungen aus der Sicht verschiedener Disziplinen bearbeitet werden. Das prüfungsrelevante Studium liberale ist mit mind. 9 ECTS-Credits in dem obligatorischen Ergänzungsbereich der BA-Studiengänge verankert. Die Art der Prüfungsleistung wird von den Dozierenden gewählt. ‚Nachhaltigkeit' wird im Rahmen des Studium liberale zu einem thematischen Schwerpunkt, wobei die Kompetenzen und Sichtweisen verschiedener Disziplinen gebündelt und vernetzt werden: Ringvorlesungen und vertiefende Seminare behandeln semesterweise unterschiedliche Foki wie z.B. ‚Bauen & Wohnen', ‚Wasser' u.ä. So werden ökonomische, ökologische, soziale, technische und kulturelle Aspekte themenbezüglich verknüpft.

Besondere Hinweise zum Studiengang:
Beim Studium liberale handelt es sich um ein Modul aller Bachelor-Studiengänge.

Zukunftsperspektiven:
Studienstruktur: Beim Studium liberale handelt es sich um ein Modul aller Bachelor-Studiengänge.
Arbeitsmarktmöglichkeiten: Mit der sukzessiven Umstellung auf BA/MA-Studiengänge und der Angleichung an die Rahmenprüfungsordnung der UDE wird das Studium liberale zu einem obligatorischen Studienmodul für alle BA-Studierenden.

Umweltschutztechnik

Studienabschluss: Bachelor of Science
Hochschule: Universität Stuttgart
Wissenschaftsbereiche: Naturwissenschaften; Ingenieurwissenschaften
Fachbereich/Fakultät: Fakultät Bau- und Umweltingenieurwissenschaften
Institut/Einrichtung: Gemeinsame Kommission Umweltschutztechnik
Anschrift: Bandtäle 2, 70569 Stuttgart
Ansprechpartner: Andreas Sihler, Tel. 0711-685 654 98, sihler@umw.uni-stuttgart.de
Web-Adresse: www.uni-stuttgart.de/stg-umw
Studienfachberatung: sihler@umw.uni-stuttgart.de
Zulassung/Bewerbung: Ohne Zulassungsbeschränkung, direkt, Vorpraktikum obligatorisch
Studienbeginn/-plätze: Wintersemester, unbegrenzt
Studiengebühren: 500,- Euro/Semester
Regelstudienzeit: 6 Semester

Kurzbeschreibung des Studiengangs:
Der Bachelorstudiengang Umweltschutztechnik wird fakultätsübergreifend und interdisziplinär von 45 Instituten aus 9 von insgesamt 10 Fakultäten der Universität Stuttgart betrieben. Ziel ist die Ausbildung von Ingenieuren mit wissenschaftlicher und methodenorientierter Ausrichtung. Sowohl ingenieurwissenschaftliche als auch naturwissenschaftliche und technische Wissensgebiete und Denkweisen werden in diesem Studiengang vereint.
Schwerpunkte des Studiums sind: Umweltmesswesen, Umweltströmungsmechanik und Hydroinformatik, Wasserwirtschaft, Siedlungswasserbau und Entsorgungstechnik, Verkehr, Kraftfahrzeug und Umwelt, Energie und Umwelt, Mechanische und Thermische Verfahrenstechnik, Biologische und Chemische Verfahrenstechnik, Schall- und Schwingungsschutz, Umweltplanung, Umweltbiologie und Umweltchemie.
Im Vordergrund stehen die vorsorgenden, die produkt- und produktionsintegrierten Maßnahmen. Energieeffizienz, Ressourcenschutz, Kreislaufwirtschaft, regenerative Energien, neue Formen und Wege der Mobilität sowie verfahrenstechnische Methoden stehen im Mittelpunkt dieser umweltorientierten Ingenieursausbildung.
In den ersten 4 Semestern werden die natur- und ingenieurwissenschaftlichen Grundlagen vermittelt. Darauf aufbauend werden den Studierenden im 5. und 6. Semester die Grundzüge umweltschutztechnischen Handelns vermittelt. Im 6. Semester wird das Bachelorstudium mit einer Bachelorarbeit abgeschlossen

Besondere Hinweise zum Studiengang:
Der Bachelorstudiengang soll die Basis für ein vertiefendes Masterstudium sein wie beispielsweise Umweltschutztechnik WAREM und WASTE (beide englischsprachige Masterstudiengänge der Universität Stuttgart).

Zukunftsperspektiven:
Studienstruktur: Der Bachelorstudiengang Umweltschutztechnik wird mit neuer Struktur zum WS 2008/09 in das neue Bachelor/Mastersystem integriert.
Arbeitsmarktmöglichkeiten: Über die beruflichen Perspektiven von Bachelorabsolventen liegen derzeit keine gesicherten Erkenntnisse vor. Der angebotene Studiengang bereitet im Wesentlichen auf ein vertieftes Masterstudium im In- und Ausland vor.

Umweltschutztechnik

Studienabschluss: Dipl.-Ing.
Hochschule: Universität Stuttgart
Wissenschaftsbereiche: Naturwissenschaften; Ingenieurwissenschaften
Fachbereich/Fakultät: Fakultät Bau- und Umweltingenieurwissenschaften
Institut/Einrichtung: Gemeinsame Kommission Umweltschutztechnik
Anschrift: Bandtäle 2, 70569 Stuttgart
Ansprechpartner: Andreas Sihler, Tel. 0711-685 654 98, sihler@umw.uni-stuttgart.de
Web-Adresse: www.uni-stuttgart.de/stg-umw
Studienfachberatung: sihler@umw.uni-stuttgart.de
Zulassung/Bewerbung: Ohne Zulassungsbeschränkung, direkt, 6-wöchiges Vorpraktikum empfohlen
Studienbeginn/-plätze: Wintersemester, unbegrenzt
Studiengebühren: 500,- Euro/Semester
Regelstudienzeit: 9 Semester

Kurzbeschreibung des Studiengangs:
Der Studiengang Umweltschutztechnik wird fakultätsübergreifend und interdisziplinär von 45 Instituten aus 9 von insgesamt 10 Fakultäten der Universität Stuttgart betrieben.
Ziel ist die Ausbildung von Diplomingenieuren mit wissenschaftlicher und methodenorientierter Ausrichtung. Sowohl ingenieurwissenschaftiche als auch naturwissenschaftliche und technische Wissensgebiete und Denkweisen werden in diesem Studiengang in einmaliger Weise vereint, mit denen die Absolventen eine solide Basis für die vielfältigen und komplexen Themen und Problemstellungen im Bereich Umwelt, Umwelttechnik, Umweltschutz, Klimaschutz, Ressourcenschutz und Kreislaufwirtschaft bekommen.
Schwerpunkte des Studiums sind: Umweltmesswesen, Umweltgerechte Gestaltung von Fließgewässern, Strömung und Transport in porösen Medien, Wasserversorgung und Wassergütewirtschaft, Abwasserreinigung, Industrielle Wassertechnologie, Abfallwirtschaft/Abfalltechnik, Luftreinhaltung und Abgasreinigung, Verkehr und Umwelt, Kraftfahrzeug und Umwelt, Energie und Umwelt, Mechanische und Thermische Verfahrenstechnik, Biologische und Chemische Verfahrenstechnik, Schall- und Schwingungsschutz, Umweltplanung, Umweltbiologie und Umweltchemie.
Im Vordergrund stehen die vorsorgenden, die produkt- und produktionsintegrierten Maßnahmen. Energieeffizienz, Ressourcenschutz, Stoffstrommanagement, regenerative Energien, neue Formen und Wege der Mobilität, Simulationen zur Prognose von Umweltwirkungen in Wasser, Luft und Boden sowie Verbrennungsprozessen, die Entwicklung neuer Methoden, Verfahren, Technologien und Prozessen stehen im Mittelpunkt der umweltorientierten Ingenieursausbildung.

Zukunftsperspektiven:
Studienstruktur: Der Diplomstudiengang Umweltschutztechnik wird mit neuer Struktur zum WS 2008/09 auf das Bachelor/Mastersystem umgestellt. Die Inhalte und Studienziele bleiben im Wesentlichen erhalten.
Arbeitsmarktmöglichkeiten: Die beruflichen Perspektiven sind derzeit hervorragend und werden zukünftig voraussichtlich auch aufgrund eines prognostizierten Ingenieurmangels stabil bleiben oder sich sogar noch verbessern.

Gesundheitsökonomie

Studienabschluss:	Dipl.-Ges.oec. bzw. Master of Science
Typ	Grundständiger Studiengang/Aufbaustudiengang
Hochschule:	Universität zu Köln
Wissenschaftsbereiche:	Naturwissenschaften; Geistes- und Sozialwissenschaften
Fachbereich/Fakultät:	Medizinische Fakultät und Wirtschaftswissenschaftliche Fakultät
Institut/Einrichtung:	Institut für Gesundheitsökonomie und Klinische Epidemiologie
Anschrift:	Gleueler Straße 176-178, 50935 Köln
Ansprechpartner:	für den med. Bereich: Dr. med. Stephanie Stock, Gesundheitsökonom (ebs), Tel. 0221-478 63 98 Stephanie.stock@uk-koeln.de
Web-Adresse:	http://cms.uk-koeln.de/igke/content/e14/index_ger.html
Studienfachberatung:	klaus.rothe@uni-koeln.de
Zulassung/Bewerbung:	NC
Studienbeginn:	Sommer- und Wintersemester
Studienplätze:	60 Studienplätze pro Jahr
Studiengebühren:	ja
Regelstudienzeit:	bisher im Diplomstudiengang 8 Semester plus Diplomarbeit; 4 Semester im Master

Chemie; Pharmazeutische Chemie; Physik-Ingenieurwesen; Physikalische Elektronik; Informatik

Studienabschluss:	Dipl.-Ing.(FH)
Hochschule:	Hochschule Fachhochschule und Berufskollegs NTA Prof. Dr. Grübler gGmbH – Isny
Wissenschaftsbereiche:	Naturwissenschaften; Ingenieurwissenschaften
Fachbereich/Fakultät:	Chemie; Physik; Informatik
Institut/Einrichtung:	Naturwissenschaftlich-Technische Akademie Prof. Dr. Grübler gGmbH
Anschrift:	Seidenstraße 12-35, 88316 Isny
Ansprechpartner:	Dekan des Fachbereiches, Tel. 07562-970 70 info@nta-isny.de
Web-Adresse:	http://www.nta-isny.de
Studienfachberatung:	—
Zulassung/Bewerbung:	—
Studienbeginn	Wintersemester
Studienplätze:	—
Studiengebühren:	1.500,- Euro/Semester
Regelstudienzeit:	8 Semester

Energie und Rohstoffe mit Schwerpunkt Petroleum Engineering

Studienabschluss:	Bachelor of Science
Hochschule:	Technische Universität Clausthal – Clausthal-Zellerfeld
Wissenschaftsbereiche:	Naturwissenschaften; Ingenieurwissenschaften
Fachbereich/Fakultät:	Fakultät für Energie- und Wirtschaftswissenschaften
Institut/Einrichtung:	Institut für Erdöl und Erdgastechnik
Anschrift:	Agricolastr. 10, 38678 Clausthal Zellerfeld
Ansprechpartner:	Dipl.-Ing. Matthias Klaws, Tel. 05323-72 24 52 matthias.klaws@tu-clausthal.de
Web-Adresse:	www.ite.tu-clausthal.de
Studienfachberatung:	matthias.klaws@tu-clausthal.de
Zulassung/Bewerbung:	Bewerbung an die TU Clausthal, Adolph-Roemer-Straße 2a 38678 Clausthal-Zellerfeld
Studienbeginn:	Wintersemester
Studienplätze:	ca. 35 Studienplätze
Studiengebühren:	ca. 650,- Euro/Semester
Regelstudienzeit:	6 Semester

III.2 Weiterführende Studiengänge

Energie-, Gebäude- und Umweltmanagement

Studienabschluss: Master of Science
Hochschule: Fachhochschule Bingen
Fachbereich/Fakultät: Fachbereich 1
Institut/Einrichtung: —
Anschrift: Berlinstraße 109, 55411 Bingen
Ansprechpartner: Prof. Dr.-Ing. Alexander Reinartz, Tel. 06721-40 94 34
sek-egu@fh-bingen.de
Web-Adresse: www.fh-bingen.de/EGU_M_Sc.7523.0.html
Studienfachberatung: zsb@fh-bingen.de
Zulassung/Bewerbung: zsb@fh-bingen.de
Studienbeginn/-plätze: Sommer- und Wintersemester, 25 Studienplätze
Studiengebühren: keine (zurzeit)
Regelstudienzeit: 3 Semester

Kurzbeschreibung des Studiengangs:

Im Rahmen des dreisemestrigen Masterstudiums werden alternative Energieumwandlungsprozesse, regenerative Energiequellen, Energiedaten-Management und Optimierung bestehender Anlagen im Kontext energiewirtschaftlicher Fragen behandelt und wissenschaftlich weiterentwickelt. Themenstellungen im Bereich Gebäudemanagement sind innovative Heizungs-, Klima-, Sanitärtechnik und Gebäudeautomation unter ökonomischen und ökologischen Aspekten. Von besonderer Bedeutung sind hier u.a. die Auswirkungen der Energieeinsparverordnung (EnEV) und des Niedrigenergiehaus-Standards auf die Gebäudetechnik bei Industrie- und Verwaltungsgebäuden sowie das Thema „intelligentes Gebäude".

Die Belastung unserer Umwelt – nicht zuletzt durch energie- und gebäudetechnische Prozesse – wächst ständig. Hier gilt es, Bewertungssysteme zur Bestandsaufnahme und als Entscheidungsbasis für Sanierungen und für die Optimierung umweltrelevanter Maßnahmen anzuwenden. Die biologische, chemische und mechanische Verfahrenstechnik sowie der große Bereich der Wasser- und Abwassertechnik sind Grundlagen für eine wissenschaftliche Weiterentwicklung vorhandener Technologien. Damit fließen die ökologische Beurteilung und Bewertung dieser Maßnahmen und Prozesse in Managemententscheidungen ein. Als Ergebnis sollen sich dann umweltgerechte Verfahren verbunden mit ökonomischen Vorteilen zur Wettbewerbssteigerung einstellen. Viele der genannten Aufgabenstellungen mit der komplexen Problematik können nur fachgebietsübergreifend gelöst werden.

Engineering Design

Studienabschluss: Master of Arts
Hochschule: Hochschule Magdeburg-Stendal (FH)
Fachbereich/Fakultät: Ingenieurwesen und Industriedesign
Institut/Einrichtung: Institut für Industrial Design
Anschrift: Breitscheidstraße 2 Haus 9, 39114 Magdeburg
Ansprechpartner: Prof. Ulrich Wohlgemuth, Prof. Hagen Kluge
Tel. 0391-886 41 64; 0391-886 47 37
ulrich.wohlgemuth@hs-magdeburg.de, hagenkluge@t-online.de
Web-Adresse: www.gestaltung.hs-magdeburg.de/
Studienfachberatung: monika.lehmann@hs-magdeburg.de
Zulassung/Bewerbung: Eignungsprüfung
Studienbeginn/-plätze: Wintersemester, 12 Studierende
Studiengebühren: keine
Regelstudienzeit: 4 Semester, Teilzeitstudium möglich

Kurzbeschreibung des Studiengangs:
Das Masterprogramm wendet sich an Interessierte, die an einer nachhaltigen gestalterisch-technischen Entwicklung von Industrieprodukten mitwirken wollen. Der Studiengang steht Absolventen mit einem Bachelor oder einem Diplom im Design oder im Maschinenbau sowie aus ähnlichen Fachrichtungen offen, sofern ein dezidiertes Interesse am Engineering Design belegt werden kann und die notwendigen gestalterischen und technischen Fähigkeiten vorhanden sind. Je nach Vorbildung gibt es in den ersten beiden Semestern komplementäre Angebote in gestalterischen und technischen Grundlagen (Basiswissen Technik, Basiswissen Design), so dass eine Annäherung von Kenntnissen und Fähigkeiten erzielt wird.
Ziel des Studiums ist es, gründliche Fachkenntnisse und die Fähigkeit zu erwerben, nach wissenschaftlichen Methoden zu arbeiten und sich in die vielfältigen Aufgaben der auf Anwendung, Forschung oder Lehre bezogenen Tätigkeitsfelder des Industriedesigns einzuarbeiten. Dabei spielt die theoretische Wissensvermittlung (Integrierte Produktentwicklung, Bezugswissenschaften) in Verbindung mit der unmittelbaren praxisnahen Projektarbeit eine wichtige Rolle. Spezielle Kenntnisse werden in der simultanen gestalterischen und technischen Entwicklung komplexer Industrieprodukte vermittelt. Der Studiengang ist ein konsekutiver Präsenz-Studiengang, der dem Profiltyp „stärker anwendungsorientiert" zugeordnet wird. Er wird als Vollzeitstudium in 4 Semestern durchgeführt. Auf Antrag kann ein individuelles Teilzeitstudium von bis zu 7 Semestern genehmigt werden. Die Absolventen sollen in den Bereichen integrativer Produktentwicklung, Bionik und im Systemdesign Kompetenzen mit dem Schwerpunkt einer nachhaltigen Produktgestaltung und -entwicklung erhalten.
Die Absolventen könnten als „Design-Ingenieure bezeichnet werden, die komplexe Produktentwicklungsprozesse überblicken, planen und beeinflussen."

Zukunftsperspektiven:
Studienstruktur: Parallel zu dem M.A. Engineering Design wird vom Institut für Industrial Design ein Studiengang M.A. Interaction Design angeboten, der seinen Schwerpunkt in der Gestaltung und Entwicklung von Nutzungsszenarien bzw. Mensch-Produkt-Interaktionen hat.
Arbeitsmarktmöglichkeiten: Absolventen können freiberuflich-selbstständig, in selbst gegründeten Design-Büros, als Angestellte in Designbüros oder auch in Unternehmen mit designrelevanten Produkten arbeiten.

Environmental Engineering

Studienabschluss: Master of Science
Hochschule: Hochschule Bremen (FH)
Fachbereich/Fakultät: Bauingenieurwesen
Institut/Einrichtung: Institut für Umwelt- und Biotechnik
Anschrift: Neustadtswall 30, 28199 Bremen
Ansprechpartner: Prof. Dr. Hans-Peter König, Tel. 0421-59 05 23 47
kingjack@fbb.hs-bremen.de
Web-Adresse: www.umwelttechnik.hs-bremen.de
Studienfachberatung: kingjack@fbb.hs-bremen.de
Zulassung/Bewerbung: Hochschuleigene Zulassung in Abhängigkeit von Angebot und Nachfrage (ggf. NC)
Studienbeginn/-plätze: Sommer- und Wintersemester, 10 Studienplätze
Studiengebühren: keine
Regelstudienzeit: 3 Semester

Kurzbeschreibung des Studiengangs:
In zwei Semestern müssen zunächst sieben Mastermodule mit zusammen 36 SWS erfolgreich absolviert werden (Modulprüfungen). Zurzeit sind dies die Module: Biotechnischer Umweltschutz, Kreislaufwirtschaft, Siedlungswasserwirtschaft, Kolloid- und Grenzflächenchemie, Prozessführung, Mathematik, Wissenschaftliches Seminar. Im 3. Semester muss eine Master-Thesis angefertigt werden.
Umwelttechnik hat zum Ziel, durch Einsatz technischer Anlagen und Verfahren Lebensräume für Menschen, Tiere und Pflanzen zu erhalten und zu schützen. Lag früher das Schwergewicht auf der nachträglichen Beseitigung von Umweltschäden, so wird heute darüber hinaus vorausschauend versucht, Wasser, Boden und Atmosphäre von Beeinträchtigungen freizuhalten oder diese zu minimieren. Hierzu gehören beispielsweise der sparsame Umgang mit Ressourcen, ein nachhaltiger Energieeinsatz, eine Verbesserung der Prozesskreisläufe sowie das betriebliche Umweltmanagement.
Das Masterstudium der Umwelttechnik an der Hochschule Bremen zielt dabei speziell auf den Erwerb folgender beruflicher Fähigkeiten: Die Fähigkeit, entwickelte Techniken ingenieurmäßig weiter „auszureizen", um die Wirtschaftlichkeit und Nachhaltigkeit der Anlagen zu verbessern; die Fähigkeit, mit Instationaritäten im Anlagenbetrieb umzugehen und zugleich Maßnahmen zu entwickeln, die zukünftig die Prozessstabilität erhöhen; die Fähigkeit, adäquate Monitoring- und Prozesskontrollsysteme zu entwerfen und anzuwenden; die Fähigkeit zum erfolgreichen und effektiven Projektmanagement; die Fähigkeit, dabei ökologische, ökonomische, soziale und rechtliche Aspekte gleichzeitig zu berücksichtigen.

Besondere Hinweise zum Studiengang:
Die Zulassung zu dem 3-semestrigen Masterstudium setzt einen mindestens mit der Note gut bewerteten Abschluss des Bachelor of Science (bis Notendurchschnitt 2,5) in einem fachnahen Studiengang voraus. Da die Lehrveranstaltungen bei Bedarf in englischer Sprache abgehalten werden, sind ausreichende englische Sprachkenntnisse erwünscht.

Zukunftsperspektiven:
Studienstruktur: Es ist geplant, den Master-Schwerpunkt im Bereich der Biokonversions- und Energietechnik zu erweitern.
Arbeitsmarktmöglichkeiten: Die bisherigen Erfahrungen zeigen, dass Absolventen ingenieurtechnisch ausgerichteter Umweltstudiengänge auf dem Arbeitsmarkt sehr erfolgreich sind.

Environmental Technology and Management

Studienabschluss: Master of Science
Hochschule: Fachhochschule Oldenburg/Ostfriesland/Wilhelmshaven – Studienort Emden
Fachbereich/Fakultät: Technik
Institut/Einrichtung: Life Science
Anschrift: Constantiaplatz 4, 26723 Emden
Ansprechpartner: Dipl. Ing. W. Paul, Tel. 04921-807 13 22
Paul@nwt.fho-emden.de
Web-Adresse: www.technik-emden.de/studium/n/envir_technology.php
Studienfachberatung: Paul@nwt.fho-emden.de
Zulassung/Bewerbung: Auf Antrag/Bewerbung
Studienbeginn/-plätze: Wintersemester, 20 Studienplätze
Studiengebühren: für EU-Teilnehmer 3.500.- Euro für das gesamte Studium, für nicht EU-Teilnehmer 6.700,- Euro für das gesamte Studium
Regelstudienzeit: 3 Semester (12 Monate)

Kurzbeschreibung des Studiengangs:
Das Masterstudium findet als Kompaktkurs von 3 x 4 Monaten (auf 13 Monate verteilt) in englischer Sprache statt. Studienorte sind für 4 Monate in Esbjerg (DK), für 4 Monate in Emden (D) und für 4 Monate in Leicester (UK). Der Inhalt ist in 11 Module gegliedert: Technik-Mensch-Umwelt, Boden, Wasser, Luft, Energie, Rohstoffe und Abfälle, Toxikologie, Umweltmanagement und Prozessführung, Umweltrecht, Arbeitsmethoden, Abschlussprojekt. Folgende Ausbildungsziele werden in dem Masterstudiengang vermittelt: Verständnis der industriellen und politischen Entwicklungen in Relation zu den Umweltgesichtspunkten, eine globale und integrative Betrachtung von Problemstellungen (unter Berücksichtigung der Wechselwirkung zwischen den verschiedenen Umweltsystemen, der sozialen und wirtschaftlichen Aspekte), Verständnis für „sustainable future", die Fähigkeit in einem internationalen Team zu arbeiten und die multikulturellen Aspekte zu berücksichtigen, industrielle Arbeitsmethoden, ein Überblick über alle mit der Umweltproblematik verknüpften Fachgebiete.
Voraussetzungen sind: ein abgeschlossenes Grundstudium (mindestens BA) in einschlägigen Studienrichtungen wie Chemietechnik, Biotechnologie, Umwelttechnik, Verfahrenstechnik oder in den entsprechenden naturwissenschaftlichen Studiengängen wie Chemie, Biologie, Physik; ausreichende und nachgewiesene Englischkenntnisse, da das gesamte Studium in Englisch abläuft.

Besondere Hinweise zum Studiengang:
Der Kurs ist durch die Art des Unterrichtes (projektorientiert), zahlreiche Labore, Exkursionen und durch die Dozenten, die aus der Industrie und sechs verschiedenen europäischen Hochschulen kommen, praxisbezogen und international.

Zukunftsperspektiven:
Studienstruktur: Promotionen und Forschung im internationalen Rahmen.
Arbeitsmarktmöglichkeiten: Die Absolventen sind in der Lage, komplexe Probleme zu verstehen und einer Lösung zuzuführen. Diese Fähigkeit eröffnet ein breites Arbeitsgebiet in Industrie, Wirtschaft, Forschung und Politik.

International Organic Agriculture

Studienabschluss:	Master of Science
Hochschule:	Universität Kassel
Fachbereich/Fakultät:	Ökologische Agrarwissenschaften
Institut/Einrichtung:	—
Anschrift:	Steinstraße 19, 37213 Witzenhausen
Ansprechpartner:	Hans Hemann, Tel. 05542-98 12 16
	hemann@wiz.uni-kassel.de
Web-Adresse:	www.uni-kassel.de/agrar
Studienfachberatung:	studienservice@uni-kassel.de
Zulassung/Bewerbung:	Bachelor- oder gleichwertiger Abschluss
Studienbeginn/-plätze:	Wintersemester, unbegrenzt
Studiengebühren:	—
Regelstudienzeit:	4 Semester

Kurzbeschreibung des Studiengangs:

The Master of Science programme intends to qualify students to contribute to a sustainable development of agricultural sites under the specific frame of organic agriculture, to develop site-specific solutions with the minimal use of non-renewable resources for the sustainable protection of food for a rapidly expanding world population and to make a socially responsible contribution to agriculture and land use.

The Study contents are modules based on a wide range of thematic fields, such as Plant and Soil Science, Animal Science, Economics and Social Sciences, Environmental Sciences or Food Quality.

To the Study structure and Credits (ECTS) see website. Individual student profiles can be chosen assisted by personal student advice.

Besondere Hinweise zum Studiengang:

Admission requirements are BSc degrees of agronomy or related fields to agriculture, a <B-> grade of the average assessment of the final certificate, proof of language skills in English (TOEFL test „Test of English as a Foreign Language" with 500 points or an equivalent assessment).

Zukunftsperspektiven:

Arbeitsmarktmöglichkeiten: This study programme is designed with a multidisciplinary approach to plan and manage agricultural development under principles of ecology and sustainability.

International governmental and non-governmental institutions search for experts who can face world agricultural challenges for agroecology.

Nachhaltige Prozessverfahrenstechnik

Studienabschluss: Master of Science
Hochschule: Fachhochschule Trier, Hochschule für Technik, Wirtschaft und Gestaltung – Standort Birkenfeld
Fachbereich/Fakultät: Umweltplanung/Umwelttechnik
Institut/Einrichtung: —
Anschrift: Campusallee, 55768 Hoppstädten-Weiersbach
Ansprechpartner: Prof. Dr.-Ing. Ulrich Bröckel, Tel. 06782-17 15 03
u.broeckel@umwelt-campus.de
Web-Adresse: —
Studienfachberatung: master-npv@umwelt-campus.de
Zulassung/Bewerbung: Abgeschlossenes Hochschulstudium, Gesamtnote mindestens 2,5
Studienbeginn/-plätze: Wintersemester, keine Einschränkung
Studiengebühren: —
Regelstudienzeit: 4 Semester

Kurzbeschreibung des Studiengangs:
In dem Studiengang werden industrierelevante Kompetenzen vermittelt und verknüpft mit interdisziplinären Ansätzen zur Ressourcenschonung und Nachhaltigkeit. Absolventen des Master-Programms können anschließend in der Industrie Produktionsprozesse entwickeln und optimieren. Dabei liegt die Betonung der Ausbildung in besonderem Maße auf der Gestaltung von Gesamtprozessen und der vernetzten Betrachtung von Produktionsprozessen. Ein wichtiger Teil des Studiums ist die Entwicklung und Umsetzung eines komplexen Prozesses im Technikum und in Kooperation mit Industriefirmen. Der Masterstudiengang bietet außerdem die Möglichkeit, durch die enge Kooperation mit Partnern an brasilianischen Hochschulen Teile des Studiums im Ausland durchzuführen.

Das Studium im Studiengang Nachhaltige Prozessverfahrenstechnik gliedert sich in verschiedene Module, wobei die studiengangsübergreifenden Module Mathematik, Elektrotechnik, Physik und Chemie den Bereich der naturwissenschaftlichen Grundlagen abdecken, während in den Modulen Prozessautomatisierung und Verfahrenstechnik fachspezifische Inhalte behandelt und durch die Module Projektstudium und Wahlpflichtfächer vertieft bzw. ergänzt werden. Durch die Einbindung aktueller forschungsrelevanter Themen wie „Neue Materialien", „Mikroverfahrenstechnik", „On-Line-Messverfahren für disperse Systeme" und durch Wahlpflichtfächer im nicht-technischen Bereich, wie zum Beispiel dem „Stoffstrommanagement", wird eine anspruchsvolle Schwerpunktsetzung ermöglicht.

Besondere Hinweise zum Studiengang:
Das Masterprogramm ist akkreditiert durch AQAS und erlaubt den Zugang zum höheren Dienst.

Zukunftsperspektiven:
Arbeitsmarktmöglichkeiten: Der geplante Masterstudiengang zielt auf Tätigkeiten in Wissenschaft, Industrie sowie im öffentlichen Dienst. Die wissenschaftlich- und theorieorientierte Ausbildung soll ebenfalls den Zugang zu Promotionen und Tätigkeiten in Forschung und Entwicklung bieten.

Nachhaltiges Energie-Design

Studienabschluss:	Master of Engineering
Hochschule:	Fachhochschule Hannover
Fachbereich/Fakultät:	Fakultät Maschinenbau und Bioverfahrenstechnik
Institut/Einrichtung:	Institut für Energie und Klimaschutz
Anschrift:	Ricklinger Stadtweg 120, 30459 Hannover
Ansprechpartner:	Dipl.-Ing. Sven F. Andres, Tel. 0511-92 96 14 00 sven-frederic.andres@fh-hannover.de
Web-Adresse:	www.fh-hannover.de
Studienfachberatung:	beratung@fh-hannover.de
Zulassung/Bewerbung:	Diplom oder Bachelorabschluss mit mind. „gut"; 2 Jahre Berufserfahrung
Studienbeginn/-plätze:	Sommer- und Wintersemester, 24 Studienplätze
Studiengebühren:	—
Regelstudienzeit:	3 Semester

Kurzbeschreibung des Studiengangs:
Der praxisorientierte Weiterbildungs-Masterstudiengang „Nachhaltiges Energie-Design" vermittelt den Studierenden die Fähigkeiten zur technischen und gestalterischen Umsetzung sämtlicher Inhalte in den Bereichen der energieeffizienten Bewertung von Gebäuden sowie deren Anlagen und Anlagentechnik unter Nachhaltigkeitsgesichtspunkten. Das Studium ist modular aufgebaut und wird berufsbegleitend in Blockveranstaltungen durchgeführt.

„Nachhaltiges Energie-Design" ist ein interdisziplinär angelegter Teilzeitstudiengang für Ingenieure, Architekten und Absolventen anderer technisch-naturwissenschaftlicher Studiengänge und für Personen mit gleichwertiger Ausbildung, die bereits über einschlägige berufliche Erfahrungen verfügen. Das Ziel des Masterstudienganges ist die Weiterbildung der Studierenden zu Ingenieuren, welche die Technik und Eigenschaften energieeffizienter Gebäude und Gebäudetechnik bis hin zur Energieversorgung beherrschen und deren Anwendung in Planung, Umsetzung und Betrieb realisieren können. Den Studierenden werden fachübergreifende Kenntnisse vermittelt, um die Beurteilung und Koordination aller an der Planung, der Erstellung und dem Betrieb eines Gebäudes beteiligter Gewerke durchführen zu können und eine technische wie auch wirtschaftlich geprägte Optimierung der Anlagen und Anlagentechnik für den Einzelfall zu gewährleisten. Neben den physikalischen und technischen Kenntnissen erlangen die Studierenden fundierte Kenntnis über die in diesem Kontext geltenden Gesetze, Normen und Richtlinien in ihrer gesamten Komplexität.

Besondere Hinweise zum Studiengang:
Auf die interdisziplinäre Bearbeitung aktueller Fragestellung wird in Studienprojekten großer Wert gelegt. Das Studium beinhaltet entsprechend hohe Anteile an Eigenstudium.

Zukunftsperspektiven:
Studienstruktur: Es ist vorgesehen, den Weiterbildungs-Masterstudiengang „Nachhaltiges Energie-Design" in Zukunft durch weitere Studienangebote zu ergänzen (Bachelor-Studiengang).
Arbeitsmarktmöglichkeiten: Die anstehende Neufassung der Energieeinsparverordnung und die geforderte Anwendung Gewerke übergreifender Normen macht eine Befähigung zur interdisziplinären Beurteilung von Gebäuden erforderlich. Die komplexen Zusammenhänge erfordern Experten, die interdisziplinär denken und kooperativ handeln können.

Nachwachsende Rohstoffe und Erneuerbare Energien

Studienabschluss: Master of Engineering
Hochschule: Hochschule für Angewandte Wissenschaft und Kunst, Fachhochschule Hildesheim/Holzminden/Göttingen
Fachbereich/Fakultät: Fakultät Ressourcenmanagement
Institut/Einrichtung: —
Anschrift: Büsgenweg 1a, 37077 Göttingen
Ansprechpartner: Prof. Dr.-Ing. Achim Loewen, Tel. 0551-503 22 57
loewen@hawk-hhg.de
Web-Adresse: www.hawk-hhg.de/hawk/fk_ressourcen/
Studienfachberatung: —
Zulassung/Bewerbung: NC
Studienbeginn/-plätze: Wintersemester, 25 Studienplätze
Studiengebühren: 500,- Euro/Semester
Regelstudienzeit: 4 Semester

Kurzbeschreibung des Studiengangs:
Der Masterstudiengang umfasst folgende Studieninhalte: Ressourcenrelevantes Grundlagenwissen (z.B. Umwelt- und Stoffstrommanagement, Potenziale und Risiken erneuerbarer und nicht erneuerbarer Ressourcen); Grundlagen erneuerbarer Energien (Solarenergie, Wasserkraft, Windenergie, Geothermie), Rohstoffe und technische Rahmenbedingungen (Grundlagen der Verfahrens- und Energietechnik, Holzproduktion und Nutzung, etc.), Anbau, Ernte und Bereitstellung biogener Energieträger; Verbrennungsprozesse und Anlagenkonzepte für biogene Festbrennstoffe; Umweltökonomie und Umwelt-/Energierecht; Rationelle Energieanwendung, Energiemanagement, Bilanzierung; Anlagenprojektierung; Verstromungstechnologien, Abwärmenutzung und Wirtschaftlichkeit; biogene Treibstoffe, Biogas, Wasserstofftechnologie
Die Schwerpunkte der Wahlpflichtfächer umfassen: Pflanzliche Biotechnologie, Technische Mikrobiologie, Chemische Nutzung nachwachsender Rohstoffe, Landnutzung und nachhaltige ländliche Entwicklung.

Zukunftsperspektiven:
Arbeitsmarktmöglichkeiten: 2006: 170.000 Beschäftigte in Deutschland im Bereich erneuerbare Energien; erwartet: 300.000 Arbeitsplätze bis zum Jahr 2020 (BMU). Arbeitsmöglichkeiten: Konzeptentwicklung, Anlagenbau und -betrieb; Prozess- und Produktentwicklung für Produkte aus nachwachsenden Rohstoffen; Behörden, Kommunen, etc.

Ökologische Landwirtschaft

Studienabschluss:	Master of Science
Hochschule:	Universität Kassel
Fachbereich/Fakultät:	Ökologische Agrarwissenschaften
Institut/Einrichtung:	—
Anschrift:	Steinstraße 19, 37213 Witzenhausen
Ansprechpartner:	Holger Mittelstraß, Tel. 05542-98 12 40
	mittelst@wiz.uni-kassel.de
Web-Adresse:	www.uni-kassel.de/agrar
Studienfachberatung:	studienservice@uni-kassel.de
Zulassung/Bewerbung:	Bachelor- oder gleichwertiger Abschluss
Studienbeginn/-plätze:	Sommer- und Wintersemester, unbegrenzt
Studiengebühren:	—
Regelstudienzeit:	4 Semester

Kurzbeschreibung des Studiengangs:

Der Fachbereich Ökologische Agrarwissenschaften engagiert sich in seinen Studienangeboten und in seinen umfangreichen Forschungsaktivitäten für das wachsende Potenzial einer ökologisch orientierten Agrarwirtschaft. Der Master-Studiengang vertieft die wissenschaftliche Auseinandersetzung mit den vielfältigen Herausforderungen der ökologischen Landwirtschaft. Im Mittelpunkt steht dabei der Erwerb von Kompetenzen, die die Studierenden zur Übernahme von Leitungsaufgaben in vielfältigen Berufssparten in und im Umfeld der Agrarwirtschaft befähigen.

Problemlösungskompetenz, Teamfähigkeit und Kreativität sind der Schlüssel für den späteren Berufserfolg. Forschendes Lernen durch Übungen und Projektarbeiten im Labor und Gewächshaus oder auf Versuchs- und Praxisbetrieben stehen neben klassischen Formen der Wissensvermittlung im Mittelpunkt der Lehre. Die aktive Partizipation der Studierenden in den Seminaren und aktuellen Forschungsvorhaben leistet einen wichtigen Beitrag zu der besonderen Qualität des Studiums.

Der Studiengang dauert vier Semester und ist modular nach dem European Credit Transfer System (ECTS) aufgebaut.

Besondere Hinweise zum Studiengang:

Zulassungsvoraussetzungen sind: ein Bachelor- oder gleichwertiger Abschluss eines landwirtschaftlichen oder fachlich verwandten Studienganges mit mindestens der Note 2,5.

Zukunftsperspektiven:

Arbeitsmarktmöglichkeiten: Der MSc-Abschluss qualifiziert die Absolventen für Führungsaufgaben in sehr unterschiedlichen Berufsfeldern im In- und Ausland, z.B. in Forschungs- und Beratungsorganisationen in staatlicher und privater Trägerschaft, Verwaltung und Verbänden.

SENCE – Sustainable Energy Competence

Studienabschluss: Master of Science
Hochschule: Hochschule für Forstwirtschaft Rottenburg, Hochschule für Technik Stuttgart, Hochschule Ulm Technik, Informatik und Medien (FH)
Fachbereich/Fakultät: Forstwirtschaft
Institut/Einrichtung: Hochschule für Forstwirtschaft Rottenburg
Anschrift: Schadenweilerhof, 72108 Rottenburg
Ansprechpartner: Prof. Dr. Stefan Pelz, Tel. 07472-95 12 83
pelz@hs-rottenburg.de
Web-Adresse: www.hs-rottenburg.de
Studienfachberatung: amaier@hs-rottenburg.de
Zulassung/Bewerbung: Zulassungssatzung
Studienbeginn/-plätze: Wintersemester, maximal 25 Studienplätze
Studiengebühren: 500,- Euro/Semester
Regelstudienzeit: 4 Semester

Kurzbeschreibung des Studiengangs:
Die verstärkte Nutzung erneuerbarer Energien ist inzwischen zentraler wirtschafts-, energie- und umweltpolitischer Konsens. Forschung und Entwicklung, Technologietransfer und eine qualifizierende akademische Aus- und Fortbildung über das gesamte relevante Themenfeld sind darauf nur bedingt eingestellt. An diesem Punkt setzt SENCE an. SENCE – Sustainable Energy Competence – ein forschungs- und projektorientierter Masterstudiengang zu nachhaltiger Energiewirtschaft und -technik. Die Hochschulen Rottenburg, Stuttgart (HfT) und Ulm erweiterten ihr Ausbildungsangebot zum Wintersemester 2002 um diesen neuen Masterstudiengang. Die drei SENCE-Partnerhochschulen und weitere assoziierte Hochschulen in Baden-Württemberg bündeln in diesem Angebot ihre Lehr- und Forschungskompetenzen und ermöglichen es den Studierenden, sich in einem breit gefächerten Studienangebot intensiv mit erneuerbaren Energien auseinanderzusetzen. Das Studium beginnt mit einem Semester in Rottenburg. Darin stehen Vorlesungen und Exkursionen im Kontext zu den aktuellen Wissensständen und Anwendungsbereichen der gesamten Bandbreite erneuerbarer Energien im Vordergrund. Das erste Semester enthält darüber hinaus ein Modul, das sich intensiv mit Team- und Projektmanagement und dem wissenschaftlichen Arbeiten beschäftigt. Im zweiten Semester haben die Studierenden die Möglichkeit, zwei Projekte in den Forschungseinrichtungen der kooperierenden Hochschulen und weiteren Institutionen aus der Forschungslandschaft oder in der freien Wirtschaft zu bearbeiten. Dabei besteht für die Studierenden die Möglichkeit der thematischen Schwerpunktbildung. Im dritten Semester absolvieren die Studierenden Seminare zu den Themen Forschungsanträge und unternehmerisches Handeln. Den Abschluss des Studiums bildet im vierten Semester die Master-Thesis, eine dem Masterstudiengang entsprechend umfangreiche wissenschaftliche Arbeit.

Besondere Hinweise zum Studiengang:
Forschungs- und projektorientierter Charakter. Der Studiengang wurde als offizielles Projekt der UN-Dekade „Bildung für nachhaltige Entwicklung 2005-2014" ausgezeichnet.

Zukunftsperspektiven:
Studienstruktur: Der Studiengang wurde im Jahr 2006 durch die ASIIN akkreditiert.
Arbeitsmarktmöglichkeiten: Arbeitsmöglichkeiten in der Branche der nachhaltigen Energiewirtschaft und -technik. SENCE-Absolventen sind am Markt sehr gefragt, da sie über ein umfassendes Querschnittswissen verfügen.

Spatial Planning for Regions in Growing Economies (SPRING)

Studienabschluss: Master of Science
Hochschule: Universität Dortmund
Fachbereich/Fakultät: Raumplanung
Institut/Einrichtung: Fachgebiet Raumplanung in Entwicklungsländern REL / SPRING
Anschrift: August-Schmidt-Straße 10, 44227 Dortmund
Ansprechpartner: Dr. Anne Weber, Tel. 0231-755 25 43
spring@uni-dortmund.de
Web-Adresse: www.raumplanung.uni-dortmund.de/geo/spring/
Studienfachberatung: spring@uni-dortmund.de
Zulassung/Bewerbung: Akademisches Auslandsamt (Zulassung); SPRING (Bewerbung)
Studienbeginn/-plätze: Wintersemester, 30 Studienplätze
Studiengebühren: 1. Jahr: 1.500,- Euro Betreuungspauschale; 2. Jahr: 650 - 3.500 EUR
Regelstudienzeit: 4 Semester

Kurzbeschreibung des Studiengangs:

Der englischsprachige Studiengang SPRING – Spatial Planning for Regions in Growing Economies – ist ein zweijähriges internationales Masterprogramm, das einen M.Sc. in „Regional Development Planning and Management" verleiht. Das erste Studienjahr findet an der Fakultät Raumplanung der Universität Dortmund statt und vermittelt hauptsächlich theoretisches Basiswissen und grundlegende Planungskompetenzen. Das zweite Jahr, das fakultativ an einer der ausländischen Partner-Universitäten absolviert wird, widmet sich schwerpunktmäßig empirischen und planungspraktischen Studien. Kooperationsvereinbarungen bestehen mit Partneruniversitäten in den Philippinen, in Ghana, in Tansania und in Chile, die entweder beide Studienjahre (Ghana) oder nur das zweite Jahr durchführen (Philippinen, Tansania, Chile).

Das Lehrangebot im ersten Jahr umfasst sechs Module: Concepts and Theories for Planning; Planning Practice; Physical Planning; Sustainable Resource Management; Socio-Economic Development Planning; Research Paper. Im zweiten Studienjahr werden die folgenden vier Module angeboten: Planning and Research Methods; Policy Planning and Implementation in Ghana, Tansania, Philippinen oder Chile; Development Workshop; Master Thesis.

Das SPRING Programm wendet sich primär an Studieninteressierte aus Afrika, Asien und Lateinamerika mit Berufserfahrung in einem planungsrelevanten Umfeld.

Besondere Hinweise zum Studiengang:

SPRING stellt sich heute als ein internationales Netzwerk dar, das Studierenden thematisch attraktive Wahlmöglichkeiten für das zweite Studienjahr bietet. Alle Partnerschaften verleihen einen gemeinsamen Universitätsabschluss. Insgesamt haben seit dem Bestehen von SPRING (1984) etwa 500 Fachleute aus Afrika, Asien und Lateinamerika teilgenommen, die heute erfolgreich an Aufgaben der dezentralen Entwicklungsplanung arbeiten. 1992 hat SPRING eine eigene Schriftenreihe eingerichtet, die heute mit 69 Titeln und einer Auflagenhöhe von circa 5.000 Exemplaren zur Fachdiskussion beiträgt.

Zukunftsperspektiven:

Studienstruktur: Das internationale SPRING Hochschulnetzwerk wird voraussichtlich 2008/09 durch einen chinesischen Universitätspartner erweitert.

Spatial Planning in Europe

Studienabschluss: Master of Science
Hochschule: Universität Dortmund
Fachbereich/Fakultät: Raumplanung
Institut/Einrichtung: —
Anschrift: August-Schmidt-Straße 6, 44221 Dortmund
Ansprechpartner: Dipl.-Ing. Ulla Greiwe, Tel. 0231-755 22 43
sfb.rp@uni-dortmund.de
Web-Adresse: www.raumplanung.uni-dortmund.de/rp/
Studienfachberatung: sfb.rp@uni-dortmund.de
Zulassung/Bewerbung: Bewerbung an der Universität Dortmund
Studienbeginn/-plätze: Wintersemester, 15 Studienplätze
Studiengebühren: 500,- Euro/Semester
Regelstudienzeit: 2 Semester

Kurzbeschreibung des Studiengangs:

Der einjährige englischsprachige Masterstudiengang Spatial Planning in Europe wendet sich an Studierende aus dem Ausland, insbesondere aus den Ländern Europas, aber auch aus Amerika, China, Indien und anderen Schwellenländern, die das System der Raumplanung und die Erfolge einer nachhaltigen Stadt- und Regionalplanung in Städten und Regionen in Europa kennen lernen wollen.

Das Lehrangebot ist in folgende 4 Module gegliedert: Modul 1: Concepts and Theories for Planning, Modul 2: Comparative European Planning Studies, Modul 3: Master-Projekt, Modul 4: MSc-Arbeit.

Der Studiengang Spatial Planning in Europe führt ingenieur-, natur-, gesellschafts- und planungswissenschaftliche Kenntnisse unter dem Blickwinkel einer nachhaltigen Raumentwicklung zusammen und zeichnet sich aus durch die interkulturelle Dimension, die sich aus der Teilnahme von Studierenden aus unterschiedlichen Ländern und Regionen ergibt, die Handlungsorientierung, die neben der fundierten Analyse von Frage- und Problemstellungen, insbesondere strategische und konzeptionelle Fähigkeiten trainiert sowie das forschende und kommunikative Lernen in einem multikulturell zusammengesetzten Master-Studienprojekt (Projektstudium).

Besondere Hinweise zum Studiengang:

Das Studienangebot des Studiengangs Spatial Planning in Europe wird ausschließlich in englischer Sprache angeboten.

Zukunftsperspektiven:

Studienstruktur: Geplanter erstmaliger Studienbeginn des Masterstudiengangs Spatial Planning in Europe ist im WS 2007/08.

UMIB – Umweltmanagement und Infrastrukturentwicklung in Ballungsräumen

Studienabschluss:	Master of Engineering
Hochschule:	Fachhochschule Wiesbaden
Fachbereich/Fakultät:	Architektur und Bauingenieurwesen
Institut/Einrichtung:	Architektur und Bauingenieurwesen sowie Fachbereich Geisenheim/Landschaftsarchitektur
Anschrift:	Kurt-Schumacher-Ring 18, 65197 Wiesbaden
Ansprechpartner:	Prof. Dr. Ernesto Ruiz Rodriguez, Tel. 0611-949 54 54 errodriguez@bauing.fh-wiesbaden.de
Web-Adresse:	www.umib.de
Studienfachberatung:	errodriguez@bauing.fh-wiesbaden.de
Zulassung/Bewerbung:	Bewerbungsschreiben erforderlich; Note Bachelor gut: Zulassungsausschuss
Studienbeginn/-plätze:	Sommer- und Wintersemester, 35 Studienplätze
Studiengebühren:	500,- Euro/Semester
Regelstudienzeit:	4 Semester

Kurzbeschreibung des Studiengangs:
Der Studiengang ist akkreditiert und modular aufgebaut und knüpft konsekutiv an die Bachelorabschlüsse der Studiengänge Bauingenieurwesen, Landschaftsarchitektur und Architektur/Städtebau oder vergleichbare Qualifikationen an. Kernbestandteile des Studiums befassen sich mit den Aufgaben einer nachhaltigen und umweltverträglichen Entwicklung von Metropolregionen. Die wesentlichen Bereiche der Umweltdisziplinen werden in dem Studiengang vertiefend behandelt. Dies betrifft insbesondere die Disziplinen Landschaftsarchitektur, Wasserwirtschaft, Kreislaufwirtschaft, Verkehr und Infrastrukturplanung, Energie. Demgemäß werden die dazu erforderlichen Grundlagen auf die Kenntnisse aus den Bachelorstudiengängen aufbauend vermittelt. Der Studiengang ist interdisziplinär ausgerichtet und kann in einer individuell abgestimmten Profilbildung studiert werden. Vertiefungen sind möglich in den Schwerpunktbereichen Landschaftsarchitektur, Wasser und Umwelt, Verkehr und städtische Infrastruktur, Ressourcenschutz und städtische Infrastruktur. Mit dem Schwerpunkt Landschaftsarchitektur wird in Fortführung einer Qualifizierung aus einem diesbezüglichen Bachelorstudium die Befähigung zur Kammermitgliedschaft erbracht; es ergibt sich ein fünfjähriges Vollstudium der Landschaftsarchitektur mit interdisziplinären Elementen der Umweltwissenschaften. Der Studiengang weist eine Reihe von Managementmodulen auf, die zum Pflichtkanon zählen.

Besondere Hinweise zum Studiengang:
Der Studiengang befähigt zum höheren Dienst. Es bestehen verschiedene Kooperationen zu anderen Hochschulen und Institutionen im Berufsfeld für Projektarbeiten und Praktika.

Zukunftsperspektiven:
Studienstruktur: Der Studiengang ist sehr stark an den Bedürfnissen und Erfordernissen des Berufsfeldes ausgerichtet und wird an die weitere Entwicklung fortlaufend inhaltlich angepasst.
Arbeitsmarktmöglichkeiten: Der Masterabschluss befähigt insbesondere für Leitungsaufgaben im Umweltmanagement von Ingenieurbüros, Consultingunternehmen, Betrieben, Behörden, Kommunen und Institutionen im öffentlichen Bereich. Es bestehen enge Kooperationen mit Verbänden und Institutionen des Berufsfeldes.

Umweltingenieurwesen

Studienabschluss: Master of Engineering
Hochschule: Technische Universität München
Fachbereich/Fakultät: Fakultät für Bau- und Vermessungswesen
Institut/Einrichtung: Lehrstuhl für Wasserbau und Wasserwirtschaft
Anschrift: Arcisstraße 21, 80333 München
Ansprechpartner: Prof. Harald Horn, Tel. 089-28 91 37 13

Web-Adresse: www.umwelt.bv.tum.de
Studienfachberatung: m.schindler@bv.tum.de
Zulassung/Bewerbung: m.schindler@bv.tum.de
Studienbeginn/-plätze: Wintersemester, ohne Begrenzung
Studiengebühren: m.schindler@bv.tum.de
Regelstudienzeit: 4 Semester

Kurzbeschreibung des Studiengangs:
Mit diesem neuen Studiengang sollen in München Ingenieure ausgebildet werden, die auf dem Gebiet des vorausschauenden Umweltschutzes Spezialkenntnisse erworben haben. Reparative Umwelttechniken (Abwasserreinigung, Abfallbehandlung, Abgasreinigung, Altlastensanierung) werden im Rahmen des Studiengangs nur exemplarisch behandelt. Mit dem auf Prävention ausgerichteten Studiengang gewinnt die TUM ein wichtiges Alleinstellungsmerkmal.

Die Wurzeln des Studiengangs Umweltingenieurwesen finden sich im angelsächsischen Environmental Engineer, der aus dem Bauingenieurwesen herausgewachsen ist.

Das englischsprachige Master-Studium erstreckt sich über 3 Semester, zuzüglich eines weiteren Semesters zur Anfertigung einer Master-Thesis. Im ersten Semester wird den Studierenden vertieft das Fachwissen aus ausgewählten Bereichen des Bauingenieurwesens, der Geodäsie und Geoinformation, der Architektur, der Lebenswissenschaften, der Wirtschafts- und der Rechtswissenschaften vermittelt. Im zweiten und dritten Semester arbeiten die Studenten mit wissenschaftlichen Methoden und unter Einbeziehung aktueller Forschungsbezüge an einem realitätsnahen interdisziplinären Projekt. Begleitend zu der interdisziplinären Projektarbeit finden Seminare und Workshops statt, im Rahmen derer projektrelevantes Zusatzwissen vermittelt und dessen praktische Anwendung geübt wird. Die Studenten fertigen dazu Seminararbeiten an, deren Bewertungen in die Abschlussnote einfließen.

Besondere Hinweise zum Studiengang:
Der Masterstudiengang wird vollständig in englischer Sprache angeboten.

Zukunftsperspektiven:
Arbeitsmarktmöglichkeiten: Umweltingenieure arbeiten primär in den folgenden Bereichen: nachhaltige Bewirtschaftung der Ressourcen Wasser, Boden, Biomasse, Metalle, Gestein; Analyse, Bewertung und Minderung von Risiken für Umwelt und Gesellschaft; Sanierung; Lärmschutz.

Umweltplanung

Studienabschluss:	Master of Science
Hochschule:	Gottfried Wilhelm Leibniz Universität Hannover
Fachbereich/Fakultät:	Fakultät für Architektur und Landschaft
Institut/Einrichtung:	Fachgruppe Landschaft
Anschrift:	Herrenhäuser Straße 2, 30149 Hannover
Ansprechpartner:	Studiendekanat Fachgruppe Landschaft, Tel. 0511-762 55 63 studiendekanat@laum.uni-hannover.de
Web-Adresse:	www.laum.uni-hannover.de
Studienfachberatung:	prominski@ila.uni-hannover.de
Zulassung/Bewerbung:	Es besteht eine Zugangsordnung für den Master Umweltplanung
Studienbeginn/-plätze:	Wintersemester, 25 Studienplätze
Studiengebühren:	500,- Euro/Semester
Regelstudienzeit:	4 Semester

Kurzbeschreibung des Studiengangs:
Der Studiengang zielt auf eine vertiefende Ausbildung und individuelle Profilierung in den Bereichen Umwelt- und Raumplanung sowie Umweltmanagement und Naturschutz. Die Studierenden werden darin geschult, das Rechtssystem, die Instrumente und Methoden zur Setzung von Qualitätsmaßstäben für kommunale und regionale Freiräume zu verstehen und anzuwenden und auf unterschiedlichen Ebenen und in verschiedenen Planungsmaßstäben zu agieren. Die Kernkompetenzen der Studierenden liegen in der Umweltanalyse und integrierten Betrachtung von ökologischen, ökonomischen und sozialen Systemen, der Steuerung und dem Wandel gesellschaftlicher Entwicklungen in ruralen und urbanen Landschaften und der Strategieentwicklung unter Einbeziehung von Nutzungsbedingungen.
In drei Projekten werden forschungs- und planungsspezifische Fragestellungen auf einem professionellen Niveau in interdisziplinärer Zusammenarbeit gelöst. Die Studierenden erlangen ein tiefes Verständnis von den Potenzialen und den Grenzen verschiedener Herangehensweisen in der städtischen und ländlichen Planung. Die Studierenden sind in der Lage, im Team gemeinsam Methoden und Problemlösungsansätze zu entwickeln und die Ergebnisse innerhalb des Planungsprozesses vor verschiedenen Zielgruppen darzustellen und zu diskutieren.

Besondere Hinweise zum Studiengang:
Unter anderem sind 6 Monate Praktikum Zulassungsvoraussetzung für den Masterstudiengang. Der Masterstudiengang wird erstmalig zum WS 2007/08 angeboten.

Zukunftsperspektiven:
Arbeitsmarktmöglichkeiten: Die Absolventen sind in der Lage, Arbeitsmöglichkeiten in Büros, in Verbänden und Vereinen, im öffentlichen Dienst und an den Universitäten im Forschungsbereich zu besetzen.

Utilities and Waste – Sustainable Processing

Studienabschluss: Master of Science
Hochschule: Universität Fridericiana zu Karlsruhe (Technische Hochschule)
Fachbereich/Fakultät: Chemieingenieurwesen und Verfahrenstechnik
Institut/Einrichtung: Engler-Bunte-Institut Bereich Verbrennungstechnik
Anschrift: Engler-Bunte-Ring 1, 76131 Karlsruhe
Ansprechpartner: Prof. Dr. Nikolaos Zarzalis, Tel. 0721-608 42 31
nikos.zarzalis@vbt.uni-karlsruhe.de
Web-Adresse: www.utilwaste.de
Studienfachberatung: utilwaste@ciw.uni-karlsruhe.de
Zulassung/Bewerbung: Direkte Bewerbung; Formulare unter www.utilwaste.de
Studienbeginn/-plätze: Wintersemester, 25 Studienplätze
Studiengebühren: 7.372,- Euro/Jahr
Regelstudienzeit: 2 Jahre

Kurzbeschreibung des Studiengangs:
Der Weiterbildungsstudiengang umfasst Lehrveranstaltungen in den Pflichtfächern, Wahlpflichtfächern und freien Fächern. Darüber hinaus wird in den ersten zwei Semestern das Fach Deutsch gelehrt, das mit einer Prüfung abgeschlossen werden soll.
Ziel der Pflichtfächer (Phenomena of storage, transport and conversion, Introduction to utilities and waste, utility facilities) ist es, den Grad der „Wissenshomogenität" zu erhöhen.
Die Pflichtfächer werden mit Praktika (basic experimental work, laboratory work in fuels combustion, waste and water) begleitet, um den Studierenden das praktische Handwerkszeug des Ingenieurs zu vermitteln und das theoretisch erlangte Wissen zu begreifen.
Als Nahtstelle zwischen Pflicht- und Wahlpflichtfächern ist eine Projektarbeit vorgesehen.
Bei den Wahlpflichtfächern werden vier Vertiefungsrichtungen mit je 6 SWS angeboten: Fossil and Renewable Fuels, Combustion Technology, Waste Technology, Water Chemistry.
Neben den freien Fächern, die innerhalb jeder Vertiefungsrichtung angeboten werden, können auch verwandte Fächer aus dem gesamten Angebot der Fakultät Chemieingenieurwesen und Verfahrenstechnik in das Studienprogramm aufgenommen werden.
Der Abschluss des Weiterbildungsstudiums bildet die Masterarbeit.
Der Umfang des Studiengangs beträgt 87 Semesterwochenstunden bzw. 120 Leistungspunkte.

Zukunftsperspektiven:
Arbeitsmarktmöglichkeiten: Die Studierenden sollen befähigt werden, planerisch, operativ und verwaltungstechnisch auf dem Gebiet der öffentlichen Versorgung mit Brennstoffen und mit Wasser sowie bei der Abfallentsorgung und bei der Abwasserbehandlung praktisch orientiert und wissenschaftlich fundiert zu arbeiten.

Zukunftssicher Bauen – Sustainable Constructions

Studienabschluss: Master of Engineering
Hochschule: Fachhochschule Frankfurt am Main
Fachbereich/Fakultät: Fachbereich 1: Architektur – Bauingenieurwesen – Geomatik
Institut/Einrichtung: s.o.
Anschrift: Nibelungenplatz 1, 60318 Frankfurt am Main
Ansprechpartner: Prof. Dr. Roland Gerster, Tel. 069-15 33 35 23
gerster@fb1.fh-frankfurt.de
Web-Adresse: www.fh-frankfurt.de
Studienfachberatung: weyel@abt-s.fh-frankfurt.de
Zulassung/Bewerbung: Bewerbung mit Motivationsschreiben
Studienbeginn/-plätze: Sommersemester, 30 Studienplätze
Studiengebühren: 500,- Euro/Semester
Regelstudienzeit: 4 Semester

Kurzbeschreibung des Studiengangs:
Das Ziel des Master-Studiengangs „Zukunftssicher Bauen – Sustainable Constructions" besteht darin, den Studierenden das erforderliche Wissen und die Fähigkeiten zu vermitteln, um in der Planung und Ausführung von Bauprojekten auch die besonderen Herausforderungen der Zukunft vor dem Hintergrund sich ändernder Randbedingungen zu bewältigen.
Die zunehmende Knappheit von Energie, Rohstoffen und Bauland zwingt Planer und Bauausführende zu einem wirtschaftlichen, d.h. sinnvollen Umgang mit diesen knappen Ressourcen. So wird u.a. der Bauphysik (Wärmeschutz), dem Materialrecycling und dem Bauen im Bestand zukünftig noch größere Bedeutung zukommen. Die Studierenden werden durch das Master-Studium „Zukunftssicher Bauen" in die Lage versetzt, Bauprozesse und Bauobjekte auch unter dem Gesichtspunkt der Nachhaltigkeit (d.h. unter besonderer Berücksichtigung der Aspekte: Ökologie, Ökonomie und Sozialverträglichkeit) lebenszyklusorientiert zu bewerten.
Die global starke Zunahme von Schäden aus Katastrophenereignissen, ausgelöst durch extreme Natureinwirkungen wie Hochwasser, Sturm und Erdbeben, erfordern ein Umdenken in Bezug auf Planung und Ausführung im Baubereich. Insbesondere im Hinblick auf das Bauen in Ballungsräumen setzt verantwortungsvolles Bauen und wirkungsvolle Prävention spezielle Fachkenntnisse voraus.

Besondere Hinweise zum Studiengang:
Der Masterstudiengang „Zukunftssicher Bauen – Sustainable Constructions" wurde als offizielles Projekt der UN-Weltdekade „Bildung für nachhaltige Entwicklung (2005-2014)" ausgezeichnet.

Zukunftsperspektiven:
Arbeitsmarktmöglichkeiten: Die Studierenden werden zu Generalisten ausgebildet, so dass gute Arbeitsmarktmöglichkeiten zu erwarten sind.

Air Quality Control, Solid Waste and Waste Water Process Engineering (WASTE)

Studienabschluss: Master of Science
Hochschule: Universität Stuttgart
Fachbereich/Fakultät: Beteiligte Fakultäten: Bau- und Umweltingenieurwissenschaften, Chemie und Maschinenbau (Federführung)
Institut/Einrichtung: WASTE
Anschrift: Pfaffenwaldring 23, 70569 Stuttgart
Ansprechpartner: Dr. Michael Waldbauer, Tel. 0711-68 56 54 93
waldbauer@waste.uni-stuttgart.de
Web-Adresse: www.waste.uni-stuttgart.de
Studienfachberatung: info@waste.uni-stuttgart.de
Zulassung/Bewerbung: TOEFL, Dipl. oder Bachelorabschluss etc. (siehe Internet)
Studienbeginn/-plätze: Wintersemester, 50 Studienplätze
Studiengebühren: 500,- Euro/Semester
Regelstudienzeit: 4 Semester

Kurzbeschreibung des Studiengangs:
Umweltprobleme der Bereiche Luft, Wasser und Abfall sind weltweit zu einem bedeutenden Thema der Ingenieurwissenschaften geworden und fordern Konzepte und Techniken im kommunalen und industriellen Bereich. Der internationale Studiengang „Air Quality Control, Solid Waste and Waste Water Process Engineering" (WASTE) findet an der Universität Stuttgart in interdiziplinärer Zusammenarbeit zahlreicher Institute der federführenden Fakultät Maschinenbau und der Fakultäten Bau- und Umweltingenieurwissenschaften sowie Chemie statt. Die Studieninhalte sind Umweltverfahrenstechnik, Luftreinhaltung und Abgasreinigung, Abwasserreinigung sowie Abfalltechnik und Abfallwirtschaft. Die Studierenden erlernen in WASTE sowohl einen hohen Technologiestandard als auch an die Bedingungen der jeweiligen Länder angepasste Lösungen.

Im ersten Semester finden Pflicht-Module statt, die die Basis für die eingehende Spezialisierung in den „Specialized Areas" des nachfolgenden zweiten und dritten Semesters schaffen. Ab dem zweiten Semester können die Studierenden individuell ihren Studienplan zusammenstellen. Zwei der drei angebotenen Specialized Areas „Air Quality Control", „Solid Waste" and „Waste Water" sind auszuwählen wobei jede Specialized Area aus Kern- und Wahlmodulen besteht. Danach erfolgt im vierten Semester die Anfertigung der „Master-Thesis" entweder innerhalb oder außerhalb der Universität. Obwohl der Studiengang in englischer Sprache studiert wird, sind für internationale Studierende obligatorische Deutschkurse Teil des Studiengangs.

Besondere Hinweise zum Studiengang:
Der Studiengang WASTE beginnt zum SoSe 2007 letztmalig als dreisemestriger Studiengang. Danach findet er ab WS 2008/09 als viersemestriger Studiengang statt.

Zukunftsperspektiven:
Arbeitsmarktmöglichkeiten: Die Absolventen von WASTE werden weltweit insbesondere in folgenden Bereichen tätig: Industrie, Ingenieurbüros, Messinstitute, Behörden, Umweltorganisationen, Forschungseinrichtungen und Hochschulen. Der Abschluss „Master of Science" ermöglicht den Zugang zur Promotion.

Altbauinstandsetzung

Studienabschluss: Master of Engineering
Hochschule: Universität Fridericiana zu Karlsruhe (Technische Hochschule)
Fachbereich/Fakultät: Fakultät für Architektur
Institut/Einrichtung: Masterstudiengang Altbauinstandsetzung
Anschrift: Englerstraße 7, 76131 Karlsruhe
Ansprechpartner: Anette Busse MAS ETH gta, Tel. 0721-608 37 42
altbau@arch.uni-karlsruhe.de
Web-Adresse: www.altbauinstandsetzung.uni-karlsruhe.de
Studienfachberatung: altbau@arch.uni-karlsruhe.de
Zulassung/Bewerbung: Voraussetzung: abgeschlossenes Hochschulstudium und 2 Jahre Berufserfahrung
Studienbeginn/-plätze: Wintersemester, 25 Studienplätze
Studiengebühren: Gesamt: 3.260,- Euro (exkl. Lehrmittel, Exkursionen und Studentenwerk)
Regelstudienzeit: 3 Semester

Kurzbeschreibung des Studiengangs:
Bei der Altbauinstandsetzung handelt es sich nicht nur um eine langfristige gesellschaftliche Notwendigkeit, da Abriss und Neubau wertvolle Ressourcen und Energien verbrauchen, auch betreffen rund zwei Drittel der Aufgabenfelder aller Baumaßnahmen in der Bundesrepublik Deutschland derzeit den Erhalt oder die Instandsetzung bestehender Bauten. Mit dem Angebot des Masterstudienganges reagiert die Universität Karlsruhe auf den immer größer werdenden Bedarf an Architekten, Ingenieuren und Naturwissenschaftlern, die für den Umgang mit der Altbausubstanz angemessen ausgebildet sind. Durch diese Qualifizierung zu Experten erhöhen sich die Berufsaussichten im Bausektor erheblich. Der Masterstudiengang Altbauinstandsetzung soll dazu befähigen, komplexe und konkrete Aufgaben im Altbaubereich bearbeiten zu können: geeignete Erkundungs- und Bewertungsverfahren auszuwählen, bauwerksverträgliche Folgerungen daraus zu ziehen und diese bei der Planung und auf der Baustelle umzusetzen. Das Ziel des Masterstudienganges ist es, Planer für die interdisziplinären Aufgaben in der Altbauinstandsetzung zu sensibilisieren. Angestrebt wird die Vermittlung der Fähigkeiten, ein architektonisches Konzept in seinen funktionalen, formalen und bautechnischen Aspekten sowie den wirtschaftlichen und ökologischen Folgen nach wissenschaftlichen Methoden und Erkenntnissen zu entwickeln und zu bearbeiten sowie dieses Konzept in die Ausführung umzusetzen. Dabei wird auf den Gesellschaftsbezug und die praktische Umsetzbarkeit ebenso Wert gelegt wie auf wissenschaftliches Arbeiten.

Besondere Hinweise zum Studiengang:
Wir empfehlen zur Bewältigung der Studienleistungen eine 60-75% Teilzeitstelle, um die monatlichen 5-6 Präsenztage und den zusätzlichen wöchentlichen Lern- und Bearbeitungsaufwand bewältigen zu können.

Zukunftsperspektiven:
Studienstruktur: Modularisiertes und berufsbegleitendes Studium
Arbeitsmarktmöglichkeiten: Durch die Ausbildung, angemessen mit der Altbausubstanz umgehen zu können, werden die Qualifikation und somit die Berufsaussichten im Bausektor erheblich erhöht.

Bauingenieurwesen

Studienabschluss:	Master of Science
Hochschule:	Universität Siegen
Fachbereich/Fakultät:	Bauingenieurwesen
Institut/Einrichtung:	—
Anschrift:	Paul-Bonatz-Straße 9-11, 57068 Siegen
Ansprechpartner:	Prof. Dr.-Ing. Jürgen Steinbrecher, Tel. 0271-740 21 10
	dekanat@bau.uni-siegen.de
Web-Adresse:	www.uni-siegen.de/fb10/
Studienfachberatung:	dekanat@bau.uni-siegen.de
Zulassung/Bewerbung:	BA, Dipl.-Ing. (FH), Dipl.-Ing. oder ein mindestens gleichwertiger Abschluss
Studienbeginn/-plätze:	Sommer- und Wintersemester, derzeit keine Begrenzung
Studiengebühren:	500,- Euro/Semester
Regelstudienzeit:	4 Semester

Kurzbeschreibung des Studiengangs:

Es handelt sich um ein Bauingenieurstudium, in dessen Curriculum an mehreren Stellen das Thema Nachhaltigkeit von zentraler Bedeutung ist. Grund dafür ist die Ausrichtung des Curriculums auf geänderte Anforderungen in der Berufspraxis des Bauingenieurwesens. In der Planung spielt der Umweltschutz eine große Rolle, bei der Bautätigkeit rückt die Erhaltung und Sanierung von Gebäuden und Infrastruktur stark in den Vordergrund und bei den Bauprozessen ist die Kreislaufwirtschaft sowie das Recycling wichtiger Bestandteil der Nachhaltigkeit.

Daher zieht sich das Thema Nachhaltigkeit durch verschiedene Module des Bachelor- und des Masterstudiengangs. Im Masterstudiengang wird ein Schwerpunkt auf Bauerhaltung und Umwelttechnik gelegt. Beispielhaft seien folgende Module genannt: Umweltanalyse, Stoffkreislauf, Bauphysikalische Gebäudeplanung, Bauwerkserhaltung, Nachhaltiges Bauen, Umwelt und Straße, Wassergüte und Wassermengenwirtschaft sowie Altlasten und Flächenrecycling.

Alle Module sind mit Prüfungen abzuschließen. Als Prüfungsformen kommen Referate, Vorträge, Klausuren und mündliche Prüfungen zum Einsatz. Außerdem sind Studienarbeiten in Kooperation mit der Praxis zu absolvieren.

Besondere Hinweise zum Studiengang:

Der Studiengang ist akkreditiert bis 2012.

Bauingenieurwesen (Vertiefungsrichtung Infrastruktur)

Studienabschluss:	Master of Civil Engineering
Hochschule:	Fachhochschule Aachen
Fachbereich/Fakultät:	Fachbereich 2 – Bauingenieurwesen
Institut/Einrichtung:	Fachbereich Bauingenieurwesen
Anschrift:	Bayernallee 9, 52066 Aachen
Ansprechpartner:	Dipl.-Ing. Walter Kleiker, Tel. 0241-600 95 11 84
	kleiker@fh-aachen.de
Web-Adresse:	www.bau.fh-aachen.de
Studienfachberatung:	kleiker@fh-aachen.de
Zulassung/Bewerbung:	Bachelor-Abschluss im Studiengang Bauingenieurwesen
Studienbeginn/-plätze:	Wintersemester, ca. 30 Studienplätze – derzeit keine Begrenzung
Studiengebühren:	500,- Euro/Semester
Regelstudienzeit:	4 Semester

Kurzbeschreibung des Studiengangs:

Der Masterstudiengang Bauingenieurwesen zielt auf eine forschungs- und anwendungsorientierte Vertiefung der bereits in einem Hochschulstudium und ggf. in der praktischen Berufsausübung erworbenen Fach- und Methodenkompetenz ab. Der Studiengang richtet sich an Führungspersönlichkeiten mit fachlicher Verantwortung in Projekten. Auf dieser Ebene sind in gleicher Weise hohe technische wie auch hohe Managementqualifikationen gefordert. Die Bauwirtschaft erwartet in diesem Bereich neben vertieften ingenieurpraktischen Kenntnissen insbesondere ein fundiertes Wissen über wirtschaftliche und rechtliche Zusammenhänge. Es sollen Methoden und Kenntnisse vermittelt werden, die zur Ausübung des Berufes als Bauingenieur in leitender Funktion befähigen. Ein Hauptziel der Ausbildung ist die Befähigung der Absolventen, die in der Praxis gestellten Aufgaben ganzheitlich zu bewältigen und die Verantwortung für alle sich ergebenden Entscheidungen von der Idee über die Machbarkeit, Wirtschaftlichkeit, ökologische Verträglichkeit, Nachhaltigkeit bis zur Planung, Durchführung und zum Betrieb übernehmen zu können. Die wirtschaftlichen und rechtlichen Kompetenzen sind deshalb eine Basisqualifikation für den Fach-Manager im Bauwesen, die im Masterstudiengang in den drei Schwerpunkten Ingenieurbau, Infrastruktur und Wirtschaft einschließlich Recht vermittelt werden sollen.

Zukunftsperspektiven:

Arbeitsmarktmöglichkeiten: Arbeitsmöglichkeiten in Ingenieurbüros, Bauunternehmen, im Öffentlichen Dienst, in Verbänden etc.

Electrical Power Engineering

Studienabschluss:	Master of Science
Hochschule:	Brandenburgische Technische Universität Cottbus
Fachbereich/Fakultät:	Fakultät Maschinenbau, Elektrotechnik und Wirtschaftsingenieurwesen
Institut/Einrichtung:	CEBra – Centrum für Energietechnologie Brandenburg
Anschrift:	Walther-Pauer-Straße 5, 03046 Cottbus
Ansprechpartner:	Prof. Dr. Ing. Harald Schwarz, Tel. 0355-69 45 03
	Harald.Schwarz@tu-cottbus.de
Web-Adresse:	www.tu-cottbus.de/cebra/
Studienfachberatung:	harald.schwarz@tu-cottbus.de
Zulassung/Bewerbung:	Bewerbung an BTU Cottbus, CEBra, Prof. Harald Schwarz
Studienbeginn/-plätze:	Wintersemester, 30 Studienplätze
Studiengebühren:	2.000,- Euro/Semester abzüglich universitätsspezifischer Stipendien
Regelstudienzeit:	4 Semester

Kurzbeschreibung des Studiengangs:

Der Studiengang ist als Joint Master organisiert und wird in englischer Sprache durchgeführt. Alle Studenten beginnen im 1. Semester an der BTU Cottbus und belegen dort schwerpunktmäßig Vorlesungen im Bereich Power Systems. Dies beinhaltet zu einem hohen Anteil auch die Integration erneuerbarer Energiequellen in die Stromversorgungsnetze. Im zweiten Semester wechseln alle Studenten an die TU Poznan in Polen. Dort werden Vorlesungen in Hochspannungstechnik, Isolierstoffe, Leistungselektronik und Antriebe gehört. Das 3. Semester findet an der TU Graz in Österreich statt. Schwerpunkte dort sind integrierte Projekte in den Bereichen der elektrischen Energietechnik, die die persönliche Initiative in technischen Projekten fördern sollen. Ferner werden Kurse zu Business English oder Intercultural Aspects angeboten. Für das 4. Semester stehen derzeit Studienmöglichkeiten an der BTU Cottbus und der TU Wroclaw zur Verfügung. Für dieses Semester wird das Angebot demnächst ausgeweitet auf die TU Ostrava in der Tschechischen Republik. Ferner sollen internationale Universitäten aus China, Brasilien und Indien eingebunden werden. Im 4. Semester werden etwa 2 fachspezifische Vorlesungen belegt, die die Studierenden unmittelbar auf die dort durchzuführende Masterarbeit hinführen sollen. Der Studiengang wird von zahlreichen Firmen mit begleitet. Nach Abschluss des Studiums erhalten die Studenten einen Joint-Degree von den Universitäten, an denen sie zumindest ein Semester erfolgreich abgeschlossen haben.

Besondere Hinweise zum Studiengang:

Als Eingangskriterium wird ein Bachelor in Elektrotechnik oder angrenzenden Gebieten verlangt. Höherwertige Abschlüsse (z.B. FH-Diplom) werden ebenfalls berücksichtigt. Ferner wird ein Sprachzertifikat (IELTS; TOEFL o.Ä.) gefordert.

Zukunftsperspektiven:

Studienstruktur: Das Programm wurde neu als europäischer Joint-Master entworfen und eingeführt. Strukturelle Änderungen sind auf absehbare Zeit nicht zu erwarten.
Arbeitsmarktmöglichkeiten: Der Abschluss zielt auf Berufe der elektrotechnischen Industrie bzw. der Energieversorgungsunternehmen. Die Absolventennachfrage ist seit Jahren unverändert hoch bei gleichzeitig geringen Studentenzahlen. Mit der internationalen Ausbildung sind die Chancen auf dem Arbeitsmarkt mehr als exzellent.

Energie- und Rohstoffversorgungstechnik

Studienabschluss:	Master of Science
Hochschule:	Technische Universität Clausthal – Clausthal-Zellerfeld
Fachbereich/Fakultät:	Fakultät für Energie- und Wirtschaftswissenschaften
Institut/Einrichtung:	Institut für Bergbau
Anschrift:	Erzstraße 20, 38678 Clausthal-Zellerfeld
Ansprechpartner:	Univ.-Prof. Dr.-Ing. Oliver Langefeld, Tel. 05323-72 24 40 oliver.langefeld@tu-clausthal.de
Web-Adresse:	www.bergbau.tu-clausthal.de
Studienfachberatung:	oliver.langefeld@tu-clausthal.de
Zulassung/Bewerbung:	Keine Zulassungsbeschränkung, abgeschlossenes Bachelor-Studium erforderlich
Studienbeginn/-plätze:	Sommer- und Wintersemester, 60 Studienplätze
Studiengebühren:	500,- Euro/Semester
Regelstudienzeit:	4 Semester

Kurzbeschreibung des Studiengangs:

Das Master-Studium Energie- und Rohstoffversorgungstechnik richtet sich an Absolventen mit Bachelor- oder Fachhochschulabschluss, die im Bereich der Energie- und Rohstoffversorgungstechnik einen weiterführenden Abschluss erreichen wollen. Das Master-Studium hat eine Regelstudienzeit von vier Semestern. Es gliedert sich in ein viersemestriges Studium, das mit der Master-Prüfung abschließt, und eine berufsspezifische Tätigkeit (Praktikum) in Höhe von 8 Wochen.

Der Studiengang Energie- und Rohstoffversorgungstechnik ist ein modular aufgebautes Vollzeitstudium mit den drei wählbaren Studienrichtungen Rohstoffversorgungstechnik, Speicher- und Verteilungstechnik und Energieversorgungstechnik.

Im Master-Studium werden die vertiefenden Kenntnisse und Fähigkeiten eines im Bereich der Rohstoff- und Energieversorgung eingesetzten Ingenieurs vermittelt. Es werden Vorlesungen und Veranstaltungen zu den Themenbereichen Wirtschafts- und Rechtswissenschaften sowie der sozialen Kompetenzen angeboten. Je nach Studienrichtung stehen darüber hinaus fachspezifische Vorlesungen aus den Bereichen Geoingenieurwissenschaften und Rohstoffgewinnung, Speicherung von Fluiden und gasförmigen Medien und deren Verteilung, Energieerzeugung und -versorgung zur Auswahl.

Zukunftsperspektiven:

Studienstruktur: Der Master-Studiengang Energie- und Rohstoffversorgungstechnik wurde neu konzipiert und erstmalig im Wintersemester 2004 angeboten. Es zeigt sich eine überaus positive Entwicklung einhergehend mit einer steigenden Anzahl von Studierenden.

Arbeitsmarktmöglichkeiten: Das Berufsbild umfasst beratende, untersuchende und planerische Tätigkeiten sowohl in den klassischen Bereichen der Rohstoffindustrie als auch branchenübergreifend. Die möglichen Berufsfelder sind sehr vielfältig und die Aussichten sind auch längerfristig sehr gut.

Energie- und Umwelttechnik

Studienabschluss: Master of Science
Hochschule: Fachhochschule Trier, Hochschule für Technik, Wirtschaft und Gestaltung – Standort Birkenfeld
Fachbereich/Fakultät: Umweltplanung/Umwelttechnik
Institut/Einrichtung: —
Anschrift: Campusallee, 55768 Hoppstädten-Weiersbach
Ansprechpartner: Prof. Dr.-Ing. Ulrich Bröckel, Tel. 06782-17 15 03
k.brinkmann@umwelt-campus.de
Web-Adresse: —
Studienfachberatung: master-eut@umwelt-campus.de
Zulassung/Bewerbung: Abgeschlossenes Hochschulstudium, Gesamtnote mindestens 2,5
Studienbeginn/-plätze: Wintersemester, keine Einschränkung
Studiengebühren: —
Regelstudienzeit: 4 Semester

Kurzbeschreibung des Studiengangs:
Der Begriff „Energie" stellt als „Leitparameter" und Bewertungsfaktor den roten Faden des Studiengangs dar. Das Thema „Energietechnik" wird über diesen Parameter mit den Zielen des „sustainable development" auf physikalisch natürliche Weise verknüpft. Dadurch wird es möglich, Maßnahmen zur Gestaltung der Umwelt und neue Konzepte zur „Umwelttechnik" einer möglichst objektiven Bewertung zuzuführen.

Das Studium gliedert sich thematisch und inhaltlich in vier Bereiche: Natur- und Ingenieurwissenschaftliche Grundlagen; Energietechnik; Umwelttechnik; Wirtschaft und Recht.

Die Regelstudienzeit des Masterstudiengangs beträgt 2 Jahre (4 Semester). Bereits in vergleichbaren Studiengängen erbrachte Leistungen (Module) können bei Feststellung der Gleichwertigkeit anerkennt werden.

Die ersten beiden Semester werden vornehmlich durch grundlagenorientierte Module in allen vier Bereichen bestimmt. Im dritten Semester werden die Studierenden zum aktuellen Stand der Technik und Forschung geführt, gestützt durch vertiefende eigenständige Projektarbeiten und Seminare. Dabei wird insbesondere die Fähigkeit zum wissenschaftlichen Arbeiten gefördert. Ein umfangreicher Katalog mit Wahlpflichtmodulen gibt den Studierenden die Möglichkeit einer individuellen Vertiefung in den Bereichen Energietechnik, Umwelttechnik sowie Wirtschaft und Recht.

Besondere Hinweise zum Studiengang:
Der deutschsprachige Master-Studiengang Energie- und Umwelttechnik ist akkreditiert mit dem Prädikat „Forschungsorientiert" und dem Zusatz „Der Masterabschluss eröffnet den Zugang zum Höheren Dienst".

Zukunftsperspektiven:
Arbeitsmarktmöglichkeiten: Der Masterstudiengang Energie- und Umwelttechnik zielt primär auf eine Tätigkeit in der Berufspraxis. Die wissenschaftlich- und theorieorientierte Ausbildung ermöglicht ebenfalls den Zugang zu Promotionen und Tätigkeiten in Forschung und Entwicklung.

Energie- und Umwelttechnik

Studienabschluss: Master of Engineering
Hochschule: Hochschule für Technik, Wirtschaft und Kultur Leipzig (FH)
Fachbereich/Fakultät: Maschinen- und Energietechnik
Institut/Einrichtung: —
Anschrift: Koburger Straße 62 PF 301166, 04416 Markkleeberg
Ansprechpartner: Prof. Dr-Ing. Steffen Winkler, Tel. 0341-30 76 42 04
winkler@me.htwk-leipzig.de
Web-Adresse: www.htwk-leipzig.de/fbme/index.html
Studienfachberatung: winkler@me.htwk-leipzig.de
Zulassung/Bewerbung: NC
Studienbeginn/-plätze: Wintersemester, —
Studiengebühren: keine
Regelstudienzeit: 4 Semester

Kurzbeschreibung des Studiengangs:
Die energie- und umwelttechnische Ausbildung basiert auf einer langjährigen Tradition. Vermittelt werden sowohl konventionelle Techniken und Verfahren, als auch moderne und neueste Zusammenhänge auf den genannten Gebieten. Besondere Bedeutung erlangen der Einsatz regenerativer Energien und die Vermittlung geschlossener Prozessketten (Kreislaufwirtschaft). Neben der Vermittlung der theoretischen naturwissenschaftlichen Grundlagen wird besonderes Augenmerk auf eine praxisbezogene Ausbildung gelegt. Die theoretische Ausbildung wird durch eine Vielzahl von Praktika und Laboren ergänzt.

Das Masterstudium vermittelt in drei Pflichtmodulen neben vertiefenden theoretischen Grundlagen Grundwissen der Maschinenbauinformatik sowie Basiskenntnisse in der Unternehmensführung. Das weitere Studium stellen sich die Studierenden nach ihren Interessen aus Wahlpflichtmodulen zusammen. Dabei können sie Module wählen, die ihre Fertigkeiten in der Nutzung rechnergestützter Methoden zur Entwicklung und Konstruktion von Maschinen und deren Baugruppen vertiefen. Sie können auch Module wählen, die ihnen ein umfangreiches Rüstzeug für die Planung von Fertigungsstätten vermitteln. Besonders interessant sind dabei Module, die vertieft Probleme der Energiewirtschaft von Produktionsstätten sowie der Anforderungen bezüglich Klima, Heizung und Umwelt behandeln.

Lehrangebote/Module, in denen Nachhaltigkeit eine besondere Rolle spielt, sind: Werkstofftechnik, Energiewirtschaft, Modul Energietechnik, Technische Gebäudeausrüstung, Umwelttechnik, Verfahrenstechnik, Wasserstofftechnologie, Abfallbehandlung.

Besondere Hinweise zum Studiengang:
Der Master-Studiengang ist Bestandteil eines gemeinsam mit der University of Paisley angebotenen Studienganges, nach dessen erfolgreicher Absolvierung der Master-Grad beider Hochschulen erworben werden kann.

Zukunftsperspektiven:
Studienstruktur: Das Studium ist bereits auf Bachelor und Master umgestellt.
Arbeitsmarktmöglichkeiten: Tätigkeitsfelder sind alle Bereiche in Entwicklung, Konstruktion und Planung der Produktion eines maschinenbaulichen Erzeugnisses mit besonderen Anforderungen an die Beherrschung rechnergestützter Methoden. In besonderem Maße sind leitende Tätigkeiten in diesen Bereichen möglich.

Entsorgungsingenieurwesen

Studienabschluss: Master of Science
Hochschule: Rheinisch-Westfälische Technische Hochschule Aachen (U)
Fachbereich/Fakultät: Fakultät für Georessourcen und Materialtechnik (Fachbereich 5) gemeinsam mit der Fakultät für Bauingenieurwesen (Fachbereich 3)
Institut/Einrichtung: Fachgruppe für Rohstoffe und Entsorgungstechnik (Hauptbetreuung durch: Lehrstuhl für Aufbereitung und Recycling fester Abfallstoffe)
Anschrift: Wüllnerstraße 2, 52062 Aachen
Ansprechpartner: Frau Indra Weranek, Tel. 0241-809 57 10
weranek@rohstoffe.rwth-aachen.de
Web-Adresse: www.rohstoffe.rwth-aachen.de
Studienfachberatung: weranek@rohstoffe.rwth-aachen.de
Zulassung/Bewerbung: Direkte Einschreibung bei der RWTH Aachen; allgemeine Hochschulreife
Studienbeginn/-plätze: Wintersemester, unbegrenzt
Studiengebühren: 500,- Euro/Semester
Regelstudienzeit: 4 Semester

Kurzbeschreibung des Studiengangs:
Der Studiengang Entsorgungsingenieurwesen beinhaltet Vorlesungen aus den Bereichen mathematisch-naturwissenschaftliche Grundlagen (Mathematik, Physik, Chemie, Biologie, Geologie), ingenieursspezifische Grundlagen (Statistik, Maschinenkomponenten, elektrische Antriebstechnik, Geotechnik, Bautechnik) und fachspezifische Grundlagen (Kreislaufwirtschaft, Abwasserbehandlung, Deponietechnik, Aufbereitung, Luftreinhaltung, thermische Abfallbehandlung, Umweltbewertung, Umweltanalytik, Umweltmanagement) und fachübergreifende Grundlagen (Recht, Betriebswirtschaftslehre, Fremdsprache).
Im Master werden die jeweiligen Vertiefungsrichtungen (Feste Abfallstoffe, Abwasser, Bodenschutz und Wasserwirtschaft) als Studienrichtung weitergeführt und das Fachwissen aus dem Bachelor weitergehend vertieft.
Im Master ist in allen drei Vertiefungsrichtungen ein 8-wöchiges Praktikum integriert. Leistungen werden durch schriftliche Prüfungen, mündliche Prüfungen, schriftliche Hausarbeiten, mündliche Präsentationen und eine Projektarbeit nachgewiesen. Die Master Thesis kann in Industrieunternehmen angefertigt werden.

Besondere Hinweise zum Studiengang:
Der Studiengang ist interdisziplinär aufgebaut und auf das Lösen von fachübergreifenden Ingenieuraufgaben ausgerichtet.

Zukunftsperspektiven:
Studienstruktur: Verkürzung der Studiendauer durch Straffung von Inhalten und verbesserte Ablauforganisation.
Arbeitsmarktmöglichkeiten: Einsatzgebiete sind vorwiegend in der Ingenieurberatung und im Bereich fachübergreifende Tätigkeiten wie im Anlagenbetrieb oder Anlagenbau.

Environmental Engineering

Studienabschluss: Master of Science
Hochschule: Technische Universität Hamburg-Harburg
Fachbereich/Fakultät: Studiendekanat Bauwesen
Institut/Einrichtung: Institute für Wasserressourcen & Wasserversorgung, Abwasserwirtschaft & Gewässerschutz, AbfallRessourcenWirtschaft, Umwelttechnik & Energiewirtschaft
Anschrift: Eissendorfer Straße 42, 21073 Hamburg
Ansprechpartner: Prof. Dr.-Ing. Uwe Neis, Tel. 040-428 78 31 07
neis@tu-harburg.de
Web-Adresse: www.tu-harburg.de/education/master/environmental_engineering/
Studienfachberatung: c.riedel@tu-harburg.de
Zulassung/Bewerbung: Fach- und leistungsorientiertes Auswahlverfahren, Bewerbungsfrist: 31. Mai
Studienbeginn/-plätze: Wintersemester, keine Beschränkung
Studiengebühren: 500,- Euro/Semester
Regelstudienzeit: 4 Semester

Kurzbeschreibung des Studiengangs:
Der Master-Studiengang Environmental Engineering thematisiert physikalische, chemische und biologische Veränderungen des Bodens, des Wassers und der Luft. Aus diesem Grund werden bevorzugt Bewerber mit abgeschlossenem Erststudium aus den Bereichen Bauingenieurwesen, Umwelt- und Verfahrenstechnik sowie Chemieingenieurwesen angesprochen. Das Studium bereitet auf Tätigkeiten in den Bereichen Forschung, Entwicklung, Planung, Projektierung, Fertigung, Sanierung und Überwachung in selbst gewählten Gebieten der Umwelttechnik vor. Absolventen sollen Führungsaufgaben in der technischwissenschaftlichen Entwicklungs- und Forschungsarbeit übernehmen und generell in einer international geprägten Arbeitsorganisation in leitenden Positionen agieren können. Die Lehrveranstaltungen und die studienbegleitenden Prüfungen konzentrieren sich auf das erste und zweite Studiensemester. In der vorlesungsfreien Zeit nach dem zweiten Semester leisten die Studierenden dann in der Regel das mindestens zehnwöchige Industriepraktikum ab. Im dritten Semester ist die Projektarbeit anzufertigen. Das vierte Semester ist für die sechsmonatige Master-Arbeit vorgesehen. Das Kernstück des Masterprogramms bilden zwei Vertiefungsblöcke: Umweltqualitätsmanagement („Environmental Quality Management") und Behandlungsverfahren („Treatment Processes and Control").

Besondere Hinweise zum Studiengang:
Es handelt sich um ein internationales Studienprogramm in englischer Sprache. Daher müssen entsprechende Sprachkenntnisse nachgewiesen werden (TOEFL oder IELTS). Darüber hinaus erfolgt eine individuelle Prüfung der formalen und fachlichen Zulassungsvoraussetzungen. Es besteht die Möglichkeit, sich für ein IPSWaT-Stipendium zu bewerben.

Zukunftsperspektiven:
Studienstruktur: Der Studiengang ist akkreditiert durch ASIIN. Der Master-Abschluss ist einem Diplom-Ingenieur-Abschluss gleichwertig und eröffnet den Weg zur Promotion.
Arbeitsmarktmöglichkeiten: Mittel- und langfristig sind die Berufschancen für Absolventen aus dem Bereich Bauingenieurwesen und Umwelttechnik positiv zu bewerten.

Environmental Engineering and Management (MSc EEM)

Studienabschluss: Master of Science
Hochschule: Bauhaus-Universität Weimar
Fachbereich/Fakultät: Bauingenieurwesen
Institut/Einrichtung: Knoten Weimar GmbH (An-Institut der Bauhaus-Universität Weimar)
Anschrift: Coudraystraße 7, 99423 Weimar
Ansprechpartner: Prof. Dr.-Ing. W. Bidlingmaier, Tel. 03643-58 46 14
waste@bauing.uni-weimar.de
Web-Adresse: www.msc-eem.net
Studienfachberatung: info@msc-eem.net
Zulassung/Bewerbung: Onlinebewerbung über www.msc-eem.net
Studienbeginn/-plätze: Sommer- und Wintersemester, 200 Studienplätze
Studiengebühren: ja
Regelstudienzeit: 4 Semester

Kurzbeschreibung des Studiengangs:
Bei dem Studiengang handelt es sich um ein Fernstudium mit Präsenzphasen, welches in einer Regelstudienzeit von 2 Jahren absolviert werden kann. Der MSc EEM ist modular gegliedert und umfasst insgesamt 15 Kurse und eine Masterarbeit im Umfang von 6 Monaten. Es richtet sich als postgraduales Studienangebot der Fakultät Bauingenieurwesen an der Bauhaus-Universität Weimar an akademische Berufstätige in den Zielregionen China/Indien, Südost-Asien sowie im südlichen Afrika. Zugangsvoraussetzung ist ein Bachelor oder ein höherer Abschluss der Fachrichtungen Bauingenieurwesen, Infrastrukturmanagement, Wasserwirtschaft/Wasserbau, Hydrologie, Bauwirtschaft, Verfahrenstechnik, Ver- und Entsorgungstechnik, Umweltingenieurwesen oder Umwelttechnik. Neben Pflichtmodulen (Recht, Ökonomie, Infrastrukturentwicklung, Projektmanagement, Urbanisierung, Informatik) stehen Wahlpflichtmodule aus gewählten Vertiefungsrichtungen (Wasserversorgung, Wasserwirtschaft, Abwasser, Abfall, ...) zur Auswahl.
Alle Studienmaterialien liegen multimedial aufbereitet und auch in Papierversion vor. Lernzielorientiertes Lernen wird durch multimediale Elemente und Kommunikation via E-Learning-Plattform unterstützt. Ergänzende Informationen und Recherchehilfsmittel sowie geeignete Erschließungshilfsmittel werden bereitgestellt. Durch eine E-Learning-Plattform sind verbesserte Interaktionsmöglichkeiten der Studierenden untereinander bzw. mit der Bauhaus-Universität Weimar gegeben.

Besondere Hinweise zum Studiengang:
Unterrichtssprache ist Englisch, der MSc EEM ist durch die Fremdsprachenkomponente eindeutig an eine englischsprachige Zielgruppe in den Zielregionen China/Indien, Südost-Asien sowie im südlichen Afrika gerichtet.

Zukunftsperspektiven:
Arbeitsmarktmöglichkeiten: Nach erfolgreichem Abschluss des Studiums ist ein breit gefächertes Tätigkeitsfeld in den Zielregionen China/Indien, Südost-Asien sowie im südlichen Afrika möglich, z.B. in der Energiewirtschaft, in Ingenieurbüros und Planungsbüros, an Universitäten, Hoch- und Fachschulen, in Firmen und Institutionen des Umweltbereiches und in staatlichen und kommunalen Verwaltungen.

Environmental Engineering/Umwelttechnik (Schwerpunkt Nachhaltiger Energieeinsatz)

Studienabschluss: Master of Science
Hochschule: Hochschule für Angewandte Wissenschaften Hamburg (FH)
Fachbereich/Fakultät: Fakultät Life Sciences
Institut/Einrichtung: Department Umwelttechnik
Anschrift: Stiftstraße 69, 20099 Hamburg
Ansprechpartner: Prof. Dr. Heiner Kühle, Tel. 040-428 75 62 31
Heiner.Kuehle@rzbd.haw-hamburg.de
Web-Adresse: www.HAW-Hamburg.de/ls
Studienfachberatung: Heiner.Kuehle@rzbd.haw-hamburg.de
Zulassung/Bewerbung: Qualifizierter Abschluss in verwandter Studienrichtung mit mindestens „gut"
Studienbeginn/-plätze: Sommer- und Wintersemester, 20 Studienplätze
Studiengebühren: 500,- Euro/Semester
Regelstudienzeit: 3 Semester

Kurzbeschreibung des Studiengangs:
Der Master-Studiengang Environmental Engineering schließt konsekutiv an einen vorhergehenden Bachelor- oder Diplomstudiengang der Umwelttechnik oder einem verwandten Fach (z.B. Umweltverfahrenstechnik, technischer Umweltschutz) an. Er ist ein eineinhalbjähriger Studiengang zur Förderung der interdisziplinären Forschungs- und Entwicklungskompetenz auf wissenschaftlichem Niveau und schließt mit der Bezeichnung „Master of Science in Environmental Engineering (M.Sc.)" ab. Neben einer Vertiefung von mathematischen Methoden werden die Schwerpunkte „Nachhaltiger Energieeinsatz" und „Umweltbewertung" vertiefend angeboten. Darüber hinaus werden Kompetenzen für Führungstätigkeiten vermittelt. Das Studium schließt nach dem dritten Semester mit einer Master-Thesis (sechs Monate) ab.

Besondere Hinweise zum Studiengang:
Das Lehrangebot ist modularisiert nach dem European Credit Transfer System und hat eine Wertigkeit von 90 Creditpoints (ECTS).

Zukunftsperspektiven:
Studienstruktur: Der Studiengang ist aktuell gerade neu aufgestellt. Eine Anpassung an Erfordernisse des Marktes wird laufend durchgeführt.
Arbeitsmarktmöglichkeiten: Absolventen des Studienganges haben z. Zt. sehr gute Aussichten auf dem Arbeitsmarkt, insbesondere in den Sektoren Regenerative Energien sowie Wasser und Abwasser.

Environmental Sciences (Environmental Engineering and Modelling)

Studienabschluss:	Master of Science
Hochschule:	Fachhochschule Lippe und Höxter – Lemgo
Fachbereich/Fakultät:	Technischer Umweltschutz
Institut/Einrichtung:	Umweltingenieurwesen, Angewandte Informatik, Umweltinformatik
Anschrift:	An der Wilhelmshöhe 44, 37671 Höxter
Ansprechpartner:	Prof. Dr. Klaas Rathke, Prof. Dr. Stefan Wolf, Tel. 05271-68 71 48, 05271-68 72 68 klaas.rathke@fh-luh.de; stefan.wolf@fh-luh.de
Web-Adresse:	www.fh-luh.de
Studienfachberatung:	immatrikulationsamt@fh-luh.de
Zulassung/Bewerbung:	Bachelor, Diplom eines einschlägigen mind. 6-semestrigen Studiums, Durchschnittsnote 2,3
Studienbeginn/-plätze:	Wintersemester, 15 Studienplätze
Studiengebühren:	500,- Euro/Semester
Regelstudienzeit:	4 Semester

Kurzbeschreibung des Studiengangs:

Das Studium hat einen gemeinsamen Modulkanon von 4 Pflichtelementen (Recht, Softskills, Planungsprozesse und Projektabwicklung) und 2 Wahlpflichtelementen (Interdisziplinäre und Internationale Planungsaufgaben) mit dem Studiengang Landschaftsarchitektur. In dem Wahlpflichtkatalog ‚Internationale Planungsaufgaben' sind Fächer wie Water Supply in Developing Countries, Waste Management in Developing Countries, Urban Areas, Sustainable Landscape Development, Contemporary Landscape Architecture, Interdisziplinäre Planungsaufgaben mit Flächenrecycling und -rekultivierung, Flussgebietsmanagement und Umweltinformationssysteme/-modelle enthalten. Hinzu kommen sechs Pflichtmodule: Mathematik oder Numerik und Algorithmen, Informatik oder Verfahrenstechnik, Strömungsmechanik, Grundlagen der Modellbildung und Projekte zu Umweltwissenschaften. Des Weiteren sind vier Wahlpflichtmodule zu wählen aus dem Katalog Angewandte Nachhaltigkeit und Innovation, Angewandte Hydrologie, Bewertung und Sanierung von Deponien und Altlasten, Monitoring-Systeme u.a. und zwei Module aus dem Katalog Air Pollution, Grundwasser und Versickerung, Simulation von Abwasseranlagen, Stofftransport im Grundwasser, Feststofftransport in Fließgewässern, IT-Sicherheit und –Recht u.a.

Besondere Hinweise zum Studiengang:

Zulassungsvoraussetzungen: Nachweis von mind. 30 Credits insgesamt, davon aber mindestens 20 Credits (oder 10 Credits) in Fächern aus den Bereichen Mathematik und Informatik oder 10 Credits oder (20 Credits) aus dem Bereich ingenieurwissenschaftliche Grundlagen.

Zukunftsperspektiven:

Studienstruktur: An einer Beteiligung des Fachbereichs Technischer Umweltschutz an einem internationalen Masterprogramm „Sustainability Management" wird gearbeitet. Es ist geplant, im Wintersemester 2007/08 mit dem Programm zu starten.

Arbeitsmarktmöglichkeiten: Zugang zum höheren öffentlichen Dienst. Arbeitsmöglichkeiten finden sich u.a. in Ingenieur- und Planungsbüros, bei Kommunen, Verwaltungen, Verbänden, in Industrieunternehmen, Beratungsunternehmen.

Environmental Sciences (Landschaftsarchitektur)

Studienabschluss:	Master of Science
Hochschule:	Fachhochschule Lippe und Höxter – Lemgo
Fachbereich/Fakultät:	Landschaftsarchitektur und Umweltplanung
Institut/Einrichtung:	—
Anschrift:	An der Wilhelmshöhe 44, 37671 Höxter
Ansprechpartner:	Prof. Dipl.-Ing. Günther Quast, Tel. 05271-871 07 oder -1 84 guenther.quast@fh-luh.de
Web-Adresse:	www.fh-luh.de
Studienfachberatung:	immatrikulationsamt@fh-luh.de
Zulassung/Bewerbung:	Bachelor, Diplom in Landschaftsarchitektur o.ä. Studium, Durchschnittsnote 2,0
Studienbeginn/-plätze:	Wintersemester, 25 Studienplätze
Studiengebühren:	500,- Euro/Semester
Regelstudienzeit:	4 Semester

Kurzbeschreibung des Studiengangs:

Das Studium hat einen gemeinsamen Modulkanon von Pflichtelementen (Recht, Softskills, Planungsprozesse, und Projektabwicklung) und Wahlpflichtelementen (Interdisziplinäre und Internationale Planungsaufgaben) mit dem Studiengang Environmental Engineering and Modelling.

In dem Wahlpflichtkatalog Interdisziplinäre Planungsaufgaben sind Fächer wie Water Supply und Waste Management in Developing Countries, Urban Areas, Sustainable Landscape Development, Contemporary Landscape Architecture, Flächenrecycling und -rekultivierung, Flussgebietsmanagement, Umweltinformationssysteme/-modelle enthalten.

Darüber hinaus sind 6 Pflichtmodule Freiraumplanung und Entwerfen, Landschafts- und Naturschutzentwicklung, Projektarbeit I, II und III, Aktuelles Forum (ein Diskurs aktueller Themen in der Landschaftsarchitektur) zu absolvieren. Zu den Pflichtmodulen kommen 4 Wahlpflichtmodule aus dem Katalog Landnutzungswandel, Umweltvorsorge, Ästhetik und Gartenkunst, Rekreationsplanung und Landschaftsästhetik, Urbanes Vegetationsmanagement, Pflanzenökologie und Pflanzenverwendung, Stadt- und Regionalentwicklung, Freiräume im urbanen Kontext, Entwerfen und Darstellen, Stadtentwicklung und Migration hinzu. Das Studienvolumen umfasst 64 Semesterwochenstunden bzw. 120 Credits. Ein Praktikum von mindestens 8 Wochen wird dringend empfohlen.

Besondere Hinweise zum Studiengang:

Absolventen anderer Studiengänge mit einem mindestens 6-semestrigen Hochschulstudium können mit Durchschnittsnote 2,0 aufgenommen werden. Nachweis in zwei Fächern aus 1. Gestaltung, Entwurf, Planung; 2. Standortlehre, Geologie, Bodenkunde; 3. Biologie, Ökologie, Pflanzenkunde ist erforderlich. Ein Fach kann nachgeholt werden.

Zukunftsperspektiven:

Arbeitsmarktmöglichkeiten: Zugang zum höheren öffentlichen Dienst; europa- und bundesweite Kammerfähigkeit. Arbeitsmöglichkeiten u.a. in Planungsbüros, bei Kommunen, Verwaltungen, in Verbänden, Unternehmen.

Environmental Technologies

Studienabschluss: Master of Science
Hochschule: Brandenburgische Technische Universität Cottbus
Fachbereich/Fakultät: Umwelt- und Verfahrenstechnik
Institut/Einrichtung: Verfahrenstechnik
Anschrift: Burger Chaussee, Haus 210, 03015 Cottbus
Ansprechpartner: Prof. W. Witt, Tel. 0355-69 11 85
witt@tu-cottbus.de
Web-Adresse: —
Studienfachberatung: —
Zulassung/Bewerbung: —
Studienbeginn/-plätze: Sommer- und Wintersemester, 20 Studienplätze
Studiengebühren: keine
Regelstudienzeit: 4 Semester

Kurzbeschreibung des Studiengangs:
Ziel des Studiums ist es, die Studierenden, aufbauend auf soliden Kenntnissen und Methoden der Umweltwissenschaften und -technik, zur wissenschaftlichen Arbeit, zur kritischen Einordnung der wissenschaftlichen Erkenntnisse und zu eigenen Beiträgen in diesem Fachgebiet zu befähigen.

Die Ausbildung orientiert sich weiterhin an den Anforderungsprofilen der diesem Studiengang zugeordneten Fachgebiete. Dazu gehören die unternehmensinternen Fachabteilungen „Umweltschutz/Sicherheit/Genehmigung" und die Genehmigungsbehörden. Näheres zum Studienaufbau und zu den Studieninhalten siehe website.

Besondere Hinweise zum Studiengang:
Die Unterrichtssprache ist englisch.

Zukunftsperspektiven:
Studienstruktur: Eine Vertiefung in Richtung „Process engineering" ist über die Wahlpflichtmodule möglich.

Arbeitsmarktmöglichkeiten: Der Arbeitsmarkt ist im Umfeld der Prozesstechnik – dem ist auch dieser Studiengang zuzuordnen – weltweit zumindest mittelfristig sehr gut.

Environmental Technology Management

Studienabschluss: Master of Engineering
Hochschule: Fachhochschule Augsburg
Fachbereich/Fakultät: Fakultät für Maschinenbau
Institut/Einrichtung: —
Anschrift: Baumgartnerstraße 16, 86161 Augsburg
Ansprechpartner: Prof. Dr.-Ing. Wolfgang Rommel, Tel. 0821-558 61 64
wolfgang.rommel@fh-augsburg.de
Web-Adresse: www.fh-augsburg.de/maschinenbau/master/environmental/
Studienfachberatung: reich@rz.fh-augsburg.de
Zulassung/Bewerbung: Abschluss in einer Ingenieur- oder Naturwissenschaft, 2-jährige Berufserfahrung
Studienbeginn/-plätze: Sommersemester, 25 Studienplätze
Studiengebühren: 3.500,- Euro/Semester
Regelstudienzeit: 3 Semester

Kurzbeschreibung des Studiengangs:
The demands on engineers taking part in interdisciplinary technological innovation and development projects are growing and are becoming more and more complex. Knowledge once gained in an undergraduate course of study will not suffice in an increasing number of cases. Additional knowledge in technical and social aspects as well as management items is necessary. The special feature of this master course is its orientation towards real projects. In project teams of about 5 students, an academic supervisor and in cooperation with companies real technical problems will be treated. While finding technical solutions for that problems additional management and social skills will be acquired.

Besondere Hinweise zum Studiengang:
Augsburg ist bayerisches Umweltkompetenzzentrum.

Zukunftsperspektiven:
Arbeitsmarktmöglichkeiten: Aufgrund der breiten ingenieurwissenschaftlichen und Managementausrichtung des Studienganges vielfältige Berufsmöglichkeiten in Wirtschaft und Verwaltung.

EURO AQUAE Euro Hydro-Informatics and Water Management

Studienabschluss: Master of Science
Hochschule: Brandenburgische Technische Universität Cottbus
Fachbereich/Fakultät: Fakultät 2 – Architektur, Bauingenieurwesen und Stadtplanung
Institut/Einrichtung: Bauinformatik
Anschrift: Konrad-Wachsmann-Allee 1, 03046 Cottbus
Ansprechpartner: Prof. Dr.-Ing. K.-P. Holz, Tel. 0355-69 22 62
holz@bauinf.tu-cottbus.de
Web-Adresse: www.euroaquae.org
Studienfachberatung: holz@bauinf.tu-cottbus.de
Zulassung/Bewerbung: —
Studienbeginn/-plätze: Wintersemester, 40 Studienplätze
Studiengebühren: je nach Studienort, England ja
Regelstudienzeit: 4 Semester

Kurzbeschreibung des Studiengangs:
Der internationale Master-Studiengang Euro „Hydro-Informatics and Water Management" bildet künftige Wissenschaftler und qualifizierte Ingenieure als Entscheidungsträger und Führungspersönlichkeiten für das Management und die Modellierung von Wasser- und Umwelt-Systemen und Projekten aus. Die Absolventen sollen als Experten in lokalen, regionalen und internationalen Fachgremien und öffentlichen Einrichtungen sowie in privaten Unternehmen wirken.

Der Studiengang wird von der Brandenburgischen Technischen Universität Cottbus (BTU) in Zusammenarbeit mit der Universität „Sophia Antipolis" Nizza (Frankreich), der TU Budapest (Ungarn), der Technischen Universität von Katalonien (Barcelona/Spanien) sowie der Universität Newcastle upon Tyne (Großbritannien) durchgeführt. Er ist ein Projekt im Rahmen des EU-Erasmus-Mundus-Programms.

Die fünf beteiligten Universitäten verleihen einen gemeinsamen Abschluss (joint degree) im Grad (MSc) „Master of Science in Hydro-Informatics & Water Management", der den nationalen Abschlüssen der Partnerländer gleichgestellt ist. Unterrichtssprache ist Englisch.

Das Master-Studium beginnt mit der Vermittlung von Grundlagen (Wasser, Umwelt, Informations- und Kommunikationstechnologie) parallel an allen Studienorten. Das 2. Semester dient dem Erwerb von Fähigkeiten in Verständnis und Anwendung von Konzepten, Methoden und Werkzeugen der Hydro-Informatik. Er wird verpflichtend für alle Studierenden in Newcastle (UK) durchgeführt. Es folgen im 3. Semester thematische Spezialisierungen für Systeme der Hydro-Informatik (Cottbus), zum Management von Wasser in Städten (Nizza), dem Management von Wasser in Flussgebieten (Ungarn) sowie entscheidungsstützenden Systemen (Barcelona). Im 4. Semester (an allen Orten) wird die Master-Arbeit als Forschungs- oder Industrieprojekt angefertigt.

Besondere Hinweise zum Studiengang:
Erasmus-Mundus; Praktikum im Ausland wird unterstützt

INFOTECH – Information Technology (Vertiefung Optoelektronische Systeme)

Studienabschluss:	Master of Science
Hochschule:	Universität Stuttgart
Fachbereich/Fakultät:	FB: Elektrotechnik und Informationstechnik
	Fakultät 5: Informatik, Elektrotechnik und Informationstechnik
Institut/Einrichtung:	Es sind mehrere Institute des FB involviert, speziell für Photovoltaik: Institut für Physikalische Elektronik (IPE)
Anschrift:	Pfaffenwaldring 47, 70569 Stuttgart
Ansprechpartner:	Studiendekan: Prof. Kühn, Tel. 0711-68 56 80 27 oder -5 paul.j.kuehn@ikr.uni-stuttgart.de
Web-Adresse:	http://www.infotech.uni-stuttgart.de
Studienfachberatung:	wizgall@infotech.uni-stuttgart.de
Zulassung/Bewerbung:	NC-Fach, direkte Bewerbung, Eignungsfeststellungsverfahren
Studienbeginn/-plätze:	Wintersemester, 50 Studienplätze
Studiengebühren:	500,- Euro/Semester
Regelstudienzeit:	3 Sem. + Industriepraktikum (+ freiwilliges Vorsemester zur Vorbereitung der Eignungsfeststellung)

Kurzbeschreibung des Studiengangs:
Der auslandsorientierte, englischsprachige Masterstudiengang „Information Technology" an der Universität Stuttgart ist Teil einer konsekutiven Ausbildung, deren erster berufsqualifizierender Abschluss der Bachelor in „Elektrotechnik und Informationstechnik", „Informatik" oder „Softwaretechnik" ist. Er richtet sich ferner an Bachelor-Absolventen ausländischer Universitäten mit einer 4-jährigen Regelstudienzeit, sowie Bachelor-Absolventen anderer deutscher Universitäten, Fachhochschulen und Berufsakademien.

Der Masterstudiengang bietet 3 Schwerpunkte: Communication Engineering and Media; Technology; Embedded Systems Engineering; Micro- and Optoelectronics.

Im Schwerpunkt „Micro- und Optoelektronics" werden u.a. die Vertiefungen in Festkörperelektronik, Optoelektronik, Quantenelektronik und Halbleitertechnik gelehrt. In der Vertiefung „Optoelektronische Systeme" speziell das Fach Photovoltaik.Die Photovoltaik ist die Basis einer nachhaltigen Energiegewinnung aus Licht und Sonnenenergie, eine der Energiearten, welche erneuerbar ist und nicht auf dem Verbrauch nicht erneuerbarer Ressourcen beruht (also: Wasserkraft, Windenergie, Biogas, Zucker, Bio-Öle u.Ä.). Dieses Fach ist auch Forschungsschwerpunkt am IPE und wird durch Studien-/Diplom-/Masterarbeiten sowie Promotionsarbeiten intensiv gepflegt. Hierzu gehört eine umfangreiche gerätetechnische Ausstattung an den beteiligten Instituten.

Besondere Hinweise zum Studiengang:
Auch die Vorlesungen zur Automatisierungstechnik, Informations- und Kommunikationstechnik, ohne die neue Systeme zur nachhaltigen Energieversorgung nicht denkbar sind, sind Bestandteil des Studienschwerpunktes.

Zukunftsperspektiven:
Studienstruktur: Das heutige Vorsemester zur Vorbereitung auf die Eignungsfeststellungstests wird längerfristig durch Distance-Learning Verfahren ersetzt werden.
Arbeitsmarktmöglichkeiten: Exzellente Berufsaussichten im gesamten Fach der Elektrotechnik und Informationstechnik.

Landschaftsarchitektur und Regionalentwicklung

Studienabschluss: Master of Engineering
Hochschule: Fachhochschule Osnabrück
Fachbereich/Fakultät: Fakultät Agrarwissenschaften und Landschaftsarchitektur
Institut/Einrichtung: —
Anschrift: Oldenburger Landstraße 24, 49090 Osnabrück
Ansprechpartner: Prof. Verone Stillger, Tel. 0541-969 51 81
v.stillger@fh-osnabrueck.de
Web-Adresse: www.al.fh-osnabrueck.de/
Studienfachberatung: v.stillger@fh-osnabrueck.de
Zulassung/Bewerbung: NC, Bewerbung über die Hochschule
Studienbeginn/-plätze: Wintersemester, 25 Studienplätze
Studiengebühren: 500,- Euro/Semester
Regelstudienzeit: 4 Semester

Kurzbeschreibung des Studiengangs:
Der Master Landschaftsarchitektur und Regionalentwicklung erschließt durch sein Profil, aber auch entsprechend den sich verändernden Anforderungen des Berufsfeldes neue zukunftsträchtige Aufgabenbereiche im Bereich der Entwicklung von Stadtregionen und des ländlichen Raums. Der Studiengang gliedert sich in einen Pflicht- und einen Wahlpflichtbereich. Die Wahlpflichtkataloge ermöglichen zunächst vor allem eine Profilierung in einem der beiden Themenbereiche. Für den Wahlpflichtbereich stehen 5 Kataloge zur Verfügung, aus denen 7 Module auszuwählen sind. Der Pflichtbereich ist stark von Projektarbeit geprägt. Die Masterarbeit ist mit 25 Leistungspunkten bewertet und füllt neben einem internationalen Master-Workshop das 4. Semester aus.

Das Profil Regionalentwicklung ermöglicht es auch Studierenden mit Studienabschlüssen außerhalb der Landschaftsarchitekturstudiengänge, sich ein anwendungsorientiertes neues, interdisziplinär geprägtes Aufgabenfeld zu erschließen. Berufsspezifische Anforderungen sind ein breites, interdisziplinäres Wissen um regionale Zusammenhänge und Handlungsmöglichkeiten, Kenntnisse in der Analyse urbaner und ländlicher Räume, Beherrschen verschiedener Planungsstrategien und Entwurfsmethoden, Qualifikationen in der Entwicklung, Koordination und Umsetzung fachübergreifender, regionaler Entwicklungskonzepte sowie im zunehmend europäisch geprägten Planungs- und Umweltrecht aufbauend auf vertieften Fähigkeiten in Kommunikation, Koordination und Konfliktmanagement.

Zukunftsperspektiven:
Arbeitsmarktmöglichkeiten: Berufsbefähigung als Landschaftsarchitekt (nationale Anerkennung entsprechend Kammergesetzen sowie internationale Anerkennung) mit ausgeprägter Umsetzungskompetenz im Vergleich zu verwandten Fachdisziplinen; Zugang zu den Laufbahnen des höheren Dienstes; Tätigkeit als Regionalmanager u.a.m.

Maschinenbau Konstruktionstechnik und Erneuerbare Energien

Studienabschluss: Master of Engineering
Hochschule: Technische Fachhochschule Berlin
Fachbereich/Fakultät: FB VIII
Institut/Einrichtung: Maschinenbau und Verfahrenstechnik
Anschrift: Lütticher Straße 38, 13353 Berlin
Ansprechpartner: Prof. Dr. Joachim Villwock, Tel. 030-45 04 24 05
villwock@tfh-berlin.de
Web-Adresse: www.tfh-berlin.de/studium/fbviii
Studienfachberatung: villwock@tfh-berlin.de
Zulassung/Bewerbung: NC
Studienbeginn/-plätze: Sommer- und Wintersemester, 22 Studienplätze
Studiengebühren: keine
Regelstudienzeit: 3 Semester

Kurzbeschreibung des Studiengangs:
Ziel des Studiengangs ist eine fundierte, auf eine wissenschaftliche Befähigung ausgerichtete Ausbildung auf dem Gebiet des Maschinenbaus mit der speziellen Ausrichtung auf die Qualifizierung für die Aufgaben der angewandten Forschung, Entwicklung, Planung und des Engineerings von technischen Anlagen, Prozessen und Abläufen.

Die Struktur des Studiengangs ist so angelegt, dass jedes Modul einmal jährlich angeboten wird. Bei Aufnahme des Studiums zum Sommersemester sind die Module des 2. Semesters vor denen des ersten Semesters zu studieren.

Die Lehrveranstaltungen werden in kleinen Gruppen nach seminaristischem Prinzip durchgeführt: Vortrag und Diskussion wechseln in pädagogisch sinnvoller Weise. Der Praxisbezug wird durch die Zusammenarbeit mit der Industrie unterstrichen.

Das Studium beinhaltet die Pflichtmodule: M01: Numerik – Optimierung, M02: Kontinuumsmechanik, M03: CAE/Virtual Reality, M04: Dynamik der Mehrkörpersysteme, M05: Computational Fluid Dynamik, M06: Strömungsmaschinen, Vertiefung, M07: Leichtbauwerkstoffe – Werkstoffanalytik, M08: Allgemeinwissenschaftliche Ergänzungsfächer.

Des Weiteren existiert ein Angebot von Wahlpflichtmodulen aus den Bereichen Konstruktion: Explizite Finite Elemente Methoden, Förder- und Getriebetechnik, Kraft- und Arbeitsmaschinen, Beanspruchungsanalyse (Projekt) und dem Bereich Erneuerbare Energien: Kraftwerkstechnik neuer Systeme, Konventionelle und Erneuerbare Energien, Labor, Wasserstofftechnik und Anwendung sowie Biomasse, nachwachsende Rohstoffe.

Besondere Hinweise zum Studiengang:
Der Studiengang ist als konsekutiver Masterstudiengang ausgelegt. Für geeignete Bachelor-Studiengänge mit weniger als 210 Credits werden vom Dekan/von der Dekanin zusätzliche Module vergeben, die bis zur Antragsstellung zur Abschlussarbeit erfolgreich abzuschließen sind. Für diesen Studiengang werden Englischkenntnisse vorausgesetzt.

Process Engineering

Studienabschluss: Master of Science
Hochschule: Hochschule für Technik, Wirtschaft und Medien Offenburg (FH)
Fachbereich/Fakultät: Maschinenbau/Verfahrenstechnik
Institut/Einrichtung: —
Anschrift: Badstraße 24, 77652 Offenburg
Ansprechpartner: Prof. Dr. Bernd Spangenberg
Spangenberg@FH-Offenburg.de
Web-Adresse: http://fh-offenburg.de/
Studienfachberatung: —
Zulassung/Bewerbung: —
Studienbeginn/-plätze: Wintersemester, —
Studiengebühren: keine
Regelstudienzeit: 4 Semester

Kurzbeschreibung des Studiengangs:
Als konsekutiver Studiengang vertieft der Master „Process Engineering" vor allem das in den Schwerpunkten Biotechnik und Umwelttechnik des Bachelor-Studiengangs Verfahrenstechnik erworbene Fachwissen. Das Studium soll den Absolventen sowohl eine wissenschaftliche Karriere (Promotionsstudium) im Bereich der Verfahrenstechnik als auch eine Karriere in der Wirtschaft ermöglichen. Durch die internationalen Kontakte, die Lehrveranstaltungen an anderen Hochschulen einschließen, werden Studierende auch im besonderen Maße befähigt, Führungsaufgaben über nationale Grenzen hinaus zu übernehmen. Das konsekutive Master-Studium umfasst insgesamt drei Semester, die sich in zwei Theoriesemester und ein Semester zur Anfertigung der Master Thesis aufteilen. Die Master Thesis wird in der Regel in einem Unternehmen der Branche absolviert oder in den Forschungsgruppen der beteiligten Hochschulen durchgeführt. Seminare und Projektarbeiten werden in kleineren Gruppen durchgeführt.

Besondere Hinweise zum Studiengang:
Der konsekutive Masterstudiengang Process Engineering ist ein englischsprachiger Studiengang in Zusammenarbeit mit der polnischen Universität Allenstein.

Regenerative Energiesysteme

Studienabschluss: Master of Science
Hochschule: Fachhochschule für Technik und Wirtschaft Berlin
Fachbereich/Fakultät: FB1 – Ingenieurwissenschaften 1
Institut/Einrichtung: —
Anschrift: Marktstraße 9, 10317 Berlin
Ansprechpartner: Prof. Dr. Volker Quaschning, Tel. 030-50 19 36 56
volker.quaschning@fhtw-berlin.de
Web-Adresse: www.f1.fhtw-berlin.de/studiengang/ut
Studienfachberatung: Prof. Dr. Petra Bittrich: bittrich@fhtw-berlin.de
Zulassung/Bewerbung: Für Absolventen des Bachelor-Studiengangs Regenerative Energiesysteme oder verwandter Studiengänge
Studienbeginn/-plätze: Wintersemester, —
Studiengebühren: keine
Regelstudienzeit: 4 Semester

Kurzbeschreibung des Studiengangs:
Aufbauend auf den Bachelor-Studiengang Regenerative Energiesysteme zielt das Master-Studium auf die Weiterentwicklung der erworbenen Fertigkeiten in methodischer Richtung. Der Schwerpunkt liegt hierbei auf der Vertiefung theoretischer Grundlagen und ihrer ingenieurtechnischen Anwendung. Dies erfolgt in Bereichen der primären Energiewandlung hinsichtlich biologischer und chemischer, fluidmechanischer, thermischer und photovoltaischer Prozesse, sowie der Modellierung und Simulation komplexer regenerativer Energiesysteme. Außerdem werden die Studierenden in die Forschungs- und Entwicklungsaktivitäten der Hochschule eingebunden.

Den Studierenden wird eine Vertiefung in wichtigen Grundlagengebieten regenerativer Energiesysteme angeboten. Damit werden die theoretisch fundierten Grundlagen vermittelt, um in allen Gebieten regenerativer Energietechnik erfolgreich zu arbeiten. Im Curriculum sind wieder fachspezifische Vertiefungen vorgesehen, die während eines Auslandssemesters durchgeführt werden sollen.

Besondere Hinweise zum Studiengang:
Der Studienplan ist so organisiert, dass das 3. Semester günstig im Ausland verbracht werden kann.

Zukunftsperspektiven:
Studienstruktur: Der Bachelor/Master-Studiengang „Regenerative Energiesysteme" wird künftig mit dem Diplomstudiengang „Umwelttechnik/Regenerative Energien" einen gemeinsamen Bachelor/Master-Studiengang bilden.
Arbeitsmarktmöglichkeiten: Die Branche der regenerativen Energien zeichnet sich durch zweistellige Wachstumsraten pro Jahr aus. In diesem dynamischen Umfeld entsteht derzeit eine Vielzahl neuer Jobs, für die gut ausgebildete Fachkräfte benötigt werden.

Technisches Management in der Energie-, Gebäude-, Umwelttechnik

Studienabschluss:	Master of Engineering
Hochschule:	Fachhochschule Münster
Fachbereich/Fakultät:	Fachbereich Energie – Gebäude – Umwelt
Institut/Einrichtung:	—
Anschrift:	Stegerwaldstraße 39, 48565 Steinfurt
Ansprechpartner:	Prof. Dr. F.-P. Schmickler, Tel. 0251-836 21 97 egu@fh-muenster.de
Web-Adresse:	www.fh-muenster.de/fb4/
Studienfachberatung:	egu@fh-muenster.de
Zulassung/Bewerbung:	—
Studienbeginn/-plätze:	Wintersemester, 20 Studienplätze
Studiengebühren:	—
Regelstudienzeit:	4 Semester

Kurzbeschreibung des Studiengangs:

Der Fachbereich Energie – Gebäude – Umwelt wurde vor rund 30 Jahren an der Fachhochschule Münster am Standort Steinfurt gegründet. Der Tradition einer Fachhochschule gemäß, die ihre Stärken in den angewandten Technologien sieht, besitzt der Fachbereich 18 Labor- und Lehrgebiete, die sich mit allen Fragestellungen des nachhaltigen Einsatzes von Energie und der umweltschonenden Ressourcennutzung innerhalb und außerhalb unserer Gebäude beschäftigt.

Neben der gerade bei Fachhochschulen im Vordergrund stehenden Lehre werden in vielen Bereichen Forschungsaufträge abgehandelt. So ist gewährleistet, dass aktuelle Themen auch in Lehre und Weiterbildung vermittelt werden. Viele Professoren sind auch in die Erstellung technischer Regelwerke eingebunden, so dass die Erkenntnisse unserer Forschungsprojekte auch dort einfließen. Grundsätzlich sind alle unserer Themengebiete von jeher auch der Nachhaltigkeit gewidmet. Als Beispiel können die regenerative Energienutzung (aktuell: Biogasanlagen), die Forschung an Horizontal-Bodenfiltern für die dezentrale Wasseraufbereitung und die Prototypen-Entwicklung einer gewerblichen Spülmaschine mit 50%iger Wassereinsparung genannt werden.

Durch Forschungsvorhaben bestehen Kooperationen und Netzwerke mit den verschiedensten Einrichtungen der Industrie.

Zukunftsperspektiven:

Studienstruktur: Der Master-Studiengang ist ein akkreditierter Studiengang. Er berechtigt zum Zugang zum höheren Dienst.

Arbeitsmarktmöglichkeiten: Die Arbeitsmarktmöglichkeiten sind hervorragend.

Umwelt- und Verfahrenstechnik

Studienabschluss:	Master of Engineering
Hochschule:	Hochschule Konstanz (FH)
Fachbereich/Fakultät:	Maschinenbau
Institut/Einrichtung:	Verfahrens- und Umwelttechnik
Anschrift:	Brauneggerstraße 55, 78462 Konstanz
Ansprechpartner:	Prof. Dr.-Ing. Werner Hofacker, Tel. 07531-20 62 74 hofacker@htwg-konstanz.de
Web-Adresse:	www.ma.htwg-konstanz.de/uvt.htm
Studienfachberatung:	hofacker@htwg-konstanz.de
Zulassung/Bewerbung:	NC
Studienbeginn/-plätze:	Sommersemester, 20 Studienplätze
Studiengebühren:	500,- Euro/Semester
Regelstudienzeit:	3 Semester

Kurzbeschreibung des Studiengangs:

Der konsekutive Masterstudiengang Umwelt- und Verfahrenstechnik baut auf dem vorangegangenen Bachelor-Studiengang Verfahrens- und Umwelttechnik (oder Physikalische Technik oder Biologische Chemie) auf und hat ein stärker anwendungsbezogenes Profil. Besonderer Wert wird auf die Orientierung des Lehrangebots an den Bedürfnissen der Praxis gelegt. Ihr erlerntes Wissen können die Studierenden bei Laborpraktika, im Projekt sowie während ihrer Masterarbeit anwenden und konsolidieren.

Der Masterstudiengang zeichnet sich aus durch Schwerpunktsetzung in den Bereichen: Umweltkompatible Prozesstechnik; Innovationsmanagement in der Verfahrenstechnik; Bioprozesstechnik.

Weitere Merkmale des Masterstudienganges sind die innovative Kooperation dreier Hochschulen (Hochschule Konstanz, Hochschule Ravensburg-Weingarten, Zürcher Hochschule Winterthur CH), die damit verbundenen länderübergreifenden Synergieeffekte sowie die direkte Orientierung an den regionalen Bedürfnissen der Wirtschaft.

Prüfungsleistungen: Modulprüfungen in jedem Modul, Projekt: 300 Stunden, Master-Thesis: 6 Monate

Besondere Hinweise zum Studiengang:

Internationaler Studiengang an drei Hochschulen: HTWG Konstanz, HS Ravensburg-Weingarten, ZH Winterthur (CH).

Zukunftsperspektiven:

Arbeitsmarktmöglichkeiten: Arbeitsmöglichkeiten in praktisch allen Bereichen der Industrie und des öffentlichen Dienstes.

Umwelt- und Verfahrenstechnik

Studienabschluss:	Master of Engeneering
Hochschule:	Hochschule Ravensburg-Weingarten (FH)
Fachbereich/Fakultät:	Technologie und Management
Institut/Einrichtung:	—
Anschrift:	Doggenriedstraße, 88250 Weingarten
Ansprechpartner:	Prof. Dr. Wolfgang Speckle, Tel. 0751-501 94 30 speckle@hs-weingarten.de
Web-Adresse:	—
Studienfachberatung:	info@hs-weingarten.de
Zulassung/Bewerbung:	NC
Studienbeginn/-plätze:	Sommersemester, 20 Studienplätze
Studiengebühren:	500,- Euro/Semester
Regelstudienzeit:	3 Semester

Kurzbeschreibung des Studiengangs:

Der Studiengang Umwelt- und Verfahrenstechnik wird in Kooperation zwischen der Fachhochschule Konstanz, der Fachhochschule Ravensburg-Weingarten und der Zürcher Hochschule Winterthur unter dem Dach der Internationalen Bodensee Hochschule angeboten. Zum Masterstudiengang zugelassen werden Bewerber, die bereits einen berufsqualifizierenden Abschluss wie den Bachelor oder ein Diplom in Umwelt- und Verfahrenstechnik, Physikalischer Technik, Maschinenbau, Chemieingenieurwesen oder einem artverwandten Fach haben. Der Studiengang beinhaltet folgende Module: Bioverfahrenstechnik, Innovationsmanagement in der Verfahrenstechnik, Spezielle Aspekte der Thermischen Verfahrenstechnik (Wahlmodul), Spezielle Aspekte der Mechanischen Verfahrenstechnik (Wahlmodul), Umweltanalytik, Umweltkompatible Prozesstechnik und Projekt.

Zukunftsperspektiven:

Arbeitsmarktmöglichkeiten: Sehr gute Chancen für die Absolventen.

Urbane Infrastrukturplanung – Verkehr und Wasser

Studienabschluss: Master of Engineering
Hochschule: Technische Fachhochschule Berlin
Fachbereich/Fakultät: III: Bauingenieur- und Geoinformationswesen
Institut/Einrichtung: Technische Fachhochschule Berlin
Anschrift: Luxemburger Straße 10, 13353 Berlin
Ansprechpartner: Prof. Dr. Heimann (Wasser), Prof. Dr. Taubmann (Verkehr), Tel. Prof. Heimann: 030-45 04-26 30; Prof. Taubmann: 030-45 04-25 86 heimann@tfh-berlin.de; taubmann@tfh-berlin.de
Web-Adresse: —
Studienfachberatung: ohahn@tfh-berlin.de
Zulassung/Bewerbung: Abgeschlossenes Bauingenieurstudium oder Äquivalent
Studienbeginn/-plätze: Wintersemester, 20 Studienplätze
Studiengebühren: keine
Regelstudienzeit: 3 Semester

Kurzbeschreibung des Studiengangs:
Lebenswerte Städte sind ohne eine bedarfsgerechte, leistungsstarke und zunehmend komplexere Infrastruktur nicht denkbar. Zentrale Komponenten der urbanen Infrastruktur sind die Verkehrssysteme Straße und Schiene zur Gewährleistung der Mobilität sowie Ver- und Entsorgungssysteme für Wasser und Abfall. Die Infrastruktur muss kontinuierlich den sich ändernden Anforderungen aus der Umweltgesetzgebung und dem demographischen Wandel angepasst werden. Dabei bedarf es vor allem eines intelligenten Managements und der Optimierung der vorhandenen Infrastruktur. International kommt dem Ausbau und der Unterhaltung der Infrastruktur in Ballungsräumen eine wachsende Bedeutung zu. Großstädte entwickeln sich oft ungehindert und ohne Infrastruktur. Hier besteht z.T. ein erheblicher Nachholbedarf.

Der Masterstudiengang „Urbane Infrastrukturplanung – Verkehr und Wasser" vermittelt das Instrumentarium zur Lösung dieser anspruchsvollen und zukunftsorientierten Aufgaben. Er ist interdisziplinär und modular aufgebaut. Die Studieninhalte und -methoden orientieren sich an dem Ziel, selbstständiges und interdisziplinäres Handeln zu entwickeln und zu fördern. Dazu werden neben dem vertieften fachlichen Spezialwissen übergeordnete Inhalte und methodische Fähigkeiten vermittelt. Hierzu gehören beispielsweise Fragen des Umwelt- und Planungsrechts genauso wie Grundlagen in der Anwendung von Geoinformationssystemen für Maßnahmen des Verkehrs- und Wasserwesens.

Besondere Hinweise zum Studiengang:
Eine Akkreditierung mit Zulassung zum Höheren Dienst liegt vor.

Zukunftsperspektiven:
Arbeitsmarktmöglichkeiten: Aufgrund der hohen Bedeutung städtischer Infrastruktur für das Gemeinwesen besteht ein kontinuierlicher Bedarf an Fachkräften. Das breit angelegte Fachwissen eröffnet vielseitige Karrierechancen in der freien Wirtschaft und im öffentlichen Dienst.

Wasser und Umwelt

Studienabschluss:	Master of Science oder Zertifikatsabschluss
Hochschule:	Bauhaus-Universität Weimar
Fachbereich/Fakultät:	Bauingenieurwesen
Institut/Einrichtung:	Arbeitsgruppe Wasser und Umwelt
Anschrift:	Coudraystraße 7, 99421 Weimar
Ansprechpartner:	Dr.-Ing. Hans-Werner Frenzel, Tel. 03643-58 46 26
	hans-werner.frenzel@bauing.uni-weimar.de
Web-Adresse:	www.uni-weimar.de/Bauing/wbbau/
Studienfachberatung:	info@bauing.uni-weimar.de
Zulassung/Bewerbung:	Uni-/FH-Abschluss (ingenieur- oder naturwissenschaftliche Fachrichtung) beim Masterstudium
Studienbeginn/-plätze:	Sommer- und Wintersemester, ca. 70-100 Studienplätze
Studiengebühren:	Kostenbeitragshöhe von Kursbelegung abhängig (Fachkurs à 8 SWS: 790,- Euro)
Regelstudienzeit:	4 Semester

Kurzbeschreibung des Studiengangs:

Die Bauhaus-Universität Weimar bietet Fachkräften im Bereich Wasser und Umwelt bereits seit 10 Jahren ein berufsbegleitendes Fernstudium mit Präsenzphasen an. Die Studienangebote liegen in der aktuellen Wasser- und Umweltforschung mit den Lehrbereichen Hydraulik, Wasserbau, Siedlungswasserwirtschaft, Abfallwirtschaft, Umweltrecht und -management. Ferner findet in jedem Semester ein Sprachkurs statt.

Das Studium wird in Kooperation mit der Leibniz Universität Hannover sowie mit der Deutschen Vereinigung für Wasserwirtschaft, Abwasser und Abfall e.V. (DWA) und dem DVGW Deutscher Verein des Gas- und Wasserfaches e.V. durchgeführt.

Alle Kurse können auch einzeln belegt werden und der erfolgreiche Abschluss wird zertifiziert. Das umfangreiche Angebot ist somit auch für Fachkräfte interessant, die sich nur durch einen bestimmten Kurs weiterbilden möchten.

In der ca. 20-wöchigen Fernstudienphase werden je Kurs ca. 8-10 Studieneinheiten mit Einsendeaufgaben im 14-tägigen Rhythmus von den Studierenden bearbeitet. Die Teilnehmer erhalten ihr Studienmaterial per Post und gleichzeitig wird das Lehrmaterial online bereitgestellt. Jeder Kurs schließt mit einer ca. fünftägigen Präsenzphase ab. Hierin werden die Studieninhalte mit Übungen, Exkursionen und Praktika vertieft und anschließend durch eine Klausur geprüft. In einigen Bundesländern wird diese Präsenzphase als Bildungsurlaub anerkannt.

Besondere Hinweise zum Studiengang:

Die modulare Struktur der Studienangebote erlaubt die parallele Realisierung beider Studiengänge auf der Basis und durch Nutzung eines einheitlichen Baukastens von „Fachmodulen" (Fachkursen).

Zukunftsperspektiven:

Studienstruktur: Akkreditierung des Masterstudiengangs ist beantragt.

Arbeitsmarktmöglichkeiten: Das Studium richtet sich an Hochschulabsolventen (FH oder Uni), die im Bereich Wasser und Umwelt als Fachkräfte bei Behörden, Unternehmen, Verbänden, Ingenieurbüros, Instituten, und anderen Einrichtungen, tätig sind oder zukünftig tätig werden.

Wasser- und Umweltingenieurwesen

Studienabschluss: Master of Science
Hochschule: Technische Universität Hamburg-Harburg
Fachbereich/Fakultät: Bauwesen
Institut/Einrichtung: Institute für Wasserressourcen & Wasserversorgung, Abwasserwirtschaft & Gewässerschutz, Abfallressourcen-.Wirtschaft, Umwelttechnik & Energiewirtschaft
Anschrift: Schwarzenbergstraße 95, 21073 Hamburg
Ansprechpartner: Prof. Dr.-Ing. Knut Wichmann, Tel. 040-428 78 34 53
wichmann@tu-harburg.de
Web-Adresse: www.tu-harburg.de/wwv
Studienfachberatung: olaf.moeller@tu-harburg.de
Zulassung/Bewerbung: www.tu-harburg.de/studium/studienint/
Studienbeginn/-plätze: Wintersemester, ca. 110 Studienplätze
Studiengebühren: 500,- Euro/Semester
Regelstudienzeit: 4 Semester

Kurzbeschreibung des Studiengangs:
Der viersemestrige Masterstudiengang Wasser- und Umweltingenieurwesen baut unmittelbar auf den Bachelor-Studiengang Bauingenieur- und Umweltingenieurwesen auf und steht in Kooperation mit dem viersemestrigen konstruktiv ausgerichteten Masterstudiengang Bauingenieurwesen, der ebenfalls an der Technischen Universität Hamburg-Harburg angeboten wird.
In dem Masterstudiengang werden drei der fünf Vertiefungsmodule Abwasser & Gewässerschutz, Stadt & Verkehr, Abfall & Energie, Wasserressourcen & Wasserversorgung und Wasserbau & Wasserwirtschaft belegt. Zusätzlich ist ein Schwerpunktmodul (aus je zwei Vertiefungsmodulen zusammengesetzte Lehrveranstaltungen) zu wählen, in dem auch ein Projekt bearbeitet wird. Ergänzt werden diese Module durch ein Angebot an Integrations- sowie technischen und nichttechnischen Wahlpflichtfächern. Die Prüfungen zu Lehrveranstaltungen in den einzelnen Fächern erfolgen studienbegleitend. Die Master-Thesis in einem Umfang von 6 Monaten bildet den Abschluss des Studiums.

Besondere Hinweise zum Studiengang:
Zum WS 2008/09 wird der Masterstudiengang Wasser- und Umweltingenieurwesen erstmalig angeboten.

Zukunftsperspektiven:
Studienstruktur: s.o.
Arbeitsmarktmöglichkeiten: Die Berufstätigkeit kann in Behörden, Bauunternehmen, Ingenieurbüros oder freiberuflich ausgeübt werden.

Architektur und Städtebau

Studienabschluss:	Master of Arts
Hochschule:	Fachhochschule Potsdam
Fachbereich/Fakultät:	Architektur und Städtebau
Institut/Einrichtung:	—
Anschrift:	Pappelallee 8-9, 14469 Potsdam
Ansprechpartner:	Dekanat des Fachbereichs, Tel. 0331-580 12 01
	architektur@fh-potsdam.de
Web-Adresse:	http://forge.fh-potsdam.de/architektur/
Studienfachberatung:	architektur@fh-potsdam.de
Zulassung/Bewerbung:	Örtliche Eignungsprüfung, Bewerbung an FH bis 15. Juli, Dipl. oder BA-Abschluss
Studienbeginn:	Wintersemester
Studienplätze:	45 Studienplätze pro Jahr
Studiengebühren:	—
Regelstudienzeit:	4 Semester

Bauen und Erhalten

Studienabschluss:	Master of Science
Hochschule:	Brandenburgische Technische Universität Cottbus
Fachbereich/Fakultät:	Architektur, Bauingenieurwesen und Stadtplanung
Institut/Einrichtung:	Institut für Bau- und Kunstgeschichte
Anschrift:	Konrad-Wachsmann-Allee 1, 03046 Cottbus
Ansprechpartner:	Prof. Dr. Leo Schmidt, Tel. 0355-69 30 83
	leo.schmidt@tu-cottbus.de
Web-Adresse:	www.tu-cottbus.de/b&e
Studienfachberatung:	anne.bantelmann@tu-cottbus.de
Zulassung/Bewerbung:	Keine Zulassungsbeschränkung
Studienbeginn	Sommer- und Wintersemester
Studienplätze:	40 Studienplätze
Studiengebühren:	290,- Euro/Semester, ab 5. Semester: 145,- Euro/Semester
Regelstudienzeit:	4 Semester bei Vollzeitstudium, 8 Semester bei Teilzeitstudium

Bauerhaltung

Studienabschluss:	Master of Engineering
Hochschule:	Fachhochschule Potsdam
Fachbereich/Fakultät:	Bauingenieurwesen
Institut/Einrichtung:	Fachhochschule Potsdam
Anschrift:	Pappelallee 8-9, 14469 Potsdam
Ansprechpartner:	Dr.-Ing. Christiane Kaiser, Tel. 0331-580 13 32 bauerhaltung@fh-potsdam.de
Web-Adresse:	http://forge.fh-potsdam.de/~Bauing/index.htm
Studienfachberatung:	bauerhaltung@fh-potsdam.de
Zulassung/Bewerbung:	HS-Abschluss und 3 Jahre Praxis, örtliches Auswahlgespräch, 15. Januar des Jahres
Studienbeginn:	Sommersemester
Studienplätze:	15-20 Studienplätze pro Jahr
Studiengebühren:	500,- Euro/Semester
Regelstudienzeit:	3 Semester Vollzeit / 4 Semester Teilzeit

Energiesystemtechnik

Studienabschluss:	Master of Engineering
Hochschule:	Fachhochschule Gelsenkirchen
Fachbereich/Fakultät:	fachbereichsübergreifend
Institut/Einrichtung:	Institut für angewandte Energiesystemtechnik
Anschrift:	Neidenburger Straße 10, 45877 Gelsenkirchen
Ansprechpartner:	Prof. Dr. Jan Markus Löffler, Tel. 0209-959 62 20 markus.loeffler@fh-gelsenkirchen.de
Web-Adresse:	www.fh-gelsenkirchen.de
Studienfachberatung:	markus.loeffler@fh-gelsenkirchen.de
Zulassung/Bewerbung:	Über die Hochschule, keine Zulassungsbeschränkung
Studienbeginn	Wintersemester
Studienplätze:	10 Studienplätze
Studiengebühren:	400,- Euro/Semester
Regelstudienzeit:	4 Semester

Energiesystemtechnik – Ergänzungsstudiengang

Studienabschluss:	Dipl.-Ing.
Hochschule:	Technische Universität Clausthal – Clausthal-Zellerfeld
Fachbereich/Fakultät:	Fakultät für Energie- und Wirtschaftswissenschaften, Lehreinheit für Energie und Rohstoffe
Institut/Einrichtung:	Institut für Elektrische Energietechnik
Anschrift:	Leibnizstraße 28, 38678 Clausthal-Zellerfeld
Ansprechpartner:	Dipl.-Ing. Hanno Stagge, Tel. 05323-72 25 94
	stagge@iee.tu-clausthal.de
Web-Adresse:	www.studium.tu-clausthal.de
Studienfachberatung:	est@tu-clausthal.de
Zulassung/Bewerbung:	Bewerber mit abgeschlossenem Fachhochschulstudium, achtsemestriger Bachelor
Studienbeginn:	Sommer- und Wintersemester
Studienplätze:	—
Studiengebühren:	500,- Euro/Semester
Regelstudienzeit:	3 Semester

International Master of Landscape Architecture

Studienabschluss:	Master of Engineering
Hochschule:	Fachhochschule Weihenstephan – Freising
Fachbereich/Fakultät:	Landschaftsarchitektur
Institut/Einrichtung:	—
Anschrift:	Am Hofgarten 4, 85354 Freising
Ansprechpartner:	Prof. Fritz Auweck, Tel. 08161-71 36 57
	fritz.auweck@fh-weihenstephan.de
Web-Adresse:	http://www2.fh-weihenstephan.de/fh/fakultaet/la.html
Studienfachberatung:	bernd.stoecklein@fh-weihenstephan.de
Zulassung/Bewerbung:	NC
Studienbeginn	Sommer- und Wintersemester
Studienplätze:	25 Studienplätze
Studiengebühren:	500,- Euro/Semester
Regelstudienzeit:	4 Semester

Landschaftsarchitektur

Studienabschluss:	Master of Science
Hochschule:	Technische Universität München
Fachbereich/Fakultät:	Fakultät für Architektur
Institut/Einrichtung:	Institut für Entwerfen Stadt und Landschaft
Anschrift:	Arcisstraße 21, 80333 München
Ansprechpartner:	Studiendekanin Prof. Sophie Wolfrum / Studiensekretariat Marga Cervinka, Tel. 089-28 92 23 51 marga.cervinka@lrz.tum.de
Web-Adresse:	www.arch.tu-muenchen.de/studium/landschaftsarchitektur.php#a2
Studienfachberatung:	marga.cervinka@lrz.tum.de; lutz@wzw.tum.de
Zulassung/Bewerbung:	Spezielles Bewerbungsverfahren (Eignungsfeststellungsverfahren)
Studienbeginn:	Sommer- und Wintersemester
Studienplätze:	20 Studienplätze
Studiengebühren:	500,- Euro/Semester
Regelstudienzeit:	4 Semester

Landschaftsarchitektur

Studienabschluss:	Master of Science
Hochschule:	Gottfried Wilhelm Leibniz Universität Hannover
Fachbereich/Fakultät:	Fakultät für Architektur und Landschaft
Institut/Einrichtung:	Fachgruppe Landschaft
Anschrift:	Herrenhäuser Straße 2a, 30149 Hannover
Ansprechpartner:	Studiendekanat Fachgruppe Landschaft, Tel. 0511-762 55 63 studiendekanat@laum.uni-hannover.de
Web-Adresse:	http://www.landschaft.uni-hannover.de/
Studienfachberatung:	prominski@ila.uni-hannover.de
Zulassung/Bewerbung:	Es besteht eine Zugangsordnung für den Master Landschaftsarchitektur
Studienbeginn	Wintersemester
Studienplätze:	25 Studienplätze
Studiengebühren:	500,- Euro/Semester
Regelstudienzeit:	4 Semester

Weiterbildungsstudiengang: Umwelttechnik-Immissionsschutz (Zertifikatskurs, auch möglich als Zusatzqualifikation)

Studienabschluss:	Zertifikat
Hochschule:	Fachhochschule Augsburg
Fachbereich/Fakultät:	Allgemeinwissenschaften
Institut/Einrichtung:	—
Anschrift:	Baumgartnerstraße 16, 86161 Augsburg
Ansprechpartner:	Prof. Dr. W. Weber, Tel. 0821-558 63 01
	weber@rz.fh-augsburg.de
Web-Adresse:	http://www.fh-augsburg.de/allgemeinwissen/
	umwelttechnik/weiterbildung_x.htm
Studienfachberatung:	weber@rz.fh-augsburg.de
Zulassung/Bewerbung:	Abgeschlossenes Ingenieurs-, Chemie- oder Physikstudium und eine zweijährige Industrietätigkeit an verantwortlicher Stelle
Studienbeginn:	Sommer- und Wintersemester
Studienplätze:	bis zu 15 Studienplätze
Studiengebühren:	2325,- Euro
Regelstudienzeit:	1-3 Semester

Werkstofftechnik (Materials Engineering)

Studienabschluss:	Master of Science
Hochschule:	Technische Universität Clausthal – Clausthal-Zellerfeld
Fachbereich/Fakultät:	Fakultät für Natur- und Materialwissenschaften
Institut/Einrichtung:	—
Anschrift:	Agricolastraße 6, 38678 Clausthal-Zellerfeld
Ansprechpartner:	Dipl.-Ing. Stephan Schaare, Tel. 05323-72 31 15
	stephan.schaare@tu-clausthal.de
Web-Adresse:	http://www.studium.tu-clausthal.de/
	natur-und-materialwissenschaft/
Studienfachberatung:	stephan.schaare@tu-clausthal.de
Zulassung/Bewerbung:	Bachelorabschluss „Materialwissenschaft und Werkstofftechnik" oder Äquivalent
Studienbeginn	Sommer- und Wintersemester
Studienplätze:	derzeit keine Begrenzung
Studiengebühren:	500,-Euro/Semester
Regelstudienzeit:	4 Semester

Agrarwissenschaften

Studienabschluss:	Master of Science
Hochschule:	Christian-Albrechts-Universität zu Kiel
Fachbereich/Fakultät:	Agrar- und Ernährungswissenschaftliche Fakultät
Institut/Einrichtung:	—
Anschrift:	Olshausenstraße 40, 24098 Kiel
Ansprechpartner:	Prof. Dr. Christian Jung, Tel. 0431-880 73 64
	c.jung@plantbreeding.uni-kiel.de
Web-Adresse:	www.agrar.uni-kiel.de
Studienfachberatung:	c.jung@plantbreeding.uni-kiel.de
Zulassung/Bewerbung:	—
Studienbeginn/-plätze:	Sommer- und Wintersemester, keine Beschränkung der Studienplätze (Stand: WS 2006/07)
Studiengebühren:	—
Regelstudienzeit:	3 Semester

Kurzbeschreibung des Studiengangs:

Den Studierenden und Absolventen des Studienganges Agrarwissenschaften wird ein sehr vielseitiges Studium angeboten, das sowohl naturwissenschaftliche und technische als auch wirtschafts- und sozialwissenschaftliche Fächer beinhaltet. Der Studiengang Agrarwissenschaften beschäftigt sich mit der Erzeugung von Nahrungsmitteln und Rohstoffen unter Berücksichtigung von Effizienz, Qualität und Nachhaltigkeit. Dabei wird die gesamte Wertschöpfungskette von der Primärproduktion bis zum Konsumenten mit einbezogen. Außerdem werden Fragen der Landnutzung unter Einbeziehung von Umweltaspekten behandelt.

Im Studiengang Agrarwissenschaften mit dem Abschluss Master of Science (M.Sc.) werden die für den Übergang in die Berufspraxis notwendigen gründlichen Fachkenntnisse in der gewählten Fachrichtung, ein Überblick über die fachlichen Zusammenhänge und die Fähigkeit erworben, wissenschaftlich zu arbeiten und wissenschaftliche Erkenntnisse anzuwenden. Der Studiengang besteht aus dem ein Jahr umfassenden wissenschaftlichen Vertiefungsstudium, in dem die Inhalte des Bachelor-Studienganges vertieft werden, und dem Erstellen einer Masterthesis, für die ein weiteres halbes Jahr vorgesehen ist.

Im Masterstudiengang ist eine der folgenden Fachrichtungen zu wählen: Agrarökonomie und Agribusiness, Nutzpflanzenwissenschaften, Nutztierwissenschaften, Milcherzeugung und Umweltwissenschaften der Agrarlandschaften. Letztere beinhalten die Kernfächer: Schutzgutbezogene Landschaftsanalyse und Pflanzenbau, Interdisziplinäre Landschaftsanalyse, Management von Boden- und Flusslandschaften und Biotopmanagement.

Environmental and Resource Management (ERM)

Studienabschluss:	Master of Science
Hochschule:	Brandenburgische Technische Universität Cottbus
Fachbereich/Fakultät:	Fakultät Umweltwissenschaften und Verfahrenstechnik
Institut/Einrichtung:	Lehrstuhl Neuwertwirtschaft, Institut für Umwelttechnik
Anschrift:	Siemens-Halske-Ring 8, 03046 Cottbus
Ansprechpartner:	Prof. Dr. Jürgen Ertel, Tel. 0355-69 43 84 ertel@tu-cottbus.de
Web-Adresse:	www.tu-cottbus.de/environment
Studienfachberatung:	jaeger.k@tu-cottbus.de
Zulassung/Bewerbung:	Bewerbungsformular und Informationen unter der o.g. Web-Adresse
Studienbeginn/-plätze:	Wintersemester, 55 Studienplätze
Studiengebühren:	keine
Regelstudienzeit:	4 Semester

Kurzbeschreibung des Studiengangs:

Der Master-Studiengang ERM ist anwendungsorientiert ausgerichtet. Er schließt konsekutiv an den an der BTU angebotenen Bachelor-Studiengang Environmental and Resource Management an und ist darüber hinaus für die Weiterqualifizierung von erfolgreichen Absolventen anderer einschlägiger Bachelor-Studiengänge geeignet.

Der Master-Studiengang ist dem Ziel der Internationalität und Interdisziplinarität verpflichtet. Die Internationalität ergibt sich aus der Unterrichtssprache Englisch, der Anerkennung von Auslandssemestern sowie dem Themenangebot der Module. Die Interdisziplinarität ist an der Verbindung der fachlichen Themenfelder Naturwissenschaften, Technik, Sozioökonomie sowie Management zu erkennen.

Der Studiengang dient der Verbreiterung und Vertiefung der fachlichen Kenntnisse und Führungskompetenz in dem Schwerpunkt integrativer Umwelt- und Ressourcenschutz. Absolventen werden in die Lage versetzt, technologische, wirtschafts- und infrastrukturelle Prozesse zu bewerten und zu gestalten unter der Zielsetzung eines nachhaltigen Produktions-, Planungs- und Stoffstrommanagements. Der Fokus wird auf den Erwerb dispositiver Fähigkeiten gelegt. Hierzu zählen das selbstständige Durchdringen und Gestalten fachlicher Aufgabenstellungen sowie die Definition und Gliederung von Arbeiten zur Implementierung praktischer Lösungen, auch im Verbund einer Gruppe. Neben den fachlichen Kenntnissen sollen die Studierenden ihre Kompetenz in Fremdsprachen, Interkulturalität, Informations- und Teamfähigkeit und individueller Problemlösung erweitern.

Besondere Hinweise zum Studiengang:

Der erfolgreiche Abschluss des Master-Studiengangs eröffnet grundsätzlich die Möglichkeit zur Promotion oder Aufnahme eines PhD-Studiums.

Environmental Management (Ökologie)

Studienabschluss: Master of Science
Hochschule: Christian-Albrechts-Universität zu Kiel
Fachbereich/Fakultät: Agrar- und Ernährungswissenschaftliche Fakultät
Institut/Einrichtung: Ökologie-Zentrum (ÖZK)
Anschrift: Olshausenstraße 40, 24098 Kiel
Ansprechpartner: Dr. Wilhelm Windhorst, Tel. 0431-880 43 86
wwindhorst@ecology.uni-kiel.de
Web-Adresse: www.ecology.uni-kiel.de
Studienfachberatung: wwindhorst@ecology.uni-kiel.de
Zulassung/Bewerbung: Zulassungsfreier Studiengang (Stand: WS 2006/07)
Studienbeginn/-plätze: Wintersemester, keine Beschränkung der Studienplätze (Stand: WS 2006/07)
Studiengebühren: —
Regelstudienzeit: 4 Semester

Kurzbeschreibung des Studiengangs:
Das Masterprogramm Management natürlicher Ressourcen bietet eine interdisziplinäre Ausbildung mit folgenden Schwerpunkten: Naturwissenschaften einschließlich Systemanalyse; Modellerstellung; Geographic Information Systems (GIS); Datenmanagement; Training anpassungsunfähiger Managementverfahren unter ökonomischen und sozialen Aspekten.

Das Masterprogramm kooperiert mit einer Vielzahl nationaler und internationaler Institutionen in verschiedenen miteinander verknüpften Bereichen. Die Studierenden können an Forschungsprojekten teilnehmen und während der praktischen Arbeit in internationalen und interdisziplinären Teams notwendige soziale Kompetenzen erwerben.

Ziel des Studienganges ist die Ausbildung der Studierenden zu Fachkräften, die interdisziplinäre Arbeitsgruppen zur Lösung von Fragen des Managements natürlicher Ressourcen bilden und auch leiten können.

Besondere Hinweise zum Studiengang:
Internationaler Masterstudiengang

Zukunftsperspektiven:
Arbeitsmarktmöglichkeiten: Positive Arbeitsmarktmöglichkeiten; nach Abschluss des Studiums können Studierende international eingesetzt werden.

Forstwissenschaften und Waldökologie

Studienabschluss: Master of Science
Hochschule: Georg-August-Universität Göttingen
Fachbereich/Fakultät: Fakultät für Forstwissenschaften und Waldökologie
Institut/Einrichtung: —
Anschrift: Büsgenweg 5, 37077 Göttingen
Ansprechpartner: Prof. Dr. Joachim Saborowski, Studiendekan, Tel. 0551-39 34 50
jsaboro@uni-forst.gwdg.de
Web-Adresse: www.forst.uni-goettingen.de
Studienfachberatung: Schwerpunktkoordinatoren (siehe Homepage) und abuck1@gwdg.de
Zulassung/Bewerbung: Unieigenes Auswahlverfahren
Studienbeginn/-plätze: Wintersemester, 96 Studienplätze
Studiengebühren: 500,- Euro/Semester
Regelstudienzeit: 4 Semester

Kurzbeschreibung des Studiengangs:

Im Zentrum der modernen Forstwissenschaften steht der Wald mit seinen vielfältigen Wechselbeziehungen zu Wirtschaft und Gesellschaft. Das leitende Prinzip der Nachhaltigkeit umfasst heute die Holzproduktion genauso wie die Bedeutung des Waldes als Lebensraum: den Artenschutz bzw. den Schutz genetischer Ressourcen, den Schutz von Boden, Klima und Wasser und den des Waldes für die Erholung der Menschen. Sowohl in Deutschland als auch global hat die Schutz- und Erholungsfunktion des Waldes gegenüber seiner Funktion als Rohstoffquelle in den letzten Jahren an Bedeutung gewonnen. Damit sind auch die Aufgabenbereiche und Berufsmöglichkeiten universitär ausgebildeter Forstleute vielfältiger geworden.

Die Fakultät hat dies zum Anlass genommen, eine tiefgreifende Studienreform zu vollziehen: Neben der Einführung der international anerkannten Abschlüsse Bachelor und Master wurden fünf Studienschwerpunkte gebildet, die auf verschiedenste Berufsfelder mit dem Bezug zu Wald und Holz vorbereiten. Die „klassische" Aufgabe – die Leitung staatlicher und privater Forstbetriebe – wird ergänzt durch Tätigkeiten beispielsweise in Natur- und Umweltschutz, Holzforschung und Holzwirtschaft, Umweltplanung und Umweltinformatik sowie internationaler Forstwirtschaft. Diese breite Fächerung macht deutlich, dass das forstliche Studium nicht mehr ausschließlich mit einem festen Berufsbild verbunden werden kann, sondern eine Qualifikation für verschiedene Tätigkeiten darstellt.

Durch die Verbindung der wissenschaftlichen Ausbildung, u.a. in den Grundlagen der Biologie, Technik und Wirtschaft, mit der Praxis von Wald und Holz, bietet das Studium der Forstwissenschaften und Waldökologie eine Synthese von Wissen und Praxiserfahrung.

Besondere Hinweise zum Studiengang:

Zulassungsbedingungen: Mindestens 6-semestriges Studium mit Bachelor-Abschluss in einer fachlich einschlägigen Fachrichtung. Zulassungsbeschränkung (internes Auswahlverfahren). Bewerbungsfrist für EU-Bürger: 1. September, Nicht-EU-Bürger: 15. März, jeweils für das nachfolgende WS. Deutschsprachige Studienschwerpunkte: Deutsch; Studienschwerpunkt „Tropical and International Forestry": Englisch.

Angewandte Informatik

Studienabschluss: Master of Science
Hochschule: Fachhochschule Trier, Hochschule für Technik, Wirtschaft und Gestaltung – Standort Birkenfeld
Fachbereich/Fakultät: Umweltplanung/Umwelttechnik
Institut/Einrichtung: —
Anschrift: Campusallee, 55768 Hoppstädten-Weiersbach
Ansprechpartner: Prof. Dr. Gisela Sparmann, Tel. 06782-171673
g.sparmann@umwelt-campus.de
Web-Adresse: —
Studienfachberatung: informatik@umwelt-campus.de
Zulassung/Bewerbung: Abgeschlossenes Hochschulstudium, Gesamtnote mindestens 2,5
Studienbeginn/-plätze: Wintersemester, keine Einschränkung
Studiengebühren: —
Regelstudienzeit: 4 Semester

Kurzbeschreibung des Studiengangs:
In einem interdisziplinären Umfeld kommt dem Master-Absolventen der Angewandten Informatik die Aufgabe zu, auf der Basis seiner fundierten Kenntnisse in den Bereichen Softwareentwicklung, mathematische Modellierung, Numerik und Visualisierung zusammen mit den Experten der Anwendungsdomäne neue computergestützte Modelle und Methoden zu entwickeln, technisch umzusetzen oder zu optimieren.

Leitidee des Studienganges ist eine Ausbildung der Angewandten Informatik mit Fokussierung der Anwendungsdisziplin auf den Bereich der Umwelt. Über Wahlpflichtmodule besteht die Möglichkeit einer Vertiefung mit Anwendungen in den Gebieten Prozess- und Automatisierungstechnik, Bioinformatik oder Wirtschaftsinformatik.

Diese Schwerpunkte haben einen engen Umweltbezug und integrieren die am Campus vorhandenen Forschungsaktivitäten. Im Bereich der Prozess- und Automatisierungstechnik ermöglichen Computer Vision and Machine Learning z.B. die robotergesteuerte Störstoffsortierung. In der Bioinformatik spielen Computermodelle und Gendatenbanken eine zentrale Rolle. Auch im Bereich der Wirtschafts- und Umweltinformatik sind moderne Informationssysteme und leistungsfähige Data-Mining-Algorithmen unverzichtbar. Beispiele sind Umweltinformationssysteme zum erleichterten Zugang zu Daten und Informationen über die Umwelt, die rechnergestützte Erkennung und Klassifizierung versiegelter Flächen auf der Basis von Satellitenbildern oder betriebliche Informationssysteme zur Steuerung und Optimierung der Informations- und Materialflüsse.

Besondere Hinweise zum Studiengang:
Der deutschsprachige Master-Studiengang ist akkreditiert mit dem Zusatz „Der Masterabschluss eröffnet den Zugang zum Höheren Dienst".

Zukunftsperspektiven:
Arbeitsmarktmöglichkeiten: Die Entwicklung von Zukunftstechnologien in der Informationstechnik, den Umwelt- und Ingenieurswissenschaften sowie dem Feld der Life Sciences, aber auch die zunehmende Vernetzung ökonomischer Systeme eröffnet den Absolventen des Masterstudiengangs ein breites und dynamisches Beschäftigungsumfeld, das sich Prognosen zufolge in den nächsten Jahren noch erweitern wird.

Applied Environmental Geoscience

Studienabschluss:	Master of Science
Hochschule:	Eberhard-Karls-Universität Tübingen
Fachbereich/Fakultät:	Geowissenschaftliche Fakultät
Institut/Einrichtung:	Institut für Geowissenschaften
Anschrift:	Sigwartstraße 10, 72076 Tübingen
Ansprechpartner:	Dr. P. Merkel, Tel. 07071-297 89 21 peter.merkel@uni-tuebingen.de
Web-Adresse:	www.uni-tuebingen.de/geo/msc-aeg/
Studienfachberatung:	peter.merkel@uni-tuebingen.de
Zulassung/Bewerbung:	Direkte Bewerbung, Auswahlverfahren
Studienbeginn/-plätze:	Wintersemester, 25 Studienplätze pro Jahr
Studiengebühren:	keine
Regelstudienzeit:	4 Semester

Kurzbeschreibung des Studiengangs:

Ziel des „Applied Environmental Geoscience" Masterstudiengangs (AEG) ist es, komplexe Prozesse in den Umweltkompartimenten Boden, Wasser und Luft sowie deren Zusammenhänge qualitativ und quantitativ zu erfassen. Hierbei kommen geowissenschaftliche und multidisziplinäre Ansätze zum Einsatz. Neben der Vermittlung klassischer Methoden aus der Ingenieurgeologie und der Hydrogeologie spielt vor allem auch die Vermittlung geeigneter innovativer Ansätze und Werkzeuge aus verwandten Fachbereichen wie Umweltgeophysik, Geosystemmodellierung und Geoinformatik sowie Hydrogeochemie und Mikrobiologie eine zentrale Rolle. Die Unterrichtseinheiten des AEG-Masterkurses sind sechs Themenschwerpunkten zugeordnet, die in vier Pflicht- und zwei Wahlmodulen zusammengefasst sind. Pflichtmodule sind „Modelling and Geoinformatics", „Technical Geology and Geophysics", „Geology and Hydrogeology" und „Hydrogeochemistry and Microbiology". Wahlpflichtmodule sind „Environmental Impact" sowie „Soil, Water, Climate".

Die wichtigsten Lernergebnisse sind: Vermittlung eines ausgeprägten Prozessverständnisses in der Geo- und Hydrosphäre, Befähigung zur qualitativen und quantitativen Beschreibung relevanter chemischer und physikalischer Prozesse, Aufzeigen einer multidisziplinären Herangehensweise an komplexe umweltgeowissenschaftliche Fragestellungen durch die Einbindung verwandter Fachbereiche, Vermittlung von grundlegenden praktischen Fähigkeiten im Umgang mit geotechnischen und umweltgeowissenschaftlichen Problemstellungen durch begleitende Labor- und Feldkurse und Exkursionen.

Besondere Hinweise zum Studiengang:

Bei dem „Applied Environmental Geoscience" (AEG) Studiengang handelt es sich um einen internationalen Studiengang. Alle Veranstaltungen werden in englischer Sprache angeboten. Die Einbindung externer Gastdozenten aus dem In- und Ausland (Kanada, USA, Schweiz, Israel) ist eines der besonderen Merkmale des AEG-Masterstudiengangs.

Zukunftsperspektiven:

Arbeitsmarktmöglichkeiten: Das stark quantitativ-naturwissenschaftlich und multidisziplinär ausgerichtete Programm bietet Absolventen des AEG-Masterkurses eine breite Ausgangsbasis für eine spätere berufliche Zukunft im Bereich der angewandten Umweltgeowissenschaften.

Biodiversity Management and Research

Studienabschluss:	Master of Science
Hochschule:	Humboldt-Universität zu Berlin und University of Namibia
Fachbereich/Fakultät:	Humboldt-Universität: Mathematisch-Naturwissenschaftliche Fakultät I
Institut/Einrichtung:	Humboldt-Universität: Museum für Naturkunde; Lehrstuhl Spezielle Zoologie
Anschrift:	Invalidenstrasse 43, 10115 Berlin
Ansprechpartner:	Prof. Dr. Ulrich Zeller, Tel. 030-20 93 86 57 ulrich.zeller@museum.hu-berlin.de
Web-Adresse:	www.naturkundemuseum-berlin.de/msg_eng
Studienfachberatung:	anke.hoffmann@museum.hu-berlin.de
Zulassung/Bewerbung:	Bewerbungsmodalitäten siehe Webseite
Studienbeginn/-plätze:	Wintersemester, 24 Studienplätze
Studiengebühren:	18.000 Namibische Dollar (NAM$)
Regelstudienzeit:	4 Semester

Kurzbeschreibung des Studiengangs:
Der weiterbildende Masterstudiengang „Biodiversity Management and Research" ist ein interdisziplinärer internationaler Studiengang mit einer Dauer von zwei Jahren. Er wird gemeinsam von der Humboldt-Universität zu Berlin (HU) und der Universität von Namibia (UNAM) durchgeführt.
Der Studiengang beschäftigt sich mit den naturräumlichen Gegebenheiten und der biologischen Vielfalt angesichts der Änderung von ökosystemaren Beziehungen durch menschliche Nutzung. Der geographische Schwerpunkt liegt im südlichen Afrika. Ziel des Studienganges ist die Ausbildung von Wissenschaftlern und Praktikern, die die ökologischen Funktionen der Biodiversität erkennen und in größere Bedeutungszusammenhänge einordnen können.
Die Studierenden sollen sich wissenschaftliche Instrumente und Methoden aneignen, um selbstständig Lösungsansätze entwickeln, umsetzen und bewerten zu können.
Der Studiengang ist modular aufgebaut. Er gliedert sich in einen einjährigen Kursteil und in einen einjährigen projekt- und praktikumsorientierten Unterrichtsteil, innerhalb dessen auch die Abschlussarbeit angefertigt wird. Durchführungsort der Module/Kurse ist die UNAM.
Die Kurse sind folgenden thematischen Modulen zugeordnet: Methoden der Biodiversität, Biosystematik, Funktionelle Biodiversität terrestrischer und aquatischer Ökosysteme, Management der Biodiversität und Biodiversitätsforschung. Die Kurse umfassen Vorlesungen, Laborarbeiten, Exkursionen und Workshops.

Besondere Hinweise zum Studiengang:
Zulassungsvoraussetzung: Erster Hochschul-Studienabschluss (z.B. Bachelor, deutsches Diplom oder Magister) in inhaltlich relevanten Fächern (z.B. Biologie, Geographie, Geoökologie, Agrarwissenschaften); gute Englischkenntnisse.

Zukunftsperspektiven:
Studienstruktur: Vernetzung mit anderen Studienangeboten zur Natürlichen Ressourcennutzung in Subsahara-Afrika.
Arbeitsmarktmöglichkeiten: Möglichkeiten im Bereich Ressourcen-/Naturschutz, in intern. Organisationen, in Ministerien für Umwelt und Tourismus, im Öko-Tourismus, in Nationalparkverwaltungen, an Forschungseinrichtungen und Naturkundemuseen insbesondere der SADC-Staaten, auch im Bereich „Natural Resource Management".

Biotechnologie und Angewandte Ökologie (Spezialisierungsrichtung Umweltwissenschaften und Biotechnologie)

Studienabschluss: Master of Science
Hochschule: Internationales Hochschulinstitut Zittau (IHI) (U) in Zusammenarbeit mit der Hochschule Zittau/Görlitz (FH)
Fachbereich/Fakultät: Umwelttechnik, Biotechnologie
Institut/Einrichtung: Umwelttechnik, Biotechnologie
Anschrift: Markt 23, 02763 Zittau
Ansprechpartner: Dr.-Ing. G. Kayser, Prof. Dr. M. Hofrichter, Tel. 03583-77 15 16 kayser@ihi-zittau.de
Web-Adresse: www.ihi-zittau.de/ubt, www.ihi-zittau.de/uvt
Studienfachberatung: kayser@ihi-zittau.de; hofrichter@ihi-zittau.de
Zulassung/Bewerbung: Bachelor/Vordiplom in biotechnologischem oder umweltbezogenem Fach
Studienbeginn/-plätze: Sommer- und Wintersemester, 40 Studienplätze
Studiengebühren: keine
Regelstudienzeit: 4 Semester (3 Semester bei 7-semestrigem Bachelor möglich)

Kurzbeschreibung des Studiengangs:
Im Studiengang Biotechnologie und Angewandte Ökologie lernen die Studierenden die theoretischen und praktischen Grundlagen biotechnologischer Prozesse für Produktion und Umweltschutz kennen. Sie erwerben breites Wissen über die biologisch-ökologischen und technologischen Grundlagen dieser Prozesse sowie über systemare Zusammenhänge. Schwerpunkte des Studiums sind: Mikrobiologie, Biotechnologie, Grundlagen der Umweltwissenschaften, Bioverfahrenstechnik sowie Umweltchemie und Analytik. Der Schwerpunkt Mikrobiologie beinhaltet: Biologie der Pilze, Bakterien, Viren und Protisten, Ökologische Biochemie, Mikrobielle Interaktionen (Mikrobenökologie). Der Schwerpunkt Biotechnologie beinhaltet: Mikrobenphysiologie, Umweltbiotechnologie, Enzymologie, Industrielle Enzyme und deren Anwendungen, Verfahren der industriellen und umweltbezogenen Biotechnologie. Der Schwerpunkt Grundlagen der Umweltwissenschaften umfasst: Physikalische und biologisch-chemische Umweltprozesse, Wasser-, Energie- und Stoffhaushalte, Transportprozesse, anthropogene Beeinflussungen der Umweltmedien Boden, Wasser, Luft und der Biosphäre. Der Schwerpunkt Bioverfahrens- und Aufbereitungstechnik beinhaltet: Techniken zur mikrobiellen und enzymatischen Produktion sowie für Umweltapplikationen, Aufbereitungsmethoden zur Produktgewinnung und Reinigung. Der Schwerpunkt Umweltchemie und Analytik beinhaltet: Verhalten von Schadstoffen in der Umwelt und Ökotoxikologie, Analytik von Umwelt(schad)stoffen und mikrobiellen Umsetzungsprodukten.

Besondere Hinweise zum Studiengang:
Gezielte Ausbildung von Studierenden aus unterschiedlichen Ländern, deshalb zusätzlich: Sprachausbildung in Deutsch, Tschechisch bzw. Polnisch (abhängig von der Herkunft der Studierenden), Sprachausbildung in Englisch, interkulturelle Ausbildung.

Zukunftsperspektiven:
Studienstruktur: Erstmalige Immatrikulation im WS 2007/08.
Arbeitsmarktmöglichkeiten: Arbeitsmöglichkeiten in der biotechnologischen und umweltbezogenen Forschung, in der Entwicklung, Optimierung sowie Planung und Produktion von Anlagen und Geräten zur biotechnologischen Produktion bzw. für den Umweltschutz.

Chemie, Biologie

Studienabschluss:	Diplom (auslaufend); Master of Science
Typ	Grundständiger Studiengang/Aufbaustudiengang
Hochschule:	Universität Regensburg
Fachbereich/Fakultät:	Chemie und Pharmazie; Biologie
Institut/Einrichtung:	Institute für Organische Chemie, Physikalische Chemie, Pharmazeutische Biologie und Botanik
Anschrift:	Universitätsstraße 31, 93040 Regensburg
Ansprechpartner:	Prof. Dr. Burkhard König, Tel. 0941-943 45 75 burkhard.koenig@chemie.uni-regensburg.de
Web-Adresse:	www.chemie.uni-regensburg.de
Studienfachberatung:	burkhard.koenig@chemie.uni-regensburg.de
Zulassung/Bewerbung:	—
Studienbeginn/-plätze:	Wintersemester, 10 Studienplätze
Studiengebühren:	500,- Euro/Semester
Regelstudienzeit:	4 Semester

Kurzbeschreibung des Studiengangs:
Im Rahmen des Studiengangs Biologie/Chemie wird als Schwerpunkt das interdisziplinäre Studienfach: Molekül – Organismus – Ökosystem – Nachhaltigere Chemie und molekulare Ökologie angeboten. Als 1. Nebenfach (20 CP) im Masterstudiengang Chemie und als Wahlmodul im Masterstudiengang Biologie (20 CP).
Die Studieninhalte gliedern sich in drei Module: Chemische Aspekte (8 CP) mit Vorlesungen und Laborpraktika, Molekulare Ökologie (8 CP) mit Vorlesung, Seminar und Praktikum und ein interdisziplinäres Forschungspraktikum (4 CP).
In einer mündlichen Modulabschlussprüfung werden die erworbenen Kenntnisse fachübergreifend geprüft.
Das interdisziplinäre Masterstudium führt zu einer kritischen Auseinandersetzung mit komplexen wissenschaftlichen Fragestellungen (eine Fähigkeit, die zukünftige Führungskräfte unbedingt besitzen müssen) und soll keine praxisorientierte Berufsausbildung darstellen, wie sie Gewerbeschulen oder Fachhochschulen anbieten.

Besondere Hinweise zum Studiengang:
Das Angebot des interdisziplinären Nebenfachs für die Studiengänge Master of Science Chemie und Biologie ist in der Vorbereitung und ein Angebot ist ab dem WS 2007/08 geplant.

Zukunftsperspektiven:
Studienstruktur: Das Studienangebot ist bereits für die Studienstruktur eines modularisierten Master of Science konzipiert.
Arbeitsmarktmöglichkeiten: Naturwissenschaftlern, die generell gute Arbeitsmarktchancen vorfinden, bietet das interdisziplinäre Nebenfach die Möglichkeit, interdisziplinäre Kenntnisse im Bereich der nachhaltigen Chemie und molekularen Ökologie zu erwerben.

Geographie (Studienschwerpunkt Ressourcenanalyse und -management)

Studienabschluss: Master of Science
Hochschule: Georg-August-Universität Göttingen
Fachbereich/Fakultät: Geowissenschaften und Geographie
Institut/Einrichtung: Fakultät für Geowissenschaften und Geographie
Anschrift: Goldschmidtstraße 3-5, 37077 Göttingen
Ansprechpartner: PD Dr. Heiko Faust, Tel. 0551/39 8094
hfaust@gwdg.de
Web-Adresse: www.uni-goettingen.de/de/sh/42215.html
Studienfachberatung: hfaust@gwdg.de
Zulassung/Bewerbung: www.uni-goettingen.de/de/sh/23673.html
Studienbeginn/-plätze: Wintersemester, 40 Studienplätze
Studiengebühren: Ja, www.uni-goettingen.de/de/sh/40054.html
Regelstudienzeit: 4 Semester

Kurzbeschreibung des Studiengangs:
Grundlegendes Ziel des Studiengangs ist die Vermittlung der für den Übergang in die Berufspraxis und wissenschaftlichen Laufbahn notwendigen vertieften Fachkenntnisse und der Fähigkeit, die zentralen Zusammenhänge des Fachs zu überblicken und wissenschaftliche Methoden und Erkenntnisse anzuwenden. Die Schwerpunkte des Curriculums liegen daher im Bereich der Umwelt- und Ressourcenanalyse, -bewertung und des -managements. Zum Verständnis der komplexen Problematik ist ein breites Methodenspektrum und interdisziplinäre Zusammenarbeit auch über die Grenzen der Fakultät hinaus notwendig, was mit dem Potential der Universität Göttingen im „Grünen Bereich" (Fakultäten für Agrar- und Forstwissenschaften) und der Einbindung der Studierenden in interdisziplinäre Forschungsverbünde sehr gut gegeben ist.
Die Lehrinhalte sind auf regionale und globale Ressourcennutzungsprobleme ausgerichtet. Das Curriculum ist daher offen für verschiedene auf Umweltressourcen und Umweltmanagement ausgerichtete grundständige Bachelor-Studiengänge. Aus der Forschungsorientierung und der Entwicklungsplanung der Universität in Verbindung mit dem hohen Internationalisierungsgrad hinsichtlich der existenten Kooperationen richtet sich das Masterprogramm auch gerade an ausländische Studierende/Stipendiaten unter Nutzung der zentralen administrativen Dienstleistungen des Tropenzentrums (CeTSAF).

Besondere Hinweise zum Studiengang:
Auswahl der nicht-geographischen Wahlpflichtmodule aus den Fächern: Wirtschaftswissenschaften, Forstliche Bodenkunde, Forstpolitik, Forstwissenschaften, Biologische Diversität, Agrarwissenschaften, Ethnologie, Politik, Recht, Umweltinformatik.

Zukunftsperspektiven:
Studienstruktur: Absolventen sind nach Beendigung des Masterstudiengangs in der Lage, in transdisziplinären Arbeitsgruppen zur Lösung von Fragen des Managements natürlicher Ressourcen beizutragen oder diese zu leiten.
Arbeitsmarktmöglichkeiten: Arbeitsplatzmöglichkeiten aufgrund erworbener Schlüsselkompetenzen auf regionaler, nationaler und internationaler Ebene in der freien Wirtschaft, bei der öffentlichen Hand und in internationalen Einrichtungen.

Geographie der Großstadt – Umwelt und Natur in metropolitanen Räumen/Stadtökologie

Studienabschluss: Master of Science
Hochschule: Humboldt-Universität zu Berlin
Fachbereich/Fakultät: Mathematisch-Naturwissenschaftliche Fakultät II
Institut/Einrichtung: Geographisches Institut
Anschrift: Rudower Chaussee 16, 10099 Berlin
Ansprechpartner: Prof. Dr. Wilfried Endlicher, Tel. 030-20 93 68 08
wilfried.endlicher@geo.hu-berlin.de
Web-Adresse: www.geographie.hu-berlin.de
Studienfachberatung: doris.schwedler@geo.hu-berlin.de
Zulassung/Bewerbung: NC
Studienbeginn/-plätze: Wintersemester, ca. 15 Studienplätze
Studiengebühren: keine
Regelstudienzeit: 4 Semester

Kurzbeschreibung des Studiengangs:
Das erste Semester befasst sich mit den Modulen 1: Stadtklima und Luftqualität, 2: Biogeographie und Hydrologie urbaner Räume sowie 3: Arbeitsmethoden. Es werden zusätzlich zwei Wahlmodule angeboten: Fortgeschrittene Methoden der Geomatik: Geofernerkundung oder Fortgeschrittene Methoden der Geomatik: Geoinformationsverarbeitung. Im zweiten Semester werden die Module: Urbane und rurale Böden; Hauptexkursion (auch zusammen mit Humangeographie); Studienprojekte sowie eine Ringvorlesung am Campus „Stadt und Umwelt" und nach Wahl in den Themenfeldern oder integrativ, auch im Ausland die Module Atmosphäre, Hydrosphäre/Gewässerökologie, Pedosphäre, Geochemie angeboten. Im dritten Semester (Wintersemester) sind die Module 8: Wahlveranstaltungen, auch international z.B. Modul Klima im Wandel, Modul Stadtwirtschaft, Modul Mathematik für Naturwissenschaften, Umweltverträglichkeit, Umweltplanung, Umweltbewertung und Modul 9: Berufsbezogene Schlüsselqualifikationen, auch international angeboten.
Das vierte Semester (Sommersemester) ist für die Masterarbeit mit Verteidigung vorgesehen.
Näheres zu den Modulen und Creditpoints siehe Website.

Besondere Hinweise zum Studiengang:
Seit dem WS 2006/07 akkreditierter und erstmals angebotener Studiengang.

Zukunftsperspektiven:
Studienstruktur: Den Studiengang qualifizierende Veränderungen sind möglich!
Arbeitsmarktmöglichkeiten: Arbeitsmöglichkeiten in Planungs- und Beratungsbüros für Standortplanung, Natur- und Umweltschutz, Altlastenerkundung, Standortbewertungen, -analysen und -entscheidungen (z.B. in Großunternehmen, Immobilienwirtschaft, Consulting, Logistik) sowie räumliche Analyse- und Politikbereiche auf verschiedenen Maßstabsebenen u.a.

International Studies in Aquatic Tropical Ecology (ISATEC)

Studienabschluss: Master of Science
Hochschule: Universität Bremen
Fachbereich/Fakultät: Fachbereich Biologie/Chemie (FB2)
Institut/Einrichtung: Universität Bremen in Kooperation mit dem Zentrum für Marine Tropenökologie (ZMT)
Anschrift: Fahrenheitstraße 6, 28359 Bremen
Ansprechpartner: Prof. M. Wolff, Tel. 0421-239 00 42 (Koord.), 0421-238 00 24 (Direkt.)
isatec@uni-bremen.de
Web-Adresse: www.isatec.uni-bremen.de/
Studienfachberatung: isatec@uni-bremen.de
Zulassung/Bewerbung: —
Studienbeginn/-plätze: Wintersemester, 22 Studienplätze
Studiengebühren: keine
Regelstudienzeit: 4 Semester

Kurzbeschreibung des Studiengangs:
Das Ziel von ISATEC ist die gemeinsame Ausbildung und Spezialisierung von deutschen und ausländischen Studierenden im Bereich der aquatischen Tropenökologie. Umfassendes Wissen in theoretischer und angewandter Ökologie, Ozeanogaphie, Meereschemie, Modellierung sowie in den Bereichen Ressourcenevaluierung und Management wird vermittelt.
Zulassungsvoraussetzungen sind ein Bachelor of Science oder ein abgeschlossenes Vordiplom in Biologie oder Umweltwissenschaften plus zwei weitere erfolgreich absolvierte Fachsemester an einer Universität; gute Englischkenntnisse, nachzuweisen durch einen TOEFL, ein Cambridge Proficiency Certificate oder Oxford Higher Certificate oder International Certificate Conference. Die Kurssprache ist Englisch. Die 2 Studienjahre sind wie folgt gegliedert: Die ersten 2 Semester umfassen jeweils 3 Module, in denen 4-5 einwöchige Blockkurse mit thematischem Zusammenhang zusammengefasst werden. In diesen Kursen werden theoretische und praktische Grundlagenkenntnisse vermittelt. Im Anschluss an jedes Modul erfolgt eine Prüfung über alle darin enthaltenen Fächer. Das 3. Semester verbringen die Studierenden an einer Partnerinstitution in den Tropen, wo die theoretischen Grundkenntnisse angewandt werden und ein eigenständiges Forschungsprojekt durchgeführt wird. Das 4. Semester dient der Erstellung der Masterarbeit.

Besondere Hinweise zum Studiengang:
Bewerbungsfristen: Für einen Studienplatz in Kombination mit einem DAAD-Stipendium (nur möglich für ausländische Studierende aus Entwicklungsländern): 15.10. ein Jahr vor angestrebtem Studienbeginn, für deutsche und ausländische Bewerber generell: 15.07. des Jahres, in dem der Studienbeginn angestrebt wird.

Zukunftsperspektiven:
Studienstruktur: ISATEC steht als Mitglied des DAAD-Förderprogrammes für Aufbaustudiengänge mit entwicklungsländerbezogener Thematik jährlich ein Kontingent an Vollstipendien für Bewerber aus Entwicklungsländern zur Verfügung.
Arbeitsmarktmöglichkeiten: ISATEC-Absolventen sind befähigt, nach Abschluss ihres Studiums eine Doktorarbeit zu erstellen, an internationalen Universitäten als Dozenten sowie in nationalen und internationalen Regierungs- und Nichtregierungsorganisationen im Bereich der Entwicklungshilfe und des Ressourcenschutzes zu arbeiten.

Naturschutz und Landschaftsplanung

Studienabschluss:	Master of Science
Hochschule:	Hochschule Anhalt (FH), Hochschule für angewandte Wissenschaften – Köthen, Bernburg, Dessau
Fachbereich/Fakultät:	Fachbereich Landwirtschaft, Ökotrophologie und Landschaftsentwicklung
Institut/Einrichtung:	—
Anschrift:	Strenzfelder Allee 28, 06406 Bernburg
Ansprechpartner:	Prof. Dr. Klaus Richter (Studienfachberater), Tel. 03471-11 82 krichter@loel.hs-anhalt.de
Web-Adresse:	www.loel.hs-anhalt.de
Studienfachberatung:	beratung@hs-anhalt.de
Zulassung/Bewerbung:	NC-Studiengang; Bewerbungsfrist: 15. Juli; Unterlagen und Infos im Internet
Studienbeginn/-plätze:	Wintersemester, max. 20 Studienplätze
Studiengebühren:	keine
Regelstudienzeit:	4 Semester

Kurzbeschreibung des Studiengangs:

Das Studium ist modular aufgebaut. Durch die Studierenden sind Pflicht- und Wahlpflichtmodule entsprechend dem Modulstudienplan zu belegen. Prüfungen sind u.a. in Form von Klausuren und praktischen Belegarbeiten zu erbringen.

Während des Studiums wird den Studierenden in ausgewählten und praxisrelevanten Lehrgebieten eine umfangreiche Fach- und Methodenkompetenz vermittelt.

Schwerpunkte des praxisorientierten Studiums: Analyse, Bewertung und Planung im Naturschutz entsprechend der aktuellen Anforderungen (z.b. Umsetzung Berichtspflicht FFH-Richtlinie), Vermittlung spezieller Kenntnisse zu Flora und Fauna (z.b. intensive Bearbeitung Höhere und Niedere Pflanzen, intensive Bearbeitung wählbarer Tiergruppen), Vermittlung landschaftsplanerischer Kompetenzen (z.b. FFH-Management und -verträglichkeitsprüfung, Vogelschutzrichtlinie, Wasserrahmenrichtlinie), Ökosystemanalyse und Biodiversität, Renaturierungsökologie und Management im Naturschutz, Entwicklung und Umsetzung von Monitoringprogrammen, Einsatz computergestützter Auswertungsverfahren (z.b. GIS-Anwendungen), Internationaler Naturschutz und globale Umweltpolitik, Naturschutzrecht.

Besondere Hinweise zum Studiengang:

Zulassungsvoraussetzungen: fachverwandter Hochschulabschluss (mind. 3 Jahre; z.B. Naturschutz & Landschaftsplanung, Landschaftsarchitektur, Landespflege, Umweltschutz, Ökologie, Biologie); die Bachelor-Studiengänge Naturschutz und Landschaftsplanung sowie Landschaftsarchitektur und Umweltplanung werden u.a. an der Hochschule Anhalt (FH) ausgebildet.

Zukunftsperspektiven:

Arbeitsmarktmöglichkeiten: Naturschutzbehörden, Planungs- und Ingenieurbüros, Verwaltungseinrichtungen der Kommunen, Großschutzgebiete (z.B. Nationalparkverwaltungen), Einrichtungen von Wissenschaft und Forschung, nationale und internationale Umweltorganisationen, Naturschutzverbände.

Postgraduate Programme Environmental Physics

Studienabschluss: Master of Science
Hochschule: Universität Bremen
Fachbereich/Fakultät: Physik/Elektrotechnik
Institut/Einrichtung: Institut für Umweltphysik
Anschrift: Otto-Hahn-Allee 1, 28359 Bremen
Ansprechpartner: Dr. Annette Ladstätter-Weißenmayer, Tel. 0421-218 -3526
pep@uni-bremen.de
Web-Adresse: www.pep.uni-bremen.de
Studienfachberatung: pep@uni-bremen.de
Zulassung/Bewerbung: Bewerbung an Universität Bremen direkt
Studienbeginn/-plätze: Wintersemester, ca. 30 Studienplätze
Studiengebühren: keine
Regelstudienzeit: 4 Semester

Kurzbeschreibung des Studiengangs:
Das Masterstudium Postgraduate Programme Environmental Physics soll fachliche Kenntnisse, Methoden und Fähigkeiten vermitteln, die das wissenschaftliche Arbeiten auf dem Gebiet der Umweltphysik ermöglichen. Dabei wird Umweltphysik verstanden als die Untersuchung des Systems Erde und seiner Teilsysteme mit physikalischen Methoden. Darüber hinaus soll das Masterstudium die Studierenden zur kritischen Einordnung wissenschaftlicher Erkenntnisse befähigen und sie auf ihre zukünftigen Tätigkeiten und Aufgaben als Umweltphysiker sowie die damit verbundene Verantwortung vor der Gesellschaft vorbereiten.

Besondere Hinweise zum Studiengang:
Englischsprachiger Studiengang

Zukunftsperspektiven:
Studienstruktur: Forschung, Umweltmanagement
Arbeitsmarktmöglichkeiten: Forschungseinrichtungen, Ministerien, Umweltunternehmen.

Agrarökologie

Studienabschluss: Master of Science
Hochschule: Universität Rostock
Fachbereich/Fakultät: Agrar- und Umweltwissenschaftliche Fakultät
Institut/Einrichtung: Beteiligung verschiedener Institute
Anschrift: Justus-von-Liebig-Weg 6, 18059 Rostock
Ansprechpartner: Prof. Dr. Norbert Kanswohl, Tel. 0381-498 33 45
Norbert.Kanswohl@uni-rostock.de
Web-Adresse: www.auf.uni-rostock.de/aoe/studium
Studienfachberatung: studienbuero.agraroekologie@uni-rostock.de
Zulassung/Bewerbung: Keine Beschränkung
Studienbeginn/-plätze: Wintersemester, —
Studiengebühren: keine
Regelstudienzeit: 4 Semester

Kurzbeschreibung des Studiengangs:

Der konsekutive Studiengang Agrarökologie ist der erste deutsche Studiengang, der auf die Gestaltung, Nutzung und Entwicklung des ländlichen Raumes als Ganzes orientiert ist.

Er berücksichtigt naturwissenschaftliche, landwirtschaftliche, ökologische und ökonomische Studieninhalte und verknüpft die Lehrkomplexe Ökologie, Landbewirtschaftung und Landespflege sowie Agrar- und Umweltökonomie, z.B. im Rahmen eines einjährigen Agrarökologischen Komplexpraktikums. Er bindet andere Institute der Universität Rostock, u.a. Biologie, Chemie, Wirtschaftswissenschaften ein.

Das Studium gliedert sich in einen Teil der Ausbildung zum Bachelor of Science und einen darauf aufbauenden Abschnitt der Ausbildung zum Master of Science. Die Studierenden erwerben in den Wahlpflichtmodulen und Wahlmodulen vertiefende Kenntnisse auf Spezialgebieten der im folgenden genannten Lehrgebiete.

Masterstudium: 2. berufsqualifizierender Abschluss (4 Semester) mit folgenden Lehrkomplexen: Ökologische und nachhaltige Ernährungssicherung, Umweltgerechte Nutzung natürlicher Ressourcen, umweltgerechte Landbewirtschaftung, Wirtschafts- und Sozialwissenschaften des Landbaus.

Ab WS 2007 werden im Master vier Vertiefungsrichtungen angeboten: 1. Ökologie und Management agrarischer Systeme, 2. Kulturpflanzensysteme, 3. Nutztiersysteme, 4. die englischsprachige Vertiefungsrichtung Agrobiotechnologie mit einem Auslandssemester in Kanada.

Zukunftsperspektiven:

Arbeitsmarktmöglichkeiten: Vielfältige Einsatzbereiche z.B. in landwirtschaftlichen Unternehmen, öffentlichem Dienst, Ernährungs- und Futtermittelindustrie, Versorgungsunternehmen, chemischer Industrie, Verarbeitungs- und Vertriebsunternehmen, Tourismusbranche, Beratungsstellen und in Verbänden.

Agribusiness

Studienabschluss:	Master of Science
Hochschule:	Universität Hohenheim – Stuttgart
Fachbereich/Fakultät:	Agrarwissenschaften
Institut/Einrichtung:	Fakultät Agrarwissenschaften
Anschrift:	Schloss – Speisemeistereiflügel, 70593 Stuttgart
Ansprechpartner:	Prof. Dr. Reiner Doluschitz / Dr. Karin Amler, Tel. 0711-45 92 32 57 agrar@uni-hohenheim.de
Web-Adresse:	www.uni-hohenheim.de/agrar
Studienfachberatung:	amler@uni-hohenheim.de
Zulassung/Bewerbung:	Überdurchschnittlicher Bachelor-Abschluss
Studienbeginn/-plätze:	Sommer- und Wintersemester, unbegrenzt
Studiengebühren:	500,- Euro/Semester
Regelstudienzeit:	4 Semester

Kurzbeschreibung des Studiengangs:
Agribusiness umfasst den Agrarsektor sowie alle vor- und nachgelagerten Industrie- und Dienstleistungsbereiche. Aufbauend auf einen Bachelor-Studiengang in Agrarwissenschaften oder einen Studiengang mit naturwissenschaftlicher oder ökonomischer Schwerpunktsetzung erwerben die Studierenden im Laufe des Studiums breites ökonomisches Basiswissen sowie profunde Kenntnisse in Agrar-, Umwelt- und Verbraucherfragen. Das Programm verfolgt einen interdisziplinären Ansatz. Der Studiengang ist modular aufgebaut. Die Bewertung erfolgt nach dem European Credit Transfer System (ECTS). Insgesamt sind 15 Module zu absolvieren, davon sind 7 Pflichtmodule. Das einzigartig große Angebot an Wahlmodulen dient der Profilbildung und bietet z.b. Vertiefungsmöglichkeiten in Umwelttechnik und Abfallwirtschaft. Die Master-Thesis (30 Credits) wird i.d.R. im 4. Semester angefertigt und präsentiert.

Besondere Hinweise zum Studiengang:
Der Studiengang ist akkreditiert.

Zukunftsperspektiven:
Arbeitsmarktmöglichkeiten: Tätigkeitsfelder sind Management, Marketing, Marktforschung, Controlling, Umwelt- und Qualitätsmanagement, Öffentlichkeitsarbeit und Pressewesen in Unternehmen in der landwirtschaftlichen Produktion sowie in allen ihr vor- und nachgelagerten Bereichen.

Agricultural Economics

Studienabschluss:	Master of Science
Hochschule:	Universität Hohenheim – Stuttgart
Fachbereich/Fakultät:	Agrarwissenschaften
Institut/Einrichtung:	Fakultät Agrarwissenschaften
Anschrift:	Schloss – Speisemeistereiflügel, 70593 Stuttgart
Ansprechpartner:	Prof. Dr. Matin Qaim / Alexander Schenk, Tel. 0711-45 92 33 05 agecon@uni-hohenheim.de
Web-Adresse:	www.uni-hohenheim.de/agrar
Studienfachberatung:	agecon@uni-hohenheim.de
Zulassung/Bewerbung:	Überdurchschnittlicher Bachelor-Abschluss, gute Englischkenntnisse
Studienbeginn/-plätze:	Wintersemester, 40 Studienplätze
Studiengebühren:	500,- Euro/ Semester
Regelstudienzeit:	2 Jahre

Kurzbeschreibung des Studiengangs:
Inhalt des Studiums Agricultural Economics ist die Nutzung der verfügbaren Ressourcen im landwirtschaftlichen Bereich, in den vorgelagerten Sektoren und entlang der Nahrungskette (Food Chain). Nachhaltigkeit, Welternährung, Nahrungsmittelsicherheit, Umweltqualität, Agrarpolitikreform, Handelsliberalisierung und ländliche Entwicklung sind typische Beispiele von Themen, die während des Studiums behandelt werden. Die Inhalte sind international ausgerichtet und schwerpunktmäßig theorie- und methodenorientiert. Das Studienprogramm ist eine eigenständige Fachrichtung im Master-Studiengang Agrarwissenschaften. Es ist modular aufgebaut. Die Bewertung erfolgt nach dem European Credit Transfer System (ECTS). Ein Modul entspricht 6 Credits und umfasst jeweils 4 SWS Vorlesungen, Übungen, Exkursionen, Projektarbeiten oder Seminare in unterschiedlichen Anteilen. Pro Semester werden i.d.R. 5 Module belegt und geprüft. Insgesamt sind 15 Module zu absolvieren, davon sind 5 Pflichtmodule. Das einzigartig große Angebot an Wahlmodulen dient der individuellen Profilbildung. Die Master-Thesis (30 Credits) wird i.d.R. im 4. Semester angefertigt und präsentiert.

Besondere Hinweise zum Studiengang:
Der Studiengang ist akkreditiert. Er wird in englischer Sprache durchgeführt.

Zukunftsperspektiven:
Arbeitsmarktmöglichkeiten: Tätigkeitsfelder sind strategische Positionen in Behörden mit nationaler und internationaler Ausrichtung im Agrar- und Umweltsektor, in Nicht-Regierungsorganisationen (NGOs) und in Internationalen Organisationen und Privatunternehmen.

Agricultural Sciences in the Tropics and Subtropics

Studienabschluss: Master of Science
Hochschule: Universität Hohenheim
Fachbereich/Fakultät: Agrarwissenschaften
Institut/Einrichtung: Fakultät Agrarwissenschaften
Anschrift: Schloss – Speisemeistereiflügel, 70593 Stuttgart
Ansprechpartner: Prof. Dr. Joachim Müller / Kerstin Hoffbauer, Tel. 0711-4 59 33 28
masterpr@uni-hohenheim.de
Web-Adresse: www.uni-hohenheim.de/agrar
Studienfachberatung: masterpr@uni-hohenheim.de
Zulassung/Bewerbung: Überdurchschnittlicher Bachelor-Abschluss, gute Englischkenntnisse
Studienbeginn/-plätze: Wintersemester, 40 Studienplätze
Studiengebühren: 500,- Euro/ Semester
Regelstudienzeit: 4 Semester

Kurzbeschreibung des Studiengangs:
Ziel des internationalen Master-Studienganges in Agricultural Sciences, Food Security and Natural Resource Management in the Tropics and Subtropics ist die Ausbildung von Agrar-Generalisten, die sowohl Kenntnisse in der Agrartechnik, der Agrarökonomie, der Pflanzen- und Tierproduktion sowie der Ökologie sinnvoll verknüpfen können, um die vielfältigen Anforderungen tropischer Landwirtschaft in Entwicklungsländern gerecht zu werden. Zur Umwelt- und Nahrungssicherung der wachsenden Weltbevölkerung ist das Verständnis und das Management von Agrar-/Umwelt-Systemen, die zunehmend komplexer und facettenreicher werden, notwendig. Der Studiengang ist modular aufgebaut. Die Bewertung erfolgt nach dem European Credit Transfer System (ECTS). Ein Modul entspricht 6 Credits und umfasst jeweils 4 SWS Vorlesungen, Übungen, Exkursionen, Projektarbeiten oder Seminare in unterschiedlichen Anteilen. Pro Semester werden i.d.R. 5 Module belegt und geprüft. Insgesamt sind 15 Module zu absolvieren, davon sind 10 Pflichtmodule. Das große Angebot an Wahlmodulen dient der individuellen Profilbildung in den Bereichen Ökonomie der landwirtschaftlichen Entwicklung, Management natürlicher Ressourcen oder Pflanzen- und Tierproduktion. Die Master-Thesis (30 Credits) wird i.d.R. im 4. Semester angefertigt und präsentiert.

Besondere Hinweise zum Studiengang:
Der Studiengang ist akkreditiert. Er wird in englischer Sprache durchgeführt.

Zukunftsperspektiven:
Arbeitsmarktmöglichkeiten: Tätigkeitsfelder sind Entwicklungshilfe, Sachverständigenwesen und Gutachten, Management, Marketing, Forschung und Lehre, Unterricht und Beratung in Entwicklungshilfeorganisationen, international tätigen Beratungsfirmen, Firmen und Verbänden im internationalen Umfeld, Forschungseinrichtungen.

Environmental Protection and Agricultural Food Production

Studienabschluss:	Master of Science
Hochschule:	Universität Hohenheim
Fachbereich/Fakultät:	Agrarwissenschaften
Institut/Einrichtung:	Fakultät Agrarwissenschaften
Anschrift:	Schloss – Speisemeistereiflügel, 70593 Stuttgart
Ansprechpartner:	Prof. Dr. Thilo Streck, Tel. 0711-4 59 33 05 envirofood@uni-hohenheim.de
Web-Adresse:	www.uni-hohenheim.de/agrar
Studienfachberatung:	envirofood@uni-hohenheim.de
Zulassung/Bewerbung:	Überdurchschnittlicher Bachelor-Abschluss, gute Englischkenntnisse
Studienbeginn/-plätze:	Wintersemester, 40 Studienplätze
Studiengebühren:	500,- Euro/ Semester
Regelstudienzeit:	4 Semester

Kurzbeschreibung des Studiengangs:
Ziel des internationalen Master-Studienganges in Environmental Protection and Agricultural Food Production ist es, den Studierenden eine interdisziplinäre Ausbildung im Bereich des Umweltschutzes und der nachhaltigen Nutzung natürlicher Ressourcen bei gleichzeitiger Sicherung der Nahrungsmittelquantität und -qualität zu geben. Der Studiengang ist modular aufgebaut. Die Bewertung erfolgt nach dem European Credit Transfer System (ECTS). Ein Modul entspricht 6 Credits und umfasst jeweils 4 SWS Vorlesungen, Übungen, Exkursionen, Projektarbeiten, Praktika oder Seminare in unterschiedlichen Anteilen. Pro Semester werden i.d.R. 5 Module belegt und geprüft. Insgesamt sind 15 Module zu absolvieren, davon sind 7 Pflichtmodule. Das große Angebot an Wahlmodulen dient der individuellen Profilbildung. Die Master-Thesis (30 Credits) wird i.d.R. im 4. Semester angefertigt und präsentiert.

Besondere Hinweise zum Studiengang:
Der Studiengang ist akkreditiert. Er wird in englischer Sprache durchgeführt.

Zukunftsperspektiven:
Arbeitsmarktmöglichkeiten: Tätigkeitsfelder sind Umwelt- und Qualitätsmanagement, Beratung, Sachverständigen- und Gutachterwesen, Forschung, Entwicklung, Lehre und Entwicklungshilfe in Umweltabteilungen, Ingenieurbüros, Ämtern und Ministerien, Verbänden im Agrar- und Umweltbereich, Unternehmen der Agrarindustrie.

Global Change Management

Studienabschluss: Master of Science
Hochschule: Fachhochschule Eberswalde
Fachbereich/Fakultät: Fachbereich Forstwirtschaft
Institut/Einrichtung: —
Anschrift: Alfred-Möller-Straße 1, 16225 Eberswalde
Ansprechpartner: Astrid Schilling, Tel. 03334-654 17
aschilling@fh-eberswalde.de
Web-Adresse: www.fh-eberswalde.de/Gcm
Studienfachberatung: aschilling@fh-eberswalde.de
Zulassung/Bewerbung: Zulassungsbeschränkt, Hochschulabschluss, Englischkenntnisse
Studienbeginn/-plätze: Wintersemester, 25 Studienplätze
Studiengebühren: keine
Regelstudienzeit: 4 Semester

Kurzbeschreibung des Studiengangs:
Studienziel ist die Ausbildung von Spezialisten, die effektiv zur Verhinderung oder Minderung der bedrohlichen Auswirkungen des globalen Umweltwandels beitragen können. Dabei geht es vorrangig um die nachhaltige Nutzung und Erhaltung von Naturressourcen. Im Einzelnen: Das 1. und 2. Semester behandelt die Prozesse des Globalen Wandels und ihre Ursachen und Auswirkungen auf biologische Systeme & Landnutzung sowie sozioökonomische und politische Rahmenbedingungen und Entwicklung und Umsetzung von Management-Strategien. Im 3. Semester wird ein eigenständiges Forschungsprojekt (an der Hochschule bzw. Partnerinstitutionen im In- und Ausland) durchgeführt. Das 4. Semester umfasst ein Integrales Modul „Designing climate change mitigation projects" und ergänzende Wahlpflichtmodule sowie die Anfertigung der Master-Arbeit. Lernziele sind u.a der Erwerb eines wissenschaftlich fundierten Verständnisses des Ursprungs, der Dimension, der Mechanismen und der aktuellen Entwicklung der für das Naturressourcenmanagement relevanten Prozesse des Globalen Wandels; die Entwicklung von Fähigkeiten, welche für das Verstehen und das Analysieren von menschlichen Gesellschaften und ihren Konflikten mit der Umwelt sowie für die strategische Kommunikation von identifizierten Problemen und Lösungsansätzen erforderlich sind, und die Bewertung der Reaktionen von biologischen Systemen der verschiedenen Hierarchieebenen (Zelle bis Ökosystem) auf Wirkungen der Prozesse des Globalen Wandels. Neben den fachlich relevanten Grundlagen werden wichtige Schlüsselkompetenzen (soft skills) wie interdisziplinäre Team- und Projektarbeit inklusive entsprechender Kommunikations- und Fremdsprachenfertigkeiten gelehrt.
Die Lehrveranstaltungen werden in deutscher und englischer Sprache durchgeführt.

Besondere Hinweise zum Studiengang:
Der Studiengang zeichnet sich durch die Partnerschaft der Hochschule mit international renommierten Forschungsinstituten sowie umsetzungsorientierten Institutionen aus: Germanwatch e.V., Münchener Rückversicherung, NABU (Naturschutzbund Deutschland), Potsdam-Institut für Klimafolgenforschung (PIK).

Zukunftsperspektiven:
Arbeitsmarktmöglichkeiten: Umsetzung von internationalen Konventionen, Anpassung der Forstwirtschaft an den Klimawandel durch Waldumbau, adaptives Management von Naturschutzgebieten, Neuorientierung des Naturressourcenmanagements im Rahmen der Entwicklungszusammenarbeit, Risikomanagement (z.B. Versicherungswesen).

Integrated Natural Resource Management

Studienabschluss:	Master of Science
Hochschule:	Humboldt-Universität zu Berlin
Fachbereich/Fakultät:	Landwirtschaftlich-Gärtnerische Fakultät
Institut/Einrichtung:	Studien- und Praktikumsbüro
Anschrift:	Invalidenstraße 42, 10115 Berlin
Ansprechpartner:	Udo Kummerow, Tel. 030-20 93 88 44
	udo.kummerow@agrar.hu-berlin.de
Web-Adresse:	www.agrar.hu-berlin.de
Studienfachberatung:	heide.hoffmann@agrar.hu-berlin.de
Zulassung/Bewerbung:	Bewerbung nach Zulassungssatzung der HU
Studienbeginn/-plätze:	Sommer- und Wintersemester, ca. 20 Studienplätze
Studiengebühren:	keine
Regelstudienzeit:	4 Semester

Kurzbeschreibung des Studiengangs:

Mit dem erfolgreichen Abschluss des Studiums haben die Studierenden gezeigt, dass sie in der Lage sind, Kenntnisse über die nachhaltige Landnutzung mit bestehenden Fachkenntnissen aus anderen Bereichen in interdisziplinärer Sicht zu verbinden und den Anforderungen des sich stetig wandelnden Berufsfeldes kompetent und innovativ zu begegnen. Der Studiengang hat einen Umfang von 80 Semesterwochenstunden bzw. 120 Studienpunkten.

Es sind 2 Pflichtmodule zu belegen („Ecosystems of Agricultural Landscapes and Sustainable Land Use" sowie „Environmental and Resource Economics II: Valuation and Instruments"). Es schließen sich 7 Wahlpflichtmodule an, die aus den Wissensgebieten „Natürliche Systeme und Umweltmedien", „Gesellschaftliche Institutionen und Wissenssysteme" sowie „Analyse, Planung und Management" zu wählen sind. Im dritten Semester ist ein Studienprojekt durchzuführen. Aus einer umfangreichen Liste sind weiterhin im Laufe des Studiums 4 Wahlmodule auszuwählen. Im letzten Semester ist die Masterarbeit anzufertigen.

In allen Modulen sind Prüfungen gemäß Prüfungsordnung nachzuweisen. Auslandsstudienaufenthalte sind im Rahmen der Universitätspartnerschaften möglich. Praktika werden nicht gefordert, sind aber gewünscht. Es bestehen vielfältige Stipendienmöglichkeiten für Praktika.

Besondere Hinweise zum Studiengang:

Der Studiengang wird in englischer Sprache angeboten. Zulassungsvoraussetzung: TOEFL-Test oder vergleichbare Englischkenntnisse. Dieser Studiengang ist der Nachfolgestudiengang zum Masterstudiengang „Nachhaltige Landnutzung".

Zukunftsperspektiven:

Arbeitsmarktmöglichkeiten: Für alle Studiengänge „im grünen Bereich" bestehen beste Arbeitsmarktchancen, sowohl in der Primärproduktion, im vor- und nachgelagerten Bereich, in Verwaltung, Politikberatung, Wissenschaft und internationaler Zusammenarbeit.

International Food Business and Consumer Studies

Studienabschluss:	Master of Science
Hochschule:	Universität Kassel, Standort Witzenhausen
Fachbereich/Fakultät:	Ökologische Agrarwissenschaften (FB 11)
Institut/Einrichtung:	—
Anschrift:	Steinstr. 19, 37213 Witzenhausen
Ansprechpartner:	Daniela Schwarz, M.Sc.; Dipl. agr. Hans Hemann Tel. 05542-98 12 16; 05542-98 13 13; 055542-98 12 03 ifbc@uni-kassel.de
Web-Adresse:	www.uni-kassel.de/agrar/?c=239
Studienfachberatung:	ifbc@uni-kassel.de
Zulassung/Bewerbung:	Bewerbung und Immatrikulation an Universität Kassel
Studienbeginn/-plätze:	Wintersemester, maximal 30 pro Jahr, jeweils zum Wintersemester
Studiengebühren:	ab 2007/08 voraussichtlich 500,- Euro/Semester
Regelstudienzeit:	4 Semester

Kurzbeschreibung des Studiengangs:
Der Studiengang qualifiziert Absolventen grundständiger Studiengänge im Bereich Agrarwissenschaften, Oecotrophologie, Lebensmitteltechnologie, Wirtschafts- und einschlägiger Sozialwissenschaften dazu, wissenschaftliche Erkenntnisse im Bereich der Natur-, Wirtschafts- und Sozialwissenschaften im Dienste einer nachhaltigen Entwicklung in nationalen und internationalen Betrieben und Institutionen der Ernährungswirtschaft umzusetzen, insbesondere an den Schnittstellen verschiedener Kulturen. Der Studiengang ist gekennzeichnet durch einen multidisziplinären Ansatz an den Schnittstellen zwischen Landbau-, Lebensmittel- und Verbraucherwissenschaften in einem internationalen Zusammenhang. Er umfasst 2 Wahlpflichtmodule zum Ausgleich unterschiedlicher Vorkenntnisse, 2 Methodenmodule: Interkulturelle Kommunikation, Projektarbeit in Zusammenarbeit mit der Praxis, 6 Fachmodule: Internationales Lebensmittel- und Verbraucherrecht, Marktforschung, Verbraucherwissenschaften, neue Entwicklungen in der Lebensmittel- und Ernährungswissenschaft, Management von Wertschöpfungsketten in der Agrar- und Ernährungswirtschaft, Produktentwicklung und interkulturelles Marketing, 3 Fachmodule mit dem Schwerpunkt ‚Management', 1 Profilmodul sowie 20 Wochen Masterarbeit. Mindestens 12 der erforderlichen Credits sollen an einer ausländischen Partnerhochschule erworben werden. Entsprechende Partnerschaften bestehen. Der Studiengang wird in englischer Sprache angeboten.

Besondere Hinweise zum Studiengang:
Lt. Prüfungsordnung soll das Studium die Studierenden dazu qualifizieren, ihre Arbeit in Verantwortung für Mitwelt und Nachwelt zu tun und dabei den Prinzipien Ethik und Nachhaltigkeit Rechnung zu tragen. Außerdem ist Nachhaltigkeit in vielen einzelnen Modulen nochmals als Lehrinhalt verankert. Der Studiengang ist von der AHPGS akkreditiert.

Zukunftsperspektiven:
Studienstruktur: Der Studiengang trägt dem Trend zum ‚life long learning' durch die Entwicklung von E-Learning- und Teilzeit-Angeboten Rechnung und qualifiziert für den höheren öffentlichen Dienst und für ein Promotionsstudium.
Arbeitsmarktmöglichkeiten: Es steigt der Bedarf an hochqualifizierten Fachkräften, die naturwissenschaftlich-technische, wirtschafts- und sozialwissenschaftliche Kenntnisse auf internationaler Ebene zur Lösung von Problemen im Bereich der Ernährungswirtschaft im Dienste einer nachhaltigen Entwicklung einsetzen können.

Nachhaltiger Tourismus

Studienabschluss:	Master of Arts
Hochschule:	Fachhochschule Eberswalde
Fachbereich/Fakultät:	Fachbereiche Landschaftsnutzung und Naturschutz sowie Wirtschaft
Institut/Einrichtung:	—
Anschrift:	Friedrich-Ebert-Straße 28, 16225 Eberswalde
Ansprechpartner:	Dörte Beyer, Tel. 03334-65 73 28
	dbeyer@fh-eberswalde.de
Web-Adresse:	www.fh-eberswalde.de/tour
Studienfachberatung:	dbeyer@fh-eberswalde.de
Zulassung/Bewerbung:	Zulassungsbeschränkt, Hochschulabschluss, Englischkenntnisse
Studienbeginn/-plätze:	Wintersemester, 47 Studienplätze
Studiengebühren:	keine
Regelstudienzeit:	4 Semester

Kurzbeschreibung des Studiengangs:
Der Tourismus ist weltweit ein Wachstumsmarkt. Die Fachhochschule Eberswalde hat daher den Master-Studiengang „Nachhaltiger Tourismus" entwickelt. Dieser bisher in Deutschland einzigartige, seit 2004 akkreditierte Studiengang ist ein in die Zukunft gerichteter gemeinsamer Ansatz der Fachbereiche Wirtschaft sowie Landschaftsnutzung und Naturschutz. Ziel ist es, verantwortliche Tourismusmanager mit Nachhaltigkeitskompetenz für den Markt von morgen auszubilden.

Im Mittelpunkt der Ausbildung steht die strategische und unternehmerische Umsetzung des Nachhaltigkeitsgedankens auf dem Gebiet des Tourismus. Neben den landschaftsbezogenen, planerischen und wirtschaftlichen Grundlagen des Tourismus und seiner Einbindung in die nachhaltige Regionalentwicklung werden moderne Marketingmethoden und kommunikative Kompetenzen vermittelt. Innerhalb des Studiums hat die Projektarbeit einen großen Stellenwert. Der starke Projektbezug ermöglicht eine enge Zusammenarbeit mit regionalen und weltweiten Tourismusakteuren und bietet Gelegenheit, Kontakte zu künftigen Arbeitgebern aufzubauen und bereits während des Studiums erste Praxiserfahrungen zu sammeln.

Besondere Hinweise zum Studiengang:
Interdisziplinärer, fachbereichsübergreifender Studiengang; Projektpraktikum im 3. Semester, das auch im Ausland absolviert werden kann.

Zukunftsperspektiven:
Arbeitsmarktmöglichkeiten: Arbeitsmöglichkeiten als selbstständiger Unternehmer im touristischen Bereich, Geschäftsführer oder Mitarbeiter in Tourismusorganisationen, -verbänden und -unternehmen, Manager von regionalen oder überregionalen Projekten, Referent in regionalen Planungsverbänden, Planungsstellen etc.

Organic Food Chain Management

Studienabschluss: Master of Science
Hochschule: Universität Hohenheim – Stuttgart
Fachbereich/Fakultät: Agrarwissenschaften
Institut/Einrichtung: Fakultät Agrarwissenschaften
Anschrift: Schloss – Speisemeistereiflügel, 70593 Stuttgart
Ansprechpartner: Prof. Dr. Torsten Müller / Dr. Sabine Zikeli, Tel. 0711-4 59 33 48 organicfood@uni-hohenheim.de
Web-Adresse: www.uni-hohenheim.de/agrar
Studienfachberatung: masterpr@uni-hohenheim.de
Zulassung/Bewerbung: Überdurchschnittlicher Bachelor-Abschluss, gute Englischkenntnisse
Studienbeginn/-plätze: Wintersemester, 40 Studienplätze
Studiengebühren: 500,- Euro/ Semester
Regelstudienzeit: 4 Semester

Kurzbeschreibung des Studiengangs:
Ziel des internationalen Master-Studienganges in Organic Food Chain Management ist die Ausbildung von wissenschaftlichem Nachwuchs für nachgelagerte Bereiche der Ökologischen Landwirtschaft, wie Handel, Verarbeitung, Beratung und Zertifizierung. Das Studium umfasst die Bereiche Landwirtschaftliche Erzeugung, Verarbeitung sowie Märkte und Handel in einem weltweiten Fokus. Angestrebt wird die Bildung einer umfassenden fachwissenschaftlichen Kompetenz in allen Fragen der Herstellung und Weiterverarbeitung ökologischer Produkte, wobei nicht nur naturwissenschaftliche und technische, sondern auch sozioökonomische und soziologische Gesichtspunkte sowie Umweltverträglichkeit und Nachhaltigkeit berücksichtigt werden. Der Studiengang ist modular aufgebaut. Die Bewertung erfolgt nach dem European Credit Transfer System (ECTS). Ein Modul entspricht 6 Credits und umfasst jeweils 4 SWS Vorlesungen, Übungen, Exkursionen, Projektarbeiten oder Seminare in unterschiedlichen Anteilen. Pro Semester werden i.d.R. 5 Module belegt und geprüft. Insgesamt sind 15 Module zu absolvieren, davon sind 8 Pflichtmodule. Das große Angebot an Wahlmodulen dient der individuellen Profilbildung zum Beispiel in den Bereichen Sozioökonomie, Primärproduktion und nachgelagerter Bereich, Ressourcenschutz oder Beratung und Management. Die Master-Thesis (30 Credits) wird i.d.R. im 4. Semester angefertigt und präsentiert.

Besondere Hinweise zum Studiengang:
Der Studiengang ist akkreditiert.
Er wird in englischer Sprache durchgeführt.

Zukunftsperspektiven:
Arbeitsmarktmöglichkeiten: Tätigkeitsfelder sind Lebensmittelverarbeitung, Handel, Qualitätsmanagement, Zertifizierung und Beratung in Verbänden und anderen Nicht-Regierungsorganisationen (NGOs), die im Öko-Sektor eine Rolle spielen, sowie Forschung in staatlichen und nichtstaatlichen Einrichtungen bzw. großen Unternehmen.

Regionalentwicklung und Naturschutz (RuN)

Studienabschluss: Master of Science
Hochschule: Fachhochschule Eberswalde
Fachbereich/Fakultät: Fachbereich Landschaftsnutzung und Naturschutz
Institut/Einrichtung: —
Anschrift: Friedrich-Ebert-Straße 28, 16225 Eberswalde
Ansprechpartner: Prof. Dr. Horst Luley, Tel. 03334-65 73 24
hluley@fh-eberswalde.de
Web-Adresse: www.fh-eberswalde.de
Studienfachberatung: hluley@fh-eberswalde.de
Zulassung/Bewerbung: Zulassungsbeschränkt; FH- bzw. Hochschulabschluss (Bachelor mit 180 ETCS)
Studienbeginn/-plätze: Wintersemester, 26 Studienplätze
Studiengebühren: keine
Regelstudienzeit: 4 Semester

Kurzbeschreibung des Studiengangs:

Regionalentwicklung und Regionales Management haben sich als eigenes Berufsfeld entwickelt. Gebraucht werden Menschen, die auf Grundlage ihres Fachwissens regionale Prozesse analysieren, fachlich begleiten und steuern können. Neben dem allgemeinen Fachwissen werden stets auch die Kenntnisse regionaler Strategien und Fertigkeiten im Umgang mit den Akteuren benötigt. Diesen anspruchsvollen Qualifizierungsmix bietet der Masterstudiengang „Regionalentwicklung und Naturschutz".

Der Studiengang bildet interdisziplinäre Fachleute aus, die in der Lage sind, die endogenen Potenziale einer Region zu erkennen und Entwicklungsprozesse im Sinne der Nachhaltigkeit positiv zu steuern.

Das Studium schließt nach einer Regelstudienzeit von 4 Semestern mit dem Master of Science „Regionalentwicklung und Naturschutz" ab.

In den ersten beiden Semestern steht die Vermittlung von Fachwissen und methodischen Kompetenzen im Vordergrund. Im dritten Semester wird das erworbene Wissen an einem konkreten Projekt in Teamarbeit angewandt. Die Masterarbeit im vierten Semester bildet den Abschluss des Studiums.

Der Studiengang ist konsekutiv zum Studiengang „Landschaftsnutzung und Naturschutz (B. Sc.)" konzipiert und zeichnet sich durch breite Integration und Interdisziplinarität bei gleichzeitiger Wahlmöglichkeit von Spezialisierungsrichtungen aus.

Besondere Hinweise zum Studiengang:

Es können zwei Spezialisierungsrichtungen gewählt werden: Bodenschutz und Umweltbildung.

Zukunftsperspektiven:

Studienstruktur: Einrichtung eines Beirats für Regionalentwicklung und Naturschutz, der zur Qualitätssicherung in der Lehre und zum Kontakt zu späteren Arbeitgebern dient.

Arbeitsmarktmöglichkeiten: Erste Absolventen ab 2008: Tätigkeitsfelder z.B. als freiberuflicher und/oder angestellter Regionalmanager, Projektbearbeiter in der Regionalentwicklung, Referent in Regionalen Planungsverbänden und Planungsstellen, Referent in Schutzgebiets- und Naturschutzverwaltungen, Gutachter und Berater in Instituten und Planungsbüros, Mitarbeiter in Umwelt- und Naturschutzverbänden, Dozent in der Umweltbildung.

Agrarwissenschaften

Studienabschluss:	Master of Science
Hochschule:	Universität Hohenheim – Stuttgart
Fachbereich/Fakultät:	Agrarwissenschaften
Institut/Einrichtung:	Fakultät Agrarwissenschaften
Anschrift:	Schloss – Speisemeistereiflügel, 70593 Stuttgart
Ansprechpartner:	Prof. Dr. Joachim Müller / Dr. Karin Amler, Tel. 0711-45 92 32 57 agrar@uni-hohenheim.de
Web-Adresse:	www.uni-hohenheim.de/agrar
Studienfachberatung:	amler@uni-hohenheim.de
Zulassung/Bewerbung:	Überdurchschnittlicher Bachelor-Abschluss
Studienbeginn/-plätze:	Sommer- und Wintersemester, unbegrenzt
Studiengebühren:	500,- Euro/Semester
Regelstudienzeit:	4 Semester

Kurzbeschreibung des Studiengangs:

Der Master-Studiengang in Agrarwissenschaften bietet die Möglichkeit, aufbauend auf einen Bachelor-Studiengang in Agrarwissenschaften oder einem verwandten Studiengang, Kenntnisse der Agrarwissenschaften in einer der Fachrichtungen Pflanzenwissenschaften, Tierwissenschaften, Agrartechnik oder Bodenwissenschaften zu vertiefen. Die Pflanzenwissenschaften befassen sich mit der Produktion und Verarbeitung von Nahrungs- und Futtermitteln sowie nachwachsenden Rohstoffen für technische Anwendungen. Die Tierwissenschaften befassen sich mit der Haltung, Ernährung, Gesundheit und Züchtung landwirtschaftlicher Nutztiere sowie der Erzeugung qualitativ hochwertiger Nahrungsmittel. Die Agrartechnik umfasst alle technischen und baulichen Produktionsverfahren in der Landwirtschaft. Die Bodenwissenschaften befassen sich mit den Prozessen, die im Boden ablaufen, und erarbeiten zentrale Themenstellungen zum Schutz der Böden und natürlicher Ressourcen. Alle Fachrichtungen sind modular aufgebaut. Insgesamt sind 15 Module zu absolvieren, davon sind 6 bis 10 Pflichtmodule (je nach Fachrichtung). Die Wahlmöglichkeiten sind einzigartig breit. Sie dienen der Profilbildung und bieten u.a. Vertiefungsmöglichkeiten in Umwelttechnik, Umweltsicherung, Umweltforschung, Ressourcenschutz und Nachhaltigkeit. Die Master-Thesis wird in der Regel im 4. Semester angefertigt und präsentiert.

Besondere Hinweise zum Studiengang:
Der Studiengang ist akkreditiert.

Zukunftsperspektiven:
Arbeitsmarktmöglichkeiten: Tätigkeitsfelder sind Planung, Entwicklung, Forschung und Lehre, Management, Sachverständigenwesen und Gutachten, Beratung, Öffentlichkeitsarbeit und Pressewesen, Qualitätssicherung, Umweltsicherung, Entwicklungshilfe, Marketing in staatlichen und privaten Einrichtungen, Organisationen, Unternehmen.

Forest Information Technology

Studienabschluss: Master of Science
Hochschule: Fachhochschule Eberswalde
Fachbereich/Fakultät: Fachbereich Forstwirtschaft
Institut/Einrichtung: —
Anschrift: Alfred-Möller-Straße 1, 16225 Eberswalde
Ansprechpartner: Astrid Schilling, Tel. 03334-654 17
aschilling@fh-eberswalde.de
Web-Adresse: www.fh-eberswalde.de/Fit
Studienfachberatung: aschilling@fh-eberswalde.de
Zulassung/Bewerbung: Zulassungsbeschränkt, Hochschulabschluss, Englischkenntnisse
Studienbeginn/-plätze: Wintersemester, 28 Studienplätze
Studiengebühren: keine
Regelstudienzeit: 4 Semester

Kurzbeschreibung des Studiengangs:
Studienziel ist die Ausbildung naturwissenschaftlich geschulter Fachleuten, welche befähigt sind, Informationstechnologien zur Beschreibung von Problemen und zur Erarbeitung von Lösungen im Umweltbereich kreativ einzusetzen. Dies wird vor allem durch die Vermittlung eines umfangreichen Repertoires von wissenschaftlichen Methoden und Werkzeugen zur Erhebung, Analyse, Visualisierung und Kommunikation von Umweltdaten erreicht.
Das 1. Semester dient der Vermittlung grundlegender Kenntnisse von Umweltinformationstechnologien am Studienort Eberswalde, wobei im 2. Semester die Anwendung von Umweltinformationstechnologien (IT) in forstlich relevanten Themengebieten am Studienort Warschau anschließt. Das 3. Semester umfasst ein eigenständiges Forschungsprojekt, das in Deutschland, Polen oder einem anderen Land durchgeführt werden kann. Im 4. Semester wird die Master-Arbeit angefertigt. Zusätzliche Module in Eberswalde oder Warschau sind möglich.
Lernziele sind u.a. der Erwerb eines wissenschaftlich fundierten Verständnisses von Raumdatenkonzepten, Methoden und Techniken zum Management und zur Analyse von Umweltdaten, Entwicklung von Fähigkeiten zur Analyse von Prozessen in Waldökosystemen und deren Wechselwirkungen. Der Studiengang wird vollständig in englischer Sprache durchgeführt.

Besondere Hinweise zum Studiengang:
Der Studiengang Forest Information Technology (M. Sc.) ist ein Angebot der Fachhochschule Eberswalde und der Landwirtschaftlichen Universität Warschau in Polen und wird von beiden Hochschulen gemeinsam durchgeführt. Besonders attraktiv ist auch die Möglichkeit des Erwerbs eines Master-Abschlusses an beiden Partnerhochschulen („double diploma").

Zukunftsperspektiven:
Arbeitsmarktmöglichkeiten: Berufsmöglichkeiten auf nationaler und internationaler Ebene: Forschungseinrichtungen & Forschungsverbundprojekte, Behörden und Planungsinstitutionen, Unternehmen im Ingenieur- und Umweltbereich. Der Abschluss „Master of Science" qualifiziert zur Promotion an einer Universität.

Organismic Biology

Studienabschluss: Master of Science
Hochschule: Philipps-Universität Marburg
Fachbereich/Fakultät: Biologie
Institut/Einrichtung: —
Anschrift: Karl-von-Frisch-Straße 8, 35043 Marburg
Ansprechpartner: Dr. Sylvia Busch, Tel. 06421-282 65 71
busch2@staff.uni-marburg.de
Web-Adresse: www.uni-marburg.de/fb17
Studienfachberatung: hassel@staff.uni-marburg.de
Zulassung/Bewerbung: NC oder/und Wartezeit, Bewerbung bei der Universität Marburg
Studienbeginn/-plätze: Wintersemester, 40 Studienplätze
Studiengebühren: keine
Regelstudienzeit: 4 Semester

Kurzbeschreibung des Studiengangs:
Die Regelstudienzeit für den Master-Studiengang „Organismic Biology" beträgt zwei Jahre. Das Studium gliedert sich in eine zweisemestrige Phase, in der allgemeines organismisches und naturschutzbiologisches Fachwissen vermittelt wird, und in eine anschließende Phase der Vertiefung, die mit einer einsemestrigen Masterarbeit abschließt.

Fach- und Vertiefungsmodule aus dem zur Wahl stehenden Lehrangebot werden aus den Bereichen Naturschutzbiologie und Biodiversitätsmanagement, Pflanzen- und Tierökologie, Populationsgenetik, Spezielle Botanik/Zoologie, Mykologie sowie Pflanzen- und Tierphysiologie angeboten. Zusätzliche Schlüsselqualifikationen können mit sogenannten Profilmodulen erworben werden, die aus einem breitgefächerten Angebot verschiedener Disziplinen der Universität gewählt werden können.

Nach Abschluss des Studienganges verfügen die Studierenden über eingehende Kenntnisse der Diversität ökologischer Systeme, ihrer Dynamik und funktionellen Bedeutung sowie der Bedrohung der Biodiversität durch globale Umweltveränderungen. Sie sind vertraut mit aktuellen Methoden der Naturschutzbiologie, der Ökologie und des Biodiversitätsmanagements und verfügen über die Kompetenzen, die biologische Wirksamkeit von Naturschutzmaßnahmen zu beurteilen sowie Maßnahmen eines nachhaltigen Managements von bewirtschafteten und natürlichen Ressourcen auf nationaler und internationaler Ebene zu entwerfen.

Besondere Hinweise zum Studiengang:
Der Studiengang startet zum WS 2007/08

Zukunftsperspektiven:
Arbeitsmarktmöglichkeiten: Freiberufliche und behördliche Berufe sowie Tätigkeiten im Management von Naturschutz-Organisationen, in Forschungseinrichtungen von Bund, Ländern und EU, von Ministerien, in internationalen Verbänden und Organisationen, in der Mitarbeit an internationalen Konventionen und Projekten.

Public Health Nutrition

Studienabschluss: Master of Science
Hochschule: Hochschule Fulda – University of Applied Sciences (FH)
Fachbereich/Fakultät: Oecotrophologie
Institut/Einrichtung: —
Anschrift: Marquardstraße 35, 36039 Fulda
Ansprechpartner: Studiengangskoordination, Tel. 0661-964 03 78
phn@he.hs-fulda.de
Web-Adresse: www.hs-fulda.de/phn
Studienfachberatung: phn@he.hs-fulda.de
Zulassung/Bewerbung: Abgeschlossenes Hochschulstudium (Bachelor oder Diplom)
Studienbeginn/-plätze: Wintersemester, etwa 25 Studienplätze pro Jahr
Studiengebühren: möglicherweise ab Studienjahr 2007/08
Regelstudienzeit: 4 Semester

Kurzbeschreibung des Studiengangs:
Das Ziel der Public Health Nutrition Professionals ist die Verbesserung der Gesundheit in der Bevölkerung durch gesundes Essen und körperliche Aktivität. Die dabei entstehenden Herausforderungen, z.B. die Entwicklung effektiverer Strategien in der Adipositas-Prävention, werden unter bevölkerungsbezogenen Aspekten gelöst.
Das Studium ist modular aufgebaut. Angeboten werden insgesamt 11 Module aus den Bereichen Gesundheitswissenschaften und Ernährung: Gesundheitsförderung; internationales Gesundheitsmanagement; Soziologie der Gesundheit; Ernährungs- und Gesundheitspolitik in der internationalen Perspektive; psychologische und kulturelle Ansätze und Interventionen; Life Cycle Nutrition; Ernährungsepidemiologie; Nutrition; Health/Disease Relationships; Forschungsprojekt; Forschungsmethoden; Master-Thesis.
Das Master-Studium befähigt Studierende dazu, wissenschaftlich zu arbeiten, wissenschaftliche Erkenntnisse umzusetzen, interdisziplinär tätig zu sein und Verantwortung zu übernehmen, um mit bevölkerungsbezogenen Interventionen eine gute Gesundheit durch Ernährung und Lebensstil zu fördern und damit ernährungsbedingte Erkrankungen in der Bevölkerung einzudämmen bzw. zu vermeiden.

Besondere Hinweise zum Studiengang:
Das Studium qualifiziert laut Prüfungsordnung (§ 1) unter anderem auch dazu, für Nachhaltigkeit und soziale Gerechtigkeit in Public Health Nutrition Programmen zu sorgen.

Zukunftsperspektiven:
Studienstruktur: Das Master-Studium Public Health Nutrition an der Hochschule Fulda ist bisher einmalig in der deutschen Hochschullandschaft.
Arbeitsmarktmöglichkeiten: Da die derzeitigen und zukünftigen Ernährungs- und Gesundheitsprobleme mit den bisherigen Maßnahmen der Oecotrophologie oder der Public Health allein nicht bewältigt werden können, wird die gesellschaftliche Bedeutung und der Bedarf an Absolventen von Public Health Nutrition weiter zunehmen.

Environmental Governance

Studienabschluss:	Master of Science
Hochschule:	Albert-Ludwigs-Universität Freiburg im Breisgau
Fachbereich/Fakultät:	Fakultät für Forst- und Umweltwissenschaften
Institut/Einrichtung:	—
Anschrift:	Tennenbacherstraße 4, 79106 Freiburg
Ansprechpartner:	Esther Muschelknautz, Tel. 0761-203 36 07 esther.muschelknautz@ffu.uni-freiburg.de
Web-Adresse:	www.msc-environmental-governance.uni-freiburg.de; www.meg.uni-freiburg.de
Studienfachberatung:	esther.muschelknautz@ffu.uni-freiburg.de
Zulassung/Bewerbung:	Internes Auswahlverfahren
Studienbeginn/-plätze:	Wintersemester, 30 Studienplätze
Studiengebühren:	500,- Euro/Semester
Regelstudienzeit:	4 Semester

Kurzbeschreibung des Studiengangs:

Der Masterstudiengang beginnt jeweils zum Wintersemester und dauert vier Semester. Vom ersten bis dritten Semester absolvieren die Studierenden Module und ein 7-wöchiges Praktikum. Im vierten Semester wird die Masterarbeit gefertigt.

Oberziel des Studiengangs ist die Ausbildung der Studierenden für die verantwortliche Konzeption, Durchführung und Evaluierung von Management- und Planungsprozessen in den Themenfeldern „Nachhaltige Entwicklung" und „Nachhaltiger Umgang mit Umweltressourcen" von der Mikro- bis zur Makroebene (räumlich: lokal, regional, global; strukturell: Haushalte, Betriebe, Organisationen, Verwaltungen, Regierungen). Daraus ergeben sich folgende Unterziele: 1. Die Vermittlung von Kenntnissen, Methoden und Fähigkeiten zum ERKENNEN von „problematischen" Mensch-Umwelt-Beziehungen. 2. Die Vermittlung von Kenntnissen, Methoden und Fähigkeiten zum VERSTEHEN der Hintergründe und Entstehungsgeschichten von „problematischen" Mensch-Umweltbeziehungen. 3. Die Vermittlung von Kenntnissen, Methoden und Fähigkeiten zum KOORDINIEREN von Management und Planungsprozessen auf unterschiedlichen Ebenen und in verschiedenen Kontexten.

Der interdisziplinäre Studiengang „Environmental Governance" wird getragen von der Fakultät für Forst- und Umweltwissenschaften unter Beteiligung anderer Fakultäten der Universität sowie externer Lehr- und Forschungseinrichtungen.

Besondere Hinweise zum Studiengang:

Unterrichtssprache ist Englisch. Studierende müssen einen Nachweis über ihre Englischkenntnisse vorlegen (TOEFL paper based 600, computer based 250).

Zukunftsperspektiven:

Arbeitsmarktmöglichkeiten: Arbeitsmöglichkeiten in internationalen Organisationen und Unternehmen mit dem Schwerpunkt „Nachhaltige Entwicklung/nachhaltiger Umgang mit Ressourcen" sowie in Projekten zur Planung und Umsetzung von zukunftsfähiger Entwicklung, Wissenschaft und Forschung.

Sustainability Economics and Management

Studienabschluss:	Master of Arts
Hochschule:	Carl von Ossietzky Universität Oldenburg
Fachbereich/Fakultät:	Fakultät II – Informatik, Wirtschafts- und Rechtswissenschaften
Institut/Einrichtung:	—
Anschrift:	Ammerländer Heerstraße 114-118, 26129 Oldenburg
Ansprechpartner:	Prof. Dr. Bernd Siebenhüner, Tel. 0441-798 43 66 bernd.siebenhuener@uni-oldenburg.de
Web-Adresse:	www.sustainability.uni-oldenburg.de
Studienfachberatung:	sustainability@uni-oldenburg.de
Zulassung/Bewerbung:	Grundkenntnisse in Wirtschaftswissenschaften erforderlich
Studienbeginn/-plätze:	Wintersemester, 25 Studienplätze
Studiengebühren:	500,- Euro/Semester
Regelstudienzeit:	4 Semester

Kurzbeschreibung des Studiengangs:
Der Studiengang Sustainability Economics and Management hat es sich zum Ziel gesetzt, Führungspersonen mit soliden wirtschaftswissenschaftlichen Kenntnissen und einem fundierten Querschnittswissen in ökologischen und sozialen Fragen sowie einem ausgeprägten Verantwortungsbewusstsein auszubilden. Der Studiengang ist wie folgt aufgebaut: Im ersten Semester sind verpflichtend Module in den Bereichen Umwelt- und Ressourcenökonomie, Nachhaltigkeitspolitik und -management, Umweltrecht sowie Umwelt- und Geowissenschaften zu belegen, womit Aspekte der VWL, BWL, Sozial- sowie Naturwissenschaften abgedeckt werden. Diese werden im zweiten Semester teilweise vertieft, dazu kommt ein Modul zur Corporate Social Responsibility, außerdem muss eine der Spezialisierungsrichtungen Erneuerbare Energien, Umwelt- und Raumplanung, Umweltinformatik, Marketing, Innovationsmanagement und Entrepreneurship gewählt werden. Die Spezialisierung wird im dritten Semester weitergeführt, zusätzlich muss eine Veranstaltung zur Klimaschutzökonomik belegt werden und in Gruppenarbeit weitgehend selbstständig ein Forschungsprojekt zum Nachhaltigkeitsmanagement durchgeführt werden. Im zweiten und dritten Semester können Wahlpflichtmodule teils für Sprachen, teils für ein beliebiges Fach, auch aus anderen Fachbereichen, genutzt werden. Das vierte Semester besteht aus einem Kolloquium zur Forschungsmethodik und dessen Anwendung beim Erstellen der Master-Thesis.

Besondere Hinweise zum Studiengang:
Der Studiengang ist hervorragend mit den Naturwissenschaften verknüpft, außerdem besteht eine besondere Einbindung in die Forschung über das Oldenburg Center for Sustainability Economics and Management (CENTOS). Die Lehrveranstaltungen werden größtenteils auf Deutsch, aber auch teilweise auf Englisch durchgeführt.

Zukunftsperspektiven:
Studienstruktur: Die Universität Oldenburg hat als eine der ersten öffentlichen Universitäten ihr Studienangebot komplett auf die neuen Studienstrukturen umgestellt. Der M.A. Sustainability Economics and Management ist somit national wie international mit dem Bachelor/Master System kompatibel.
Arbeitsmarktmöglichkeiten: Durch die generelle Relevanz der behandelten Themen steigt der Bedarf an Absolventen ständig, ob in der Wirtschaft, Politikberatung oder bei nationalen/internationalen Verbänden, NGOs und Behörden.

Sustainability Management

Studienabschluss: Master of Business Administration (nach European MBA-Guidelines akkreditiert)
Hochschule: Universität Lüneburg
Fachbereich/Fakultät: —
Institut/Einrichtung: Centre for Sustainability Management (CSM)
Anschrift: Scharnhorststraße 1, Geb. 6, 21335 Lüneburg
Ansprechpartner: Claudia Kalisch, Tel. 04131-677 22 35
kalisch@uni-lueneburg.de
Web-Adresse: www.sustainament.de
Studienfachberatung: info@sustainament.de
Zulassung/Bewerbung: Persönliche Bewerbung
Studienbeginn/-plätze: Wintersemester, 26 Studienplätze
Studiengebühren: insgesamt 9.850,- Euro
Regelstudienzeit: 2 Jahre Teilzeit, 1 Jahr Vollzeit

Kurzbeschreibung des Studiengangs:

Der MBA Sustainability Management richtet sich an innovative Persönlichkeiten, die einen Karrieresprung anstreben und diesen mit Nachhaltigkeitsthemen verbinden möchten. Wie in konventionellen MBAs werden im MBA Sustainability Management betriebswirtschaftliche Kenntnisse und Fähigkeiten, Soft Skills und Handlungskompetenz vermittelt. Darüber hinaus behandelt dieser MBA durchgängig die Frage, wie eine nachhaltige Unternehmensentwicklung realisiert werden kann.

Das E-Learning gestützte Fernstudium kann berufsbegleitend in Teilzeit oder auch in Vollzeit absolviert werden und ist nach den European MBA-Guidelines international anerkannt. Das Studium wird durch Präsenzveranstaltungen zu verschiedenen Themen ergänzt, die den Austausch der Studierenden untereinander und mit den Dozenten fördern.

Besondere Hinweise zum Studiengang:

Der Studiengang wurde als offizielles Projekt der UN-Dekade „Bildung für nachhaltige Entwicklung 2005-2014" ausgezeichnet.

Umwelt- und Betriebswirtschaft

Studienabschluss: Master of Arts
Hochschule: Fachhochschule Trier, Hochschule für Technik, Wirtschaft und Gestaltung – Umwelt-Campus Birkenfeld
Fachbereich/Fakultät: Umweltwirtschaft/Umweltrecht
Institut/Einrichtung: —
Anschrift: Postfach 13 80, 55761 Birkenfeld
Ansprechpartner: Prof. Dr. Schaper, Tel. 06782-17 15 30
t.schaper@umwelt-campus.de
Web-Adresse: www.umwelt-campus.de
Studienfachberatung: master-ubw@umwelt-campus.de
Zulassung/Bewerbung: Überdurchschnittlich abgeschlossenes Hochschulstudium in der Fachrichtung
Studienbeginn/-plätze: Wintersemester, 40 Studienplätze
Studiengebühren: keine
Regelstudienzeit: 4 Semester

Kurzbeschreibung des Studiengangs:
Der konsekutive Masterstudiengang hat das Ziel, betriebswirtschaftliche, umweltbezogene, juristische und technische Inhalte zu verknüpfen. Er gewährt den Studierenden aufgrund zahlreicher Wahlmöglichkeiten eine hohe Flexibilität bei der Studiengestaltung, um eine individuelle Profilbildung und die Ausrichtung auf ein späteres Tätigkeitsfeld zu ermöglichen. Durch studiengangsübergreifende Module, Projektarbeit und ein Fremdsprachenmodul sollen darüber hinaus Schlüsselkompetenzen wie Interdisziplinarität, Teamfähigkeit oder Internationalität vermittelt werden. Der akkreditierte Studiengang umfasst vier Semester Regelstudienzeit. In den ersten beiden Semestern müssen aus den acht „Fachzyklus-Modulen" – Stoffstrommanagement, Produktions- und Umweltmanagement, Nachhaltige Unternehmensführung, Verkehrswirtschaft und Logistik, Marketing, Controlling, Tax and Finance, Angewandte Volkswirtschaftslehre – sechs ausgewählt werden. Im 3. Semester sind vor allem Wahlpflichtfächer und Projektarbeiten vorgesehen. Alternativ dazu kann ein Auslandssemester absolviert werden. Im Bereich der Wahlpflichtfächer kann aus dem Angebot aller Fächer in allen Studiengängen gewählt werden. Im 4. Semester wird die Masterarbeit angefertigt. Zahlreiche Module (z.B. in den Grundlagenfächern oder der Sprachenausbildung) werden studiengangsübergreifend angeboten.

Besondere Hinweise zum Studiengang:
Die Teilnahme und der erfolgreiche Abschluss des Masters of Arts befähigt und berechtigt die Absolventen zur Promotion in Deutschland oder im Ausland. Zusätzlich ermöglicht der Abschluss des Studienganges auch die Aufnahme in den höheren Dienst.

Zukunftsperspektiven:
Studienstruktur: Die Wahlpflichtfächer und Projektarbeiten im 3. Semester bieten eine große Flexibilität, aktuelle und zukünftige Themen mit in das Studienangebot aufzunehmen. Alternativ kann das 3. Semester im Ausland absolviert werden mit Option auf Verlängerung um ein weiteres Semester (Master-Thesis).
Arbeitsmarktmöglichkeiten: Arbeitsmöglichkeiten in industriellen und gewerblichen Betrieben und Unternehmen; (Umwelt-)Verwaltungen des Bundes, der Länder und der Kommunen; in Verbänden, Instituten und Ingenieurbüros; Unternehmensberatungs- und Versicherungsgesellschaften; Handels- und Dienstleistungsunternehmen aller Branchen.

Umwelt & Bildung (weiterbildender Fernstudiengang)

Studienabschluss:	Master of Arts
Hochschule:	Universität Rostock
Fachbereich/Fakultät:	—
Institut/Einrichtung:	Zentrum für Qualitätssicherung in Studium und Weiterbildung
Anschrift:	Universitätsplatz 1, 18051 Rostock
Ansprechpartner:	Dr. Kerstin Kosche, Tel. 0381-498 12 60
	kerstin.kosche@uni-rostock.de
Web-Adresse:	www.weiterbildung-rostock.de
Studienfachberatung:	umwelt-bildung@uni-rostock.de
Zulassung/Bewerbung:	Abgeschlossenes Studium (Uni/FH); BA mit 240 CP; 1 Jahr Berufserfahrung
Studienbeginn/-plätze:	Wintersemester, 75 Studienplätze
Studiengebühren:	850,- Euro/Semester; 35,- Euro Semesterbeitrag
Regelstudienzeit:	4 Semester

Kurzbeschreibung des Studiengangs:

Der bundesweit einmalige weiterbildende Fernstudiengang „Umwelt & Bildung" verknüpft umweltrelevantes Fachwissen mit pädagogischen Grundlagen vor dem Hintergrund einer „Bildung für nachhaltige Entwicklung". Das Angebot richtet sich an Interessenten, die bereits ein Fach- oder Hochschulstudium absolviert haben und berufsbegleitend eine Zusatzqualifikation erwerben wollen. In vier Semestern werden fachwissenschaftliche und didaktische Kompetenzen sowie Qualifikationen im Bildungs- und Projektmanagement vermittelt. Die Studierenden werden dazu befähigt, Bildungsmaßnahmen professionell zu konzipieren und durchzuführen. Der Studiengang ist in folgende Module gegliedert: Modul 1: Bildung für nachhaltige Entwicklung (u.a. Agenda 21, Globales Lernen, Umweltsoziologie, Umweltrecht, Umweltpolitik, Ökologische Ökonomie, Umweltphilosophie/Ethik). Modul 2: Projektmanagement (u.a. Organisationsentwicklung, Kommunikation mit der Umwelt, Öffentlichkeitsarbeit, Fundraising). Modul 3: Didaktik der Umweltbildung (u.a. Lebenslanges Lernen, Grundlagen der Erziehungswissenschaften, Didaktik der Umweltbildung, Multimedia in der Umweltkommunikation, Programmplanung und Bildungsmanagement). Modul 4: Komplexe Nachhaltigkeitsprobleme (u.a. Präsentationstechniken, Interdisziplinäre Fragestellungen zu unterschiedlichen Fragekomplexen). Modul 5: Qualitätsentwicklung (Umweltbildungsmanagement, Evaluationsmethoden). Im 4. Semester wird die Masterarbeit angefertigt.

Besondere Hinweise zum Studiengang:

Im Selbststudium arbeiten die Fernstudierenden unabhängig von Ort und Zeit mit didaktisch aufbereitetem Lehrmaterial. Fakultative Präsenzveranstaltungen werden vorwiegend an Wochenenden zu den unterschiedlichen Modulinhalten angeboten.

Zukunftsperspektiven:

Studienstruktur: Das Studienangebot existiert seit 1997 und wurde ständig weiterentwickelt. Seit 2000 wird der akademische Grad „Master of Arts" verliehen. Der Studiengang wurde im August 2006 erfolgreich akkreditiert und als offizielles Projekt der UN-Dekade „Bildung für nachhaltige Entwicklung 2005-2014" ausgezeichnet.
Arbeitsmarktmöglichkeiten: Folgende berufliche Tätigkeitsfelder: Organisation/Durchführung von Umweltbildungsveranstaltungen, Umweltberatungstätigkeit, Öffentlichkeitsarbeit, Umweltbildung für Multiplikatoren, Dozententätigkeit in Aus-, Fort- und Weiterbildung.

World Heritage Studies

Studienabschluss:	Master of Arts
Hochschule:	Brandenburgische Technische Universität Cottbus
Fachbereich/Fakultät:	Interdisziplinär, angesiedelt an der Fakultät Architektur, Bauingenieurwesen und Stadtplanung
Institut/Einrichtung:	Lehrstuhl Interkulturalität / UNESCO Chair in Heritage Studies
Anschrift:	Sielower Straße 14, 03044 Cottbus
Ansprechpartner:	Prof. Dr. Marie-Theres Albert, Tel. 0355-69 25 52 albert@tu-cottbus.de
Web-Adresse:	www.tu-cottbus.de/whs
Studienfachberatung:	whs.coordinator@tu-cottbus.de
Zulassung/Bewerbung:	Lehrsprache Englisch, TOEFL oder Äquivalent
Studienbeginn/-plätze:	Wintersemester, 40 Studienplätze
Studiengebühren:	keine
Regelstudienzeit:	4 Semester

Kurzbeschreibung des Studiengangs:

World Heritage Studies ist ein innovativer und in seiner Art einmaliger Studiengang, der den technischen, sozioökonomischen, kulturellen, ökologischen und politischen Problemen, die mit der Erhaltung des Welterbes verbunden sind, mit einem interdisziplinären Curriculum begegnet. Der Masterstudiengang wird von mehreren Fakultäten der BTU gemeinsam durchgeführt und deckt die Felder Geistes- und Sozialwissenschaften; Kunst, Architektur und Denkmalpflege; Naturerbe und Kulturlandschaften sowie Management ab.

Studierende absolvieren neben Grundlagenveranstaltungen, die alle Bereich umfassen und interdisziplinären Projekten Wahlpflichtmodule aus allen vier Bereichen und beenden das Studium mit einer Masterarbeit.

In den einzelnen Bereichen werden die folgenden Module als Möglichkeiten zur Wahlpflicht angeboten: Bereich Geistes- und Sozialwissenschaften: Cultural Sciences: Concepts and Applications; Culture and Globalisation; Social Change and Continuity; Legal Aspects of Heritage; Intercultural Competence. Bereich Kunst, Architektur und Denkmalpflege: Architecture, City, Space; Archaeology and History of Architecture; Conservation/Building in Existing Fabric; Urban Dynamics; Applied Art History and Museology. Bereich Naturerbe und Kulturlandschaften: Cultural Landscapes; Ecology; Geological Heritage; Ethics and Philosophy of Nature. Bereich Management: Cultural Management; Heritage Management and Management Plans; Tourism; Marketing, PR and Media; Fundraising and Financing for Heritage.

Besondere Hinweise zum Studiengang:

Internationaler Studiengang in englischer Sprache, internationale Vernetzung und Austauschprogramm; ein Praktikum von mindestens 12 Wochen ist vor der Anmeldung zur Masterarbeit vorzuweisen und sollte vor Beginn des Studiums abgeschlossen werden.

Zukunftsperspektiven:

Studienstruktur: Reakkreditierung 2007, Struktur wurde 2006 überarbeitet.

Arbeitsmarktmöglichkeiten: Arbeitsmöglichkeiten in nationalen und internationalen Organisationen, Universitäten, Kultureinrichtungen und anderen nicht-staatlichen Organisationen.

Öffentliches und betriebliches Umweltmanagement

Studienabschluss: Master of Arts
Hochschule: Freie Universität Berlin
Fachbereich/Fakultät: Politik- und Sozialwissenschaften
Institut/Einrichtung: Otto-Suhr-Institut für Politikwissenschaft
Anschrift: Ihnestraße 22, 14195 Berlin
Ansprechpartner: Dr. Kirsten Jörgensen, Tel. 030-838 550 97
kirstenj@zedat.fu-berlin.de
Web-Adresse: http://web.fu-berlin.de/ffu/Lehre/Master/master_d.htm
Studienfachberatung: —
Zulassung/Bewerbung: Direkte Bewerbung
Studienbeginn/-plätze: Wintersemester, ca. 20 Studienplätze
Studiengebühren: —
Regelstudienzeit: 4 Semester

Kurzbeschreibung des Studiengangs:

Der Studiengang Öffentliches und betriebliches Umweltmanagement wird seit 2002 interdisziplinär vom Fachbereich Politik- und Sozialwissenschaften, Forschungsstelle für Umweltpolitik (FFU) und dem Fachbereich Rechtswissenschaft, Arbeitsbereich Recht der natürlichen Lebensbedingungen, angeboten. Darüber hinaus tragen Wirtschaftswissenschaftler der Freien Universität Berlin zum Lehrprogramm bei. Externe Dozenten aus Forschung und Wirtschaft stellen Praxisbezüge her und bieten berufliche Orientierung. Grundlegende Merkmale des Studiengangs sind: Berufsorientierung, Inter- bis Transdisziplinarität und Vernetzung von Forschung und Lehre.

Der zweijährige Masterstudiengang wendet sich an Sozial- und Naturwissenschaftler mit einem ersten Hochschulabschluss, die eine berufliche Laufbahn im Umweltmanagement oder in der Forschung anstreben.

Zukunftsperspektiven:

Arbeitsmarktmöglichkeiten: Tätigkeitsfelder in Politik, Politikberatung, Unternehmen, Think Tanks und NGOs sowie Internationalen Organisationen.

Regionalmanagement und Wirtschaftsförderung

Studienabschluss: Master of Arts
Hochschule: Hochschule für Angewandte Wissenschaft und Kunst, Fachhochschule Hildesheim/Holzminden/Göttingen
Fachbereich/Fakultät: Fakultät Ressourcenmanagement
Institut/Einrichtung: Fachgebiet Regionalmanagement
Anschrift: Büsgenweg 1a (Raum 1.25), 37077 Göttingen
Ansprechpartner: Prof. Dr. Ulrich Harteisen, Tel. 0551-503 21 75
harteisen@hawk-hhg.de
Web-Adresse: www.hawk-hhg.de/hawk/fk_ressourcen/107183.php
Studienfachberatung: harteisen@hawk-hhg.de
Zulassung/Bewerbung: Zulassungsbeschränkter Studiengang (eigenes Zulassungsverfahren)
Studienbeginn/-plätze: Wintersemester, 25 Studienplätze
Studiengebühren: 500,- Euro/Semester
Regelstudienzeit: 4 Semester

Kurzbeschreibung des Studiengangs:
Zu den innovativen Inhalten des Master-Studiengangs zählt insbesondere die Verknüpfung der Ausbildungsinhalte: Management, Planung, Entwicklung und Kommunikation im Kontext des Prozesses der europäischen Integration. Über diese fachlichen Inhalte hinausgehend ist der Studiengang durch die Vermittlung von Entscheidungs-, Handlungs- und Sozialkompetenz im Rahmen einer interdisziplinären und projektorientierten Teamarbeit gekennzeichnet. Der Leitsatz des Europas der Regionen unterstreicht die neue Rolle der Region im vereinten Europa. Die Region wird zur Wettbewerbseinheit der Zukunft. Identitätsstiftende Profilierung ist erforderlich, um in diesem Wettbewerb erfolgreich mitzuwirken. Der Masterstudiengang ist modular aufgebaut und interdisziplinär ausgerichtet. Entsprechend dieser Ausrichtung können Absolventen (BA) der Agrar- und Forstwissenschaften, der Planungs- und Ingenieurwissenschaften, aber auch der Sozial- und Wirtschaftswissenschaften zum Studium zugelassen werden. Eine intensive Zusammenarbeit mit Partnern aus der Praxis und Wissenschaft mit einem besonderen Fokus auf Ostmitteleuropa (insb. Polen) prägt den Masterstudiengang. Der anwendungsorientierte Masterstudiengang ist sowohl inhaltlich als auch strukturell in der Bundesrepublik Deutschland in dieser Form einzigartig und stellt auch international eine innovative Besonderheit dar.

Besondere Hinweise zum Studiengang:
Der regionalen Vernetzung mit Wirtschaft, Politik und Verbänden wird eine besondere Bedeutung beigemessen. Die Zusammenarbeit mit der Region „Eichsfeld" kann als beispielhaft beschrieben werden.

Zukunftsperspektiven:
Studienstruktur: Im September 2007 wird das Modul Europapolitik erstmalig in Kooperation mit dem Haus der deutsch-polnischen Zusammenarbeit in Gliwice/Polen, der Friedrich-Ebert-Stiftung, Abt. Warschau und mit der Hochschule für Management und Sozialwissenschaften in Tichy/Polen stattfinden.
Arbeitsmarktmöglichkeiten: Die ersten Absolventen des Masterstudiengangs Regionalmanagement und Wirtschaftsförderung sind bereits erfolgreich in das Berufsfeld Regionalmanagement und Wirtschaftsförderung eingestiegen (siehe www.hawk-hhg.de/hawk/fk_ressourcen/media/Karierprofile.pdf).

Umweltrecht

Studienabschluss:	Master of Laws
Hochschule:	Universität Lüneburg
Fachbereich/Fakultät:	Fakultät III – Umwelt und Technik
Institut/Einrichtung:	Professur Öffentliches Recht, insbesondere Energie- und Umweltrecht
Anschrift:	Wilschenbrucher Weg 69, Pavillon, 21335 Lüneburg
Ansprechpartner:	Dipl. Umweltwissenschaftler Marcus Steffens, Tel. 04131-677 79 48 marcus.steffens@uni-lueneburg.de
Web-Adresse:	www.uni-lueneburg.de/fb4/studien/urecht/
Studienfachberatung:	—
Zulassung/Bewerbung:	Gemäß Zulassungsordnung
Studienbeginn/-plätze:	Wintersemester, 25 Studienplätze
Studiengebühren:	950,- Euro/Semester
Regelstudienzeit:	2 Semester

Kurzbeschreibung des Studiengangs:

Der Masterstudiengang beginnt jedes Jahr im Oktober und dauert zwölf Monate. Unterrichtssprache ist Deutsch; einzelne Kurse werden auch auf Englisch angeboten. Damit ist das LL.M.-Masterprogramm in Lüneburg eine interessante Alternative zu einem oft teuren Auslandsstudium. Die Lehrveranstaltungen finden grundsätzlich während der Vorlesungszeit der Universität statt. In der vorlesungsfreien Zeit zwischen dem 1. und 2. Semester wird von den Studierenden ein sechswöchiges Praktikum durchgeführt. Das Programm des Masterstudiengangs Umweltrecht besteht größtenteils aus speziell für den Studiengang entwickelten Lehrveranstaltungen durch ausgewiesene Experten. Die Module behandeln auf der einen Seite die grundlagenbildenden Lehrveranstaltungen (z.B. Umweltrecht, Methodenlehre, Fachsprache und Umweltrechtspolitik) als auch auf der anderen Seite Vertiefungsveranstaltungen im Abfall- und Immissionsschutzrecht, Natur- und Bodenschutzrecht sowie Gentechnik- und Wasserrecht. Ein Schwerpunkt im zweiten Semester ist darüber hinaus das Energierecht sowie das Wirtschaftsverwaltungsrecht.

Neben der Vermittlung dieser breiten Fachkompetenzen sind ebenso die speziell vertiefenden Veranstaltungen im internationalen Umweltrecht zu benennen. Durch international erfahrene Lehrende ist es möglich, den Teilnehmern einen intensiven Exkurs in die englische Sprache bei höchsten fachlichen Ansprüchen zu gewähren. Weitere Schlüsselqualifikationen werden darüber hinaus sowohl integrativ als auch additiv vermittelt. Das Modul der Schlüsselqualifikationen ist eng angelehnt an notwendige zusätzliche, vom Arbeitsmarkt geforderte und durch die Bachelor- und grundständigen Studiengänge nicht vermittelte Kompetenzen.

Zukunftsperspektiven:

Arbeitsmarktmöglichkeiten: Tätigkeitsfelder der Absolventen: Berufsfelder in Wirtschaft und Verwaltung sowie Rechtsanwaltssozietäten, in denen in besonderer Weise die Fähigkeit zur Lösung komplexer umweltrechtlicher Probleme gefragt ist und andere umweltbezogene Einsatzfelder der juristischen Berufe in Beratung und Planung.

Bildung, Kultur und Wissensformen

Studienabschluss:	Master of Arts
Hochschule:	Freie Universität Berlin
Fachbereich/Fakultät:	Fachbereich Erziehungswissenschaft und Psychologie
Institut/Einrichtung:	Erziehungswissenschaftliche Zukunftsforschung
Anschrift:	Arnimallee 9, 14195 Berlin
Ansprechpartner:	Prof. Dr. Gerhard de Haan, Tel. 030-838 530 54 sekretariat@institutfutur.de
Web-Adresse:	http://www.ewi-psy.fu-berlin.de/
Studienfachberatung:	sekretariat@institutfutur.de
Zulassung/Bewerbung:	online: http://www.fu-berlin.de/studium/bewerbung/master.html
Studienbeginn:	Wintersemester
Studienplätze:	30 Studienplätze
Studiengebühren:	—
Regelstudienzeit:	4 Semester

Risk & Fraud Management

Studienabschluss:	Master of Business Administration
Hochschule:	Steinbeis-Hochschule Berlin (U)
Fachbereich/Fakultät:	—
Institut/Einrichtung:	Institute Risk & Fraud Management
Anschrift:	Chausseestraße 13, 10115 Berlin
Ansprechpartner:	Ulrike Krause, Tel. 030-275 81 74 80 service@risk-and-fraud.de
Web-Adresse:	www.risk-and-fraud.de
Studienfachberatung:	service@risk-and-fraud.de
Zulassung/Bewerbung:	Abgeschlossenes Hochschulstudium, Bachelor Degree, Bachelor of Arts-Abschluss
Studienbeginn	Wintersemester
Studienplätze:	ca. 25 Studienplätze
Studiengebühren:	7.250,- Euro/Semester
Regelstudienzeit:	berufsbegleitendes Studium, zwei Jahre

Energie- und Umweltmanagement

Studienabschluss: Master of Engineering
Hochschule: Universität Flensburg
Wissenschaftsbereiche: Ingenieurwissenschaften; Geistes- und Sozialwissenschaften
Fachbereich/Fakultät: Department II
Institut/Einrichtung: Institut für Internationales Management
Anschrift: Auf dem Campus 1, 24943 Flensburg
Ansprechpartner: Gerhild Sierth, Tel. 0461-805 25 30, sierth@uni-flensburg.de
Web-Adresse: www.uni-flensburg.de/eum/
Studienfachberatung: nestle@uni-flensburg.de
Zulassung/Bewerbung: —
Studienbeginn/-plätze: Sommersemester, —
Studiengebühren: keine
Regelstudienzeit: 3 Semester

Kurzbeschreibung des Studiengangs:
Ziel des Studienganges ist es, Wirtschaftsingenieure auszubilden, die auf der Basis eines interdisziplinär geprägten Denkens Lösungsansätze für verschiedenste Probleme des Energie- und Umweltbereichs im Sinne einer dauerhaft umweltgerechten Entwicklung (sustainable development) erarbeiten können. Für den Master ist die Voraussetzung ein 7-semestriger Wirtschaftsingenieurs-Bachelor mit Vertiefung im Energiebereich, in dem ein Auslandssemester und eine praxisorientierte Bachelorarbeit eingeschlossen sind. Alternativ kann nach einem 6-semestrigen Bachelor das Auslandssemester in den Master eingeschlossen werden. Dieses kann im Wintersemester durchgeführt werden, bevor die regulären Master-Kurse zum Sommersemester beginnen. Im Master werden besonders vertiefte Kenntnisse auf den Gebieten Energiewirtschaft, Umweltökonomie, Energie- und Umwelttechnik und Energie- und Umweltmanagement vermittelt. Des Weiteren werden Integrationskurse zum Beispiel in Energiepolitik und -recht angeboten. Die meisten Kurse finden auf Englisch statt. Das dritte Fachsemester des Masters besteht aus der sechsmonatigen Masterarbeit, die im Allgemeinen bei einem Unternehmen, einer Behörde oder einer anderen Institution angefertigt wird. Zusammen mit den Erfahrungen aus der Bachelorarbeit bestehen bei Studienabschluss somit bereits intensive Kontakte in die Praxis, was den Berufseinstieg deutlich erleichtert.

Besondere Hinweise zum Studiengang:
Energie- und Umweltmanagement wird von den beteiligten Hochschulen in Kooperation zurzeit als Diplomstudiengang angeboten, wobei künftig der Bachelor in der Verantwortung der Fachhochschule und der Master in der Verantwortung der Universität liegen wird. Eine Spezialisierung des Masters richtet sich speziell an Studenten aus Entwicklungsländern. Der konsekutive Studiengang umfasst den Bachelor an der FH Flensburg und den Master an der Universität Flensburg.

Zukunftsperspektiven:
Studienstruktur: Die Einschreibung zum Master ist erst möglich, wenn die ersten Studenten ihren Bachelor-Abschluss gemacht haben (zum Sommersemester 2010).
Arbeitsmarktmöglichkeiten: Gute Chancen am Arbeitsmarkt. Absolventen arbeiten u.a. bei Energieversorgern, in der Erneuerbaren-Branche, in der Wissenschaft, im Bereich Energie- oder Emissionshandel, bei staatlichen Einrichtungen oder bei Contracting-Firmen.

Forst- und Holzwissenschaft

Studienabschluss: Master of Science
Hochschule: Technische Universität München
Wissenschaftsbereiche: Lebenswissenschaften; Naturwissenschaften; Ingenieurwissenschaften
Fachbereich/Fakultät: Fakultät Wissenschaftszentrum Weihenstephan für Ernährung, Landnutzung und Umwelt
Institut/Einrichtung: Studienfakultät für Forstwissenschaft und Ressourcenmanagement
Anschrift: Am Hochanger 13, 85354 Freising
Ansprechpartner: Studiendekan, Tel. 08161-71 45 50
studienberatung@forst.wzw.tum.de
Web-Adresse: www.forst.wzw.tum.de
Studienfachberatung: studienberatung@forst.wzw.tum.de
Zulassung/Bewerbung: Eignungsfeststellungsverfahren
Studienbeginn/-plätze: Wintersemester, 40-60 Studienplätze
Studiengebühren: 500,- Euro/Semester
Regelstudienzeit: 4 Semester

Kurzbeschreibung des Studiengangs:
In diesem Masterstudiengang wird Methodenkompetenz auf dem Gebiet der Forst- und Holzwissenschaft auf der Basis aktuellster wissenschaftlicher Erkenntnisse vermittelt. Vernetztes Denken und das Planen über Generationen hinweg spielen eine entscheidende Rolle.
Nach einem Grundsemester, in dem die Vernetzung von ökologischen, sozioökonomischen und produktionstechnischen Aspekten im Fokus steht und durch die Vermittlung von transferable skills ergänzt wird, folgt im 2. und 3. Semester die Belegung von drei Vertiefungsbereichen aus dem folgenden Angebot: Forstbetriebsmanagement, Landschaftsentwicklung, Wald im Gebirge, Internationale Forstwirtschaft inkl. internationale Umweltpolitik, Bewertung und nachhaltige Nutzung forstlicher Standorte, Holz als Roh- und Werkstoff.
Man hat sich bewusst für drei Vertiefungen entschieden, statt nur für einen Schwerpunkt, um eine möglichst breite Fachkompetenz zu erreichen. Des Weiteren sind Wahlfächer aus dem Angebot der Fakultät zu belegen.
Eine weitere Vertiefung stellt die Masters-Thesis dar, die im 4. Semester erstellt wird.
Außerdem ist ein dreimonatiges Praktikum außerhalb des Heimatlandes des Studierenden zu absolvieren.
Die Prüfungen sind studienbegleitend abzulegen. Prüfungsformen sind: Klausuren, mündliche Prüfungsgespräche, Seminararbeiten und Referate.

Zukunftsperspektiven:
Arbeitsmarktmöglichkeiten: Vielfältige Beschäftigungsfelder in privaten und öffentlichen Forstverwaltungen, Holzindustrie, Wissenschaft, Entwicklungshilfe, Nationalparks, Naturschutz- und Umweltbehörden und -verbänden, Consultingunternehmen, Landschaftsplanungsbüros etc.

Global Change Ecology

Studienabschluss: Master of Science
Hochschule: Universität Bayreuth
Wissenschaftsbereiche: Naturwissenschaften; Geistes- und Sozialwissenschaften
Fachbereich/Fakultät: Fakultät für Biologie, Chemie und Geowissenschaften
Institut/Einrichtung: Lehrstuhl für Biogeografie
Anschrift: Universitätsstraße 40, 95440 Bayreuth
Ansprechpartner: Prof. Dr. Carl Beierkuhnlein, Volker Audorff, Tel. 0921-55 22 70, -23 06, carl.beierkuhnlein@uni-bayreuth.de volker.audorff@uni-bayreuth.de
Web-Adresse: www.global-change-ecology.de
Studienfachberatung: gce@uni-bayreuth.de
Zulassung/Bewerbung: Eignungsfeststellungsverfahren, Bewerbung bis 15. Juli direkt bei der Uni
Studienbeginn/-plätze: Wintersemester, max. 20 Studienplätze
Studiengebühren: 500,- Euro/Semester
Regelstudienzeit: 4 Semester

Kurzbeschreibung des Studiengangs:
Globale Umweltveränderungen, ihre Ursachen und Folgen stehen im Zentrum des in Deutschland bisher einzigartigen Master-Studiengangs Global Change Ecology. Natur- und Geowissenschaften, Ökologie und Umweltwissenschaften, Sozialwissenschaften, Politik und Recht sind in diesem forschungsnahen Ausbildungsprogramm so verzahnt, dass die Studierenden einen fächerübergreifenden Zugang zu weltweiten ökologischen Fragestellungen erhalten. Dabei lernen sie, verschiedene fachwissenschaftliche Ansätze miteinander zu verbinden. Die interdisziplinäre Ausbildung in den 4 Modulen „Global Change", „Ecology", „Human Dimension" und „Integration, Coordination and Practical Experience" ist forschungsorientiert, punktet aber auch mit Projektarbeit und Dozenten aus der Praxis. Gelegenheiten zum Auslandsaufenthalt bieten sich während der Summer- und Winter-Schools, sowie bei Praktika in Forschungsinstituten, Wirtschaftsunternehmen, Behörden und Organisationen, mit denen Kooperationsvereinbarungen bestehen. Die Universität Bayreuth koordiniert den neuen Studiengang und arbeitet bei der Planung und Durchführung der Lehrveranstaltungen mit den Universitäten Augsburg und Würzburg zusammen.

Besondere Hinweise zum Studiengang:
Der Studiengang ist in das Elitenetzwerk Bayern integriert. Er zielt darauf ab, hoch qualifizierte Führungskräfte auszubilden, die in Deutschland oder im Ausland verantwortungsvolle Positionen in den Bereichen Wissenschaft, Umweltschutz, Politik- und Wirtschaftsberatung übernehmen. Die Unterrichtssprache ist Englisch.

Zukunftsperspektiven:
Studienstruktur: Das Studienprogramm umfasst vier Semester und endet mit dem Abschluss „Master of Science". Forschungsorientierte Studierende haben bereits während dieser Zeit die Möglichkeit, mit der Promotion zu beginnen.
Arbeitsmarktmöglichkeiten: Schlüsselqualifikationen (Projektmanagement, Kommunikationsstrategien) werden im Studium vermittelt. Phasen der Mitarbeit in internationalen und nationalen Organisationen, Unternehmen, Forschungseinrichtungen oder Behörden bieten Einblicke in Berufsfelder und stellen Kontakte zu Arbeitgebern her.

Interdisziplinäres Fernstudium Umweltwissenschaften (infernum)

Studienabschluss: Master of Environmental Sciences (M.Env.Sc.); Universitäres Zeugnis Umweltmanager/in
Hochschule: FernUniversität in Hagen
Wissenschaftsbereiche: Lebenswissenschaften; Naturwissenschaften; Ingenieurwissenschaften; Geistes- und Sozialwissenschaften
Fachbereich/Fakultät: Kultur- und Sozialwissenschaften, Rechtswissenschaften, Wirtschaftswissenschaften, Ingenieur- und Naturwissenschaften
Institut/Einrichtung: Kooperation dreier Fakultäten der FernUniversität mit Fraunhofer UMSICHT und dem Centre for Sustainability Management der Universität Lüneburg
Anschrift: Universitätsstraße 11 (TGZ), 58084 Hagen
Ansprechpartner: Brigitte Biermann (FernUniversität), Anja Gerstenmeier (Fraunhofer UMSICHT), Tel. 02331-987 49 27, infernum@fernuni-hagen.de
Web-Adresse: www.umweltwissenschaften.de
Studienfachberatung: infernum@fernuni-hagen.de
Zulassung/Bewerbung: Für Master: abgeschl. Studium; für Module: einschlägige Erfahrung
Studienbeginn/-plätze: Sommer- und Wintersemester, 80 Studienplätze
Studiengebühren: Master: ~ 6.000,- Euro (Modul: je 390,- Euro; Sem.gebühr: 100,-)
Regelstudienzeit: 4 Semester Teilzeit

Kurzbeschreibung des Studiengangs:
Ziel des Fernstudiums ist es, aktuelles und praxisnahes Umweltwissen sowohl der eigenen als auch anderer Disziplinen zu vermitteln. infernum befähigt zu disziplinübergreifendem Denken und Handeln und fördert Kreativität und Innovationsfähigkeit. Die Absolventen sind qualifiziert, nachhaltige Lösungen in Unternehmen und Gesellschaft zu realisieren und als Promotoren mit Führungsverantwortung und strategischer Weitsicht zu agieren. Der Studiengang gliedert sich in die drei Bereiche: Sozial-, Rechts- und Wirtschaftswissenschaften; Natur- und Ingenieurwissenschaften; Interdisziplinäre Querschnittskurse. In jedem der Bereiche bestehen Wahlmöglichkeiten zwischen verschiedenen Lehrmodulen. Insgesamt werden 25 Module aus mehr als zehn Fachgebieten angeboten. Die Studierenden stellen sich ein Programm zusammen, das ihren individuellen beruflichen Anforderungen und Interessen entspricht. Der Lehrstoff wird den Studierenden in schriftlichen Studienbriefen und CD-ROMs vermittelt. Ergänzend finden Wochenend-Präsenzseminare statt.

Besondere Hinweise zum Studiengang:
Kooperation mit dem Fraunhofer-Institut für Umwelt-, Sicherheits- und Energietechnik UMSICHT in Oberhausen. Studienbeginn ist jederzeit möglich, unabhängig vom Semesterbeginn. Infernum wurde 2003 als erster Master-Fernstudiengang akkreditiert. Auszeichnung als offizielles Projekt der UN-Dekade „Bildung für nachhaltige Entwicklung 2005-2014".

Zukunftsperspektiven:
Studienstruktur: Zurzeit wird die Verbindung zwischen Umwelt- und Nachhaltigkeitswissenschaften im Curriculum stärker herausgearbeitet. Synergien zwischen den beteiligten Institutionen sollen noch stärker genutzt, Multimedia und Internationales ausgebaut werden.
Arbeitsmarktmöglichkeiten: Einsatzfelder der Absolventen in Unternehmen, Wirtschaftsverbänden, in Lehreinrichtungen, in Forschungsanstalten und in der öffentlichen Verwaltung.

International Master of Environmental Science

Studienabschluss: Master of Science
Hochschule: Universität zu Köln
Wissenschaftsbereiche: Naturwissenschaften; Ingenieurwissenschaften; Geistes- und Sozialwissenschaften
Fachbereich/Fakultät: Interdisziplinär unter Mitwirkung von: Mathematisch-Naturwissenschaftliche, Medizinische, Philosophische, Rechtswissenschaftliche sowie Wirtschafts- & Sozialwissenschaftliche Fakultät
Institut/Einrichtung: —
Anschrift: Gyrhofstraße 15, 50931 Köln
Ansprechpartner: Prof. Dr. Helmut Hillebrand, Tel. 0221-470 27 62
helmut.hillebrand@uni-koeln.de
Web-Adresse: www.uni-koeln.de/IMES
Studienfachberatung: helmut.hillebrand@uni-koeln.de
Zulassung/Bewerbung: Bewerbungsverfahren, Bewerbungen zum 1. April
Studienbeginn/-plätze: Wintersemester, 20 Studienplätze
Studiengebühren: ja
Regelstudienzeit: 4 Semester

Kurzbeschreibung des Studiengangs:
Globale Umweltprobleme führen zu einer vermehrten Nachfrage nach qualifizierten, forschungsorientierten Mitarbeitern, die durch ihre Ausbildung in der Lage sind, Umweltfragestellungen unter Berücksichtigung naturwissenschaftlicher, juristischer, ökonomischer und medizinischer Aspekte eigenständig zu bearbeiten. Aktuelle Aufgaben in den Umweltwissenschaften beinhalten die Forschung an Schnittpunkten zwischen Umwelt, Wissenschaft und Gesellschaft, aber auch die inhaltlich-rechtliche Betreuung von behördlichen Umweltmaßnahmen, die Entwicklung technischer Lösungen zur Bewertung und Verbesserung von Umweltbedingungen und die Vermittlung zwischen Schutz- und Nutzanforderungen an die Umwelt. Die implizite multidisziplinäre Vernetzung von Umweltfragestellungen erfordert eine interdisziplinär angelegte Ausbildung, die der Breite der Forschung und Anwendung gerecht wird. Gleichzeitig wird immer deutlicher, dass erfolgreiche Lösungsansätze in den Umweltwissenschaften einen Transfer von Wissen über nationale Grenzen hinweg ermöglichen müssen.
Der englischsprachige Studiengang „International Master of Environmental Science" (IMES) an der Universität zu Köln integriert diese beiden Anforderungen in einem zweijährigen Aufbaustudium. Damit repräsentiert der IMES Studiengang eine konkrete Umsetzung aktueller Forschungsentwicklungen sowie eine Anpassung an die interdisziplinäre Arbeit an Umweltfragestellungen.

Besondere Hinweise zum Studiengang:
Durchgehend englischsprachig.

International Material Flow Management

Studienabschluss:	Master of Science und Master of Engineering
Hochschule:	Fachhochschule Trier, Hochschule für Technik, Wirtschaft und Gestaltung – Umwelt-Campus Birkenfeld
Wissenschaftsbereiche:	Naturwissenschaften; Ingenieurwissenschaften; Geistes- und Sozialwissenschaften
Fachbereich/Fakultät:	Umweltwirtschaft/Umweltrecht
Institut/Einrichtung:	Institut für angewandtes Stoffstrommanagement (IfaS)
Anschrift:	PO Box 1380, 55761 Birkenfeld
Ansprechpartner:	Prof. Dr. Klaus Helling, Tel. 06782-17 15 83 k.helling@umwelt-campus.de
Web-Adresse:	—
Studienfachberatung:	imat@umwelt-campus.de
Zulassung/Bewerbung:	Berufsqualifizierender Abschluss, TOEFL mit mind. 550 Punkten
Studienbeginn/-plätze:	Wintersemester, max. 35 Studenten/Semester
Studiengebühren:	max. 6.000,- Euro/Semester, Stipendien verfügbar
Regelstudienzeit:	4 Semester

Kurzbeschreibung des Studiengangs:
Der deutsch-japanische Doppel-Masterstudiengang IMAT ist als zweijähriges Vollzeitstudium angelegt. Der Lehrbetrieb findet im 1. und 2. Semester an der APU (Ritsumeikan Asia Pacific University, eine der renommiertesten Universitäten Japans) in englischer Sprache statt. Der Studiumsschwerpunkt ist auf Naturwissenschaft und Wirtschaftsingenieurwesen gelegt, ergänzt politische, interkulturelle und ökologische Lehrinhalte. Den Studierenden werden die Perspektiven von Stoffstrommanagement als Tool zur betrieblichen Kostensenkung und regionalen Wirtschaftsförderung verdeutlicht. Darüber hinaus wird den Studierenden technisches Wissen zum Einsatz moderner Umwelttechnologien (Erneuerbare Energien, Abfall- Wasser- und Abwassermanagement) zur nachhaltigen Ver- und Entsorgung von Regionen vermittelt. Schließlich stellen innovative Finanzierungskonzepte für Umwelttechnologien (Fundraising, Contracting etc.) betriebswirtschaftliche Schwerpunkte dieses Studiengangs dar. Das 3. Semester wird am Umwelt-Campus Birkenfeld gelehrt und beinhaltet neben Vorlesungen und Seminaren ein vierwöchiges Fachpraktikum, das der Umsetzung des gewonnenen theoretischen Wissens sowie der Vertiefung der sprachlichen und kommunikativen Fähigkeiten dient. Während des 4. Semesters erarbeiten die Studierenden in Unternehmen oder Instituten in Europa oder Asien ihre Master-Thesis. Nach erfolgreicher Absolvierung wird den Studierenden ein deutsch-japanischer Doppelabschluss durch die FH Trier und die APU verliehen.

Besondere Hinweise zum Studiengang:
Bewerber mit überdurchschnittlichen Leistungen können über das Ifas eine Ermäßigung der Studiengebühren von 20% bis zu 100% erhalten. Auszeichnung als offizielles Projekt der UN-Dekade „Bildung für nachhaltige Entwicklung 2005-2014"

Zukunftsperspektiven:
Studienstruktur: Mittelfristig wird angestrebt, das IMAT-Bildungsangebot bzw. die Idee der „Bildung für nachhaltige Entwicklung" an weitere europäische und asiatische Universitätsstandorte zu übertragen.
Arbeitsmarktmöglichkeiten: Die Einsatzgebiete der Absolventen liegen in den Bereichen Qualitäts- und Umweltmanagement, Logistik, Marketingmanagement, Öko-Controlling usw.

International Material Flow Management

Studienabschluss:	Master of Science
Hochschule:	Fachhochschule Trier, Hochschule für Technik, Wirtschaft und Gestaltung – Umwelt-Campus Birkenfeld
Wissenschaftsbereiche:	Naturwissenschaften; Ingenieurwissenschaften; Geistes- und Sozialwissenschaften
Fachbereich/Fakultät:	Umweltwirtschaft/Umweltrecht
Institut/Einrichtung:	Institut für angewandtes Stoffstrommanagement (IfaS)
Anschrift:	PO Box 1380, 55761 Birkenfeld
Ansprechpartner:	Prof. Dr. Klaus Helling, Tel. 06782-17 15 83 k.helling@umwelt-campus.de
Web-Adresse:	www.imat-master.com
Studienfachberatung:	imat@umwelt-campus.de
Zulassung/Bewerbung:	Berufsqualifizierender Abschluss, TOEFL mit mind. 550 Punkten
Studienbeginn/-plätze:	Sommer- und Wintersemester, max. 35 Studenten/Semester
Studiengebühren:	max. 3.000,- Euro/Semester, Stipendien verfügbar
Regelstudienzeit:	4 Semester

Kurzbeschreibung des Studiengangs:

Der Schwerpunkt des IMAT-Programms ist auf die Vermittlung des betriebswirtschaftlichen Wissens gelegt, ergänzt interdisziplinär durch politische, interkulturelle und ökologische Lehrinhalte. Innovative Finanzierungskonzepte (Fundraising, Contracting) sowie Managementansätze und Netzwerkanalysen sind betriebswirtschaftliche Schwerpunkte dieses Studiengangs. Neben der Kenntnis der regionalen Effizienz- und Wirtschaftspotenziale werden die Perspektiven vom Stoffstrommanagement als Tool zur betrieblichen Kostensenkung und regionalen Wirtschaftsförderung verdeutlicht. Darüber hinaus wird den Studierenden technisches Wissen zum Einsatz moderner Umwelttechnologien aus den Bereichen Erneuerbare Energien, Abfall-, Wasser- und Abwassermanagement zur nachhaltigen Ver- und Entsorgung von Regionen vermittelt. Das zweite Studienjahr ist praxisorientiert: Im 3. Semester absolvieren die Studierenden ein 6-monatiges Praktikum in deutschen bzw. europäischen Unternehmen oder Forschungsinstituten. Das Praxissemester dient primär der Umsetzung der während des ersten Studienjahres gewonnenen theoretischen Kenntnisse, dem Sammeln weiterer Berufserfahrung sowie der Vertiefung sprachlicher Fähigkeiten.

Besondere Hinweise zum Studiengang:

Der Lehrbetrieb findet ausschließlich in englischer Sprache am Umwelt-Campus Birkenfeld statt. Bewerber mit überdurchschnittlichen Leistungen können über das Ifas eine Ermäßigung der Studiengebühren von 20% bis zu 100% erhalten. Auszeichnung als offizielles Projekt der UN-Dekade „Bildung für nachhaltige Entwicklung 2005-2014".

Zukunftsperspektiven:

Studienstruktur: Mit Hilfe von DAAD/BMBF wurde 2006 das IMAT-Masterprogramm an die Asia Pacific University, Japan exportiert. Mittelfristig wird angestrebt, das IMAT-Bildungsangebot bzw. die Idee der „Bildung für nachhaltige Entwicklung" an weitere europäische und asiatische Universitätsstandorte zu übertragen.

Arbeitsmarktmöglichkeiten: IMAT-Masterprogramm bereitet auf eine zukunftsorientierte Berufstätigkeit auf Führungsebene vor. Die potenziellen Einsatzgebiete der Absolvierenden liegen in den Bereichen Qualitäts- und Umweltmanagement, Logistik, Marketingmanagement, Öko-Controlling usw.

Landwirtschaft und Umwelt

Studienabschluss: Master of Science
Hochschule: Fachhochschule Bingen
Wissenschaftsbereiche: Naturwissenschaften; Ingenieurwissenschaften
Fachbereich/Fakultät: FB1 – Life Sciences and Engineering
Institut/Einrichtung: —
Anschrift: Berlinstraße 109, 55411 Bingen
Ansprechpartner: Prof. Dr. Elke Hietel, Tel. 06721-40 94 42
leitung-lu@fh-bingen.de
Web-Adresse: www.fh-bingen.de/Landwirtsch_Umwelt_M_Sc.7522.0.html
Studienfachberatung: beratung-lu@fh-bingen.de
Zulassung/Bewerbung: 13 Wochen ing.-relevante Tätigkeit (auch Praxissemester im Erststudium)
Studienbeginn/-plätze: Sommer- und Wintersemester, 25 Studienplätze
Studiengebühren: keine
Regelstudienzeit: 3 Semester

Kurzbeschreibung des Studiengangs:
Zum Sommersemester 2007 startete an der Fachhochschule Bingen der akkreditierte Studiengang „Landwirtschaft und Umwelt". Der dreisemestrige Studiengang bietet Absolventen der Bachelor-Studiengänge Agrarwirtschaft, Umweltschutz oder vergleichbarer Studiengänge die Möglichkeit, sich über einen zweiten berufsqualifizierenden Abschluss auf eine Karriere im Überschneidungsbereich von Landwirtschaft und Umwelt vorzubereiten. Der Studiengang vermittelt wissenschaftlich und praktisch fundierte Kenntnisse, welche die Absolventen in die Lage versetzt, die Belange der Landwirtschaft ebenso wie die Bedürfnisse der Umwelt beurteilen und bewerten zu können. Themenbereiche sind z.B. umweltorientierte Förderprogramme für die landwirtschaftliche Produktion, Gentechnik, knapper werdende fossile Energieträger und steigender Bedarf an nachwachsenden Rohstoffen, nachhaltige Entwicklung des ländlichen Raums und Optimierung des Einsatzes von Pflanzenschutz- und Düngemitteln zum Schutz von Wasser, Boden und Luft.
Studierende werden mit Beginn des ersten Studiensemesters in den Schwerpunkten fachliche, kommunikative und soziale Kompetenz intensiv ausgebildet. Ein weiterer Schwerpunkt ist die Praxisorientierung. In einem Projektmodul werden die erlernten Kenntnisse und Fähigkeiten an ausgewählten Beispielen in Zusammenarbeit mit externen Kooperationspartnern praxisbezogen und teamorientiert vertieft.

Besondere Hinweise zum Studiengang:
Zulassungsvoraussetzungen sind ein abgeschlossenes Erststudium (Bachelor oder Diplom) in Agrarwirtschaft, Umweltschutz oder vergleichbaren Studiengängen. Außerdem ist eine 13-wöchige ingenieurmäßige Tätigkeit nachzuweisen. Das Praxismodul in Bachelorstudiengängen sowie das letzte Praxissemester in Diplomstudiengängen an Fachhochschulen entspricht i.d.R. dieser Anforderung.

Zukunftsperspektiven:
Studienstruktur: Es handelt sich um einen neu akkreditierten Masterstudiengang.
Arbeitsmarktmöglichkeiten: Den Absolventen bietet sich ein breit gefächertes Arbeitsfeld in Wirtschaft und Verwaltung. Zudem haben sie die Möglichkeit, ein Referendariat für den höheren Verwaltungsdienst anzutreten oder an einer Universität zu promovieren.

Nachhaltiges Wirtschaften (Sustainability Management and Economics)

Studienabschluss:	Master of Arts
Hochschule:	Universität Kassel
Wissenschaftsbereiche:	Naturwissenschaften; Ingenieurwissenschaften; Geistes- und Sozialwissenschaften
Fachbereich/Fakultät:	Wirtschaftswissenschaften
Institut/Einrichtung:	—
Anschrift:	Nora-Platiel-Straße 4, 34109 Kassel
Ansprechpartner:	Prof. Dr. Jürgen Freimann, Tel. 0561-804 37 39 freimann@wirtschaft.uni-kassel.de
Web-Adresse:	www.uni-kassel.de/fb7/
Studienfachberatung:	noch nicht eingerichtet
Zulassung/Bewerbung:	—
Studienbeginn/-plätze:	Wintersemester, 30 Studienplätze
Studiengebühren:	nach hessischer Landesgesetzgebung
Regelstudienzeit:	3 Semester

Kurzbeschreibung des Studiengangs:
Die Bearbeitung umweltbezogener Themenstellungen erfordert interdisziplinäre Zugänge. Damit sich Ökonomen konstruktiv in die Auseinandersetzung mit diesem Zukunftsthema einbringen können, reicht ein allein wirtschaftswissenschaftliches Studium im klassischen Sinne häufig nicht aus. Vielmehr ist es von zentraler Bedeutung, spezifische Kenntnisse in angrenzenden Fachgebieten zu erwerben. In nahezu allen Fachbereichen der Universität Kassel werden umweltorientierte Lehrveranstaltungen angeboten. Diese Interdisziplinarität wird für das Masterstudium „Nachhaltiges Wirtschaften" genutzt und die betriebswirtschaftliche und volkswirtschaftliche Perspektive im Kern des Studiums um eine rechtliche und eine politikwissenschaftliche Dimension erweitert. Darauf aufbauend werden sowohl im Pflichtstudium als auch im Wahlbereich naturwissenschaftliche Umweltzusammenhänge, technische Grundlagen ebenso wie Methodenwissen vermittelt. Weitere Angebote bestehen in der Umweltpsychologie, der Umweltsystemforschung etc.
Kooperationen mit dem Wuppertal Institut für Klima, Umwelt, Energie und dem Umweltforschungszentrum Leipzig werden genutzt.
Der Studiengang richtet sich primär an Absolventen eines Bachelorstudiums (oder einer gleichwertigen Qualifikation) der Betriebswirtschaftslehre, Volkswirtschaftslehre oder Wirtschaftswissenschaften. Zusätzlich steht er auch Absolventen anderer Fachrichtungen offen, für die in zusätzlich zu absolvierenden Veranstaltungen die notwendigen ökonomischen Grundlagen angeboten werden.

Besondere Hinweise zum Studiengang:
Geplanter Start des Masterstudiengangs „Nachhaltiges Wirtschaften" ist das Wintersemester 2008/2009.

Zukunftsperspektiven:
Arbeitsmarktmöglichkeiten: (Groß)Unternehmen, Unternehmensberatung, Nichtregierungsorganisationen (Umweltverbände, Gewerkschaften etc.), ökologisch-ökonomische Referate politischer Parteien, Ministerien auf Länder- und Bundesebene, nationale und internationale Institutionen wie UBA, EEA und UNEP usw., Forschungseinrichtungen.

Nachhaltigkeits- und Qualitätsmanagement

Studienabschluss: bis 2007 Hochschul- und TÜV-Zertifikat; vorauss. ab WS 2007 Master-Abschluss
Hochschule: Fachhochschule für Wirtschaft Berlin
Wissenschaftsbereiche: Naturwissenschaften; Ingenieurwissenschaften; Geistes- und Sozialwissenschaften
Fachbereich/Fakultät: Institut of Management Berlin (IMB)
Institut/Einrichtung: Fachhochschule für Wirtschaft Berlin
Anschrift: Badensche Straße 50-51, 10825 Berlin
Ansprechpartner: Prof. Dr. Grothe; Carola Bühnemann
Tel. 030-85 78 91 16; 030-85 78 94 07
angrothe@fhw-berlin.de; mbahcm@fhw-berlin.de
Web-Adresse: www.fhw-berlin.de
Studienfachberatung: mbahcm@fhw-berlin.de
Zulassung/Bewerbung: Auswahlverfahren, schriftliche Bewerbung
Studienbeginn/-plätze: Wintersemester, 25 Studienplätze
Studiengebühren: 586,68 € jährlich
Regelstudienzeit: 2 Jahre: 2x wöchentlich von 18-21 Uhr + einzelne Blockveranstaltungen

Kurzbeschreibung des Studiengangs:
Neben Themen wie Nachhaltigkeitsmanagement, Umweltrecht, nachhaltige Umweltpolitik, Strategien und Innovationsmanagement bietet der interdisziplinäre und praxisorientierte Studiengang besondere Qualifikationen im Bereich des Umwelt- und Qualitätsmanagements (DIN EN ISO 9001 und 14001, EMAS). Erstmalig werden zum WS 2006/07 zusätzliche Fächer wie Facility-, Ressourcen- und Energiemanagement in das erweiterte Studienangebot integriert.
Die besondere Kooperation mit der TÜV Akademie Rheinland (integrierter Lehrgang zum Qualitätsbeauftragten/TÜV) zeigt sich in dem erfolgreichen Abschluss der Teilnehmer, die sich in der Folge europäisch anerkannte Qualitätsmanager/innen/TÜV nennen können. Diese Kooperation, die deutschlandweit einmalig ist, wird zum WS 2006/07 erweitert, wodurch die Teilnehmer/innen nun auch noch den Abschluss als Qualitätsmanager/in/TÜV erlangen können. Mit dem Erlernen von Schlüsselkompetenzen wie Teambildung und -förderung, Kreativitätsentwicklung, Kommunikationsmethoden und Managementtraining wird dieses Weiterbildungsangebot der FHW Berlin abgerundet.

Besondere Hinweise zum Studiengang:
Zwei Jahre, berufsbegleitend, die Spaß machen.

Zukunftsperspektiven:
Studienstruktur: Ab WS 2007 ist der MA-Abschluss geplant.
Arbeitsmarktmöglichkeiten: Es bestehen gute Arbeitsplatzmöglichkeiten für Absolventen.

ProWater – Nachhaltiges Management und Schutz von Gewässer (Sustainable Management and Protection of Water)

Studienabschluss: Master of Science
Hochschule: Technische Universität Carolo-Wilhelmina zu Braunschweig
Wissenschaftsbereiche: Naturwissenschaften; Ingenieurwissenschaften
Fachbereich/Fakultät: Fakultät 3: Architektur, Bauing.wesen und Umweltwissenschaften
Institut/Einrichtung: Koordination: Professor Dr.-Ing. Günter Meon, Leiter Abteilung Hydrologie, Wasserwirtschaft und Gewässerschutz im Leichtweiß-Institut für Wasserbau
Anschrift: Beethovenstraße 51a, 38106 Braunschweig
Ansprechpartner: Dr.rer.nat. Jens Führböter, Dipl.-Ing. Dieter Seeger, Tel. 0531-391-39 54, -39 39, -39 56
Web-Adresse: www.prowater.info, www.tu-braunschweig.de/bau
Studienfachberatung: prowater@tu-bs.de
Zulassung/Bewerbung: Bewerbung mit Begründung, Zulassung durch eine Kommission
Studienbeginn/-plätze: Sommer- und Wintersemester, 35 Studienplätze
Studiengebühren: 800,- Euro bis 1.200,- Euro/Semester (Teilzeit mindestens 400,- Euro/Semester)
Regelstudienzeit: 4 Semester Vollstudium (Teilzeit – berufsbegleitend – möglich)

Kurzbeschreibung des Studiengangs:
Der internationale Masterfernstudiengang wird in Englisch und in Deutsch angeboten. Dafür wurde ein interdisziplinäres Fächerangebot zusammengestellt. Die Studierenden werden zu Fachleuten ausgebildet, die mit innovativen Ideen konkrete Problemlösungen zum Schutz der Gewässer erarbeiten. Voraussetzung ist ein natur- oder ingenieurwissenschaftliches Erststudium (Bachelor). Die Regelstudienzeit für das Master-Fernstudium beträgt insgesamt vier Semester: 2 Semester Grundlagen des Umweltingenieurwesens einschließlich Umwelt- und Wasserrecht, Natur-, Ingenieur- und Geowissenschaften, Moderations-/Mediationstechniken sowie ökologische und sozio-ökonomische Fachgebiete; 1 Semester Vertiefung in einem der drei Schwerpunkte: Bewirtschaftung oberirdischer Gewässer, Bewirtschaftung von Boden und Grundwasser, Technische Verfahren der Trinkwasseraufbereitung, Abwasser- und Abfallbehandlung sowie 1 Semester Masterarbeit. Es handelt sich um einen Fernstudiengang, bei dem die Studierenden Lehrunterlagen als Selbstlern-Material erhalten. Die Unterlagen werden durch Lernhilfen ergänzt. In freiwilligen Präsenzphasen in Braunschweig wird der Lehrstoff durch intensive Wiederholungen und Kompaktkurse vertieft. Die Prüfungen werden in Braunschweig oder in deutschen Institutionen im Ausland abgehalten.

Besondere Hinweise zum Studiengang:
Das ProWater-Fernstudium bietet für Studierende mit einem natur- oder ingenieurwissenschaftlichen Erststudium (mindestens Bachelor) beste Möglichkeiten einer Anpassung ihres Studienablaufes an die persönlichen Umstände.

Zukunftsperspektiven:
Studienstruktur: Der bisherige Masterfernstudiengang wird gegenwärtig mithilfe von Modulen für das Grundlagenstudium und für das Vertiefungsstudium neu strukturiert.
Arbeitsmarktmöglichkeiten: Fundierte Kenntnisse zur Bewertung von Maßnahmen im Gewässerschutz sowie Fähigkeiten zur Moderation und Mediation bieten beste Aussichten.

Sustainable Resource Management

Studienabschluss: Master of Science
Hochschule: Technische Universität München
Wissenschaftsbereiche: Lebenswissenschaften; Naturwissenschaften; Ingenieurwissenschaften; Geistes- und Sozialwissenschaften
Fachbereich/Fakultät: Fakultät Wissenschaftszentrum Weihenstephan für Ernährung, Landnutzung und Umwelt
Institut/Einrichtung: Studienfakultät für Forstwissenschaft und Ressourcenmanagement
Anschrift: Am Hochanger 13, 85354 Freising
Ansprechpartner: Direktor des Masterstudiengangs Sustainable Resource Management, Tel. 08161-71 44 64, info@forst.wzw.tum.de
Web-Adresse: www.forst.wzw.tum.de/htdocs/srm_index.php
Studienfachberatung: info@forst.wzw.tum.de
Zulassung/Bewerbung: Eignungsfeststellungsverfahren
Studienbeginn/-plätze: Wintersemester, 46-60 Studienplätze
Studiengebühren: 500,- Euro/Semester
Regelstudienzeit: 4 Semester

Kurzbeschreibung des Studiengangs:
Der auslandsorientierte Studiengang zielt darauf ab, durch die Kombination von Kommunikationstechniken und Methodenorientierung auf Naturressourcen den Bedürfnissen eines internationalen Marktes gerecht zu werden. Der Studiengang umfasst einen Kernbereich und zwei Vertiefungsbereiche, ein zweimonatiges Praktikum sowie ein Master-Thesis-Projekt. Der Schwerpunkt liegt im Angebot von Managementmethoden zur Problemlösung. Der Unterricht erfolgt in englischer Sprache. Zulassungsvoraussetzung sind ein Hochschulabschluss in einem ingenieur-, natur-, wirtschafts- oder sozialwissenschaftlichen Studiengang sowie Englischkenntnisse. Etwa 60 Studienplätze sind vorhanden. Die Einführung des Studiengangs wurde vom DAAD im Rahmen des Programms zur Förderung internationaler Studiengänge unterstützt. Der Studiengang wurde 2002 akkreditiert und 2006 reakkreditiert. Bewertung der Akkreditierungsagentur: Bei dem Studiengang „Sustainable Resource Management" handelt es sich um ein innovatives internationales Studienprogramm mit einem anspruchsvollen und vielversprechenden Konzept. Der Ansatz der Kombination des Nachhaltigkeitsgedankens mit dem Ressourcenmanagement ist sehr zu begrüßen.

Besondere Hinweise zum Studiengang:
Unterrichtssprache ist Englisch; ca. 3/4 der Studierenden pro Jahrgang kommen aus dem Ausland. Der Studiengang wurde als offizielles Projekt der UN-Dekade „Bildung für nachhaltige Entwicklung 2005-2014" ausgezeichnet.

Zukunftsperspektiven:
Arbeitsmarktmöglichkeiten: Absolventen eignen sich für Führungspositionen in Beratung, Planung, Umsetzung und Evaluierung eines zukünftig dringend erforderlichen nachhaltigen Ressourcenmanagements. Statements von Absolventen sind auf der Website zu finden.

Technologie und Ressourcenmanagement in den Tropen und Subtropen

Studienabschluss: Master of Science
Hochschule: Fachhochschule Köln
Wissenschaftsbereiche: Naturwissenschaften; Ingenieurwissenschaften
Fachbereich/Fakultät: Fakultät 05
Institut/Einrichtung: Institut für Tropentechnologie
Anschrift: Betzdorfer Straße 2, 50679 Köln
Ansprechpartner: Prof. Dr. Hartmut Gaese, Tel. 0221-82 75 2774
info.itt@f05.fh-koeln.de
Web-Adresse: www.tt.fh-koeln.de
Studienfachberatung: info.itt@f05.fh-koeln.de
Zulassung/Bewerbung: Freies Verfahren
Studienbeginn/-plätze: Wintersemester, ca. 60 Studienplätze
Studiengebühren: 500,- Euro/Semester zzgl. Semesterbeitrag; Stipendienvergabe möglich
Regelstudienzeit: 4 Semester

Kurzbeschreibung des Studiengangs:
Die Lehre ist in Form von Modulen, die während des gesamten Semesters bzw. semesterübergreifend angeboten werden, organisiert. Die Module sind überwiegend in Blockform aufgebaut. Der Umfang des Studiums beträgt jeweils etwa 20 SWS in den ersten drei Semestern, das vierte Semester dient der Erstellung der Masterarbeit. Die Module des ersten Semesters werden in englischer Sprache abgehalten. Das Studium gliedert sich in die Grundlagenmodule Geographie und Umweltprobleme, Umweltökonomie, Projektmanagement, Internationale Zusammenarbeit, Informationswissenschaften und Methoden- und Sozialkompetenz und in die Module der Schwerpunktbereiche Integriertes Wassermanagement, Landnutzungssysteme, Regenerative Energienutzung und Ressourcenschonendes Bauen. Weitere Module sind die Masterarbeit und das Semesterprojekt, welches sich über zwei Semester streckt und innerhalb dessen die Studierenden in Arbeitsgruppen alle Schritte von der Theoriebildung über Situationsanalyse, Bedarfsanalyse bis zur Ausarbeitung von Empfehlungen zur Durchführbarkeit üben. Die Masterarbeit beruht im Allgemeinen auf einem mehrmonatigen Forschungsaufenthalt im Ausland. Es wird angestrebt, die Masterarbeiten in die aktuelle Forschung des Instituts einzugliedern. Als Ergänzung zum regulären Studienprogramm wurde das Tropenseminar eingeführt, in dessen Rahmen das ITT regelmäßig Wissenschaftler aus den verschiedensten Disziplinen einlädt, um über aktuelle Themen mit Bezug zur internationalen Forschung und Entwicklung zu berichten.

Besondere Hinweise zum Studiengang:
Der Studiengang ist von der Agentur für Qualitätssicherung durch Akkreditierung von Studiengängen (AQAS) akkreditiert und eröffnet den Absolventen auch den Zugang zum höheren Dienst.

Zukunftsperspektiven:
Arbeitsmarktmöglichkeiten: Führungspositionen in Unternehmen, Verbänden und Verwaltungen des Wassersektors, Agrar- und Ernährungssektors, Bausektors und anderer ressourcenbezogener Disziplinen. Hochschulen, Forschungs- und Entwicklungsinstitutionen in Ländern der Tropen und Subtropen. Nationale und internationale Organisationen, NGOs.

Umwelt- und Ressourcenmanagement

Studienabschluss: Master of Science
Hochschule: Justus-Liebig-Universität Gießen
Wissenschaftsbereiche: Lebenswissenschaften; Ingenieurwissenschaften
Fachbereich/Fakultät: FB 09 Agrarwissenschaften, Ökotrophologie und Umweltmanagement
Institut/Einrichtung: —
Anschrift: Bismarckstraße 24, 35390 Gießen
Ansprechpartner: Dr. Claus Mückschel, Tel. 0641-993 70 02
claus.mueckschel@agrar.uni-giessen.de
Web-Adresse: www.uni-giessen.de/fbr09
Studienfachberatung: peter.kaempfer@agrar.uni-giessen.de
Zulassung/Bewerbung: Direkt an der Justus-Liebig-Universität Gießen
Studienbeginn/-plätze: Wintersemester, —
Studiengebühren: müssen laut Gesetz von den Hessischen Hochschulen ab dem Wintersemester 2007/2008 erhoben werden. Ein Studium an der JLU Gießen würde dann 500 € Gebühren pro Semester kosten. Im Moment ist die genaue Umsetzung aber noch unklar.
Regelstudienzeit: 4 Semester

Kurzbeschreibung des Studiengangs:
Der Master of Science „Umwelt- und Ressourcenmanagement" bildet die Basis für eine qualifizierte berufliche Tätigkeit bzw. eine Promotion. Nach einer Regelstudienzeit von vier Semestern sind die Absolventen in der Lage, in ihrer gewählten Studienrichtung wissenschaftlich zu arbeiten. Sie verfügen über die nötigen fachlichen, methodischen und sozialen Kompetenzen und haben überfachliche Schlüsselqualifikationen erworben, die das breite, sich ständig wandelnde Berufsfeld erfordert.
Ziel des Studiengangs ist es, die Auswirkungen der Landbewirtschaftung auf die Umweltfaktoren zu bemessen, zu bewerten und eventuell korrigierend zu steuern, um eine nachhaltige Nahrungsmittelproduktion im Einklang mit der Umwelt sicherzustellen. Weitere Infos unter www.uni-giessen.de/fbr09.
Voraussetzung für den Beginn eines Master-Studiums am Fachbereich 09 ist ein Bachelor-Abschluss mit der Note „gut" oder besser. Die bisherigen Studienleistungen sollten ein entsprechendes fachliches Profil aufweisen.

Zukunftsperspektiven:
Studienstruktur: Ab dem WS 2007/2008 ist die Einführung eines Bachelor of Science Programms in der Studienrichtung „Umweltmanagement" geplant.

Water and Coastal Zone Management (WCM)

Studienabschluss: Master of Science (Double Degree) mit der Universität Groningen (Niederlande)
Hochschule: Carl von Ossietzky Universität Oldenburg
Wissenschaftsbereiche: Lebenswissenschaften; Naturwissenschaften; Ingenieurwissenschaften; Geistes- und Sozialwissenschaften
Fachbereich/Fakultät: Mathematik und Naturwissenschaften
Institut/Einrichtung: Institut für Chemie und Biologie des Meeres (ICBM)
Anschrift: Carl-von-Ossietzky-Straße 9-11, 26111 Oldenburg
Ansprechpartner: Thomas Klenke, Tel. 0441-798 52 76
Klenke@icbm.de
Web-Adresse: www.icbm.de/16372.html
Studienfachberatung: Klenke@icbm.de
Zulassung/Bewerbung: BSc-Abschluss in einem fachwissenschaftlichen Studiengang
Studienbeginn/-plätze: Wintersemester, 25 Studienplätze
Studiengebühren: 1.600,- Euro/Semester
Regelstudienzeit: 4 Semester

Kurzbeschreibung des Studiengangs:
Die Universitäten Oldenburg und Groningen sind in einer auf Meere und Küsten ausgerichteten deutsch-niederländischen Region verwurzelt. Nicht nur hier begründen die europaweiten Anstrengungen hin zu einem integrierten Management von Meeren, Küsten und Flussgebieten neuartige Berufsfelder. Um diese zu erschließen, verknüpfen Forscher und Lehrer beider Universitäten ihre komplementären Stärken und ihre national unterschiedlichen Herangehensweisen unter dem Dach des anwendungsorientierten, englischsprachigen Masterstudiengangs Water and Coastal Management. Der Studiengang verbindet das Studieren in beiden Ländern mit dem Erwerb von Abschlüssen in beiden Ländern. Studienort des ersten Jahres ist Oldenburg; das zweite Studienjahr ist am Universitätsstandort Groningen beheimatet. Inhaltlich werden vor allem Fallstudien im Dialog mit der Gesellschaft vermitteln, wie mathematisch-naturwissenschaftliche, raumplanerische und wirtschaftswissenschaftliche Verfahren in der nachhaltigen Raumentwicklung erfolgreich verknüpft werden.

Besondere Hinweise zum Studiengang:
Beginn des Studiengangs: WS 2007/08. Unterrichtssprache ist Englisch; der Abschluss Master of Science ist ein Double-Degree der Universität Oldenburg und Rijksuniversität Groningen.

Zukunftsperspektiven:
Studienstruktur: Der Studiengang ist in das MasterCluster Umwelt und Nachhaltigkeit der Universität Oldenburg eingebunden.

Water Resources Engineering and Management – WAREM

Studienabschluss: Master of Science
Hochschule: Universität Stuttgart
Wissenschaftsbereiche: Naturwissenschaften; Ingenieurwissenschaften
Fachbereich/Fakultät: Fakultät 2: Bau- und Umweltingenieurwissenschaften
Institut/Einrichtung: —
Anschrift: Pfaffenwaldring 7a, 70569 Stuttgart
Ansprechpartner: Dr.-Ing. Matthias Schneider, Tel. 0711-685 666 15
warem@iws.uni-stuttgart.de
Web-Adresse: www.warem.uni-stuttgart.de
Studienfachberatung: warem@iws.uni-stuttgart.de
Zulassung/Bewerbung: Qualifizierter Abschluss (180 ECTS-Credits), englische Sprachkenntnisse
Studienbeginn/-plätze: Sommersemester, 45 Studienplätze
Studiengebühren: 500,- Euro/Semester
Regelstudienzeit: 4 Semester

Kurzbeschreibung des Studiengangs:
„Water Resources Engineering and Management (WAREM)" is a two-year Master of Science program beginning in the winter semester of each year. The program consists of three in-class semesters and a semester designated for research and thesis work.

Our Goal: Qualified, multidisciplinary engineers and scientists in the field of water resources engineering and management are in demand to meet the water needs of a growing world population within given environmental and social constraints. The bilingual MSc program WAREM is specially tailored to satisfy this demand by catering to both German and international students.

Besondere Hinweise zum Studiengang:
Language of Teaching: All classes are taught in English. However, during the first and second semester, students with proficiency in German can increase their choice of options by taking some of the classes from the wide range taught in German.

Zukunftsperspektiven:
Arbeitsmarktmöglichkeiten: WAREM graduates found employment around the world in all fields related to water engineering. They work for consultancies, NGOs, water and waste water management, developing aid agencies, regulating agencies, etc. Many graduates are pursuing advanced degrees (PhD) at other universities or in the International Doctoral Program „Environment and Water (ENWAT)" at der Universität Stuttgart.

Agrarwissenschaften

Studienabschluss:	Master of Science
Hochschule:	Georg-August-Universität Göttingen
Wissenschaftsbereiche:	Naturwissenschaften; Geistes- und Sozialwissenschaften
Fachbereich/Fakultät:	Fakultät für Agrarwissenschaften
Institut/Einrichtung:	Department für Nutzpflanzenwissenschaften, Department für Nutztierwissenschaften, Department für Agrarökonomie und Rurale Entwicklung
Anschrift:	Am Vogelsang 6, 37075 Göttingen
Ansprechpartner:	Studienschwerpunkt Ressourcenmanagement: Prof. Dr. Teja Tscharntke, Tel. 0551-39 92 09, ttschar@gwdg.de
Web-Adresse:	www.agrar.uni-goettingen.de
Studienfachberatung:	sbagrar@gwdg.de
Zulassung/Bewerbung:	NC von 3,0; Bewerbungsverfahren an der Fakultät für Agrarwissenschaften
Studienbeginn/-plätze:	Sommer- und Wintersemester, 70 Studienplätze
Studiengebühren:	500,- Euro/Semester zzgl. Verwaltungsgebühr (inkl. Semesterticket)
Regelstudienzeit:	4 Semester

Kurzbeschreibung des Studiengangs:
Der viersemestrige Masterstudiengang Agrarwissenschaften umfasst 120 ECTS-Credits. Die Studierenden belegen im 1.-4. Semester 15 Module (davon 5 Wahlpflicht- und 5 Wahlmodule des Studienschwerpunktes sowie 5 freie Wahlmodule aus dem Gesamtangebot der 3 Masterstudiengänge an der Fakultät für Agrarwissenschaften) in einem von folgenden fünf Studienschwerpunkten: Agribusiness, Nutzpflanzenwissenschaften, Nutztierwissenschaften, Ressourcenmanagement, Wirtschafts- und Sozialwissenschaften des Landbaus. Der Masterstudiengang schließt mit der Masterarbeit und einem Kolloquium ab. Ressourcenmanagement ist der Studienschwerpunkt, der die Inhalte zur Nachhaltigkeit umfasst. Folgende Module werden in Ressourcenmanagement angeboten: Wahlpflichtmodule: Methodisches Arbeiten I: Interdisziplinäre Projektarbeit, Methodisches Arbeiten II: „Biometrie und Statistik" oder „Fernerkundung und GIS", Naturschutzökonomie und Landschaftsplanung, Ökologie und Naturschutz, Umweltindikatoren und Ökobilanzen. Wahlmodule: Agrarmeteorologie, Honigbienen und Wildbienen in der Agrarlandschaft, Naturschutz, interfakultativ I, Naturschutz, interfakultativ II, Nutztiere und Landschaft, Projektpraktikum Naturschutz in der Agrarlandschaft, Ressourcenökonomie, Umweltökonomie.

Besondere Hinweise zum Studiengang:
Die Studierenden können das 3. und 4. Semester im Ausland für die Forschung zur Masterarbeit verbringen. Die Fakultät verfügt über zahlreiche Kontakte im internationalen Bereich.

Zukunftsperspektiven:
Studienstruktur: Der Bachelorstudiengang Agrarwissenschaften und der Masterstudiengang Agrarwissenschaften wurden bereits 1999 eingerichtet. Seit dem WS 2006/07 gibt es den Masterstudiengang Pferdewissenschaften sowie den Masterstudiengang Tropical and International Agriculture an der Fakultät für Agrarwissenschaften.
Arbeitsmarktmöglichkeiten: Die Uni Göttingen verfügt über einen Karriereservice. Die Aussichten für die Absolventen sind gut, ca. 80% finden einen adäquaten Job nach dem Studium. Zahlreiche Einrichtungen aus Wirtschaft und Forschung wenden sich mit Stellenanzeigen an die Fakultät.

Angewandte Umweltwissenschaften (weiterbildender Fernstudiengang)

Studienabschluss: Diplom
Hochschule: Universität Koblenz-Landau, Campus Koblenz
Wissenschaftsbereiche: Naturwissenschaften; Ingenieurwissenschaften
Fachbereich/Fakultät: Fachbereich 3: Mathematik/Naturwissenschaften
Institut/Einrichtung: Zentrum für Fernstudien und Universitäre Weiterbildung – ZFUW
Anschrift: Postfach 201602, 56070 Koblenz
Ansprechpartner: Prof. Dr. Joachim Loeper, Tel. 0261-287 15 00
zfuww@uni-koblenz.de
Web-Adresse: www.uni-koblenz.de/ZFUW/WFU
Studienfachberatung: info@umwelt-studium.de
Zulassung/Bewerbung: Zulassung beschränkt auf Absolventen natur- und ingenieurwissenschaftlicher Studiengänge
Studienbeginn/-plätze: Wintersemester, 100 Studienplätze pro Jahr
Studiengebühren: Teilzeit: 495,- Euro/Semester; Vollzeit: 935,- Euro/Semester (zzgl. Sozialbeitrag)
Regelstudienzeit: Teilzeitmodus: 8 Semester, Vollzeitmodus: 4 Semester

Kurzbeschreibung des Studiengangs:
Der weiterbildende Studiengang der Universität Koblenz-Landau integriert die wesentlichen arbeitsmarktrelevanten Bereiche der Umweltwissenschaften. Als berufsbegleitendes Fernstudium konzipiert ist es den Teilnehmern möglich, nach einem Erststudium einen weiteren Diplomabschluss zu erlangen, ohne dass die berufliche Tätigkeit eingeschränkt werden muss. Die Studierenden sollen in die Lage versetzt werden, anthropogene Einflüsse und deren Folgen auf die Biosphäre und damit auf den Menschen mittels wissenschaftlicher Methoden zu erkennen, zu bewerten und in zielgerichtetes Handeln umzusetzen.

Im ersten Studienabschnitt gilt es insbesondere, den Studierenden ein fundiertes naturwissenschaftlich-ökologisches Hintergrundwissen zu vermitteln sowie über die rechtlichen Instrumente und ökonomischen Rahmenbedingungen des Umweltschutzes zu informieren.

Das Vertiefungsstudium befasst sich überwiegend mit technologischen Anwendungen des praktischen Umweltschutzes, und zwar in den Bereichen Abfallwirtschaft, Bodenschutz, Immissionsschutz, Wasserwirtschaft und Gewässerschutz sowie der Sanierung von Umweltschäden. Das Studienprogramm gliedert sich in sieben Prüfungsfächer, welche sich jeweils über ein Semester erstrecken. Jedes Fach umfasst eine Reihe von gedruckten, zu Hause zu bearbeitenden Studientexten. Internetforen und Präsenzveranstaltungen ergänzen das Studienmaterial und geben Gelegenheit zum Erfahrungsaustausch, zur fachlichen Diskussion und zur Prüfungsvorbereitung.

Das Prüfungsverfahren basiert auf der Wertung von Einsendeaufgaben und studienbegleitenden schriftlichen Fachprüfungen. Zum Abschluss des Studiums ist eine Diplomarbeit anzufertigen.

Besondere Hinweise zum Studiengang:
Berufsbegleitendes Fernstudium.

Zukunftsperspektiven:
Studienstruktur: Geplant für 2007/08: Umstellung auf Masterstudium.

Biodiversität und Ökologie

Studienabschluss: Dr. rer. nat. oder PhD.
Hochschule: Georg-August-Universität Göttingen
Wissenschaftsbereiche: Lebenswissenschaften; Naturwissenschaften
Fachbereich/Fakultät: Biologie
Institut/Einrichtung: Göttinger Zentrum für Biodiversitätsforschung und Ökologie (Göttingen Centre of Biodiversity and Ecology)
Anschrift: Untere Karspüle 2, 37073 Göttingen
Ansprechpartner: PD Dr. Dirk Gansert, Tel. 0551-391 24 04 dganser@gwdg.de
Web-Adresse: www.biodiversitaet.gwdg.de
Studienfachberatung: dganser@gwdg.de
Zulassung/Bewerbung: Bewerbung beim Dekanat der Biologischen Fakultät der Universität Göttingen
Studienbeginn/-plätze: Sommer- und Wintersemester, —
Studiengebühren: keine Studiengebühren
Regelstudienzeit: 6 Semester

Kurzbeschreibung des Studiengangs:
Dieser Studiengang ist in Deutschland bisher einmalig auf dem Gebiet der biologischen Diversität und Ökologie. Am Studiengang beteiligte Fakultäten sind: Biologie, Agrarwissenschaften, Geowissenschaften und Geographie, Forstwissenschaften und Waldökologie, Jura. Merkmale des Studiengangs sind: 1) Zugangsvoraussetzungen: mindestens achtsemestriges Hochschulstudium mit berufsqualifizierendem akademischen Abschluss in einem biologisch ausgerichteten Fachgebiet der Lebens- und Umweltwissenschaften. Nachweis von Arbeitsplatz und Finanzierung des Promotionsvorhabens. Gute zertifizierte Englischkenntnisse (Minimum: 220 Punkte im TOEFL-Test oder äquivalente Nachweise). Zulassung erfolgt auf der Grundlage eines Auswahlgespräches (Darlegung der Motivation). 2) Beginn nach mündlicher Masterprüfung ohne vorherige Anfertigung der Masterarbeit ist möglich. Die Masterarbeit muss jedoch vor Abschluss der Promotion abgeschlossen werden. 3) Dissertation in englischer Sprache; als Monographie oder kumulativ aus mehreren Publikationen in begutachteten Zeitschriften. 4) Die Dissertation wird in einer Disputation verteidigt. 5) Verpflichtende Teilnahme an fachübergreifenden und fachspezifischen Seminaren und Kolloquien, auch in englischer Sprache. 5) Bewertung begleitender Studieneinheiten (Kolloquien, Workshops, Forschungsaufenthalte) nach dem European Credit Transfer System (ECTS). 6) Individuelle Betreuung durch einen dreiköpfigen Promotionsausschuss.

Besondere Hinweise zum Studiengang:
Die Dissertationen werden überwiegend im Rahmen von interdisziplinären Projekten durchgeführt, die aus Drittmitteln gefördert werden. Diese Projekte werden weltweit durchgeführt.

Zukunftsperspektiven:
Studienstruktur: Der Promotions-Studiengang ist Teil des Promotionskollegs der Mathematisch-Naturwissenschaftlichen Fakultäten der Univ. Göttingen und unterliegt dadurch einer ständigen Qualitätsüberprüfung des Standards der wiss. Aus- und Weiterbildung.
Arbeitsmarktmöglichkeiten: Breites Tätigkeitsspektrum im Bereich des nationalen und internationalen Natur-, Arten- und Umweltschutzes, Erwachsenenbildung, Tourismus, Medien, Museen, Verlage, Parteien und Fachverbände, Entwicklungsdienste, Umweltanalytik, Forschungseinrichtungen, Universitätslaufbahnen.

Biodiversität und Ökologie

Studienabschluss: Master of Science
Hochschule: Georg-August-Universität Göttingen
Wissenschaftsbereiche: Lebenswissenschaften; Naturwissenschaften
Fachbereich/Fakultät: Biologie
Institut/Einrichtung: Göttinger Zentrum für Biodiversitätsforschung und Ökologie (Göttingen Centre of Biodiversity and Ecology)
Anschrift: Untere Karspüle 2, 37073 Göttingen
Ansprechpartner: PD Dr. Dirk Gansert, Tel. 0551-391 24 04
dganser@gwdg.de
Web-Adresse: www.biodiversitaet.gwdg.de
Studienfachberatung: dganser@gwdg.de
Zulassung/Bewerbung: Bewerbung beim Dekanat der Biologischen Fakultät der Universität Göttingen
Studienbeginn/-plätze: Wintersemester, 40 Studienplätze
Studiengebühren: 500,- Euro/Semester
Regelstudienzeit: 4 Semester

Kurzbeschreibung des Studiengangs:
Dieser Studiengang ist in Deutschland bisher einmalig auf dem Gebiet der biologischen Diversität und Ökologie. Am Studiengang beteiligte Fakultäten sind: Biologie, Agrarwissenschaften, Geowissenschaften und Geographie, Forstwissenschaften und Waldökologie, Jura. Merkmale des Studiengangs sind: 1) Konsekutiver modularer Aufbau auf dem Bachelor-Studiengang. 2) Die Module werden mit Prüfungsleistungen abgeschlossen. 3) Bewertung der Studieneinheiten nach dem European Credit Transfer System (ECTS). 4) Schwerpunktübergreifendes Modul „Biodiversität" mit botanischen und zoologischen Bestimmungsübungen, Exkursionen, und Geländepraktika. 5) Wahl des Studienschwerpunktes aus den Bereichen Pflanzenökologie (Aut- bis Synökologie), Tierökologie, Pflanzensystematik und Phykologie, Tiersystematik, Morphologie, Evolution und Verhalten. 6) Belegen von Ergänzungs- und Wahlmodulen aus einem breiten Spektrum biologischer Disziplinen und übergreifender Fächer in den Forst-, Geo-, und Agrarwissenschaften. 7) Sechsmonatige Masterarbeit, basierend auf experimentellen Untersuchungen im Freiland und/oder im Labor oder messende Feldstudien. Die Masterarbeit kann auch im Ausland durchgeführt werden. Der Masterarbeit ist ein zweimonatiges Modul zum Erlernen fachspezifischer Forschungsmethoden vorangestellt. 8) Die Masterarbeit kann auch innerhalb des Promotions-Studienganges abgeschlossen werden.

Besondere Hinweise zum Studiengang:
Hohe Interdisziplinarität durch eine Vielzahl beteiligter Institute. Internationale Forschung. Vertiefendes Studium in Forschungsthemen der Biodiversität und Ökologie. Schwerpunkt der Ausbildung liegt auf dem Gebiet der terrestrischen Ökologie und Biodiversität.

Zukunftsperspektiven:
Studienstruktur: Der Studiengang Biodiversität und Ökologie ist Teil des Göttinger Master-Programms zur Ausbildung in den Bio-, Agrar-, Forst- und Geowissenschaften.
Arbeitsmarktmöglichkeiten: Breites Tätigkeitsspektrum im Bereich des nationalen und internationalen Natur-, Arten- und Umweltschutzes, Erwachsenenbildung, Tourismus, Medien, Museen, Verlage, Parteien und Fachverbände, Entwicklungsdienste, Umweltanalytik, Forschungseinrichtungen.

Biogeowissenschaften

Studienabschluss: Master of Science
Hochschule: Friedrich-Schiller-Universität Jena
Wissenschaftsbereiche: Lebenswissenschaften; Naturwissenschaften
Fachbereich/Fakultät: Chemisch-Geowissenschaftliche Fakultät
Institut/Einrichtung: Institut für Geowissenschaften
Anschrift: Burgweg 11, 07749 Jena
Ansprechpartner: Prof. Dr. Kai U. Totsche, Tel. 03641 9486-51
Kai.Totsche@uni-jena.de
Web-Adresse: www.bgw.uni-jena.de
Studienfachberatung: N. N.
Zulassung/Bewerbung: Abschluss im Bachelor-Studiengang Biogeowissenschaften, Auswahlverfahren
Studienbeginn/-plätze: Wintersemester, 20 Studienplätze
Studiengebühren: keine
Regelstudienzeit: 4 Semester

Kurzbeschreibung des Studiengangs:
Ziel des Master-Studiengangs Biogeowissenschaften ist es, die in gleichnamigen oder gleichwertigen Bachelor-Studiengängen erworbenen Grundkenntnisse über die im Geo- und Biosystem ablaufenden Prozesse wesentlich zu vertiefen und die methodischen Ansätze zur Analyse und Beurteilung der Wechselwirkungen zwischen den Systemen zu erlernen und anzuwenden. Die Studierenden werden damit befähigt, interdisziplinär und fachübergreifend zu denken und eigenständig an der Schnittstelle von Geo- und Biowissenschaften zu arbeiten. Der Master-Studiengang Biogeowissenschaften widmet sich im Besonderen der Integration von Geowissenschaften und Mikrobiologie und befasst sich mit Prozessmechanismen, -abläufen und -zusammenhängen in naturnahen und natürlichen Systemen. Im Mittelpunkt stehen dabei die zeitlich und räumlich unterschiedlichen mikrobiologischen, molekulargenetischen, geologischen, geochemischen, mineralogischen, bodenkundlichen und geoökologischen Interaktionen zwischen Geo-, Bio- und Hydrosphäre. Zu den zu vermittelnden Schlüsselqualifikationen zählen ebenso die eigenständige Konzeption und Durchführung von wissenschaftlichen Projekten und die Dokumentation und Präsentation wissenschaftlicher Ergebnisse in Wort und Schrift (insbesondere in englischer Sprache). Das Studienangebot ist modular aufgebaut. Jedes Modul ist eine Lehr- und Prüfungseinheit. Die Anrechnung von im Ausland erworbenen Modulen ist möglich und erwünscht.

Besondere Hinweise zum Studiengang:
Studierende aller Fachrichtungen der Universität Jena sind herzlich zum Engagement im Arbeitskreis Nachhaltigkeit eingeladen! www.umweltreferat-jena.de

Zukunftsperspektiven:
Arbeitsmarktmöglichkeiten: Der Studiengang qualifiziert die Studierenden für die Aufnahme eine Promotion in einer verwandten Disziplin und bietet auch exzellente Voraussetzungen für Tätigkeiten in der freien Wirtschaft.

Bodennutzung und Bodenschutz

Studienabschluss: Master of Science
Hochschule: Fachhochschule Osnabrück
Wissenschaftsbereiche: Naturwissenschaften; Ingenieurwissenschaften
Fachbereich/Fakultät: Fakultät Agrarwissenschaften und Landschaftsarchitektur
Institut/Einrichtung: —
Anschrift: Oldenburger Landstraße 24, 49090 Osnabrück
Ansprechpartner: Prof. Dr. H.-C. Fründ, Tel. 0541-969 50 52
hc.fruend@fh-osnabrueck.de
Web-Adresse: www.al.fh-osnabrueck.de
Studienfachberatung: hc.fruend@fh-osnabrueck.de
Zulassung/Bewerbung: Überdurchschnittlicher Bachelor oder Diplom-Abschluss aus sachverwandten Bereichen
Studienbeginn/-plätze: Wintersemester, 25 Studienplätze
Studiengebühren: 500,- Euro/Semester
Regelstudienzeit: 4 Semester

Kurzbeschreibung des Studiengangs:

Der Master-Studiengang besteht aus drei Fachsemestern und einem weiteren Semester, in dem die Masterarbeit in berufspraktischem Zusammenhang (Kooperation mit Privatfirmen oder Behörden) erstellt wird.

Der Studiengang bietet einen breiten Modulkatalog an, der eine Spezialisierung in Berufsfeldern wie Altlastenbearbeitung, Geoinformationsmanagement, Bodenökologie und Bodennutzung zulässt. Einen Schwerpunkt bilden Projekte mit interdisziplinärer Ausrichtung. Der Studiengang ist in seiner Kombination der klassischen Felder der landwirtschaftlichen bzw. gartenbaulichen Bodenkunde als auch der Themenfelder Bodensanierung und urbaner Bodenschutz sowie Umgang mit Geoinformationssystemen einzigartig. Pro Semester müssen sechs Module aus dem Pflicht- und Wahlpflichtkatalog belegt werden (insgesamt 30 ECTS). Er wird dem Bedarf an problemorientierten ausgebildeten Fach- und Führungskräften gerecht. Durch zahlreiche Kontakte zu ausländischen Institutionen ist bei dem Studiengang ein hohes Maß an Internationalität gewährleistet.

Der Studiengang wendet sich insbesondere an Bachelor-Absolventen der Fachrichtungen Geografie, Landschaftsökologie, Gartenbau, Landwirtschaft, Bauingenieurwesen und Umweltschutz.

Besondere Hinweise zum Studiengang:

Im Wintersemester werden bei Bedarf mindestens sechs Module in englischer Sprache angeboten (Internationales Semester), so dass für ausländische Studenten die Möglichkeit besteht, ein Auslandssemester an der FH Osnabrück (30 ECTS) zu absolvieren.

Der Studiengang wurde am 30.6.2006 durch die ASIIN akkreditiert.

Zukunftsperspektiven:

Arbeitsmarktmöglichkeiten: Bislang gibt es noch keine Absolventen. Ausgehend von dem bisherigen Diplomstudiengang Bodenwissenschaften lässt sich die Arbeitsmarktlage als gut bezeichnen. 44 % der Absolventen kamen in Ingenieurbüros, 18 % in Behörden, 16 % in Forschungseinrichtungen und 13 % in anderen Einrichtungen unter.

Denkmalpflege und Stadtentwicklung

Studienabschluss: Master of Science
Hochschule: Technische Universität Dresden
Wissenschaftsbereiche: Ingenieurwissenschaften; Geistes- und Sozialwissenschaften
Fachbereich/Fakultät: Fakultät Architektur
Institut/Einrichtung: Institut für Baugeschichte, Architekturtheorie und Denkmalpflege & Görlitz Kompetenzzentrum Revitalisierender Städtebau
Anschrift: Zellescher Weg 17, 01069 Dresden
Ansprechpartner: Prof. Dr. Hans-Rudolf Meier, Tel. 0351-46 33 95 00
hans-rudolf.meier@tu-dresden.de
Web-Adresse: www.masterstudium-denkmalpflege.de
Studienfachberatung: annegret.haseley@tu-dresden.de
Zulassung/Bewerbung: Schriftliche Bewerbung und Bewerbungsgespräch
Studienbeginn/-plätze: Wintersemester, 20 Studienplätze
Studiengebühren: 400,- Euro/Semester
Regelstudienzeit: 4 Semester

Kurzbeschreibung des Studiengangs:

Das interdisziplinäre Vollzeitstudium vermittelt Grundlagen, Wissen und Methoden für eine erfolgreiche und zukunftsgerichtete Tätigkeit in den Bereichen Denkmalpflege und nachhaltige Stadtentwicklung, wobei das spezielle Profil des Dresdner Studiengangs in der Kombination dieser beiden Bereiche, in der Verbindung von Bewahren und Entwickeln, liegt.
In den ersten beiden Semestern werden die Methoden der Denkmalpflege und der nachhaltigen Stadtentwicklung vermittelt, wobei gemäß des Profils des Studiums ein Schwerpunkt in der städtebaulichen Denkmalpflege liegt, aber auch die Methoden der Bauaufnahme, der praktischen Denkmalpflege sowie der Industrie- und Gartendenkmalpflege nicht zu kurz kommen. Im dritten Semester werden in transdisziplinär zusammengesetzten Arbeitsgruppen größere Projekte im In- und Ausland bearbeitet; im vierten Semester wird die Masterarbeit erstellt, deren Thema wählbar ist und ein breites Spektrum umfassen kann.
Voraussetzung zur Aufnahme des Studiums ist der erfolgreiche Abschluss eines einschlägigen Erststudiums (Architektur, Landschaftsarchitektur, Bauingenieur, Stadtplanung, Kunstgeschichte, Geschichte, Archäologie, Restaurierung, Geografie o.ä.) und i.d.R. mindestens einjährige Berufspraxis. Erwartet wird die Motivation zur interdisziplinären wissenschaftlichen Arbeit und Engagement zum Erhalt und zur Entwicklung der europäischen Stadt und ihrer Denkmale in ihrer ganzen Vielfalt.

Zukunftsperspektiven:

Studienstruktur: Das Lehrprogramm des Studiengangs wird laufend den sich verändernden Bedingungen und Bedürfnissen angepasst; mittelfristig ist auch eine Änderung der Studienstruktur und die Vernetzung mit einem berufsbegleitenden Ergänzungsstudium angestrebt.
Arbeitsmarktmöglichkeiten: Der Stellenabbau der staatlichen Behörden macht momentan den Einstieg in diesem Sektor schwierig, führt aber auch dazu, dass die Bedeutung qualifizierter Fachleute außerhalb der Ämter steigt, insbesondere die Verbindung von denkmalpflegerischem Fachwissen mit Entwicklungs- und Vermittlungsqualifikationen.

European Renewable Energy Master Programme

Studienabschluss: European Master
Hochschule: Carl von Ossietzky Universität Oldenburg
Wissenschaftsbereiche: Naturwissenschaften; Ingenieurwissenschaften
Fachbereich/Fakultät: Physik/Fakultät 5 der Mathematik und Naturwissenschaften
Institut/Einrichtung: Energie- u. Halbleiterforschungsgruppe / Zentrum f. Umwelt- u. Nachhaltigkeitsforschung (COAST)
Anschrift: 26111 Oldenburg
Ansprechpartner: Edu Knagge, Tel. 0441-798 35 44, edu@uni-oldenburg.de
Web-Adresse: www.master.eurec.be
Studienfachberatung: master@eurec.be
Zulassung/Bewerbung: Direktbewerbung (Anträge unter: www.eurec.be)
Studienbeginn/-plätze: Wintersemester, ca. 60 Studienplätze
Studiengebühren: 6.500,- Euro/Semester für EU-Studierende (Andere: 10.000,- Euro)
Regelstudienzeit: 3 Semester

Kurzbeschreibung des Studiengangs:
Dieser international ausgerichtete Masterstudiengang wird von der European Renewable Energy Centres (EUREC) Agency auf europäischer Ebene organisiert und gemeinsam von z.Zt. neun Hochschulen (HS) in fünf europäischen Ländern ausgerichtet. Das dreisemestrige Aufbaustudium beginnt jährlich im Oktober und umfasst drei Phasen: Die Grundlagen der erneuerbaren Energie (Sonne, Wind, Wasser und Biomasse) werden harmonisiert an den HS in Loughborough (UK, engl.), Ecole de Mines (F, franz.), Zaragoza (E, span.) und in Oldenburg (D, engl.) angeboten. Nach einem obligatorischen Hochschulwechsel schließt sich eine Spezialisierung (ausnahmslos in englischer Sprache) im Bereich Photovoltaics (U Northumbria, UK), Solar Energy in the Built Environment (U of Athens, Gr), Hybrid Systems (U Kassel, D), Bioenergy (U of Zaragoza, E) und Wind Energy (Nat Tech U of Athens, Gr) an. Die abschließende Masterarbeit wird als Projekt in einschlägigen Institutionen durchgeführt und interuniversitär betreut.

Besondere Hinweise zum Studiengang:
Unterrichtssprache ist Englisch.

Zukunftsperspektiven:
Arbeitsmarktmöglichkeiten: Sehr gute Arbeitsperspektiven und konkrete Jobmöglichkeiten deutschland-, europa- und weltweit. Praktisch alle Absolventen finden zzt. problemlos eine einschlägige Tätigkeit in Industrie, Lehre & Forschung, Organisationen (auch international) und Verwaltung.

Gebäudeklimatik

Studienabschluss: Master of Science
Hochschule: Fachhochschule Biberach, Hochschule für Bauwesen und Wirtschaft
Wissenschaftsbereiche: Naturwissenschaften; Ingenieurwissenschaften
Fachbereich/Fakultät: Architektur und Gebäudeklimatik
Institut/Einrichtung: —
Anschrift: Karlstraße 11 D, 88400 Biberach/Riß
Ansprechpartner: Prof. Dipl.-Phys. Andreas Gerber, Tel. 07351-58 22 50
gerber@fh-biberach.de
Web-Adresse: www.fh-biberach.de/studium/gebaeudeklimatik
Studienfachberatung: info-g@fh-biberach.de
Zulassung/Bewerbung: Nachweis eines abgeschlossenen Hochschulstudiums (Diplom oder Bachelor)
Studienbeginn/-plätze: Sommersemester, 15 Studienplätze
Studiengebühren: 500,- Euro/Semester
Regelstudienzeit: 3 Semester

Kurzbeschreibung des Studiengangs:

Der Master-Absolvent konzentriert sich auf die konzeptionellen Bereiche der Gebäudeklimatik: Die technischen, wirtschaftlichen und wissenschaftlich-methodischen Aspekte im Blick beleuchtet er die aktuellen und innovativen Ingenieuraufgaben für Planung, Bau und Betrieb von Gebäuden. Beispiele hierfür sind ganzheitliche Systembetrachtungen in Planung und Facility Management sowie gewerkeübergreifende Qualitätsfragen. Bautechnische Beispiele sind die gewerkeübergreifende Vernetzung der Gebäudeautomation sowie die Evolution von Fassaden vom passiven zum aktiven Bauelement, das Raumklima steuernde Baugruppe.

Das Studium ist wissenschaftlich und projektorientiert in enger Zusammenarbeit mit den interdisziplinären Instituten der Hochschule Biberach angelegt, die mit ihren Laboren die Lehre unterstützen. Sie sind Plattform für die Vertiefung im Master-Studium.

Besondere Hinweise zum Studiengang:

Der Studiengang ist forschungsorientiert. Es besteht eine enge Zusammenarbeit mit dem Institut für Gebäude- und Energiesysteme.

Zukunftsperspektiven:

Arbeitsmarktmöglichkeiten: Tätigkeiten im späteren Berufsleben können sein: Entwicklung und Validierung von Gebäude- und Energiekonzepten mit modernen Simulationswerkzeugen, Konzeption von Energie- und Facility Management-Lösungen, Beratungsleistungen im Bereich Integrales Planen, Bauen und Betreiben von Gebäuden.

Infrastruktur und Umwelt

Studienabschluss: Master of Science
Hochschule: Bauhaus-Universität Weimar
Wissenschaftsbereiche: Naturwissenschaften; Ingenieurwissenschaften
Fachbereich/Fakultät: Bauingenieurwesen
Institut/Einrichtung: —
Anschrift: Marienstraße 13B, 99423 Weimar
Ansprechpartner: Prof. Dr.-Ing. J. Londong, Tel. 03643-58 46 16
joerg.londong@bauing.uni-weimar.de
Web-Adresse: www.uni-weimar.de/cms/Infrastruktur_und_Umwelt.3689.0.html
Studienfachberatung: ralf.englert@bauing.uni-weimar.de
Zulassung/Bewerbung: Onlinebewerbung über die Universität
Studienbeginn/-plätze: Wintersemester, 120 Studienplätze
Studiengebühren: keine
Regelstudienzeit: 4 Semester

Kurzbeschreibung des Studiengangs:
Der Master-Studiengang Infrastruktur und Umwelt baut auf den naturwissenschaftlichen und ingenieurwissenschaftlichen Grundlagen des Bachelor-Studiums auf. Nach fachübergreifenden Basismodulen im 1. Semester vertiefen sich die Studierenden in einer selbst gewählten Spezialisierung im Bereich Infrastruktur und Umwelt urbaner Räume.
Die Studierenden müssen im 2. und 3. Semester innerhalb eines thematisch eingegrenzten Bereichs vier Pflichtmodule, sogenannte Fachspezifische Grundlagenfächer, belegen. Folgende Vertiefungen werden angeboten: Abfall & Recycling; Siedlungswasserwirtschaft; Stadtumbau; Umweltgeotechnik/Altlasten/Deponiebau; Verkehrswesen; Wasserwesen.
Im Studiengang Infrastruktur und Umwelt empfehlen die Verantwortlichen der jeweiligen Vertiefung drei wahlobligatorische zu der Vertiefung passende Fächer, die im 2. bis 4. Semester abgeschlossen werden müssen. Die Studierenden haben ansonsten die freie Auswahl aus einem breiten Angebotskatalog der Fakultät Bauingenieurwesen.
Voraussetzung für die Zulassung zum Masterstudium ist ein über dem Durchschnitt liegender Abschluss als Bachelor of Science im Studiengang Infrastruktur und Umwelt oder ein inhaltlich vergleichbarer erster berufsqualifizierender Hochschulabschluss.
Andernfalls sind durch den Prüfungsausschuss vom Bewerber zu erbringende Zusatzleistungen festzulegen.

Besondere Hinweise zum Studiengang:
Ein Teil der Studienleistungen ist im Ausland zu absolvieren. Auf Antrag kann der Auslandsanteil ersatzweise durch fremdsprachlich absolvierte Module im doppelten Zeitaufwand kompensiert werden.

Zukunftsperspektiven:
Studienstruktur: Der Studiengang Infrastruktur und Umwelt ist bereits als konsekutiver Studiengang nach dem Bachelor-/Mastersystem akkreditiert.
Arbeitsmarktmöglichkeiten: Berufsmöglichkeiten in Fach- und Aufsichtsbehörden, Ingenieur- und Planungsbüros, Dienstleistungsunternehmen auf dem Gebiet der Stadtentwicklung und des Stadtmanagements, in staatlichen und kommunalen Verwaltungen, Messinstituten, Einrichtungen, die in der Entwicklungshilfe engagiert sind, Universitäten und Forschungseinrichtungen.

Landschaftsökologie

Studienabschluss: Master of Science
Hochschule: Carl von Ossietzky Universität Oldenburg
Wissenschaftsbereiche: Lebenswissenschaften; Naturwissenschaften
Fachbereich/Fakultät: Mathematik und Naturwissenschaften
Institut/Einrichtung: Institut für Biologie und Umweltwissenschaften
Anschrift: Postfach 2503, 26111 Oldenburg
Ansprechpartner: Prof. Dr. Michael Kleyer, Tel. 0441-798 32 78
michael.kleyer@uni-oldenburg.de
Web-Adresse: www.uni-oldenburg.de/studium/16437.html
Studienfachberatung: michael.kleyer@uni-oldenburg.de
Zulassung/Bewerbung: Bewerbung siehe Internet
Studienbeginn/-plätze: Wintersemester, 25 Studienplätze
Studiengebühren: 500,- Euro/Semester
Regelstudienzeit: 4 Semester

Kurzbeschreibung des Studiengangs:
Landschaftsökologie stellt heute eine wesentliche ökologische Grundlage für das Verständnis des Mensch-Umweltsystems dar. Landschaftsökologen analysieren Stoffkreisläufe und deren Veränderungen durch den Menschen, beurteilen die Folgen von Landschaftsveränderungen für die Biodiversität und entwickeln Konzepte für die umweltverträgliche Nutzung von Landschaften.

Der Master-Studiengang ist konsekutiv zum Bachelor of Science Umweltwissenschaften an der Universität Oldenburg angelegt. Der Studienplan vermittelt theoretische und anwendungsbezogene Ökologie, wobei die Kenntnis landschaftlicher Ökosysteme in Raum und Zeit im Vordergrund steht. Spezialisierungsmöglichkeiten liegen auf den Schwerpunkten Funktionelle Ökologie und Landschaftsökologie, Restitutionsökologie und Umweltplanung. Auf Grund der vielfältigen Zeit- und Raumskalen spielen komplexe statistische Datenauswertungen und Modellierungen eine wichtige Rolle. Ein wichtiges Element sind Projektarbeiten, in denen die Studierenden problembasiert und eigenständig komplexe Fragestellungen im Team bearbeiten.

Der viersemestrige Studiengang besteht aus kursartig angebotenen Modulen, gegliedert in Hauptfach sowie Nebenfach. Das Nebenfach kann auch in verwandten Studiengängen studiert werden. Das erste Semester dient der Theorieentwicklung in den Bereichen Funktionelle Ökologie von Pflanzen und Tieren, biogeochemische Stoffkreisläufe und Umweltplanung. Ab dem 2. Semester können sich die Studierenden in den Bereichen Umweltplanung, Landschaftsökologie und Restitutionsökologie vertiefen. Das 4. Semester umfasst vor allem die Master-Arbeit.

Besondere Hinweise zum Studiengang:
Der Studienabschluss ist ein Master of Science Landschaftsökologie. Das Studium hat einen Umfang von 120 Kreditpunkten und eine Regelstudienzeit von 4 Semestern.

Zukunftsperspektiven:
Arbeitsmarktmöglichkeiten: Arbeitsmöglichkeiten in der ökologischen Forschung, Naturschutz- und Landschaftsplanung sowie Eingriffsplanung, Renaturierung von Ökosystemen und Management von Schutzgebieten, Boden- und Gewässerschutz, Umweltinformatik, Natur- und Umweltbildung.

Marine Umweltwissenschaften (MUWI)

Studienabschluss: Master of Science
Hochschule: Carl von Ossietzky Universität Oldenburg
Wissenschaftsbereiche: Lebenswissenschaften; Naturwissenschaften
Fachbereich/Fakultät: Mathematik und Naturwissenschaften
Institut/Einrichtung: Institut für Chemie und Biologie des Meeres (ICBM)
Anschrift: Carl-von-Ossietzky-Straße 9-11, 26111 Oldenburg
Ansprechpartner: Thomas Klenke, Tel. 0441-798 52 76, Klenke@icbm.de
Web-Adresse: www.icbm.de/16372.html
Studienfachberatung: Klenke@icbm.de
Zulassung/Bewerbung: BSc-Abschluss in Umweltwissenschaften oder einem naturwissenschaftlichen Studiengang
Studienbeginn/-plätze: Wintersemester, 25 Studienplätze
Studiengebühren: 500,- Euro/Semester
Regelstudienzeit: 4 Semester

Kurzbeschreibung des Studiengangs:
Die moderne Umweltforschung fragt nach Fachleuten, die die Vielschichtigkeit von Naturräumen untersuchen können und darauf aufbauend Ergebnisse in die Aufgabenstellungen des Umweltmanagements einbringen. Die dazu notwendige umfassende umweltnaturwissenschaftliche Ausbildung mit Blick auf natürliche Systeme im Meer wie an Land bietet der national einzigartige Masterstudiengang Marine Umweltwissenschaften. Im Mittelpunkt der mit dem Studium verbundenen Qualifikationen der Absolventinnen und Absolventen steht die Fähigkeit zur Verknüpfung einer breiten Palette mathematisch-naturwissenschaftlicher Verfahren und Methoden. Dies beinhaltet neben theoretischen Studieninhalten ganz wesentlich auch eine breite praktische Ausbildung, die von Strategien der Datenverarbeitung bis hin zu Anwendungen leistungsfähiger Geräte der chemischen und mikrobiologischen Umweltanalytik reicht. Das Studium ist mit aktuellen Forschungsvorhaben des international renommierten Instituts für Chemie und Biologie des Meeres (ICBM) verzahnt.

Besondere Hinweise zum Studiengang:
Unterrichtssprache ist Deutsch und teilweise Englisch.

Zukunftsperspektiven:
Studienstruktur: Der Studiengang ist in das MasterCluster Umwelt und Nachhaltigkeit der Universität Oldenburg eingebunden.

Master of Education für das Lehramt an Grund-, Haupt- und Realschulen, Fach Geographie

Studienabschluss: Master of Education für das Lehramt für Grund-, Haupt- und Realschule
Hochschule: Hochschule Vechta (U)
Wissenschaftsbereiche: Naturwissenschaften; Geistes- und Sozialwissenschaften
Fachbereich/Fakultät: Lehrstuhl Geographie und ihre Didaktik
Institut/Einrichtung: Institut für Strukturforschung und Planung in agrarischen Intensivgebieten (ISPA)
Anschrift: Universitätsstraße 5, 49377 Vechta
Ansprechpartner: Prof. Dr. Martina Flath, Tel. 04441-153 50
mflath@ispa.uni-vechta.de
Web-Adresse: www.ispa.uni-vechta.de/355,1082.html
Studienfachberatung: henning.reetz@uni-vechta.de
Zulassung/Bewerbung: Bewerbung über Uni
Studienbeginn/-plätze: Sommer- und Wintersemester, ca. 50 Studienplätze
Studiengebühren: 500,- Euro/Semester
Regelstudienzeit: 2 Semester

Kurzbeschreibung des Studiengangs:
Das Studium beinhaltet folgende Module: „Fachdidaktische Grundlagen", „Vorbereitung, Durchführung und Nachbereitung des Fachpraktikums" sowie „Spezielle Fragen der Geographiedidaktik". In diesem Modul wird neben einem fachwissenschaftlichen Hauptseminar zur Allgemeinen und Regionalen Geographie das Seminar „Nachhaltigkeit lernen – Bildung für nachhaltige Entwicklung im Geographieunterricht" angeboten. Es handelt sich hierbei um eine Pflichtveranstaltung. Inhalte des Seminars sind u.a.: Anforderungen an die Bildungssysteme – Bildung für nachhaltige Entwicklung (BNE) in der Schule, Ziele der BNE, Stand der BNE im schulischen und außerschulischen Lernen; Modelle der Umweltbewusstseinsforschung, regionales und interdisziplinäres Lernen; Themen und Handlungsfelder der BNE, partizipative und innovative Lehr- und Lernformen, Lehren und Lernen in regionalen Netzwerken; Evaluierung außerschulischer Lernvorhaben, Qualitätskriterien der BNE. Grundsätzlich soll das Studium Kenntnisse über Prinzipien, Methoden und Medien im Geographieunterricht vermitteln. Die Absolventen sollen die Fähigkeit besitzen, geographische Inhalte angemessen, sach- und adressatenbezogen darzustellen, hinsichtlich ihrer didaktischen Relevanz einzuordnen und vor allem in Hinblick auf BNE zu reflektieren. Sie besitzen erste Fähigkeiten, Unterrichtskonzepte zu ausgewählten fachlichen Bereichen zu entwickeln und Fachunterricht unter Anleitung zu planen und durchzuführen.

Besondere Hinweise zum Studiengang:
Erstmalig zum Wintersemester 2006/07 bietet die Hochschule Vechta mit dem neukonzipierten Studiengang Master of Education die Möglichkeit, nach einem erfolgreich abgeschlossenen Bachelor-Studiengang einen Master-Studiengang speziell für das Lehramt an Grund-, Haupt- und Realschulen anzuschließen.

Zukunftsperspektiven:
Arbeitsmarktmöglichkeiten: International vergleichbarer Abschluss. Im Rahmen der eingeforderten Profilbildung der Schulen könnten die Absolventen Vorteile gegenüber Mitbewerbern haben.

Molecular Biosciences (Major „Evolution and Ecology")

Studienabschluss: Master of Science
Hochschule: Universität Heidelberg
Wissenschaftsbereiche: Lebenswissenschaften; Naturwissenschaften
Fachbereich/Fakultät: Biowissenschaften
Institut/Einrichtung: Institut für Pflanzenwissenschaften, Institut für Zoologie, weitere Einrichtungen der Universität Heidelberg
Anschrift: Im Neuenheimer Feld 234, 69120 Heidelberg
Ansprechpartner: Prof. Dr. Thomas Braunbeck, Tel. 06221-54 56 68
braunbeck@zoo.uni-heidelberg.de
Web-Adresse: www.uni-heidelberg.de/institute/fak14/MSc/
Studienfachberatung: andrea.wolk@urz.uni-hd.de
Zulassung/Bewerbung: Spezielles Auswahlverfahren
Studienbeginn/-plätze: Wintersemester, Master „Evolution and Ecology": 12
Studiengebühren: 500,- Euro/ Semester
Regelstudienzeit: 4 Semester

Kurzbeschreibung des Studiengangs:
In den Biowissenschaften ist es heute möglich, komplexe Interaktionen von der Molekülebene bis hinauf zum Ökosystem mit hoher Auflösung zu untersuchen. Im Rahmen des Masters „Molecular Biosciences" schlägt der Major „Evolution and Ecology" die Brücke von der zellulären Ebene bis zu Ökosystemen. Mittlerweile verfügen wir über ein methodisches Repertoire, um ein tieferes Verständnis verschiedenster evolutionärer und ökologischer Prozesse zu erlangen. Im Major „Evolution and Ecology" werden die folgenden Schwerpunkte gesetzt:
Zunächst werden Grundlagen und Grundprinzipien der allgemeinen und molekularen Evolution und Ökologie vermittelt, um z.B. Artbildungsprozesse und Verteilungsmuster genetischer Variabilität in Zeit und Raum zu erklären. Die genetischen und molekularen Grundlagen von Anpassungen (Morphologie, Physiologie, Ökologie, Verhalten etc.) werden untersucht, um eine evolutionäre Betrachtung und Bewertung von Verlust und Erwerb spezifischer Eigenschaften zu vermitteln.
Da Evolution und Ökologie als Komponenten eines komplexen Netzwerks verstanden werden müssen, ergeben sich als weitere Schwerpunkte: Coevolution, Radiation, Veränderung von Biodiversität und Adaptation an wechselnde Umweltbedingungen. Da die wichtigste evolutionäre Einheit zunächst die Art ist, soll die Bachelor-Ausbildung mit praktischen Geländearbeiten vertieft werden. Da alle Organismen in stetigen Wechselbeziehungen zu ihrer Umwelt stehen, liegt ein besonderes Augenmerk auf synökologischen Betrachtungsweisen.

Besondere Hinweise zum Studiengang:
Über das Lehrangebot des Major „Evolution and Ecology" besteht – eine entsprechende Platzkapazität vorausgesetzt – grundsätzlich die Möglichkeit des Zugangs zu den anderen Majors im Rahmen des Master-Studiengangs „Molecular Biosciences" (siehe: www.uni-heidelberg.de/institute/fak14/MSc/).

Zukunftsperspektiven:
Studienstruktur: Der Master „Molecular Biosciences" ist ein völlig neu konzipierter Studiengang, der zum Wintersemester 2006/07 zum ersten Mal angeboten wurde. Das Programm dürfte daher in Details sicher noch modifiziert werden.

Ökologie, Evolution und Naturschutz

Studienabschluss: Master of Science
Hochschule: Universität Potsdam
Wissenschaftsbereiche: Lebenswissenschaften; Naturwissenschaften
Fachbereich/Fakultät: Mathematisch-Naturwissenschaftliche Fakultät
Institut/Einrichtung: Institut für Biochemie und Biologie
Anschrift: Universitätskomplex Golm, Karl-Liebknecht-Str. 24-25, 14476 Golm
Ansprechpartner: Institut für Biochemie und Biologie
biowiss@uni-potsdam.de
Web-Adresse: www.bio.uni-potsdam.de
Studienfachberatung: biowiss@uni-potsdam.de
Zulassung/Bewerbung: Studiengang mit NC, Bewerbung am Institut für Biochemie und Biologie der Uni Potsdam
Studienbeginn/-plätze: Wintersemester, —
Studiengebühren: keine
Regelstudienzeit: 4 Semester

Kurzbeschreibung des Studiengangs:
Das Masterstudium Ökologie, Evolution und Naturschutz dauert in der Regel 4 Semester und beinhaltet in Modulen zusammengefasste Lehrveranstaltungen. Der Umfang des Masterstudiums Ökologie, Evolution und Naturschutz beträgt insgesamt 120 Leistungspunkte (LP) einschließlich einer wissenschaftlichen Masterarbeit im Umfang von 30 Leistungspunkten. Das Studium setzt sich zusammen aus Kernmodulen (Gesamtumfang 16 LP), die an den Stand der Wissenschaft in Ökologie, Evolution und Naturschutz heranführen und allgemeine Kenntnisse zu Versuchsplanung und Datenauswertung vermitteln. Daran schließen sich zwei Richtungsmodule im Umfang von je 16 LP an. Das aktuelle Angebot an Richtungsmodulen umfasst Verhaltensbiologie, Mikrobiologie, Ökophysiologie, Limnologie, Theoretische Ökologie/ökologische Modellbildung, Wissenschaftlicher Naturschutz, Mikroevolution, Makroevolution/Artenvielfalt sowie Pflanzenökologie. Ein Vertiefungsmodul bereitet auf die Masterarbeit vor. Weitere Lehrveranstaltungen können als Wahlpflichtmodul aus einem breiten Angebot sowohl naturwissenschaftlicher als auch anderer Fachgebiete ausgewählt werden.

Besondere Hinweise zum Studiengang:
Eine Zulassung zu diesem Masterstudiengang ist frühestens zum WS 2008/09 möglich.

Zukunftsperspektiven:
Studienstruktur: Möglichkeit des Promotionsstudiums
Arbeitsmarktmöglichkeiten: Tätigkeiten und Aufgaben in forschenden und lehrenden Abteilungen der Universitäten oder außeruniversitären Einrichtungen, in Behörden, im institutionellen Naturschutz, bei Umwelt-Überwachung, -Management und -Bildung, in biotechnologischen oder biomedizinischen Unternehmen.

Postgraduate Programme Renewable Energy (PPRE)

Studienabschluss: Master of Science
Hochschule: Carl von Ossietzky Universität Oldenburg
Wissenschaftsbereiche: Naturwissenschaften; Ingenieurwissenschaften
Fachbereich/Fakultät: Physik/Fakultät 5 der Mathematik und Naturwissenschaften
Institut/Einrichtung: Energie- u. Halbleiterforschungsgruppe / Zentrum f. Umwelt- u. Nachhaltigkeitsforschung (COAST)
Anschrift: 26111 Oldenburg
Ansprechpartner: Edu Knagge, Tel. 0441-798 35 44, edu@uni-oldenburg.de
Web-Adresse: www.ppre.de
Studienfachberatung: edu@uni-oldenburg.de
Zulassung/Bewerbung: Direktbewerbung (Anträge unter: www.ppre.de)
Studienbeginn/-plätze: Wintersemester, 25 Studienplätze
Studiengebühren: 1.000,- Euro/Semester (keine Gebühren für DAAD-Stipendiaten)
Regelstudienzeit: 3 Semester

Kurzbeschreibung des Studiengangs:
Der englischsprachige, dreisemestrige, nichtkonsekutive Masterstudiengang (MSc, akkreditiert) wendet sich an Naturwissenschaftler und Ingenieure mit einem mindestens siebensemestrigen BSc-Abschluss, insbesondere aus Ländern des Südens. Er existiert seit 1987. Im Zentrum steht die theoretische und anwendungsorientierte Einführung in alle wesentlichen erneuerbaren Energiesysteme. Neben einem zweimonatigen Practical Training in diversen Einrichtungen weltweit und einer sechsmonatigen Master-Thesis wird in Gruppenarbeit und interdisziplinär eine Energy Case Study erstellt. Über zahlreiche enge Kooperationen mit Hochschulen, Forschungseinrichtungen, Institutionen der internationalen Entwicklungszusammenarbeit, privaten Firmen und den über 300 Ehemaligen aus mehr knapp 70 Ländern hat sich mittlerweile ein professionelles weltweites Netzwerk etabliert.

Besondere Hinweise zum Studiengang:
Unterrichtssprache ist Englisch.

Zukunftsperspektiven:
Arbeitsmarktmöglichkeiten: Sehr gute Arbeitsperspektiven und konkrete Jobmöglichkeiten deutschland-, europa- und weltweit. Praktisch alle Absolventen finden zzt. problemlos eine einschlägige Tätigkeit in Industrie, Lehre & Forschung, Organisationen (auch international) und Verwaltung.

Regional Studies

Studienabschluss:	Master of Arts oder Master of Sciences (abhängig vom Studienschwerpunkt)
Hochschule:	Hochschule Vechta (U)
Wissenschaftsbereiche:	Naturwissenschaften; Geistes- und Sozialwissenschaften
Fachbereich/Fakultät:	—
Institut/Einrichtung:	Institut für Strukturforschung und Planung in agrarischen Intensivgebieten (ISPA) und Institut für Bildungs-und Sozialwissenschaften
Anschrift:	Driverstraße 22, 49377 Vechta
Ansprechpartner:	Prof. Dr. Peter Nitschke; Prof. Dr. Gabriele Broll, Tel. 04441-152 88 peter.nitschke@uni-vechta.de gbroll@ispa.uni-vechta.de
Web-Adresse:	www.regional-studies.de
Studienfachberatung:	peter.nitschke@uni-vechta.de; gbroll@ispa.uni-vechta.de
Zulassung/Bewerbung:	Bewerbung an der Hochschule, Zugangsvoraussetzungen s. Webseite
Studienbeginn/-plätze:	Wintersemester, 30 Studienplätze pro Studienjahr
Studiengebühren:	500,- Euro/Semester; Studienbeiträge, Verwaltungskosten: 129,50 Euro
Regelstudienzeit:	4 Semester

Kurzbeschreibung des Studiengangs:

Der Master-Studiengang ist ein forschungsorientierter, wissenschaftlicher Studiengang zu regionalen, ländlichen Räumen im europäischen Vergleich. Anhand der Vermittlung integrierter Themen der Regionalanalyse steht im Mittelpunkt ein individuell wählbarer Studienschwerpunkt: a) Europäische Regionalstudien oder b) Entwicklung ländlicher Räume.

Zum viersemestrigen Studium gehört ein integratives Kerncurriculum mit wissenschaftstheoretischen, regional- und kulturwissenschaftlichen Inhalten sowie der Vermittlung praktischer Managementmethoden. Die Region ist in beiden Studienschwerpunkten der zentrale Analysegegenstand für eine vergleichende Perspektive. Der Projekt- und Praxisanteil ist besonders stark ausgeprägt. Ständige Unterrichtssprachen sind Deutsch und Englisch.

Der Masterstudiengang Regional Studies ist interdisziplinär und integrativ ausgerichtet. Er widmet sich Fragen nach der regionalen Kompetenz von Strukturpolitik sowohl für die europäische Ebene als auch für die regionale Ebene selbst. Die Regionen unterliegen vor dem Hintergrund der Europäischen Integration weitreichenden Veränderungsprozessen. Dies bietet aber auch neue Gestaltungschancen und kann dabei an politischer, ökonomischer, ökologischer und sozialer Bedeutung gewinnen.

Besondere Hinweise zum Studiengang:

Der Studiengang erfolgt in Kooperation mit den Universitäten Oldenburg und Osnabrück, dort werden einzelne Module angeboten.

Zukunftsperspektiven:

Arbeitsmarktmöglichkeiten: Breites Spektrum, abhängig vom gewählten Studienschwerpunkt.

Tropical and International Agriculture

Studienabschluss: Master of Science
Hochschule: Georg-August-Universität Göttingen
Wissenschaftsbereiche: Naturwissenschaften; Geistes- und Sozialwissenschaften
Fachbereich/Fakultät: Fakultät für Agrarwissenschaften
Institut/Einrichtung: Department für Nutzpflanzenwissenschaften, Department für Nutztierwissenschaften, Department für Agrarökonomie und Rurale Entwicklung
Anschrift: Gutenbergstraße 33, 37075 Göttingen
Ansprechpartner: Studienschwerpunkt Resource Management in the Tropics:
PD Dr. Worbes, Tel. 0551-39 95 04
mworbes@gwdg.de
Web-Adresse: www.ipag.uni-goettingen.de/master
Studienfachberatung: ipag@uni-goettingen.de
Zulassung/Bewerbung: NC von 2,3; Bewerbung an der Fakultät für Agrarwissenschaften
Studienbeginn/-plätze: Wintersemester, 25 Studienplätze
Studiengebühren: 500,- Euro/Semester zzgl. Verwaltungsgebühr (inkl. Semesterticket)
Regelstudienzeit: 4 Semester

Kurzbeschreibung des Studiengangs:
Der viersemestrige Masterstudiengang Tropical and International Agriculture umfasst 120 ECTS-Credits. Die Studierenden belegen 3 Pflichtmodule, 2 Wahlpflichtmodule zur Schulung des methodischen Arbeitens, 5 Wahlmodule aus einem der folgenden 3 Studienschwerpunkte sowie 5 freie Wahlmodule aus dem Gesamtangebot der Masterstudiengänge an der Fakultät für Agrarwissenschaften: International Agribusiness, Resource Management in the Tropics, Tropical Agriculture. Der Masterstudiengang schließt mit der Masterarbeit und einem Kolloquium ab. Resource Management in the Tropics ist der Studienschwerpunkt, der die Inhalte zur Nachhaltigkeit umfasst. Folgende Module werden in diesem Studienschwerpunkt angeboten: Agrobiodiversity and Plant Genetic Resources in the Tropics, Assessing Wildlife for Conservation, Biocontrol and Biodiversity, Forest growth, disturbance and management in the tropics, Conservation Biology: Fundamentals and International Perspectives, Monitoring and Evaluation of Rural Development Policies and Projects, Regional Policy and Rural Areas, The Economics of Biological Diversity in the Tropics and Subtropics, Scientific Writing, Tree crop-interactions in agroforestry systems, Tropical Ecosystem Function.

Besondere Hinweise zum Studiengang:
Die Studierenden können das 3. und 4. Semester im Ausland für die Forschung zur Masterarbeit verbringen. Die Fakultät verfügt über zahlreiche Kontakte im internationalen Bereich, die es den Studierenden ermöglichen, im Ausland zu forschen.

Zukunftsperspektiven:
Studienstruktur: Der Bachelorstudiengang Agrarwissenschaften und der Masterstudiengang Agrarwissenschaften wurden bereits 1999 eingerichtet. Ab dem WS 2006/07 gibt es den Masterstudiengang Pferdewissenschaften sowie den Masterstudiengang Tropical and International Agriculture an der Fakultät für Agrarwissenschaften.
Arbeitsmarktmöglichkeiten: Die Uni Göttingen verfügt über einen Karriereservice. Ca. 80 % der Absolventen finden einen adäquaten Job nach dem Studium. Zahlreiche Einrichtungen aus Wirtschaft und Forschung wenden sich mit Stellenanzeigen an die Fakultät.

Umwelt- und Qualitätsmanagement

Studienabschluss: Master of Business Administration
Hochschule: Fachhochschule Braunschweig/Wolfenbüttel
Wissenschaftsbereiche: Naturwissenschaften; Ingenieurwissenschaften
Fachbereich/Fakultät: Fakultät Karl-Scharfenberg, Salzgitter
Institut/Einrichtung: —
Anschrift: Karl-Scharfenberg-Straße 55-57, 38229 Salzgitter
Ansprechpartner: Andreas Eggeling, Tel. 05341-87 52 33
A.Eggeling@Fh-Wolfenbuettel.de
Web-Adresse: —
Studienfachberatung: s.moedecker@fh-wolfenbuettel.de
Zulassung/Bewerbung: Bewerbung
Studienbeginn/-plätze: Wintersemester, ca. 25 Studienplätze
Studiengebühren: 750,- Euro/Semester
Regelstudienzeit: 4 Semester

Kurzbeschreibung des Studiengangs:
In diesem Studiengang werden Umweltmanagement und Qualitätsmanagement in kombinierter Form angeboten. Den Studierenden dieses Studienangebotes werden neben den fundierten fachspezifischen Kenntnissen insbesondere auch Ansätze zur interdisziplinären Betrachtungsweise beider Managementsysteme sowie aktuelle Entwicklungen auf diesen Fachgebieten vermittelt.

Der Studiengang ist in Form eines Fernstudiums angelegt. Die Fernstudierenden sind kaum an feste zeitliche Vorgaben gebunden und haben so die Möglichkeit, den Großteil ihrer akademischen Ausbildung räumlich unabhängig und zeitlich flexibel zu absolvieren. Professorinnen und Professoren der Karl-Scharfenberg-Fakultät der Fachhochschule in Salzgitter und der anderen Hochschulstandorte sowie akademisch ausgebildete Expertinnen und Experten aus Management und Verwaltung stellen den Bezug zum aktuellen Stand von Forschung und Entwicklung her und liefern Lösungswissen für Anwendungsprobleme in der beruflichen Praxis.

Ziele des Studiums ist die Vermittlung fundierter fachspezifischer Kenntnisse sowie aktueller Entwicklungen der Bereiche Umwelt- und Qualitätsmanagement, interdisziplinäre Betrachtungsweise beider Managementsysteme; die Befähigung, wirtschaftliche Probleme zu erkennen, Problemlösungen zu entwickeln und in die Praxis umzusetzen; Persönlichkeitsentwicklung durch Eigen- und Projektorganisation, Präsentations- und anderer Managementtechniken.

Besondere Hinweise zum Studiengang:
Während des Studiums erhalten die Studierenden ein Paket aus Lehrbriefen und/oder Vorlesungsunterlagen der Lehrbeauftragten, so dass das Selbststudium individuell an die eigenen Bedürfnisse und Dispositionsmöglichkeiten angepasst werden kann. Dazu gibt es Präsenzphasen.

Umweltmodellierung (UMMO)

Studienabschluss: Master of Science
Hochschule: Carl von Ossietzky Universität Oldenburg
Wissenschaftsbereiche: Naturwissenschaften; Ingenieurwissenschaften
Fachbereich/Fakultät: Mathematik und Naturwissenschaften
Institut/Einrichtung: Institut für Chemie und Biologie des Meeres
Anschrift: Carl-von-Ossietzky-Straße 9-11, 26111 Oldenburg
Ansprechpartner: Ulrike Feudel, Tel. 0441-798 27 90; 0441-798 52 76
Feudel@icbm.de
Web-Adresse: www.icbm.de/16372.html
Studienfachberatung: Feudel@icbm.de
Zulassung/Bewerbung: BSc-Abschluss u.a. in mathematisch-naturwissenschaftlichem Studiengang und Informatik
Studienbeginn/-plätze: Wintersemester, 20 Studienplätze
Studiengebühren: 500,- Euro/Semester
Regelstudienzeit: 4 Semester

Kurzbeschreibung des Studiengangs:
Viele Tätigkeiten in Umweltüberwachung, Umweltplanung und Umweltforschung sind mit hohen Datenmengen in teils sehr hoher räumlicher Auflösung konfrontiert. Messnetze sind in Europa dicht gespannt und nehmen zum Teil im Sekunden- oder Minutentakt Daten auf. Die Politikberatung erfordert aus den Daten Prognosen, die nur durch Anwendung komplexer Modelle und Entscheidungsunterstützungssysteme ermöglicht werden.
Viele Studiengänge bieten zwar Ausbildung dazu an, wie Daten erhoben oder kartiert werden können, jedoch wenig dazu, wie Daten verarbeitet und in Zeit und Raum extrapoliert werden können. Der Masterstudiengang Umweltmodellierung will diese Lücke schließen, wenn er umweltnaturwissenschaftliches Denken mit wirtschaftswissenschaftlichem Herangehen und Methoden der Mathematik und Informatik verknüpft. Forschungsvorhaben des interdisziplinären Centre for Environmental Modelling (CEM) bieten den Studierenden zugleich Anregung und Möglichkeiten zur Mitarbeit in Wissenschaftsteams.

Besondere Hinweise zum Studiengang:
Unterrichtssprache ist Deutsch und teilweise Englisch.

Zukunftsperspektiven:
Studienstruktur: Der Studiengang ist in das MasterCluster Umwelt und Nachhaltigkeit der Universität Oldenburg eingebunden.

Umweltplanung und Ingenieurökologie

Studienabschluss: Master of Science
Hochschule: Technische Universität München
Wissenschaftsbereiche: Naturwissenschaften; Ingenieurwissenschaften
Fachbereich/Fakultät: Fakultätsübergreifender Studiengang organisiert von der Studienfakultät Landschaftsarchitektur und Landschaftsplanung
Institut/Einrichtung: Studienfakultät Landschaftsarchitektur und Landschaftsplanung
Anschrift: Am Hochanger 6, 85350 Freising-Weihenstephan
Ansprechpartner: Studiendekan Prof. Dr. Jörg Pfadenhauer, Tel. 08161-71 34 98 pfadenhauer@wzw.tum.de
Web-Adresse: http://wzw.tum.de/upioe
Studienfachberatung: info_landschaft@wzw.tum.de
Zulassung/Bewerbung: Spezielles Bewerbungsverfahren (Eignungsfeststellungsverfahren)
Studienbeginn/-plätze: Sommer- und Wintersemester, 40 Studienplätze
Studiengebühren: 500,- Euro/Semester
Regelstudienzeit: 4 Semester

Kurzbeschreibung des Studiengangs:
Der Masterstudiengang vermittelt Absolventen die Fähigkeit zum Umgang mit natur- und umweltschutzfachlichen Fragestellungen an den Schnittstellen zwischen Ingenieur- und Planungswissenschaft. Durch die Wahl von bis zu drei Kernfächern aus dem Bereich Ökologie (aquatische, terrestrische Ökologie, Landschaftsökologie), des Umweltressourcenmanagements (abiotische Ressourcen, nachwachsende Energien, Wassereinzugsgebiete, Vegetation, Bioindikation und Umweltmonitoring) oder der Planungswissenschaft können persönliche Schwerpunkte als Vertiefung oder als Erweiterung der bestehenden Vorbildung gesetzt werden. Neben Vorlesungen und Übungen wird eine Projektarbeit in dem gewählten Schwerpunkt angefertigt. Das Studium schließt mit der Master-Thesis ab.
Das wissenschaftliche Studium qualifiziert zu Tätigkeiten im Bereich der Anwendung und Weiterentwicklung der Methoden und Verfahren sowie des Fachgebiets.

Besondere Hinweise zum Studiengang:
Der Studiengang ist offen für Absolventen deutscher oder ausländischer Hochschulen in den Fächern Landschaftsarchitektur, Umweltplanung, Biologie, Geographie, Vermessungswesen, Bauingenieurwesen oder vergleichbaren Studiengängen.

Zukunftsperspektiven:
Arbeitsmarktmöglichkeiten: Berufsfelder liegen in Forschung, Beratung oder Planung und Umsetzung der durch das Studium vertieften Bereiche im Natur- und Umweltschutz. In Abhängigkeit von der persönlichen Schwerpunktsetzung kann eine Eintragung in die Architektenliste angestrebt werden.

Umweltschutz

Studienabschluss: Master of Engineering
Hochschule: Hochschule für Wirtschaft und Umwelt – Nürtingen-Geislingen (FH)
Wissenschaftsbereiche: Naturwissenschaften; Ingenieurwissenschaften
Fachbereich/Fakultät: Fakultät V
Institut/Einrichtung: —
Anschrift: Schelmenwasen 4-8, 72622 Nürtingen
Ansprechpartner: Prof. Hans-Karl Hauffe, Tel. 07022-40 42 01
hans-karl.hauffe@hfwu.de
Web-Adresse: www.hfwu.de/uw/
Studienfachberatung: uw@hfwu.de
Zulassung/Bewerbung: Bewerbung an der Hochschule, NC 2,5 bis 3,0 mit nachgewiesenem Praktikum
Studienbeginn/-plätze: Sommer- und Wintersemester, 20 Studienplätze (Stand: SoSe 2006)
Studiengebühren: 500,- Euro/Semester
Regelstudienzeit: 4 Semester

Kurzbeschreibung des Studiengangs:
Der Studiengang ist modular strukturiert und schließt mit der Masterprüfung (Master-Thesis und mündliche Prüfung) im 4. Semester ab.
Die Studieninhalte der vier Semester umfassen folgende Themenschwerpunkte:
Semester 1: Ökologische Zusammenhänge, Umweltchemie, Immissionsschutz I, Schlüsselqualifikationen (Fachenglisch für Deutsche/Fachdeutsch für Ausländer, Präsentation/Moderationstechniken/Rhetorik, Interkulturelle Kompetenz).
Semester 2: Landschafts- und Siedlungsökologie, Abwasser- und Abfalltechniken, Immissionsschutz II, Umweltanalytik.
Semester 3: Schlüsselqualifikationen (Betriebswirtschaftslehre, Umweltrecht, Projektmanagement), Abfall, Energieversorgung, Arbeitssicherheit.
Das vierte Semester widmet sich der Masterarbeit und der mündlichen Masterprüfung
Im zweiten und dritten Semester kann jeweils ein Wahlpflichtmodul aus dem Bereich Biologisch-Ökologischer Umweltschutz, Kommunaler Umweltschutz, Umweltmanagement und Abwasserbehandlung belegt werden.

Besondere Hinweise zum Studiengang:
Kooperation der Hochschulen Esslingen, Nürtingen, Reutlingen und Stuttgart. Vorlesungen werden in Deutsch abgehalten.

Zukunftsperspektiven:
Studienstruktur: Neue SPO seit dem 1.3.2006, daher kaum Veränderungen in nächster Zeit zu erwarten.
Arbeitsmarktmöglichkeiten: Akkreditierung durch ASIIN erfolgte im WS 2006/07. Die Zulassungsmöglichkeit zum Höheren Dienst ist gegeben.

Umweltschutz (weiterbildender Fernstudiengang)

Studienabschluss: Master of Science
Hochschule: Universität Rostock
Wissenschaftsbereiche: Naturwissenschaften; Ingenieurwissenschaften
Fachbereich/Fakultät: —
Institut/Einrichtung: Zentrum für Qualitätssicherung in Studium und Weiterbildung
Anschrift: Universitätsplatz 1, 18051 Rostock
Ansprechpartner: Dr. Kerstin Kosche, Tel. 0381-498 12 60
kerstin.kosche@uni-rostock.de
Web-Adresse: www.weiterbildung-rostock.de
Studienfachberatung: umweltschutz@uni-rostock.de
Zulassung/Bewerbung: Abgeschlossenes Studium (Uni/FH); BA mit 240 CP; 1 Jahr Berufserfahrung
Studienbeginn/-plätze: Wintersemester, 75 Studienplätze
Studiengebühren: 850,- Euro/Semester; 35,- Euro Semesterbeitrag
Regelstudienzeit: 4 Semester

Kurzbeschreibung des Studiengangs:
Der weiterbildende Fernstudiengang „Umweltschutz" bietet nach einer Erstausbildung und beruflichen Erfahrung interdisziplinäre Wissensvermittlung aus den Bereichen Natur- und Ingenieurwissenschaften, Rechtswissenschaften und Gesellschaft. Das generalistisch angelegte Weiterbildungsstudium zielt darüber hinaus auf die Entwicklung von Handlungskompetenzen im Umweltbereich. Insbesondere die interdisziplinären Denk- und Herangehensweisen bei der Lösung umweltrelevanter Aufgaben werden gefördert. Die Studieninhalte umfassen folgende Module: Modul 1: Mensch & Umwelt (Umweltkommunikation, Umwelt und Gesundheit, Lokale Agenda, Umweltrecht). Modul 2: Naturwissenschaftliche und technische Grundlagen (Allgemeine Bodenkunde, Allgemeine Klimakunde, Allgemeine Gewässerkunde, Umweltanalytik/Ökotoxikologie, Ökosysteme, Verfahrens- und Anlagentechnik). Modul 3: Ökosystemarer Umweltschutz (Naturschutz, Integriertes Küstenzonenmanagement, aquatische Ökologie und terrestrische Ökologie) sowie wahlweise technischer und integrativer Umweltschutz (Maschinen und Anlagen der Umwelttechnik, umweltgerechte Energienutzung, Abfall- und Deponiewirtschaft, Siedlungswasserwirtschaft und -bau, Luftreinhaltung). Modul 4: Geoinformatik (Geoinformationssysteme, Kartographie/Fernerkundung, Geodäsie). Modul 5: Umwelt & Recht (Recht der Biodiversität oder Technisches Umweltrecht, Umweltverträglichkeitsprüfung, Landwirtschafts-, Agrarumwelt- und Gentechnikrecht, Landschaftsplanung). Modul 6: Masterarbeit und Kolloquium.

Besondere Hinweise zum Studiengang:
Im Selbststudium arbeiten die Fernstudierenden mit didaktisch aufbereitetem Lehrmaterial. Fakultative Präsenzveranstaltungen werden vorwiegend an Wochenenden angeboten.

Zukunftsperspektiven:
Studienstruktur: Das Studienangebot existiert seit 1994 und wurde zunächst als Diplomstudiengang angeboten. 2004 wurde der Studiengang neu strukturiert, modularisiert und den KMK-Richtlinien angepasst und seitdem als Masterstudiengang angeboten. Der Studiengang wurde im Mai 2006 erfolgreich akkreditiert.
Arbeitsmarktmöglichkeiten: Berufliche Tätigkeitsfelder: Tätigkeit in Umweltbehörden, Umweltämtern, Industrie und Landwirtschaft, Energiewirtschaft, Abfallwirtschaft, Forstwirtschaft, Ingenieur- und Planungsbüros.

Umwelttechnik

Studienabschluss:	Dipl.-Ing.
Hochschule:	Internationales Hochschulinstitut Zittau (IHI) (U)
Wissenschaftsbereiche:	Naturwissenschaften; Ingenieurwissenschaften
Fachbereich/Fakultät:	Umwelttechnik
Institut/Einrichtung:	Internationales Hochschulinstitut Zittau
Anschrift:	Markt 23, 02763 Zittau
Ansprechpartner:	Dr.-Ing. Gernot Kayser (Studiengangsleiter: Prof. Dr. Martin Hofrichter), Tel. 03583-77 15 16 kayser@ihi-zittau.de
Web-Adresse:	www.ihi-zittau.de/ubt; www.ihi-zittau.de/uvt
Studienfachberatung:	kayser@ihi-zittau.de; seidler@ihi-zittau.de; hofrichter@ihi-zittau.de
Zulassung/Bewerbung:	Vordiplom in natur- oder ingenieurwissenschaftlichem Fach
Studienbeginn/-plätze:	Wintersemester, 25 Studienplätze
Studiengebühren:	keine
Regelstudienzeit:	6 Semester

Kurzbeschreibung des Studiengangs:

Im Studiengang Umwelttechnik lernen die Studierenden die wichtigsten ingenieurtechnischen Grundlagen des Umweltschutzes kennen. Sie erwerben breites Wissen über die biologisch-ökologischen Grundlagen unterschiedlichster Umweltprozesse und das notwendige Systemdenken. Schwerpunkte des Studiums sind: Biotechnologie und Mikrobiologie, Grundlagen der Umweltwissenschaften, Umweltverfahrenstechnik, sowie Umweltanalytik.

Der Schwerpunkt Umweltanalytik beinhaltet Grundlagen der Theorie und Praxis der instrumentellen Messtechnik, Probennahmestrategien und Probenaufbereitungsmethoden.

Der Schwerpunkt Umweltverfahrenstechnik beinhaltet biologische, chemische, physikalische und verfahrenstechnische Grundlagen der Umwelttechnik sowie einen Querschnitt der Umweltverfahrenstechnik. Der Schwerpunkt Umweltbiotechnologie beinhaltet Grundlagen der Mikrobiologie, ausgewählte Prozesse der mikrobiellen Biochemie und Mikrobenphysiologie sowie Verfahren der industriellen und der umweltbezogenen Biotechnologie. Der Schwerpunkt Grundlagen der Umweltwissenschaften umfasst Pysikalische und biologisch-chemische Prozesse in den Umweltmedien Boden, Wasser, Luft sowie deren umweltrelevante Wirkungen, Zusammenhänge und Wechselwirkungen im System Boden-Pflanze-Atmosphäre, Wasser-, Energie- und Stoffhaushalte, Transportprozesse, anthropogene Beeinflussungen der Umweltmedien Boden, Wasser, Luft und der Biosphäre, Erneuerbare Ressourcen und alternative Energieträger.

Besondere Hinweise zum Studiengang:

Gezielte Ausbildung von Studierenden aus unterschiedlichen Ländern, deshalb zusätzlich: Sprachausbildung in Deutsch, Tschechisch bzw. Polnisch (abhängig von der Herkunft der Studierenden), Sprachausbildung in Englisch, interkulturelle Ausbildung.

Zukunftsperspektiven:

Studienstruktur: Ab WS 2007/08 ist geplant, den Diplomstudiengang „Umwelttechnik" durch einen Masterstudiengang „Biotechnologie und Angewandte Ökologie" zu ersetzen. Dieser Masterstudiengang wird stärker naturwissenschaftlich ausgerichtet sein.

Arbeitsmarktmöglichkeiten: Arbeitsmöglichkeiten in der Entwicklung, Optimierung sowie Planung und Produktion von Geräten und Anlagen für den Umweltschutz, in der öffentlichen oder betrieblichen Umweltüberwachung, in der Umweltforschung.

Wasser und Umwelt

Studienabschluss: Master of Science oder Einzelkursabschluss
Hochschule: Gottfried Wilhelm Leibniz Universität Hannover
Wissenschaftsbereiche: Naturwissenschaften; Ingenieurwissenschaften
Fachbereich/Fakultät: Bauingenieurwesen und Geodäsie
Institut/Einrichtung: WBBau Wasser und Umwelt
Anschrift: Callinstraße 34, 1.OG, 30974 Hannover
Ansprechpartner: Dr.-Ing. Klaus Rickert, Tel. 0511-762 59 34 (Sekretariat)
info@wbbau.uni-hannover.de
Web-Adresse: www.wbbau.uni-hannover.de
Studienfachberatung: rickert@wbbau.uni-hannover.de
Zulassung/Bewerbung: Im Institut
Studienbeginn/-plätze: Sommer- und Wintersemester, keine Zahlen, da Fernstudium
Studiengebühren: ja
Regelstudienzeit: ca. 3 bis 4 Jahre

Kurzbeschreibung des Studiengangs:

Der Fernstudiengang ist eine theoriebasierte, an der Praxis orientierte, interdisziplinäre Ingenieursausbildung auf einer breiten Basis von wasserwirtschaftlichem und naturwissenschaftlichem Know-how. Neben einer fachlichen Weiterqualifikation vermittelt er für das Berufsleben relevante Schlüsselqualifikationen.
Die Absolventen des Fernstudiengangs verfügen nicht nur über vertiefte ingenieur- und naturwissenschaftliche Kenntnisse in den berufsrelevanten Bereichen, sondern zusätzlich über planungs- und modelltechnische Methodenkenntnisse und über die Fähigkeit zum abstrakten, analytischen und vernetzten Denken. Mit dem Fernstudiengang kann der Master of Science erlangt werden. Wenn kein Abschluss angestrebt wird, können einzelne Kurse belegt werden. Die Struktur des Masterprogramms integriert ein Pflichtstudium, ein Schwerpunktstudium sowie die Masterarbeit. Gewählt werden kann zwischen den Schwerpunkten Wasserwirtschaft/Flussgebietsmanagement, Gewässerentwicklung/Wassermengenwirtschaft und Umwelttechnologie. Kurse aus dem Angebot der Bauhaus-Universität Weimar können entsprechend den Vorgaben der Prüfungsordnung anerkannt werden. Studienaufwand: ein Kurs umfasst 4-10 Studienbriefe (ca. 50 Seiten/Brief), Einsendeaufgaben, 3-5 Tage Präsenzphase und eine Abschlussklausur. Der Arbeitsumfang der einzelnen Kurse liegt zwischen 8 und 16 Leistungspunkten (1 LP = 30 Arbeitsstunden). Bei Vollzeitstudium kann der Abschluss Master of Science in der Regelstudienzeit von 2 Jahren absolviert werden, ein berufsbegleitendes Studium ist bei entsprechend verlängerter Studienzeit problemlos möglich.

Besondere Hinweise zum Studiengang:

Kostenbeitrag pro Kurs: 690 Euro (16 LP), 415 Euro (8 LP); Kostenbeitrag Sprachkurs: 530 Euro; Semesterbeitrag: 235,88 Euro (inkl. Semesterticket); Immatrikulation erforderlich, Erstattung des Semestertickets (108,88 Euro) möglich, wenn Wohnsitz nicht in Niedersachsen), Masterarbeit 400 Euro.

Petroleum Engineering

Studienabschluss:	Master of Science
Hochschule:	Technische Universität Clausthal – Clausthal-Zellerfeld
Wissenschaftsbereiche:	Naturwissenschaften; Ingenieurwissenschaften
Fachbereich/Fakultät:	Fakultät für Energie- und Wirtschaftswissenschaften
Institut/Einrichtung:	Institut für Erdöl und Erdgastechnik
Anschrift:	Agricolastr. 10, 38678 Clausthal Zellerfeld
Ansprechpartner:	Dr. Claudia Pawellek, Tel. 05323-72 50 17
	claudia.pawellek@tu-clausthal.de
Web-Adresse:	www.ite.tu-clausthal.de
Studienfachberatung:	claudia.pawellek@tu-clausthal.de
Zulassung/Bewerbung:	Bewerbung direkt an das Institut
Studienbeginn:	Wintersemester
Studienplätze:	ca. 35 Studienplätze
Studiengebühren:	ca. 650,- Euro/Semester
Regelstudienzeit:	4 Semester

IV. Einführung in das Kapitel Forschungseinrichtungen

Auf den folgenden Seiten werden knapp 200 Forschungseinrichtungen portraitiert, die ihre Forschung am Leitbild der nachhaltigen Entwicklung orientieren. Zusätzlich wird auf der beigelegten CD-Rom eine Liste mit über 600 universitären Forschungseinrichtungen angeboten, die Forschungen im Bereich der Nachhaltigkeit betreiben.

IV.1 Auswahl und Erhebung der Forschungseinrichtungen

Die Erhebung der Forschungseinrichtungen erbrachte ein Resultat von 62 außeruniversitären und 135 universitären Forschungseinrichtungen[1].

Vorausgegangen war eine umfangreiche Recherche innerhalb unterschiedlicher Datenbanken und auf den Websites von Forschungsgesellschaften, Hochschulen sowie Bundes- und Landeseinrichtungen. Nach der eingehenden Sichtung des online verfügbaren Materials der einzelnen Einrichtungen wurden sie für eine Aufnahme in den Leitfaden vorgemerkt. Hierzu musste letztlich eine nicht immer einfache Entscheidung gefällt werden.

Aber...was ist eigentlich „Nachhaltigkeitsforschung"? – So die berechtigte Frage. Die Antwort lautet: Das bestimmt in erste Linie die „scientific community". Bei der Recherche der Forschungseinrichtungen ging es nicht darum, auf Grundlage einer speziellen Definition jene Einrichtungen ausfindig zu machen, die dieser subsumiert werden können. Der Begriff der Nachhaltigkeitsforschung, wie er hier zur Anwendung kommt, ergibt sich erst durch den Blick auf die konkrete Gestalt der Forschung in der Praxis. Das Selbstverständnis der Akteure, ihre Forschung

---

[1] Diese Abgrenzung ist jedoch nicht als ein starres Gerüst zu verstehen, es ergeben sich hier und da Überschneidungen. Es gibt Einrichtungen, die in beide Kategorien passen. Dies betrifft z.B. An-Institute, aber auch Landeseinrichtungen, die an eine Hochschule angeschlossen sind. Kooperationen zwischen außeruniversitären und universitären Einrichtungen werden in dieser Aufteilung ebenfalls nicht beachtet.

am Leitbild der nachhaltigen Entwicklung zu orientieren, ist also der Ausgangspunkt. Aus diesem Grund wurde die Entscheidung, im Leitfaden portraitiert zu werden, letztlich von den Einrichtungen selbst gefällt und die Portraits zunächst in Eigenregie ausgefüllt.

Die bei der vorherigen Identifizierung der Forschungseinrichtungen zum Tragen kommenden Auswahlkriterien wurden aus den angesprochenen Gründen sehr weich formuliert.

Von folgenden Annahmen wurde dabei ausgegangen: Forschung im Bereich der Nachhaltigkeit sucht nach Lösungen für interdependente ökologische, technische, ökonomische und soziale Probleme, welche die Zukunftsfähigkeit der Gesellschaft und das Lebenssystem der Erde betreffen. Von daher ist der Praxisbezug ihr implizit. Die im Sinne der nachhaltigen Entwicklung zu lösenden Probleme machen vor den Grenzen der Disziplinen nicht halt. Eine solche Forschung geschieht vornehmlich in interdisziplinärer Arbeitsweise. Dies wird bereits dadurch sichtbar, dass Nachhaltigkeitsforschung oft vernetzt betrieben wird, wie zum Beispiel in den hier portraitierten fakultätsübergreifenden Forschungszentren an den Universitäten.

Zwei weitere Kriterien spielten in die Auswahl mit ein: Auf Basis der angesprochenen Annahmen war bei der Suche der Blick vornehmlich auf Einrichtungen gerichtet, die Grundlagenforschung und nicht allein angewandte Forschung betreiben. Damit zusammenhängend ging das Kriterium „öffentliches Interesse vor kommerziellem Interesse" in die Auswahl mit ein[2].

Zur Erhebung:
Die Einrichtungen bekamen Informationen über den Leitfaden sowie einen Fragebogen zugeschickt. Dies waren auf Seiten der außeruniversitären Einrichtungen knapp über 100 Institutionen. Von diesen konnten 62 Portraits erhalten werden. Daneben bekamen über 460 universitäre Einrichtungen einen Fragebogen zugesendet. Die Zahl der recherchierten Institutionen lag höher, nämlich bei 578.[3] Es fielen jedoch jene heraus, deren Bezug zur Nachhaltigkeitsforschung zwar als vorhanden, aber doch als zu gering für eine Aufnahme eingeschätzt wurde. Es sind über 140 Portraits der universitären Einrichtungen zurückgesendet

---

2   Dies ist allerdings gewiss nicht bei allen portraitierten Einrichtungen der Fall, da es kaum möglich ist, hier eindeutige Grenzen zu ziehen.

3   Diese Liste ist im Zuge der Erhebung noch auf 619 angestiegen (durch Weiterleitungen der angeschriebenen Einrichtungen).

worden, und nach einer erneuten Auswahl wurden letztlich 135 Portraits für den Leitfaden vorgemerkt.

Neben den portraitierten universitären Einrichtungen und denen, deren Bezug zur Nachhaltigkeitsforschung zwar als vorhanden, jedoch als zu gering eingeschätzt wurde, finden sich in einer Liste auf der beigelegten CD-Rom auch all jene universitären Institutionen, die nicht mehr im Leitfaden portraitiert werden konnten. So kann sich der Leser dieses Leitfadens mittels der angegebenen Webadressen online über die Einrichtungen informieren.

IV.2 Zum Aufbau und zur Nutzung des Kapitels

Auf den folgenden Seiten werden zunächst die außeruniversitären und darauf folgend die universitären Forschungseinrichtungen dargestellt.

Die außeruniversitären Einrichtungen im Einzelnen:

Einrichtungen der Forschungsgesellschaften: Hierunter fallen zunächst die großen Forschungszentren der Fraunhofer-Gesellschaft, der Helmholtz-Gemeinschaft, der Leibniz-Gemeinschaft und der Max-Planck-Gesellschaft. Diese betreiben in einzelnen Abteilungen, aber auch in Form von abteilungsübergreifenden Kooperationen Nachhaltigkeitsforschung.[4] Es werden daneben auch einige Einrichtungen bzw. Abteilungen innerhalb der Forschungszentren portraitiert. Die Titel der Forschungsgesellschaften wurden aus Platzgründen nicht vollständig, sondern wie im üblichen Sprachgebrauch genannt.[5]

Forschungseinrichtungen des Bundes und der Länder: Dies betrifft Einrichtungen der „Ressortforschung", den Ministerien zugeordnete wissenschaftliche Fachbehörden. Des Weiteren werden von den Ländern betriebene Institutionen mit Forschungs- und Entwicklungsaufgaben portraitiert, die sich neben der institutionellen Förderung auch zum Teil über Drittmittel finanzieren.[6]

Sonstige: Hierunter fallen Einrichtungen in privater Trägerschaft, die nicht Mit-

---

4   Das Deutsche Zentrum für Luft- und Raumfahrt e.V. wurde hier ebenfalls zugeordnet, obwohl es nur in Teilen Mitglied der Helmholtz-Gemeinschaft ist.
5   Die vollständigen Titel lauten: Fraunhofer-Gesellschaft zur Förderung der angewandten Forschung e.V., Helmholtz-Gemeinschaft Deutscher Forschungszentren e.V., Max-Planck-Gesellschaft zur Förderung der Wissenschaften e.V., Wissenschaftsgemeinschaft Gottfried Wilhelm Leibniz e.V.
6   Die Grundlage für die Zuordnung bietet die Datenbank des BMBF: www.forschungsportal.net

glied in einer der Forschungsgesellschaften sind. Es handelt sich um Vereine und GmbHs, die zum großen Teil gemeinnützig arbeiten.

Die universitären Einrichtungen im Einzelnen:

Fakultäten, Institute, Lehrstühle: Nachhaltigkeitsforschung wird auf unterschiedlichen Ebenen in der universitären Struktur betrieben. Es können einzelne Lehrstühle sein, manchmal Institute oder sogar ganze Fakultäten, die sich dem Leitbild der nachhaltigen Entwicklung verpflichtet fühlen. Da es sich bei den Namen der Einrichtungen nicht um festgelegte Begrifflichkeiten handelt, hat sich eine feinere Sortierung an dieser Stelle nicht angeboten (Die Bezeichnung „Institut" kann beispielsweise auch synonym für einen Lehrstuhl benutzt werden, manchmal bilden wiederum mehrere Professuren ein Institut). Die dargestellten Einrichtungen betreiben in der Regel Forschung und Lehre. Der inhaltliche Schwerpunkt der Portraits liegt jedoch überwiegend beim Aspekt der Forschung.

Fakultätsübergreifende, interdisziplinäre Zentren: Hier wird Nachhaltigkeitsforschung über die Grenzen der Fachdisziplinen hinaus betrieben. Zum Teil übernehmen diese Einrichtungen in erster Linie koordinierende Funktionen.

An-Institute: Diese an die Universitäten angegliederten Institute arbeiten direkt an der Schnittstelle zur Praxis. Die Finanzierung erfolgt zum Teil über die Universitäten und aus öffentlicher Hand. Es werden daneben Drittmittel eingeworben und durch Auftragsforschung eigene Gewinne erwirtschaftet.[7]

Innerhalb der Kapitel werden die Portraits alphabetisch nach dem Namen der Einrichtung sortiert. Eine Einteilung der Forschungseinrichtungen auf Basis der unterschiedlichen Wissenschaftsbereiche, wie es hier für die Studienangebote vorgenommen wurde, gestaltet sich als zu kompliziert, da sich gut zwei Drittel der Einrichtungen als *interdisziplinäres* Forschungsinstitut verstehen. Um eine Suche nach Wissenschaftsbereichen vorzunehmen, gibt es im Anhang ein Register. Über diesen Weg lassen sich alle Institute ausfindig machen, die sich einem bestimmten Wissenschaftsbereich, oftmals in Kombination mit anderen, zuordnen lassen.

Es lassen sich außerdem über das im Anhang abgedruckte Ortsverzeichnis Einrichtungen in bestimmten Städten ausfindig machen. Für eine detaillierte

---

[7] An-Institute, die Mitglied in einer der Forschungsgesellschaften sind, sind nicht an dieser Stelle, sondern in dem entsprechenden Kapitel einsortiert.

Suche mit weiteren Suchmöglichkeiten kann die beigelegte CD-Rom genutzt werden. Die Angaben in den Portraits im Einzelnen:

Die Portraits enthalten neben den Kontaktdaten und einigen Fakten (Forschungsetat, Anzahl der Mitarbeiter) Angaben zum Kompetenzschwerpunkt und zu den Forschungsfeldern der Einrichtung, ein Kurzportrait mit einer knappen Charakterisierung, Zukunftsperspektiven sowie Angaben zur Möglichkeit, in der jeweiligen Einrichtung ein Praktikum abzuleisten.

An dieser Stelle sollten einige Erläuterungen eingeschoben werden:

Titel: Der Name der Einrichtung wird in der Regel inklusive der Rechtsform genannt. Zum Teil ergibt sich die Rechtsform jedoch aufgrund der Zugehörigkeit (z.B. zu einer Forschungsgesellschaft, die ein eingetragener Verein ist). Es werden nur privatrechtliche Eintragungen genannt. Somit wird insbesondere die öffentlich-rechtliche Trägerschaft, die sich durch die Zugehörigkeit zu einer Hochschule ergibt, ausgeblendet.

Wissenschaftsbereiche: Die Wissenschaftsbereiche wurden anhand einer Einteilung der Deutschen Forschungsgemeinschaft (DFG) ausgewählt. Es handelt sich um eine Aufteilung in folgende vier Bereiche:

Lebenswissenschaften (in diesem Leitfaden: Biologie, Agrar- und Forstwissenschaften), Naturwissenschaften (Chemie, Physik, Geowissenschaften), Ingenieurwissenschaften (insbesondere Maschinenbau- und Produktionstechnik, Wärmetechnik/Verfahrenstechnik, Werkstoffwissenschaften, Elektrotechnik, Bauwesen, Architektur), Geistes-, Sozial- und Verhaltenswissenschaften (darunter insbesondere die Wirtschafts- und Rechtswissenschaften).

Diese Systematik ist weitgehend eingehalten worden. Allerdings wurde die Selbstzuordnung der Einrichtungen dabei berücksichtigt. So gibt es wenige Fälle, in denen ein Institut in einen anderen Wissenschaftsbereich als nach dieser Einteilung erwartet einsortiert wurde.

Eine ausführliche Systematik ist im Internet bei der DFG zu erhalten.[8]

---

8 www.dfg.de/dfg_im_profil/zahlen_und_fakten/download/dfg_fachsystematik.pdf (Stand: 12/2006)

Forschungsetat: Es werden der gesamte Forschungsetat sowie der Anteil der darin enthaltenen Drittmittel genannt. Nicht alle Einrichtungen geben diese „sensiblen" und zum Teil schwer zu ermittelnden Daten an. Oftmals werden nur die Drittmittel genannt. Somit ist diese Angabe zum Teil in Relation zum Gesamtetat, zum Teil aber auch als eigenständige Größe zu lesen. Hier und da gibt es Erläuterungen der Einrichtungen, um zum Beispiel den Anteil der Nachhaltigkeitsforschung herauszustellen.

Anzahl der Mitarbeiter: Es wird in der Regel die gesamte Anzahl der Mitarbeiter genannt. Zum Teil wird diese Zahl durch einen Hinweis auf diejenigen Mitarbeiter eingegrenzt, die in nachhaltigkeitsbezogenen Forschungsbereichen tätig sind. Es werden in aller Regel keine Stellen angegeben, sondern es wird die Anzahl der Personen genannt.

Im folgenden Kapitel wird aus Gründen der Lesbarkeit weitgehend nur die männliche oder die neutrale Form verwendet. Die weibliche Form ist mit eingeschlossen.

Kapitel V: Forschungseinrichtungen

1. Außeruniversitäre Forschungseinrichtungen

Fraunhofer-Institut für System- und Innovationsforschung (ISI)

Zugehörigkeit: Fraunhofer-Gesellschaft
Wissenschaftsbereich(e): Lebens-, Natur-, Ingenieur-, Geistes- und Sozialwissenschaften (Interdisziplinär)
Anschrift: Breslauer Straße 48, 76139 Karlsruhe
Telefon/Fax: 0721-68 09-0 / 0721-68 91 52
E-Mail: info@isi.fraunhofer.de
Web-Adresse: www.isi.fraunhofer.de
Forschungsetat: ca. 12 Mio. Euro (2005) **(davon) Drittmittel:** —
Anzahl der Mitarbeiter: 140 (2005)

Zielsetzung/Kompetenzschwerpunkt:
Aufzeigen von Potenzialen neuer Technologien und deren Anwendungen, Märkte, Verbreitungsbedingungen, Chancen und Risiken; Entwicklung komplexer und systemischer Lösungen, Methoden und Informationsgrundlagen für strategische Entscheidungsprozesse in Wirtschaft, Wissenschaft und Politik.

Forschungsfelder:
Abteilungen: Nachhaltiges Wirtschaften & Infrastrukturen (natürliche Ressourcen, Klimapolitik, Wertschöpfungsketten, Wasserwirtschaft, Verkehrssysteme); Energiepolitik & Energiesysteme (Energie- und Klimapolitik, energiewirtschaftliche Analysen, erneuerbare Energien, CO_2-Minderung, Energieeffizienz); Industrie- und Serviceinnovationen (Innovationsmanagement, industrielle Innovationspolitik, technisch-organisatorische Innovationen).

Kurzportrait:
Das Fraunhofer-Institut für System- und Innovationsforschung (ISI) in Karlsruhe untersucht die wissenschaftlichen, ökonomischen, sozialen und politischen Entstehungsbedingungen und Märkte innovativer technischer Entwicklungen und deren Auswirkungen auf Wirtschaft, Staat und Gesellschaft. Dazu nutzt das Institut vielfältige Methoden der Bewertung und Prognose wie zum Beispiel Delphi-Umfragen, Foresight, Systemmodellierung, technisch-ökonomische Analyse oder sozio-ökonomische Indikatoren. Die interdisziplinären Forschungsgruppen konzentrieren sich auf neue Technologien, Industrie- und Service-Innovationen, Energiepolitik und nachhaltige Infrastrukturen sowie auf die Dynamik regionaler Märkte und die Innovationspolitik.

Das Institut hat 140 fest angestellte Mitarbeiterinnen und Mitarbeiter. Ein Drittel der etwa 90 Wissenschaftlerinnen und Wissenschaftler haben eine naturwissenschaftlich-technische Ausbildung, zwei Drittel kommen aus den Wirtschafts- und Sozialwissenschaften. Sie bearbeiten pro Jahr rund 250 Forschungs- und Beratungsprojekte, bei Bedarf auch in enger Zusammenarbeit mit anderen Forschungseinrichtungen innerhalb und außerhalb der Fraunhofer-Gesellschaft.

Praktikumsmöglichkeiten:
Das ISI bietet Praktika an. Es gelten die offiziellen Fraunhofer-Vergütungsrichtlinien. Genaue Konditionen auf Nachfrage.

Zukunft der Einrichtung:
—

Fraunhofer-Institut für Umwelt-, Sicherheits- und Energietechnik (UMSICHT)

Zugehörigkeit: Fraunhofer-Gesellschaft
Wissenschaftsbereich(e): Ingenieurwissenschaften (Interdisziplinär)
Anschrift: Osterfelder Straße 3, 46047 Oberhausen
Telefon/Fax: 0208-85 98-0 / 0208-85 98-12 90
E-Mail: info@umsicht.fraunhofer.de
Web-Adresse: www.umsicht.fraunhofer.de
Forschungsetat: 17,7 Mio. Euro (2006) **(davon) Drittmittel:** 10,9 Mio. Euro
Anzahl der Mitarbeiter: 144 Personen Stammpersonal; gesamt mit Doktoranden, Hilfswissenschaftlern, Praktikanten u. a.: 268 (2006)

Zielsetzung/Kompetenzschwerpunkt:
Das Fraunhofer-Institut UMSICHT steht für verfahrenstechnische Kompetenz in den Bereichen Umwelt-, Sicherheits- und Prozesstechnik sowie Energietechnik. Für Industrie und öffentliche Hand erforscht UMSICHT neuestes Wissen und transferiert es in industrielle Anwendungen und marktfähige Produkte.

Forschungsfelder:
Nachwachsende Rohstoffe; Prozesstechnik; Biofuels; Spezialwerkstoffe; Produktionstechnische Informationssysteme; Energieanlagentechnik; Energiesysteme; Ressourcenmanagement.

Kurzportrait:
Das Fraunhofer-Institut UMSICHT präsentiert sich mit acht Geschäftsfeldern im Markt für angewandte verfahrenstechnische Forschung. Als Experte für technische Veränderungen in den Bereichen Umwelt, Energie, Verfahrenstechnik und Sicherheit will Fraunhofer UMSICHT nachhaltiges Wirtschaften, umweltschonende Technologien und innovatives Verhalten voranbringen, um die Lebensqualität der Menschen zu verbessern und die Innovationsfähigkeit der heimischen Wirtschaft zu fördern.
Technologisch positioniert sich Fraunhofer UMSICHT mit vier Leitthemen in der Forschungslandschaft. Die Leitthemen „Bioraffinerie - Produkte aus nachwachsenden Rohstoffen", „matfunc - Partikel, Werkstoffe und Membranen mit Funktion", „Modulare Energietechnologien – Flexible Lösungen für nachhaltige Energiesysteme" und „Informationsnetzwerke für die Verfahrens- und Energietechnik – Verteiltes Wissen in Wertschöpfungsketten nutzen" sind als geschäftsfeldübergreifende wissenschaftliche Impulsgeber zu verstehen. Mit ihnen wird das Profil des Instituts an den Rhythmus des wirtschaftlichen und gesellschaftlichen Wandels angepasst und auf aussichtsreiche Wissenschaftslinien fokussiert.
Seit seiner Gründung im Jahr 1990 (seit 1998 Mitglied der FhG) macht sich das Institut für Innovationen stark und engagiert sich aktiv beim Strukturwandel durch Technologietransfer, Ausgründungen und die Bildung von Forschungs- und Entwicklungsnetzwerken.

Praktikumsmöglichkeiten:
Praktika sind auf Anfrage in verschiedenen Bereichen möglich; ca. 18 Praktikanten pro Jahr; Dauer: je nach Art des Praktikums, 4-8 Wochen, auch Semesterpraktika möglich; Ansprechpartnerin: Sabine Köhler, E-Mail: sabine.koehler@umsicht.fraunhofer.de).

Zukunft der Einrichtung:
Weitere Fokussierung auf aussichtsreiche Wissenschaftslinien.

Fraunhofer-Institut für Chemische Technologie (ICT)

Zugehörigkeit: Fraunhofer-Gesellschaft
Wissenschaftsbereich(e): Natur-, Ingenieurwissenschaften
Anschrift: Joseph-von-Fraunhofer-Straße 7, 76327 Pfinztal (Berghausen)
Telefon/Fax: 0721-46 40-392 / 0721-46 40-111
E-Mail: stefan.troester@ict.fraunhofer.de
Web-Adresse: www.ict.fraunhofer.de
Forschungsetat: 23.6 Mio. Euro (2005) **(davon) Drittmittel:** 6,5 Mio. Euro
Anzahl der Mitarbeiter: Gesamt: ca. 380; Bezug zum Thema: ca. 115 (Bereiche UE und PE) (2005)

Zielsetzung/Kompetenzschwerpunkt:
Umweltengineering und Umweltsimulation; umweltfreundliche Produktionsverfahren; Kreislauf- und Abfallwirtschaft; Umweltsimulation und Produktqualifikation.

Forschungsfelder:
Nachwachsende Rohstoffe und industrielle Biotechnologie; Verwertung von Kunststoffen und Werkstoffverbunden; emissionsoptimierte Werkstoffe und Bauteile; integrierte Prozesse beim Spritzgießen, Schaum- und Profilextrusion; energieeffiziente Prozesse unter Einsatz von Mikrowellentechnologie; Beschichtung und Oberflächentechnologie (z.B. antibakteriell).

Kurzportrait:
Das ICT wurde 1959 gegründet. Grundlagen, Verfahren und Produkte der Kunststofftechnik, Umwelttechnik, Elektrochemie und chemischen Energieträger sind seine Forschungs- und Entwicklungsschwerpunkte.
Die Aufgaben beziehen sich im einzelnen auf die Angewandte Elektrochemie (Batterien, Brennstoffzellen, Sensoren, Elektrokatalyse), energetische Materialien (Synthese, Reaktionstechnik, Partikel & Coating, Explosivstofftechnik Analytik & Detektion), energetische Systeme (Sicherheit & Schutz, Verbrennung, Messtechnik, Innenballistik), Sonderwerkstoffe, Polymer-Engineering (Werkstoffe & Schäume, Extrusion & Spritzgießen, Mikrowellen & Plasmen, Faserverbundwerkstoffe, Oberflächentechnologie) und Umwelt-Engineering. Bei Letzterem liegen die Schwerpunkte auf umweltfreundlichen Produktionsverfahren, Kreislauf- und Abfallwirtschaft sowie Umweltsimulation.
Das ICT ist Partner des Fraunhofer Innovationsthemas „Industrielle Weiße Biotechnologie". Prof. Dr. Thomas Hirth (Leiter der Abteilung Umwelt-Engineering) leitet ebenfalls die Fraunhofer Allianz zum Thema „Weiße Biotechnologie" (Beteiligung von 8 Instituten). Das ICT ist im Fraunhofer Verbund „Werkstoffe Bauteile". Mehrere BMBF-Projekte in den Bereichen „Nachhaltigkeit" und „Werkstoffentwicklung", sowie Projekte mit der Fachagentur Nachwachsende Rohstoffe e.V. werden durchgeführt bzw. wurden abgeschlossen.

Praktikumsmöglichkeiten:
Derzeit sind 24 Praktikanten beschäftigt. Voraussetzungen: grundsätzlich keine, jedoch stellen Ingenieur- und Naturwissenschaften die eindeutige Mehrheit (im Haupt- oder Grundstudium). Gewöhnliche Dauer: 3-6 Monate, Vergütung: 332 Euro oder 511 Euro (Abhängig von Art). Ansprechpartner: Dr. Bernd Hefer, E-Mail: bernd.hefer@ict.fhg.de, Tel.:0721-46 40-125.

Zukunft der Einrichtung:
Es sind keine Umstrukturierungen geplant. Die Bereiche Weiße Biotechnologie, integrierte Prozesse, energieeffiziente Prozesse, emissionsoptimierte Bauteile sowie die Forschung im Bereich Sicherheit und Schutz werden ausgebaut.

Fraunhofer-Institut für Grenzflächen- und Bioverfahrenstechnik (IGB)

Zugehörigkeit: Fraunhofer-Gesellschaft
Wissenschaftsbereich(e): Lebens-, Natur-, Ingenieurwissenschaften (Interdisziplinär)
Anschrift: Nobelstraße 12, 70569 Stuttgart
Telefon/Fax: 0711-970-40 01 / 0711-970-42 00
E-Mail: info@igb.fraunhofer.de
Web-Adresse: www.igb.fraunhofer.de
Forschungsetat: 11,7 Mio. Euro (2006) **(davon) Drittmittel:** —
Anzahl der Mitarbeiter: 170 (2006)

Zielsetzung/Kompetenzschwerpunkt:
Das Ziel des Fraunhofer-Instituts für Grenzflächen- und Bioverfahrenstechnik (IGB) ist es, gewonnene Forschungsergebnisse in neue industrielle Produkte und Verfahren umzusetzen. Komplettlösungen vom Reagenzglas über die Pilotanlage bis hin zum Engineering in die industrielle Praxis und Großdimension gehören zu den Stärken des Instituts.

Forschungsfelder:
Funktionale Grenzflächen für Technik und Medizin; Tissue Engineering für Medizintechnik, Diagnostik, Medikamentenentwicklung und individuelle Therapie; molekulare Biotechnologie für Pharma und Diagnostik; industrielle weiße Biotechnologie; nachhaltige Bioverfahrenstechnik für Industrie, urbane Infrastruktur und Umwelt.

Kurzportrait:
Das IGB betreibt anwendungsorientierte Forschung und Entwicklung für Umwelt, Gesundheit und Technik. Seit über 25 Jahren verbindet das Fraunhofer IGB höchste wissenschaftliche Qualität mit professionellem Know-how in den Bereichen Grenz- und Oberflächentechnik, sowie Biotechnologie und Bioverfahrenstechnik – stets mit Blick auf die industrielle Anwendung.
Innovation ist dabei das Markenzeichen des Instituts: Patente und wissenschaftliche Auszeichnungen dokumentieren dies. Komplettlösungen vom Reagenzglas bis zur Pilotanlage unter industriellen Randbedingungen gehören zu den Stärken. Insbesondere die mittelständische Industrie profitiert vom multidisziplinären Potenzial und der praxisgerechten, kundenorientierten Ausrichtung des Instituts.
Langjährige Kooperationen mit verschiedenen Universitäts- und Max-Planck-Instituten am Standort, aber auch überregional, sichern zudem die wissenschaftliche Basis.
Die Zusammenarbeit mit anderen Fraunhofer-Instituten ergänzt die eigenen Kompetenzen und ermöglicht so auch die Bearbeitung komplexer Problemstellungen.

Praktikumsmöglichkeiten:
Anzahl: bis max. 10 Praktikanten gleichzeitig; Voraussetzung: mind. Vordiplom, ggf. auch Berufspraktikum; Dauer: normalerweise mind. 1 Semester (Praxissemester); Vergütung: fest (2. Praxissemester: 511 Euro); Informationen siehe Web-Adresse; Ansprechpartnerin: Katja Rösslein M.A., E-Mail: katja.roesslein@igb.fraunhofer.de

Zukunft der Einrichtung:
Nanotechnologie, Tissue Engineering, Biotechnologie und Wassermanagement sind nur einige der zukunftsweisenden Schlüsseltechnologien am IGB. Neue Potenziale eröffnet das Zusammenspiel zwischen Materialwissenschaften einerseits und Zell- sowie Molekularbiologie andererseits.

Fraunhofer-Institut für Zuverlässigkeit und Mikrointegration (IZM)

Zugehörigkeit: Fraunhofer-Gesellschaft
Wissenschaftsbereich(e): Ingenieurwissenschaften
Anschrift: Gustav-Meyer-Allee 25, 13355 Berlin
Telefon/Fax: 030-464 03-100 / 030-464 03-111
E-Mail: info@izm.fraunhofer.de
Web-Adresse: www.izm.fraunhofer.de
Forschungsetat: 30 Mio. Euro (2005) **(davon) Drittmittel:** 15 Mio. Euro
Anzahl der Mitarbeiter: 230 (2005)

Zielsetzung/Kompetenzschwerpunkt:
Das Fraunhofer IZM arbeitet an der Entwicklung und Umsetzung neuer Konzepte für den Aufbau hochintegrierter elektronischer Systeme. Es schlägt die Brücke zwischen den Anbietern mikroelektronischer Komponenten und den Herstellern technischer Systeme.

Forschungsfelder:
Aufbau- und Verbindungstechnik mikroelektronischer und mikrosystemtechnischer Bauteile auf Chip- und Boardebene, Zuverlässigkeitstests, Back End of Line, Wafer Level Packaging, Environmental Engineering, Polymermaterialien, Micro Materials und Simulation Systemdesign, MEMS-Bauteile, Packaging, Photonic Packaging, Power Electronics Assembly.

Kurzportrait:
Schwerpunkte des 1993 gegründeten Fraunhofer IZM sind Integrations- und Verbindungstechniken in der Chip- und Leiterplattenebene (Chip and Wire, Flip Chip, Chip Size Packaging, SMT). Im Bereich der Baugruppe stehen die SMD-Montagetechnik (z. B. Fine Pitch Soldering, bleifreies Löten), die Realisierung hochintegrierter Multichip-Module (z.B. Dünnfilm-Umverdrahtung, Embedded passives, Chip in Polymer) und Aufbautechniken für Powerelektroniken (z.B. Smart Power - Module) im Mittelpunkt. Grundlage sind Erfahrungen zum Materialaufbau und Materialverhalten im Mikrobereich (z.B. bei Polymeren und Metallen) und zur mechanischen Zuverlässigkeit von Komponenten und Systemen. Die Erkenntnisse fließen in die Abschätzung der Lebensdauer von elektronischen Baugruppen ein. Im Polymerbereich wird die Entwicklung und Charakterisierung von Werkstoffen vorangetrieben. Feldsimulation, Entwurfs- und Messtechniken dienen der Komponentencharakterisierung und einer optimalen Systemkonstruktion sowie der entsprechenden Funktionscharakterisierung insbesondere im EMV- und HF-Bereich. Software-Tools werden dafür entwickelt.
Das Fraunhofer IZM und der Forschungsschwerpunkt Mikroperipherik der TU Berlin kooperieren eng miteinander und bilden ein leistungsfähiges Forschungs-, Entwicklungs- und Dienstleistungspotenzial u.a. auf dem Gebiet des Environmental Engineering in der Mikrosystemtechnik.

Praktikumsmöglichkeiten:
Vorlesungszyklus zu umweltgerechter Elektronik mit optionalem praktischem Teil im Wintersemester an der TU Berlin; ca. 8-10 Studenten (Hauptstudium) pro Jahr; Elektrotechniker, Umwelttechniker, technische Informatiker. Fachpraktika, Studien- und Diplomarbeiten werden ebenfalls in Kooperation mit der TU Berlin angeboten.

Zukunft der Einrichtung:
Zukünftige Forschungsthemen: Wafer Level Packaging, System in Package, Verfahren der Heterointegration.

Fraunhofer-Institut für Molekularbiologie und Angewandte Oekologie (IME)

Zugehörigkeit: Fraunhofer-Gesellschaft
Wissenschaftsbereich(e): Lebens-, Naturwissenschaften (Interdisziplinär)
Anschrift: Auf dem Aberg 1, 57392 Schmallenberg
Telefon/Fax: 02972-302-0 / 02972-302-319
E-Mail: info@ime.fraunhofer.de
Web-Adresse: www.ime.fraunhofer.de
Forschungsetat: 10 Mio. Euro (2005) **(davon) Drittmittel:** 7 Mio. Euro AF
Anzahl der Mitarbeiter: 140 ; davon mit Bezug zur Nachhaltigkeitsforschung: ca. 30 % (2005)

Zielsetzung/Kompetenzschwerpunkt:

- Entwicklung/Anwendung von Technologien zu Diagnose/Therapie menschlicher und tierischer Krankheiten; Schutz und Verbesserung von Nutzpflanzen, Nahrungsmitteln
- Erkennung/Beurteilung der Risiken synthetischer und biogener Stoffe für Umwelt und Verbraucher, Schutzstrategien

Forschungsfelder:
Funktionelle und Angewandte Genomik; pharmazeutische Produktentwicklung; Pflanzenbiotechnologie; integrierte Produktplattformen; Pflanzenschutz; Chemikalien- und Produktsicherheit; Boden- und Gewässerschutz; Umweltmonitoring; Lebens- und Futtermittelsicherheit.

Kurzportrait:
Das Fraunhofer IME wurde 1959 als Fraunhofer-Institut für Aerobiologie der Fraunhofer-Gesellschaft angegliedert. Das IME ist mit seinen Institutsbereichen Molekularbiologie (überwiegend in Aachen) und Angewandte Ökologie (Schmallenberg) an 2 Standorten vertreten. Mit den Arbeitsgebieten in der „Molekularen Biotechnologie" bietet das IME der Pharma-, Agro- und Ernährungsindustrie eine auf die Auftragsforschung hin angelegte Einheit an, die Forschungs- und Entwicklungsaufgaben sowie Servicearbeiten übernimmt. Dadurch sollen die Markteinführung neuer Produkte und Verfahren beschleunigt, neue Querschnittstechnologien entwickelt und durch eigene Schlüsselpatente abgesichert werden. Der Bereich Angewandte Ökologie sieht seine Aufgaben darin, stoffbezogene Risiken von synthetischen oder biologischen Substanzen zu identifizieren und zu bewerten sowie Möglichkeiten zur Risikominimierung zu entwickeln. Aspekte der Nachhaltigkeit kommen in Forschungsaufträgen zum Boden- und Gewässerschutz zum Tragen.
Das Fraunhofer IME ist Mitglied im Verbund Life Sciences und der Allianz Photokatalyse der Fraunhofer-Gesellschaft.

Praktikumsmöglichkeiten:
Es werden im Jahr etwa 15 PraktikantInnen von Universitäten für die Dauer von ca. 8 Wochen angenommen; überwiegend am Standort Aachen. Der Nachhaltigkeitsbezug der Tätigkeitsbereiche ist nicht immer eindeutig gegeben.

Zukunft der Einrichtung:
Ausweitung des Aufgabenspektrums im Bereich Weiße Biotechnologie. Das IME ist Partner eines umfangreichen Verbundvorhabens der FhG mit dem Ziel, unter Anwendung einer innovativen Technologieplattform verschiedene Polymere herzustellen.

Forschungszentrum Karlsruhe GmbH

Zugehörigkeit: Helmholtz-Gemeinschaft
Wissenschaftsbereich(e): Lebens-, Natur-, Ingenieurwissenschaften (Interdisziplinär)
Anschrift: Hermann-von-Helmholtz-Platz 1, 76344 Eggenstein-Leopoldshafen
Telefon/Fax: 07247-82-28 60 / 07247-82-50 80
E-Mail: joachim.hoffmann@oea.fzk.de
Web-Adresse: www.fzk.de
Forschungsetat: 306 Mio. Euro (2006) **(davon) Drittmittel:** 76 Mio. Euro
Anzahl der Mitarbeiter: 3700 (2006)

Zielsetzung/Kompetenzschwerpunkt:
Energieversorgung ohne Klimagefährdung; Ausschöpfen des Potentials der Nanotechnologie; Verständnis der Materie im Kosmos.

Forschungsfelder:
Energie und Atmosphäre; Schlüsseltechnologien; Struktur der Materie.

Kurzportrait:
Gegründet wurde das Forschungszentrum Karlsruhe vor 50 Jahren. Am 19. Juli 1956 unterzeichnete Franz Josef Strauß, damals Bundesminister für Atomfragen, die Gründungsurkunde der „Kernreaktor Bau- und Betriebsgesellschaft mbH".

Aus den im Forschungszentrum Karlsruhe entwickelten Technologien gingen immer wieder neue Forschungsfelder hervor, die ab Mitte der 1980er Jahre verstärkt wurden. Der Wandel vom Kernforschungszentrum zur multidisziplinären Forschungseinrichtung wurde – nach dem politischen Ausstieg Deutschlands aus dem Konzept des geschlossenen Brennstoffkreislaufs – bis Mitte der 1990er Jahre abgeschlossen. Als thematische Schwerpunkte bildeten sich neben Energie- und Umweltforschung vor allem Schlüsseltechnologien wie Nanotechnologie und Mikrosystemtechnik heraus. Heute steht das Forschungszentrum vor einer Fülle großer und faszinierender Herausforderungen, die das Arbeitsprogramm der kommenden Jahre prägen werden: Technologien und Konzepte, um aus biologischen Reststoffen moderne Hochleistungsbrennstoffe zu erzeugen sowie Wasserstoff als Energieträger der Zukunft.

Das Forschungszentrum Karlsruhe betreibt das Büro für Technikfolgenabschätzung beim Bundestag.

Praktikumsmöglichkeiten:
Praktikanten aus den naturwissenschaftlichen Bereichen können ein Praktikum ableisten, das in der Regel mindestens 4-6 Wochen betragen sollte. Die Anzahl der Praktikanten schwankt zwischen zwei und vier. Vorausgesetzt wird das Vordiplom. Vergütung erfolgt nach Absprache. Ansprechpartner sind Herr Prof. Papen und Herr Dr. Kunstmann.

Zukunft der Einrichtung:
Ein ganz neues Kapitel der Forschungskooperation hat das Forschungszentrum Karlsruhe zusammen mit der Universität Karlsruhe eingeschlagen: die in Jahrzehnten gewachsenen gemeinsamen Forschungsaktivitäten werden im Karlsruhe Institut für Technologie (KIT) zusammengeführt.

Forschungszentrum Jülich GmbH (FZJ)

Zugehörigkeit:	Helmholtz-Gemeinschaft
Wissenschaftsbereich(e):	Lebens-, Natur-, Ingenieurwissenschaften (Interdisziplinär)
Anschrift:	Wilhelm-Johnen-Straße, 52428 Jülich
Telefon/Fax:	02461-61 0 / 02461-61-81 00
E-Mail:	info@fz-juelich.de
Web-Adresse:	www.fz-juelich.de
Forschungsetat:	ca. 370 Mio. Euro (2005) **(davon) Drittmittel:** ca. 100 Mio. Euro
Anzahl der Mitarbeiter:	ca. 4300 (2005)

Zielsetzung/Kompetenzschwerpunkt:
Die Forschungs- und Entwicklungsarbeiten konzentrieren sich auf die in vier „Grand Challenges" formulierten Schwerpunkte in den Bereichen Gesundheit, Umwelt, Energie und Information mit den Schlüsselkompetenzen in Physik der kondensierten Materie und Scientific Computing.

Forschungsfelder:
Biologische/neurowissenschaftliche Forschung: Struktur und Signalverarbeitung des Gehirns. Biogeosystem-Forschung: quantitatives Verständnis der physikalischen, chemischen und biologischen Schlüsselprozesse des sich global wandelnden Systems Erde. Energieforschung: Physik und Technik für stromerzeugende Systeme der Zukunft. Informationstechnik: Steigerung der Rechenleistung und der Speicherdichte.

Kurzportrait:
Das Forschungszentrum Jülich wurde 1956 gegründet. Es betreibt weltweit anerkannte Forschung und leistet damit Beiträge zur Lösung der wichtigsten gesellschaftlichen und wissenschaftlichen Herausforderungen in den Feldern Energie, Umwelt, Information und Gesundheit. Es baut dabei auf seine Schlüsselkompetenzen in der Physik und dem Scientific Computing auf.
Die Forschungsarbeiten werden in neun Instituten und Zentralinstituten durchgeführt, die auf drei Zentralabteilungen und mehrere Großgeräte zugreifen. Zudem untersucht die Programmgruppe „Mensch, Umwelt, Technik" den gesellschaftlichen Umgang mit Chancen und Risiken wissenschaftlicher und technischer Entwicklungen. Die Programmgruppe „Systemforschung und Technologische Entwicklung" führt fachübergreifende Systemanalysen durch, um viele der im Brennpunkt des gesellschaftlichen Interesses stehenden Fragen zu beantworten. Im Bereich Energieforschung umfasst das Arbeitsprogramm im Feld der Nachhaltigkeit die Gesamtentwicklung von der Materialforschung über Solarzellenentwicklung, Prozesstechnologie bis zur Realisierung von Solarmodulen. Ein weiteres Ziel der Forschungsarbeiten ist die Verbesserung der Effizienz der Energieumwandlung von Brennstoffen. Das Programm „Nachhaltige Entwicklung und Technik" im Forschungsbereich „Erde und Umwelt" führt Vorsorgeforschung zur Gestaltung von Technik durch.

Praktikumsmöglichkeiten:
Pro Jahr werden ca. 180 Praktikanten aus Hochschulen und Universitäten betreut. Die Dauer liegt zwischen ein und sechs Monaten. Für das Grundpraktikum und Praktikumssemester gibt es unter bestimmten Voraussetzungen Vergütungen.
Ansprechpartner: Frau R. Rabe, Tel.: 02461-61-56 22 (nur Vormittags)

Zukunft der Einrichtung:
In Zukunft sollen die Schlüsselkompetenzen weiter ausgebaut sowie die nationalen und internationalen Kooperationen verstärkt werden.

Helmholtz-Zentrum für Umweltforschung (UFZ)

Zugehörigkeit: Helmholtz-Gemeinschaft
Wissenschaftsbereich(e): Lebens-, Natur-, Geistes- und Sozialwissenschaften (Interdisziplinär)
Anschrift: Permoserstraße 15, 04318 Leipzig
Telefon/Fax: 0341-235-0 / 0341-235-27 91
E-Mail: info@ufz.de
Web-Adresse: www.ufz.de
Forschungsetat: 57,9 Mio. Euro (2005) **(davon) Drittmittel:** 10 Mio. Euro
Anzahl der Mitarbeiter: 823 (2006)

Zielsetzung/Kompetenzschwerpunkt:
Erforschung von Ursachen und Folgen der weit reichenden und komplexen Veränderungen der Umwelt sowie Entwicklung von Instrumenten und Handlungskonzepten für Politik, Wirtschaft und Gesellschaft, um Prozesse vorausschauend steuern zu können.

Forschungsfelder:
Nachhaltige Entwicklung von Städten, Management kontaminierter Böden und Grundwasser, nachhaltige Sanierung von Bergbauseen, mikrobiologische Vielfalt, biologische Vielfalt, Wasserressourcen in Flussgebieten, Governance und Institutionen, integrierte Bewertung von Umweltkonflikten, umweltbedingte Störungen der Gesundheit, Schutz und Regenerierung von Wasserressourcen, Biotechnologie, Klimaentwicklung.

Kurzportrait:
Das UFZ wurde im Dezember 1991 gegründet. Es beschäftigt sich als erste und einzige Forschungseinrichtung der Helmholtz-Gemeinschaft Deutscher Forschungszentren ausschließlich mit Umweltforschung.
Als internationales Kompetenzzentrum für Umweltforschung befasst sich das UFZ mit Strategien und Konzepten für eine nachhaltige Landnutzung. Die Lebensqualität der Menschen in der Kulturlandschaft steht im Zentrum der Betrachtung. Im UFZ erforschen Wissenschaftlerinnen und Wissenschaftler die Ursachen und Folgen der weit reichenden und komplexen Veränderungen der Umwelt. Sie entwickeln Instrumente und Handlungskonzepte für Politik, Wirtschaft und Gesellschaft, um Prozesse vorausschauend steuern zu können, damit sich die Umwelt mit all ihren Komponenten unter dem Einfluss des globalen Wandels nachhaltig entwickeln kann, Umweltschäden und Konflikte vermieden oder beseitigt werden.
Die Umweltforschung am UFZ ist sowohl grundlagen- als auch anwendungsorientiert. Die Forschung ist in 35 wissenschaftlichen Departments angesiedelt, die abhängig von den wissenschaftlichen Fragestellungen interdisziplinär zusammenarbeiten. Dazu gehören u. a. die Departments für Angewandte Landschaftsökologie, für Hydrogeologie, für Umwelttechnologie, für Ökologische Systemanalyse, für Seenforschung und für Stadt- und Umweltsoziologie.

Praktikumsmöglichkeiten:
Im UFZ werden ca. 100 Praktika pro Jahr absolviert. Bewerbungen sollten an die einzelnen Departments gerichtet werden (siehe Web-Adresse). Ansprechpartnerin ist Anja Kuhnert (Personalabteilung), Tel.: 0341-235-23 79, E-Mail: anja.kuhnert@ufz.de

Zukunft der Einrichtung:
Die Bewerbung um den Standort des Deutschen Biomasseforschungszentrums läuft noch.

GKSS-Forschungszentrum Geesthacht GmbH

Zugehörigkeit: Helmholtz-Gemeinschaft
Wissenschaftsbereich(e): Natur-, Ingenieurwissenschaften
Anschrift: Max-Planck-Straße 1, 21502 Geesthacht
Telefon/Fax: 04152-87-16 33
E-Mail: ulrich@gkss.de
Web-Adresse: www.gkss.de
Forschungsetat: 76 Mio. Euro (2005) **(davon) Drittmittel:** 5 Mio. Euro
Anzahl der Mitarbeiter: 750 (2005)

Zielsetzung/Kompetenzschwerpunkt:
Das GKSS-Forschungszentrum leistet durch naturwissenschaftlich-technische Forschungs- und Entwicklungsarbeiten Beiträge zur nachhaltigen Gestaltung der Zukunft der Industriegesellschaft. Kompetenzschwerpunkte sind hierbei die Materialforschung und die Küstenforschung.

Forschungsfelder:
Das GKSS-Forschungszentrum leistet substanzielle Beiträge für
- eine umweltgerechte Mobilität durch moderne Werkstoffe für den Leichtbau in der Verkehrstechnik,
- eine umweltgerechte chemische Trenntechnik durch moderne Kunststoffe,
- die Regenerative Medizin durch neue Materialien,
- ein nachhaltiges Küstenzonenmanagement.

Kurzportrait:
Das GKSS-Forschungszentrum wurde im Jahre 1956 gegründet. Am Standort Geesthacht sind die Institute für Werkstoffforschung, Polymerforschung und Küstenforschung sowie der Forschungsreaktor FRG-I in die folgenden Forschungsprogramme der Helmholtz-Gemeinschaft eingebunden: Funktionale Werkstoffsysteme (mit den Themen Leichtbauwerkstoffe, funktionale Polmersysteme sowie Modellierung von Werkstoffsystemen), Großgeräte für die Forschung mit Photonen, Neutronen und Ionen (Strukturaufklärung, gezielte Material- und Bauteilentwicklung, Ermittlung von Basisdaten für die Modellierung) sowie Meeres-, Küsten- und Polarforschung (Szenarien und Handlungsoptionen im Küstenraum, Klimaforschung, natürliche marine Ressourcen). Am Standort Teltow bei Berlin werden Arbeiten im Rahmen des Helmholtz-Programms Regenerative Medizin (Materialentwicklung für biohybride Organe und Tissue Engineering) ausgeführt. GKSS-Forschungsarbeiten sind in die Mission der Helmholtz-Gemeinschaft eingebettet und zielen darauf, die Lebensgrundlagen des Menschen langfristig zu sichern und die technologische Basis für eine wettbewerbsfähige Wirtschaft zu schaffen. Die Beteiligung an zahlreichen nationalen und internationalen Forschungsverbünden und Netzwerken ist hierbei unabdingbar.

Praktikumsmöglichkeiten:
Es besteht die Möglichkeit für ein Praktikum in Fachgebieten aus dem Bereich der Küstenforschung und der Werkstoffforschung für Studierende im Hauptstudium. Die Dauer des Praktikums wird in Absprache mit dem Betreuer festgelegt, die Vergütung erfolgt pauschal. Bewerbungen können an die Personalabteilung gerichtet werden.

Zukunft der Einrichtung:
Das GKSS-Forschungszentrum wird sich auch zukünftig im Rahmen der programmatischen Ausrichtung der Helmholtz-Gemeinschaft Deutscher Forschungszentren engagieren mit dem Fokus auf der Material- und der Küstenforschung.

Alfred-Wegener-Institut für Polar- und Meeresforschung in der Helmholtz Gemeinschaft (AWI)

Zugehörigkeit: Helmholtz-Gemeinschaft
Wissenschaftsbereich(e): Naturwissenschaften
Anschrift: Am Handelshafen 12, 27570 Bremerhaven
Telefon/Fax: 0471- 48 31-0
E-Mail: awi-pr@awi.de
Web-Adresse: www.awi.de
Forschungsetat: 101 Mio. Euro (2005) **(davon) Drittmittel:** 13 Mio. Euro
Anzahl der Mitarbeiter: 769 (2005)

Zielsetzung/Kompetenzschwerpunkt:
Ziel der wissenschaftlichen Arbeit ist ein besseres Verständnis der Beziehungen zwischen Ozean, Eis und Atmosphäre, der Tier- und Pflanzenwelt der Arktis und Antarktis sowie der Entwicklungsgeschichte der polaren Kontinente und Meere.

Forschungsfelder:
Das AWI umfasst drei Fachbereiche, die in Sektionen gegliedert sind: Klimasystem, Biosystem und Geosystem. Der Bereich „Neue Technologien" umfasst u. a. Unterwasserfahrzeuge und Tiefseetechnologie, Eisbohrungen, Marine Biotechnologien und Erdbeobachtungssysteme. Im wissenschaftlichen Programm MARCOPOLI sind die wissenschaftlichen Ziele für fünf Jahre programmatisch festgelegt.

Kurzportrait:
Polar- und Meeresforschung sind zentrale Themen der Erdsystem- und globalen Umweltforschung. Die Stiftung Alfred-Wegener-Institut führt wissenschaftliche Projekte in der Arktis, Antarktis und den gemäßigten Breiten durch. Sie koordiniert die Polarforschung in Deutschland und stellt die für Polarexpeditionen erforderliche Ausrüstung und Logistik zur Verfügung. Zu den Aufgaben in der Meeresforschung gehören die Nordseeforschung, Beiträge zum biologischen Monitoring in der hohen See, Untersuchungen zur Meeresverschmutzung und zu marinen Naturstoffen sowie meerestechnische Entwicklungen.
1980 wurde das Institut in Bremerhaven als Stiftung des öffentlichen Rechts gegründet. Die Stiftung Alfred-Wegener-Institut für Polar- und Meeresforschung umfasst das Alfred-Wegener-Institut für Polar- und Meeresforschung in Bremerhaven, die Forschungsstelle Potsdam (1992), die Biologische Anstalt Helgoland und die Wattenmeerstation Sylt. Sie ist Mitglied der Hermann von Helmholtz-Gemeinschaft Deutscher Forschungszentren (HGF) und wird zu 90 % vom Bundesministerium für Bildung und Forschung (BMBF) finanziert. Das Land Bremen ist mit 8 % beteiligt, die Länder Brandenburg und Schleswig-Holstein mit je 1 %.

Praktikumsmöglichkeiten:
Praktika für eingeschriebene Studierende können in den am AWI vertretenen naturwissenschaftlichen Fächern nach Verfügbarkeit durchgeführt werden. Die Unterbringung ist in Gästehäusern an allen Standorten mit Eigenbeteiligung möglich. Ansprechpartner ist die Personalabteilung des AWI.

Zukunft der Einrichtung:
Die Zukunft des Instituts ist im Strategie- und Entwicklungsplan „Research from Pole to Pole – From Understanding to Predicting the Earth System – Perspectives 2005-2025" beschrieben.

GeoForschungsZentrum Potsdam (GFZ)

Zugehörigkeit: Helmholtz-Gemeinschaft
Wissenschaftsbereich(e): Naturwissenschaften
Anschrift: Telegrafenberg, 14473 Potsdam
Telefon/Fax: 0331-288-0 / 0331-288-10 44
E-Mail: presse@gfz-potsdam.de
Web-Adresse: www.gfz-potsdam.de
Forschungsetat: 76 Mio. Euro (2006) **(davon) Drittmittel:** 32 Mio. Euro
Anzahl der Mitarbeiter: 780 (2007)

Zielsetzung/Kompetenzschwerpunkt:
Geowissenschaftliche Forschung in allen Disziplinen der Wissenschaften der festen Erde.

Forschungsfelder:
Die Schwerpunkte der Forschung des GFZ sind Geodäsie und Fernerkundung, Physik der Erde, Geodynamik, Chemie der Erde und Geo-Engineering.

Kurzportrait:
Das GFZ Potsdam wurde am 1. Januar 1992 als Stiftung des öffentlichen Rechts gegründet. Die Forschungsarbeiten erfolgen in 18 Sektionen, welche entsprechend den Forschungsschwerpunkten zu fünf Departments zusammengefasst sind (siehe Forschungsfelder).
Das GFZ umfasst als Helmholtz-Zentrum für Geoforschung alle Disziplinen der Geowissenschaften von der Geodäsie bis zum Geoingenieurwesen und betreibt sie in einem engen interdisziplinären Verbund mit den benachbarten Naturwissenschaften Physik, Mathematik und Chemie sowie den ingenieurwissenschaftlichen Disziplinen Felsmechanik, Geotechnik, Ingenieurhydrologie und Ingenieurseismologie.
Die methodischen Kernkompetenzen des GFZ liegen in der Anwendung und Entwicklung von Satellitentechnologien und raumgestützten Messverfahren, im Betrieb globaler und regionaler geodätisch-geophysikalischer Messnetze, im Einsatz tomographischer Verfahren der geophysikalischen Tiefensondierung, in der Durchführung von Forschungsbohrungen, in der Labor- und Experimentiertechnik sowie in der Analyse und Modellierung von Geoprozessen.

Praktikumsmöglichkeiten:
Praktikumsbewerber kontaktieren bitte die Personalstelle des GFZ Potsdam: GFZ Potsdam, -Personalabt.-, Telegrafenberg, 14473 Potsdam.

Zukunft der Einrichtung:
—

GSF-Forschungszentrum für Umwelt und Gesundheit GmbH

Zugehörigkeit: Helmholtz-Gemeinschaft
Wissenschaftsbereich(e): Lebens-, Naturwissenschaften (Interdisziplinär)
Anschrift: Ingolstädter Landstraße 1, 85764 Neuherberg
Telefon/Fax: 089-31 87-0 / 089-3187-33 22
E-Mail: reuther@gsf.de
Web-Adresse: www.gsf.de
Forschungsetat: 157 Mio. Euro (2006) **(davon) Drittmittel:** 64 Mio. Euro
Anzahl der Mitarbeiter: 1 725, davon ca. 200 in Bereichen mit Nachhaltigkeitsaspekten (2006)

Zielsetzung/Kompetenzschwerpunkt:
Die GSF erforscht Grundlagen einer zukünftigen Medizin und Versorgung sowie Ökosysteme mit wesentlicher Bedeutung für die Gesundheit.

Forschungsfelder:
1) Umweltfaktoren und Gesundheit, darunter: Verbesserung der Gesundheitsversorgung der Bevölkerung mit Aspekten der Nachhaltigkeit; 2) Mechanistische Grundlagen von Gesundheit und Erkrankung; 3) Infektion und Immunität; 4) Ökosysteme und Gesundheit, darunter: Auswirkung von Schadstoff- und anderen Belastungen auf Nutzpflanzen, Boden, Wurzelraum und Grundwasser mit Aspekten der Nachhaltigkeit.

Kurzportrait:
Die GSF, 1964 gegründet, ist eine Forschungseinrichtung des Bundes und des Freistaates Bayern innerhalb der Helmholtz-Gemeinschaft Deutscher Forschungszentren. Sie ist in derzeit 25 selbstständige Institute und Abteilungen gegliedert. Die GSF erforscht Grundlagen einer zukünftigen Medizin sowie Ökosysteme mit Bedeutung für die Gesundheit. Interaktionen zwischen genetischer Disposition, biologischen Systemen und Umweltfaktoren werden analysiert. Ziel ist die Verknüpfung von Forschung und Anwendung. Bei den Forschungen im Bereich Nachhaltigkeit handelt es sich um die Erforschung des Einflusses von Luftschadstoffen, Schadorganismen und UV-B-Strahlung auf Pflanzen (Resistenzen, Metabolisierung, Speicherung in Pflanzen), um Wirkungsforschung zu Stoffhaushalt, Fremdstoffen und Landnutzungen auf den Lebensraum Boden und Wurzelraum (Rhizosphäre), um Forschungen zum Abbau und Transport von Schadstoffen im Grundwasser und deren Auswirkung auf das Ökosystem (Selbstreinigungsprozesse, Schadstoffabbau, Trinkwasser) und zur Verbesserung der Wirksamkeit und Wirtschaftlichkeit der Gesundheitsversorgung (bevölkerungsbezogene Versorgungsforschung, gesundheitsökonomische Evaluationsforschung). Die GSF stellt Großgeräte zur Umweltsimulation und Bodenforschung bereit und betreibt das Versuchsgut Scheyern zur Erarbeitung von Strategien für eine nachhaltige und gesunde Nahrungsproduktion.

Praktikumsmöglichkeiten:
Derzeit sechs Praktikanten, keine Voraussetzungen bzgl. Studium; i.d.R. zu Ausbildungszwecken, Dauer: i.d.R. 1-3 Monate; ohne Vergütung; keine expliziten Ansprechpartner existieren; Interessenten gehen über die GSF-Website (www.gsf.de) direkt auf die Institute zu.

Zukunft der Einrichtung:
Akzente werden künftig in Systembiologie, Chemischer Biologie und Strukturbiologie, der wissenschaftlichen Informationsverarbeitung sowie biologischer Bildgebungsverfahren gesetzt. Die GSF wird auch weiterhin Aufgaben in Strahlenforschung und -schutz wahrnehmen.

Deutsches Zentrum für Luft- und Raumfahrt e.V. (DLR)

Zugehörigkeit: —
Wissenschaftsbereich(e): Natur-, Ingenieur-, Geistes- und Sozialwissenschaften (Interdisziplinär)
Anschrift: DLR, 51170 Köln
Telefon/Fax: 02203-601-0 / 02203-67310
E-Mail: —
Web-Adresse: www.dlr.de
Forschungsetat: 505 Mio. Euro (2006) **(davon) Drittmittel:** 248 Mio. Euro
Anzahl der Mitarbeiter: 5300 (2006)

Zielsetzung/Kompetenzschwerpunkt:
Richtungweisende Forschung in den Feldern Energie, Luftfahrt, Raumfahrt und Verkehr, gestaltende Kraft für die europäische Raumfahrt in der Funktion als Raumfahrtagentur.

Forschungsfelder:
Luftfahrt (Werkstoffe/Strukturen für sparsamere Luftfahrzeuge, Air Traffic Management und Flughafenwesen für rationelle Flugbewegungen, Triebwerke für Emissionsminderung); Raumfahrt (Erdbeobachtung für Katastrophenmanagement, Detektion von Umwelteinflüssen), Verkehr (Fahrzeugleichtbau, Mobilitätskonzepte, alternative Antriebssysteme) und Energie (rationelle Energiegewinnung in Kraftwerken, erneuerbare Energien).

Kurzportrait:
Das Gründungsjahr als Deutsche Versuchsanstalt für Luftfahrt (DVL) war das Jahr 1961. Das Forschungsportfolio des DLR reicht heute von der Grundlagenforschung bis hin zur Entwicklung von innovativen Anwendungen und Produkten von morgen. Die Geschäftsfelder des DLR sind Energie, Luftfahrt, Raumfahrt und Verkehr. Es unterhält 27 Institute bzw. Test- und Betriebseinrichtungen und ist an acht Standorten vertreten: Köln-Porz, Berlin-Adlershof, Bonn-Oberkassel, Braunschweig, Göttingen, Lampoldshausen, Oberpfaffenhofen und Stuttgart. Das DLR unterhält Außenbüros in Brüssel, Paris und Washington D.C.
Im Bereich der Nachhaltigkeit treibt das DLR im Bereich der Energie die Weiterentwicklung von Brennstoffzellen an und forscht auf den Gebieten der Gaskraftwerkstechnik und solarthermischen Kraftwerke. Im Bereich der Luftfahrt liegen die Schwerpunkte auf den Feldern neue Triebwerkstechnik, leichte Flugzeugstrukturen und optimierte Verkehrsführung. Im Bereich Raumfahrt ist die Erdbeobachtung für Katastrophenvorsorge und im Bereich Verkehr sind die Weiterentwicklung von Schienenfahrzeugen, Verkehrsführung und Flughafenwesen die zentralen, nachhaltigkeitsrelevanten Schwerpunkte.
Kooperationen unterhält das DLR mit mehreren Unternehmen und Forschungseinrichtungen, unter anderem mit Siemens, Airbus, Astrium, MAN, ONERA, NLR, CIEMAT.

Praktikumsmöglichkeiten:
Keine Beschränkung der Praktikantenanzahl; Studierende mathematisch-naturwissenschaftlicher Studiengänge und der Ingenieurwissenschaften stellen Hauptteil der Praktikanten; Praktikumsdauer abhängig von Studienanforderung, Vergütung möglich; Ansprechpartner: einzelne Institute oder Personalabteilung (www.dlr.de/jobs/bewerbungshinweise/anschriften).

Zukunft der Einrichtung:
—

Verkehrsstudien im Deutschen Zentrum für Luft- und Raumfahrt

Zugehörigkeit: Helmholtz-Gemeinschaft
Wissenschaftsbereich(e): Ingenieurwissenschaften
Anschrift: Rutherfordstraße 2, 12489 Berlin
Telefon/Fax: 030-670 55-200 / 030-670 55-202
E-Mail: reinhart.kuehne@dlr.de
Web-Adresse: www.dlr.de/vs
Forschungsetat: 1 Mio. Euro (2006) **(davon) Drittmittel:** 400.000 Euro
Anzahl der Mitarbeiter: 14 (2006)

Zielsetzung/Kompetenzschwerpunkt:
Beschreibung künftiger Verkehrssysteme, Untersuchung und Aufzeigen von Entwicklungstrends für Fahrzeuge, Verkehrsnetze und das betriebliche Zusammenwirken, Beschreibung tragfähiger Zukunftskonzepte, Aufgreifen der Herausforderungen einer vernetzten Welt.

Forschungsfelder:
Verkehrsmanagement; Koordination und Erarbeitung von Bewertungsverfahren für die Verkehrsplanung und Umweltwirkungsanalysen; Monitoring der Beiträge des Verkehrsnetzes zu Sicherheit, Lärm, Energieverbrauch sowie zur Finanzierung und Bereitstellung der Infrastruktur im Vergleich mit Erfahrungen in Entwicklungsländern.

Kurzportrait:
Die Einrichtung Verkehrsstudien wurde 2006 gegründet, sie ging aus dem Institut für Verkehrsforschung hervor. Ihre Aufgabe liegt in der Koordination und Erarbeitung von Bewertungsverfahren für die Verkehrsplanung und Umweltwirkungsanalysen. Themen wie die voranschreitende Urbanisierung, die aktuelle Bevölkerungsentwicklung und der Klimawandel stehen dabei im Vordergrund. Als Wegbereiter für ein umwelt- und sozialverträgliches Verkehrssystem widmet sie sich vor allem den Themenfeldern Verkehrsplanung und Verkehrsmanagement auch unter der Randbedingung von Fragestellungen zur Nachhaltigkeit. Sie organisiert dazu eine Arbeitsgemeinschaft aus Ingenieur-, Wirtschafts-, Gesellschafts- und Naturwissenschaften, die erst gemeinsam die gesamten Wechselwirkungen von Verkehr und Mobilität erfassen. Verkehr und Mobilität werden gleichberechtigt betrachtet, den Anforderungen sowohl von Verkehrsteilnehmern als auch von Unternehmen wird Rechnung getragen, die bereitgestellte Infrastruktur und die realen Nutzeranforderungen werden verglichen und die Auswirkungen auf wirtschaftliche Leistungsfähigkeit und ökologische Verträglichkeit ebenso wie auf soziale Ausgewogenheit werden analysiert.
Neben der Weiterentwicklung etablierter Methoden und ihrer Übertragung auf andere Kulturräume werden auch neue Methoden entwickelt oder neue Fragestellungen im Verkehrsmanagement (z.B. Katastrophenmanagement) betrachtet. Zusätzlich gibt es nun das Monitoring der Beiträge des Verkehrsnetzes zu Sicherheit, Lärm, Energieverbrauch sowie zur Finanzierung und Bereitstellung der Infrastruktur im Vergleich mit Erfahrungen in Entwicklungsländern. Die Einrichtung Verkehrstudien gibt die Fachzeitschrift „Verkehrsforschung online" (www.verkehrsforschung-online.de) heraus.

Praktikumsmöglichkeiten:
Es werden zwei Praktikumsplätze vergeben (Schülerpraktikum, Praxissemester). Dauer unterschiedlich, Bezahlung nach Rücksprache.

Zukunft der Einrichtung:
Forschungsgebiete: 1. Floating Car Data, 2. Luftgestützte Verkehrserfassung, 3. Großereignismanagement, 4. Emissionsinventar.

Institut für Fahrzeugkonzepte

Zugehörigkeit: Helmholtz-Gemeinschaft, Deutsches Zentrum für Luft- und Raumfahrt (DLR)
Wissenschaftsbereich(e): Ingenieurwissenschaften
Anschrift: Pfaffenwaldring 38-40, 70569 Stuttgart
Telefon/Fax: 0711-68 62-256
E-Mail: horst.friedrich@dlr.de
Web-Adresse: www.dlr.de/fk
Forschungsetat: — **(davon) Drittmittel:** —
Anzahl der Mitarbeiter: 38 (2006)

Zielsetzung/Kompetenzschwerpunkt:
Wissenschaftliche Arbeit für eine effiziente Mobilität, basierend auf regenerativen Energiequellen und Energiewandlung/-speicherung der Zukunft sowie fortschrittlichen Bauweisen und Leichtbau für Straßen- und Schienenfahrzeuge.

Forschungsfelder:
Alternative Antriebe und Energiewandlung, Kraftstoff- und Energiespeicher, Leichtbau und Hybridbauweisen, innovative Techniksysteme und Technikbewertung.

Kurzportrait:
Das Institut für Fahrzeugkonzepte, gegründet 2001, ist ein Systeminstitut. Es bearbeitet und koordiniert verkehrstechnisch relevante Forschungsthemen am DLR-Standort Stuttgart. Die Arbeitsgebiete des Institutes für Fahrzeugkonzepte adressieren Beiträge für eine nachhaltige Entwicklung der Techniksysteme für künftige Fahrzeuggenerationen auf Straße und Schiene. Die Beiträge des Institutes reichen dabei von Konzepten und Feasibility-Studien über Konstruktion, Berechnung und Simulation bis zur Darstellung von Forschungsdemonstratoren, -komponenten und -fahrzeugen.

Der weltweite CO_2-Ausstoß und damit auch der Anteil des Verkehrs gelten als ein Grund für den Klimawandel. Das Institut für Fahrzeugkonzepte arbeitet an Technologien für emissionsarme Fahrzeuge von morgen.

Das Institut für Fahrzeugkonzepte arbeitet mit 20 anderen DLR-Instituten zusammen und kooperiert mit unterschiedlichen Forschungseinrichtungen weltweit, mit Fahrzeugherstellern, deutschen Hochschulen und Universitäten.

Praktikumsmöglichkeiten:
Studiengänge: Maschinenbau, Luft- und Raumfahrttechnik o. Ä. Ansprechpartner: Frau Irene Föll, Tel. 0711-68 62-256.

Zukunft der Einrichtung:
—

Institut für Technische Thermodynamik

Zugehörigkeit: Helmholtz-Gemeinschaft, Deutsches Zentrum für Luft- und Raumfahrt (DLR)
Wissenschaftsbereich(e): Natur-, Ingenieurwissenschaften
Anschrift: Pfaffenwaldring 38-40, 70569 Stuttgart
Telefon/Fax: 0711-6862-358 / 0711-6862-712
E-Mail: hans.mueller-steinhagen@dlr.de
Web-Adresse: www.dlr.de/tt
Forschungsetat: 18 Mio. Euro (2006) **(davon) Drittmittel:** ca. 55%
Anzahl der Mitarbeiter: 150 (2006)

Zielsetzung/Kompetenzschwerpunkt:
Nutzbarmachung von hocheffizienten Energiewandlungstechnologien und beschleunigte Einführung von erneuerbaren Energieträgern.

Forschungsfelder:
Elektrochemische Energietechnik, Solarthermische Energietechnik, Thermische Prozesstechnik, Systemanalyse & Technologiebewertung.

Kurzportrait:
Das Institut für Technische Thermodynamik in Stuttgart (mit Nebenstellen in Köln-Porz und Almeria/Spanien) ist eines der insgesamt 28 Forschungsinstitute des Deutschen Zentrums für Luft- und Raumfahrt. Der Schwerpunkt der Forschungs- und Entwicklungsarbeiten des Instituts ist die Nutzbarmachung von hocheffizienten Energiewandlungstechnologien und die beschleunigte Einführung von erneuerbaren Energieträgern. Diese Aufgabenstellungen werden in den Abteilungen Elektrochemische Energietechnik, Solarthermische Energietechnik, Thermische Prozesstechnik und Systemanalyse & Technologiebewertung bearbeitet.
Das Institut befasst sich neben Grundlagenforschung und anwendungsorientierter Entwicklung auch mit sozialökonomischen Aspekten der Energieerzeugung und rationeller Energieanwendung. Das Spektrum der Arbeiten reicht von theoretischen und analytischen Studien über grundlagenorientierte Laborarbeiten bis hin zur Entwicklung von Pilotanlagen. Für letztere steht eine hervorragende Laborinfrastruktur zur Verfügung.
Zahlreiche Projekte sind in nationale und internationale Kooperationen mit Hochschulen, Forschungsinstituten und Industriefirmen eingebunden. Es besteht eine enge Vernetzung mit der Universität Stuttgart durch die gemeinsame Leitung des Hochschulinstituts für Thermodynamik und Wärmetechnik.

Praktikumsmöglichkeiten:
Das Institut bietet zahlreiche Aufgaben und Beschäftigungsmöglichkeiten für Doktoranden, Diplomanden, Studienarbeiter und Praktikanten.

Zukunft der Einrichtung:
Die derzeitige wissenschaftliche und wirtschaftliche Situation des Instituts ist ausgezeichnet. Wir gehen von einem kontrollierten Wachstum in den kommenden Jahren aus.

Institut für Bauweisen- und Konstruktionsforschung

Zugehörigkeit: Helmholtz-Gemeinschaft, Deutsches Zentrum für Luft- und Raumfahrt (DLR)
Wissenschaftsbereich(e): Ingenieurwissenschaften
Anschrift: Pfaffenwaldring 38-40, 70569 Stuttgart
Telefon/Fax: 0711-68 62-444 / 0711-68 62-227
E-Mail: nicole.luetzenburger@dlr.de
Web-Adresse: www.st.dlr.de/bk
Forschungsetat: ca. 8 Mio. Euro (2006) **(davon) Drittmittel:** 30 %
Anzahl der Mitarbeiter: 72 (2006)

Zielsetzung/Kompetenzschwerpunkt:
Auf der Basis von innovativen Bauteilgestaltungsprinzipien, von faserverstärkten Verbundwerkstoffen (PMC, CMC) und hybriden Materialkombinationen werden leistungsfähigere und kostengünstigere Leichtbaustrukturen am Institut mit industriellen und universitären Partnern entwickelt.

Forschungsfelder:
Faserverbund- und Hybridtechnologie; Hochtemperaturkomponenten für Luftstrahlantriebe und Flugkörper; Verbesserung der strukturellen Integrität von hoch beanspruchten Tragstrukturen unter massiven Lasteinwirkungen (Crash, Ditching, Impact); Konzepte zur Brennkammertechnologie, Rückkehrtechnologien, Thermalschutzsystemen und ausdehnungskompensierten Komponenten.

Kurzportrait:
Das Institut für Bauweisen- und Konstruktionsforschung (Gründung 1969) entwickelt Hochleistungsstrukturen unter Verwendung keramischer und polymerer Verbundwerkstoffe. Anwendungsfelder sind die Luft- und Raumfahrt, der Fahrzeugbau, sowie die Energietechnik. Die Forschungsschwerpunkte erstrecken sich entlang der gesamten „Engineering"-Kette – von den Konstruktionsprinzipien und neuen Modellierungsmethoden über alternative Verarbeitungs- und Fügetechniken bis hin zum Bau und Test von Prototypen.
Um zukünftige Luft- und Bodenfahrzeuge sicherer zu gestalten, arbeitet das Institut an der Verbesserung der strukturellen Integrität von hoch beanspruchten Tragstrukturen unter massiven Lasteinwirkungen. Kernthemen sind die Simulation und Verifikation des Strukturverhaltens im Crash-Fall und bei Belastung durch Stoß, Beschuss und Explosion.
Die Ergebnisse der Faserverbund- und Hybridtechnologien münden u. a. in komplexe, kostengünstige und impacttolerante Flugzeugstrukturen sowie in Komponenten wie z.B. Fanschaufeln in Titan-Polymer-Verbundbauweise für Jettriebwerke. Die faserkeramischen Strukturen zielen auf die Anwendung in Hochtemperaturkomponenten für Luftstrahlantriebe und Flugkörper. In der Raumfahrt stimulieren sie neue, revolutionäre Konzepte zur Brennkammertechnologie und die Gestaltung von Thermalschutzsystemen und ausdehnungskompensierten Komponenten.

Praktikumsmöglichkeiten:
Anzahl Praktikanten: ca. fünf pro Jahr. Studienrichtung: Luft- und Raumfahrt, Maschinenbau im 1. oder 2. Praxissemester. Vergütung: 333 Euro/Monat (1. Praxissemester) oder 511 Euro/Monat (2. Praxissemester). Ansprechpartner: Nicole Lützenburger (E-Mail: nicole.luetzenburger@dlr.de).

Zukunft der Einrichtung:
—

Institut für Meteorologie und Klimaforschung GmbH (IMK-IFU)

Zugehörigkeit:	Helmholtz-Gemeinschaft, Forschungszentrum Karlsruhe
Wissenschaftsbereich(e):	Naturwissenschaften
Anschrift:	Kreuzeckbahnstraße 19, 82467 Garmisch-Partenkirchen
Telefon/Fax:	08821-183-100 / 08821-183-103
E-Mail:	wolfgang.seiler@imk.fzk.de
Web-Adresse:	http://imk-ifu.fzk.de
Forschungsetat:	6.8 Mio. Euro (2006) **(davon) Drittmittel:** 1.5 Mio. Euro
Anzahl der Mitarbeiter:	ca. 90 (inkl. Drittmittelstellen) (2006)

Zielsetzung/Kompetenzschwerpunkt:
Bestimmung der biogeochemischen Kreisläufe atmosphärischer Spurenstoffe und ihrer Störung durch den Menschen; Beitrag zur Erfassung der regionalen Klimaänderung und der ökologischen Folgen; Ableitung von nachhaltigen Maßnahmen.

Forschungsfelder:
Regionale Klimamodellierung mit hoher räumlicher und zeitlicher Auflösung; Wechselwirkung zwischen Atmosphäre, Biosphäre und Hydrosphäre; Entwicklung von gekoppelten Modellen zur Quantifizierung der ökologischen Auswirkungen der Klimaänderung und von Rückkopplungen; Nutzung der Modelle zur Ableitung von nachhaltigen Vermeidungs- und Anpassungsstrategien.

Kurzportrait:
Das Institut wurde 1954 gegründet und besteht aus den zwei Abteilungen „Biosphäre im globalen Wandel" und „Wechselwirkung Atmosphäre/Klima", die ihrerseits in Arbeitsgruppen unterteilt sind. Mit Hilfe eines holistischen Ansatzes wird das System Atmosphäre mit seinen vielfältigen Wechselwirkungen mit der Biosphäre, Hydrosphäre, Pedosphäre und Anthroposphäre untersucht, seine Veränderungen durch menschliche Aktivitäten erfasst und die daraus resultierenden ökologischen und sozioökonomischen Folgen abgeschätzt.
Die Forschungsarbeiten konzentrieren sich auf urbane Ballungsgebiete sowie auf montane und semi-aride Gebiete, die extrem klimasensitiv sind und empfindlich auf Änderungen der Landnutzung reagieren. Das Forschungsprogramm beinhaltet Prozess-Studien bis auf die molekularbiologische Ebene, Langzeiterfassungen der Veränderungen der Atmosphäre und der biologischen Vielfalt an ausgewählten Stationen sowie die Anwendung von gekoppelten numerischen regionalen Modellen zur Abschätzung möglicher Folgen des globalen Wandels. Auf dieser Basis werden in Zusammenarbeit mit zuständigen Entscheidungsträgern Programme zur nachhaltigen Nutzung unter Berücksichtigung klimatischer und demographischer Entwicklungen abgeleitet. Die Forschungsarbeiten sind in größere Forschungsverbünde auf nationaler und internationaler Ebene eingebunden und verschieben sich zunehmend in Entwicklungsländer.

Praktikumsmöglichkeiten:
Für Studenten, falls durch Studienordnung vorgeschrieben; für Schüler Berufsfinderpraktika.

Zukunft der Einrichtung:
Forschung zum Einfluss des Klimas auf Gebirgsregionen und Ableitung von nachhaltigen Anpassungsstrategien, Untersuchungen der ökologischen Folgen eines verstärkten Energie-Biomasseanbaus, Wasserverfügbarkeit in klimasensitiven Gebieten mit hohem Landnutzungsdruck.

Leibniz-Institut für Agrartechnik Potsdam-Bornim e.V. (ATB)

Zugehörigkeit: Leibniz-Gemeinschaft
Wissenschaftsbereich(e): Lebens-, Natur-, Ingenieurwissenschaften (Interdisziplinär)
Anschrift: Max-Eyth-Allee 100, 14469 Potsdam
Telefon/Fax: 0331-56 99-0 / 0331-56 99-849
E-Mail: atb@atb-potsdam.de
Web-Adresse: www.atb-potsdam.de
Forschungsetat: 8,11 Mio. Euro (2005) **(davon) Drittmittel:** 1,82 Mio. Euro
Anzahl der Mitarbeiter: ca. 160 (2005)

Zielsetzung/Kompetenzschwerpunkt:
Schaffung verfahrenstechnischer Grundlagen für eine nachhaltige Landbewirtschaftung und Bereitstellung innovativer technischer Lösungen für die Landwirtschaft und die Industrie.

Forschungsfelder:
Umweltverträgliche und wettbewerbsfähige landwirtschaftliche Produktionsverfahren, Qualität und Sicherheit von Lebens- und Futtermitteln, Nachwachsende Rohstoffe und Energie im ländlichen Raum.

Kurzportrait:
Das Leibniz-Institut für Agrartechnik Potsdam-Bornim, 1992 gegründet, betreibt anwendungsorientierte Grundlagenforschung in allen Bereichen der Agrartechnik. Es hat die Aufgabe, verfahrenstechnische Grundlagen für eine nachhaltige Landbewirtschaftung zu schaffen und innovative technische Lösungen für die Industrie bereitzustellen.
Das ATB ist in die folgenden sechs Forschungsabteilungen gegliedert: Bioverfahrenstechnik, Technikbewertung und Stoffkreisläufe, Technik der Aufbereitung, Lagerung und Konservierung, Technik im Pflanzenbau, Technik in der Tierhaltung und Technik im Gartenbau.
Den oben genannten Forschungsfeldern lassen sich acht Forschungsprogramme zuordnen, mit einer Bandbreite von der nachhaltigen Ressourcenbewirtschaftung über die tiergerechte und umweltverträgliche Haltung von Nutztieren bis hin zur Erzeugung und Nutzung von Bioenergieträgern.
Den Belangen des Umweltschutzes wird insbesondere durch die Verbindung von natur- und ingenieurwissenschaftlichen mit wirtschafts- und sozialwissenschaftlichen Erkenntnissen Rechnung getragen. Die entwickelten Verfahren sollen schließlich nicht nur ökonomisch nutzbar sein, sondern auch den Anforderungen einer nachhaltigen Entwicklung gerecht werden.
Nutzer der Forschungsergebnisse sind insbesondere die Landwirtschaft und der Gartenbau, Hersteller von technischen Anlagen, Beratungsinstitutionen, der Handel sowie politische Entscheidungsträger.

Praktikumsmöglichkeiten:
Jährlich absolvieren 30 bis 40 Studierende (Grund- und Hauptstudium) verschiedener Studienrichtungen ein Praktikum von ein bis sechs Monaten am ATB. Praktikumsangebote sind auf der Internetseite des ATB zusammengestellt oder können über die jeweiligen Abteilungen nachgefragt werden. Das ATB verfügt über ein Gästehaus.

Zukunft der Einrichtung:
Das ATB wird in Zukunft seine Kompetenzfelder bei der verfahrenstechnischen Umsetzung zukunftsweisender Technologien verstärken, z.B. in den Bereichen des sensorgestützten Informationsmanagements und der „Weißen Biotechnologie".

Leibniz-Institut für ökologische Raumentwicklung e.V. (IÖR)

Zugehörigkeit: Leibniz-Gemeinschaft
Wissenschaftsbereich(e): Natur-, Geistes- und Sozialwissenschaften (Interdisziplinär)
Anschrift: Weberplatz 1, 01217 Dresden
Telefon/Fax: 0351-46 79-0 / 0351-46 79-212
E-Mail: info@ioer.de
Web-Adresse: www.ioer.de
Forschungsetat: 6,1 Mio. Euro (2005) **(davon) Drittmittel:** 2,0 Mio. Euro
Anzahl der Mitarbeiter: 109 (2005)

Zielsetzung/Kompetenzschwerpunkt:
Erforschung von Grundfragen einer ökologisch ausgerichteten Raumwissenschaft im nationalen, europäischen und internationalen Zusammenhang in interdisziplinärer Arbeitsweise.

Forschungsfelder:
Die Forschung des IÖR ist in drei Programmbereiche strukturiert:
1) Umwelt- und Lebensqualität in der Stadt- und Regionalentwicklung
2) Ökoeffizienz von Siedlungsstrukturen
3) Fragen der Stadt- und Regionalentwicklung in europäischen Grenzräumen

Kurzportrait:
Das 1992 gegründete Leibniz-Institut für ökologische Raumentwicklung e.V. (IÖR) erforscht in interdisziplinärer Arbeitsweise Grundfragen einer ökologisch ausgerichteten Raumwissenschaft im nationalen, europäischen und internationalen Zusammenhang. Dabei werden Anforderungen einer am Leitbild der Nachhaltigkeit orientierten Regional-, Stadt- und Landschaftsentwicklung sowie Entwicklung des Bauens und des Wohnens übergreifend untersucht. Im Mittelpunkt stehen Ausgangsbedingungen und Entwicklungsperspektiven sowie Strategien, Methoden und Instrumente einer ökologischen Raumentwicklung. Dies schließt die Erarbeitung von Grundlagen für planerisch-politisches Handeln mit ein.
Das Institut kooperiert mit einer Vielzahl von Partnern in Wissenschaft, Politik und Verwaltung. Nach der Hochwasserkatastrophe im August 2002 beteiligte sich das Institut maßgeblich am Aufbau des Dresden Flood Research Center. Intensive Arbeitskontakte unterhält das IÖR zu den anderen raumwissenschaftlichen Einrichtungen der Leibniz-Gemeinschaft (ARL, IfL, IRS), die zusammen mit dem IÖR das 4R-Netzwerk bilden. Das IÖR koordiniert das Netzwerk raumwissenschaftlicher Forschungsinstitute in Mittel- und Osteuropa (MOE) und ist in weiteren Netzwerken (PERSEUS, ECNC, DNLU) aktiv.
Das IÖR verfügt über eine Fachbibliothek zu ökologischer Raum- und Stadtentwicklung, Bauökologie und Wohnungswesen.

Praktikumsmöglichkeiten:
Das IÖR bietet regelmäßig Praktikantenstellen für Studierende unterschiedlicher Fachrichtungen im Hauptstudium an. Die Dauer des Praktikums kann flexibel gestaltet werden (i.d.R. ein bis sechs Monate). Eine Vergütung erfolgt nicht. Anfragen und Informationen: Frau Dr. Wendebaum, Tel. 0351-467 92 13.

Zukunft der Einrichtung:
Das IÖR bildet eine Schnittstelle zwischen raum- und umweltwissenschaftlicher Forschung. Es versteht sich dabei als Partner von Wissenschaft und Praxis und als Teil des europäischen Forschungsraums mit einer internationalen Perspektive.

Leibniz-Zentrum für Agrarlandschaftsforschung e.V. (ZALF)

Zugehörigkeit: Leibniz-Gemeinschaft
Wissenschaftsbereich(e): Lebenswissenschaften (Interdisziplinär)
Anschrift: Eberswalder Straße 84, 15374 Müncheberg
Telefon/Fax: 033432-822 00 / 033432-822 23
E-Mail: zalf@zalf.de
Web-Adresse: www.zalf.de
Forschungsetat: 21,9 Mio. Euro (2004) **(davon) Drittmittel:** 4,8 Mio. Euro
Anzahl der Mitarbeiter: 307 (2004)

Zielsetzung/Kompetenzschwerpunkt:
Erforschung von Agrarlandschaften und Entwicklung ökologisch und ökonomisch vertretbarer Landnutzungssysteme.

Forschungsfelder:
Sechs Forschungsbereiche: Pflanzliche Biomassebildung und Ertrag, Raumzeitliche Dynamik von Wasserverfügbarkeit und Stoffhaushalt, Biotische Integrität von Agrarlandschaften, Landschaftssystemanalyse und Landschaftsmodellierung, Integriertes Management von Land- und Wasserressourcen, Entscheidungsfindung und Entscheidungsumsetzung.

Kurzportrait:
Das Leibniz-Zentrum für Agrarlandschaftsforschung (ZALF) wurde 1992 gegründet. Sein Forschungsziel ist die Erarbeitung und Bereitstellung von Wissen über Landschaftsfunktionen und deren Abhängigkeiten von Landnutzungen und Landnutzungsänderungen, um daraus repräsentative Kenngrößen abzuleiten, mit denen sich ökologische und sozioökonomische Effekte beschreiben sowie Managementstrategien für eine nachhaltige Nutzung entwickeln lassen.
Das Zentrum vereint sieben Institute, darunter die Institute für Landschaftssystemanalyse, Landnutzungssysteme und Landschaftsökologie, Sozioökonomie, Landschaftswasserhaushalt, Bodenlandschaftsforschung, Landschaftsstoffdynamik sowie das Deutsche Entomologische Institut.
Zur Erfüllung seines Auftrages bündelt das ZALF seine Forschungsaktivitäten in institutsübergreifenden Forschungsverbundprojekten. Ein Hauptaugenmerk des ZALF liegt darauf, aus aktuellen und aufkommenden gesellschaftlichen Diskussionen heraus Perspektiven und Lösungsvorschläge als Entscheidungsunterstützung für eine dauerhaft nachhaltige Nutzung der Ressource Landschaft im Zusammenhang mit der Entwicklung ländlicher Räume aufzuzeigen. Dies macht eine methodische Vorgehensweise notwendig, die sich an der Verbindung verschiedener Fachdisziplinen zu einer inter- und transdisziplinären Landschaftsforschung orientiert.

Praktikumsmöglichkeiten:
Ca. 20-30 Praktikanten über das Jahr verteilt, unterschiedliche Dauer (2 Wochen bis 6 Monate), Studienrichtungen: Geoökologie, Landschaftsnutzung und Naturschutz, Agrarwissenschaften u. Ä., keine Vergütung, Informationen siehe www.zalf.de. Hauptansprechpartner der Praktikanten in den Instituten ist der Personalleiter des ZALF.

Zukunft der Einrichtung:
Weiterentwicklung des Forschungsansatzes und der Programmforschung zur nachhaltigen Landschaftsforschung.

Potsdam-Institut für Klimafolgenforschung e.V. (PIK)

Zugehörigkeit: Leibniz-Gemeinschaft
Wissenschaftsbereich(e): Natur-, Geistes- und Sozialwissenschaften (Interdisziplinär)
Anschrift: Telegrafenberg A31, 14412 Potsdam
Telefon/Fax: 0331-288-25 00 / 0331-288-26 00
E-Mail: info@pik-potsdam.de
Web-Adresse: www.pik-potsdam.de
Forschungsetat: 9,7 Mio. Euro (2005) **(davon) Drittmittel:** 3,6 Mio. Euro
Anzahl der Mitarbeiter: 150 (2006)

Zielsetzung/Kompetenzschwerpunkt:
Ziel der Forschung am PIK ist die Untersuchung globaler Umweltveränderungen, insbesondere des Klimawandels und seinen ökologischen/sozioökonomischen Folgen, sowie die Entwicklung von Strategien für eine zukunftsfähige Entwicklung von Mensch und Natur.

Forschungsfelder:
Vier große Forschungsfelder: 1. Erdsystemanalyse, 2. Klimawirkung und Vulnerabilität, 3. Nachhaltige Lösungsstrategien, 4. Transdisziplinäre Konzepte und Methoden.

Kurzportrait:
Das Potsdam-Institut für Klimafolgenforschung (PIK), gegründet 1992, untersucht wissenschaftlich und gesellschaftlich relevante Fragestellungen in den Bereichen Globaler Wandel, Klimawirkung und Nachhaltige Entwicklung.
Die Klimaproblematik ist nur im Rahmen eines allgemeinen Übergangs zur globalen Nachhaltigkeit zu bewältigen. Um alle wesentlichen Aspekte erfassen und bearbeiten zu können, sind die wissenschaftlichen Tätigkeiten des PIK in den genannten vier großen Forschungsfeldern organisiert.
Im PIK erarbeiten Natur- und Sozialwissenschaftler zusammen interdisziplinäre Einsichten, welche wiederum eine robuste Grundlage für Entscheidungen in Politik, Wirtschaft und Zivilgesellschaft darstellen.
Die wichtigsten methodischen Ansätze am PIK sind System- und Szenarienanalyse, quantitative und qualitative Modellierung, Computersimulation und Datenintegration.

Praktikumsmöglichkeiten:
Anzahl der Praktikanten im PIK: 18-20 pro Jahr, Voraussetzungen: ab ca. 5.-6. Semester, verschiedene Studienrichtungen (Physik, Geoökologie, Biologie, Geographie, Meteorologie, Mathematik, Informatik, Sozio-Ökonomie, Psychologie), Dauer: 2 Wochen bis 3 Monate, Vergütung: i.d.R. keine.
Ansprechpartnerin: Dr. Valentina Krysanova, krysanova@pik-potsdam.de

Zukunft der Einrichtung:
—

Zentrum für Europäische Wirtschaftsforschung GmbH (ZEW)

Zugehörigkeit: Leibniz-Gemeinschaft
Wissenschaftsbereich(e): Geistes- und Sozialwissenschaften (Interdisziplinär)
Anschrift: L 7, 1, 68161 Mannheim
Telefon/Fax: 0621-12 35-01 / 0621-12 35-222
E-Mail: info@zew.de
Web-Adresse: www.zew.de
Forschungsetat: 12,5 Mio. Euro (2005) **(davon) Drittmittel:** 5,2 Mio. Euro
Anzahl der Mitarbeiter: 150 (2006)

Zielsetzung/Kompetenzschwerpunkt:
Anwendungsbezogene empirische Wirtschaftsforschung.

Forschungsfelder:
Fünf Forschungsbereiche: internationale Finanzmärkte und Finanzmanagement, Arbeitsmärkte, Personalmanagement und soziale Sicherung, Industrieökonomik und internationale Unternehmensführung, Unternehmensbesteuerung und öffentliche Finanzwirtschaft, Umwelt- und Ressourcenökonomik, Umweltmanagement.
Eine Forschungsgruppe: Informations- und Kommunikationstechnologien.
Eine Querschnittsgruppe: Wachstums- und Konjunkturanalyse.

Kurzportrait:
Das Zentrum für Europäische Wirtschaftsforschung (ZEW) wurde 1990 gegründet und nahm im April 1991 seine Arbeit auf. Bei seiner Forschungsarbeit verfolgt das ZEW in erster Linie einen mikroökonomischen und mikroökonometrischen Forschungsansatz. Gleichwohl wird, soweit erforderlich, stets auch die gesamtwirtschaftliche Dimension berücksichtigt. Das ZEW arbeitet, wo die Problemstellung dies verlangt, eng mit anderen wissenschaftlichen Disziplinen zusammen.
Der Forschungsbereich „Umwelt- und Ressourcenökonomik, Umweltmanagement" widmet sich schwerpunktmäßig den Herausforderungen einer nachhaltigen Entwicklung. Dabei geht es um die Integration von ökonomischen, ökologischen und sozialen Zielen. Die fünf Schwerpunkte des Forschungsbereiches lauten „Innovationen und nachhaltiges Wirtschaften", „Energiewirtschaft", „Transport und Mobilität", „Internationale Umwelt- und Ressourcenpolitik" und „Gesamtwirtschaftliche Analyse umweltrelevanter Politiken". Ziel des Forschungsbereichs ist es, Fragestellungen des Übergangs zu nachhaltigen Wirtschaftsformen mittels problemadäquater mikroökonomischer und mikroökonometrischer Methoden zu analysieren und politisch umsetzbare Handlungsempfehlungen zu erarbeiten.
Das Institut pflegt eine intensive Zusammenarbeit mit einer Vielzahl von Kooperationspartnern und ist in ein dichtes nationales und internationales Forschungsnetzwerk eingebunden.

Praktikumsmöglichkeiten:
Es stehen pro Jahr vier bis fünf Praktikumsplätze zur Verfügung; maximal zwei Praktikanten werden gleichzeitig beschäftigt; die Praktika dauern in der Regel zwei bis drei Monate; vorzugsweise Studierende der Volkswirtschaft im Hauptstudium; 1. bzw. 2. Praktikum: 332 bzw. 511 Euro monatlich. Kontakt: Stefanie Schiebener (Tel.: 0621-12 35-259, E-Mail: schiebener@zew.de)

Zukunft der Einrichtung:
—

Deutsches Institut für Wirtschaftsforschung e.V. (DIW Berlin)

Zugehörigkeit: Leibniz-Gemeinschaft
Wissenschaftsbereich(e): Geistes- und Sozialwissenschaften
Anschrift: Königin-Luise-Straße 5, 14195 Berlin
Telefon/Fax: 030-897 89-0 / 030-897 89-200
E-Mail: postmaster@diw.de
Web-Adresse: www.diw.de
Forschungsetat: 18,8 Mio. Euro (2005) **(davon) Drittmittel:** 6,0 Mio. Euro
Anzahl der Mitarbeiter: 182, mit Nachhaltigkeitsbezug: 13 (2005)

Zielsetzung/Kompetenzschwerpunkt:
Die Aufgabe des DIW Berlin besteht darin, international anerkannte Grundlagenforschung zu betreiben und forschungsgestützte Beratung für die nationale, europäische und internationale Politik, Wirtschaft und die Öffentlichkeit zu leisten.

Forschungsfelder:
Im Bereich Nachhaltigkeit: Klimaschutzpolitik und wirtschaftliche Entwicklung: effiziente Schadensvermeidung und Anpassung an Klimaveränderungen, Verminderung des Ausstoßes von Treibhausgasen. Nachhaltige wirtschaftliche Strategien in der Umwelt-, Energie- und Verkehrspolitik: Vermeidung von Externalitäten, Einsatz politischer Instrumente, Bewertung von Politikmaßnahmen anhand von Nachhaltigkeitskriterien.

Kurzportrait:
Das Deutsche Institut für Wirtschaftsforschung (DIW Berlin) ist das größte Wirtschaftsforschungsinstitut in Deutschland. Es ist als unabhängige Institution ausschließlich gemeinnützigen Zwecken verpflichtet und betreibt Grundlagenforschung und wirtschaftspolitische Beratung. 1925 wurde es als Institut für Konjunkturforschung gegründet und erhielt einige Jahre später seinen heutigen Namen. Das DIW untergliedert sich in sieben Forschungsabteilungen, darunter u. a. die Abteilungen für Konjunktur, Weltwirtschaft, Staat, Informationsgesellschaft und Wettbewerb und Innovation, Industrie, Dienstleistung. Die Abteilung Energie, Verkehr, Umwelt des DIW Berlin orientiert sich an zwei zentralen wirtschaftspolitischen Herausforderungen: der umweltverträglichen, nachhaltigen Entwicklung sowie der Regulierung von Infrastrukturbereichen. Zu den Aufgaben zählt insbesondere die Entwicklung ökonomischer Instrumente wie Steuern und Emissionshandel, die national und international stärker eingesetzt werden sollen, um die Gefahren globaler Klimaänderungen zu mindern sowie die ökonomische Bewertung und Verbesserung von energie-, verkehrs- und umweltpolitischen Konzepten auf der Basis quantitativer und qualitativer Analysen. Der methodische Ansatz der Abteilung umfasst unter anderem Institutionenökonomik, Ökonometrie, allgemeine Gleichgewichtsmodelle, Spieltheorie und integrierte Bewertungsanalysen.

Praktikumsmöglichkeiten:
Praktika sind projektgebunden. Je nach Anzahl der laufenden Projekte werden bis zu vier Praktikanten gleichzeitig betreut. Es wird ein wirtschaftswissenschaftliches Studium mit Vordiplom erwartet, Ausnahmen sind möglich. Praktika sollten sechs Wochen nicht unterschreiten. Eine Vergütung ist nicht vorgesehen. Anfragen an Frau Jonat, E-Mail: ajonat@diw.de.

Zukunft der Einrichtung:
Im Hinblick auf Energie, Verkehr, Umwelt: Ausbau der integrierten Modellierung und Methodenentwicklung für die Abschätzung von Nachhaltigkeitswirkungen, insbesondere Klima, Ressourcen, Beschäftigung und Wirtschaftsleistung.

Institut für Geowissenschaftliche Gemeinschaftsaufgaben (GGA)

Zugehörigkeit:	Leibniz-Gemeinschaft
Wissenschaftsbereich(e):	Naturwissenschaften
Anschrift:	Stilleweg 2, 30655 Hannover
Telefon/Fax:	0511-643-34 96 / 0511-643-36 65
E-Mail:	poststelle@gga-hannover.de
Web-Adresse:	www.gga-hannover.de
Forschungsetat:	6,0 Mio. Euro (2006) **(davon) Drittmittel:** 1,1 Mio. Euro
Anzahl der Mitarbeiter:	90 (2006)

Zielsetzung/Kompetenzschwerpunkt:

Erkundung von Strukturen und Zuständen des Untergrundes, Erforschung von Prozessen und deren Auswirkungen auf Geosphäre und Umwelt, Entwicklung und Optimierung von Methoden und Techniken hierzu.

Forschungsfelder:

Grundwassersysteme - Struktur, Qualität, Prozesse; Geothermische Energie im Vorfeld wirtschaftlicher Nutzung; Terrestrische Sedimentarchive - Struktur, Genese, Alter; Methodische Entwicklungen im Bereich Angewandte Geophysik, Geochronologie; Informationssysteme und Geomodelle.

Kurzportrait:

Das GGA-Institut ist eine eigenständige, außeruniversitäre Forschungseinrichtung für Angewandte Geowissenschaften. Der Schwerpunkt der Arbeiten liegt in der Erkundung des nutzbaren Untergrundes sowie in der Entwicklung von Mess- und Auswerteverfahren, die hierbei zum Einsatz kommen. Das GGA-Institut ist überregional tätig. Seine Forschungsziele sind zukunftsgerichtet und von gesellschaftlicher Bedeutung. Das Motto des Instituts lautet: „Qualität im Team - Geowissen schaffen für die nahe Zukunft".

Gegründet wurde das Institut im Januar 2000, seine Vorgängereinrichtung, die als ‚Geowissenschaftliche Gemeinschaftsaufgaben' im Wesentlichen Serviceaufgaben für die staatlichen Geologischen Dienste wahrgenommen hat, entstand zu Beginn der 1950er Jahre. Die fünf Arbeitsbereiche (= Sektionen) des Instituts sind Seismik und Potenzialverfahren (Magnetik und Gravimetrie), geoelektrische Messverfahren und Bohrlochgeophysik, Geochronologie, Geothermie und Geohydraulik sowie Informationssysteme und Geomodelle.

Das GGA-Institut ist Mitglied der Leibniz-Gemeinschaft (WGL). Zusammen mit der Bundesanstalt für Geowissenschaften und Rohstoffe (BGR) und dem Landesamt für Bergbau, Energie und Geologie (LBEG) bildet es das Geozentrum Hannover.

Partner des Instituts sind die staatlichen Geologische Dienste sowie verschiedene Universitäten und sonstige Forschungsinstitutionen im In- und Ausland.

Praktikumsmöglichkeiten:

Es werden max. zwei Praktikanten gleichzeitig beschäftigt. Voraussetzung ist eine Vorbildung in Geowissenschaften, insbesondere Geophysik. Praktikumsdauer: 6 - 8 Wochen, keine Vergütung. Ansprechpartner: Dipl.-Geol. Franz Binot, Tel.: 0511-643-34 97, franz.binot@gga-hannover.de

Zukunft der Einrichtung:

Schwerpunkte sind zunehmend die tiefe Erdwärmenutzung, seismische Scherwellentechniken, geophysikalische Erkundung von Grundwassersystemen und Sedimentdatierung mit Lumineszenzverfahren.

Institut für Gemüse- und Zierpflanzenbau Großbeeren/Erfurt e.V.

Zugehörigkeit: Leibniz-Gemeinschaft
Wissenschaftsbereich(e): Lebens-, Naturwissenschaften (Interdisziplinär)
Anschrift: Theodor-Echtermeyer-Weg 1, 14979 Großbeeren
Telefon/Fax: 033701-781 31 / 033701-553 91
E-Mail: igzev@igzev.de
Web-Adresse: www.igzev.de
Forschungsetat: 5,8 Mio. Euro (2006)   **(davon) Drittmittel:** 0,8 Mio. Euro
Anzahl der Mitarbeiter: 95 (2006)

Zielsetzung/Kompetenzschwerpunkt:
Erarbeitung von wissenschaftlichen Grundlagen für eine ökologisch sinnvolle und zugleich effektive Erzeugung von Gartenbaukulturen, speziell Gemüse und Zierpflanzen.

Forschungsfelder:
Vier Programmbereiche: Gartenbaupraxis und moderne Produktion; Nutzung biologischer Regelungssysteme im Gartenbau; Gartenbau, Umwelt und Verbraucher sowie globale Änderungen und Gartenbau. Fragestellungen sind u. a. die Adventivwurzelbildung und Jungpflanzenentwicklung, die Embryogenese und Samenentwicklung, die biologischen Grundlagen des Pathogenmanagements, sowie die Ertrags- und Qualitätsphysiologie unter Umweltstress.

Kurzportrait:
Im Jahr 1992 wurde das Institut für Gemüse- und Zierpflanzenbau in seiner derzeitigen Rechtsform gegründet. Es besitzt zwei Standorte (Großbeeren bei Berlin und Erfurt).
Die Forschungsarbeit erfolgt interdisziplinär im Rahmen der Forschungsschwerpunkte (s.o.). Im Sinne der Nachhaltigkeit erfolgen Untersuchungen, u. a. in Dauerversuchen zur Erhaltung und Beeinflussung der ökologischen Funktionen des Bodens (Produktions-, Transformations- und Lebensraumfunktion) mit den Schwerpunkten Biodiversität (funktionelle und genetische Aspekte der mikrobiellen Biomasse im Boden) und Stoffumsatzprozesse (Kohlenstoff- und Stickstoffumsatz im Boden).
Die Ergebnisse werden in Modelle zur Beschreibung von Stoffumsatzprozessen im Feldmaßstab unter Berücksichtigung der räumlichen Variabilität von Bodenmerkmalen überführt. Zur nachhaltigen Lösung der komplexen Probleme der Pflanzenernährung und Pflanzengesundheit werden mathematische Simulationsmodelle entwickelt, die, in Expertensysteme integriert, unmittelbar in der Praxis nutzbar sind.
Im Rahmen von Drittmittelprojekten (EU, DFG u. a.) wird ein erheblicher Anteil von Forschungsfragen zur Nachhaltigkeit realisiert.

Praktikumsmöglichkeiten:
Zwei Praktikanten können gleichzeitig beschäftigt werden. Da interdisziplinär gearbeitet wird, sind Bewerber aus verschiedenen Studienrichtungen (günstig: Abschluss des Hauptstudiums) möglich. Als Mindestdauer für ein Praktikum werden drei Wochen (bis sechs Monate) empfohlen. Vergütungen werden nicht gezahlt. Kontaktdaten s. o.

Zukunft der Einrichtung:
Übertragung der Fortschritte im genetischen oder ökologischen Verständnis von Lebenszusammenhängen auf moderne Gartenbausysteme.

Leibniz-Institut für Meereswissenschaften (IFM-GEOMAR)

Zugehörigkeit: Leibniz-Gemeinschaft
Wissenschaftsbereich(e): Naturwissenschaften
Anschrift: Wischhofstraße 1-3, 24148 Kiel
Telefon/Fax: 0431-600-0 / 0431-600-28 05
E-Mail: info@ifm-geomar.de
Web-Adresse: www.ifm-geomar.de
Forschungsetat: 42,6 Mio. Euro (2006) **(davon) Drittmittel:** 15,8 Mio. Euro
Anzahl der Mitarbeiter: 408 (2006)

Zielsetzung/Kompetenzschwerpunkt:
Ziel des Instituts ist es, in interdisziplinärer Zusammenarbeit alle wichtigen Bereiche der modernen Meeresforschung von der Geologie des Meeresbodens bis zur maritimen Meteorologie zu bearbeiten.

Forschungsfelder:
- Physikalische, biologische, chemische Ozeanographie, marine Geophysik und Geologie, marine Meteorologie und Fischereibiologie
- Klimawandel, marine Ökosysteme, (marine) Naturgefahren, Ressourcen aus dem Meer

Kurzportrait:
Das Leibniz-Institut für Meereswissenschaften an der Universität Kiel (IFM-GEOMAR) entstand im Januar 2004 aus der Fusion des Forschungszentrums für marine Geowissenschaften (GEOMAR) und des Instituts für Meereskunde (IfM).
Die Forschungsschwerpunkte sind in vier zentralen Bereichen zusammengefasst: Ozeanzirkulation und Klimadynamik, Marine Biogeochemie, Marine Ökologie und Dynamik des Ozeanbodens.
Hinzu kommen zwei Sonderforschungsbereiche der Deutschen Forschungsgemeinschaft (DFG), die sich mit Strömungsprozessen in den Weltmeeren sowie mit den Prozessen an den Rändern der Kontinentalplatten als Auslöser für Naturkatastrophen und Klimaveränderungen befassen.
Das IFM-GEOMAR ist Mitglied des Exzellenzclusters „Ozean der Zukunft", einer interdisziplinären Initiative der Christian-Albrechts-Universität zu Kiel, dem Institut für Weltwirtschaft und dem IFM-GEOMAR.
Inhaltlich liegen die Schwerpunkte auf dem globalen Wandel (Klima, marine Ökosysteme), marine Ressourcen und Naturgefahren.
Das IFM-GEOMAR verfügt über eine leistungsfähige Infrastruktur, zu der unter anderem auch vier Forschungsschiffe, das einzige bemannte deutsche Forschungstauchboot JAGO, meerestechnische Großgeräte, vielfältige moderne Labore, umfangreiche meereswissenschaftliche Bibliotheken und IT-Services zählen.

Praktikumsmöglichkeiten:
Praktika für Studierende werden im Rahmen der Studiengänge Ozeanographie, Meteorologie, Biologische Meereskunde, Fischereibiologie und Meereschemie durchgeführt. Die Eingangsvoraussetzungen sind unterschiedlich. Eine Vergütung erfolgt nicht.

Zukunft der Einrichtung:
Ein wesentlicher Schwerpunkt wird das Exzellenzcluster „Ozean der Zukunft" darstellen sowie ein möglicher neuer Sonderforschungsbereich zu biogeochemischen Wechselwirkungen im tropischen Ozean.

Wissenschaftszentrum Berlin für Sozialforschung gGmbH (WZB)

Zugehörigkeit: Leibniz-Gemeinschaft
Wissenschaftsbereich(e): Geistes- und Sozialwissenschaften (Interdisziplinär)
Anschrift: Reichpietschufer 50, 10785 Berlin-Tiergarten
Telefon/Fax: 030-254 91-513 / 030-254 91-543
E-Mail: wzb@wzb.eu
Web-Adresse: www.wzb.eu
Forschungsetat: 16,9 Mio. Euro (2006) **(davon) Drittmittel:** 4,1 Mio. Euro
Anzahl der Mitarbeiter: 294 (2006)

Zielsetzung/Kompetenzschwerpunkt:
Das WZB ist ein Institut für problemorientierte Grundlagenforschung. Es konzentriert sich auf Probleme, die die Gesellschaft in besonderer Weise berühren. Gefragt wird vor allem nach den Problemlösungskapazitäten gesellschaftlicher und staatlicher Institutionen.

Forschungsfelder:
Arbeitsmarkt und wirtschaftliche Dynamik; soziale Ungleichheit und Probleme des Sozialstaats; Demokratie und Zivilgesellschaft; Mobilität und Verkehr; Wettbewerb, Staat und Steuerung; Innovation und Wissenschaftspolitik; interkulturelle und internationale Konflikte.

Kurzportrait:
Das WZB wurde im Jahre 1969 auf Initiative von Bundestagsabgeordneten aller Fraktionen gegründet. Am WZB arbeiten Ökonomen, Soziologen, Politologen, Rechtswissenschaftler und Historiker gemeinsam. Sie untersuchen Entwicklungstendenzen, Anpassungsprobleme und Innovationschancen moderner Gesellschaften. Die Forschung ist meist interdisziplinär und international vergleichend. Die westlichen Industriegesellschaften, Mittel- und Osteuropa sowie China stehen im Mittelpunkt des Forschungsinteresses. Von besonderem Gewicht sind Fragen der Globalisierung.
Als außeruniversitäres Forschungsinstitut arbeitet das WZB eng mit den Berliner Universitäten zusammen. Die Forschungsdirektoren des WZB sind zugleich Professoren an einer der Berliner Universitäten. Das WZB kooperiert außerdem eng mit deutschen und ausländischen Forschungsinstituten.
Das WZB fördert ebenfalls den wissenschaftlichen Nachwuchs. In den Forschungsabteilungen und -gruppen arbeiten rund 40 Doktoranden, die ihre Promotionen meist im Zusammenhang eines laufenden Forschungsprojektes schreiben.
Im Hause des WZB arbeitet auch die Geschäftsstelle des von der Bundesregierung eingesetzten „Rats für Nachhaltige Entwicklung" (RNE). Ebenfalls hier angesiedelt ist die Irmgard Coninx Stiftung, die in Kooperation mit dem WZB die Berliner Kolloquien zur Transnationalität organisiert.

Praktikumsmöglichkeiten:
Im Oktober 2006 waren fünf Praktikanten am WZB. Voraussetzung für ein Praktikum ist ein Grund- oder Hauptstudium in einer sozialwissenschaftlichen Disziplin. In der Regel dauert ein Praktikum 1-2 Monate. Die Vergütung richtet sich nach dem Bafög-Regelsatz. Ansprechpartner sind die Beauftragten in den Forschungsschwerpunkten bzw. der Leiter Personal.

Zukunft der Einrichtung:
U. a.: Neuorientierung des Forschungsschwerpunkts III „Innovation und Organisation" auf „Gesellschaft und wirtschaftliche Dynamik" und Gründung einer neuen Abteilung „Arbeit, Arbeitsmarkt und Beschäftigungspolitik" mit Betonung der Lebenslaufforschung.

Leibniz-Institut für Katalyse e.V. an der Universität Rostock (LIKAT)

Zugehörigkeit: Leibniz-Gemeinschaft
Wissenschaftsbereich(e): Naturwissenschaften
Anschrift: Albert-Einstein-Straße 29A, 18059 Rostock
Telefon/Fax: 0381-12 81-0 / 0381-12 81-50 00
E-Mail: info@catalysis.de
Web-Adresse: www.catalysis.de
Forschungsetat: 13,8 Mio. Euro (2006) **(davon) Drittmittel:** 6,4 Mio. Euro
Anzahl der Mitarbeiter: 180 (2006)

Zielsetzung/Kompetenzschwerpunkt:

Das Ziel der Arbeiten ist die Weiterentwicklung von Ergebnissen der Grundlagenforschung auf dem Gebiet der Katalyse hin zu einer technischen Umsetzung.

Forschungsfelder:

Der Forschungsschwerpunkt, die Katalyse, befasst sich als Wissenschaft der Beschleunigung von Stoffumwandlungen mit der Veredelung einfacher Rohstoffe zu komplexen Molekülen verschiedenster Art. Katalytische Verfahren sind Schlüssel zu einer sowohl ökonomisch als auch ökologisch optimierten Wertschöpfung und zentrales Instrument zur Steigerung der Nachhaltigkeit und Wirtschaftlichkeit chemischer Produktionsverfahren.

Kurzportrait:

Das Leibniz-Institut für Katalyse e.V. an der Universität Rostock gehört zu den führenden europäischen Forschungseinrichtungen auf dem Gebiet der Katalyse. Es definiert seinen Aufgabenschwerpunkt im Umfeld anwendungsnaher Grundlagenforschung und angewandter Forschung. Das Institut fungiert dabei als Bindeglied zwischen Universitäten und Instituten der Max-Planck-Gesellschaft auf der einen Seite und Unternehmen der Wirtschaft auf der anderen Seite.

Katalytische Verfahren ermöglichen die Herstellung einer großen Palette an Produkten und Vorprodukten für andere Industriezweige sowie an Erzeugnissen, die unmittelbar in den Bereichen Gesundheit, Umwelt und Ernährung zum Einsatz kommen. Daher sind Katalysatoren für die Bedürfnisse unserer heutigen Gesellschaft unverzichtbar – mehr als 80 Prozent aller chemischen Produkte kommen im Laufe ihrer Synthese mindestens einmal mit diesen „chemischen Vermittlern" in Berührung. Leistungsfähige Katalysatoren sorgen schon heute dafür, dass chemische Reaktionen Ressourcen schonend unter Erhöhung der Ausbeute, Vermeidung von Nebenprodukten und Senkung des spezifischen Energiebedarfs ablaufen.

Das Institut wurde im Jahre 1952 als erstes europäisches Katalyseinstitut gegründet. Zum Jahreswechsel 2005/06 wurde das bisher auf die homogene Katalyse spezialisierte Institut um das Aufgabengebiet der heterogenen Katalyse erweitert.

Praktikumsmöglichkeiten:

Es werden regelmäßig 5-6 Praktikanten beschäftigt. Voraussetzung: Vordiplom bzw. Bachelor, Dauer der Praktika: 4-8 Wochen. Eine Vergütung erfolgt nach Absprache. Ansprechpartner: Bereichsleiter, Öffentlichkeitsarbeit, Sekretariat.

Zukunft der Einrichtung:

Zum Jahreswechsel 2005/06 wurde das Institut für Angewandte Chemie Berlin-Adlershof e.V. (ACA) in das Rostocker Leibniz-Institut integriert. Der Berliner Institutsteil wird mit Beginn des Jahres 2009 nach Fertigstellung eines Erweiterungsbaus nach Rostock umziehen.

Leibniz-Institut für Gewässerökologie und Binnenfischerei (IGB)

Zugehörigkeit: Leibniz-Gemeinschaft, Institut im Forschungsverbund Berlin e.V.
Wissenschaftsbereich(e): Lebens-, Naturwissenschaften
Anschrift: Müggelseedamm 310, 12587 Berlin
Telefon/Fax: 030-641 81-602 / 030-641 81-600
E-Mail: co@igb-berlin.de
Web-Adresse: www.igb-berlin.de
Forschungsetat: 10,14 Mio. Euro (2004) **(davon) Drittmittel:** 2,24 Mio. Euro
Anzahl der Mitarbeiter: 180 (2004)

Zielsetzung/Kompetenzschwerpunkt:
Grundlagen- und Vorsorgeforschung als Basis für eine nachhaltige Bewirtschaftung aquatischer Ökosysteme.

Forschungsfelder:
Die Forschung konzentriert sich auf vier Foci: Umweltbeeinflusste biologische Signalübertragung, Prozesse an aquatischen Grenzflächen, Adaptation, Plastizität und Dynamik von Lebensgemeinschaften und nachhaltiges Gewässermanagement.

Kurzportrait:
Das Leibniz-Institut für Gewässerökologie und Binnenfischerei (IGB) ist 1992 aus mehreren Vorläufer-Institutionen der ehemaligen DDR neu gegründet worden. Es ist das deutsche Zentrum für prozessorientierte Forschung und nachhaltiges Management für Binnengewässerökosysteme.
Das IGB erforscht Struktur und Funktion aquatischer Ökosysteme unter Berücksichtigung ihrer Wechselwirkungen mit der terrestrischen Umgebung, der Stoffumsetzungsprozesse im Gewässer und des Nahrungsnetzes von den Bakterien bis zu Fischen. Das IGB-Forschungsprogramm verknüpft Grundlagenforschung und angewandte Forschung zum gegenseitigen Nutzen. Ein interdisziplinärer Ansatz vereinigt die Forschungen von Limnologen, Hydrologen, Chemikern, Mikrobiologen, Fischökologen, Fischereibiologen und anderen Disziplinen. Im gleichen Sinne wird erwartet, dass die Forscher auch über die Grenzen der oben genannten vier Foci kooperieren.
Diesen Foci lassen sich mehrere Forschungsthemen zuordnen, darunter fallen insbesondere Biodiversität und Interaktionen von Mikrobiota, Binnenfischerei, Klimafolgeforschung sowie Ökotechnologie und Ökosystementwicklung.
Die Gesamtheit der Erkenntnisse dient der Erarbeitung von ökologisch fundierten Restaurierungs-, Sanierungs-, Bewirtschaftungs- und Schutzkonzepten.
Das Institut pflegt eine enge Verbindung von Forschung und Lehre.

Praktikumsmöglichkeiten:
Praktikumsplätze können auf Nachfrage vermittelt werden, vorzugsweise an Studierende der Fachrichtungen Biologie, Chemie, Hydrologie, Geographie.

Zukunft der Einrichtung:
Das IGB wird sich, nach der 2006 erfolgreichen Evaluierung durch den Wissenschaftsrat, weiter zu einem der führenden Institute auf dem Gebiet der Gewässerökologie entwickeln und Fragestellungen weitgehend interdisziplinär bearbeiten.

Max-Planck-Institut für Chemie (Otto-Hahn-Institut)

Zugehörigkeit:	Max-Planck-Gesellschaft
Wissenschaftsbereich(e):	Naturwissenschaften (Interdisziplinär)
Anschrift:	Joh.-Joachim-Becher-Weg 27, 55128 Mainz
Telefon/Fax:	06131-305-0 / 06131-305-388
E-Mail:	pr@mpch-mainz.mpg.de
Web-Adresse:	www.mpch-mainz.mpg.de
Forschungsetat:	18 Mio. Euro (2005) **(davon) Drittmittel:** 19 %
Anzahl der Mitarbeiter:	250 (2006)

Zielsetzung/Kompetenzschwerpunkt:
Das Institut widmet sich dem Verständnis der Entstehung, Entwicklung und Zukunft unseres Planeten und seiner Nachbarn. Es fördert zudem Wissen und Methoden, die für eine nachhaltige Nutzung der natürlichen Ressourcen und zum Schutz der Umwelt notwendig sind.

Forschungsfelder:
Wechselwirkungen zwischen menschlichen Aktivitäten, Landökosystemen, Ozeanen und Atmosphäre, globale Kreisläufe von Spurenstoffen, Photooxidationsprozesse in der Troposphäre, Physik und Chemie von Aerosolen und Wolken, Computermodelle zur Simulation meteorologischer und chemischer Wechselwirkungen sowie deren Einfluss auf das Klima, Isotopen- und Spurenelementgeochemie, Analyse von extraterrestrischen Partikeln.

Kurzportrait:
Das Institut, gegründet 1912 in Berlin als Kaiser-Wilhelm-Institut für Chemie, besteht aus vier Abteilungen (Biogeochemie, Atmosphärenchemie, Geochemie, Partikelchemie) und drei selbstständigen Arbeitsgruppen (Hochdruck-Mineralphysik, Satellitenfernerkundung, Radikalmessgruppe).

Das Institut ist international anerkannt in den Geowissenschaften, insbesondere auf dem Gebiet der Chemie des Systems Erde. Die Erde und ihr Umfeld werden in unterschiedlichen Größenbereichen, vom Nanopartikel bis zum Planeten und von der Ökosystemdynamik bis zum globalen Klimawandel erforscht. Fragestellungen entstehen oft aus der Beobachtung natürlicher Phänomene in Feldstudien. Ausgewählte Komponenten des Systems Erde werden unter kontrollierten Bedingungen im Labor untersucht und Computermodelle verwendet, um die Wechselwirkungen im System zu verstehen und die Rückkopplungsmechanismen aufzuklären.

Die Erdsystemmodellierung wurde durch eine Kooperation mit mehreren Max-Planck-Instituten ausgebaut. Das Institut beteiligt sich an der Initiative „Geocycles" der Universität Mainz, die von der Regierung des Landes Rheinland-Pfalz in ihrem neuen „Exzellenzcluster"-Programm gefördert wird. In enger Zusammenarbeit mit der Universität Mainz beteiligt sich das Institut auch an der wissenschaftlichen Ausbildung, insbesondere mit der International Max Planck Research School.

Praktikumsmöglichkeiten:
Für einzelne Schüler bietet das Institut sowohl in den wissenschaftlichen Abteilungen als auch in der mechanischen Lehrwerkstatt Betriebspraktika an.

Zukunft der Einrichtung:
Das Institut wird sich schwerpunktmäßig auf das Erdsystem konzentrieren. Diese Neuausrichtung setzt die verstärkte Nutzung von Satellitenfernerkundungsdaten sowie die Untersuchung kleinster Partikel aus verschiedensten Bereichen der Erdumgebung voraus.

Max-Planck-Institut für Dynamik komplexer technischer Systeme Magdeburg

Zugehörigkeit: Max-Planck-Gesellschaft
Wissenschaftsbereich(e): Ingenieurwissenschaften (Interdisziplinär)
Anschrift: Sandtorstraße 1, 39106 Magdeburg
Telefon/Fax: 0391-61 10-0
E-Mail: info@mpi-magdeburg.mpg.de
Web-Adresse: www.mpi-magdeburg.mpg.de
Forschungsetat: — **(davon) Drittmittel:** —
Anzahl der Mitarbeiter: ca. 180 (2006)

Zielsetzung/Kompetenzschwerpunkt:
Das Institut nimmt eine Brückenfunktion zwischen ingenieurwissenschaftlicher Grundlagenforschung und industrieller Anwendung ein und hat die Analyse, Synthese, Auslegung und Führung komplexer chemischer und bioverfahrenstechnischer Prozesse zum Ziel.

Forschungsfelder:
Es gibt sieben Fachgruppen: „Prozesssynthese und Prozessdynamik", „Physikalisch-Chemische Prozesstechnik" (u. a. Dynamik von Brennstoffzellensystemen), „System- und Regelungstheorie", „Physikalisch-Chemische Grundlagen der Prozesstechnik", „Bioprozesstechnik", „Systembiologie" sowie „Molekulare Netzwerkanalyse".

Kurzportrait:
Das 1996 gegründete Max-Planck-Institut Magdeburg sieht seine Funktion in der Erforschung und Weiterentwicklung komplexer Systeme der chemischen und biologischen Prozesstechnik sowie der Systembiologie. Eine wichtige Aufgabe ist es, ein grundlegendes Verständnis für die Dynamik von Prozessen der Stoffumwandlung und -trennung sowohl in chemischen als auch in biologischen Systemen zu entwickeln. Darauf aufbauend wird untersucht, wie diese Prozesse mittels neuer Methoden der System- und Regelungstheorie in optimale Betriebszustände hineingeführt werden können.
Die Fachgruppe „Physikalisch-Chemische Prozesstechnik" (Leitung Prof. Dr.-Ing. Kai Sundmacher) entwickelt für aktuelle technische Aufgabenstellungen neuartige verfahrenstechnische Prozesse. Einer der Forschungsschwerpunkte ist die Dynamik von Brennstoffzellensystemen. Im Detail werden derzeit Direktmethanol-Brennstoffzellen sowie Schmelzkarbonat- und Wasserstoffbrennstoffzellen untersucht. Die zukünftige Herausforderung im Betrieb von Brennstoffzellen ist der Einsatz von regenerativen Energieträgern, wie z.B. die Versorgung von Brennstoffzellen mit wasserstoffreichen Gasen, die aus Vergasungsprozessen von Biomasse stammen. Die Otto-von-Guericke-Universität, das Max-Planck- und das Fraunhofer-Institut Magdeburg haben hier ein gemeinsames Ziel: den umweltschonenden Einsatz von nachwachsenden Rohstoffen zur Energiegewinnung.

Praktikumsmöglichkeiten:
Schülerpraktikum (gymnasiale Oberstufe) in Kooperation mit der Fakultät für Verfahrens- und Systemtechnik der Otto-von-Guericke-Universität Magdeburg in den Oster- und Herbstferien. Informationen unter: www.uni-magdeburg.de/ivt/svt/studium/pupils/praktikum

Zukunft der Einrichtung:
Ziel ist es, Verfahren zu entwickeln und zu optimieren, die nicht nur den hohen Anforderungen der heutigen Industriegesellschaft gerecht werden, sondern auch im globalen Wettbewerb konkurrenzfähig sind.

Max-Planck-Institut für Meteorologie e.V. (MPI-M)

Zugehörigkeit: Max-Planck-Gesellschaft
Wissenschaftsbereich(e): Naturwissenschaften (Interdisziplinär)
Anschrift: Bundesstraße 53, 20146 Hamburg
Telefon/Fax: 040-411 73-0 / 040-411 73-298
E-Mail: —
Web-Adresse: www.mpimet.mpg.de
Forschungsetat: 11,6 Mio. Euro (2006) **(davon) Drittmittel:** 1,8 Mio. Euro
Anzahl der Mitarbeiter: ca. 200 (2006)

Zielsetzung/Kompetenzschwerpunkt:
Das zentrale Ziel des MPI-M ist es, zu verstehen, wie physikalische, chemische und biologische Prozesse sowie menschliches Verhalten zur Dynamik des Erdsystems, und insbesondere wie diese zu globalen und regionalen Klimaänderungen beitragen.

Forschungsfelder:
Globale und regionale Klimamodellierung; Ozeanzirkulation und Klimadynamik; Vegetationsmodellierung; Passive und aktive Fernerkundung; Aerosole, Wolken und Klima; Terrestrische Hydrologie

Kurzportrait:
Das MPI-M wurde 1975 zur Erforschung der physikalischen Grundlagen des Klimas gegründet. Bis 1988 bestand es aus zwei Abteilungen, die sich mit der Modellierung des globalen Klimasystems einerseits und der Untersuchung klimarelevanter Prozesse mit experimentellen und theoretischen Methoden andererseits befassten. Heute besteht das MPI-M aus drei Abteilungen, die sich schwerpunktmäßig mit der Atmosphäre, dem Ozean und dem Land im Erdsystem befassen.
Die Teilziele des Instituts sind, die Zusammensetzung der Erde und ihrer Dynamik zu analysieren, mit Schwerpunkten bei den interaktiven physikalischen, chemischen und biologischen Prozessen, die die Dynamik des Erdsystems bestimmen. Insbesondere sollen angemessene Werkzeuge entwickelt und benutzt werden, um die Komplexität des Erdsystems zu untersuchen, seine natürliche Variabilität zu erklären, und abzuschätzen, wie das System durch Landnutzungsänderungen, industrielle Entwicklung, Verstädterung und andere anthropogene Störungen beeinflusst wird. Modelle und Methoden sollen entwickelt werden, um die regionalen Auswirkungen der globalen Klimaänderungen zu untersuchen. Besonderes Augenmerk liegt auf Extremereignissen.
Das MPI-M arbeitet in vielen großen Forschungsprojekten mit (z.B. BALTEX, ENSEMBLES, COSMOS). Das MPI-M bildet mit sechs Instituten und Einrichtungen der Universität Hamburg das Zentrum für Marine und Atmosphärische Wissenschaften (ZMAW).

Praktikumsmöglichkeiten:
Keine regulären Praktikumsplätze. In Ausnahmefällen werden Praktikanten in Arbeitsgruppen angenommen. Voraussetzung: Studium der Geowissenschaften/Informatik oder vergleichbarer Hintergrund. Dauer und evtl. Vergütung müssen im Einzelfall abgesprochen werden. Ansprechpartner: Reiner Letscher (Verwaltungsleiter), E-Mail: letscher@verw.mpimet.mpg.de

Zukunft der Einrichtung:
—

Arnold-Bergstraesser-Institut für kulturwissenschaftliche Forschung e.V. (ABI)

Zugehörigkeit: Unabhängig
Wissenschaftsbereich(e): Geistes- und Sozialwissenschaften
Anschrift: Windausstraße 16, 79110 Freiburg
Telefon/Fax: 0761-888 78-0 / 0761-888 78-78
E-Mail: info@arnold-bergstraesser.de
Web-Adresse: www.arnold-bergstraesser.de
Forschungsetat: — (davon) Drittmittel: —
Anzahl der Mitarbeiter: etwa 10 WissenschaftlerInnen plus DoktorandInnen und freie Mitarbeitende (2006)

Zielsetzung/Kompetenzschwerpunkt:
Das ABI befasst sich mit Grundlagenforschung zu den wichtigsten Entwicklungen in Gesellschaft, Kultur und Politik überseeischer Staaten sowie mit angewandter Forschung und Politikberatung.

Forschungsfelder:
Grundlagenforschung: ethnische und regionale Konflikte, „Good Governance", Bildung, Migration, Kultur, Entwicklungspolitik in Theorie und Praxis;
Angewandte Forschung: Grundbildung, Dezentralisierung und regionale Entwicklung, Demokratieförderung und politische Bildung, Wahlbeobachtung, Machbarkeits- und Evaluierungsstudien.

Kurzportrait:
Das Arnold-Bergstraesser-Institut (ABI) ist ein unabhängiges, gemeinnütziges Forschungsinstitut, das sich in vergleichender Perspektive mit sozialwissenschaftlicher Analyse von Entwicklungsgesellschaften in Afrika, Asien und Lateinamerika beschäftigt.
Das ABI wurde 1959 von Arnold Bergstraesser, Professor für Politikwissenschaft und Soziologie an der Universität Freiburg, gegründet. Es besitzt heute die Rechtsform eines eingetragenen Vereins und erhält eine Grundfinanzierung vom Land Baden-Württemberg. Darüber hinaus werden Drittmittel von wissenschaftlichen Stiftungen oder von nationalen und internationalen Entwicklungsorganisationen eingeworben. Gegenwärtig arbeiten etwa zehn wissenschaftliche MitarbeiterInnen am Institut. Hinzu kommen mehrere freie Mitarbeiter, DoktorandInnen und GastwissenschaftlerInnen aus dem In- und Ausland. Das ABI verfügt über eine sozialwissenschaftliche Spezialbibliothek zur „Dritten Welt" mit über 70.000 Bänden und mehr als 400 Zeitschriften. Die Bibliothek ist werktags für die Öffentlichkeit zugänglich.
Im institutseigenen Verlag werden wissenschaftliche Arbeiten (vorrangig Magister-, Diplom- und Doktorarbeiten) veröffentlicht. Neben einigen anderen Serien gibt das ABI das angesehene „Internationale Asienforum – International Quarterly for Asian Studies" heraus.
Im Dezember 2005 wurde das ABI als offizieller „Ort im Land der Ideen" ausgewählt.

Praktikumsmöglichkeiten:
Das ABI bietet Praktikumsplätze für Studierende der Politik- und Sozialwissenschaft von 6-8 Wochen Dauer. Leider können wir das Praktikum nur unbezahlt anbieten. Mitarbeit bei Forschungsarbeiten und Vortragsveranstaltungen und eigene Recherchen stehen im Zentrum des Praktikums. Nähere Informationen unter www.arnold-bergstraesser.de/Praktikum.htm

Zukunft der Einrichtung:
—

Bayerische Landesanstalt für Wald und Forstwirtschaft (LWF)

Zugehörigkeit: Bayerisches Staatsministerium für Landwirtschaft und Forsten
Wissenschaftsbereich(e): Lebens-, Naturwissenschaften (Interdisziplinär)
Anschrift: Am Hochanger 11, 85354 Freising
Telefon/Fax: 08161-71-48 81 / 08161-71-49 71
E-Mail: sekretariat@lwf.uni-muenchen.de
Web-Adresse: www.lwf.bayern.de
Forschungsetat: ca. 7 Mio. Euro (2005) **(davon) Drittmittel:** wechselnde Anteile
Anzahl der Mitarbeiter: ca. 150 (2006)

Zielsetzung/Kompetenzschwerpunkt:
Förderung der Forst- und Holzwirtschaft durch Forschungs- und Entwicklungsarbeit in der Erfüllung der vielfältigen Waldfunktionen; Untersuchung ökologischer Beziehungen zwischen Wald und Umwelt; Wissenstransfer in die forstliche Praxis und in die Öffentlichkeit.

Forschungsfelder:
Forschung zur Steigerung der Effizienz in der Forstwirtschaft; Forschung zur Beschreibung und Quantifizierung der ökologischen Wechselwirkungen zwischen Wald und Umwelt; Forschung und Entwicklung zur Abwehr von Schäden des Waldökosystems; Forschung auf dem Gebiet der Forstpolitik; Forschung auf dem Gebiet des Wildtiermanagements.

Kurzportrait:
1881 als Forstliche Versuchsanstalt in München gegründet und 1992 nach Freising verlegt, erhielt die Einrichtung 1993 den heutigen Namen „Bayerische Landesanstalt für Wald und Forstwirtschaft". Die LWF gliedert sich neben der Leitung in vier Abteilungen: 1. Zentrale Aufgaben, 2. Waldökologie, 3. Waldbewirtschaftung, 4. Wald und Gesellschaft.

Zu den Aufgaben der LWF gehören die Aufbereitung, Kommunikation und Dokumentation forstlicher Forschungsergebnisse für Forstpraxis, Öffentlichkeit und Waldpädagogik, die fachliche Beratung der Forstbehörden einschließlich der Erstellung von Fachgutachten und Merkblättern, die Durchführung von Inventuren und Umweltmonitoring, die Prognose von Waldkrankheiten und die Mitwirkung beim Vollzug des Pflanzenschutzrechts.

Die Schwerpunkte der Forschung im Bereich der Waldökologie sind Standort, Bodenschutz, Klima, Wasserschutz und Naturschutz. Im Bereich der Waldbewirtschaftung wird auf den Gebieten Waldschutz, Waldbau und Betriebswirtschaft, Forsttechnik und Holz geforscht. Im Bereich von Wald und Gesellschaft sind die Schwerpunkte Schutzwald und Naturgefahren sowie Wissenstransfer.

Als Mitglied des Zentrums Wald-Forst-Holz arbeitet die LWF eng mit der Studienfakultät für Forstwissenschaft und Ressourcenmanagement der Technischen Universität München und der Fakultät Wald und Forstwirtschaft der Fachhochschule Weihenstephan zusammen. Weitere Partner der LWF sind zahlreiche Fachbehörden, z.B. Landesämter und Landesanstalten, forstliche Forschungsanstalten, die Nationalparke Bayerischer Wald und Berchtesgaden, private und kommunale Waldbesitzer, Betrieb Bayrische Staatsforsten und Verbände.

Praktikumsmöglichkeiten:
Anzahl der Praktikanten: 8 (2006), Voraussetzungen: Studium der Forstwissenschaften, Geographie, Dauer: 1-3 Monate, Vergütung nach Absprache (max. 250 Euro) Ansprechpartner: Sachgebietsleiter.

Zukunft der Einrichtung:
Wissenstransfer zur Optimierung der Holznutzung unter Berücksichtigung von ökosystemaren Aspekten und Veränderungen des Klimas.

Bundesanstalt für Züchtungsforschung an Kulturpflanzen (BAZ)

Zugehörigkeit: Bundesministerium für Ernährung, Landwirtschaft und Verbraucherschutz (BMELV)
Wissenschaftsbereich(e): Lebenswissenschaften
Anschrift: Neuer Weg 22/23, 06484 Quedlinburg
Telefon/Fax: 03946-47-201 / 03946-47-202
E-Mail: bafz-al@bafz.de
Web-Adresse: www.bafz.de
Forschungsetat: 32,6 Mio. Euro (2006) **(davon) Drittmittel:** 1,4 Mio. Euro
Anzahl der Mitarbeiter: 386 (2006)

Zielsetzung/Kompetenzschwerpunkt:
Umfassende Politikberatung zu allen Fragen der Bewahrung und nachhaltigen Nutzung pflanzengenetischer Ressourcen für Ernährung und Landwirtschaft (PGREL) sowie zum Gesamtbereich der Züchtungsforschung und Züchtung von Kulturpflanzen in Deutschland.

Forschungsfelder:
Erhöhung der Resistenz der Kulturpflanzen gegen biotische Schadfaktoren; Verbesserung der Widerstandsfähigkeit der Kulturpflanzen gegen abiotischen Stress; Verbesserung der Produktqualität; Erweiterung der Vielfalt in agrarisch genutzten Ökosystemen; Entwicklung von Strategien für die nachhaltige Sicherung und Nutzung pflanzengenetischer Ressourcen; züchterische Bearbeitung von Baum- und Beerenobstarten sowie Reben.

Kurzportrait:
Die BAZ wurde auf Empfehlung des Wissenschaftsrates der Bundesrepublik Deutschland mit Hauptsitz in Quedlinburg am 1. Januar 1992 gegründet. Sie hat sich seither zu einem national wie international anerkannten Forschungszentrum entwickelt. Die BAZ verfügt mit ihrer ausgewiesenen genetisch-züchterischen Expertise bei landwirtschaftlichen und gartenbaulichen Kulturarten, einschließlich Obst und Rebe sowie mit ihren engen und vielfältigen Beziehungen zu wissenschaftlichen Einrichtungen und Partnern der züchterischen Praxis im In- und Ausland über alle hierfür erforderlichen Voraussetzungen. Mit ihrer Arbeit trägt sie unmittelbar zur Erfüllung der internationalen Verpflichtungen der Bundesrepublik im Bereich der PGREL bei. Sie wirkt der genetischen Erosion unserer Nutzpflanzen entgegen und leistet wesentliche Beiträge zur kontinuierlichen Verbesserung ihrer genetischen Grundlagen gemäß der aktuellen und prognostizierbaren Anforderungen der Agrar- und Verbraucherschutzpolitik. Die Züchtungsforschung der BAZ erfolgt im vorwettbewerblichen Raum; sie steht am Anfang der Wertschöpfungskette in der landwirtschaftlichen Produktion. Züchtungsforschung ist langfristig angelegt, methodenaufwändig und von Interdisziplinarität geprägt. In der Summe tragen die Arbeiten der BAZ dazu bei, konkrete Ansätze zur Lösung drängender aktueller und künftiger Probleme in der Landwirtschaft zu liefern.

Praktikumsmöglichkeiten:
Ca. 20 Praktikumsplätze. Bestimmte Voraussetzungen: keine. Dauer: für gewöhnlich zwei Monate. Vergütung: keine. Ansprechpartner: Frau C. Buchmann, Tel.: 03946-47-380.

Zukunft der Einrichtung:
Zum Ende des Jahres 2007 wird im Rahmen der Neuorientierung der Ressortforschung im Bereich des BMVEL eine Umstrukturierung der Anstalten vorgenommen. Die Forschungsschwerpunkte der BAZ werden sich künftig im größeren Rahmen den Problemen der Klimaänderung zuwenden.

Bundesforschungsanstalt für Fischerei

Zugehörigkeit: Bundesministerium für Ernährung, Landwirtschaft und Verbraucherschutz (BMELV)
Wissenschaftsbereich(e): Lebens-, Naturwissenschaften
Anschrift: Palmaille 9, 22767 Hamburg
Telefon/Fax: 040-389 05-0 / 040-389 05-200
E-Mail: info@bfa-fisch.de
Web-Adresse: www.bfa-fisch.de
Forschungsetat: 9 Mio. Euro (2006) **(davon) Drittmittel:** 1 Mio. Euro
Anzahl der Mitarbeiter: ca. 165 Stellen; davon 53 Wissenschaftler (2005)

Zielsetzung/Kompetenzschwerpunkt:
Deutscher Beitrag zur internationalen Fischereiforschung, Beratung des BMELV zur Sicherung deutscher Interessen zur langfristigen Versorgung mit hochwertigem Fisch und Meeresprodukten.

Forschungsfelder:
Fischereibiologie, Meeresbiologie, Fischereiökologie, Aquakultur, Meereschemie, Ozeanographie, Fischereitechnik, Populationsdynamik, Bestandskunde, Neue Managementstrategien, Internationale Fischereiabkommen, Biodiversität, Klimaforschung, Toxikologie, Biologisches Effekt-Monitoring, Genetische Vielfalt, Fischkrankheiten, Radioökologie, Netz-Selektionsforschung, Fischereiaufwandskontrolle, Mathematische Modellierung.

Kurzportrait:
Die Forschungsanstalt, gegründet 1948, gliedert sich in das Institut für Seefischerei, das Institut für Fischereiökologie, das Institut für Fischereitechnik und Fischereiökonomie, das Institut für Ostseefischerei (Rostock) und die Informations- und Dokumentationsstelle/Bibliothek (Hamburg/Rostock). Es existieren 3 Fischereiforschungsschiffe. Schwerpunkte liegen in der Forschung zur nachhaltigen fischereilichen Nutzung der Meere einschließlich der Küsten- und Hochseefischerei und Teile der Binnenfischerei und Aquakultur. Dazu zählt die wissenschaftliche Überwachung der Nutzfischbestände, die Erforschung von Auswirkungen der Fischerei auf die Meeresumwelt, die Entwicklung geeigneter Management-Methoden und Analyse ökonomischer Bedingungen der Fischerei für langfristige Nutzungsansätze. Des Weiteren werden Untersuchungen über Schadstoffbelastungen, Krankheiten bei Fischen sowie fangtechnische Untersuchungen und Entwicklungen zur Erhaltung der Bestände, ihrer nachhaltigen Nutzung und Schonung der Umwelt und Energieeinsparung vorgenommen. Es bestehen u. a. Kooperationen mit zahlreichen Fischereiforschungsinstituten, mit der EU-Kommission, dem ICES, Kommissionen internationaler Fischerei- und Meeresschutzkonventionen sowie Fach-Verbänden. Die Forschungsanstalt übernimmt die Beratung des Ministeriums zu nachhaltigem Fischerei-Management, zur Nutzung und zum Schutz antarktischer Tierbestände sowie weltweitem Walfang und -schutz.

Praktikumsmöglichkeiten:
3-4 Schülerpraktika (i.d.R. 1 oder 2 Wochen), 1 BTA-Praktikum (4 Monate), Studierendenpraktika auf Forschungsschiffen nach Anfrage, i. A. im Studienfach Biologie, Meeres- oder Fischereibiologie, 9 Tage bis 6 Wochen.

Zukunft der Einrichtung:
Neuorganisation des gesamten Forschungsbereichs im Ressort des BMELV ab 2008. Forschungsaufgaben und Projekte zum Thema „Nachhaltigkeit" werden aller Voraussicht nach bestehen bleiben.

Bundesforschungsanstalt für Forst- und Holzwirtschaft (BFH)

Zugehörigkeit: Bundesministerium für Ernährung, Landwirtschaft und Verbraucherschutz (BMELV)
Wissenschaftsbereich(e): Lebens-, Natur-, Geistes- und Sozialwissenschaften (Interdisziplinär)
Anschrift: Leuschnerstraße 91, 21031 Hamburg
Telefon/Fax: 040-739 62-0 / 040-739 62-299
E-Mail: bfafh@holz.uni-hamburg.de
Web-Adresse: www.bfafh.de
Forschungsetat: 17,3 Mio. Euro (2005) **(davon) Drittmittel:** 3 Mio. Euro
Anzahl der Mitarbeiter: 237 (2005)

Zielsetzung/Kompetenzschwerpunkt:
Erabeitung wissenschaftlicher Grundlagen als Entscheidungshilfen für die Ernährungs-, Land- und Forstwirtschaftspolitik sowie für die Verbraucherpolitik. Erweiterung wissenschaftlicher Erkenntnisse auf diesen Gebieten zum Nutzen des Gemeinwohls.

Forschungsfelder:
Nachhaltige Nutzung des Waldes bzw. des nachwachsenden Rohstoffes Holz.

Kurzportrait:
Die BFH ging in den 1950er Jahren aus einer 1931 gegründeten Vorläuferinstitution hervor. Im Fokus der Forschung steht der Wald als Lieferant für den nachwachsenden, in einem breiten Einsatzspektrum nutzbaren Rohstoff Holz, als beliebter Erholungsraum und als Schützer der Umwelt durch seine vielfältigen Leistungen. Welche Einflüsse haben die fortschreitende Globalisierung, das starke Anwachsen der Erdbevölkerung oder Veränderungen der klimatischen Bedingungen auf die Forst- und Holzwirtschaft, weltweit und speziell auch in Deutschland? Wie können sich Forst- und Holzwirtschaft in Strategien der nachhaltigen Entwicklung einbringen? Dies sind zentrale Fragen, mit denen sich die BFH befasst. Thematisch ist dabei das gesamte Spektrum des Forst-/Holzclusters eingeschlossen, z.B.: Erhalt der natürlichen Lebensgrundlagen, nachhaltige Nutzung der natürlichen Ressourcen, Ausweitung der Holzverwendung, Globalisierung und internationale Verantwortung der Politik sowie Regionalisierung und Entwicklung ländlicher Räume.
Die BFH besteht aus sieben Fachinstituten an den Standorten Hamburg (Institute für Weltforstwirtschaft, Ökonomie, Holzphysik, Holzbiologie und -chemie), Eberswalde (Waldökologie), Großhansdorf und Waldsieversdorf (Forstgenetik). In Verbindung mit der Universität Hamburg erfüllen die Mitarbeiter der BFH umfangreiche Lehraufgaben bei der Durchführung des Studiums der Holzwirtschaft.

Praktikumsmöglichkeiten:
In allen Instituten möglich.

Zukunft der Einrichtung:
Wegen laufender Evaluierung und geplanter Neustrukturierung des gesamtem Ressortforschungsbereiches des BMELV z. Zt. nicht detailliert darstellbar.

Bundesforschungsanstalt für Landwirtschaft (FAL)

Zugehörigkeit: Geschäftsbereich des Bundesministeriums für Ernährung, Landwirtschaft und Verbraucherschutz (BMELV)
Wissenschaftsbereich(e): Lebens-, Natur-, Ingenieur-, Geistes- und Sozialwissenschaften (Interdisziplinär)
Anschrift: Bundesallee 50, 38116 Braunschweig
Telefon/Fax: 0531-596-0
E-Mail: info@fal.de
Web-Adresse: www.fal.de
Forschungsetat: 46,5 Mio. Euro (2006) **(davon) Drittmittel:** 4,3 Mio. Euro
Anzahl der Mitarbeiter: ca. 1.000 (inkl. Gastwissenschaftler/innen) (2006)

Zielsetzung/Kompetenzschwerpunkt:
Agrarrelevante Forschung auf dem Gebiet der Natur-, Ingenieur- sowie Wirtschafts- und Sozialwissenschaften. Erarbeitung wissenschaftlicher Grundlagen als Entscheidungshilfen für die Agrar-, Ernährungs- und Verbraucherschutzpolitik der Bundesregierung.

Forschungsfelder:
Ressourceneffizienz, Lebensmittelsicherheit und -qualität, nachwachsende Rohstoffe, Klimawandel und Landwirtschaft, Agrobiodiversität, Biotechnologie und Prozessoptimierung, Nutztiere, Ernährungssicherung, Wettbewerbsfähigkeit, Multifunktionalität ländlicher Räume.

Kurzportrait:
Die FAL wurde 1947 gegründet. Neben ihrem Hauptsitz in Braunschweig unterhält sie Außenstandorte in Celle, Mariensee und Trenthorst. Die FAL gliedert sich in vier Forschungsbereiche (Boden/Pflanze, Tier, Technik und Agrarökonomie) mit derzeit 12 Instituten. Zu den Kernaufgaben der FAL zählt die Erarbeitung von Stellungnahmen, Gutachten etc. im Auftrag des BMELV und anderer Bundeseinrichtungen. Um die Politikberatung qualifiziert wahrnehmen zu können, laufen in der FAL derzeit rund 350 Forschungsaktivitäten. Die FAL publiziert ihre Forschungsergebnisse in jährlich über 1.000 Printveröffentlichungen, davon sind ca. 200 Originalbeiträge in renommierten referierten Zeitschriften.
Die FAL arbeitet mit ca. 200 Hochschulen, ca. 200 außeruniversitären Forschungseinrichtungen und zahlreichen weiteren Einrichtungen und Organisationen im In- und Ausland zusammen. Durch gemeinsame Forschungsvorhaben mit Partnern aus der landwirtschaftlichen Praxis und der Industrie trägt die FAL auch zum Technologietransfer in die Wirtschaft bei. FAL-Wissenschaftler/innen engagieren sich in der Lehre an rund 20 Universitäten und Fachhochschulen. Pro Jahr werden in der FAL ca. 35 Promotionen abgeschlossen. Im Durchschnitt halten sich jährlich über 150 Gastwissenschaftler/innen aus allen Teilen der Erde in der FAL auf.

Praktikumsmöglichkeiten:
Grundsätzlich ist es möglich, in der FAL ein Praktikum zu machen. Voraussetzung für ein Praktikum ist, dass zu der gewünschten Zeit ein entsprechender Praktikumsplatz zur Verfügung steht. Bewerbungen (inkl. Lebenslauf) mit Angabe der Interessenschwerpunkte und des gewünschten Zeitraums können per E-Mail an info@fal.de gerichtet werden.

Zukunft der Einrichtung:
Das BMELV hat ein Konzept zur Neustrukturierung seiner Ressortforschung angekündigt.

Bundesinstitut für Risikobewertung (BfR)

Zugehörigkeit: Ressortforschungseinrichtung im Geschäftsbereich des Bundesministeriums für Ernährung, Landwirtschaft und Verbraucherschutz (BMELV)
Wissenschaftsbereich(e): Lebens-, Naturwissenschaften (Interdisziplinär)
Anschrift: Thielallee 88-92, 14195 Berlin
Telefon/Fax: 030-84 12-0 / 030-84 12-47 41
E-Mail: bfr@bfr.bund.de
Web-Adresse: www.bfr.bund.de
Forschungsetat: 50,1 Mio. Euro (2006) **(davon) Drittmittel:** 1,35 Mio. Euro
Anzahl der Mitarbeiter: 620, davon 163 Wissenschaftler (2006)

Zielsetzung/Kompetenzschwerpunkt:
Das BfR identifiziert und bewertet mögliche Risiken für den Verbraucher. Darüber hinaus ist das BfR an gesetzlichen Zulassungs- und Genehmigungsverfahren beteiligt, übernimmt Aufgaben im Bereich der Referenzlaboratorien und berät Politik und Öffentlichkeit.

Forschungsfelder:
- biologische und stofflich-chemische Sicherheit von Lebensmitteln
- Sicherheit von Stoffen (Chemikalien, Pflanzenschutzmittel, Biozide) sowie von ausgewählten Produkten (Bedarfsgegenstände, Kosmetika, Tabakerzeugnisse, Textilien, Lebensmittelverpackungen)

Kurzportrait:
Das BfR, gegründet 2002, trägt maßgeblich dazu bei, dass Lebensmittel, Stoffe und Produkte sicherer werden.
Das BfR ist aus sieben Abteilungen (Verwaltung, Risikokommunikation, wissenschaftliche Querschnittaufgaben, biologische Sicherheit, Lebensmittelsicherheit, Sicherheit von Stoffen und Zubereitungen, Sicherheit von verbrauchernahen Produkten) und fünf Zentren (Zentrum für experimentelle Tierhaltung, Zentrum für Infektiologie und Erregercharakterisierung, chemisch-analytisches Zentrum, Zentrum für experimentelle Toxikologie, Zentrum für experimentelle Forschung) aufgebaut.
Forschung im bzw. für das BfR wird vorrangig in Themenfeldern durchgeführt, in denen Risikobewertungen erforderlich sind. Mittel- bzw. langfristig orientierte Aktivitäten des BfR sind auf Forschungsbeiträge zur Entwicklung von Konzepten für stoffliche und mikrobiologische Risikobewertungen und zur methodischen Fortentwicklung gerichtet. Kurzfristige Aktivitäten resultieren anlassbezogen aus aktuellen Fragestellungen auf nationaler und europäischer Ebene. Das Institut ist nationale Kontaktstelle für die Europäische Behörde für Lebensmittelsicherheit und Teil des Netzwerkes europäischer Kompetenzzentren für die Risikobewertung.

Praktikumsmöglichkeiten:
Praktika für Studierende im Hauptstudium der Lebens- bzw. Naturwissenschaften oder Veterinärmedizin sind prinzipiell jederzeit möglich, eine Bezahlung erfolgt in der Regel nicht. Die genauen Anforderungen richten sich nach den in den Abteilungen bzw. Fachgruppen bearbeiteten Themen (siehe Web-Adresse).

Zukunft der Einrichtung:
Der zukünftige Forschungsbedarf des BfR ergibt sich aus: Mangel an effizienten Nachweismethoden, neuen wissenschaftlichen und technologischen Entwicklungen, durch neue oder veränderte Lebensmittel, Stoffe, Produkte, Erreger und Toxine.

Deutscher Wetterdienst (DWD)

Zugehörigkeit: Der DWD ist dem Bundesministerium für Verkehr, Bau und Stadtentwicklung nachgeordnet.
Wissenschaftsbereich(e): Naturwissenschaften
Anschrift: Kaiserleistraße 29/35, 63067 Offenbach
Telefon/Fax: 01805-913-913 / 01805-913-914 (14 ct/min)
E-Mail: info@dwd.de
Web-Adresse: www.dwd.de
Forschungsetat: ca. 19,4 Mio. Euro (2005) **(davon) Drittmittel:** 2,9 Mio. Euro (tlw. BMBF o. A.)
Anzahl der Mitarbeiter: ca. 2 600 (2006)

Zielsetzung/Kompetenzschwerpunkt:
Der Deutsche Wetterdienst ist die Referenz für Meteorologie in Deutschland. Als nationaler Wetterdienst erfüllt er die Verpflichtung des Staates zur Daseinsvorsorge, zum Schutz von Leben und Eigentum seiner Bürger und zur Sicherung volkswirtschaftlich relevanter Infrastruktur.

Forschungsfelder:
Weiterentwicklung des numerischen Wettervorhersagesystems für Zeiträume bis 72 Stunden und Ensemblevorhersagen; Beteiligung im Kompetenzcluster des „Nationalen Zentrums für Atmosphären- und Klimaforschung"; Langzeitüberwachung der Atmosphäre (Klimamonitoring) an den Observatorien in Lindenberg und Hohenpeißenberg.

Kurzportrait:
Der 1952 gegründete Deutsche Wetterdienst (DWD) ist mit seinen Dienstleistungen zu Wetter und Klima im Rahmen der Daseinsvorsorge tätig. Als Bundesbehörde handelt er in gesetzlichem Auftrag. Zu seinen Kernaufgaben gehören die meteorologische Sicherung der Luft- und Seeschifffahrt und das Warnen vor meteorologischen Ereignissen, die für Leben und Besitz der Bürgerinnen und Bürger sowie für die wertvolle Infrastruktur in der Bundesrepublik Deutschland gefährlich werden können. Als nationaler Wetterdienst koordiniert und vertritt er zudem die Interessen Deutschlands bspw. in der Weltorganisation für Meteorologie (WMO) und erfüllt internationale Verpflichtungen der Bundesrepublik u. a. auf dem Gebiet der meteorologischen Forschung. Der DWD erfasst, bewertet und überwacht die physikalischen und chemischen Prozesse in unserer Atmosphäre und ist in Deutschland als Referenz für Meteorologie Ansprechpartner für alle Fragen zum Wetter und Klima. Er hält Informationen zum meteorologischen Geschehen bereit, bietet eine reichhaltige Palette von Dienstleistungen für die Allgemeinheit an und betreibt das nationale Klimaarchiv. Damit ist der Deutsche Wetterdienst sowohl wissenschaftlich-technischer Dienstleister als auch kompetenter und verlässlicher Partner auf dem Gebiet der Meteorologie für öffentliche wie für private Kunden.

Praktikumsmöglichkeiten:
Ca. 35 studienbegleitende Praktika jährlich, vorwiegend Fachrichtung Meteorologie. Dauer: 1-6 Monate. Ebenso betreut der DWD in Zusammenarbeit mit der jeweiligen Universität Diplomarbeiten und Dissertationen zu wetterdienstlich relevanten Themen.

Zukunft der Einrichtung:
Beobachtung, Erforschung und Vorhersage von Wetter und Klima sind und bleiben eine Herausforderung. Der Klimawandel wird die Arbeit des DWD mitbestimmen.

Deutsches Institut für Entwicklungspolitik gGmbH

Zugehörigkeit: Unabhängig
Wissenschaftsbereich(e): Geistes- und Sozialwissenschaften (Interdisziplinär)
Anschrift: Tulpenfeld 6, 53113 Bonn
Telefon/Fax: 0228-949 27-0 / 0228-949 27-130
E-Mail: DIE@die-gdi.de
Web-Adresse: www.die-gdi.de
Forschungsetat: 4,41 Mio. Euro (2006) **(davon) Drittmittel:** 192.000 Euro
Anzahl der Mitarbeiter: 58 Mitarbeiter, davon 30 im wissenschaftlichen Bereich (2006)

Zielsetzung/Kompetenzschwerpunkt:
Entwicklungspolitische Forschung, Politikberatung und Ausbildung.

Forschungsfelder:
Neue Anforderungen an eine wirksame Entwicklungszusammenarbeit; bi- und multilaterale Entwicklungspolitik; Entwicklungszusammenarbeit mit Afrika; Wettbewerbsfähigkeit und soziale Entwicklung; Governance, Staatlichkeit, Sicherheit; Umweltpolitik und Ressourcenmanagement; Weltwirtschaft und Entwicklungsfinanzierung; Global Governance.

Kurzportrait:
Das Deutsche Institut für Entwicklungspolitik (DIE) versteht sich als Think Tank der deutschen Entwicklungspolitik. Es baut Brücken zwischen Theorie und Praxis und arbeitet in internationalen Forschungsnetzwerken.
Seit seiner Gründung im Jahr 1964 vertraut das DIE auf das Zusammenspiel von Forschung, Beratung und Ausbildung. Die drei Bereiche ergänzen sich gegenseitig und sorgen für das unverwechselbare Profil des DIE. Im Bereich Forschung bündelt das DIE weltweit verfügbares Wissen der Entwicklungsforschung und arbeitet zu zentralen Zukunftsfragen der Entwicklungspolitik. Die Forschung ist theoriegeleitet, empirisch gestützt und anwendungsorientiert. Grundlage für seinen Erfolg ist die wissenschaftliche Unabhängigkeit des Instituts, die ihm im Gesellschaftsvertrag zugesichert wurde.
Des Weiteren ist Politikberatung, auch zu weltwirtschaftlichen, außen- und sicherheitspolitischen Rahmenbedingungen der Entwicklungspolitik, Kernaufgabe des DIE.
Das Postgraduierten-Programm des DIE bildet Hochschulabsolventen zu Fachleuten der Entwicklungspolitik aus. Die Lehrveranstaltungen konzentrieren sich auf entwicklungspolitische Fachthemen und Fragen zur Gestaltung der Globalisierung sowie auf die Verbesserung der kommunikativen und sozialen Kompetenzen. Das Kernstück der Ausbildung bildet ein 11-wöchiger Aufenthalt in interdisziplinären Kleingruppen in einem Entwicklungsland.

Praktikumsmöglichkeiten:
Praktika (i.d.R. 8 Wochen) für Studenten im Hauptstudium; eine Fachrichtung ist nicht vorgeschrieben, ein inhaltlicher Bezug zu laufenden oder geplanten Forschungen des DIE sollte erkennbar sein; sehr gute Deutschkenntnisse, Englisch, evtl. weitere Fremdsprachen. Das Praktikum kann leider nicht vergütet werden.
Kontakt: Frau Inge Friedrich, E-Mail: inge.friedrich@die-gdi.de

Zukunft der Einrichtung:
Anfang 2007 beginnt in Kooperation mit InWEnt das Programm „Managing Global Governance", ein neues Weiterbildungs- und Dialogprogramm für junge Führungskräfte aus Brasilien, Mexiko, Indien, China und Südafrika.

Forschungsinstitut für Bergbaufolgelandschaften e.V. (FIB)

Zugehörigkeit: Unabhängig
Wissenschaftsbereich(e): Lebens-, Natur-, Ingenieurwissenschaften (Interdisziplinär)
Anschrift: Brauhausweg 02, 03238 Finsterwalde
Telefon/Fax: 03531-79 07-0
E-Mail: fib@fib-ev.de
Web-Adresse: www.fib-ev.de
Forschungsetat: 1,3 Mio. Euro (2005) **(davon) Drittmittel:** 895.000 Euro
Anzahl der Mitarbeiter: 24 (2005)

Zielsetzung/Kompetenzschwerpunkt:
Ziel ist die Gestaltung und nachhaltige Entwicklung ökologisch stabiler, vielfältig nutzbarer Bergbaufolgelandschaften.

Forschungsfelder:
Landwirtschaftliche und forstwirtschaftliche Rekultivierung von Bergbaufolgeflächen; neue Landnutzungssysteme; nachwachsende Rohstoffe – schnell wachsende Baumarten; Bodenschutz und -melioration; Naturschutz und Gewässerökologie; Umweltmonitoring.

Kurzportrait:
Das Forschungsinstitut für Bergbaufolgelandschaften e.V. (FIB) in Finsterwalde wurde 1992 auf Empfehlung des Wissenschaftsrates der Bundesrepublik als Mehrländerinstitut gegründet, um spezielle Umweltprobleme in den vom Braunkohlenbergbau beeinträchtigten Regionen in Brandenburg, Sachsen und Sachsen-Anhalt zu bearbeiten. Dem FIB stellt sich die Aufgabe, die hierzu notwendigen wissenschaftlichen Grundlagen, Konzepte und Lösungen durch eine vorwiegend anwendungsorientierte Forschung zu erarbeiten. Im Vordergrund steht die flexible, umweltgerechte und marktorientierte Bodennutzung durch Land- und Forstwirtschaft und die gezielte Entwicklung der Schutzökosysteme. Darüber hinaus werden Forschungsarbeiten zur Sanierung des Wasserhaushaltes durchgeführt.
Die Umsetzung in die Praxis erfolgt auch durch Beratung der Akteure, insbesondere der Rekultivierer, Flächennutzer (Agrar- und Forstbetriebe), Behörden und Verbände.

Praktikumsmöglichkeiten:
Es sind max. zwei Praktikanten gleichzeitig beschäftigt (mit kostenloser Unterkunft im Institut). Für Studierende aller naturwissenschaftlichen Fachrichtungen (Bodenkunde, Landwirtschaft, Forstwirtschaft, Geographie, Biologie, etc.) sowohl im Grund- als auch im Hauptstudium. Praktikumsdauer: nach Vereinbarung; Ansprechpartner: Herr Dr. D. Landgraf, E-Mail: d.landgraf@fib-ev.de

Zukunft der Einrichtung:
—

Forstliche Versuchs- und Forschungsanstalt Baden-Württemberg (FVA)

Zugehörigkeit: Ministerium für Ernährung und Ländlichen Raum, Baden-Württemberg
Wissenschaftsbereich(e): Natur-, Geistes- und Sozialwissenschaften (Interdisziplinär)
Anschrift: Wonnhaldestraße 4, 79100 Freiburg
Telefon/Fax: 0761-40 18-0
E-Mail: fva-bw@forst.bwl.de
Web-Adresse: www.fva-bw.de
Forschungsetat: ca. 8 Mio. Euro (2006) **(davon) Drittmittel:** 1 Mio. Euro
Anzahl der Mitarbeiter: 200 (2006)

Zielsetzung/Kompetenzschwerpunkt:
Langfristige Umweltforschung (Monitoring); Forschung und Entwicklung für die forstliche Praxis; Wissenstransfer.

Forschungsfelder:
Waldwachstum, Waldökologie (inkl. Waldgenetik), Boden und Umwelt; Waldschutz, Wald und Gesellschaft (inkl. Wildökologie), Forstökonomie, Biometrie und Informatik.

Kurzportrait:
Die Forstliche Versuchs- und Forschungsanstalt Baden-Württemberg (FVA) ist das Betriebsforschungsinstitut der Landesforstverwaltung und damit dem Ministerium für Ernährung und Ländlichen Raum in Stuttgart zugeordnet. Hervorgegangen aus der 1870 gegründeten Badischen Forstlichen Versuchsanstalt (Karlsruhe) und der 1872 gegründeten Württembergischen Forstlichen Versuchsanstalt (Stuttgart-Hohenheim), besteht die FVA in der heutigen Form seit 1958 in Freiburg i.Br.
Im Rahmen von Forschungs- und Entwicklungsprojekten erfüllt die FVA die Aufgabe, zielorientierte, praxisnahe und konkrete Konzepte und Informationen für Waldbesitzer, Förster und die interessierte Öffentlichkeit zu erarbeiten.
Mit der Fakultät für Forst- und Umweltwissenschaften der Albert-Ludwigs-Universität Freiburg besteht eine enge und arbeitsteilige Zusammenarbeit im Rahmen des „Freiburger Modells". Während die Universität jedoch in erster Linie Grundlagenforschung betreibt, nimmt die FVA die praxisorientierte Forschung und Entwicklung für die Forstverwaltung und die Forstbetriebe sowie das langfristige Umweltmonitoring und den Wissenstransfer von der Forschung in die Praxis wahr. Viele Projekte, auch im Bereich der Nachhaltigkeitsforschung, werden dabei in enger Zusammenarbeit mit den anderen forstlichen Versuchsanstalten in Deutschland oder dem benachbarten Ausland (z.B. Österreich oder Schweiz) durchgeführt.

Praktikumsmöglichkeiten:
In begrenztem Umfang sind Praktika an der FVA, vorwiegend für Absolventen (mindestens Vordiplom bzw. Bachelor) der Forstwissenschaften und verwandter Fachrichtungen möglich. Praktika werden grundsätzlich nicht vergütet. Interessenten sollten sich hierzu direkt mit den Abteilungen oder der Direktion der FVA (siehe Web-Adresse) in Verbindung setzen.

Zukunft der Einrichtung:
In Zukunft wird die neu ausgerichtete Abteilung Wald und Gesellschaft eine stärker sozialwissenschaftliche Orientierung erhalten. Wichtige Forschungsschwerpunkte in der näheren Zukunft sind Wald und Klima sowie Bioenergie.

Institut für Binnenfischerei e.V. Potsdam-Sacrow (IfB)

Zugehörigkeit: Unabhängig
Wissenschaftsbereich(e): Lebens-, Naturwissenschaften
Anschrift: Im Königswald 2, 14469 Potsdam
Telefon/Fax: 033201-40 60
E-Mail: info@ifb-potsdam.de
Web-Adresse: www.ifb-potsdam.de
Forschungsetat: 1,6 Mio. Euro (2006)   **(davon) Drittmittel:** 1,1 Mio. Euro
Anzahl der Mitarbeiter: 25 (2006)

Zielsetzung/Kompetenzschwerpunkt:
Hauptziel der angewandten Forschungstätigkeit ist die Erarbeitung wissenschaftlicher Grundlagen für fischereipolitische Entscheidungen sowie die Überführung von Erkenntnissen der Grundlagenforschung in die Praxis zur Unterstützung und Entwicklung der Berufs- und Angelfischerei.

Forschungsfelder:
Nachhaltige fischereiliche Bewirtschaftung von Binnengewässern; nachhaltige Nutzung und Hege von Fischbeständen, Umwelt- und Tierschutz bei der Fischerei; Fisch- und Gewässerökologie; Optimierung von Techniken und Technologien in der Aquakultur; Prüfung neuer Kandidaten für die Aquakultur; Fisch als Lebensmittel; Produktqualität.

Kurzportrait:
Das Institut für Binnenfischerei Potsdam-Sacrow (IfB) wurde 1992 gegründet und besitzt die Rechtsform eines eingetragenen Vereins. Höchstes Gremium ist die Mitgliederversammlung, die sich aus Vertretern der für Landwirtschaft zuständigen Ministerien sowie der Fischerei- und Anglerverbände Brandenburgs und Sachsen-Anhalts zusammensetzt. Das Institut wird durch den Vorstand vertreten und durch den Direktor geleitet. Ein wissenschaftlicher Beirat aus erfahrenen externen Fachleuten gibt Hinweise zur Bearbeitung der Forschungsthemen und berät in fachlichen Details.
Träger und Hauptzuwendungsgeber des IfB sind die für Fischerei zuständigen Ministerien der Bundesländer Brandenburg und Sachsen-Anhalt. Daneben werden Forschungsprojekte verschiedener Fördergeber eingeworben und wissenschaftliche Beratungs- und Dienstleistungen angeboten.
Die Arbeiten des Instituts konzentrieren sich auf drei Schwerpunktbereiche: 1. nachhaltige Bewirtschaftung von Fischbeständen in freien Gewässern, Gewässerökologie, Fischartenschutz; 2. Entwicklung einer rentablen und ökologisch verträglichen Aquakultur; 3. Produktqualität und Vermarktung. Die Bearbeitung der Schwerpunkte erfolgt in drei Abteilungen.

Praktikumsmöglichkeiten:
Anzahl der Praktikanten: bis zu drei gleichzeitig; Voraussetzung: Studium mit fischereibiologischem Bezug; Dauer: mindestens 4 Wochen; Kontakt: per E-Mail.

Zukunft der Einrichtung:
Ausbau nationaler und internationaler Kooperationen.

Institut für ökologische Wirtschaftsforschung gGmbH (IÖW)

Zugehörigkeit: Unabhängig
Wissenschaftsbereich(e): Geistes- und Sozialwissenschaften (Interdisziplinär)
Anschrift: Potsdamer Straße 105, 10785 Berlin
Telefon/Fax: 030-884 59 40 / 030-882 54 39
E-Mail: info@ioew.de
Web-Adresse: www.ioew.de
Forschungsetat: 1,7 Mio. Euro (2005) **(davon) Drittmittel:** 1,7 Mio. Euro
Anzahl der Mitarbeiter: 28 (2005)

Zielsetzung/Kompetenzschwerpunkt:
Das zentrale Anliegen des IÖW ist es, die Wirtschaftswissenschaften für ökologische Fragestellungen zu öffnen. Seit seiner Gründung entwickelt das Institut Methoden und Instrumente, um politische Rahmenbedingungen und wirtschaftliches Handeln nachhaltiger zu gestalten.

Forschungsfelder:
Innovatives Umweltmanagement in Unternehmen, Erweiterung der Ansätze zur ökologisch-ökonomischen Bewertung, ökologisch wie ökonomisch tragfähige Stadtentwicklungs- und Verkehrskonzepte, nachhaltige Stadt- und Regionalentwicklung, die Entwicklung von Methoden einer ökologischen Produktpolitik, umweltorientierte Konsumforschung, nachhaltige Energiewirtschaft und Klimaschutz.

Kurzportrait:
Das Institut für ökologische Wirtschaftsforschung (IÖW) ist eine der führenden Einrichtungen auf dem Gebiet der anwendungsorientierten Umwelt- und Nachhaltigkeitsforschung. Es erarbeitet und begutachtet wissenschaftliche Konzepte für politische, gesellschaftliche und wirtschaftliche Akteure.
Seit seiner Gründung im Jahr 1985 entwickelt das IÖW Methoden und Instrumente, um politische Rahmenbedingungen und wirtschaftliches Handeln umweltverträglicher zu gestalten. Dabei stellt sich das Institut wissenschaftlichen Herausforderungen wie der Umsetzung einer nachhaltigen Entwicklung.
Heute bilden sieben Forschungsfelder den Rahmen für die Arbeitsschwerpunkte des IÖW: ökologische Unternehmenspolitik; Umweltpolitik und -ökonomie; Stadtentwicklung, Planung und Verkehr; nachhaltige Regionalentwicklung; ökologischer Konsum; ökologische Produktpolitik sowie nachhaltige Energiewirtschaft und Klimaschutz.
Das interdisziplinäre Team des IÖW setzt sich aus Wirtschafts- und Sozial-, Ingenieur- und Naturwissenschaftler/innen zusammen.
Das IÖW ist Mitglied im ökoforum, der Kooperation unabhängiger Forschungsinstitute. Die Büros des Instituts befinden sich an zwei Standorten in Deutschland. Neben der Geschäftsstelle in Berlin hat das IÖW ein Büro in Heidelberg.

Praktikumsmöglichkeiten:
Das IÖW sucht regelmäßig Praktikanten für die Mitarbeit in laufenden Projekten. Voraussetzung: Vordiplom oder Zwischenprüfung wurden erfolgreich absolviert, Bewerber sind regulär immatrikuliert und nicht beurlaubt. Mindestdauer eines Praktikums: 2 Monate, Vergütung: 200 Euro, weitere Informationen siehe Web-Adresse.

Zukunft der Einrichtung:
Forschung in den Bereichen Neue Technologien (Nanotechnologie, Bionik), nachhaltige Konsum- und Produktionsmuster, Corporate Social Responsibility (CSR).

Institut für sozial-ökologische Forschung gGmbH (ISOE)

Zugehörigkeit: Unabhängig
Wissenschaftsbereich(e): Natur-, Geistes- und Sozialwissenschaften (Interdisziplinär)
Anschrift: Hamburger Allee 45, 60486 Frankfurt am Main
Telefon/Fax: 069-707 69 19-0 / 069-707 69 19-11
E-Mail: info@isoe.de
Web-Adresse: www.isoe.de
Forschungsetat: 1,81 Mio. Euro (2005) **(davon) Drittmittel:** 1,48 Mio. Euro
Anzahl der Mitarbeiter: 23 (2005)

Zielsetzung/Kompetenzschwerpunkt:
Theoriegeleitete und zugleich umsetzungsorientierte Erzeugung transdisziplinären Wissens im Spannungsfeld von Natur und Gesellschaft, Entwicklung zukunftsfähiger Lösungskonzepte und Analyse-Instrumente für sozial-ökologische Problemlagen.

Forschungsfelder:
Wasser und nachhaltige Umweltplanung; Transdisziplinäre Konzepte und Methoden, Soziale Ökologie; Alltagsökologie und Konsum; Mobilität und Lebensstilanalysen; Gender und Environment; Bevölkerungsentwicklung und Versorgung.

Kurzportrait:
Das Institut für sozial-ökologische Forschung (ISOE) ist ein national und international tätiges Forschungsinstitut der integrierten Umwelt- und Nachhaltigkeitsforschung. Das besondere Profil des Instituts besteht in einer fachübergreifenden Umweltforschung, die im Sinne eines transdisziplinären Forschungsansatzes mit dem Wissen verschiedener sozialer Akteure und Akteursgruppen verknüpft wird. Das Institut gehört damit zu den wenigen Forschungseinrichtungen, die theoriegeleitet aber zugleich umsetzungsorientiert an der Erzeugung transdisziplinären Wissens im Spannungsfeld von Natur und Gesellschaft arbeiten. Das Institut bietet zukunftsfähige Lösungskonzepte und Analyse-Instrumente für politische, ökologische, wirtschaftliche und soziale Entwicklungsdynamiken und liefert damit praxisrelevante Beiträge zur nachhaltigen Entwicklung und Nachhaltigkeitsforschung.
Das ISOE wurde 1989 in Frankfurt am Main als gemeinnütziges und unabhängiges Forschungsinstitut gegründet. Derzeit arbeiten 17 Wissenschaftler aus unterschiedlichen Disziplinen in einer Vielzahl von disziplinübergreifenden Forschungsprojekten. Das Institut ist in verschiedenen Netzwerken tätig und pflegt Kooperationen auf nationaler wie internationaler Ebene. Von besonderer Bedeutung ist dabei die Zusammenarbeit im Forschungsnetzwerk ökoforum sowie die Kooperation mit der Johann Wolfgang Goethe-Universität Frankfurt.

Praktikumsmöglichkeiten:
Max. drei Praktikantinnen/Praktikanten können gleichzeitig beschäftigt werden; Praktika werden projektbezogen vergeben; Voraussetzungen orientieren sich an den jeweiligen Projektinhalten; Dauer der Praktika reichen von vier Wochen bis drei Monate; die Vergütung beträgt im Regelfall 300 Euro monatlich; Ansprechpartner: Dr. Thomas Jahn.

Zukunft der Einrichtung:
Verstärkte internationale Ausrichtung; Stärkung der transdisziplinären Forschungspraxis, Lehrtätigkeiten.

Institut für Zukunftsstudien und Technologiebewertung gGmbH (IZT)

Zugehörigkeit:	Unabhängiges Forschungsinstitut
Wissenschaftsbereich(e):	Lebens-, Natur-, Ingenieur-, Geistes- und Sozialwissenschaften (Interdisziplinär)
Anschrift:	Schopenhauerstraße 26, 14129 Berlin
Telefon/Fax:	030-80 30 88-0 / 030-80 30 88-88
E-Mail:	info@izt.de
Web-Adresse:	www.izt.de
Forschungsetat:	2 Mio. Euro (2005) **(davon) Drittmittel:** 2 Mio. Euro
Anzahl der Mitarbeiter:	25 (2007)

Zielsetzung/Kompetenzschwerpunkt:
Hauptaufgaben: Untersuchung wirtschaftlicher, ökologischer, sozialer und kultureller Langfristperspektiven im Hinblick auf Zukunftsfähigkeit. „Markenzeichen" ist das Erarbeiten von Zukunftsbildern (Szenarien).

Forschungsfelder:
Nachhaltige Wirtschaftsforschung; Nachhaltige Energieforschung (erneuerbare Energien, rationelle Energieverwendung, Energiespeicherforschung); Institutionen politischer Nachhaltigkeit und Lokale Agenda 21; Beteiligungsorientierte Zukunftsforschung.

Kurzportrait:
Das Institut für Zukunftsstudien und Technologiebewertung IZT wurde 1981 gegründet. Nachdem der Wissenschaftliche Direktor, Rolf Kreibich, an der UN-Konferenz für Umwelt und Entwicklung 1992 in Rio de Janeiro mitgewirkt hatte, avancierte Nachhaltigkeit zum Leitbild des IZT. Die Nachhaltigkeitsforschung des IZT manifestiert sich derzeit z.B. in den folgenden Schwerpunkten: In der Forschungslinie „Nachhaltige Wirtschaftsforschung" sind die aktuellen Fragestellungen „Wie kann die Informations- und Kommunikationstechnik zu einer nachhaltigen Entwicklung beitragen?" (mehr unter: www.ict-sustainable.info), „Wie lässt sich durch den Sustainable-Value-Ansatz die Nachhaltigkeit von Unternehmen in Geldgrößen, in Euro, auszudrücken?" (mehr unter: www.sustainablevalue.com) oder „Wie sieht die Zukunft einer nachhaltigen Holzwirtschaft aus?" (mehr unter: www.izt.de/projekte/laufende_projekte/holzwende_2020.html). Projektbeispiele in der Forschungslinie „Energie und Emissionen" sind das Projekt „powerado", das erneuerbare Energien unter Kindern und Jugendlichen populär machen soll (mehr unter: www.powerado.de) sowie das Projekt „SKEP", das dazu beitragen soll, erneuerbare Energien in Kommunen optimal zu nutzen (mehr unter: www.izt.de/skep).
Seit 1999 ist am IZT die „Projektagentur Zukunftsfähiges Berlin" angesiedelt, die innovative Berliner Agenda-21-Projekte mit Lottomitteln unterstützt.

Praktikumsmöglichkeiten:
Es besteht die Möglichkeit, in Forschungsprojekten Praktika abzuleisten bzw. Diplomarbeiten zu verfassen. Gerne werden Studierende höherer Semester für mehrmonatige Arbeiten qualifizierend angeleitet. Die Vergütung im Praktikum beträgt 200 Euro monatlich.

Zukunft der Einrichtung:
Das IZT baut in der Nachhaltigkeitsforschung auf Internationalisierung auch außerhalb der EU. Neue Forschungspartner aus Hongkong, Indien, Kanada, Mosambik, Sambia, Südafrika und den USA wurden gewonnen.

Institut Wohnen und Umwelt GmbH (IWU)

Zugehörigkeit: Unabhängig
Wissenschaftsbereich(e): Geistes- und Sozialwissenschaften (Interdisziplinär)
Anschrift: Annastraße 15, 64285 Darmstadt
Telefon/Fax: 06151-29 04-0 / 06151-29 04-97
E-Mail: info@iwu.de
Web-Adresse: www.iwu.de
Forschungsetat: 2,3 Mio. Euro (2006)   **(davon) Drittmittel:** 1,4 Mio. Euro
Anzahl der Mitarbeiter: 36 (2006)

Zielsetzung/Kompetenzschwerpunkt:
Das IWU hat die Aufgaben, in interdisziplinärer Zusammenarbeit die gegenwärtigen Formen des Wohnens und Zusammenlebens zu erforschen und dabei insbesondere auf die Verbesserung der Wohnverhältnisse der sozial schwächeren Bevölkerungsschichten hinzuwirken.

Forschungsfelder:
Die Forschungstätigkeit des IWU gliedert sich inhaltlich in drei Kernbereiche, die in engem Bezug zueinander stehen:
- Wohnungsmarkt und Wohnungspolitik
- Stadtentwicklung und Umwelt
- Energieeffizienz im Gebäudesektor

Kurzportrait:
Das Institut Wohnen und Umwelt (IWU), Forschungseinrichtung des Landes Hessen und der Stadt Darmstadt, ist eine außeruniversitäre Forschungseinrichtung, die in interdisziplinärer Zusammenarbeit in den drei Themenbereichen Wohnen, Stadtentwicklung und Energie wissenschaftliche Forschungs- und Beratungstätigkeit leistet.
Es werden in praxisorientierter Forschungsarbeit konkrete Aufgaben und Planungsprobleme im Bereich des Wohnungs- und Städtebaus untersucht und Handlungsvorschläge für die entsprechenden Akteure (z. B. Legislative und Exekutive von der Bundes- bis zur kommunalen Ebene, wissenschaftlich und praktisch arbeitende Fachleute sowie entsprechende Organisationen und Verbände) erarbeitet. Ein entsprechender Transfer des erarbeiteten Wissens an die relevanten Akteure ist selbstverständlicher Bestandteil der Forschungsarbeit des Instituts.
Eine weitere wichtige Säule ist der Bereich Energie. Er trägt maßgeblich zu einer nachhaltigen Entwicklung im Gebäudebereich bei, indem er Forschungsfragen zur Steigerung der Energieeffizienz und Energieeinsparung bearbeitet sowie Impulse zur Umsetzung der Ergebnisse und Beseitigung etwaiger Realisierungshemmnisse gibt.

Praktikumsmöglichkeiten:
Bis zu drei Praktikanten werden gleichzeitig beschäftigt. Die Studienrichtungen sind sehr vielfältig entsprechend der Aufgaben des Instituts (Ökonomie, Soziologie, Stadtplanung, Architektur, Umweltplanung, Geografie, Physik usw.). Voraussetzung ist der Abschluss des Grundstudiums. Die Dauer des Praktikums beträgt in der Regel mindestens drei Monate.

Zukunft der Einrichtung:
Die drei Schwerpunktbereiche bleiben unverändert.

Bremer Energie Institut

Zugehörigkeit: Verein zur Förderung der wissenschaftlichen Forschung in der Freien Hansestadt Bremen e.V.
Wissenschaftsbereich(e): Natur-, Ingenieurwissenschaften (Interdisziplinär)
Anschrift: Campus Ring 1 / Reimar Lüst Hall, 28759 Bremen
Telefon/Fax: 0421-200-48 88 / 0421-200-48 77
E-Mail: info@bremer-energie-institut.de
Web-Adresse: www.bremer-energie-institut.de
Forschungsetat: ca. 700.000 Euro (2005) **(davon) Drittmittel:** —
Anzahl der Mitarbeiter: 11 (2005)

Zielsetzung/Kompetenzschwerpunkt:
Energietechnik, Energiewirtschaft, Energiepolitik.

Forschungsfelder:
Effekte der Liberalisierung der Energiemärkte, Analyse und Optimierung von Energiesystemen, Maßnahmen zur Steigerung von Energieeffizienz, Einsatz von erneuerbaren Energien und Kraft-Wärme-Kopplung, energieeffiziente Gebäude.

Kurzportrait:
Durch die Liberalisierung der Strom- und Gasmärkte ergeben sich auf allen Stufen der Energieerzeugung und -wandlung große Veränderungen. Es entsteht ein Spannungsfeld zwischen der Marktöffnung auf der einen und den Umweltanforderungen an eine nachhaltige Energieversorgung auf der anderen Seite.

Vor diesem Hintergrund liegt die Aufgabe des im Jahr 1990 gegründeten Instituts darin, die Entwicklungen auf den Energiemärkten kritisch zu begleiten und sie vor dem Hintergrund der Umweltanforderungen zu analysieren.

In seiner Funktion als anwendungsorientiertes Institut ist es bestrebt, in diesem Entwicklungsprozess innovative Impulse einzubringen und Konzepte zu erarbeiten. Dies erfolgt im Rahmen von Projekten, die u. a. in Zusammenarbeit mit Energieversorgungsunternehmen, Verbänden sowie häufig auch in Kooperation mit anderen Instituten im In- und Ausland durchgeführt werden. Es gibt am Institut keine weitere Untergliederung in einzelne Arbeitsbereiche oder Einrichtungen.

Die untersuchten Fragen der Energiewandlung und -nutzung haben stets mit der Frage nach Nachhaltigkeit von Energiesystemen zu tun. Dies gilt insbesondere für Projekte, die sich mit der Nutzung von erneuerbaren Energien oder der Minderung von Energieverbräuchen beschäftigen.

Es bestehen Kooperationen mit der Universität Bremen und der International University Bremen (IUB); ab Frühjahr 2007 auch mit der Jacobs University Bremen.

Praktikumsmöglichkeiten:
Grundsätzlich möglich; Dauer, Inhalt, Voraussetzungen, Vergütung etc. werden individuell abgesprochen.

Zukunft der Einrichtung:
In absehbarer Zukunft ist keine Verschiebung in den Arbeitsschwerpunkten geplant.

Deutsches Institut für Urbanistik (Difu)

Zugehörigkeit:	Rechtsträger: Verein für Kommunalwissenschaften e.V.
Wissenschaftsbereich(e):	Geistes- und Sozialwissenschaften (Interdisziplinär)
Anschrift:	Straße des 17. Juni 112, 10623 Berlin
Telefon/Fax:	030-390 01-0 / 030-390 01-100
E-Mail:	difu@difu.de
Web-Adresse:	www.difu.de
Forschungsetat:	6,08 Mio. Euro (2006) **(davon) Drittmittel:** 2,42 Mio. Euro
Anzahl der Mitarbeiter:	rund 80 (2006)

Zielsetzung/Kompetenzschwerpunkt:
Das Difu unterstützt Kommunalverwaltungen durch anwendungsorientierte Forschung und Fortbildung bei der Lösung aktueller Probleme sowie bei der Formulierung längerfristiger Perspektiven der städtischen Entwicklung.

Forschungsfelder:
Mobilitätsentwicklung, Integration von Raum-/Verkehrsplanung in Stadt/Region, Mobilitätsmanagement/Verkehrsregulierung, Erreichbarkeit/Aufenthaltsqualität im öffentlichen Raum, neue Anforderungen im öffentlichen Nahverkehr (ÖPNV), Radverkehrsförderung, Flächeninanspruchnahme/Bodenschutz, Luftreinhaltung/Lärmminderung, kommunale Konzepte für Klimaschutz/Energiesparen, Wasserversorgung/Abwasserentsorgung, Umweltmanagementsysteme, Umweltverträglichkeitsprüfung (UVP), Lokale Agenda 21.

Kurzportrait:
Das Deutsche Institut für Urbanistik (Difu) wurde 1973 auf Initiative der deutschen Städte gegründet, um Kommunalverwaltungen durch wissenschaftlich fundierte Forschung und Fortbildung die Lösung ihrer kommunalen Aufgaben zu erleichtern und längerfristige Perspektiven und Handlungsmöglichkeiten für die städtische Entwicklung aufzuzeigen. Als Gemeinschaftseinrichtung von mehr als 100 Zuwendern orientiert das Difu seine Arbeit gezielt am Bedarf der Städte und bietet ihnen ein breites Spektrum von Leistungen an. Die Arbeitsschwerpunkte des Difu liegen in der Siedlungsentwicklung, der Flächennutzung, im Städtebau sowie bei den Themen Wohnen, Wirtschaft, Arbeitsmarkt, Finanzpolitik, Infrastruktur, Gesellschaft, Sozialpolitik, Gesundheitsförderung, Verkehr, Umwelt, Bildung, Kultur und Denkmalpflege.
Forschungen auf dem Gebiet der Nachhaltigkeit sind u. a.: „Fläche im Kreis – Kreislaufwirtschaft in der städtischen/stadtregionalen Flächennutzung"; Bundesaktion „Bürger initiieren Nachhaltigkeit"; Fachkongresse der kommunalen Energiebeauftragten; Sozial-ökologische Regulation netzgebundener Infrastruktur – netWORKS; Umsetzung des nationalen Radverkehrsplanes durch Einrichtung des Internetportals www.nationaler-radverkehrsplan.de; Mobilität und Siedlung 2050. Weitere Projekte: siehe unter www.difu.de.

Praktikumsmöglichkeiten:
Praktikanten verschiedener Gebiete im Wissenschaftsbereich bzw. der Pressestelle; Vordiplom erwünscht; Praktikumsdauer je ca. 8 Wochen; keine Vergütung möglich; Kurzbewerbung mit tabellarischem Lebenslauf an Herrn Handke, Tel.: 030-390 01-123; E-Mail: handke@difu.de

Zukunft der Einrichtung:
—

DIALOGIK gemeinnützige Gesellschaft für Kommunikations- und Kooperationsforschung mbH

Zugehörigkeit: Unabhängig
Wissenschaftsbereich(e): Geistes- und Sozialwissenschaften
Anschrift: Seidenstraße 36, 70174 Stuttgart
Telefon/Fax: 0711-68 58-39 70 / 0711-68 58-24 87
E-Mail: info@dialogik-expert.de
Web-Adresse: www.dialogik-expert.de
Forschungsetat: 700.000 Euro (2005) **(davon) Drittmittel:** 700.000 Euro
Anzahl der Mitarbeiter: 15 (2007)

Zielsetzung/Kompetenzschwerpunkt:
Erforschung komplexer Kommunikationsprozesse im Spannungsfeld von Politik, Wirtschaft und Zivilgesellschaft mit Hilfe überwiegend diskursiver Methoden.

Forschungsfelder:
Governance von Risiken; Risikowahrnehmung und -kommunikation; Einstellungsforschung (Technologieentwicklung und Technikvorausschau); Innovative Formen der Partizipation und Konfliktlösung.

Kurzportrait:
Eine auf Nachhaltigkeit beruhende Zukunftsgestaltung ist auf Kooperation und Dialog der oft widerstreitenden gesellschaftlichen Kräfte angewiesen. Dies trifft im Besonderen auf die Politikfelder Technik, Umwelt, Gesundheit und Verbraucherschutz zu. Hier führen kontroverse Ansichten über den angemessenen Umgang mit Chancen und Risiken häufig zu fruchtlosen Verhandlungen und Blockaden zwischen den relevanten gesellschaftlichen Kräften. Vor allem für diese risikosensiblen Politikfelder untersucht das Forschungsinstitut (Gründung 2003) vorrangig mit diskursiven Methoden, wie innovative Formen der Kommunikation und neuartige Partizipations- und Kooperationsverfahren Entscheidungsprozesse und die Umsetzung von Entscheidungen in die Praxis von Politik, Wirtschaft und Gesellschaft verbessern können. Auf diskursive Forschungsmethoden setzte DIALOGIK z. B. in dem vom Schweizer Energieversorger AXPO finanzierten Projekt „Die Identifizierung und Messung von sozialen Indikatoren zur Nachhaltigkeit von ausgewählten Systemen der Stromerzeugung". Das Forschungsteam ist besonders ausgewiesen in sozialwissenschaftlichen Ansätzen und bedient sich Methoden und fortgeschrittener Techniken der qualitativen und quantitativen Sozialforschung. Die Geschäftsführung obliegt Ortwin Renn, der außerdem Inhaber des Lehrstuhls für Umwelt- und Techniksoziologie an der Universität Stuttgart ist.

Praktikumsmöglichkeiten:
1-2 Praktikanten; Praktikumsdauer zwischen sechs Wochen und drei Monaten.

Zukunft der Einrichtung:
Neue zusätzliche Aufgabenfelder: Institutional Governance; Cooperation Management.

ECOLOG-Institut für sozial-ökologische Forschung und Bildung gGmbH

Zugehörigkeit: Unabhängig
Wissenschaftsbereich(e): Natur-, Geistes- und Sozialwissenschaften (Interdisziplinär)
Anschrift: Nieschlagstraße 26, 30449 Hannover
Telefon/Fax: 0511-924 56-46 / 0511-924 56-48
E-Mail: mailbox@ecolog-institut.de
Web-Adresse: www.ecolog-institut.de
Forschungsetat: 500.000 Euro (2006) **(davon) Drittmittel:** 500.000 Euro
Anzahl der Mitarbeiter: 12 (2006)

Zielsetzung/Kompetenzschwerpunkt:
Nachhaltige Entwicklung, Risikoforschung, gesundheitliche Wirkungen elektromagnetischer Felder.
Allgemein: gesellschaftlich engagierte, interdisziplinäre Forschung.

Forschungsfelder:
Folgen technologischer Entwicklungen für Mensch und Umwelt, Vorsorgekonzepte, Elektromagnetische Felder und ihre Auswirkungen auf Gesundheit und Umwelt. Voraussetzungen und Potenziale nachhaltiger Entwicklung auf lokaler, regionaler, nationaler und internationaler Ebene. Umwelt- und Risikokommunikation, Konzepte für das Nachhaltigkeitsmarketing, Unterstützung einer Bildung für Nachhaltigkeit.

Kurzportrait:
Das ECOLOG-Institut für sozial-ökologische Forschung und Bildung gGmbH wurde 1991 von WissenschaftlerInnen der Universität Hannover sowie Mitarbeitenden des Wissenschaftsladens Hannover gegründet, um in Norddeutschland einen institutionellen Rahmen für eine gesellschaftlich engagierte, interdisziplinäre Forschung zu schaffen. Das Institut kooperiert mit zahlreichen wissenschaftlichen und außerwissenschaftlichen Partnern.
Das fachliche Spektrum der Mitarbeitenden umfasst kultur-, natur-, planungs- und sozialwissenschaftliche sowie medizinische Qualifikationen.

Praktikumsmöglichkeiten:
Ein Praktikum ist generell möglich, die Themenstellung richtet sich nach den jeweils aktuell bearbeiteten Projekten.

Zukunft der Einrichtung:
—

ifeu-Institut für Energie- und Umweltforschung Heidelberg gGmbH

Zugehörigkeit:	Unabhängig
Wissenschaftsbereich(e):	Natur-, Ingenieur-, Geistes- und Sozialwissenschaften (Interdisziplinär)
Anschrift:	Wilckensstraße 3, 69120 Heidelberg
Telefon/Fax:	06221-47 67-0 / 06221-47 67-19
E-Mail:	ifeu@ifeu.de
Web-Adresse:	www.ifeu.de
Forschungsetat:	— **(davon) Drittmittel:** —
Anzahl der Mitarbeiter:	ca. 40 (2006)

Zielsetzung/Kompetenzschwerpunkt:
Hauptzweck der Arbeiten ist der Schutz der Umwelt. Die Analyse gesellschaftlich relevanter Problemlagen, die durch menschliche Aktivitäten auf die Umwelt oder durch Umwelteinflüsse auf den Menschen hervorgerufen werden, steht im Mittelpunkt der Arbeiten.

Forschungsfelder:
Wichtige inhaltliche Themen sind Abfallwirtschaft, Umweltbildung und Information, Energie, Klimaschutz, Luftverschmutzung, Landwirtschaft, Nachhaltigkeit, Ökobilanzen, Risikobewertung, Verkehr und Umwelt sowie Umweltverträglichkeitsprüfungen.

Kurzportrait:
Das ifeu-Institut ist ein unabhängiges ökologisches Forschungsinstitut, das 1978 von Wissenschaftlern der Universität Heidelberg gegründet wurde. Es beschäftigt etwa 40 Mitarbeiterinnen und Mitarbeiter, darunter 30 Wissenschaftler und Ingenieure verschiedener Fachdisziplinen; hinzukommen Doktoranden, Diplomanden und Praktikanten sowie die Mitarbeiterinnen und Mitarbeiter im Servicebereich. Die Finanzierung erfolgt ausschließlich über projektgebundene Mittel. Etwa zwei Drittel der Forschungsprojekte und Begutachtungen werden von Ministerien aus Bund und Ländern, Kommunen, dem Umweltbundesamt oder anderen öffentlichen Körperschaften beauftragt. Ein Drittel der Aufträge stammt aus der freien Wirtschaft. Das Institut war ursprünglich als gemeinnütziger Verein organisiert. Seit 1991 ist das ifeu zu einer GmbH umstrukturiert, die als gemeinnützig anerkannt ist.
Ein großer Teil der Projektarbeit kann Fragen der Nachhaltigkeit zugeordnet werden. Durch die trans- und interdisziplinäre Arbeitsweise werden wichtige Felder der sozial-ökologischen Forschung abgedeckt. Beispiele sind Klimaschutz- und Umweltbildungsprojekte mit direktem Akteurs- und Praxisbezug. Das ifeu-Institut ist in einem Netzwerk von Institutionen mit Nachhaltigkeitsbezug eingebunden. Kooperationen existieren mit fast allen ökologischen Instituten, Wirtschaftsinstituten und naturwissenschaftlichen Instituten.

Praktikumsmöglichkeiten:
Angebot von ca. fünf Praktikumsplätzen; Voraussetzung: fortgeschrittenes oder abgeschlossenes Studium, Interesse an und Erfahrungen mit Umweltthemen; Dauer: sechs Monate; Bezahlung: i.d.R. 640 Euro/Monat; Kurzbewerbungen (Anschreiben und tabellarischer Lebenslauf) bitte ausschließlich per E-Mail an Ingo Enderlein, E-Mail: ingo.enderlein@ifeu.de

Zukunft der Einrichtung:
Schwerpunkte der zukünftigen Arbeit sind sozial-ökologische Forschungsarbeiten, Klimaschutzfragen, Fortentwicklungen der Ökobilanzierung, Fragen einer nachhaltigen Verkehrspolitik sowie Energieversorgung und die Umweltbildung junger Menschen.

IMU – Institut für Medienforschung und Urbanistik GmbH

Zugehörigkeit: Unabhängig
Wissenschaftsbereich(e): Geistes- und Sozialwissenschaften (Interdisziplinär)
Anschrift: Hermann-Lingg-Straße 10, 80336 München
Telefon/Fax: 089-54 41 26-0 / 089-54 41 26-11
E-Mail: imu-muenchen@imu-institut.de
Web-Adresse: www.imu-institut.de
Forschungsetat: — **(davon) Drittmittel:** —
Anzahl der Mitarbeiter: 35 (2006)

Zielsetzung/Kompetenzschwerpunkt:
Das Institut wurde 1981 mit der arbeitsorientierten Zielsetzung gegründet, technologischen, wirtschaftlichen und sozialen Wandel ganzheitlich an den Forschungsfeldern Betrieb, Branche und Stadt/Region zu bearbeiten.

Forschungsfelder:
Veränderungen in Unternehmen, Betrieben und Branchen und ihre Folgen für die Beschäftigten, für betroffene Regionen, Städte und Stadtteile; Stadt- und Raumentwicklung; regionale Entwicklung; Szenarien; gesamtgesellschaftliche Bewertungen.

Kurzportrait:
Das IMU Institut ist eine unabhängige, interdisziplinär arbeitende Forschungs- und Beratungseinrichtung. Es wurde 1981 in München gegründet und hat heute weitere Standorte in Berlin, Dresden, Nürnberg, Stuttgart und Karlsruhe.
Das IMU Institut forscht und berät zu Fragen betrieblicher, branchenbezogener und regionaler Entwicklung und konzipiert arbeitsorientierte Strategien mit den Schwerpunkten aktive Beschäftigungs- und integrierte Standortentwicklung, soziale Arbeits- und Technikgestaltung, Medienwirtschaft und Clusterentwicklung, Gleichstellung von Frau und Mann, Stadt- und Regionalentwicklung, nachhaltige Umweltvorsorge und Ressourcenschutz, sowie Internationalisierung von Arbeit und Wirtschaft. Zu diesen Schwerpunkten führt das IMU auch Seminare und Tagungen durch.
Die Kolleginnen und Kollegen des IMU stammen aus Sozial-, Wirtschafts-, Rechts- und Ingenieurwissenschaften sowie aus kaufmännischen und technischen Disziplinen.

Praktikumsmöglichkeiten:
Auf Anfrage; nur projektbezogen.

Zukunft der Einrichtung:
—

Institut für Energetik und Umwelt gGmbH (IE)

Zugehörigkeit: Unabhängig
Wissenschaftsbereich(e): Natur-, Ingenieurwissenschaften (Interdisziplinär)
Anschrift: Torgauer Straße 116, 04347 Leipzig
Telefon/Fax: 0341-24 34-112 / 0341-24 34-133
E-Mail: info@ie-leipzig.de
Web-Adresse: www.ie-leipzig.de
Forschungsetat: — **(davon) Drittmittel:** —
Anzahl der Mitarbeiter: 45 (2006)

Zielsetzung/Kompetenzschwerpunkt:
Analyse und Bewertung regenerativ-konventioneller Energiesysteme und Nutzung regenerativer Energien, insbesondere Biomasse. Durch theoretische und praktische Grundlagen- und F&E-Arbeiten sowie Beratungsleistungen soll eine zukunftsfähige Energieversorgung unterstützt werden.

Forschungsfelder:
Feste Bioenergieträger: Potenziale, Konzepte, Szenarien, Logistik, Technik, Ökonomie; Flüssige Bioenergieträger: Evaluierung von Konversionstechnologien, Machbarkeit; Biogas: Konzepte und Analysen in den Bereichen Gewinnung und Nutzung; Geothermie: Stromerzeugung aus Erdwärme; Energiewirtschaft: Zertifikathandel, makroökonomische Untersuchungen, Erzeugung – Verteilung – Verbrauch.

Kurzportrait:
Das Institut für Energetik und Umwelt (IE), hervorgegangen aus dem 1953 gegründeten Institut für Energetik, ist ein interdisziplinäres Forschungsinstitut, das sich mit technischen, ökonomischen und ökologischen Fragen aus den Bereichen „Energie" und „Umwelt" sowohl theoretisch als auch praktisch auseinander setzt. Neben Machbarkeitsstudien, Begutachtungen, Technikfolgenabschätzungen, Szenarioanalysen, Ökobilanzen sowie Modellierungen und Simulationen beinhaltet dies experimentelle Untersuchungen im Labor-, Technikums-, Pilot- und Demonstrationsmaßstab. Die wahrgenommenen Aufgaben betreffen zum einen die Beratung öffentlicher und privater Auftraggeber und die Bereitstellung von Lösungen für technische und systemtechnische Problemstellungen durch theoretische und praktische grundlagen- und anwendungsorientierte Arbeiten. Zum anderen liegen die Aufgaben bei der Entwicklung, Optimierung und Bewertung technischer Prozesse, Verfahren und Systeme in enger Kooperation zwischen Wirtschaft und Wissenschaft auf regionaler, nationaler und internationaler Ebene. Des Weiteren sind die Evaluierung, Planung und Baubegleitung Erfolg versprechender Projekte im Bereich regenerativer Energien sowie die Information der (Fach-)Öffentlichkeit über aktuelle Entwicklungen im Bereich der Kernkompetenzen von zentraler Bedeutung. Das Institut arbeitet im Rahmen verschiedener EU-Projekte eng mit Forschungseinrichtungen aus Deutschland und Europa zusammen.

Praktikumsmöglichkeiten:
Bis zu fünf Praktikanten oder Diplomanden, vorzugsweise ingenieurwissenschaftliche Studienrichtung. Dauer: mindestens 3 Monate. Vergütung kann individuell vereinbart werden.

Zukunft der Einrichtung:
Schwerpunkt wird die Bioenergie bleiben. Dabei wird die Einbindung in (inter-)nationale Netzwerke verstärkt werden. Auch die Geothermie und andere erneuerbare Energieträger sowie deren Integration in das bestehende, vorwiegend konventionelle Energiesystem werden im Fokus bleiben.

Kompetenzzentrum für Energieeffizienz e.V.

Zugehörigkeit: selbstständig
Wissenschaftsbereich(e): Lebens-, Natur-, Ingenieur-, Geistes- und Sozialwissenschaften (Interdisziplinär)
Anschrift: Stammestraße 115, 30459 Hannover
Telefon/Fax: 0511-92 96 14 00 / 0511-92 96 99 14 00
E-Mail: sven-frederic.andres@fh-hannover.de
Web-Adresse: wird noch eingerichtet
Forschungsetat: — **(davon) Drittmittel:** —
Anzahl der Mitarbeiter: 2 (2007)

Zielsetzung/Kompetenzschwerpunkt:
Forschung und Projektleitung in den Bereichen des rationellen Energieeinsatzes sowie der Bereitstellung und Nutzung regenerativer Energien für Gebäude, Bündelung vorhandener Kompetenzen und Schaffung neuer Kompetenzfelder, Intensivierung der Lehre.

Forschungsfelder:
CO_2-Vermeidungskosten, energetische Modernisierung, energiesparende Gebäudetechnik, CO_2-neutrale Energietechnik, optimierter Klimaschutz.

Kurzportrait:
Das Kompetenzzentrum für Energieeffizienz e.V. ist eine eigenständige, fächerübergreifende Einrichtung, die im März 2007 gegründet wurde. Die Mitglieder setzen sich zusammen aus Hochschulen, außeruniversitären Forschungseinrichtungen, Körperschaften, Behörden, öffentlicher Verwaltung und Unternehmen.
Vorrangiger Zweck des Kompetenzzentrums ist die Intensivierung von Wissenschaft, Forschung und Lehre sowie die Verknüpfung von Forschung, Lehre und Wirtschaft in den Bereichen Nachhaltigkeit, energetische Modernisierung, Gebäudetechnik, Energietechnik und Klimaschutz.
Im Rahmen interdisziplinärer, anwendungsorientierter Forschung und Entwicklung unterstützt der Verein die fachbereichs- und hochschulübergreifende Forschung durch Konzeption, Koordination und Durchführung gemeinsamer Forschungsprojekte unter Einbindung der Mitglieder des Kompetenzzentrums und weiterer Partner je nach Darstellung der jeweiligen Forschungsprojekte.
Eine praxisgerechte Umsetzung der Forschungs- und Entwicklungsergebnisse wird erreicht durch eine intensive Zusammenarbeit mit Partnern aus Industrie, Handwerk und Gewerbe. Der Wissenstransfer in die Praxis wird von Mitarbeitern des Kompetenzzentrums unter Einbindung bestehender und neuer Aus-, Fort- und Weiterbildungsangebote organisiert.

Praktikumsmöglichkeiten:
Die Rahmenbedingungen für ein Praktikum werden im Einzelfall auf die Erfordernisse von Praktikanten und Institut abgestimmt.

Zukunft der Einrichtung:
Das Kompetenzzentrum befindet sich in der Aufbauphase.

Münchner Projektgruppe für Sozialforschung e.V. (MPS)

Zugehörigkeit: Unabhängig
Wissenschaftsbereich(e): Geistes- und Sozialwissenschaften (Interdisziplinär)
Anschrift: Dachauer Straße 189, 80637 München
Telefon/Fax: 089-15 57 60 / 089-15 98 05 37
E-Mail: mps@sozialforschung.org
Web-Adresse: www.sozialforschung.org
Forschungsetat: — **(davon) Drittmittel:** —
Anzahl der Mitarbeiter: 14 (2006)

Zielsetzung/Kompetenzschwerpunkt:
Problemorientierte Forschung zu Fragen nachhaltiger Entwicklung, deren Folgen und Voraussetzungen, innovative Gestaltungsoptionen auf lokaler, regionaler und nationaler Ebene; reflexives Orientierungs- und Gestaltungswissen für gesellschaftliche Entscheidungsprozesse.

Forschungsfelder:
- Nachhaltigkeit & Kommunikation
- Nachhaltige Lebensstile, Arbeit & Konsum, Alltagshandeln
- Neue institutionelle Arrangement; institutionelles Lernen
- Wissenschaft & Nachhaltigkeitsforschung

Kurzportrait:
Die Münchner Projektgruppe für Sozialforschung ist ein unabhängiges, als gemeinnützig anerkanntes, sozialwissenschaftliches Institut, das sich seit seiner Gründung 1979 dem Prinzip „problemorientierter Forschung" verpflichtet sieht. Neben klassischer Grundlagenforschung hat die Begleit-, Interventions- und Evaluationsforschung im Rahmen von transdisziplinären Projekten einen hohen Stellenwert.
Im Mittelpunkt unserer Arbeit stehen derzeit Fragen zu nachhaltiger Entwicklung. Darunter die Folgenden: Was sind die gesellschaftlichen Voraussetzungen und Folgen unterschiedlicher Modelle von nachhaltiger Entwicklung? Welche innovativen Gestaltungsoptionen bieten sich den verschiedenen gesellschaftlichen Akteuren in Richtung Nachhaltigkeit? Wie sind die bestehenden Ansätze nachhaltiger Entwicklung auf lokaler, regionaler und nationaler Ebene zu bewerten? Welches „reflexive" Orientierungs- und Gestaltungswissen lässt sich für gesellschaftliche Entscheidungsprozesse gewinnen?
Orientiert am Konzept einer partizipativen und für ambivalente Folgen sensiblen Sozialforschung suchen wir nach Gestaltungsoptionen in Richtung Nachhaltigkeit. Inhaltlich steht für uns der Zusammenhang von öffentlicher Kommunikation, institutionellen Arrangements und Alltagshandeln im Vordergrund.

Praktikumsmöglichkeiten:
Praktika sind nach Absprache in den jeweiligen Projekten möglich. Eine Vergütung kann dafür leider nicht erbracht werden.

Zukunft der Einrichtung:
Die MPS passt ihre Forschungsschwerpunkte regelmäßig aktuellen Bedarfen an. Für die kommenden Jahre ist eine Vertiefung der Exploration von Zukunftswissen und internetbasierten Kommunikationsmedien für Wissenschaft, Politik und Gesellschaft vorgesehen.

Öko-Institut – Institut für angewandte Ökologie e.V.

Zugehörigkeit:	Unabhängig
Wissenschaftsbereich(e):	Natur-, Ingenieur-, Geistes- und Sozialwissenschaften (Interdisziplinär)
Anschrift:	Postfach 50 02 40, 79028 Freiburg i. Br.
Telefon/Fax:	0761-452 95-0
E-Mail:	info@oeko.de
Web-Adresse:	www.oeko.de
Forschungsetat:	7,5 Mio. Euro (2006) **(davon) Drittmittel:** —
Anzahl der Mitarbeiter:	100 (2006)

Zielsetzung/Kompetenzschwerpunkt:

Das Öko-Institut ist eine der europaweit führenden, unabhängigen Forschungs- und Beratungseinrichtungen für eine nachhaltige Zukunft. Es erarbeitet Grundlagen und Strategien, wie die Vision einer nachhaltigen Entwicklung global, national und lokal umgesetzt werden kann.

Forschungsfelder:

Nachhaltiges Wirtschaften (u. a. Kreislaufwirtschaft, Informationsgesellschaft, nachhaltige Produkte & Konsum); Sicherheit & Gesundheit (u. a. Anlagensicherheit, Ernährung, Entsorgung radioaktiver Abfälle, Gentechnik); Politik & Recht (u. a. Umweltrecht, Klimaschutzpolitik, Governance & Steuerung, Produktpolitik, Bürgerbeteiligung); Umwelthandlungsfelder (u. a. Energie; Bauen & Wohnen, Tourismus, Sport & Freizeit).

Kurzportrait:

Auf Basis einer wertorientierten wissenschaftlichen Forschung berät das Öko-Institut Entscheidungsträger aus Politik, Wirtschaft und Zivilgesellschaft. Es zeigt ihnen Wege auf, wie den Herausforderungen begegnet werden kann, vor denen Mensch und Umwelt in einer Zeit des schnellen gesellschaftlichen Wandels und der Globalisierung stehen. Die wissenschaftliche Arbeit des Instituts ist in den Forschungsbereichen Energie & Klimaschutz, Nukleartechnik & Anlagensicherheit, Infrastruktur & Unternehmen, Produkte & Stoffströme und Umweltrecht & Governance organisiert.

Zu den wichtigsten Auftraggebern gehören Ministerien auf Bundes- und Landesebene, Unternehmen sowie die Europäische Union. Darüber hinaus ist das Institut für Nicht-Regierungsorganisationen und Umweltverbände tätig. An den drei Standorten Freiburg, Darmstadt und Berlin beschäftigt das Institut über 100 MitarbeiterInnen, darunter 70 WissenschaftlerInnen. Jährlich bearbeiten sie rund 100 nationale und internationale Projekte in den Arbeitsgebieten „Sicherheit & Gesundheit", „Nachhaltiges Wirtschaften", „Politik & Recht" und „Umwelthandlungsfelder". Die Projektteams setzen sich aus Natur-, Wirtschafts- und SozialwissenschaftlerInnen, IngenieurInnen, JuristInnen und KommunikationsexpertInnen zusammen. Zudem kooperiert das Öko-Institut mit anderen wissenschaftlichen Institutionen und engagiert sich in nationalen und internationalen Netzwerken.

Praktikumsmöglichkeiten:

Es werden ca. sieben PraktikantInnen in den wissenschaftlichen Bereichen und eine/r im Referat Öffentlichkeit & Kommunikation beschäftigt. In der Regel dauert das Praktikum 3-6 Monate. Der Abschluss eines Studiums wird vorausgesetzt. Die Vergütung erfolgt nach Absprache. Ansprechpartner sind die Sekretariate der jeweiligen Bereiche.

Zukunft der Einrichtung:

—

Unabhängiges Institut für Umweltfragen e.V. (UfU)

Zugehörigkeit: Unabhängig
Wissenschaftsbereich(e): Lebens-, Ingenieur-, Geistes- und Sozialwissenschaften (Interdisziplinär)
Anschrift: Greifswalder Straße 4, 12043 Berlin
Telefon/Fax: 030-428 49 93-0 / 030-428 00 48-50
E-Mail: mail@ufu.de
Web-Adresse: www.ufu.de
Forschungsetat: 600.000 Euro (2006) **(davon) Drittmittel:** 600.000 Euro
Anzahl der Mitarbeiter: 15 (2006)

Zielsetzung/Kompetenzschwerpunkt:
Projekte und angewandte Forschung in den Fachgebieten „Klimaschutz und Bildung", „Bürgerbeteiligung und Umweltrecht", „Lärmschutz" und „Landschaftsökologie". Ziele sind dabei die Entwicklung und Umsetzung einer bürgernahen Umweltwissenschaft.

Forschungsfelder:
Bürgerbeteiligung im Umweltschutz, Umweltgesetzgebung in Deutschland, Energiesparen und erneuerbare Energien an Schulen, Umweltbildung im Themenfeld „Energie, Klimaschutz und Nachhaltigkeit", Freizeitlärm – Gesundheitsgefahren und Prävention, Naturschutz - Flächennutzung und Ersatzmaßnahmen.

Kurzportrait:
UfU ist ein wissenschaftliches Institut und eine Bürgerorganisation. Wir orientieren uns an der Vision einer nachhaltigen Gesellschaft. UfU hat seine Geschäftsstelle in Berlin und weitere Büros in Halle und Dresden.

UfU wirkt in der Tradition, die es in der DDR 1989 mit begründet hat. Es stärkt das Engagement der Bürger durch umweltpolitische Aufklärung und Beratung. UfU stößt umweltgerechte Entwicklungen und Prozesse an. Es initiiert und betreut angewandte wissenschaftliche Projekte und Aktionen, die auf Veränderung ökologisch unhaltbarer Zustände drängen und die Beteiligung der Bürger benötigen und fördern.

Folgende Beispiele verdeutlichen die konkreten Ergebnisse der Arbeit des Instituts: Durch ein vom UfU erarbeitetes Rechtsgutachten wurde die allgemeine Flughöhe für Flugzeuge in Deutschland von 300 auf 600 Metern angehoben. In Berlin hat UfU die Einführung des Energieeinsparsystems „Fifty-Fifty" an Schulen durchgesetzt, mit dessen Hilfe nachhaltige Energiesparmaßnahmen mit Bildungsprojekten gekoppelt und Einsparungen von 600.000 Euro pro Jahr realisiert werden. Eine Serie von 26 Modellklagen hat dafür gesorgt, dass der Berliner Senat Maßnahmen zur Reduzierung des Autoverkehrs ergreifen musste.

UfU beschäftigt sich u. a. mit der Entwicklung von Materialien zur schulischen und außerschulischen Vermittlung von erneuerbaren Energien an Kinder und Jugendliche.

Praktikumsmöglichkeiten:
Es sind durchgängig ca. zwei PraktikantInnen und eine FÖJ-Freiwillige bei uns tätig. Die PraktikantInnen sind meist aus dem Hauptstudium, aber auch Studienanfänger. Bezahlung erfolgt nach Absprache. Praktikumsdauer ist gewöhnlich 2-3 Monate (2 Wochen bis 6 Monate möglich). Kontakt: Fachgebietsleiter (siehe Web-Adresse).

Zukunft der Einrichtung:
Weiterer Ausbau insbesondere in den Gebieten Klimaschutz und Umweltrecht. Stärkere Konzentration auf wissenschaftliche Projekte, wobei die Kombination zu praktischer NGO-Arbeit beibehalten werden soll.

Wuppertal Institut für Klima, Umwelt, Energie GmbH

Zugehörigkeit: Wissenschaftszentrum Nordrhein-Westfalen
Wissenschaftsbereich(e): Natur-, Ingenieur-, Geistes- und Sozialwissenschaften (Interdisziplinär)
Anschrift: Döppersberg 19, 42103 Wuppertal
Telefon/Fax: 0202-24 92-0 / 0202-24 92-108
E-Mail: info@wupperinst.org
Web-Adresse: www.wupperinst.org
Forschungsetat: 8,40 Mio. Euro (2005) **(davon) Drittmittel:** 5,45 Mio. Euro
Anzahl der Mitarbeiter: 138 Beschäftigte (2005)

Zielsetzung/Kompetenzschwerpunkt:
Erforschung und Entwicklung von Leitbildern, Strategien und Instrumenten für eine nachhaltige Entwicklung auf regionaler, nationaler und internationaler Ebene. Im Zentrum stehen die Ökologie und deren Wechselbeziehung mit Wirtschaft und Gesellschaft.

Forschungsfelder:
Forschungsgruppen: zukünftige Energie- und Mobilitätsstrukturen, Energie-, Verkehrs- und Klimapolitik, Stoffströme und Ressourcenmanagement, Nachhaltiges Produzieren und Konsumieren.
Querprojekte: Globalisierung und Nachhaltigkeit, Nachhaltigkeitsszenarien, Ökosuffizienz und Lebensqualität.

Kurzportrait:
Das Wuppertal Institut wurde 1991 gegründet und wird seit dem Jahr 2000 von Prof. Dr. Peter Hennicke geleitet. Es versteht sich als Mittler zwischen Wissenschaft, Wirtschaft und Politik und arbeitet anwendungsorientiert. Die Forschungsarbeit ist verteilt auf vier Forschungsgruppen und drei forschungsgruppenübergreifende Querprojekte, die sich mit den genannten Forschungsfeldern beschäftigen. Die „Wissenschaftlichen Dienste" und die Administration unterstützen die Arbeit der WissenschaftlerInnen. Das Institut ist mit seinem Büro Berlin in der Bundeshauptstadt vertreten. Das 2005 gegründete „UNEP/Wuppertal Institute Collaborating Centre on Sustainable Consumption and Production" hat seinen Sitz in Wuppertal und befasst sich mit den globalen Interdependenzen bei Produktion und Konsum von Gütern. Das DoktorandInnenprogramm des Instituts widmet sich in Zusammenarbeit mit mehreren Universitäten der akademischen Qualifizierung des wissenschaftlichen Nachwuchses. Es bestehen formelle Kooperationen mit den Universitäten Teheran (CEERS), Osnabrück, Wuppertal und Kassel. Kooperationen im Rahmen der wissenschaftlich-praktischen Ausbildung bestehen mit der FernUniversität in Hagen und dem Fraunhofer-Institut für Umwelt-, Sicherheits- und Energietechnik (UMSICHT). Regelmäßige Projektkooperationen finden statt mit dem „Institute for Global Environmental Strategies" (IGES, Japan) und „The Energy and Resources Institute" (TERI, Indien).

Praktikumsmöglichkeiten:
Praktika in allen vier Forschungsgruppen. Voraussetzung: abgeschlossenes Grundstudium in einem Studiengang mit Nachhaltigkeitsbezug. Dauer: mind. 8 Wochen. Vergütung: keine. Kontakt: Birgit Wolff, Tel.: 0202-24 92-105, E-Mail: birgit.wolff@wupperinst.org

Zukunft der Einrichtung:
In den kommenden Jahren wird das Institut seine nationalen und internationalen Forschungsaktivitäten im Bereich Energieeffizienz (und erneuerbare Energien) und Ressourcenproduktivität weiter ausbauen.

V.2 Universitäre Forschungseinrichtungen

Abteilung Angewandte Klimatologie und Landschaftsökologie

Zugehörigkeit: Universität Duisburg-Essen, Campus Essen, Fachbereich Biologie und Geographie
Wissenschaftsbereich(e): Naturwissenschaften
Anschrift: Universitätsstr. 5, 45117 Essen
Telefon/Fax: 0201-183-27 34 / 0201-183-32 39
E-Mail: wilhelm.kuttler@uni-due.de
Web-Adresse: www.uni-due.de/klimatologie
Forschungsetat: 65.000 Euro (2006) **(davon) Drittmittel:** 45.000 Euro
Anzahl der Mitarbeiter: 10 (2006)

Zielsetzung/Kompetenzschwerpunkt:
Planungsrelevante Stadtklimatologie; Verbesserung der urbanen Lebensbedingungen; Verminderung des Global Warming durch Reduzierung des Wärmeinseleffektes; Analyse der CO_2- und Feinstaubproblematik zur Erarbeitung von Minderungsmaßnahmen.

Forschungsfelder:
Stadt- und Geländeklimatologie; Analyse der lufthygienischen Verhältnisse in der urbanen bodennahen Atmosphäre; Analyse der CO_2- und Feinstaubkonzentrationen in Abhängigkeit variabler und invariabler Größen; Untersuchungen des thermischen/hygrischen Einflusses von Stadtböden auf das Stadtklima.

Kurzportrait:
Die Abteilung Angewandte Klimatologie und Landschaftsökologie wurde im Jahre 1986 gegründet. Ihre Schwerpunkte in der Forschung liegen im Bereich der Stadt- und Geländeklimatologie sowie in der Erfassung und Analyse von gas- (z.b. CO_2) und partikelförmigen Spurenstoffen (z.B. Feinstäube PM_{10}, $PM_{2,5}$, PM_1) der bodennahen Atmosphäre. Untersuchungen der thermischen, hygrischen und lufthygienischen Verhältnisse im urban-industriellen Raum stehen dabei ebenso im Vordergrund des wissenschaftlichen Interesses wie Analysen zum bodennahen Luftaustausch während austauscharmer Wetterlagen.
Aufgrund der Verankerung der Belange von „Klima" und „Lufthygiene" in der Umweltschutzgesetzgebung und im Planungsrecht fällt diesen „umweltrelevanten Faktoren" eine besondere Bedeutung im Abwägungsprozess bei potenziellen Flächenumwidmungen zu. Entscheidungsträger in Städten und Kommunen sind deshalb sowohl an einer qualitativen und quantitativen Bewertung entsprechender Ist-Zustände als auch an den zu erwartenden Auswirkungen von Planzuständen interessiert.
Für die raum- und anwendungsbezogene Aufbereitung der immissionsklimatischen Ergebnisse werden synthetische Klimafunktions- und Planungshinweiskarten entwickelt, die zur Umsetzung nachhaltiger Aspekte der kommunalen Planungspraxis beitragen.
Die Abteilung unterhält einen Forschungsverbund mit der Universität Kobe (Japan), Abteilung Architektur und Stadtplanung, Prof. M. Moriyama und der Universität Freiburg, MIF, Prof. H. Mayer.

Praktikumsmöglichkeiten:
In den letzten fünf Jahren haben sieben Praktikanten (Schülerpraktikum) in der Abteilung ihr Praktikum absolviert. Die Resonanz der entsprechenden Schulen war durchweg positiv.

Zukunft der Einrichtung:
Forschung: Raum-zeitliche Verteilung der bodennahen CO_2- und Feinstaub-Verteilung zur Erfassung turbulenter Flüsse in urbanen Räumen.

Abteilung Ganzheitliche Bilanzierung (GaBi), Lehrstuhl für Bauphysik (LBP)

Zugehörigkeit: Universität Stuttgart
Wissenschaftsbereich(e): Ingenieurwissenschaften (Interdisziplinär)
Anschrift: Hauptstraße 113, 70771 Echterdingen
Telefon/Fax: 0711-48 99 99-0 / 0711-48 99 99-11
E-Mail: gabi@lbp.uni-stuttgart.de
Web-Adresse: www.lbpgabi.uni-stuttgart.de
Forschungsetat: ca. 800.000 Euro (2006) **(davon) Drittmittel:** 100 %
Anzahl der Mitarbeiter: 12 (2006)

Zielsetzung/Kompetenzschwerpunkt:
Ökologische, ökonomische, technische und soziale Analyse von Produkten, Systemen, Prozessen und Dienstleistungen zur Entscheidungsunterstützung in Wissenschaft, Politik und Industrie auf Basis von Lebenswegbetrachtungen.

Forschungsfelder:
Ökobilanzierung, Life Cycle Assessment (LCA)/Life Cycle Engineering (LCE), Design for Environment (DfE), Environmental Product Declarations (EPD), Nachhaltigkeitsbewertung, Umweltmanagement, Energieeffizienzanalysen, Stoffstromanalysen, Greenhouse Gas Accounting (GHG).

Kurzportrait:
Die Abteilung Ganzheitliche Bilanzierung (GaBi, Englisch: Life Cycle Engineering, LCE) des Lehrstuhls für Bauphysik (LBP) wurde 1989 von Prof. Peter Eyerer am Institut für Kunststoffprüfung und Kunststoffkunde (IKP) gegründet und ist seit 2006 am Lehrstuhl für Bauphysik bei Prof. Klaus Sedlbauer angesiedelt.
Das interdisziplinäre Team bearbeitet Forschungsprojekte öffentlicher Auftraggeber (v. a. EU) und der Industrie hauptsächlich in den Branchen Automobil, Bauwesen, Chemie und Kunststoffe, Energie, Metalle, Elektronik, nachwachsende Rohstoffe und Recycling/Entsorgung. Enge Kooperationen bestehen zum Fraunhofer Institut für Bauphysik (IBP) und zur PE International GmbH sowie zu zahlreichen weiteren nationalen und internationalen Forschungseinrichtungen.
Seit Gründung wurden weltweit mehr als 150 Industrie- und Forschungsprojekte durchgeführt. Zusammen mit ihrer Ausgründung PE International ist LBP-GaBi heute die weltgrößte Arbeitsgruppe auf dem Gebiet der Ökobilanzierung und Ganzheitlichen Bilanzierung. Der Forschungsschwerpunkt liegt in Methoden der Sachbilanzierung, der Wirkungsabschätzung und der Integration sozialer Nachhaltigkeitsbewertung. Das vorhandene Know-how wird in Vorlesungen an Studierende technischer Disziplinen weitergegeben.

Praktikumsmöglichkeiten:
Die Abteilung Ganzheitliche Bilanzierung beschäftigt ca. 15 studentische Hilfskräfte und betreut Studien- und Diplomarbeiten im ingenieurwissenschaftlichen Bereich.

Zukunft der Einrichtung:
Methodenweiterentwicklung (Detaillierung in örtlichem und zeitlichem Bezug), Nachhaltigkeitsintegration (ökologisch/ökonomisch/sozial) sowie weitere europäische und internationale Ausrichtung.

Abteilung Ökologie und Ökosystemforschung

Zugehörigkeit: Georg-August-Universität Göttingen
Wissenschaftsbereich(e): Naturwissenschaften
Anschrift: Untere Karspüle 2, 37073 Göttingen
Telefon/Fax: 0551-39 57 22 / 0551-39 57 01
E-Mail: cleusch@gwdg.de
Web-Adresse: www.plantecology.uni-goettingen.de
Forschungsetat: 840.000 Euro (2006) **(davon) Drittmittel:** 798.000 Euro
Anzahl der Mitarbeiter: 34 (2006)

Zielsetzung/Kompetenzschwerpunkt:
Erforschung der ökologischen Anpassung krautiger Pflanzen und Bäume an ihre Standortbedingungen in natürlichen und naturnahen Ökosystemen; Analyse der Stabilität und Funktionen von Ökosystemen, ihrer Wechselwirkungen und Dienstleistungen für den Menschen.

Forschungsfelder:
Ökophysiologie von Pflanzen, Wasser- und Nährstoffhaushalt tropischer und temperater Wälder, Rolle von Boden und Pflanzen im ökosystemaren Kohlenstoffhaushalt (C-Senkenfunktion), Bedingungen für die Erhaltung der Biodiversität, Bedingungen für die Stabilität von Ökosystemen (z.b. Nährstoffverfügbarkeit), Wirkungen und Dienstleistungen der biologischen Vielfalt (z.B. pharmakologische Nutzung).

Kurzportrait:
Prof. Dr. Leuschner ist seit 2000 Inhaber der Professur für Ökologie und Ökosystemforschung. Seine Hauptarbeitsgebiete sind die Ökophysiologie von Pflanzen und die Ökologie von Bäumen und Wäldern in den gemäßigten und tropischen Breiten. Seit rund 15 Jahren führt er mit seinen Mitarbeitern Studien zur ökophysiologischen Anpassung von Pflanzen an unterschiedliche Lebensbedingungen (Licht-, Wasser- und Nährstoffverfügbarkeit) durch. Der Schwerpunkt liegt dabei auf Untersuchungen in der Krone und im Wurzelraum von Bäumen. Die Arbeiten umfassen dabei Untersuchungen zum Kohlenstoffgewinn (Photosynthese), zum Wachstum, zur Wasseraufnahme, -leitung und -transpiration sowie zur Nährstoffaufnahme und -speicherung. Zusammen mit Strukturdaten der jeweiligen Bestände werden diese Daten u. a. zur Modellierung des Jahresgewinns an Kohlenstoff in Baumkronen eingesetzt. Vergleichende Analysen in den Kronen von mehreren einheimischen Baumarten (z.B. Linde, Esche, Hainbuche, Eiche, Buche) wie auch tropischen Baumarten erlaubten den funktionalen Vergleich verschiedener Bäume im Hinblick auf photosynthetische Leistungsfähigkeit, Blattleitfähigkeit, Kronendachtranspiration und die Kosten der Kronenraumeroberung. Weitere Arbeiten der Gruppe befassen sich schwerpunktmäßig mit der unterirdischen Struktur von Bäumen, d. h. insbesondere mit dem Feinwurzelsystem und dessen Leistungen.

Praktikumsmöglichkeiten:
Im Rahmen der aktuellen Forschungsaktivitäten der Arbeitsgruppe sind jederzeit unbezahlte Praktika möglich, sofern diese im Rahmen einer Ausbildung erfolgen. Bis zu acht Praktikanten können gleichzeitig betreut werden, Dauer von ca. 6 Wochen bis 3 Monate. Ansprechpartner: Prof. Dr. Ch. Leuschner

Zukunft der Einrichtung:
Die Abteilung wird sich in Zukunft verstärkt mit aktuellen Umweltproblemen befassen, darunter mit den Folgen des Klimawandels für Wald- und Hochgebirgsökosysteme und den Konsequenzen der Intensivierung der Agrarproduktion für die Phytodiversität.

Agrar- und Umweltwissenschaftliche Fakultät der Universität Rostock

Zugehörigkeit: Universität Rostock
Wissenschaftsbereich(e): Natur-, Ingenieurwissenschaften (Interdisziplinär)
Anschrift: Justus-von-Liebig-Weg 6, 18055 Rostock
Telefon/Fax: 0381-498-30 00
E-Mail: dekan.agrarfak@uni-rostock.de
Web-Adresse: www.auf.uni-rostock.de
Forschungsetat: über 2,5 Mio. Euro (2006) **(davon) Drittmittel:** 2,1 Mio. Euro
Anzahl der Mitarbeiter: ca. 170 (2006)

Zielsetzung/Kompetenzschwerpunkt:
Interdisziplinäres Zusammenwirken von Agrar-, Ingenieur-, Planungs- und Umweltwissenschaften mit dem Ziel, komplexe nachhaltige Lösungen für die Probleme ländlicher Räume zu entwickeln.

Forschungsfelder:
Universitärer Forschungsschwerpunkt: umweltgerechte Nutzung und nachhaltige Entwicklung ländlicher Räume mit den Themengebieten Erfassung und Auswertung umweltrelevanter Kenngrößen; umweltgerechter Stoffhaushalt; umweltgerechte Nutzungssysteme im ländlichen Raum; integrierte Planung, Gestaltung und Bauen im ländlichen Raum; sozioökonomische Bewertung von Umweltwirkungen im ländlichen Raum.

Kurzportrait:
Die Agrar- und Umweltwissenschaftliche Fakultät ist eine von neun Fakultäten an der 1419 gegründeten Universität Rostock. 1942 wurde die Landwirtschaftliche Fakultät eingerichtet, die 1946 den Studienbetrieb aufnahm. 1962 kam das technisch orientierte Meliorationswesen dazu. Nach der Wiedervereinigung wurde die Agrarwissenschaftliche Fakultät neu gegründet und 1998 in Agrar- und Umweltwissenschaftliche Fakultät umbenannt, um dem breiten Disziplinenspektrum auch im Umweltbereich besser Rechnung zu tragen. Heute besteht die Agrar- und Umweltwissenschaftliche Fakultät aus den Instituten: Institut für Bauingenieurwesen, Institut für Landnutzung, Institut für Management ländlicher Räume, Institut für Nutztierwissenschaften und Technologie, Institut für Umweltingenieurwesen.
Zur Fakultät gehören etwa 26 Professuren, 51 Wissenschaftler und 58 technische Mitarbeiter sowie gut 50 Drittmittelbeschäftigte.
Im Sinne einer gemeinsamen Forschungsarbeit wurde an der Fakultät ein Forschungsschwerpunkt gebildet (siehe dazu die Forschungsfelder weiter oben).
Die Fakultät bietet Bachelor- und Masterstudiengänge in Agrarökologie sowie Landeskultur und Umweltschutz an und ist an den Fernstudiengängen „Umweltschutz" sowie „Umwelt und Bildung" beteiligt.

Praktikumsmöglichkeiten:
Auf Anfrage

Zukunft der Einrichtung:
Die Fakultät hat sich sowohl in der Lehre, in der Struktur als auch in der Forschungsfokussierung intensiv reformiert und neu positioniert, so dass vorbehaltlich aller Einspardiskussionen im Lande die Aussichten durchaus positiv zu sehen sind.

Centre for Sustainability Management (CSM)

Zugehörigkeit: Universität Lüneburg (Stiftung des öffentlichen Rechts)
Wissenschaftsbereich(e): Geistes- und Sozialwissenschaften (Interdisziplinär)
Anschrift: Scharnhorststraße 1, 21335 Lüneburg
Telefon/Fax: 04131-677-21 81 / 04131-677-21 86
E-Mail: csm@uni-lueneburg.de
Web-Adresse: www.uni-lueneburg.de/csm/umanagement
Forschungsetat: — **(davon) Drittmittel:** 95 %
Anzahl der Mitarbeiter: 22 wissenschaftliche MitarbeiterInnen, 3 technische/Verwaltung, 18 studentische Hilfskräfte (2006)

Zielsetzung/Kompetenzschwerpunkt:
Zu den Aufgaben des CSM gehören die theoretische, transdisziplinäre und anwendungsorientierte Forschung zu unternehmerischem Nachhaltigkeitsmanagement, die Initiierung und wissenschaftliche Begleitung von Modellprojekten und der MBA Sustainability Management.

Forschungsfelder:
Grundlagen des Nachhaltigkeitsmanagements (corporate sustainability); Messung, Information, Strategie und Kommunikation (Accounting, Reporting, Balanced Scorecard usw.); Management von Stakeholder-Beziehungen; integratives Nachhaltigkeitsmanagement und Naturschutzmanagement.

Kurzportrait:
Das Centre for Sustainability Management (CSM) ist ein international tätiges Kompetenzzentrum zu Forschung, Lehre, wissenschaftlicher Weiterbildung und Transfer in den Bereichen des unternehmerischen Nachhaltigkeitsmanagements sowie der Nachhaltigkeitsökonomie und -politik. Es bietet den weltweit ersten MBA zu unternehmerischem Nachhaltigkeitsmanagement an (www.sustainament.de). Aufbauend auf Konzepten und Methoden der BWL, VWL und der Umweltwissenschaften werden hier Ursachen, Strukturen und Prozesse von Umwelt-, Gesellschafts- und Nachhaltigkeitsproblemen analysiert und integrierte nachhaltige Lösungen für Unternehmen, Wirtschaft und Gesellschaft entwickelt.
Ein besonderer Schwerpunkt wird auf die Verknüpfung der ökologischen, sozialen und ökonomischen Dimensionen von Nachhaltigkeitsökonomie und -management gelegt.
Zu den Forschungsschwerpunkten gehören: Messung unternehmerischer Nachhaltigkeit (Environmental and Sustainability Accounting and Reporting, Balanced Scorecard, Controlling, Indicators, Sustainable Finance usw.); Management von Stakeholder-Beziehungen; Naturschutzmanagement; interdisziplinäres Umwelt- und Nachhaltigkeitsmanagement; Grundlagen der unternehmerischen Nachhaltigkeit (Corporate Sustainability, Business Case for Sustainability usw.).

Praktikumsmöglichkeiten:
Praktikumsmöglichkeit im Bereich des unternehmerischen Nachhaltigkeitsmanagements (corporate sustainability).

Zukunft der Einrichtung:
Das CSM wurde um die Professur Nachhaltigkeitsökonomie (Prof. Baumgärtner) erweitert und entwickelt verstärkt Forschungsaktivitäten im integrativen Bereich von Nachhaltigkeitsökonomie und -management.

Deutsch-Französisches Institut für Umweltforschung (DFIU-IFARE)

Zugehörigkeit: Universität Karlsruhe (TH)
Wissenschaftsbereich(e): Natur-, Ingenieurwissenschaften (Interdisziplinär)
Anschrift: Hertzstraße 16, 76187 Karlsruhe
Telefon/Fax: 0721- 608-44 60 / 0721-75 89 09
E-Mail: otto.rentz@wiwi.uni-karlsruhe.de
Web-Adresse: www-dfiu.wiwi.uni-karlsruhe.de
Forschungsetat: 1,2 Mio. Euro (2006) **(davon) Drittmittel:** 1 Mio. Euro
Anzahl der Mitarbeiter: 15 (2006)

Zielsetzung/Kompetenzschwerpunkt:
Nachhaltige Produktion und Energieversorgung; Reduzierung von Luftschadstoffen; Optimierung von Stoff- und Energieflüssen, u. a. im Abfall- und Recyclingsektor.

Forschungsfelder:
Nachhaltigkeitsindikatoren in der Energiewirtschaft; energiepolitische Instrumente zur Förderung einer nachhaltigen Entwicklung; prozessintegriertes Design für dynamische Stoffstromnetze; prozessintegrierter Umweltschutz in der Metallindustrie; Konzepte der Kreislaufwirtschaft; Strategieentwicklung zur Minderung von Luftschadstoffemissionen; nachhaltige Megastädte; nachhaltiges Flächenmanagement etc.

Kurzportrait:
Das Deutsch-Französische Institut für Umweltforschung, Universität Karlsruhe (TH), befasst sich seit seiner Gründung im Jahre 1991 insbesondere mit Fragestellungen aus den Bereichen nachhaltiger Produktion und Energieversorgung, der Reduzierung von Luftschadstoffen sowie der Optimierung von Stoff- und Energieflüssen u. a. im Abfall- und Recyclingsektor. Für die techno-ökonomische Bewertung von Verfahren/Technologien und zur Ableitung von Handlungsstrategien setzen die multidisziplinär geprägten Forscherteams des DFIU vor allem auf optimierende Modellansätze, verfahrenstechnische Software und multikriterielle Entscheidungsunterstützung.
Ziel der Forschungsaktivitäten ist: 1. notwendige umweltpolitische Maßnahmen wissenschaftlich abzusichern, 2. den interessierten Stellen in Staat und Wirtschaft wissenschaftliche und technische Hilfsmittel zur Umsetzung dieser Maßnahmen zur Verfügung zu stellen, 3. die Kooperation mit internationalen Organisationen (EU, Europarat, UNO, OECD, etc.) zu fördern, 4. einschlägige Informations- und Dokumentationsdienste wahrzunehmen.

Praktikumsmöglichkeiten:
—

Zukunft der Einrichtung:
—

Fachbereich Forstwirtschaft der Fachhochschule Eberswalde

Zugehörigkeit:	Fachhochschule Eberswalde
Wissenschaftsbereich(e):	Lebenswissenschaften (Interdisziplinär)
Anschrift:	Alfred-Möller-Straße 1, 16225 Eberswalde
Telefon/Fax:	03334-654-65 / 03334-654-28
E-Mail:	cborcher@fh-eberswalde.de
Web-Adresse:	www.fh-eberswalde.de/forstwirtschaft
Forschungsetat:	ca. 380.000 Euro (2006) **(davon) Drittmittel:** 280.000 Euro
Anzahl der Mitarbeiter:	32 (2006)

Zielsetzung/Kompetenzschwerpunkt:
(Wald-)Ökosystemmanagement, Globaler/Klimawandel, nachhaltige Nutzung von Naturressourcen, Nachwachsende Rohstoffe, Biodiversität und Waldökologie.

Forschungsfelder:
Naturschutz und Klimawandel, Nachwachsende Rohstoffe, Waldökologie und Waldschutz.

Kurzportrait:
Lehre und Forschung zum Themenkomplex Wald sind die zentralen Tätigkeitsfelder des Fachbereiches Forstwirtschaft und dies schon seit über 176 Jahren. In intensiver Zusammenarbeit mit Privatunternehmen, Verwaltungen und Behörden sowie unterstützt durch ein breites Netzwerk internationaler Kooperationen wurde in den letzten Jahren ein grundlegend neues Fachbereichs-Profil etabliert.

Nachwachsende Rohstoffe, Ökosystemforschung und Naturschutz sowie Waldschutz und Umweltmonitoring sind die Schwerpunktthemen der Forschung am Fachbereich Forstwirtschaft. In den letzten zwei Jahren gab es im Fachbereich mehr als 20 drittmittelfinanzierte Forschungsprojekte. Neben den langjährigen Forschungskooperationen zu inländischen, europäischen und nordamerikanischen Forschungseinrichtungen, sind Kontakte zu osteuropäischen und südamerikanischen Forschungsinstitutionen von wachsender Bedeutung.

Die praxisbezogene Forschung ist in zahlreichen Projekten unmittelbar mit dem Gedanken der Nachhaltigkeit verknüpft. Für Studierende wie Absolventen bieten sich hier ideale Voraussetzungen Wissenschaft unmittelbar zu erleben und mitzugestalten.

Praktikumsmöglichkeiten:
Praktikantenstellen können – wenn überhaupt – nur sehr eingeschränkt mit den Projektleitern der Drittmittel-Projekte direkt im Einzelfall vereinbart werden.

Zukunft der Einrichtung:
Intensivierung der nationalen und internationalen Kontakte im Hochschulbereich und in der privaten Wirtschaft; Verstärkung der Forschungssegmente Nachwachsende Rohstoffe und Waldökologie.

Fachbereich Ökologische Agrarwissenschaften

Zugehörigkeit: Universität Kassel
Wissenschaftsbereich(e): Lebens-, Natur-, Ingenieur-, Geistes- und Sozialwissenschaften (Interdisziplinär)
Anschrift: Steinstraße 19, 37213 Witzenhausen
Telefon/Fax: 05542-98-12 11 / 05542-98-13 09
E-Mail: dekfb11@wiz.uni-kassel.de
Web-Adresse: www.uni-kassel.de/agrar
Forschungsetat: 5,5 Mio. Euro (2006)   **(davon) Drittmittel:** 5 Mio. Euro
Anzahl der Mitarbeiter: 130 (2006)

Zielsetzung/Kompetenzschwerpunkt:
Forschung und Lehre im Bereich der Ökologischen Landwirtschaften unter gemäßigten und tropisch/subtropischen Klimabedingungen einschließlich dem Anbau und der Nutzung nachwachsender Rohstoffe.

Forschungsfelder:
Ökologische Bodennutzungssysteme, ökologischer Pflanzenbau einschließlich des Anbaus nachwachsender Rohstoffe, Pflanzenschutz im Ökologischen Landbau, ökologische Nutztierhaltungssysteme, Lebensmittelqualität und Marktforschung für Öko-Lebensmittel.

Kurzportrait:
Ausgehend von einer 1982 begründeten Professur für Ökolandbau verfügt der Fachbereich Ökologische Agrarwissenschaften der Universität Kassel über eine 25-jährige Erfahrung in Forschung und Lehre in der Ökologischen Landwirtschaft. Vor zehn Jahren erfolgte die Umstellung des gesamten Fachbereiches auf Ökologische Agrarwissenschaften. Heute forschen und lehren über 100 Mitarbeiter im Themengebiet. Von der Bodenkunde über die Tierhaltung bis zum Agrarmarketing und der ökologischen Lebensmittelqualität sind alle Disziplinen der Ökologischen Landwirtschaft mit 19 einschlägigen Professuren vertreten. Die Arbeitsbereiche liegen in den gemäßigten Breiten ebenso wie in den Tropen und Subtropen.
Sowohl in der universitären Forschung wie auch in der Lehre ist Kassel-Witzenhausen die größte der Ökologischen Landwirtschaft gewidmete Einrichtung in Deutschland.
Angeboten werden europaweit einzigartig mehrere Studiengänge in Ökologischer Landwirtschaft: je ein Bachelor of Science (BSc) und ein Master of Science (MSc) Ökologische Agrarwissenschaften, ein MSc International Organic Agriculture und ein MSc International Food Business and Consumer Studies.
Als Drittmittelgeber fungieren die EU, die DFG, diverse Bundes- und Landesministerien sowie Stiftungen.
Mit der Agrarfakultät im benachbarten Göttingen und der Hochschule Fulda bestehen partnerschaftliche Beziehungen, die für Lehre und Forschung ein in Deutschland einmaliges Umfeld bieten.

Praktikumsmöglichkeiten:
—

Zukunft der Einrichtung:
Gemeinsam mit der Agrarfakultät in Göttingen wird das von den Landesregierungen in Hessen und Niedersachsen getragene Agrar-Fakultätenzentrum Göttingen/Witzenhausen entwickelt.

Fachgebiet Geo-Ressourcen und Geo-Risiken

Zugehörigkeit: Technische Universität Darmstadt (TUD), Institut für Angewandte Geowissenschaften
Wissenschaftsbereich(e): Naturwissenschaften
Anschrift: Schnittspahnstraße 9, 64287 Darmstadt
Telefon/Fax: 06151-16-23 71 / 06151-16-65 39
E-Mail: ahoppe@geo.tu-darmstadt.de
Web-Adresse: www.iag.tu-darmstadt.de/fg/georisk/georisk.tud
Forschungsetat: — **(davon) Drittmittel:** —
Anzahl der Mitarbeiter: 5 (2006)

Zielsetzung/Kompetenzschwerpunkt:
Die komplexen Daten und Ergebnisse aus den Geowissenschaften aufbereiten und bewerten, um ihre Konsequenzen für die Wirtschaft und Umwelt sichtbar zu machen.

Forschungsfelder:
Geo-Ressourcen (z.b. mineralische Rohstoffe, Grundwasser, Boden) und Geo-Risiken (z.B. Erdbeben, Vulkanausbrüche, Massenverlagerungen); Untersuchung und ökonomisch-ökologische Bewertung der Geo-Potenziale insbesondere in der Umrahmung von Ballungsräumen mit Unterstützung Geographischer Informationssysteme (GIS) und 3D-Visualisierung (Gocad) unter Einbeziehung multikriterieller Verfahren.

Kurzportrait:
Aufgrund von wachsendem Siedlungsdruck und damit einhergehender Flächenknappheit sind konkurrierende Landnutzungsinteressen in urbanen Gebieten besonders häufig. Im Rahmen solcher Nutzungskonflikte muss eine Betrachtung von Geo-Ressourcen und Geo-Risiken eine Sonderrolle spielen, handelt es sich doch bei ihnen um standortgebundene Geo-Potenziale. Schon allein im Sinne einer nachhaltigen Betrachtung verdienen sie deshalb besondere Aufmerksamkeit. Erst wenn die geologischen Verhältnisse verständlich und transparent dargestellt sind, kann die Geologie die ihr gebührende Rolle bei Entscheidungsprozessen um Landnutzungen einnehmen.
Das 2001 an der TUD neu eingerichtete Fachgebiet hat dazu einen mehrstufigen Arbeitsablauf in einigen Testgebieten entwickelt. Er geht von der Generierung eines dreidimensionalen geologischen Modells aus, das die Grundlage für die Ableitung thematischer geowissenschaftlicher Karten liefert. Diese Karten sind GIS-basierten Bewertungsansätzen zugänglich. Innerhalb des GIS können nun auch andere, nicht-geologische Informationen, die z.B. ökologische, ökonomische, soziale o. a. Gesichtspunkte berücksichtigt, zugeführt und mit den geologischen Parametern einer planungsrelevanten Bewertung unterzogen werden. Diese Bewertung erfolgt im Rahmen eines GIS-integrierten Systems zur Unterstützung von Entscheidungen unter Einbeziehung multikriterieller Verfahren.

Praktikumsmöglichkeiten:
Möglich: 6-8 Wochen; GIS-gestützte Untersuchung der Geo-Potenziale in und um Ballungsräume; Möglichkeit eines Unkostenzuschusses.

Zukunft der Einrichtung:
Stadtforschung; Forschungsprojekte im Umland von Frankfurt/Südhessen, Zaragoza/Nordspanien und Belo Horizonte/Brasilien.

Fachgebiet Institut für Landschaftsarchitektur und Umweltplanung (in Gründung)

Zugehörigkeit:	Hochschule Neubrandenburg – University of Applied Sciences, Fachbereich Landschaftsarchitektur, Geoinformatik, Geodäsie und Bauingenieurwesen
Wissenschaftsbereich(e):	(Interdisziplinär)
Anschrift:	Brodaer Straße 2, 17033 Neubrandenburg
Telefon/Fax:	0395-56 93-226 / 0395-56 93-299
E-Mail:	dehne@hs-nb.de
Web-Adresse:	www.hs-nb.de/lu
Forschungsetat:	— (davon) Drittmittel: —
Anzahl der Mitarbeiter:	20 (2006)

Zielsetzung/Kompetenzschwerpunkt:
Lehre der Landschaftsarchitektur und Umweltplanung; anwendungsorientierte Forschung in verschiedenen Bereichen.

Forschungsfelder:
Nachhaltige Entwicklung ländlicher Räume, Nachhaltigkeitsindikatoren, integriertes Küstenzonenmanagement; Dachbegrünung, begrünte Fassaden; Schutz, Pflege und Entwicklung der gewachsenen (historischen) Kulturlandschaft; Naturschutzgeschichte in Ostdeutschland.

Kurzportrait:
Die Studiengänge Landschaftsarchitektur und Umweltplanung existieren seit 1993. Ausgewählte Forschungsprojekte im Bereich Nachhaltigkeit sind: Freiwillige Selbstkontrolle Nachhaltigkeit (FSK-N) in Region und Stadt; Akteursorientierte Entwicklung und Erprobung eines regionalen Berichtssystems für eine nachhaltige Regionalentwicklung am Beispiel der Region Mecklenburgische Seenplatte, gefördert durch das Bundesministerium für Bildung und Forschung (BMBF); Verbundprojekt: IKZM Oder – Forschung für ein Integriertes Küstenmanagement in der Odermündung; Vorhaben: Dialoge, regionale Partizipation, Indikatoren und Entscheidungshilfesysteme; Teilprojekt. gefördert durch das BMBF.
Strategien der Landes- und Regionalplanung zur Bewältigung des demographischen Wandels im Auftrag des Bundesamtes für Bauwesen und Raumordnung (BBR); Regionen der Zukunft – Teilprojekt 1: Nachhaltige Entwicklung in Modellregionen, Förderung durch das Bundesministerium für Verkehr, Bau- und Wohnungswesen.
Weitere Einrichtungen der Hochschule sind: Institut für Umweltgeschichte und Regionalentwicklung an der Hochschule Neubrandenburg (An-Institut) (www.iugr.net); Agenda-Büro Stettiner Haff (www.agenda21-oder.de); Arbeits- und Forschungsgruppe Kulturlandschaft mv, Arbeits- und Forschungsgruppe KLEKs (Kulturlandschaftselementekataster).

Praktikumsmöglichkeiten:
Praktika sind nicht möglich.

Zukunft der Einrichtung:
Vertiefung der genannten Forschungsschwerpunkte; Ausbau des Kompetenzfeldes „Nachhaltiger Umbau von ländlichen Regionen".

Fachgebiet Klimatologie

Zugehörigkeit: Technische Universität Berlin, Institut für Ökologie
Wissenschaftsbereich(e): Naturwissenschaften (Interdisziplinär)
Anschrift: Rothenburgstraße 12, 12165 Berlin
Telefon/Fax: 030-314-731 95 / 030-314-713 55
E-Mail: Dieter.Scherer@TU-Berlin.de
Web-Adresse: www.klima.tu-berlin.de
Forschungsetat: — **(davon) Drittmittel:** —
Anzahl der Mitarbeiter: 7 (2007)

Zielsetzung/Kompetenzschwerpunkt:
Forschung mit klimatologischen, meteorologischen und lufthygienischen Zielsetzungen unter Anwendung von Fernerkundung/GIS, meteorologischen Messungen, Modellierungen (z.B. Windfelder, hydrologische Modelle) sowie selbst entwickelter Software.

Forschungsfelder:
Austauschprozesse und Wechselwirkungen zwischen Landoberfläche und Atmosphäre z.B. Stadtklimatologie (nachhaltige Stadtentwicklung), unbewohntes Umfeld in Skandinavien oder der Arktis; Untersuchungsgegenstand sind hierbei: Energie- und Wasserbilanz, Windfeld und Turbulenz sowie Lufthygiene und Bioklima; Modellierung umweltrelevanter Prozesse.

Kurzportrait:
Das Fachgebiet wird seit 2003 von Prof. Dr. Dieter Scherer geleitet. Die Forschungsaktivitäten schließen Landoberflächenprozesse und ihre Interaktionen mit der Atmosphäre ein. In Forschungsprojekten werden Stadtklimate und ihre Bedeutung für eine nachhaltige Stadtentwicklung untersucht. Untersuchungsgegenstand sind Energie- und Wasserbilanz städtischer und ländlicher Regionen, Landbedeckung und Landnutzung, Windfeld und Turbulenz, Lufthygiene und Bioklima. Die Mitglieder des Teams besitzen detaillierte Kenntnisse der Meteorologie, Klimatologie, Biologie und Landschaftsplanung.
Das Methodenspektrum umfasst die Gewinnung von Fernerkundungsdaten, Daten aus Feldexperimenten sowie die Untersuchung von Umweltprozessen mittels numerischer Modelle. Langjährige Erfahrungen bestehen in der Analyse von Fernerkundungsdaten zur Klassifikation der Landbedeckung und deren Veränderungen sowie in der Gewinnung von digitalen Gelände- und Oberflächenmodellen. Die Ergebnisse dienen als Eingangsdaten für Modelle, die z.B. in einer automatisierten Analyse von klimatischen und lufthygienischen Bedingungen für die Stadt- und Regionalplanung genutzt werden. Weitere Aktivitäten umfassen den Betrieb eines Stadtklimamessnetzes in Berlin, der Messung von Strahlungsflüssen, des sensiblen und latenten Wärmeflusses in der städtischen Grenzschicht sowie der Energie- und Wasserflüsse im Boden.

Praktikumsmöglichkeiten:
Für Studierende: 2-tägiges Geländepraktikum; 3-wöchiges Geländepraktikum in Nordschweden (2 Jahresturnus); 1-wöchiges Programmierpraktikum in IDL (Interactive Data Language); 1-wöchiges Fernerkundungspraktikum; selbstbestimmte Studienprojekte der Studierenden (z.B. erneuerbare Energien).

Zukunft der Einrichtung:
Erhalt und Ausbau der Forschungsschwerpunkte auf neue Standorte in der Arktis sowie in Asien/Korea und Afrika/Marokko mit neuen Kooperationspartnern; BMBF-Projekt zur nachhaltigen Entwicklung von Megacities.

Fachgebiet Landschaftsplanung, insbesondere Landschaftspflegerische Begleitplanung und Umweltverträglichkeitsprüfung

Zugehörigkeit: Technische Universität Berlin, Fakultät VI Planen, Bauen, Umwelt
Wissenschaftsbereich(e): Ingenieurwissenschaften (Interdisziplinär)
Anschrift: Straße des 17. Juni 145, 10623 Berlin
Telefon/Fax: 030-314-0
E-Mail: —
Web-Adresse: www.tu-berlin.de/~lbp
Forschungsetat: — **(davon) Drittmittel:** —
Anzahl der Mitarbeiter: 20 (2006)

Zielsetzung/Kompetenzschwerpunkt:
Umweltprüfung, Umweltplanung; Lehre und Forschung

Forschungsfelder:
Regenerative Energien und Umweltverträglichkeit, strategische Umweltprüfung; Öffentlichkeitsbeteiligung, Planungsakteure; Meeresraumordnung; internationale Umweltplanung.

Kurzportrait:
Das Fachgebiet besteht seit 1999 als Lehrstuhl an der TU Berlin. Es übernimmt Kernaufgaben in der Ausbildung von Planern und Planerinnen im Studiengang Landschaftsplanung an der TU Berlin.
Ziel ist es, zwei der zentralen Instrumente des Naturschutzes und der Umweltplanung in Forschung und Lehre stärker zu repräsentieren. Dabei handelt es sich um die Instrumente der naturschutzfachlichen Eingriffsregelung und der Umweltverträglichkeitsprüfung.
Beispiele für laufende Forschungsprojekte: Innovationsbiographien der erneuerbaren Energien, kommunale Landschaftsplanung Selenogradsker Rajon (Russland), nachhaltiger Ausbau der Biogasnutzung, Umwelthaftung und Biodiversität, Auswirkungen von Windparks in der Ausschließlichen Wirtschaftszone.

Praktikumsmöglichkeiten:
keine

Zukunft der Einrichtung:
Einrichtung eines gemeinsamen Masterstudiengangs Umweltplanung.

Fachgebiet Raum- und Umweltplanung

Zugehörigkeit: Martin-Luther-Universität Halle-Wittenberg, Naturwissenschaftliche Fakultät III, Institut für Geowissenschaften
Wissenschaftsbereich(e): Natur-, Ingenieurwissenschaften (Interdisziplinär)
Anschrift: Von-Seckendorff-Platz 4, 06120 Halle (Saale)
Telefon/Fax: 0345-55-260 43 / 0345-55-272 16
E-Mail: wilfried.kuehling@geo.uni-halle.de
Web-Adresse: www.geographie.uni-halle.de/raum_umw
Forschungsetat: 90.000 Euro (2007) **(davon) Drittmittel:** 90.000 Euro
Anzahl der Mitarbeiter: 4 (2007)

Zielsetzung/Kompetenzschwerpunkt:
Nachhaltige Raumentwicklung und -forschung, regenerative Landschaftsentwicklung und -nutzung, Weiterentwicklung von Bewertungsverfahren und -maßstäben, Wirkungsanalysen und -prognosen im Hinblick auf nachhaltige Entwicklung und demographischen Wandel.

Forschungsfelder:
Operationalisierung von Umweltqualitätszielen, Entwicklung von Umweltindikatoren und Bewertungsmethoden, Flächenansprüche regenerativer Energieträger, nachhaltige Gestaltung von Aquakulturen und Wassereinzugsgebieten, Schnittstellen zwischen formellen und informellen Planungsstrategien, Regional Governance, Flächenmanagement und Flächenrecycling, Hochwasservorsorge und Risikomanagement, Risiken der Nanotechnologie.

Kurzportrait:
Jede menschliche Tätigkeit ist mit Ansprüchen an den Raum verbunden. Diese Ansprüche an Flächen oder Ressourcen ergänzen oder überlagern sich und können zueinander in Konkurrenz treten. Durch die Raum- und Umweltplanung wird daher auf verschiedenen Ebenen systematisch und vorausschauend auf die räumliche Entwicklung eingewirkt. Dabei werden vielfältige Ansprüche bzw. vielfältige Wechselwirkungen im Raum ausgewogen analysiert und gestaltet. Hierzu stehen uns ein breit gefächertes naturhaushaltsorientiertes Instrumentarium wie z.B. die Umweltverträglichkeitsprüfung, die Landschaftsplanung aber auch umweltökonomische Strategien zur Verfügung. Die Aufbereitung wissenschaftlicher Grundlagen geschieht im Fachgebiet entlang der inhaltlichen Konkretisierung des Leitbildes der „nachhaltigen Entwicklung". Schwerpunkt ist die Weiterentwicklung normativer und gestalterischer Planungselemente (Bewertungsverfahren und -maßstäbe) ausgehend von Wirkungsanalysen und -prognosen im Hinblick auf räumliche Nutzungsmuster. Das Fachgebiet existiert seit 1996. Wir arbeiten im Forschungsverbund mit dem TTZ Bremerhaven, der UNU-EHS in Bonn, der Universität Weimar sowie mit FIB e.V. (Finsterwalder Institut für Bergbaufolgelandschaften) und EEpL (Energiepark Lausitz mbH) zusammen.

Praktikumsmöglichkeiten:
Kooperationen mit dem FIB e.V. und EEpL GmbH sowie verschiedenen Planungsbüros sind möglich. Bevorzugte Studien- bzw. Ausbildungsbereiche sind Geographie, Landschaftsplanung, Umwelt- bzw. Ingenieurwissenschaften. Ansprechpartner: Dr. Anja Steglich, anja.steglich@geo.uni-halle.de, Tel.: 0345-552 60 65

Zukunft der Einrichtung:
Weitere Profilierung in den Bereichen der regenerativen Energie- und Wasserwirtschaft, der Zeitökologie bzw. Raum-Zeit-Politik, des vorsorgenden Hochwassermanagements, der effizienten Nahrungsmittel- und Rohstoffproduktion, nachhaltige Landnutzung, Ressourcenmanagement.

Fachgebiet Ressourcenökonomie

Zugehörigkeit: Humboldt-Universität zu Berlin, Institut für Wirtschafts- und Sozialwissenschaften des Landbaus
Wissenschaftsbereich(e): Lebens-, Geistes- und Sozialwissenschaften
Anschrift: Luisenstraße 56, 10099 Berlin
Telefon/Fax: 030-20 93-63 05 / 030-20 93-64 97
E-Mail: k.hagedorn@agrar.hu-berlin.de
Web-Adresse: www.agrar.hu-berlin.de/struktur/institute/wisola/fg/ress
Forschungsetat: — **(davon) Drittmittel:** 697.489 Euro (2007)
Anzahl der Mitarbeiter: 27 (2007)

Zielsetzung/Kompetenzschwerpunkt:
Die Forschungskonzeption zielt auf „Institutionen der Nachhaltigkeit", d.h. Regeln und Arrangements, die geschaffen werden, um die Koevolution zwischen ökologischen und sozialen Systemen im Sinne einer nachhaltigkeitsorientierten Koadaption zu steuern.

Forschungsfelder:
Gegenstand der Forschung sind daher Prozesse institutionellen Wandels und institutioneller Innovation, die für den Umgang mit natürlichen Ressourcen und Umweltmedien wie Wasser, Boden, Luft, Energie, Klima, Biodiversität, genetische Ressourcen, Natur und Landschaft relevant sind.

Kurzportrait:
Das Fachgebiet Ressourcenökonomie ist angesiedelt am Institut für Wirtschafts- und Sozialwissenschaften des Landbaus an der Landwirtschaftlich-Gärtnerischen Fakultät der Humboldt-Universität zu Berlin. Arbeitsgebiet des Fachgebietes sind gesellschaftliche Fragen einer nachhaltigen landwirtschaftlichen Ressourcennutzung. Die Forschungsaktivitäten des Fachgebietes konzentrieren sich insbesondere auf Institutionen der Nachhaltigkeit. Weitere Forschungsschwerpunkte sind u. a.: institutionenökonomische Fundierung der Umwelt- und Ressourcenökonomie, Weiterentwicklung von Methoden der empirischen Institutionenforschung, internationale Institutionen der Umwelt- und Ressourcennutzung, Institutionen der Ressourcennutzung im Kontext wirtschaftlicher Entwicklung, institutionelle Weiterentwicklung der Ressourcennutzung und Umweltpolitik in der Europäischen Union und Transformationsländern. Aufgrund der Forschungsaktivitäten und Kooperationen in der Lehre bestehen zahlreiche nationale (z.B. zum Institut für Genossenschaftswesen an der Humboldt-Universität) und internationale Kontakte zu führenden wissenschaftlichen Einrichtungen (z.B. zum „The Workshop in Political Theory and Policy Analysis" an der University of Indiana, Bloomington sowie zum International Food Policy Research Institute, Washington).

Praktikumsmöglichkeiten:
Im Bachelorstudium sind 6 Monate erforderlich, Unterstützung bei zusätzlichen Praktika im In- und Ausland, Praktika in den Versuchseinrichtungen der Fakultät sind auch möglich.

Zukunft der Einrichtung:
—

Fachrichtung Wasserwesen

Zugehörigkeit: Technische Universität Dresden, Fakultät Forst-, Geo- und Hydrowissenschaften (FGH)
Wissenschaftsbereich(e): Natur-, Ingenieurwissenschaften (Interdisziplinär)
Anschrift: George-Bähr-Str. 1, 01062 Dresden
Telefon/Fax: 0351-463-333 82
E-Mail: frwasser@mailbox.tu-dresden.de
Web-Adresse: tu-dresden.de/die_tu_dresden/fakultaeten
Forschungsetat: 4,8 Mio. Euro (2006) **(davon) Drittmittel:** 4,2 Mio. Euro
Anzahl der Mitarbeiter: 71 haushaltfinanzierte und 102 drittmittelfinanzierte Personen (2006)

Zielsetzung/Kompetenzschwerpunkt:
Analyse, prognostische Simulation und Bewirtschaftung von Wasser in natürlichen und technischen Systemen.

Forschungsfelder:
Wasser- und Stoffhaushalt in technischen, in unter- und oberirdischen Gewässersystemen, Ökotechnologie als zweite Säule eines modernen Gewässergütemanagements, Klimawandel als zentrales Wasserproblem des 21. Jahrhunderts, Elimination von Schad- und Nährstoffen in Wasserbehandlungsanlagen bzw. Gewässern, Abfallwirtschaft und Altlasten (AA) als Komponenten eines wirkungsvollen Ressourcenschutzes.

Kurzportrait:
Die Fachrichtung befasst sich in den Forschungstätigkeiten fachübergreifend mit Wasser in natürlichen und technischen Systemen und den damit verbundenen Stoffkreisläufen und -strömen. Aufbauend auf dem Verständnis der Wirkungsmechanismen anthropogener Einflüsse auf die Umwelt werden Konzepte zum wirkungsvollen Ressourcenschutz und zur nachhaltigen Nutzung von Wasser und Gewässern erarbeitet. In Kooperation von Ingenieur- und Naturwissenschaften werden Modelle entwickelt, um dynamische Prozesse und ihre Rückkopplung mit der Bio- und Hydrosphäre besser vorhersagbar zu machen. Zur Verfolgung dieses Ziels werden die Anstrengungen gesteigert, in der Fachrichtung transdisziplinäre Projekte zu formulieren sowie die nationale und internationale Zusammenarbeit zu vertiefen. Die in der Forschung gewonnenen Erkenntnisse fließen unmittelbar in die Lehrveranstaltungen der Studiengänge Wasserwirtschaft, Hydrologie, Abfallwirtschaft und Altlasten und in den Masterkurs „Hydro Science and Engineering" ein, so zum Beispiel die Erkenntnisse aus dem Hochwasser 2002 und die daraus abgeleiteten Risikomanagementkonzepte, die veränderten Rahmenbedingungen für die Wasserversorgung und Abwasserentsorgung durch die EU-Erweiterung, der Ausbau der Wasserkraft, die Verbesserung der Wassergütestruktur etc. Darüber hinaus bieten die Forschungsprojekte anspruchsvolle Themen für die Graduierungsarbeiten.

Praktikumsmöglichkeiten:
In den grundständigen Studiengängen sind im Hauptstudium Fachpraktika vorgeschrieben (Wasserwirtschaft: 14 Wochen, Hydrologie und AA: 8 Wochen). Ca. 60 % der Studierenden absolvieren das Fachpraktikum an einem der 5 Institute. Die forschungsbezogenen Arbeiten werden vergütet.

Zukunft der Einrichtung:
Beantragung einer fakultätsübergreifenden DFG-Forschergruppe zum Thema „Ökotechnologie in Oberflächengewässern".

Forschungsstation Fabrikschleichach

Zugehörigkeit: Julius-Maximilians-Universität Würzburg, Biozentrum
Wissenschaftsbereich(e): Lebens-, Naturwissenschaften (Interdisziplinär)
Anschrift: Glashüttenstraße 5, 96181 Rauhenebrach
Telefon/Fax: 0931-888-30 77 / 0931-888-30 89
E-Mail: station@biozentrum.uni-wuerzburg.de
Web-Adresse: station.biozentrum.uni-wuerzburg.de
Forschungsetat: — **(davon) Drittmittel:** —
Anzahl der Mitarbeiter: 10 (2006)

Zielsetzung/Kompetenzschwerpunkt:
Modellierung und empirische Untersuchung der Auswirkungen natürlicher und anthropogen bedingter Fragmentierung der Landschaft auf das Überleben von Tierpopulationen, insbesondere im Hinblick auf Natur- und Artenschutz.

Forschungsfelder:
Evolution von Ausbreitungsstrategien; alternative Landschaftspflegemaßnahmen zur Offenhaltung von Halbtrockenrasen; Entwicklung von Management-Strategien zum Schutz von Maculinea-Schmetterlingen und ihrer Lebensräume; Samenausbreitung durch Ameisen.

Kurzportrait:
Die Forschungsstation Fabrikschleichach ist eine seit 1983 existierende Einrichtung des Biozentrums der Julius-Maximilians-Universität Würzburg.
In einer Arbeitsgruppe unter der Leitung von Prof. Dr. Hans Joachim Poethke arbeiten derzeit zwei Post-Docs, drei DoktorandInnen und eine variable Anzahl von DiplomandInnen/PraktikantInnen.
Die Forschung beschäftigt sich mit den ökologischen und evolutionären Auswirkungen natürlicher und anthropogen bedingter Fragmentierung der Landschaft auf das Überleben von Tierpopulationen. Neben den grundlegenden Aspekten interessiert hierbei besonders die Bedeutung der Ausbreitungsfähigkeit der Arten für ihr Überleben in stark zergliederten Lebensräumen. Ein Ziel der Forschungen ist es dabei, theoretische Konzepte der Ökologie und insbesondere der Populationsbiologie für den Naturschutz nutzbar zu machen.
Forschungen im Bereich der Nachhaltigkeit: Erforschung alternativer Landschaftspflegemaßnahmen zur Offenhaltung von Halbtrockenrasen; Entwicklung von Management-Strategien zum Schutz von Maculinea-Schmetterlingen und ihrer Lebensräume.
Kooperationen im Bereich der Nachhaltigkeitsforschung: MOSAIK-Projekt (Uni Oldenburg, UFZ Leipzig-Halle, Uni Regensburg, Uni Rostock), MacMan-Projekt (UFZ Leipzig-Halle, NERC-CEH Dorset, Uni Montpellier, Ungarisches Naturgeschichtliches Museum Budapest, Uni Krakau, Uni Kopenhagen, Uni Debrecen).

Praktikumsmöglichkeiten:
Anzahl der Praktikanten: variabel; Voraussetzungen: naturwissenschaftliches Studium (abgeschlossenes Vordiplom); Dauer: in der Regel 6 Wochen, aber auch nach Absprache; Vergütung: im Rahmen des Regelstudienganges Biologie: keine; sonst nach Absprache; Ansprechpartner: Prof. Dr. Hans Joachim Poethke, poethke@biozentrum.uni-wuerzburg.de

Zukunft der Einrichtung:
—

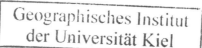

Forschungsstelle für Europäisches Umweltrecht (FEU)

Zugehörigkeit: Fachbereich Rechtswissenschaft, Universität Bremen
Wissenschaftsbereich(e): Geistes- und Sozialwissenschaften
Anschrift: Fachbereich Rechtswissenschaft, Universitätsallee GW I, 28359 Bremen, 28359 Bremen
Telefon/Fax: 0421-218-21 36
E-Mail: fekardt@uni-bremen.de
Web-Adresse: www.feu.uni-bremen.de
Forschungsetat: — **(davon) Drittmittel:** —
Anzahl der Mitarbeiter: zwei Leiter, Sekretariat und rund 35 Doktoranden (2007)

Zielsetzung/Kompetenzschwerpunkt:
Die FEU bearbeitet im Schnittfeld von Umweltrecht, Umweltsoziologie und Umweltphilosophie das globale, europäische und nationale Recht der Nachhaltigkeit sowie seine sozialen, historischen und gerechtigkeitstheoretischen Bezüge.

Forschungsfelder:
Umweltpolitik und Umweltrecht; Energie- und Klimapolitik bzw. -recht; Naturschutz-, Bodenschutz-, Gentechnikpolitik, Meeresumweltpolitik bzw. -recht; Theorie der Nachhaltigkeit, Theorie der Gerechtigkeit, Umwelt(rechts)soziologie.

Kurzportrait:
Die FEU wurde 1995 von Prof. Dr. Gerd Winter gegründet. Die Leitung heute liegt bei Prof. Dr. Felix Ekardt und Prof. Dr. Gerd Winter. Die FEU leistet in den o. g. Feldern Forschungsarbeit (besonders auch für die EU-Kommission, das Bundesumweltministerium, das Umweltbundesamt, die Deutsche Forschungsgemeinschaft und verschiedene Stiftungen) – häufig international zusammen mit Ökonomen, Politologen, Philosophen, Naturwissenschaftlern, Soziologen – und universitäre Lehre. Es werden regelmäßig einschlägige Tagungen und Workshops veranstaltet. Weitere Merkmale sind eine ausgeprägte internationale und nationale Vortragstätigkeit; ein spezielles, besonders intensives Doktorandenbetreuungskonzept; nationale und internationale Politikberatung, auch in politikberatenden wissenschaftlichen Beiräten (Club of Rome, UGB-Kommission der Bundesregierung, Kommission Bodenschutz), Wissenstransfer durch häufige Tageszeitungsartikel, populäre Taschenbücher bei C.H.Beck (Das Prinzip Nachhaltigkeit 2005; Wird die Demokratie ungerecht 2007) u. Ä. Zudem zeichnet sich die FEU als Prozessvertretung in einschlägigen Gerichtsprozessen und Mitherausgeberin von vier umweltrechtlichen Zeitschriften bzw. Schriftenreihen aus. Im Jahr 2006 wurde die Theoriearbeit zur Nachhaltigkeit durch die Aufnahme von Felix Ekardt in die NEON-Liste der „100 wichtigsten Deutschen unter 40" als Erstgenannter im Wissenschaftsbereich ausgezeichnet.

Praktikumsmöglichkeiten:
PraktikantInnen für variable Zeiträume sind bei Prof. Dr. Felix Ekardt jederzeit willkommen.

Zukunft der Einrichtung:
Weitere Internationalisierung der Arbeit; Profilierung der Universität Bremen als eine der führenden Forschungsuniversitäten; weiterer Ausbau von Politikberatung, Wissenstransfer, Durchdringung anderer Disziplinen.

Forschungsstelle für Umweltpolitik (ffu)

Zugehörigkeit: Freie Universität Berlin
Wissenschaftsbereich(e): Geistes- und Sozialwissenschaften (Interdisziplinär)
Anschrift: Ihnestraße 22, 14195 Berlin
Telefon/Fax: 030-838-550 98 / 030-838-566 85
E-Mail: ffu@zedat.fu-berlin.de
Web-Adresse: web.fu-berlin.de/ffu
Forschungsetat: ca. 1 Mio. Euro (2005) **(davon) Drittmittel:** 662.381 Euro
Anzahl der Mitarbeiter: ca. 25 (2006)

Zielsetzung/Kompetenzschwerpunkt:
International vergleichende Politikforschung auf den Gebieten: Umwelt- und Nachhaltigkeitspolitik, Energiepolitik und Klimaschutz; politikwissenschaftliche und interdisziplinäre Methoden; Angebot interdisziplinärer Nachhaltigkeits- und Umweltstudiengänge.

Forschungsfelder:
Vergleichende Analyse von nationalstaatlichem Pionierverhalten und Prozessen der Diffusion von Umwelt- und Nachhaltigkeitsinnovationen, ökologische Modernisierung und Strukturwandel, Strategien der Umwelt- und Nachhaltigkeitspolitik, Energiepolitik und Klimaschutz, Global Environmental Governance.

Kurzportrait:
Die Forschungsstelle für Umweltpolitik wurde 1986 als interdisziplinäres Forschungsinstitut an der Freien Universität Berlin gegründet. Das Institut arbeitet gleichermaßen im Bereich der Grundlagenforschung wie der angewandten Forschung und Politikberatung.

Die ffu untersucht Potenziale, Restriktionen und Auswirkungen staatlicher Umweltpolitik vor dem Hintergrund einer sich entwickelnden Weltumweltpolitik. Dies erfolgt auf der Grundlage von breiten Querschnittsanalysen der Umweltpolitik von Industrieländern und der Ex-Post-Analyse ihrer Erfolgsbedingungen. Der Entwicklung neuer strategischer Konzepte der Umwelt- und Nachhaltigkeitspolitik und der Analyse von Best-Practice-Fällen kommt besondere Aufmerksamkeit zu.

Im Arbeitsbereich Energiepolitik stehen Klimaschutz und ökologische Auswirkungen der Liberalisierung der Energiemärkte im Vordergrund.

Die Forschungsstelle ist Teil des internationalen Netzwerks sozialwissenschaftlicher Umweltforschungsinstitute. Das Institut ist zweijährlich Organisator der internationalen Konferenz „Berlin-Amsterdam Conference on the Human Dimensions of Global Environmental Change".

Die ffu koordiniert zwei inter- und transdisziplinäre Studienprogramme, den Master of Arts „Öffenliches und betriebliches Umweltmanagement" und das Nebenfachstudium „Umweltmanagement". In beiden Programmen ist Nachhaltigkeitspolitik ein wichtiger Schwerpunkt.

Praktikumsmöglichkeiten:
Nach Bedarf bis zu 6 Monate, in Abstimmung mit Forschungsprojekten auch bezahlt. Praktikaplätze und Jobs werden auf den Webseiten der ffu bekannt gegeben.

Zukunft der Einrichtung:
—

Forschungsstelle Umweltrecht (FORUM)

Zugehörigkeit: Universität Hamburg, Fakultät für Rechtswissenschaft
Wissenschaftsbereich(e): Geistes- und Sozialwissenschaften
Anschrift: Schlüterstraße 28 (Rechtshaus), 20146 Hamburg
Telefon/Fax: 040-428 38-57 60 / 040-428 38-62 80
E-Mail: hans-joachim.koch@jura.uni-hamburg.de
Web-Adresse: www.forschungsstelle-umweltrecht.de
Forschungsetat: — **(davon) Drittmittel:** —
Anzahl der Mitarbeiter: 12 (2007)

Zielsetzung/Kompetenzschwerpunkt:
FORUM widmet sich der problemorientierten Erforschung und Fortentwicklung des umweltrelevanten Rechts unter Überwindung disziplinärer Grenzen.

Forschungsfelder:
- Grundlagen des Umweltschutzes und staatliche Steuerungsinstrumente;
- Immissionsschutz, Klimaschutz und Energierecht, Gewässer- und Bodenschutz, Meeresumweltschutz, Naturschutz und Landschaftspflege, Tier- und Artenschutz;
- Kreislaufwirtschafts- und Abfallrecht, Verkehr und Umwelt, Umweltschutz im Bau- und Planungsrecht.

Kurzportrait:
FORUM wurde 1988 von den Professoren Brandt, Hoffmann-Riem, Koch und Ramsauer gegründet. Die Einrichtung widmet sich der problemorientierten Erforschung und Fortentwicklung des umweltrelevanten Rechts unter Überwindung disziplinärer Grenzen. Wesentliche Zielsetzung ist dabei, politisch konsentierte Umweltschutzziele – nicht zuletzt durch eine Förderung des Dialogs zwischen Wissenschaft und Praxis – nachhaltig zu operationalisieren. Da eine monodisziplinäre Herangehensweise an Umweltfragen nicht mehr dem Problemzuschnitt in der Industrie- und Wissensgesellschaft sowie den globalen Herausforderungen entspricht, betreibt FORUM seit seiner Gründung Forschung und Umweltkommunikation aus einer interdisziplinären Perspektive. Im Schwerpunkt ist die Einrichtung rechtswissenschaftlich ausgerichtet. Bei der gemeinsamen Fortentwicklung des Umweltrechts in diesem Sinne spielt die internationale, disziplinübergreifende Zusammenarbeit mit den umweltschutzrelevanten Fachwissenschaften eine zentrale Rolle. FORUM unterhält zu diesem Zweck Kooperationsbeziehungen zu unterschiedlichsten Einrichtungen aus Politik, Verwaltung, Wirtschaft, Justiz und Wissenschaft auf regionaler, bundes- sowie internationaler Ebene.

Praktikumsmöglichkeiten:
Es besteht keine Möglichkeit für ein Praktikum.

Zukunft der Einrichtung:
Diverse Symposien und Kolloquien zu aktuellen Fragen des Umweltrechts.

Forschungszentrum für Umweltökonomik

Zugehörigkeit: Universität Heidelberg, Alfred-Weber-Institut
Wissenschaftsbereich(e): Natur-, Geistes- und Sozialwissenschaften (Interdisziplinär)
Anschrift: Bergheimer Straße 20, 69115 Heidelberg
Telefon/Fax: 06221-54 80 11 / 06221-54 80 20
E-Mail: office@eco.uni-heidelberg.de
Web-Adresse: www.eco.uni-heidelberg.de
Forschungsetat: — **(davon) Drittmittel:** —
Anzahl der Mitarbeiter: 4 (2006)

Zielsetzung/Kompetenzschwerpunkt:
Analyse des Managements natürlicher Ressourcen, Entwicklung neuer theoretischer und empirischer Konzepte und Techniken für eine zukunftsfähige Entwicklung von Mensch und Natur.

Forschungsfelder:
Ökonomie der Biodiversität und genetischen Ressourcen, Ökonomie der Eigentumsrechte und Entwicklung (Schwerpunkt Amazonas-Regenwald), Ökonomie der Innovation, Ökonomie traditionellen Wissens, Ökonomie der Biotechnologie.

Kurzportrait:
Das Forschungszentrum für Umweltökonomik ist 2005 aus dem Interdisziplinären Institut für Umweltökonomie hervorgegangen. Das FZU versteht sich als Zusammenschluss von Wissenschaftlern des Alfred-Weber-Institutes (Universität Heidelberg), die das gemeinsame Interesse an der Erforschung umweltökonomischer Fragen verbindet. Es hat die Aufgabe, als organisatorische Plattform für alle Aktivitäten in Forschung und Lehre im Bereich der Umweltökonomik zu dienen. Forschungsprojekte wurden von der EU, der National Science Foundation (USA), der OECD, der Weltbank, dem Department for Internal Development (UK), der European Science Foundation u. a. unterstützt. Mitglieder des FZU sind Gründungsmitglieder von BioECON.
Der Beitrag des FZU zu Projekten umfasst 1) Modellkonzeption, 2) Derivation optimaler Politikregeln innerhalb des Modellrahmens, 3) empirische Validierung von Modellprognosen auf der Basis ökonometrischer Beweise, 4) die numerische Kalibrierung des ökonomischen Modells auf der Basis von empirischen Parametern und Variablen und 5) die Prognose der Auswirkungen politischer Szenarien.

Praktikumsmöglichkeiten:
—

Zukunft der Einrichtung:
—

Forschungszentrum Generationenverträge (FZG)

Zugehörigkeit:	Albert-Ludwigs-Universität Freiburg, Institut für Finanzwissenschaft I
Wissenschaftsbereich(e):	Geistes- und Sozialwissenschaften
Anschrift:	Bertoldstraße 17, 79098 Freiburg i. Br.
Telefon/Fax:	0761-203-23 54 / 0761-203-22 90
E-Mail:	info@generationenvertraege.de
Web-Adresse:	www.generationenvertraege.de
Forschungsetat:	750.952 Euro (2006) **(davon) Drittmittel:** 283.752 Euro
Anzahl der Mitarbeiter:	20 (2006)

Zielsetzung/Kompetenzschwerpunkt:
Statistische Nachhaltigkeitsanalysen zur finanziellen Situation der Sozialversicherungssysteme mittels der Methode der Generationenbilanzierung, Expertisen und Gutachten zu aktuellen Fragen der Fiskal- und Sozialpolitik.

Forschungsfelder:
Nachhaltigkeitsmessung, Alterssicherung, Gesundheit, Pflege, Demografie und Arbeitsmarkt, Föderalismus, Immobilien- und Kapitalmärkte, Steuerpolitik.

Kurzportrait:
Die demografische Entwicklung hat die umlagefinanzierten Sozialversicherungssysteme unter erheblichen Reformdruck gestellt. Ohne grundlegende Veränderungen sind diese Generationenverträge in Zukunft nicht mehr nachhaltig finanzierbar. Berechnungen mittels der Methode der Generationenbilanzierung können die Probleme dieser Systeme sichtbar machen und quantifizieren. Diese Art von Nachhaltigkeitsanalysen erlaubt zudem die Beurteilung der intergenerativen Verteilungswirkungen. Bislang wurden diese Forschungsarbeiten am Institut für Finanzwissenschaft I der Albert-Ludwigs-Universität durchgeführt. Im Zuge einer im Jahr 2005 erfolgten Neustrukturierung wurde das FZG als unabhängiges wissenschaftliches Forschungsinstitut geschaffen, um v. a. alle wesentlichen sozialpolitischen Fragen aus den Bereichen Alter, Gesundheit und Pflege zu erforschen. Dies beinhaltet nicht nur die Analysen und Berechnungen zu den Reformen der gesetzlichen Renten-, Kranken- und Pflegeversicherung, sondern auch Fragestellungen wie die künftige Finanzierung von Beamtenpensionen und das Thema betriebliche und private Alterssicherung. Daneben sind auch Reformen des Steuersystems und der Finanzbeziehungen von Bund und Ländern Gegenstand der Forschungsarbeit am FZG. Das FZG bietet darüber hinaus in Kooperation mit anderen Lehrstühlen und Einrichtungen den Weiterbildungsstudiengang MBA Estate Planning an.

Praktikumsmöglichkeiten:
—

Zukunft der Einrichtung:
Die bereits besetzten Themen bleiben auch künftig die Forschungsschwerpunkte. Zusätzlich ist geplant, die wissenschaftlichen Fragestellungen auf weitere Forschungsgebiete auszudehnen und die Teilbereiche stärker miteinander zu vernetzen.

Geographisches Institut

Zugehörigkeit: Universität Bonn, Mathematisch-Naturwissenschaftliche-Fakultät, Fachgruppe Erdwissenschaften
Wissenschaftsbereich(e): Natur-, Geistes- und Sozialwissenschaften (Interdisziplinär)
Anschrift: Meckenheimer Allee 166, 53115 Bonn
Telefon/Fax: 0711-685-842 95 / 0711-685-824 87
E-Mail: geographie@uni-bonn.de
Web-Adresse: www.geographie.uni-bonn.de
Forschungsetat: — **(davon) Drittmittel:** 2.171.900 Euro (2004)
Anzahl der Mitarbeiter: 11 (2007)

Zielsetzung/Kompetenzschwerpunkt:
Universitäre Forschung und Lehre in allen Bereichen der Geographie.

Forschungsfelder:
Nachhaltige Stadt- und Regionalentwicklung, Demographischer Wandel, Kulturlandschaftsforschung, Naturgefahren und Umweltwahrnehmung, landschaftsökologische Forschung in Hochgebirgen, Bilanzierung und Modellierung von Stoffflüssen in Flusseinzugsgebieten (z.B. Auswirkungen des Globalen Wandels auf die Wasserverfügbarkeit in Westafrika).

Kurzportrait:
Das Geographische Institut wurde 1963 gegründet. Der Lehrstuhl für Geographie existiert bereits seit 1875 (Ferdinand Freiherr von Richthofen).
Das Institut ist in 7 Bereiche gegliedert: Klimatologie/Landschaftsökologie, Geomorphologie/Hydrologie, Entwicklungsgeographie, Stadt- und Regionalgeographie, Sozioökonomie des Raumes, Historische Geographie, Fernerkundung/GIS/Kartographie.
Das Geographische Institut ist ein „Vollinstitut", d.h. die zentralen Bereiche der Physischen Geographie und Humangeographie sind gleichgewichtig in Forschung und Lehre vertreten.
Zu den Aufgaben des Instituts gehört die universitäre Lehre und Forschung in allen Bereichen der Geographie (z.Zt. Diplom-Geographie, Magister in Geographie in Haupt- und Nebenfach, Lehramt ist auslaufend bis 2008).
Forschung im Bereich der Nachhaltigkeit erfolgt in den Feldern: Global-Change, Mensch-Umwelt-Beziehungen, Risikoforschung und nachhaltige Stadt- und Regionalentwicklung.
Das Institut ist Mitglied der Forschungsverbünde IMPETUS (BMBF-Projekt) und InterRisk (DFG).

Praktikumsmöglichkeiten:
keine Praktikumsmöglichkeit vorhanden.

Zukunft der Einrichtung:
Derzeit wird eine DFG-Forschergruppe „Mensch-Umwelt-Beziehungen" (globaler Wandel) vorbereitet.

Institut für Agrar- und Ernährungswissenschaften

Zugehörigkeit: Martin-Luther-Universität Halle-Wittenberg, Naturwissenschaftliche Fakultät III
Wissenschaftsbereich(e): Lebenswissenschaften (Interdisziplinär)
Anschrift: Ludwig-Wucherer-Straße 2, 06108 Halle (Saale)
Telefon/Fax: 0345-552-23 00 / 0345-552-71 18
E-Mail: direktor@landw.uni-halle.de
Web-Adresse: www.landw.uni-halle.de
Forschungsetat: 3 Mio. Euro (2006) **(davon) Drittmittel:** 3 Mio. Euro
Anzahl der Mitarbeiter: ohne Drittmittel: 160 (2006)

Zielsetzung/Kompetenzschwerpunkt:
Das Institut lehrt und forscht schwerpunktmäßig auf Gebieten der Agrar- und Ernährungswissenschaften im Kontext mit benachbarten Disziplinen.

Forschungsfelder:
1) Effiziente und wettbewerbsfähige Nutzung und Entwicklung natürlicher Ressourcen im Agrar- und Ernährungssektor
2) Molekulare und physiologische Grundlagen in den Agrar- und Ernährungswissenschaften

Kurzportrait:
Das Institut besteht derzeit aus 21 Professuren, mit denen die relevanten Bereiche der Boden-, Pflanzen-, Tier- und Ernährungswissenschaften sowie der Ökonomie abgedeckt werden. Es bietet die Bachelorprogramme Agrarwissenschaften, Ernährungswissenschaften und Management natürlicher Ressourcen an. Ein differenziertes Masterstudienprogramm wird hierauf aufbauen und nach Auslaufen der bisherigen Diplomstudiengänge beginnen. Die Masterprogramme werden auf die Anforderungen hinsichtlich der Ausbildung des wissenschaftlichen Nachwuchses speziell in den Bereichen der Züchtung und Biotechnologie, der Entwicklung und Nutzung nachwachsender Rohstoffe und Energiepflanzen sowie der schonenden Ressourcennutzung ausgerichtet sein. Hierzu werden Lehrkooperationen mit anderen Einrichtungen intensiviert. Die Lehre ist mit der Forschung in den genannten Themenfeldern eng verknüpft.

Praktikumsmöglichkeiten:
Studierende der Agrar- und Ernährungswissenschaften absolvieren außeruniversitäre Praktika im Rahmen ihres Studiums. Das Institut bezieht Praktikanten in die Forschungsarbeit ein (Labor, Versuchswesen).

Zukunft der Einrichtung:
Weiterentwicklung der Forschungslinien in regionalen Verbünden, aus denen sich ein attraktives Lehrangebot generieren lässt; Entwicklung und Bewertung nachhaltiger Ressourcennutzung in agrarwirtschaftlichen Systemen.

Institut für Bioklimatologie

Zugehörigkeit: Georg-August Universität Göttingen
Wissenschaftsbereich(e): Naturwissenschaften
Anschrift: Büsgenweg 2, 37077 Göttingen
Telefon/Fax: 0551-39-36 82 / 0551-39-96 19
E-Mail: ggraven@gwdg.de
Web-Adresse: http://ufokl20.uni-forst.gwdg.de
Forschungsetat: 200.000 Euro (2006) **(davon) Drittmittel:** 175.000 Euro
Anzahl der Mitarbeiter: 11 (2006)

Zielsetzung/Kompetenzschwerpunkt:
Bioklimatologie, Global Change und Ökosystemforschung

Forschungsfelder:
Mikrometeorologie und Strahlungstransport in und über Wäldern, Luftchemie, Kohlendioxidbilanzen, SVAT-Modelle, biophysikalische Steuerung von Transferprozessen Wald/Atmosphäre.

Kurzportrait:
Das Institut für Bioklimatologie versucht, entscheidende Prozesse der Biosphäre und der Atmosphäre durch Feldmessungen und Modellrechnungen zu identifizieren und zu quantifizieren. Die Forschungshypothese ist dabei, dass die Atmosphäre entscheidende Prozesse in die Biosphäre und die Biosphäre entscheidende Prozesse in die Atmosphäre steuert. Durch diese Forschungen soll es erleichtert werden, Funktionen und Strukturen von Wäldern und der sie umgebenden bodennahen atmosphärischen Grenzschicht besser verstehen und den Einfluss des Menschen auf diesen Lebensbereich angemessener abschätzen zu können. Ein ökosystemares Konzept für die Wälder und eine prozessorientierte Modellvorstellung der atmosphärischen Grenzschicht werden verbunden, um Wälder als Quelle und Senke von fühlbarer Wärme von Kohlendioxid, Wasser, Stickstoff- und Schwefelkomponenten zu erfassen und den Photonentransport zu verfolgen. Dazu wurden und werden im Solling/Niedersachsen, in Griechenland, Venezuela, Russland und Indonesien mikrometeorologische und luftchemische Messungen von Messtürmen in Wäldern durchgeführt, um Transporte von Impuls, Energie und Stoffen zwischen der Vegetation und der Atmosphäre zu quantifizieren und zu erklären. Es wird versucht, mit forstwissenschaftlichen, physikalischen, biologischen, chemischen, geographischen und agrarwissenschaftlichen Forschungsgruppen zusammenzuarbeiten, um umweltrelevante Probleme zu lösen.

Praktikumsmöglichkeiten:
Meteorologisches Feldinstrumentenpraktikum für Studierende der Forstwissenschaften, Geographie, Agrarwissenschaften, Biologie, Chemie.

Zukunft der Einrichtung:
Klima-Wandel; Stärkung der Lehr- und Forschungsaktivitäten auf dem Gebiet des Klimawandels besonders aber seiner Auswirkungen auf terrestrische Ökosysteme.

Institut für Bodenkunde und Standortslehre

Zugehörigkeit: Universität Hohenheim
Wissenschaftsbereich(e): Lebens-, Naturwissenschaften (Interdisziplinär)
Anschrift: Emil-Wolff-Str. 27, 70599 Stuttgart
Telefon/Fax: 0711-459-239 80 / 0711-459-231 17
E-Mail: kstahr@uni-hohenheim.de
Web-Adresse: www.uni-hohenheim.de/bodenkunde
Forschungsetat: ca. 1 Mio. Euro (2006)   **(davon) Drittmittel:** 900.000 Euro
Anzahl der Mitarbeiter: 80 (2007)

Zielsetzung/Kompetenzschwerpunkt:
Das Institut will zu Fragen aktueller geo- und biowissenschaftlicher Probleme beitragen. Dabei liegen die Kompetenzschwerpunkte in der Bodenphysik, Bodenmikrobiologie, Bodenmineralogie, Bodenschutz und Bodenbewertung.

Forschungsfelder:
Das Institut arbeitet hauptsächlich in interdisziplinärer Systemforschung. Hierbei werden die Systeme Atmosphäre, Pflanze, Boden, Grundwasser, Gestein im naturnahen landwirtschaftlich und städtischen Bereich betrachtet. Anwendungen finden sich in Bodenschutzproblemen, in Fragen des Gashaushalts von Böden unter Klimawandel, im Wasserressourcen-Management und in der Erdsystemmodellierung.

Kurzportrait:
Das Institut für Bodenkunde und Standortslehre besteht seit 1875, hat einen geowissenschaftlichen Hintergrund und eine moderne inter- und transdisziplinäre Ausrichtung. Aktuell besteht es aus den Fachgebieten Bodenbiologie, Biogeophysik und allgemeine Bodenkunde mit Gesteinskunde. Den Bereich der Standortslehre (Rentevolation) decken die Fachgebiete gemeinsam ab. Zu den benachbarten Instituten für Landschaftsökologie und Ökotoxikologie und Pflanzenernährung bestehen enge Kontakte. In der Pflanzenernährung besteht eine Professur zur Bodenchemie. Das Institut hat eine Bachelor-Vertiefung in Bodenwissenschaften und eine Fachrichtung Bodenwissenschaften mit „Master of Science"-Abschluss. Außerdem beteiligt sich das Institut an mehreren interdisziplinären englischsprachigen Masterstudiengängen: Environfood, Tropen-Master und European Master in Environmental Science. Das Institut ist national und international aktiv und betreut regelmäßig ca. 40 Doktoranden. Das Institut strebt an, den Bereich der Bodenwissenschaften umfassend zu vertreten.

Praktikumsmöglichkeiten:
Das Institut bietet national und international Praktika an. Die Praktikanten werden an bestehende Forschungsprojekte assoziiert. Auch ein lehrintensives Praktikum ist möglich. Anfragen sind an den Direktor mindestens sechs Monate vor Beginn zu richten. Ein Praktikumsentgelt wird nicht gewährt.

Zukunft der Einrichtung:
Das Institut ist in den Entwicklungsplänen der Universität in unverminderter Stellensituation verankert. Es selbst plant eine Erweiterung in Richtung moderner wissenschaftlicher Disziplinen.

Institut für Bodenkunde und Waldernährung

Zugehörigkeit: Georg-August-Universität Göttingen
Fakultät für Forstwissenschaften und Waldökologie
Wissenschaftsbereich(e): Lebenswissenschaften (Interdisziplinär)
Anschrift: Büsgenweg 2, 37077 Göttingen
Telefon/Fax: 0551-39-35 02
E-Mail: fbeese@gwdg.de
Web-Adresse: www.gwdg.de/~ibw
Forschungsetat: 1 Mio. Euro (2006) **(davon) Drittmittel:** 60%
Anzahl der Mitarbeiter: 35 (2006)

Zielsetzung/Kompetenzschwerpunkt:
Analyse der Funktionen von Böden in Waldökosystemen.

Forschungsfelder:
Wasser- und Stoffhaushalt von Waldökosystemen; biogeochemische Kreisläufe von Kohlenstoff, Stickstoff und Phosphor; Transportprozesse in Böden; chemische, physikalische und biotische Indikatoren.

Kurzportrait:
Das 1968 gegründete Institut ist in verschiedene Arbeitsgruppen aufgeteilt: Prozesse (Transportprozesse gelöster Stoffe in Böden, Wasser- und Stoffaufnahme durch Baumwurzeln, Verwitterung und Zersetzung), Bilanzen (Wasser- und Stoffbilanzen von Waldökosystemen des temperaten Klimabereichs/des tropischen und subtropischen Klimabereichs) und Analysen (Analysen von Pflanzen, Böden und Wasser sowie Isotopenanalyse).
Ziel der Arbeiten im Institut für Bodenkunde und Waldernährung ist es, Bewertungskriterien (Indikatoren) für Bodenstrukturen und Bodenfunktionen abzuleiten, mit deren Hilfe es möglich ist, die Erhaltung oder Regradation der abiotischen und biotischen Lebensgrundlagen unserer Waldlandschaften mit ihren natürlichen und genutzten Ökotopen zu sichern.
Für die Arbeit stehen ein bodenchemisches und bodenphysikalisches Labor, ein für stabile Isotope, Klimakammern, ein Gewächshaus und Dauermessstellen zur Verfügung. Die Untersuchungen dienen der Entwicklung nachhaltiger Strategien zur Nutzung, Erhaltung und Wiederherstellung von Waldökosystemen.
Das Institut ist in das Forschungszentrum Waldökosysteme integriert und auf nationaler und internationaler Ebene vernetzt.

Praktikumsmöglichkeiten:
Praktika werden im Rahmen der studentischen Ausbildung abgehalten. Daneben finden regelmäßig Schülerpraktika mit unterschiedlicher Beteiligung statt.

Zukunft der Einrichtung:
Das Institut wird sich weiterhin Fragen des globalen Wandels, der Adaptation von Wäldern an veränderte Standortbedingungen, der Rolle der biotischen Diversität etc. widmen.

Institut für Botanik und Landschaftsökologie

Zugehörigkeit: Mathematisch-Naturwissenschaftliche Fakultät der Universität Greifswald
Wissenschaftsbereich(e): Natur-, Geistes- und Sozialwissenschaften (Interdisziplinär)
Anschrift: Grimmer Straße 88, 17487 Greifswald
Telefon/Fax: 03834-86 41 16 / 03834-86 41 14
E-Mail: zerbe@uni-greifswald.de
Web-Adresse: www.botanik.uni-greifswald.de
Forschungsetat: ca. Mio. Euro (2007) **(davon) Drittmittel:** —
Anzahl der Mitarbeiter: ca. 50 (2006)

Zielsetzung/Kompetenzschwerpunkt:
Biologisch-ökologische, ökonomische und umweltethische Grundlagen und angewandte Aspekte der Landschaftsentwicklung unter dem Einfluss des Menschen und der nachhaltigen Landnutzung insbesondere in Europa und Asien.

Forschungsfelder:
Renaturierung von Ökosystemen, nachhaltige Nutzungssysteme (z.B. Moore), ökologische und ökonomische Grundlagen des Schutzgebietsmanagements, Wechselwirkungen von Ökosystemdynamik und Klimawandel.

Kurzportrait:
Mit der Gründung im Jahre 1456 gehört die Universität Greifswald zu einer der ältesten Universitäten in Deutschland.
Das moderne landschaftsökologische Kompetenzzentrum „Institut für Botanik und Landschaftsökologie" besteht derzeit aus acht Arbeitsgruppen: Geobotanik und Landschaftsökologie, Landschaftsökonomie, Umweltethik, Moorkunde und Paläoökologie, Vegetationsökologie (Juniorprofessur), Allgemeine und Spezielle Botanik, Pflanzenphysiologie und Ökosystemdynamik (Emmy-Noether-Nachwuchsgruppe). Die Forschungsaktivitäten sind interdisziplinär ausgerichtet, was sich auch in der universitären Ausbildung widerspiegelt (Studiengang Landschaftsökologie und Naturschutz). Die Arbeitsgruppenleiter sind in zahlreichen nationalen wie internationalen wissenschaftlichen Vereinigungen aktiv und tragen aktiv zur Umsetzung von Ergebnissen der Nachhaltigkeitsforschung in der Praxis bei.
Im Bereich der Nachhaltigkeitsforschung bestehen vielfältige Kooperationen mit wissenschaftlichen Einrichtungen insbesondere in Eurasien und mit außeruniversitären Institutionen und Verwaltungen.

Praktikumsmöglichkeiten:
—

Zukunft der Einrichtung:
Das Institut ist bestrebt in der Entwicklung großer interdisziplinärer Forschungsverbünde.

Institut für Energie und Klimaschutz

Zugehörigkeit: Fachhochschule Hannover, Fakultät für Maschinenbau und Bioverfahrenstechnik
Wissenschaftsbereich(e): Natur-, Ingenieurwissenschaften (Interdisziplinär)
Anschrift: Ricklinger Stadtweg 120, 30459 Hannover
Telefon/Fax: 0511-92 96 14 00 / 0511-92 96 99 14 00
E-Mail: sven-frederic.andres@fh-hannover.de
Web-Adresse: www.fh-hannover.de
Forschungsetat: — **(davon) Drittmittel:** —
Anzahl der Mitarbeiter: 3 (2007)

Zielsetzung/Kompetenzschwerpunkt:
Das Institut für Energie und Klimaschutz vertritt das Fachgebiet Energie und Klimaschutz in Forschung, Lehre und Weiterbildung.

Forschungsfelder:
Rationeller Energieeinsatz in Haushalt, Gewerbe und Industrie; Energieeinsparung; regenerative Energien; moderne, effiziente Energieumwandlungstechnologien.

Kurzportrait:
Das Institut für Energie und Klimaschutz wurde 2006 im Fachbereich Maschinenbau der Fachhochschule Hannover (FHH) gegründet. Heute ist es in die Fakultät für Maschinenbau und Bioverfahrenstechnik der FHH integriert. Das Institut ist interdisziplinär orientiert und strebt Kooperationen mit anderen Fachdisziplinen an, um die Nachhaltigkeit in den Forschungsfeldern zu gewährleisten.
Die Aufgaben des Instituts sind die Bündelung der Kompetenzen und Aktualisierung des Wissensstandes der verschiedenen Fachrichtungen in den genannten Bereichen, Beantragung und Durchführung von F&E-Projekten unter Einbeziehung der jeweiligen Kompetenzen aus den Fakultäten der FHH und weiterer Kooperationspartner sowie die Beratung von Unternehmen und öffentlichen Einrichtungen in energetischen Fragestellungen.
Die Aufgaben des Instituts werden abgerundet durch Lehre, Weiterbildung und Öffentlichkeitsarbeit. Im Wintersemester 2007/2008 startet dementsprechend der neue Weiterbildungs-Masterstudiengang „Nachhaltiges Energie-Design".
Die Fachhochschule Hannover ist Gründungsmitglied im Kompetenzzentrum für Energieeffizienz e.V., an dessen Aktivitäten sich das Institut für Energie und Klimaschutz beteiligt.

Praktikumsmöglichkeiten:
Die Rahmenbedingungen eines Praktikums werden im Einzelfall festgelegt.

Zukunft der Einrichtung:
In den nächsten Jahren sollen weitere Professoren in die Institutsarbeit/Forschung integriert werden. Darüber hinaus sollen weitere Aus- und Weiterbildungsangebote entwickelt und durchgeführt werden.

Institut für Energiewirtschaft und Rationelle Energieanwendung (IER)

Zugehörigkeit:	Universität Stuttgart
Wissenschaftsbereich(e):	Ingenieurwissenschaften (Interdisziplinär)
Anschrift:	Heßbrühlstraße 49a, 70565 Stuttgart
Telefon/Fax:	0711-685-878 00 / 0711-685-878 73
E-Mail:	ier@ier.uni-stuttgart.de
Web-Adresse:	www.ier.uni-stuttgart.de
Forschungsetat:	3,5 Mio. Euro (2006) **(davon) Drittmittel:** ca. 85 %
Anzahl der Mitarbeiter:	60 (2006)

Zielsetzung/Kompetenzschwerpunkt:
Das IER will durch die Bearbeitung von Frage- und Problemstellungen im Überlappungsbereich von Energietechnik, Wirtschaft, Umwelt und Gesellschaft einen Beitrag zur Bewältigung der „Energie- und Umweltprobleme" leisten (nachhaltige Energieversorgung).

Forschungsfelder:
Analyse und Bewertung neuer Energietechniken und Energiesysteme; Technologiefolgenabschätzung und Umweltanalysen; Entwicklung von Modellen und entscheidungsunterstützenden Instrumenten für die Energiewirtschaft und Energiepolitik; energiewirtschaftliche Systemanalysen; rationelle Energieanwendung.

Kurzportrait:
Das 1990 gegründete Institut für Energiewirtschaft und Rationelle Energieanwendung wird von Prof. Dr.-Ing. Alfred Voß geleitet. In den einzelnen Abteilungen werden verschiedene Themenstellungen verfolgt: Energieanwendung und Energienachfrage (EAM): rationelle Energieanwendung und Energiemanagement in Industrie und Gewerbe, Energiebedarfanalyse und Analyse der Preisbildung in liberalisierten Elektrizitätsmärkten, Methoden für die Kraftwerkseinsatz- und Handelsplanung sowie für die Fundierung von Investitionsentscheidungen in der Elektrizitätswirtschaft; Energiewirtschaft und Systemtechnische Analysen (ESA): Analyse und Bewertung von Technologien zur Strom- und Wärmeerzeugung sowie von alternativen Kraftstoffen und Antrieben, Lebenszyklusanalysen von Energietechniken und Energiebereitstellungsketten, Entwicklung und Anwendung von Energiesystem-, Energiewirtschafts- und Energiemarktmodellen; Systemanalyse und Erneuerbare Energien (SEE): technisch, ökonomische und ökologische Analyse von Techniken und Prozessketten zur Produktion und energetischen Nutzung von Biomasse, Perspektiven der Wind- und Solarenergienutzung für eine nachhaltige Energieversorgung in Deutschland, erneuerbare Energien in Entwicklungsländern; Technikfolgenabschätzung und Umwelt (TFU): Abschätzung umweltrelevanter Emissionen und Eingriffe, Ermittlung der Effekte von Umweltinanspruchnahme und die vergleichende Bewertung von umweltseitigen Technikfolgen, Erarbeitung effektiver und effizienter Strategien für den Umwelt- und Gesundheitsschutz.

Praktikumsmöglichkeiten:
Maximal drei Praktikumsplätze, Dauer: 6-12 Monate, Voraussetzung: EDV-Kenntnisse, Vergütung gemäß Uni-Richtlinien bei 332 Euro/Monat bis 6 Monate, danach 500 Euro/Monat, Kontakt: Wolfgang Bott, E-Mail: wolfgang.bott@ier.uni-stuttgart.de

Zukunft der Einrichtung:
—

Institut für fluidtechnische Antriebe und Steuerungen (IFAS)

Zugehörigkeit: RWTH Aachen University
Wissenschaftsbereich(e): Ingenieurwissenschaften (Interdisziplinär)
Anschrift: Steinbachstraße 53, 52074 Aachen
Telefon/Fax: 0241-80-275 12 / 0241-80-221 94
E-Mail: sekretariat@ifas.rwth-aachen.de
Web-Adresse: www.ifas.rwth-aachen.de
Forschungsetat: 2,6 Mio. Euro (2006) **(davon) Drittmittel:** 59 %
Anzahl der Mitarbeiter: 64, davon 20 Wissenschaftliche Mitarbeiter, 16 Nichtwissenschaftliche Mitarbeiter und Hiwis (2006)

Zielsetzung/Kompetenzschwerpunkt:
Innovative Forschung und Entwicklung sowie Lehre in der Fluidtechnik; Qualifikation von jungen Ingenieuren für die Industrie im Rahmen einer Promotion; Ausbildung von Industriemechanikern, Industrieelektronikern, Fachinformatikern und mathematisch-technischen Assistenten.

Forschungsfelder:
- Tribologie und Fluidanalytik
- Pumpen- und Motorentechnik
- Ventiltechnik und Mechatronik
- System- und Steuerungstechnik
- Pneumatik

Kurzportrait:
Diese Angaben sind unter www.ifas.rwth-aachen.de unter ‚Wir über uns' sauber angegeben, so dass sie hier nicht wiederholt werden müssen.
Forschungen im Bereich der Nachhaltigkeit finden sich im Sonderforschungsbereich (SFB) 442 ‚Umweltverträgliche Tribosysteme' unter www.SFB442.rwth-aachen.de.
Im SFB 442 gibt es viele Kooperationen, die in der Internetdarstellung einsehbar sind.
Des Weiteren betreut das IFAS das Markteinführungsprogramm „Biogene Treib- und Schmierstoffe" der Fachagentur Nachwachsende Rohstoffe (FNR).

Praktikumsmöglichkeiten:
Übungen, Praktika und Exkursionen sind für das Hauptstudium Maschinenbau in die Vertiefungsrichtung ‚Konstruktion und Entwicklung' eingebaut.

Zukunft der Einrichtung:
Mitarbeit im Exzellenzcluster ‚Tailor Made Fuels' in der laufenden 2. Runde. Fortführung bestehender Aktivitäten.

Institut für Forst- und Umweltpolitik, Arbeitsbereich Markt und Marketing

Zugehörigkeit: Universität Freiburg, Fakultät für Forst- und Umweltwissenschaften
Wissenschaftsbereich(e): Natur-, Geistes- und Sozialwissenschaften (Interdisziplinär)
Anschrift: Tennenbacherstraße 4, 79085 Freiburg i. Br.
Telefon/Fax: 0761-203-37 07 / 0761-203-37 29
E-Mail: markt.marketing@ifp.uni-freiburg.de
Web-Adresse: portal.uni-freiburg.de/ifp
Forschungsetat: — **(davon) Drittmittel:** —
Anzahl der Mitarbeiter: 9 (2006)

Zielsetzung/Kompetenzschwerpunkt:
Zentrales Anliegen ist das Verständnis von der Bedeutung und den Einflüssen von Märkten auf die Erhaltung und nachhaltige Bewirtschaftung von natürlichen Ressourcen weltweit.

Forschungsfelder:
Märkte und Marketing der Forst- und Holzwirtschaft in Deutschland und Europa; internationaler Handel mit Holzprodukten und Nicht-Holz-Waldprodukten; Waldnutzung in den Tropen und Subtropen.
Forschungsschwerpunkte werden im Rahmen eines breiteren Governance-Ansatzes verfolgt.

Kurzportrait:
Zentrales Anliegen der Professur in Forschung und Lehre ist das Verständnis von der Bedeutung und den Einflüssen von Märkten auf die Erhaltung und nachhaltige Bewirtschaftung von natürlichen Ressourcen weltweit. Entsprechend werden folgende Forschungsschwerpunkte im Rahmen eines Governance-Ansatzes verfolgt: Preis-/Wert-Disparitäten und Informationsverhalten von Marktteilnehmern entlang von Produktketten; Interdependenzen zwischen Märkten der Wald- und Holzwirtschaft mit Märkten konkurrierender Landnutzungsarten sowie Finanzmärkten; ökonomische Bewertung von marktpolitischen Instrumenten v. a. in ihrer Wirksamkeit zur Eindämmung von ‚illegal logging and trade'.
In der Lehre liegen die Schwerpunkte weiterhin in einer holzwirtschaftlichen Grundvorlesung sowie Vertiefungsblöcken im Bereich Marketing, Marktforschung, Marktkettenanalyse, umweltorientiertes Unternehmensmanagement und internationaler Handel mit Wald- und Holzprodukten.

Praktikumsmöglichkeiten:
—

Zukunft der Einrichtung:
Environmental Governance, historische Entwicklung von Märkten, Value Chains

Institut für Forstökonomie

Zugehörigkeit: Georg-August-Universität Göttingen (Stiftung öffentlichen Rechts)
Wissenschaftsbereich(e): Geistes- und Sozialwissenschaften
Anschrift: Büsgenweg 5, 37077 Göttingen
Telefon/Fax: 0551-39-34 22
E-Mail: forecon@uni-forst.gwdg.de
Web-Adresse: www.forst.uni-goettingen.de/ufbl/forstoek
Forschungsetat: 33.000 Euro (2006) **(davon) Drittmittel:** 24.500 Euro
Anzahl der Mitarbeiter: 9 (2006)

Zielsetzung/Kompetenzschwerpunkt:
Anwendung wirtschaftswissenschaftlicher Erkenntnisse auf die Probleme der Forstwirtschaft sowohl auf betrieblicher Ebene (forstliche Betriebswirtschaftslehre) als auch im gesamtwirtschaftlichen Zusammenhang (Umweltökonomie und Holzmarktlehre).

Forschungsfelder:
Forst-BWL: Untersuchungen zum ökologisch orientierten und ökonomisch nachhaltigen Management von Forstbetrieben/-verwaltungen aller Besitzarten; Umweltökonomie/Holzmarktlehre: Bewertung nachhaltiger forstlicher Schutz-/Erholungsleistungen; Umsetzung Agenda 21: Nachhaltigkeit auf kommunaler und forstlicher Ebene; Ermittlung des Entwicklungsbeitrags der Forst-/Holzwirtschaft in ausgewählten Entwicklungsländern.

Kurzportrait:
Nach der Schaffung des Lehrstuhls für Forstpolitik und Forstliche Betriebswirtschaftslehre im Jahre 1931 wurde 1934 auch das Institut für Forstliche Betriebswirtschaftslehre errichtet. 1987 erfolgte die Umbenennung in Institut für Forstökonomie im Zusammenhang mit der Einrichtung einer Professur und Abteilung für Umweltökonomie und Holzmarktlehre.
Die Forstökonomie ist die Lehre von der vernünftigen Verwendung knapper Güter des Waldes zur Befriedigung menschlicher Bedürfnisse. Wichtige Güter des Waldes sind zum einen Waren in der Form von Rohholz und zum anderen Dienstleistungen in der Form von Schutz- (z.B. Wasser-, Arten-, Biotopschutz) und Erholungsleistungen. Die Verwendung dieser Güter gilt dann als vernünftig, wenn sie effizient produziert, nachhaltig genutzt und gerecht verteilt werden.
Das Institut für Forstökonomie besteht z. Z. aus zwei Abteilungen: Abteilung Forstliche Betriebswirtschaftslehre und Abteilung für Umweltökonomie und Holzmarktlehre. Die forstliche Betriebswirtschaftslehre liefert das geeignete Instrumentarium zur Erklärung und zur Lösung forstbetrieblicher Fragestellungen. Die volkswirtschaftliche Betrachtung hingegen bietet den geeigneten analytischen Bezugsrahmen sowie das notwendige Instrumentarium, die wirtschaftlichen Aktivitäten der Forstwirtschaft stärker in einem gesamtwirtschaftlichen und gesamtgesellschaftlichen Zusammenhang zu diskutieren.

Praktikumsmöglichkeiten:
Praktika im engeren Sinn wurden bisher nicht durchgeführt. Praktische Erfahrungen können von Bachelor- und Masterstudierenden jedoch im Rahmen der Tätigkeiten als studentische Hilfskraft erworben werden. Solche Verträge werden regelmäßig bei Bedarf für konkrete Tätigkeiten zur Unterstützung der Forschung und Lehre abgeschlossen.

Zukunft der Einrichtung:
Zukünftige Forschungsfelder: Forstbetriebliche Folgen des Klimawandels, Geschäftsfeld energetische Holznutzung, Nutzungspotenziale der Forstwirtschaft.

Institut für Geobotanik

Zugehörigkeit: Leibniz Universität Hannover
Wissenschaftsbereich(e): Naturwissenschaften
Anschrift: Nienburger Straße 17, 30167 Hannover
Telefon/Fax: 0511-762-36 32 / 0511-762-36 33
E-Mail: pott@geobotanik.uni-hannover.de
Web-Adresse: www.unics.uni-hannover.de/Geobotanik
Forschungsetat: 200.000 Euro (2005) **(davon) Drittmittel:** —
Anzahl der Mitarbeiter: ca. 15

Zielsetzung/Kompetenzschwerpunkt:
Erforschung der Zusammenhänge von Pflanze, Klima und Boden; Wasser als Lebensraum und natürliche Ressource; nachhaltige Nutzung, Klima- und Vegetationsgeschichte; Entstehung von Kulturlandschaften unter dem Einfluss des Menschen.

Forschungsfelder:
Biogeographie, Vegetationsgeschichte, Paläoökologie, Pflanzensoziologie, Allgemeine und Spezielle Geobotanik, Gewässerökologie, Kulturlandschaftsforschung.

Kurzportrait:
Das Institut für Geobotanik wurde im Jahre 1987 gegründet. Derzeit sind drei Professoren und zwei wissenschaftliche Mitarbeiter auf Planstellen dauerhaft angestellt. Dazu kommen zwei technische Angestellte. Alle anderen Mitarbeiter sind aus Drittmitteln finanziert. Am Institut für Geobotanik der Leibniz Universität Hannover existieren derzeit mehrere Arbeitsgruppen, die sich im Schwerpunkt verschiedenen terrestrischen oder aquatischen Lebensräumen widmen und sowohl ökologische Grundlagenforschung betreiben als auch angewandte Fragestellungen bearbeiten.
Die Arbeitsgruppen sind: Gewässerökologie mit hochwertig ausgestatteten Laboratorien; Paläoökologie mit hochwertiger Mikroskopiertechnik und umfangreicher Pollen- und Makrorestsammlung (Mitteleuropa); Pflanzensoziologie und Spezielle Geobotanik zur Erfassung von Vegetationsdaten mit technischen Möglichkeiten der Georeferenzierung; Biogeographie mit Arbeiten von Costa Rica, Australien, China und Japan; Kulturlandschaftsforschung mit Kataster zur nachhaltigen Landnutzung.

Praktikumsmöglichkeiten:
Gewässerökologische Praktika (Labor- und Geländepraktika zur Bioindikation von Wasserpflanzen, Gewässerreinhaltung); pollenanalytisch-vegetationsgeschichtliche Praktika (Klima- und Vegetationsrekonstruktionen); Praktika zur Kulturlandschaft (Geländekurse und Seminare zur nachhaltigen Landnutzung), marine Ökosysteme.

Zukunft der Einrichtung:
Stärkung der gewässerökologischen Disziplin: Wasser als Ressource und seine nachhaltige Nutzung; Stärkung der paläoökologischen Disziplinen (Klima- und Landschaftsforschung).

Institut für Geographie und Geoökologie

Zugehörigkeit: Universität Karlsruhe (TH)
Wissenschaftsbereich(e): Naturwissenschaften (Interdisziplinär)
Anschrift: Kaiserstraße 12, 76124 Karlsruhe
Telefon/Fax: 0721-608-43 67 / 0721-608-37 38
E-Mail: Tillmann.Buttschardt@ifgg.uni-karlsruhe.de
Web-Adresse: www.bio-geo.uni-karlsruhe.de
Forschungsetat: 130.000 Euro (2005) **(davon) Drittmittel:** 103.000 Euro
Anzahl der Mitarbeiter: 15 (2007)

Zielsetzung/Kompetenzschwerpunkt:
Neben der Lehre (Diplom-Studiengang Geoökologie) liegt der Kompetenzschwerpunkt vor allem in der interdisziplinären Nachhaltigkeitsforschung, insbesondere der Wechselwirkung zwischen natürlichen und Landnutzungssystemen.

Forschungsfelder:
Städtische Räume, Megacities; Weide- und Feuerökologie – traditionelle Nutzungsformen, Impacts und Risiken; Landschaftszonenmanagement und Entwicklung nachhaltiger Landnutzungsstrategien; Nachhaltigkeitsbewertung mittels Ökoeffizienzanalyse; nachhaltige Bodennutzungskonzepte.

Kurzportrait:
Am Institut für Geographie und Geoökologie sind zwei Lehrstühle angesiedelt, der Lehrstuhl für Physische Geographie und Geoökologie sowie der Lehrstuhl für Humangeographie. In der Lehre ist das Institut an der Ausbildung in den Studiengängen Geoökologie (Diplom) und Geographie (für das Lehramt an Gymnasien) beteiligt. Geoökologie ist eine an Umweltproblemen orientierte, interdisziplinäre Wissenschaft. Sie zielt auf das Verständnis der Funktions- und Wirkungsweise der biotischen und abiotischen Umwelt ab, insbesondere um Probleme im Zusammenhang mit der menschlichen Nutzung zu erkennen und zu lösen. Die Geographie erfasst und erklärt die natürlichen Grundlagen der Erde und die vielfältigen sozialen und wirtschaftlichen Aktivitäten des Menschen. Sie fragt nach den Kräften und Wechselwirkungen, welche die Gestaltung der Erdoberfläche und die Dynamik ökologischer sowie sozialer und ökonomischer Systeme bestimmen. Wegen der engen inhaltlichen Verknüpfung beider Fächer sind Geographie und Geoökologie innerhalb eines Institutes angesiedelt. Am Lehrstuhl für Physische Geographie und Geoökologie sind vor allem die Teilgebiete Geomorphologie, Klima-, Boden-, Hydrogeographie, Vegetationsgeographie, Landschafts- und Stadtökologie vertreten, am Lehrstuhl für Humangeographie die Wirtschafts-, Stadt-, Sozial- und Bevölkerungsgeographie sowie die Raumplanung.

Praktikumsmöglichkeiten:
Sporadisch nach Absprache

Zukunft der Einrichtung:
Derzeit läuft das Antragsverfahren zu einem gemeinsamen Projekt mit dem Institut für Regionalwissenschaft und Universitäten in Benin (Westafrika) zur nachhaltigen Entwicklung der bevölkerungsreichen Küstenregionen (Küstenzonenmanagement).

Institut für Hochspannungstechnik (IFHT)

Zugehörigkeit: RWTH Aachen, Fakultät für Elektrotechnik und Informationstechnik
Wissenschaftsbereich(e): Ingenieurwissenschaften
Anschrift: Schinkelstraße 2, 52056 Aachen
Telefon/Fax: 0241-80-949 31 / 0241-80-921 35
E-Mail: post@ifht.rwth-aachen.de
Web-Adresse: www.ifht.rwth-aachen.de
Forschungsetat: 2 Mio. Euro (2006) **(davon) Drittmittel:** 750.000 Euro
Anzahl der Mitarbeiter: 35 (2007)

Zielsetzung/Kompetenzschwerpunkt:
Schwerpunkte in Forschung und Lehre sind die Komponenten, Anlagen und Systeme der elektrischen Energieversorgung. Das Spektrum reicht von der Entwicklung neuer Systeme/Methoden bis zur Optimierung von Komponenten und Technologien.

Forschungsfelder:
Leistungsschalter, Isoliersysteme und Diagnostik, nachhaltige Energieversorgung, Anlagentechnik und Asset Management, Gasentladungstechnik und Störlichtbögen, Integration erneuerbarer Energien in Energiegesetze.

Kurzportrait:
Das Institut für Hochspannungstechnik (IFHT) beschäftigt rund 22 Wissenschaftler in den Forschungsgruppen Leistungsschalter, Isolierstoffe & Diagnostik, nachhaltige Energieversorgung, Anlagentechnik & Isolationskoordination sowie Gasentladungstechnik. Unterstützt werden sie von etwa 30 studentischen Hilfskräften, Studien-, Master- und Diplomarbeitenden, für die diese Tätigkeit einen wichtigen Bestandteil ihres Studiums darstellt.
Schwerpunkte in Forschung und Lehre des IFHT sind die Komponenten, Anlagen und Systeme der elektrischen Energieversorgung. Das Spektrum reicht von der Entwicklung neuartiger Systeme und Methoden bis zur Bewertung und Optimierung existierender Betriebsmittel und Technologien, durch die eine zukünftige Ausrichtung der Energieversorgungssysteme unter Berücksichtigung ökoeffizienter Leistungsmerkmale sichergestellt werden soll.
Zur Arbeit der Arbeitsgruppe nachhaltige Energieversorgung: Wesentliches Ziel einer nachhaltigen Energieversorgung ist die Minimierung des Ressourcenverbrauchs bei bedarfsgerechter und wirtschaftlicher Verfügbarkeit elektrischer Energie. Mit Hilfe moderner Umweltmanagementmethoden wie der Ökoeffizienz bzw. der Ökobilanzierung (ISO Norm 14040 ff.) werden Energieversorgungsnetze sowie deren Betriebsmittel und Anlagen auf ihre Nachhaltigkeit hin untersucht und ihre Ökoeffizienz optimiert.

Praktikumsmöglichkeiten:
Elektrotechnisches Praktikum I, physikalisch-technische Laborübungen für Maschinenbauer, hochspannungstechnisches Praktikum, energietechnisches Praktikum I und II, Vermittlung, Beratung und Betreuung von Industriepraktika.

Zukunft der Einrichtung:
Neben der Forschung und Lehre will das Institut in Kooperation mit Industriepartnern, der Politik sowie Verbänden einen Beitrag zu einer nachhaltigen Energieversorgung und zur Aus- und Weiterbildung von Mitarbeitenden der Energietechnik-Branche liefern.

Institut für Landschaftsökologie Ressourcenmanagement, Professur Ressourcenmanagement (ILR)

Zugehörigkeit: Justus-Liebig-Universität Gießen
Wissenschaftsbereich(e): Lebenswissenschaften
Anschrift: Heinrich-Buff-Ring 26, 35392 Gießen
Telefon/Fax: 0641-99-373 80
E-Mail: ruth.strittmatter@agrar.uni-giessen.de
Web-Adresse: www.uni-giessen.de/ilr/frede
Forschungsetat: 800.000 Euro (2006) **(davon) Drittmittel:** 100 %
Anzahl der Mitarbeiter: 20 (2006)

Zielsetzung/Kompetenzschwerpunkt:
Messung, Modellierung und Entwicklung von Minderungskonzepten von Umweltbelastungen (Boden, Gewässer, Atmosphäre) durch die Landwirtschaft.

Forschungsfelder:
Modellierungen und Messungen zum Landschaftswasser- und Stoffhaushalt; Stickstoffumsetzungen im Boden und Nitratauswaschung; Freisetzung klimarelevanter Gase aus Landwirtschaftsflächen; Pflanzenschutzmittel-Einträge in Gewässer aus Punkt- und diffusen Quellen.

Kurzportrait:
Das Institut für Landschaftsökologie und Ressourcenmanagement (ILR) wurde in den frühen 1950er Jahren gegründet und blickt auf eine lange Tradition im Bereich der Forschung und Lehre zurück. Seitdem 1988 Prof. Dr. Hans-Georg Frede zum Leiter des Instituts ernannt wurde, liegt der Schwerpunkt der Arbeiten im Bereich der hydrologischen Modellierung, des Stoffumsatzes, der Bodenerosion und dem Schutz von Oberflächengewässern.
Im Jahr 1997 wurde an der Justus-Liebig-Universität Gießen der Sonderforschungsbereich SFB299 eingerichtet. Ziel des SFB ist die Entwicklung einer integrierten Methodik, um ökonomisch und ökologisch nachhaltige, natur- und wirtschaftsräumlich differenzierte Optionen der regionalen Landnutzung zu entwerfen und zu bewerten.
Ein weiterer Schwerpunkt der Arbeiten liegt in der internationalen Forschung und der Zusammenarbeit mit Wissenschaftlerinnen und Wissenschaftlern aus allen Teilen der Welt. In Kooperation mit Forschungsinstituten aus den USA, Belgien und China werden verschiedene hydrologische Modelle weiterentwickelt. Gemeinsame Projekte zu Fragen der Bewässerung und der Bodenerosion werden in Ägypten und der Türkei durchgeführt.
Ein hohes Maß an Interdisziplinarität – sowohl in der Forschung als auch in der Lehre – ist selbstverständlicher Bestandteil der zahlreichen fachübergreifenden Lehrveranstaltungen, Exkursionen und Projekte.

Praktikumsmöglichkeiten:
Ca. 2-3 PraktikantInnen pro Jahr; keine speziellen Voraussetzungen; Interesse/Grundkenntnisse im Bereich Natur-/Umweltwissenschaften wünschenswert; Dauer: nach Absprache; Vergütung: i.d.R. keine (unter besonderen Umständen möglich); Ansprechpartner: Herr Prof. Dr. Frede, Herr Prof. Dr. Gäth.

Zukunft der Einrichtung:
Eine stärkere Internationalisierung wird angestrebt; u. a. Einbindung in EU-Forschungsprojekte (7. Rahmenprogramm), Ausdehnung der Forschungsaktivitäten im Ausland (u. a. China, Ecuador).

Institut für Landschaftsplanung und Ökologie

Zugehörigkeit: Universität Stuttgart, Fakultät 1
Wissenschaftsbereich(e): Lebens-, Natur-, Ingenieur-, Geistes- und Sozialwissenschaften (Interdisziplinär)
Anschrift: Keplerstraße 11, 70174 Stuttgart
Telefon/Fax: 0711-685-833 80 / 0711-685-833 81
E-Mail: office@ilpoe.uni-stuttgart.de
Web-Adresse: www.ilpoe.uni-stuttgart.de
Forschungsetat: 2,7 Mio. Euro (2002-2) **(davon) Drittmittel:** 100 %
Anzahl der Mitarbeiter: 11 (2007)

Zielsetzung/Kompetenzschwerpunkt:
Forschung und Lehre in den Bereichen Landschafts- und Umweltplanung, Ökologie und angewandte raumbezogene Datenverarbeitung.

Forschungsfelder:
Landschaftsökologie, Analyse von Geo-Informations-Systemen (GIS); Methoden der Landschaftsplanung; Grundlagen des Naturschutzes; Datenintegration in räumliche Analysen.

Kurzportrait:
Das Institut für Landschaftsplanung und Ökologie unter der Leitung von Prof. Dr. Giselher Kaule konzentriert sich auf Aufgaben in der angewandten Ökologie und der räumlichen Umweltplanung. Im Vordergrund stehen dabei der Einsatz von quantitativen Methoden und Werkzeugen (Modellierung und Geodatenverarbeitung).
Die Drittmittel-Forschungsvorhaben (u. a. EU, BMBF, Landesbehörden) decken die Spanne von planungsbezogener ökologischer Grundlagenforschung (Überlebenschancen von Arten, naturschutzfachliche Bewertung der Beweidung) bis Politikberatung (Landschaftsrahmenprogramm Baden-Württemberg, Nachhaltigkeitsbeirat BW) ab.
Am Institut ist ein leistungsfähiges Laboratorium für Geo-Informations-Systeme (GIS) eingerichtet.

Praktikumsmöglichkeiten:
—

Zukunft der Einrichtung:
—

Institut für Meteorologie

Zugehörigkeit: Freie Universität Berlin
Wissenschaftsbereich(e): Naturwissenschaften
Anschrift: Carl-Heinrich-Becker-Weg 6-10, 12165 Berlin
Telefon/Fax: 030-838-711 72
E-Mail: martina.scholz@met.fu-berlin.de
Web-Adresse: www.geo.fu-berlin.de/met
Forschungsetat: (Teil in Zusammenhang zu Nachhaltigkeitsprojekten) ca. 670.000 Euro (2005) **(davon) Drittmittel:** ca. 490.000 Euro
Anzahl der Mitarbeiter: 13 (2005)

Zielsetzung/Kompetenzschwerpunkt:
Untersuchung des globalen, regionalen und lokalen Klimawandels und dessen Auswirkung auf die Umwelt, Untersuchung der Ausbreitungsprozesse von Schadstoffen in Zusammenarbeit mit Stadtplanung und Maßnahmenplanern.

Forschungsfelder:
Wechselwirkung im Klimasystem der Erde: die Klimavariabilität und der anthropogene Klimawandel, die Rolle der Adaption bei sich verändernden klimatischen Verhältnissen, Abschätzung des lokalen Beitrags verschiedener anthropogener Emissionsquellen an lokalen Schadstoffimmissionen.

Kurzportrait:
Das Institut für Meteorologie besteht seit 1950. Die Hauptarbeitsbereiche sind in AGs gegliedert: Wechselwirkung im Klimasystem der Erde, Allgemeine Meteorologie, Troposphärische Umweltforschung, Theoretische Meteorologie und hohe Atmosphäre.

Das Institut beschäftigt sich mit der physikalischen Beschreibung und der Prognose atmosphärischer Zustände in verschiedenen Zeitskalen. Das beinhaltet die kurzfristige Wettervorhersage (Stunden bis Tage) bis zur langfristigen Klimadiagnose (Millennia). Es wird auch ein umfangreicher Beratungs- und Informationsservice geboten.

Die nachhaltigkeitsbezogenen Arbeiten im Institut ordnen sich in die Arbeitsgruppen mit ein. So wird im globalen und regionalen Rahmen die Auswirkung anthropogener oder natürlicher Emissionen und Landoberflächenveränderungen auf die Klimavariabilität und -änderung untersucht, modellgestützt ausgewertet, abgesichert und für interdisziplinäre Untersuchungen zur Klimafolgeforschung bereitgestellt.

Speziell die Abhängigkeiten und Veränderungen des Auftretens von Sturmereignissen und -schäden, von Niederschlagsverteilungen und den damit verbundenen Extrema bilden einen Schwerpunkt der Untersuchungen.

Über Beobachtungen und Modelle wird die Ausbreitung von Schadstoffen (z.B. Ozon und Feinstaub) lokal, regional und europaweit analysiert und emissionsbezogene Minderungsszenarien berechnet und bewertet.

Praktikumsmöglichkeiten:
In der Regel ein Praktikant (inkl. Schüler). Es werden keine Voraussetzungen gestellt. Die Dauer ist offen und es wird in der Regel keine Vergütung gewährt. Ansprechpartner ist Frau M. Scholz (Sekretariat).

Zukunft der Einrichtung:
Die Untersuchungen zur Klimamodellierung und Klimawirkung werden weiter ausgebaut. Der Aspekt der Luftchemie und der anthropogenen Einflüsse wird weiter darin integriert.

Institut für Natursport und Ökologie

Zugehörigkeit:	Universität Deutsche Sporthochschule Köln
Wissenschaftsbereich(e):	Natur-, Geistes- und Sozialwissenschaften (Interdisziplinär)
Anschrift:	Carl-Diem-Weg 6, 50933 Köln
Telefon/Fax:	0221-49 82-42 40 / 0221-49 82-84 80
E-Mail:	tuerk@dshs-koeln.de
Web-Adresse:	www.dshs-koeln-natursport.de
Forschungsetat:	durchschnittlich 420.000 Euro **(davon) Drittmittel:** 350.000 Euro
Anzahl der Mitarbeiter:	durchschnittlich 25

Zielsetzung/Kompetenzschwerpunkt:
Theoretische und praktische Auseinandersetzung mit den Bewegungsmöglichkeiten des Menschen in der Naturlandschaft sowie deren Auswirkung und individuelle Verarbeitung im gesellschaftlichen Kontext.

Forschungsfelder:
Wirkungsanalyse und Risikomanagement für die umweltverträgliche Sportausübung in der Natur; nachhaltige Angebots- und Produktentwicklung für sporttouristische Dienstleister; Sportgebietsplanung und Raummanagement für eine nachhaltige Umwelt- und Erholungsvorsorge; Umweltbildung und Kommunikation für einen breiten gesellschaftlichen Konsens.

Kurzportrait:
Das Institut für Natursport und Ökologie der Deutschen Sporthochschule Köln wurde 1999 gegründet und ist weltweit die erste universitäre Institution, deren Auftrag es ist, sich einerseits mit den vielfältigen Entwicklungspotenzialen im Bereich Natursport und Sporttourismus sowie andererseits mit den dadurch entstehenden Umweltbeeinträchtigungen zu befassen.
Das Institut verbindet die unten genannten Aufgaben der Sportwissenschaft in Forschung und Lehre für eine Vielzahl von Natursportarten. Die enge Verzahnung von Forschung und Praxis ist ideale Bedingungen für interdisziplinäres und zukunftsorientiertes Arbeiten.
Das Institut für Natursport und Ökologie bietet im Rahmen des sportwissenschaftlichen Studiums die zertifizierte Zusatzqualifikation „Sport und Umwelt-Management" als ein innovatives Konzept und Tätigkeitsfeld an. Zahlreiche nationale und internationale Sportverbände und Landesministerien unterstützen diese Zusatzausbildung.
Das Institut ist Gründungsmitglied im Zentrum für Nachhaltige Sportraumentwicklung (CENA), das dem fachübergreifenden Leitgedanken des sustainable development, d.h. einer steuerbaren und dauerhaft angelegten Sportentwicklung, die sozial und ökologisch verträglich und wirtschaftlich tragbar ist, verpflichtet ist.

Praktikumsmöglichkeiten:
Bis zu max. drei Praktikanten zeitgleich aus Studierenden der Zusatzqualifikation Sport und Umwelt-Management, Dauer 8 Wochen, unvergütet, Ansprechpartner Dr. Stefan Türk, E-Mail: tuerk@dshs-koeln.de

Zukunft der Einrichtung:
Forschungsschwerpunkte: Sport und Raum: Bewegungsraum-Management-Systeme in naturnahen Landschaften; Klimafolgenforschung: Zukunft des Schneesports im deutschsprachigen Raum.

Institut für Ökologische Chemie und Abfallanalytik (IÖCA)

Zugehörigkeit:	Technische Universität Braunschweig, Fakultät für Lebenswissenschaften
Wissenschaftsbereich(e):	Lebens-, Naturwissenschaften (Interdisziplinär)
Anschrift:	Hagenring 30, 38106 Braunschweig
Telefon/Fax:	0531-391-59 61 / 0531-391-57 99
E-Mail:	m.bahadir@tu-bs.de
Web-Adresse:	www.oekochemie.tu-bs.de
Forschungsetat:	316.000 Euro (2006) **(davon) Drittmittel:** 284.000 Euro
Anzahl der Mitarbeiter:	23 (2006)

Zielsetzung/Kompetenzschwerpunkt:
Das Institut hat die Aufgabe, das Fachgebiet der Umwelt- und Abfallchemie mit den Methoden der modernen analytischen Chemie in Lehre und Forschung zu vertreten. Arbeitsschwerpunkte: Materialien und Prozesse; Wirkstoffe und Wirkungen.

Forschungsfelder:
Chemie und Analytik von Schadstoffen; Verhalten und Wirkungen in der Umwelt; nachhaltige Produkte, Prozesse, Recycling; Rückstandsanalytik, Radiotracer-Technik; Ökotoxikologie.

Kurzportrait:
Das Institut für Ökologische Chemie und Abfallanalytik unter Leitung von Herrn Prof. Dr. mult. Dr. h.c. Bahadir wurde 1989 gegründet. Es ist wie folgt strukturiert:
1. Anorganische Analytik: Anorganische Schadstoffe in Abfällen, Abwässern und Altlasten; Element-Analytik, toxische Schwermetalle, Anionen-Analytik, Schadstofffreisetzung bei Bränden. Untersuchungsmethoden: ICP-OES, GF-AAS, CV-AAS, IC, Photometrie.
2. Organische Analytik: Organische Schadstoffe in Abfällen, Abwässern und Altlasten; Dioxin- und Furan-Analytik, Chemie des Brandes, Recycling (Produkte und Verfahren), Öl- und Additivanalytik, Entwicklung von industriellen Produkten wie z.B. Kühlschmierstoffen aus nachwachsenden Rohstoffen. Untersuchungsmethoden: HPLC, GPC, HRGC, HRGC/MS, Summen-/Leitparameter.
3. Rückstandsanalytik: Pharmazeutika, Herbizide und Pestizide in Böden, Pflanzen, Gewässern und Agrar-Ökosystemen, Metabolismus-Studien, Luftschadstoffe und Deponiegase, Indoor-Analytik. Untersuchungsmethoden: HPLC, GPC, HRGC, HRGC/MS, SFE, Luftanalytik, Radiotracer-Methodik (14C-TLC-Analyzer, 14C-Oxidizer, LSC).
4. Ökotoxikologie: Biologische Wirkungen von Abfällen, Sickerwässern und Pestiziden, Metabolismus-Studien, Radiotracer-Methodik. Untersuchungsmethoden: Ökotoxikologische Testsysteme, 14C-TLC-Analyzer, 14C-Oxidizer, ß-14C-Oxidizer-LSC.

Praktikumsmöglichkeiten:
Derzeit werden jeweils für das Hauptstudium fünf verschiedene Praktika für Studierende der Chemie, Biologie und Geoökologie angeboten. Nähere Informationen sind der Homepage zu entnehmen. Das umweltchemische Praktikum beispielsweise wird in jedem Semester neunwöchig, ganztägig mit z. Z. vier bis sechs Praktikanten durchgeführt.

Zukunft der Einrichtung:
Demnächst wird mit Unterstützung der VW AG und des Verbandes der Deutschen Biokraftstoffindustrie e.V. am Institut eine Stiftungsprofessur „Nachhaltige Chemie und Energieforschung" eingerichtet.

Institut für Stadt-, Regional- und Umweltplanung

Zugehörigkeit:	HafenCity Universität Hamburg
Wissenschaftsbereich(e):	Ingenieurwissenschaften (Interdisziplinär)
Anschrift:	Schwarzenbergstraße 95 D, 21073 Hamburg
Telefon/Fax:	040-428 78-32 09 (Sekretariat)
E-Mail:	stadtplanung@hcu-hamburg.de
Web-Adresse:	www.hcu-hamburg.de/stadtplanung
Forschungsetat:	— **(davon) Drittmittel:** —
Anzahl der Mitarbeiter:	ca. 22 Mitarbeiter/innen (2006)

Zielsetzung/Kompetenzschwerpunkt:
Analyse der komplexen Probleme und Handlungsfelder in Großstadtregionen; Erarbeitung von städtischen, regionalen und umweltbezogenen Strategien der Metropolenentwicklung.

Forschungsfelder:
Metropolitan Governance; Leitbilder und Strategien nachhaltiger Raumentwicklung; Raumplanung, Klimawandel, Ressourcenmanagement; europäische Raumentwicklung; raumliche Folgen der Internationalisierung.

Kurzportrait:
Das Institut für Stadt-, Regional und Umweltplanung wurde 1981 mit zwei Arbeitsgebieten an der Technischen Universität Hamburg-Harburg gegründet. 1999 erfolgte eine Erweiterung um zusätzliche Themenbereiche. Insgesamt wird auf folgenden Gebieten gearbeitet: Stadtplanung und Regionalentwicklung; Stadtökologie und Umweltplanung; Infrastrukturplanung und Stadttechnik; Recht und Verwaltung; Regionalentwicklung; CAD/GIS in der Stadtplanung.
Seit dem 1. Januar 2006 ist das Institut Teil der neu gegründeten HafenCity Universität Hamburg – Universität für Baukunst und Raumentwicklung.
Das Thema Nachhaltigkeit zieht sich als Querverbindung durch alle Projekte des Institutes. Um einen Eindruck über die Bandbreite der Forschungsprojekte aufzuzeigen, seien hier stellvertretend die folgenden Forschungsprojekte genannt:
Astra – Entwicklung von Richtlinien und Strategien zur Anpassung an Klimaveränderungen im Ostseeraum mit internationalen Partnern im Ostseeraum;
Refina – nachfrageorientiertes Nutzungszyklusmanagement: ein neues Instrument für die Flächen sparende und kosteneffiziente Entwicklung von Wohnquartieren; in Kooperation mit team ewen und dem Institut für sozial-ökologische Forschung (ISOE);
RIMAX – Urban Flood: Flächen- und Katastrophenmanagement überschwemmungsgefährdeter städtischer Gebiete als Konsequenz auf eine Risikozunahme durch Klimaveränderung mit internationalen Partnern aus Großbritannien und den Niederlanden;
The Balance of Urban Growth and Redevelopment in Ho Chi Minh City/Vietnam in Kooperation mit der BTU Cottbus und der Uni Göttingen.

Praktikumsmöglichkeiten:
—

Zukunft der Einrichtung:
Der Aufbau der zum 1. Januar 2006 gegründeten HafenCity Universität (HCU) ist noch nicht abgeschlossen. Derzeit werden neue HCU-weite interdisziplinäre Forschungsfelder formuliert. Dieser Profilbildungsprozess wird Ende 2007 abgeschlossen sein.

Institut für Stadtentwicklung und Bauwirtschaft

Zugehörigkeit: Universität Leipzig, Wirtschaftswissenschaftliche Fakultät
Wissenschaftsbereich(e): Ingenieurwissenschaften
Anschrift: Jahnallee 59, 04109 Leipzig
Telefon/Fax: 0341-97-337 40 / 0341-97-337 49
E-Mail: info.stadtentwicklung@wifa.uni-leipzig.de
Web-Adresse: www.uni-leipzig.de/isb
Forschungsetat: — **(davon) Drittmittel:** 443.700 Euro (2006)
Anzahl der Mitarbeiter: 18 (2006)

Zielsetzung/Kompetenzschwerpunkt:
Flächenressourcenmanagement zwischen Stadt und Region unter raumstrukturellen, ökonomischen, gesellschaftlichen wie ökologischen Gesichtspunkten; Stärkung der Innenstädte im Wettbewerb mit der Grünen Wiese (insbesondere: Wohnen, Handel).

Forschungsfelder:
Interdisziplinäre Plattform mit den drei Schwerpunkten: Urban Management, Prozessmanagement & Virtuelle Planung, Entwickeln und Bauen im Bestand.

Kurzportrait:
1995 als Lehrstuhl für Baubetriebswesen und Bauwirtschaft gegründet, steht das Institut für Stadtentwicklung und Bauwirtschaft heute zuvorderst für einen interdisziplinären Lehr- und Forschungsansatz. Das Institut beschäftigt sich vor dem Hintergrund der derzeitigen ökonomischen und soziodemografischen Entwicklungen sowohl in Lehre als auch in Forschung mit den Schwerpunkten ‚Urban Management', ‚Prozessmanagement und Virtuelle Planung' sowie ‚Entwickeln und Bauen im Bestand'. Diese drei Pole ergeben eine interdisziplinäre Lehr- und Forschungsplattform, auf der wissenschaftliche Synergieeffekte generiert werden. Zum Institut gehören: Stiftungsprofessur Technisches und Infrastrukturelles Management baulicher Anlagen, Honorarprofessur Bauwirtschaft, Honorarprofessur Projektsteuerung und Projektentwicklung, Professor Urban Management, Junior-Professur Stadt- und Regionalentwicklung.
Beispiel für Forschungsprojekte: Teilnahme am Forschungsprogramm des BMBF „Forschung für die Reduzierung der Flächeninanspruchnahme und ein nachhaltiges Flächenmanagement (REFINA)", Verbundprojekt der Uni Leipzig und der Uni Halle-Wittenberg zum Thema: kooperative Kernregion Mitteldeutschland (KoReMi), Ziele und übertragbare Handlungsstrategien für ein kooperatives regionales Flächenmanagement unter Schrumpfungstendenzen in der Kernregion Mitteldeutschland.

Praktikumsmöglichkeiten:
Zahlreiche wissenschaftliche Hilfskräfte sind in die Forschungsvorhaben integriert.

Zukunft der Einrichtung:
Weitere Stärkung der technischen Kompetenz zusammen mit den Lehrstühlen Umwelttechnik in der Wasserwirtschaft/Umweltmanagement in kleinen und mittleren Unternehmen sowie Entwerfen und Konstruktives Gestalten hinsichtlich Forschung und Lehre zusammen mit Ökonomie.

Institut für Strukturforschung und Planung in agrarischen Intensivgebieten (ISPA)

Zugehörigkeit:	Hochschule Vechta
Wissenschaftsbereich(e):	Lebens-, Naturwissenschaften (Interdisziplinär)
Anschrift:	Driverstraße 22, 49377 Vechta
Telefon/Fax:	04441-15-344 / 04441-15-445
E-Mail:	iklein@ispa.uni-vechta.de
Web-Adresse:	www.ispa.uni-vechta.de
Forschungsetat:	ca. 1,09 Mio. Euro (2006) **(davon) Drittmittel:** 928.381 Euro
Anzahl der Mitarbeiter:	25 (2006)

Zielsetzung/Kompetenzschwerpunkt:
Untersuchung der Entwicklung und Strukturen in Regionen mit intensiver Landwirtschaft und Lösung der dort auftretenden sozioökonomischen und ökologischen Probleme.

Forschungsfelder:
Sozioökonomische Auswirkungen der Agrarpolitik, Analyse und Bewertung der Folgen von menschlichen Eingriffen in die Ökosysteme ländlicher Gebiete, Entwicklung und Evaluierung didaktisch-methodischer Konzepte des Regionalen Lernens.

Kurzportrait:
Das ISPA setzt sich aus drei Abteilungen zusammen: Abteilung Vergleichende Strukturforschung, Abteilung Geo- und Agrarökologie mit dem Schwerpunkt Bodenkunde und Abteilung Lernen in ländlichen Räumen und Umweltbildung.
Die Abteilung Strukturforschung untersucht die sozioökonomischen Auswirkungen der Agrarpolitik. Neben der Analyse der sozioökonomischen Wandlungsprozesse soll auch der Frage nachgegangen werden, welche Auswirkungen die veränderte Agrarpolitik in Deutschland sowie auf EU-Ebene auf den ablaufenden Agrarstrukturwandel und räumliche Verlagerungsprozesse haben wird.
In der Abteilung Geo- und Agrarökologie steht die Analyse und Bewertung der Folgen von menschlichen Eingriffen in die Ökosysteme ländlicher Gebiete im Mittelpunkt der Tätigkeiten. Die Forschungsbereiche umfassen die Schwerpunkte Grünlandforschung, Bodenökologie, Humusformen und Humushaushalt landwirtschaftlich genutzter Flächen. Dabei werden u. a. die Folgen des Landnutzungswandels, wie er z.B. durch die neue EU-Agrarordnung ausgelöst wird, auf die Agrarökosysteme untersucht. Ein weiterer Schwerpunkt in der Abteilung Geo- und Agrarökologie bildet das Stoffstrommanagement.
Im Bereich der Geographie und ihrer Didaktik wird das Potenzial ländlicher Räume zur Initiierung und Realisierung lebenslanger Lernprozesse untersucht. Dazu zählen Forschungen zum Einfluss handlungsorientierten Lernens auf die Entwicklung von regionaler Identität und Gestaltungskompetenz, die Erarbeitung von Qualitätskriterien für außerschulisches Lernen sowie das Erproben didaktisch-methodischer Konzepte für regionale Lernstandorte.

Praktikumsmöglichkeiten:
Regelmäßig werden Praktika für Schüler angeboten. Eine Beteiligung von Praktikanten an speziellen Projekten ist im Einzelfall zu prüfen.

Zukunft der Einrichtung:
Eine Juniorprofessur „Raumbezogene Modellierung" wird neu ausgeschrieben. Die Professur in der Strukturforschung wird in Regionalökonomie umgewidmet. Es soll ein Studiengang MSc. Regionalmanagement für ländliche Räume eingerichtet werden.

Institut für Technischen Umweltschutz

Zugehörigkeit:	Technischen Universität Berlin, Fakultät III
Wissenschaftsbereich(e):	Ingenieurwissenschaften
Anschrift:	Straße des 17. Juni 135, 10623 Berlin
Telefon/Fax:	030-314-219 78 / 030-314-293 19
E-Mail:	Wolfgang.Rotard@tu-berlin.de
Web-Adresse:	http://itu107.ut.tu-berlin.de/
Forschungsetat:	— **(davon) Drittmittel:** ca. 2,2 Mio. Euro (2005)
Anzahl der Mitarbeiter:	125 (2007)

Zielsetzung/Kompetenzschwerpunkt:
Gegenstand von Forschung und Lehre im Institut für Technischen Umweltschutz sind Verfahren, Methoden, Strategien zur Erkennung, Bewertung, Vermeidung, Minderung und Beseitigung von Umweltschäden, -risiken und -belastungen in Gegenwart und Zukunft unter dem Leitmotiv der Nachhaltigkeit.

Forschungsfelder:
Ökologische Produktentwicklung, Betriebsoptimierung, Risikoanalyse, -management, Bewertung, Ökobilanz, Life Cycle Assessment; Nachhaltige Kreislaufwirtschaft; Umweltmanagement; Modellierung komplexer Entsorgungssysteme; Abfall-Charakterisierung, Schadstoffkataster; Qualitätssicherung, Qualitätsmanagement für Ersatzbrennstoffe, Biomasse; physikalisch-chemische und biologische Wasseraufbereitung; weitergehende Abwasserreinigung.

Kurzportrait:
Zum Institut für Technischen Umweltschutz gehören die Fachgebiete Abfallwirtschaft, Umweltmikrobiologie, Systemumwelttechnik, Umweltchemie, Umweltverfahrenstechnik/Luftreinhaltung und Wasserreinhaltung sowie die AG Umwelthygiene.
Das Institut für Technischen Umweltschutz wurde 1978 als erstes Universitätsinstitut seiner Art gegründet und war wegweisend in seiner medienbezogenen und medienübergreifenden Struktur, die sich bis heute bewährt hat. Die medienbezogenen Fachgebiete orientieren sich primär an medienspezifischen Aufgabenstellungen des Technischen Umweltschutzes, indem sie ingenieurtechnische und naturwissenschaftliche Fachkenntnisse integrieren. Medienübergreifende Fachgebiete lassen sich durch ihre stoff- und prozessbezogene Arbeitsweise charakterisieren, indem sie sich den chemischen und biologischen Prozessen der Entstehung, Verteilung, Wirkung, Bewertung und Transformation von Umweltschadstoffen über alle Umweltmedien hinweg ebenso widmen wie deren Bewertung über alle Phasen des (Produkt-)Lebenszyklus. So werden prospektiv objektive Entscheidungshilfen zur Verfügung gestellt, die eine nachhaltige Entwicklung ohne Problemverlagerung ermöglichen.

Praktikumsmöglichkeiten:
Es werden im Rahmen der Bachelor- und Master-Studiengänge Technischer Umweltschutz eine Reihe von Praktika, allerdings nur für Studierende, angeboten.

Zukunft der Einrichtung:
—

Institut für Umwelt- und Verfahrenstechnik

Zugehörigkeit: Fachhochschule Wiesbaden, Fachbereich Ingenieurwissenschaften, Studienbereich Umwelttechnik
Wissenschaftsbereich(e): Ingenieurwissenschaften
Anschrift: Am Brückweg 26, 65428 Rüsselsheim
Telefon/Fax: 06141-898-422 / 06141-898-421
E-Mail: deister@mndu.fh-wiesbaden.de
Web-Adresse: www.iuvt.fh-wiesbaden.de
Forschungsetat: 40.000 Euro (2006) **(davon) Drittmittel:** 35.000 Euro
Anzahl der Mitarbeiter: 12 (2006)

Zielsetzung/Kompetenzschwerpunkt:
Forschung und Entwicklung von Verfahren zur nachhaltigen Reinigung/Aufbereitung von Abwasser, Abgas und Abfällen; Forschung und Entwicklung zur Untersuchung der Schadstoffbelastung von Produkten und in Innenräumen bzw. Außenluft.

Forschungsfelder:
Umwelttechnologie (Umsetzung BAT in EU-Neumitgliedsstaaten), Verfahren zur Aufbereitung von Industrieabwasser, Verfahren zur biologischen Abgasreinigung; Umweltanalytik (Schadstoffe in Kunststoffen, Schadstoffe in Innenraumluft).

Kurzportrait:
In dem 2004 gegründeten Institut für Umwelt- und Verfahrenstechnik (IUVT) arbeiten Professorinnen und Professoren des Studiengangs Umwelttechnik aus verschiedenen naturwissenschaftlichen und technischen Disziplinen gemeinsam an der Lösung von aktuellen Fragestellungen der Umwelt- und Verfahrenstechnik.
Die Fachgebiete des Institutes umfassen die Bereiche Abfallwirtschaft, Abfallwirtschaftskonzepte; Abluftreinigung/Abluftanalytik; Abwasserbehandlung/Abwasseranalytik; Verfahrenstechnik, Biotechnologie, Biogasnutzung; produktionsintegrierter Umweltschutz/umweltfreundliche Produktionsverfahren/nachwachsende Rohstoffe; Umweltanalytik und Ökotoxikologie.
Enge dauerhafte Kooperationen bestehen mit dem Fraunhofer Institut in Pfinztal, der Firma Reinluft, der Hessischen Landesanstalt für Umwelt und Geologie. Daneben kooperieren wir auch mit kleineren und mittleren Unternehmen und verschiedenen Instituten in Hessen. Geplant sind u. a. Projekte mit dem Institut für solare Energieversorgungstechnik (ISET) in Hanau.

Praktikumsmöglichkeiten:
Berufspraktisches Semester (4 Monate) im verfahrenstechnischen Laborbereich: ca. zwei Studierende pro Jahr.

Zukunft der Einrichtung:
Einsatz nachwachsender Rohstoffe in der organischen Chemie, im Bereich umweltgerechtes Produzieren Konzepte zur Energie- und Rohstoffeinsparung, Konzepte zur Abfallvermeidung.

Institut für Umweltforschung (INFU)

Zugehörigkeit: Universität Dortmund
Wissenschaftsbereich(e): Naturwissenschaften
Anschrift: Otto-Hahn-Straße 6, 44227 Dortmund
Telefon/Fax: 0231-755-40 80 / 0231-755-40 85
E-Mail: spiteller@infu.uni-dortmund.de
Web-Adresse: www.infu.uni-dortmund.de
Forschungsetat: 695.000 Euro (2005) **(davon) Drittmittel:** 650.000 Euro
Anzahl der Mitarbeiter: 35 (2006)

Zielsetzung/Kompetenzschwerpunkt:
Das INFU initiiert, unterstützt und führt selbst interdisziplinäre Forschung auf dem Gebiet der Umweltforschung durch.

Forschungsfelder:
Umweltchemie und Analytische Chemie, molekular geprägte Polymere, Umweltökonomie/Umweltpolitik, ökologische Branchenkonzepte.

Kurzportrait:
Das Institut für Umweltforschung (INFU) wurde als zentrale wissenschaftliche Einrichtung der Universität Dortmund 1972 gegründet. Die Forschungsvorhaben des Arbeitsgebietes „Umweltchemie und Analytische Chemie" befassen sich mit dem Verhalten organischer und anorganischer Substanzen in Boden und Wasser. Im chemisch-analytischen Labor stehen alle notwendigen Geräte zur Spurenanalytik zur Verfügung. Projektschwerpunkte sind der Verbleib und Metabolismus von Arzneimitteln, Pflanzenschutzmitteln und anderer Xenobiotika in Boden und Wasser.

In der Gruppe „Molekular geprägte Polymere" beschäftigen wir uns mit der Entwicklung von maßgeschneiderten Polymeren für molekulare Erkennung oder Katalyse. Diese molekular geprägten Polymere (MIPs), oder auch so genannte künstliche Antikörper, sind Kunststoffe, die auf der Erkennung kleiner Moleküle wie z.B. Arzneimittel oder Toxine in komplexen biologischen Proben programmiert sind.

Zu den Aufgaben der Umweltökonomie/Umweltpolitik gehört die ökonomische Evaluierung von Schadstoffwirkungen, die Kostenabschätzungen von Grenzwerten in der Trinkwasserversorgung und die Bewertung neuer umweltpolitischer Strategien im Konfliktfeld Landwirtschaft und Wasserversorgung auf EU-Ebene.

Die Arbeitsgruppe „Ökologische Branchenkonzepte" erfasst und beurteilt die Umwelt- und Arbeitsplatzbelastungen durch Chemikalien, die in verschiedensten Industriebranchen eingesetzt werden. Eine Datenbank ist kostenlos nutzbar (www.oekopro.de).

Praktikumsmöglichkeiten:
Es können Praktika geleistet werden. Zwei Beispiele für Praktikumstätigkeiten: GC/MS – Bestimmung der Fettsäuren und Fettsäureverteilung in Pflanzenmaterialien; Bestimmung von Antibiotikarückständen in Boden, Gülle und Wasserproben mittels LC-MS/MS.

Zukunft der Einrichtung:
Das Institut wird seine Expertise auf dem Gebiet der Umweltforschung ausdehnen und darüber hinaus neue Themen mit dem Schwerpunkt der biologischen Forschung aufgreifen (Pflanzenmetabolismus, endophytische Pilze, Mykotoxine).

Institut für Umweltkommunikation

Zugehörigkeit: Universität Lüneburg
Wissenschaftsbereich(e): Geistes- und Sozialwissenschaften (Interdisziplinär)
Anschrift: Scharnhorststraße 1, 21335 Lüneburg
Telefon/Fax: 04131-677 28 19
E-Mail: infu@uni-lueneburg.de
Web-Adresse: www.uni-lueneburg.de/infu
Forschungsetat: 1 Mio. Euro (2006) **(davon) Drittmittel:** 100 %
Anzahl der Mitarbeiter: 25 (2007)

Zielsetzung/Kompetenzschwerpunkt:
Im Mittelpunkt der Arbeiten stehen wissenschaftliche Analyse, Theoriebildung und Konzeptentwicklung zur Förderung individueller, institutioneller und kollektiver Kompetenzen der Zukunftsgestaltung im Horizont der Nachhaltigkeit.

Forschungsfelder:
Nachhaltigkeitskommunikation, Partizipation und nachhaltige Entwicklung, Umweltinformatik und Neue Medien.

Kurzportrait:
Das Institut für Umweltkommunikation wurde 1996 im Zuge der Einrichtung des Fachbereichs Umweltwissenschaften gegründet und gehört heute zur Fakultät „Umwelt und Technik" der fusionierten Universität Lüneburg. In Forschung, Lehre und Transfer beschäftigen sich die Mitarbeiter des Instituts mit Fragen der Umwelt- und Nachhaltigkeitskommunikation. Das Institut ist in drei Arbeitsbereiche gegliedert, die sich mit folgenden Aspekten der Nachhaltigkeitskommunikation beschäftigen. Kommunikation: unterschiedliche Wirkungen einzelner Kommunikationsstrategien zur Popularisierung des Leitbilds sowie Entwicklung neuer praktischer Ansätze und Beiträge zur wissenschaftlichen Theoriebildung in der Umweltkommunikation (insbesondere in Bildung und Beratung);
Partizipation: theoretische Grundlagen und empirische Analysen zur Partizipations- und Kooperationsforschung im Kontext nachhaltiger Entwicklung;
Medien: Beschäftigung mit der Frage, wie gesellschaftliche Akteure in Fragen des Umweltschutzes und der Nachhaltigen Entwicklung effektiv durch Informatiksysteme unterstützt werden können.
Im Herbst 2005 wurde dem Institut der UNESCO-Chair „Higher Education for Sustainable Development" zuerkannt. Ziel des Chairs ist es, das Leitbild der Nachhaltigkeit vor allem in der Lehre zu verankern und die internationale Ausrichtung des Instituts durch Kooperationen zu stärken.

Praktikumsmöglichkeiten:
Praktika im Institut sind nach Absprache möglich.

Zukunft der Einrichtung:
—

Institut für Umweltplanung

Zugehörigkeit: Leibniz Universität Hannover, Fakultät Architektur und Landschaft, Fachgruppe Landschaft
Wissenschaftsbereich(e): Lebens-, Natur-, Ingenieur-, Geistes- und Sozialwissenschaften (Interdisziplinär)
Anschrift: Herrenhäuser Straße 2, 30419 Hannover
Telefon/Fax: 0511-762-26 51 / 0511-762-37 91
E-Mail: info@umwelt.uni-hannover.de
Web-Adresse: www.umwelt.uni-hannover.de
Forschungsetat: ca. 500.000 Euro (2006)   **(davon) Drittmittel:** ca. 400.000 Euro
Anzahl der Mitarbeiter: 25 (2006)

Zielsetzung/Kompetenzschwerpunkt:
Umfassender Schutz von Natur und Umwelt sowie Koordination und Moderation unterschiedlicher Nutzungsansprüche an den Raum im Sinne einer nachhaltigen Entwicklung.

Forschungsfelder:
Naturwissenschaftliche Grundlagen des Arten- und Biotopschutzes, Analyse des Naturhaushalts, Landschaftsästhetik, Umweltbildung, Freizeit und Erholungsplanung, Ingenieurbiologie, rechtliche und ökonomische Instrumente des Umwelt- und Naturschutzes, Instrumente und Strategien der Raumordnung und Raumentwicklung, Umsetzung und Beteiligung in der Planung.

Kurzportrait:
Im Mittelpunkt von Forschung und Lehre steht der umfassende Schutz von Natur und Umwelt und die Koordination unterschiedlicher Nutzungsansprüche an den Raum im Sinne einer nachhaltigen Entwicklung. Die Arbeitsfelder reichen von naturwissenschaftlichen Grundlagen des Arten- und Biotopschutzes und Analysemethoden des Naturhaushalts über Landschaftsästhetik, die Integration von Freizeit und Erholung, die rechtlichen und ökonomischen Instrumente des Umwelt- und Naturschutzes bis zu Strategien der Raumordnung und Raumentwicklung und zu Fragen der Umsetzung und Beteiligung in der Planung. Vor allem im Verbund mit den Nachbarinstituten für Freiraumentwicklung und Landschaftsarchitektur können aktuelle Themen aufgegriffen und auf die Bedingungen der Raum- und Landschaftsplanung zugeschnitten bearbeiten. Den AbsolventInnen werden die Fähigkeiten zur Lösung planerischer Probleme und Aufgaben des Umwelt- und Naturschutzes und der Raumentwicklung mitgegeben. Dazu gehören die Kenntnis der naturwissenschaftlichen und landschaftsästhetischen Grundlagen, die Fähigkeit zur Durchführung von Umweltfolgenprüfungen, die sichere Anwendung von Planungsmethoden und die Fähigkeit, Fachinhalte in allgemein verständlicher Weise zu vermitteln. Umweltplanung wird als integrierte räumliche Gesamtplanung und als Regionalmanagement unter dem Prinzip einer starken Nachhaltigkeit aufgefasst.

Praktikumsmöglichkeiten:
Eher selten, höchstens eine Person; Einsatz je nach Voraussetzung vom Zeigerpflanzen-Garten bis zur Mitarbeit in Forschungsprojekten; Dauer nach individueller Absprache; i.d.R. keine Vergütung.

Zukunft der Einrichtung:
In 2006 wurden größere Umstrukturierungen abgeschlossen: Zusammenlegung zweier Institute zu einem, Zusammenlegung mit dem Fachbereich Architektur zur Fakultät ‚Architektur und Landschaft', Umstellung auf Bachelor- und Masterstudiengänge.

Institut für Umwelttechnik und Energiewirtschaft (IUE)

Zugehörigkeit: Technische Universität Hamburg-Harburg, Studiendekanat Verfahrenstechnik
Wissenschaftsbereich(e): Natur-, Ingenieurwissenschaften (Interdisziplinär)
Anschrift: Eißendorfer Straße 40, 21071 Hamburg
Telefon/Fax: 040-428 78-30 08 / 040-428 78-23 15
E-Mail: kaltschmitt@tu-harburg.de
Web-Adresse: www.tu-harburg.de/iue
Forschungsetat: 1,4 Mio. Euro (2006) **(davon) Drittmittel:** 1 Mio. Euro
Anzahl der Mitarbeiter: 15 (2006)

Zielsetzung/Kompetenzschwerpunkt:
Regenerative Energien und Energiegewinnung aus Biomasse; Umwelt-, Prozess- und Anlagenbewertung; Bodensanierung und Sedimentbewertung; Reinigung von Industrieabwasser.

Forschungsfelder:
Feinstaubemissionen aus Holz-, Getreide- und Strohfeuerungen, Feinsedimentdynamik und Schadstoffmobilität in Fließgewässern, Elektrokoagulation und Elektroflotation von Galvanikabwässern, kontrollierter Rückhalt und Abbau von Schadstoffen in Böden, ökotoxikologische Tests für kontaminierte Substrate, Bewertungsmodelle.

Kurzportrait:
Das Institut für Umwelttechnik und Energiewirtschaft (IUE) befasst sich schwerpunktmäßig mit Fragen der Umwelttechnik und der Umweltbewertung. Aus dem Spannungsfeld der anzuwendenden Methoden und Verfahren einerseits bzw. der inhaltlichen Bereiche andererseits ergibt sich eine Vielzahl von Fragestellungen, die am Institut bearbeitet werden. Inhaltliche Schwerpunkte sind: Bereitstellung von festen, flüssigen und gasförmigen Energieträgern bzw. von Strom, Wärme und Kraftstoffen aus Biomasse; geothermische Strom- und Wärmeerzeugung; Energie aus Wasser, Wind und Sonne; regenerative Energien in konventionellen Energiesystemen; energiewirtschaftliche Analyse und Bewertung im Spannungsfeld technischer, ökonomischer, ökologischer und ggf. sozialer Anforderungen; Umwelt- und Systembewertung u. a. auf Basis der Ökobilanz. Außerdem arbeitet das IUE an Entwicklung, Analyse und Bewertung von Verfahren zur Behandlung kontaminierter Sedimente, Böden und Industrieabwässer. Hinzu kommen die Entwicklung und Anwendung ökotoxikologischer Testverfahren, wie sie in gesetzlichen Regelungen bei der Zulassung von Chemikalien oder bei der Umwelt- und Abfallbewertung vorgeschrieben sind, als Basis für eine Umweltforensik, die Interpretation komplexer Datensätze zur Bewertung von Effektklassen in der Umwelt und von Risikopotenzialen für die menschliche Gesundheit und die Entwicklung von Indikatoren zur ökologischen Risikobewertung.

Praktikumsmöglichkeiten:
Nur studentische Praktika (Chemie, Aquatic Chemistry, Umwelttechnik, Projektierungskurs) im Rahmen der Studiengänge Energie- und Umwelttechnik, Verfahrenstechnik und Environmental Geochemical Engineering.

Zukunft der Einrichtung:
Verstärkte Aktivitäten im Bereich der „Regenerativen Energien" und der „Energiegewinnung aus Biomasse" einerseits sowie der Umwelt-, Prozess- und Anlagenbewertung andererseits.

Institut für Verkehrsplanung und Logistik

Zugehörigkeit: Technische Universität Hamburg-Harburg
Wissenschaftsbereich(e): Ingenieurwissenschaften (Interdisziplinär)
Anschrift: —, 21071 Hamburg
Telefon/Fax: 040-428 78-35 19 / 040-428 78-27 28
E-Mail: e.peters@tu-harburg.de
Web-Adresse: www.vsl.tu-harburg.de
Forschungsetat: — **(davon) Drittmittel:** —
Anzahl der Mitarbeiter: 14 (2007)

Zielsetzung/Kompetenzschwerpunkt:
Gestaltung der Nachfrageseite des Verkehrs; Integration von Personen- & Güterverkehr; Erfüllung der Ansprüche an Wirtschaftlichkeit und Umweltverträglichkeit der Verkehrssysteme durch Maßnahmenkombination; integrierte Planung zur Umsetzung innovativer Konzepte.

Forschungsfelder:
Verkehrsursachenforschung, Mobilitätsforschung; integrierte Betrachtung von Verkehr, Siedlungsstruktur und Telekommunikation, Entwicklung und Umsetzung innovativer verkehrsträgerübergreifender Konzepte auf kommunaler und regionaler Ebene; Entwicklung regionaler und internationaler Logistikkonzepte; Steuerung und Optimierung von Transportketten.

Kurzportrait:
Das Institut für Verkehrsplanung und Logistik wurde 1998 an der Technischen Universität Hamburg-Harburg eingerichtet, um im Norden Deutschlands ein Kompetenzzentrum für integrierte Verkehrsplanung zu schaffen.
Schwerpunkte der Forschung sind: Analysen im Personen- und Güterverkehr, Konzeptentwicklung im Personenverkehr und Konzeptentwicklung in der Logistik.
Weil innovative Forschung einen interdisziplinären Ansatz erfordert, haben wir das European Centre for Transportation and Logistics (ECTL) gegründet. Das ECTL vereinigt das Knowhow des Instituts für Verkehrsplanung und Logistik mit dem anderer Institute auf dem Gebiet der Logistik, Informationstechnik, Stadt- und Regionalplanung sowie den Sozialwissenschaften.
Das Institut bietet an der TU Hamburg-Harburg Lehrveranstaltungen in Verkehrsplanung, Verkehrsmodellierung, Verkehrstechnik und Logistik für die Studiengänge Stadtplanung, Bauingenieurwesen, Maschinenbau und Allgemeine Ingenieurwissenschaften an. Das Institut ist auch an den Lehrveranstaltungen der Hamburg School of Logistics (HSL) beteiligt. Die HSL wurde 2004 in „public private partnership" von der TU Hamburg-Harburg mit der Kühne-Stiftung gegründet. Angeboten wird ein einjähriger englischsprachiger MBA in Logistics (Master of Business Administration).

Praktikumsmöglichkeiten:
—

Zukunft der Einrichtung:
—

Institut für Waldbau

Zugehörigkeit:	Georg-August-Universität Göttingen
Wissenschaftsbereich(e):	Naturwissenschaften
Anschrift:	Büsgenweg 1, 37077 Göttingen
Telefon/Fax:	0551-39 36 76 / 0551-39 32 70
E-Mail:	ufwb@gwdg.de
Web-Adresse:	www.waldbau.forst.uni-goettingen.de
Forschungsetat:	320.000 Euro (Mittel) **(davon) Drittmittel:** 230.000 Euro
Anzahl der Mitarbeiter:	34 (Mittel)

Zielsetzung/Kompetenzschwerpunkt:
Die zielgerichtete Behandlung von Waldökosystemen in der temperaten und in der tropischen Klimazone auf der Grundlage waldökologischer Erkenntnisse steht im Mittelpunkt der Forschung.

Forschungsfelder:
Entwicklung und Bewertung waldbaulicher Konzepte und deren Umsetzung für öffentliche und private Forstbetriebe; Erhaltung der Stabilität von Wäldern bei Nutzungseingriffen und sich ändernden Umweltbedingungen durch zweckentsprechende Gestaltung von Artenzusammensetzung und Strukturvielfalt; Neubegründung von Wald nach Nutzung oder Waldzerstörung.

Kurzportrait:
Das Institut (zunächst als eine Professur) existiert seit Gründung der Fakultät (zunächst als Preußische Forstakademie 1868 in Hannoversch Münden, ab 1922 als Forstliche Hochschule, ab 1939 als Forstliche Fakultät der Universität Göttingen) und hat zentrale Bedeutung als Schnittstelle von waldökologischen Grundlagen, technischer Anwendung sowie sozioökonomischer und naturschutzfachlicher Bewertung in Lehre und in Forschung der heutigen Fakultät für Forstwissenschaften und Waldökologie. Das Institut gliedert sich in die beiden Abteilungen „Waldbau der gemäßigten Zonen und Waldökologie" und „Waldbau der Tropen".
Beispiele für aktuelle Forschungsprojekte: Flora, Vegetation und Standortverhältnisse auf Windwurfflächen; Vegetationsentwicklung auf forstlichen Dauerbeobachtungsflächen und in Naturwaldreservaten; raumzeitliche Dynamik der Vegetation nach Waldumbau; vegetationskundliche und ökologische Untersuchungen zur Sukzession von Ackerbrachen; Untersuchungen zur nordosteuropäischen Verbreitungsgrenze natürlicher Buchenwälder; die Eignung autochtoner Baumarten für Aufforstungen in Costa Rica; Konzepte zur umweltverträglichen Anlage von Energieholzplantagen.

Praktikumsmöglichkeiten:
—

Zukunft der Einrichtung:
Neue Forschungsschwerpunkte: Mischwaldbegründung und -erhaltung (auch unter Einbeziehung von Neophyten); Hochleistungswälder (Plantagen), multifunktionale Wälder und Naturwälder im Vergleich.

Institut für Waldwachstum, Abteilung für Waldwachstum

Zugehörigkeit:	Albert-Ludwigs-Universität Freiburg, Fakultät für Forst- und Umweltwissenschaften
Wissenschaftsbereich(e):	Lebenswissenschaften
Anschrift:	Tennenbacherstraße 4, 79098 Freiburg i. Br.
Telefon/Fax:	0761-203-37 37 / 0761-203-37 40
E-Mail:	Regina.Lauer@iww.uni-freiburg.de
Web-Adresse:	www.iww.uni-freiburg.de
Forschungsetat:	— **(davon) Drittmittel:** ca. 500.000 Euro im Jahr (2006)
Anzahl der Mitarbeiter:	20 (2006)

Zielsetzung/Kompetenzschwerpunkt:
Untersuchung des Wachstums von Bäumen in ihrer Umwelt, Entwicklung von Entscheidungshilfen für die Steuerung des Wachstums und Bereitstellung methodischer Grundlagen für die Wachstumsforschung auf nationaler und internationaler Ebene.

Forschungsfelder:
Ökologische Grundlagen des Waldwachstums; Steuerung des Waldwachstums u. a. zur Sicherung der nachhaltigen Bereitstellung von Holz als Rohstoff und Energieträger; methodische Grundlagen der Waldwachstumsforschung; Beteiligung an internationalen Netzwerken in der Waldwachstumsforschung mit dem Ziel ökologische, ökonomische und soziale Beiträge der Forstwirtschaft nachhaltig zu sichern.

Kurzportrait:
Das Institut betreibt Forschung und Lehre im Bereich Waldwachstumskunde und verfügt hierfür über ein Jahrringmesslabor, ein feinmechanisch-elektronische Werkstatt, eine Waldmessstation, ein Holzpräparationslabor sowie ein Stammscheibenarchiv.
Forschungen im Bereich der Nachhaltigkeit: Untersuchung des Wachstums von Bäumen in Wäldern (gleichaltrige und ungleichaltrige Rein- und Mischbestände in borealen, gemäßigten, subtropischen und tropischen Regionen) in Abhängigkeit von Standortfaktoren (Boden, Klima, Witterung, Immissionen, Nährelement- und Wasserversorgung) und von biotischen Wechselwirkungen; Untersuchungen zum Einfluss von Genetik, Standraum und von Ästungs-, Düngungs- und Meliorationsmaßnahmen auf Wachstum, Qualitätsentwicklung und Mortalität von Bäumen in Wäldern; Entwicklung von Entscheidungshilfen zur Steuerung des Wachstums unter Berücksichtigung ökologischer, ökonomischer und gesellschaftspolitischer Zielsetzungen; Entwicklung von Methoden zur quantitativen Analyse und Prognose von Reaktionen des Baumwachstums auf Umweltveränderungen.
Netzwerke: ConForest (www.conforest.de), COST E42 (www.valbro.de), NFZ Forestnet (www.nfz-forestnet.org), Association of Tree Ring Research (www.tree-ring.org), EFOR-WOOD (http://ec.europa.eu/research/headlines/news/art), IUFRO (z.B. http://www.iufro.org/science/divisions/division-4/40000/40100/40104)

Praktikumsmöglichkeiten:
—

Zukunft der Einrichtung:
Der zunehmende Informationsbedarf für die nachhaltige Bereitstellung erneuerbarer Energien und Rohstoffe stellt hohe Anforderungen an eine solide Erforschung des Waldwachstums und der Wachstumssteuerung.

Institut für Wärme- und Brennstofftechnik

Zugehörigkeit: Technische Universität Braunschweig
Wissenschaftsbereich(e): Ingenieurwissenschaften
Anschrift: Franz-Liszt-Straße 35, 38106 Braunschweig
Telefon/Fax: 0531-391-30 43 / 0531-391-59 32
E-Mail: iwbt@tu-bs.de
Web-Adresse: www.wbt.ing.tu-bs.de
Forschungsetat: 213.445 Euro (2006) **(davon) Drittmittel:** 55 %
Anzahl der Mitarbeiter: 13 (2007)

Zielsetzung/Kompetenzschwerpunkt:
Entwicklung und Untersuchung konventioneller und fortschrittlicher Kraftwerksprozesse sowie CFD-Simulation reagierender Strömungen/Feuerungen und stationäre und dynamische Simulation von Energiewandlungsanlagen einschließlich CO_2-Abtrennung und Deponierung, solarthermische Anlagen und Biomassefeuerungen.

Forschungsfelder:
Feuerungen (CFD-Simulation, Schadstoffbildung, Verschmutzung/Verschlackung); fortschrittliche Kraftwerkstechnik (Kreislaufsimulation, CO_2-Abscheidung, Optimierung); rationeller Energieeinsatz und Energieversorgungsstrukturen; solarthermische und Biomassekraftwerke; Hochtemperaturbrennstoffzellen (SOFC) mit Vergasung/Reformierung; Energiespeicher (Wärmespeicher, Druckluftspeicherkraftwerk).

Kurzportrait:
Das Institut für Wärme- und Brennstofftechnik wurde 1963 als Lehrstuhl für Heizungs- und Verbrennungstechnik gegründet. Seit 1983 ist Prof. Dr. techn. Reinhard Leithner Leiter des Institutes.
Das Institut besteht aus den beiden Abteilungen Verbrennungs- und Kraftwerkstechnik sowie regenerative und nukleare Energiesysteme. Forschungsgebiete der Abteilung Verbrennungs- und Kraftwerkstechnik sind Feuerungen, fortschrittliche Kraftwerkstechnik, rationeller Energieeinsatz und Energieversorgungsstrukturen, Brandsimulation und Messtechnik. Forschungsgebiete der Abteilung regenerative und nukleare Energiesysteme sind Hochtemperaturbrennstoffzellen (SOFC), solarthermische und Biomasse Kraftwerke, Energiespeicher und Druckwasserreaktoren.
Das Institut verfügt u. a. über eine Versuchsbrennkammer für Verbrennungsversuche im halbtechnischen Maßstab mit staubförmigen, festen Brennstoffen, Öl und Gas sowie eine umfangreiche Computer-Ausstattung für Simulationen.
Der Institutsleiter Prof. Dr. Leithner ist zugleich Vorstand des Forschungskreises Solarenergie (FKS). Der FKS hat insbesondere die Aufgabe, gemeinsame interdisziplinäre Forschungsvorhaben zur Solarenergie (einschließlich Windenergie, Biomasse und anderer erneuerbarer Energiequellen) zu stimulieren und zu koordinieren. Überdies ist das Institut Mitglied des Forschungsverbunds Dezentrale Energietechnologien.

Praktikumsmöglichkeiten:
In Ausnahmefällen eine Praktikantenstelle für Schüler bzw. Auszubildende in der Institutswerkstatt.

Zukunft der Einrichtung:
Simulation von Verschlackung, Verschmutzung, Korrosion ultrasuperkritischer Dampferzeuger (COORETEC), Speisewasserpumpenmonitoring, SOFC-System-Simulation und -optimierung.

Institut Futur – Arbeitsbereich Erziehungswissenschaftliche Zukunftsforschung

Zugehörigkeit: Freie Universität Berlin, Fachbereich Erziehungswissenschaft und Psychologie
Wissenschaftsbereich(e): Geistes- und Sozialwissenschaften (Interdisziplinär)
Anschrift: Arnimallee 9, 14195 Berlin
Telefon/Fax: 030-838-530 54 / 030-838-754 94
E-Mail: sekretariat@institutfutur.de
Web-Adresse: www.institutfutur.de
Forschungsetat: — **(davon) Drittmittel:** 1,0 Mio. Euro (2006)
Anzahl der Mitarbeiter: 40 (2006)

Zielsetzung/Kompetenzschwerpunkt:
Gewinnung von Orientierungswissen für die Gestaltung von Zukunft.

Forschungsfelder:
Bildung für nachhaltige Entwicklung, Forschung und Entwicklung im Kontext von Bildungsreformvorhaben, Entwicklung von Zukunftsszenarien (z.B. zum Bildungssystem), Analyse von bildungspolitischen und bildungsökonomischen Auswirkungen der Wissensgesellschaft, Untersuchung von Innovations- und Wissenstransfer, subjektorientierte Zukunfts- und Unsicherheitsforschung, Evaluation.

Kurzportrait:
Das Institut Futur ist im Jahre 2002 aus dem Arbeitsbereich Umweltbildung der Freien Universität Berlin hervorgegangen, welches 1991 gegründet wurde. Mit der Umbenennung geht auch eine Umorientierung einher: Die Nachhaltigkeitsthematik als Leitbild wird in dem größeren Kontext der Zukunftsforschung verortet.
Neben den genannten Forschungsfeldern ist das Institut mit der Entwicklung und Koordination von Modellprojekten insbesondere im schulischen Bereich sowie mit der Evaluierung von Lehr- und Lernmitteln zu den Themen Nachhaltigkeit und Zivilgesellschaft beschäftigt. Beispiele der Forschungs-, Entwicklungs- und Koordinationstätigkeiten sind das bis August 2008 laufende Programm „Transfer-21", welches die Ausrichtung schulischer Bildung am Konzept der Nachhaltigkeit unterstützen soll, das im März 2007 abgeschlossene BLK-Programm „Demokratie lernen und leben", welches sich die Entwicklung von Kompetenzen für die Zivilgesellschaft zur Aufgabe machte sowie die am Institut angesiedelte Berliner Arbeitsstelle beim Vorsitzenden des Nationalkomitees der UN-Dekade „Bildung für nachhaltige Entwicklung".
Die zahlreichen Forschungs- und Entwicklungsprojekte in diesen Bereichen werden u. a. vom BMBF, der Deutschen UNESCO-Kommission, den Bundesländern, der DBU und der EU gefördert.

Praktikumsmöglichkeiten:
Es stehen ca. 3 Praktikumsplätze im Jahr zur Verfügung. Die Dauer beträgt in der Regel 3 Monate. Eine Vergütung erfolgt nach individueller Absprache. Ansprechpartnerin ist Heidi Consentius, E-Mail: sekretariat@institutfutur.de, Tel.: 030-838-530 54

Zukunft der Einrichtung:
Das Institut Futur strebt eine Ausweitung der Zukunfts- und der Transferforschung an. Im Jahr 2007 wird ein Multiplikatorenprogramm zum Thema Bildung für Nachhaltigkeit an Ganztagsschulen gestartet.

Institut Management ländlicher Räume, Lehrstuhl Siedlungsgestaltung und ländliche Bauwerke

Zugehörigkeit: Universität Rostock, Agrar- und Umweltwissenschaftliche Fakultät
Wissenschaftsbereich(e): Ingenieur-, Geistes- und Sozialwissenschaften (Interdisziplinär)
Anschrift: Justus von Liebig Weg 8, 18051 Rostock
Telefon/Fax: 0381-498-32 80
E-Mail: henning.bombeck@uni-rostock.de
Web-Adresse: www.auf.uni-rostock.de/mlr
Forschungsetat: — **(davon) Drittmittel:** —
Anzahl der Mitarbeiter: 2 (2006)

Zielsetzung/Kompetenzschwerpunkt:
Planungs- und ingenieurwissenschaftliche Betrachtung der gebauten Umwelt in den ländlichen Räumen Europas und Asiens.

Forschungsfelder:
Dorfentwicklung und Agenda 21-Prozesse im ländlichen Raum: Anpassung der Bürgerbeteiligung und Instrumente an aktuelle Rahmenbedingungen; Planen und Bauen für das Zeitalter postfossiler Energiegewinnung; historische Siedlungsformen und Gebäudetypen als Potenzial der ländlichen Entwicklung.

Kurzportrait:
Im Zentrum von Forschung und Lehre des 1999 gegründeten Instituts stehen die komplexen Zusammenhänge des ländlichen Raumes. Neben dem Bereich der Erfassung von ökologischen bzw. landschaftsräumlichen Faktoren, Standortbedingungen und gebauten Strukturen besitzt die Entwicklung von Konzeptionen unter Berücksichtigung ökonomischer und sozialer Rahmenbedingungen hohen Stellenwert. Ziel der Ausbildung ist die Befähigung der Studierenden zur aktiven Teilnahme am Planen und Gestalten bzw. in der Forschung die Verbesserung der hierfür verfügbaren Instrumentarien. Die Bearbeitungsebenen reichen von großräumigeren Regionen über kommunale Einheiten bis zu Einzelobjekten bzw. -initiativen. Eine praxisbezogene Lehr- und Forschungsarbeit ist durch vielfältige Formen der Zusammenarbeit mit Bürgern, Verbänden, Unternehmen und Behörden gewährleistet.

Praktikumsmöglichkeiten:
—

Zukunft der Einrichtung:
—

Landwirtschaftlich-Gärtnerische Fakultät

Zugehörigkeit: Humboldt-Universität zu Berlin
Wissenschaftsbereich(e): Lebens-, Natur-, Ingenieurwissenschaften (Interdisziplinär)
Anschrift: Invalidenstraße 42, 10115 Berlin
Telefon/Fax: 030-20 93-88 44 / 030-20 93-90 03
E-Mail: udo.kummerow@agrar.hu-berlin.de
Web-Adresse: www.agrar.hu-berlin.de
Forschungsetat: — **(davon) Drittmittel:** —
Anzahl der Mitarbeiter: ca. 200 (2006)

Zielsetzung/Kompetenzschwerpunkt:
Agrar- und Gartenbauwissenschaften national und mit Schwerpunkt Osteuropa.

Forschungsfelder:
Nachhaltige Landbewirtschaftung, Nahrungsmittelerzeugung, Umwelt-

Kurzportrait:
Die Landwirtschaftlich-Gärtnerische Fakultät verfügt über vier Institute und zwei An-Institute sowie das Seminar für Ländliche Entwicklung und blickt auf eine fast 200-jährige Geschichte zurück.

Die Landwirtschaftlich-Gärtnerische Fakultät ist auf eine problemorientierte und zugleich interdisziplinäre Forschung ausgerichtet. Sie kombiniert die Weiterentwicklung ihrer theoretischen und methodischen Grundlagen mit der Konzipierung anwendungsfähiger Problemlösungen für landwirtschaftliche und gärtnerische Nutzungssysteme, den Umweltschutz, die ländliche Entwicklung und die Politikberatung. Ihre zentralen Forschungsgebiete sind sowohl regionaler als auch globaler Natur. Dabei stehen Fragen der Sicherung der Welternährung ebenso im Vordergrund wie die Gewährleistung einer ökologisch und ökonomisch nachhaltigen Ressourcennutzung und die Bewahrung der natürlichen Umwelt.

Zahlreiche Projekte werden von forschungsfördernden Organisationen unterstützt, z.B. von der Deutschen Forschungsgemeinschaft (DFG), der Europäischen Union, der Volkswagen-Stiftung, dem Bundesministerium für Bildung und Forschung (BMBF) und der Deutschen Bundesstiftung Umwelt (DBU). Die Fakultät ist Mitglied der Forschungsplattform Berlin-Brandenburg und pflegt vielfältige nationale und internationale Kooperationsbeziehungen.

Praktikumsmöglichkeiten:
—

Zukunft der Einrichtung:
Weitere Konzentration der Studienangebote in Richtung Prozess- und Qualitätsmanagement sowie Agrarökonomik; Fishery Science and Aquaculture als Besonderheit.

Lehrstuhl für Abfall- und Stoffstromwirtschaft

Zugehörigkeit: Universität Rostock, Agrar- und Umweltwissenschaftliche Fakultät, Institut für Umweltingenieurwesen
Wissenschaftsbereich(e): Ingenieurwissenschaften (Interdisziplinär)
Anschrift: Justus-von-Liebig-Weg 6, 18059 Rostock
Telefon/Fax: 0381-498-34 01 / 0381-498-34 02
E-Mail: asw@uni-rostock.de
Web-Adresse: www.auf.uni-rostock.de/uiw/asw
Forschungsetat: 400.000 Euro (2007) **(davon) Drittmittel:** 150.000 Euro
Anzahl der Mitarbeiter: 11 (2007)

Zielsetzung/Kompetenzschwerpunkt:
Praxisorientierte Forschung und Entwicklung auf den Gebieten Abfallwirtschaft/Abfallbehandlung und energetische Verwertung von Biomasse, Wissens- und Technologietransfer im asiatischen und arabischen Raum.

Forschungsfelder:
Mechanisch-biologische Abfallbehandlung, energetische Biomassenutzung/Bioenergie (Bioabfall, nachwachsende Rohstoffe, Energieholz), energetische Verwertung hochkalorischer Abfallfraktionen, mikrobieller Kunststoffabbau, Stoffstrommanagement.

Kurzportrait:
Der Lehrstuhl für Abfall- und Stoffstromwirtschaft hat mit der Neubesetzung im Oktober 2006 seine Arbeit aufgenommen und befindet sich derzeit im Aufbau. Wir befassen uns mit den Themen Abfallvermeidung, stoffliche und energetische Abfallverwertung, aerobe und anaerobe Bioabfallbehandlung, mechanisch-biologische und thermische Restabfallbehandlung, chemisch-physikalische Sonderabfallbehandlung, Deponietechnik sowie Sicherung und Sanierung von Altlasten. Außerdem ist die Bioenergienutzung ein wichtiger Forschungsschwerpunkt des Lehrstuhls. Themen sind dabei insbesondere die Gewinnung von Biogas aus Bioabfällen oder nachwachsenden Rohstoffen sowie der Bereich der Energieholznutzung.
Der Lehrstuhl Abfall- und Stoffstromwirtschaft ist in die Lehre der Studiengänge Landeskultur- und Abfallwirtschaft und Agrarökologie eingebunden. In der angewandten Forschung & Entwicklung sowie dem Wissens- und Technologietransfer werden derzeit vorwiegend praxisorientierte Projekte auf den Gebieten mechanisch-biologische Abfallbehandlung und energetische Verwertung von Biomasse bearbeitet.
Die Mitarbeiter des Lehrstuhls engagieren sich in Arbeitskreisen und Gremien auf regionaler, nationaler sowie internationaler Ebene wie z.B. ANS (Arbeitskreis für die Nutzbarmachung von Siedlungsabfällen), BBE (Fachausschuss „gasförmige Bioenergieträger"), 3N (Niedersachsen Netzwerk Nachwachsende Rohstoff).

Praktikumsmöglichkeiten:
Am Lehrstuhl selbst wird kein Praktikum durchgeführt. Ein mehrmonatiges Betriebspraktikum wird im Rahmen des Studiums allerdings gefordert.

Zukunft der Einrichtung:
Neben der Abfallbehandlung soll der Bereich Bioenergie weiter ausgebaut werden. Im Aufbau befinden sich verschiedene Biogasversuchsanlagen, an denen dann aktuelle Fragestellungen zur energetischen Biomassenutzung untersucht werden können.

Lehrstuhl für Klimagerechte Architektur

Zugehörigkeit: Fakultät Bauwesen Universität Dortmund
Wissenschaftsbereich(e): Ingenieurwissenschaften
Anschrift: Baroper Straße 301, 44227 Dortmund
Telefon/Fax: 0231-755-46 90
E-Mail: klimagerechte-architektur@uni-dortmund.de
Web-Adresse: www.bauwesen.uni-dortmund.de/ka
Forschungsetat: — **(davon) Drittmittel:** 250.000 Euro (projektbezogen) (2006)
Anzahl der Mitarbeiter: 9 (2006)

Zielsetzung/Kompetenzschwerpunkt:
Forschung und Lehre im Bereich der klimagerechten Architektur.

Forschungsfelder:
Energieeffizienz von Gebäuden, Integration erneuerbarer Energien in Gebäude, Fassadentechnologie, rechnergestützte Modellierung des Gebäudeverhaltens hinsichtlich Wärme, Luftströmung und Licht.

Kurzportrait:
Klimagerechte Architektur ist die Gesamtheit der Lösungen von Städtebau und Gebäudeentwurf, welche unmittelbar das Klima in Innen- und Außenräumen der gebauten Umwelt bestimmen und welche mittelbar unsere natürliche Umwelt und das globale Klima beeinflussen. Außerhalb und insbesondere innerhalb von Gebäuden ist ein für den Aufenthalt von Menschen angenehmes und gesundes Klima zu schaffen bezüglich Licht, Wärme, Feuchte, Luft und Schall. Die dafür eingesetzten architektonischen, d.h. baulichen und anlagentechnischen Mittel, sollen nachhaltig sein und keine Schädigung der Umwelt oder Veränderung des Klimas verursachen, um den Planeten Erde als Lebensraum des Menschen zu erhalten. Dies gilt für den gesamten Lebenszyklus des Gebäudes, von der Herstellung über Nutzung, Betrieb und Instandsetzung bis zur Wiederverwendung und Entsorgung.
Der Lehrstuhl klimagerechte Architektur wurde 1993 gegründet. Dem aktuellen Stand der Technik entsprechend werden die Grundlagen des klimagerechten Bauens erforscht und vermittelt sowie in ganzheitliche Entwurfskonzepte integriert. Neben der Vermittlung grundlegender Zusammenhänge zwischen baulicher Umweltgestaltung und globalen Klimaänderungen dient das Fachgebiet der Darlegung von Lösungsprinzipien einer klimagerechten Architektur für Neu- und Altbaubau sowie der Anleitung zum Gebrauch angemessener Entwurfsmethoden und Hilfsmittel.

Praktikumsmöglichkeiten:
—

Zukunft der Einrichtung:
Integration in die zukünftigen Masterstudiengänge der Fakultät Bauwesen.

Lehrstuhl für Landeskultur und Naturschutz

Zugehörigkeit: Technische Universität Dresden, Fakultät Forstwissenschaften, Institut für Allgemeine Ökologie und Umweltschutz
Wissenschaftsbereich(e): Lebenswissenschaften
Anschrift: TU Dresden, Fakultät Forstwissenschaften, Lehrstuhl für Landeskultur und Naturschutz, PF 1117, 01735 Tharandt
Telefon/Fax: 035203-3831-288 / 035203-3831-266
E-Mail: service.landeskultur@forst.tu-dresden.de
Web-Adresse: www.forst.tu-dresden.de/Oekologie/Landes
Forschungsetat: 274.660 Euro (2006) **(davon) Drittmittel:** 261.530 Euro
Anzahl der Mitarbeiter: 17 (2006)

Zielsetzung/Kompetenzschwerpunkt:
Erarbeitung und Vermittlung von geobotanischen und naturschutzfachlichen wissenschaftlichen Grundlagen:

Forschungsfelder:
Vegetationskundliche und naturschutzfachliche Untersuchungen zur Struktur und Dynamik der Wald- und Forstökosysteme sowie von „Ersatzökosystemen" des Waldes; wissenschaftliche Grundlagen für die Entwicklung von Schutzgebieten und einer naturschutzgerechten Waldbehandlung; Strategien des Arten-, Biotop- und Ökosystemschutzes; geobotanische und ökologische Untersuchungen zu gefährdeten Pflanzenarten und -populationen.

Kurzportrait:
Der Lehrstuhl für Landeskultur und Naturschutz an der TU Dresden ist 1989 gegründet worden. Beispiele aktueller und bisheriger (Drittmittel-)Projekte:
Erprobungs- und Entwicklungsvorhaben „Grünlandverbund Oelsen Osterzgebirge", Teilprojekt „Untersuchungen zur Populationsökologie"; naturverträgliche Hochwasservorsorge an Elbe und Nebenflüssen und ihr volkswirtschaftlicher Nutzen; Hochwasserschutz- und naturschutzgerechte Behandlung umweltgeschädigter Wälder und Offenlandbereiche der Durchbruchstäler des Osterzgebirges; Methodik, Analyse und Bewertung der Ausstattung und des Zustandes der Naturschutzgebiete Sachsens mit Schlussfolgerungen für künftige Schutzstrategien; Verbundprojekt „Transformationsprozesse in der Dnisterregion (Westukraine)", Teilprojekt: Entwicklung von Konzepten nachhaltiger und naturschutzgerechter Waldnutzung.

Praktikumsmöglichkeiten:
Praktika sind nicht möglich.

Zukunft der Einrichtung:
Anpassung der Lehre im Rahmen der Umstrukturierung in Bachelor- und Masterstudiengänge (Europäisierung der Strukturen).

Lehrstuhl für Landschaftsökonomie

Zugehörigkeit: Ernst-Moritz-Arndt-Universität Greifswald, Rechts- und Staatswissenschaftliche Fakultät
Wissenschaftsbereich(e): Geistes- und Sozialwissenschaften (Interdisziplinär)
Anschrift: Botanisches Institut, Grimmer Straße 88, 17487 Greifswald
Telefon/Fax: 03834-86-41 22 / 03834-86-41 07
E-Mail: hampicke@uni-greifswald.de
Web-Adresse: www.uni-greifswald.de/~laoekon/laoekon
Forschungsetat: ca. 33.000 Euro (2007) **(davon) Drittmittel:** ca. 30.000 Euro
Anzahl der Mitarbeiter: 4 (2007)

Zielsetzung/Kompetenzschwerpunkt:
Forschung zu allen Fragen nachhaltiger Landnutzung; Lehre in landschaftsrelevanter Ökonomie für den Studiengang Landschaftsökologie und Naturschutz (Nicht-Ökonomen).

Forschungsfelder:
Nachhaltige Landnutzungssysteme, ökonomische Bewertung natürlicher Ressourcen, Ökonomie des Naturschutzes, nachhaltige Fischerei.

Kurzportrait:
Der Lehrstuhl für Landschaftsökonomie wurde 1996 als Stiftungsprofessur der Deutschen Bundesstiftung Umwelt gegründet und ist seit 2001 der Rechts- und Staatswissenschaftlichen Fakultät angeschlossen, wobei eine enge Kooperation mit Naturwissenschaften und Umweltethik (auch im Botanischen Institut) existiert. Die Lehre findet zu 75 % im Studiengang Landschaftsökologie und Naturschutz, 25 % in der Betriebswirtschaft statt. Enge Kooperation besteht mit eigenem An-Institut DUENE; dort werden weitere vom Lehrstuhl akquirierte und betreute Drittmittelprojekte durchgeführt.
Beispiele für Forschungen im Bereich der Nachhaltigkeit sind: BMBF-Projekt 2000-2004 Naturschutz durch extensiven Ackerbau (1 Mio. Euro); BMBF-Projekt Naturschutz durch extensive Beweidung (Unterauftrag); VW-Projekt Naturschutz durch angepasste Beweidung in Aserbaidschan; Projekte in Bereichen der Fischereiökonomie und natürlichen Wiederbewaldung; DBU-Projekt (Teilnahme) zur Verbesserung der Eingriffsregelung im Bundes-Naturschutzgesetz.
Zu nicht projektgebundener Forschung zählen: Nachhaltigkeitstheorien, intergenerationelle Fairness, Diskontierung in der Klimapolitik.
Es besteht Kooperation (projektgebunden, lehrbezogen und persönlich) mit der Universität Rostock, der Universität Marburg, der Hochschule Neubrandenburg, dem Leibniz-Zentrum für Agrarlandschaftsforschung (ZALF) Müncheberg und örtlichen landwirtschaftlichen Betrieben.

Praktikumsmöglichkeiten:
Derzeit keine

Zukunft der Einrichtung:
2009 Nachfolgebesetzung des Lehrstuhls, Umzug, Neuaufbau des Studiums, hoffentlich keine Schrumpfung.

Lehrstuhl für Nachhaltiges Management

Zugehörigkeit: Universität Bremen, Fachbereich Wirtschaftswissenschaft
Wissenschaftsbereich(e): Geistes- und Sozialwissenschaften
Anschrift: Wilhelm-Herbst-Straße 12, 28359 Bremen
Telefon/Fax: 0421-218-31 97 / 0421-218-74 22
E-Mail: gmc@uni-bremen.de
Web-Adresse: www.wiwi.uni-bremen.de/gmc
Forschungsetat: — **(davon) Drittmittel:** —
Anzahl der Mitarbeiter: 8 (2007)

Zielsetzung/Kompetenzschwerpunkt:
Verknüpfung der allgemeinen Managementlehre mit Fragen der Nachhaltigkeit mithilfe eines ressourcenorientierten, rationalitätsbezogenen Nachhaltigkeitsansatzes.

Forschungsfelder:
Rationalität der Effizienz mit der Rationalität der Nachhaltigkeit, widersprüchliche Entscheidungsprozesse, strategisches Management und Nachhaltigkeit, kommunales Management und Nachhaltigkeit, Logistik, Selbststeuerung und Nachhaltigkeit (SFB 637).

Kurzportrait:
In Lehre und Forschung des Lehrstuhls für Nachhaltiges Management, auf den Prof. Dr. Georg Müller-Christ im Jahre 2001 berufen wurde, wird mithilfe eines ressourcenorientierten Unternehmensbildes Nachhaltigkeit als vernünftige Umgangsweise mit betrieblichen Ressourcen modelliert.
Dabei gerät die Rationalität der Nachhaltigkeit in Widerspruch zur Leitrationalität der Effizienz. Die meisten Unternehmen können ihre Effizienz nur auf Kosten der Nachhaltigkeit steigern und umgekehrt. Diese Widersprüchlichkeit führt zu erheblichen Entscheidungsproblemen in den Unternehmen.
Ziel der Forschung des Lehrstuhls ist es, das Bild eines ressourcenabhängigen Unternehmens theoretisch weiter zu begründen, die Ressourcenregime zu beschreiben und Gestaltungsempfehlungen für ein nachhaltiges Management der materiellen und immateriellen Ressourcen abzuleiten. Besonderer Schwerpunkt hierbei liegt auf der Entwicklung und Einbeziehung von konstruktiven Formen der Bewältigung von Widersprüchen.
Enger Kooperationspartner ist das Forschungszentrum Nachhaltigkeit der Universität Bremen.

Praktikumsmöglichkeiten:
—

Zukunft der Einrichtung:
Das mittelfristige Ziel des Lehrstuhls ist es, nachhaltiges Management als festen Bestandteil der Lehre und des Transfers curricular zu entwickeln und zu verbreiten.

Lehrstuhl für Nachhaltigkeitsökonomie

Zugehörigkeit: Universität Lüneburg, Fakultät III Umwelt und Technik, Centre for Sustainability Management
Wissenschaftsbereich(e): Natur-, Geistes- und Sozialwissenschaften (Interdisziplinär)
Anschrift: Universität Lüneburg, Centre for Sustainability Management, Prof. Dr. Stefan Baumgärtner, Lehrstuhl für Nachhaltigkeitsökonomie, Scharnhorststraße 1, 21335 Lüneburg
Telefon/Fax: 04131-677-26 09 / 04131-677-13 81
E-Mail: nachhaltigkeitsoekonomie@uni-lueneburg.de
Web-Adresse: www.uni-lueneburg.de/noe
Forschungsetat: — **(davon) Drittmittel:** —
Anzahl der Mitarbeiter: 7 (2007)

Zielsetzung/Kompetenzschwerpunkt:
Wir konzentrieren uns auf die konzeptionelle und philosophische Fundierung der Nachhaltigkeitsökonomik sowie auf die Modellierung der Wechselbeziehung zwischen wirtschaftenden Menschen und ihrer natürlichen Umwelt.

Forschungsfelder:
Ökologische Ökonomik von Biodiversität und Ökosystemdienstleistungen; die systemische Bedeutung ökonomischer Vielfalt; thermodynamische Untersuchung von Mensch-Umwelt-Systemen; Kuppelproduktion und Umweltprobleme: Effizienz, Verantwortung und Nachhaltigkeit Wissenschaftsphilosophie inter- und transdisziplinärer Umweltforschung.

Kurzportrait:
Der Lehrstuhl für Nachhaltigkeitsökonomie am Centre for Sustainability (CSM) der Universität Lüneburg wurde zum 1. September 2006 besetzt. Inhaber des Lehrstuhls ist Prof. Dr. Stefan Baumgärtner.
Die Nachhaltigkeitsökonomik untersucht die Ursachen von Umweltproblemen an der Schnittstelle zwischen Umweltsystemen und ökonomischen Systemen und entwickelt nachhaltige Lösungen für diese Probleme. Dabei stützt sie sich auf Konzepte und Methoden der Volkswirtschaftslehre und der Naturwissenschaften, die inter- und transdisziplinär integriert werden.
Aktuelle Forschungskooperationen bestehen mit Prof. Richard B. Norgaard (Energy and Resources Group, University of California, Berkeley), Dr. Johannes Schiller (Sektion Ökonomie, Soziologie und Recht, UFZ-Umweltforschungszentrum Leipzig-Halle), PD Dr. Karin Frank, Dr. Martin Quaas (Sektion Ökosystemanalyse, UFZ- Umweltforschungszentrum Leipzig-Halle) und Prof. Dr. Ir. Jakob de Swaan Arons (Department of Chemical Technology, Delft University of Technology, Beijing, China).

Praktikumsmöglichkeiten:
Derzeit keine Praktikantenstellen.

Zukunft der Einrichtung:
—

Lehrstuhl für Produktion und Umwelt

Zugehörigkeit: Universität Oldenburg
Wissenschaftsbereich(e): Geistes- und Sozialwissenschaften
Anschrift: Universität Oldenburg, Fakultät II, Produktion und Umwelt, 26111 Oldenburg
Telefon/Fax: 0441-798-41 87
E-Mail: martin.mueller@uni-oldenburg,de
Web-Adresse: www.uni-oldenburg.de/produktion
Forschungsetat: 150.000 Euro (2006) **(davon) Drittmittel:** 50.000 Euro
Anzahl der Mitarbeiter: 2 (2006)

Zielsetzung/Kompetenzschwerpunkt:
Wie können Stoffströme in Wertschöpfungsketten gesteuert werden? Weiterentwicklung von Umwelt- und Sozialstandards, Ausgestaltung eines Sustainable Supply Chain Management.

Forschungsfelder:
Stoffstrommanagement, Nachhaltigkeit in Lieferantenketten, Umwelt- und Sozialstandards (ISO 14001, SA 8000, FSC, MSC, FLP, FLA usw.).

Kurzportrait:
siehe Homepage

Praktikumsmöglichkeiten:
—

Zukunft der Einrichtung:
Lehrstuhl der Universität Oldenburg

Lehrstuhl für Prozesstechnik

Zugehörigkeit: RWTH Aachen
Wissenschaftsbereich(e): Ingenieurwissenschaften (Interdisziplinär)
Anschrift: RWTH Aachen, Lehrstuhl für Prozesstechnik, Templergraben 55, 52056 Aachen
Telefon/Fax: 0241-946 68
E-Mail: secretary@lpt.rwth-aachen.de
Web-Adresse: www.lpt.rwth-aachen.de
Forschungsetat: — **(davon) Drittmittel:** —
Anzahl der Mitarbeiter: 38 (2007)

Zielsetzung/Kompetenzschwerpunkt:
Der Forschungsschwerpunkt liegt auf der simulationsbasierten Prozessintensivierung von chemischen Prozessen. Ziel ist es, technisch-chemische Großanlagen dahingehend zu verbessern, dass sie energieeffizienter und ökonomischer arbeiten.

Forschungsfelder:
Modelbasierte Analyse zur effizienten Auswertung von Experimenten; energieeffiziente Synthese von chemischen Prozessen; energieoptimale Prozessführung von chemischen Prozessen und Kläranlagen; Systemtheorie in der Biotechnologie.

Kurzportrait:
Der Lehrstuhl wurde 1992 als Gemeinschaftsprojekt der Bayer AG und der RWTH Aachen gegründet. Die Arbeiten des Lehrstuhls wurden 2001 mit dem Leibniz-Preis gewürdigt.
Die Forschungsarbeiten sind überwiegend an Computersimulationen geknüpft, wobei jedoch z.B. reale Messdaten, Simulationsmodelle u. Ä. von Industriepartnern als Grundlage dienen. Diese Arbeiten verringern oftmals den Energie- und Rohstoffverbrauch der Fabriken. Ein Forschungsprojekt beschäftigt sich mit der Prozessführung einer Kläranlage, wobei Energieeffizienz und Umweltaspekte im Vordergrund stehen.
Kooperationen finden mit einer Vielzahl an Vertretern der chemischen Industrie statt, jedoch auch mit Anbietern von Software und Steuersystemen. Eine nahegelegene Kläranlage gehört ebenso zu den Kooperationspartnern.

Praktikumsmöglichkeiten:
Praktika sind jederzeit möglich. Den überwiegenden Anteil der studentischen Mitarbeiter machen Studien- und Diplomarbeiter und studentische Hilfskräfte aus. Als Voraussetzung wird ein Vordiplom in einer der Ingenieurwissenschaften, Mathematik, Informatik, Physik o. Ä. empfohlen.
Bei Interesse bitte bei secretary@lpt.rwth-aachen.de melden.

Zukunft der Einrichtung:
Zukünftig soll das Institut an einem interdisziplinären Forschungsprojekt im Bereich von synthetischen Treibstoffen aus Biomasse arbeiten.

Lehrstuhl für Umweltmanagement

Zugehörigkeit: Universität Hohenheim, Institut für Betriebswirtschaftslehre
Wissenschaftsbereich(e): Geistes- und Sozialwissenschaften
Anschrift: Schloss-Osthof-Ost, 70593 Stuttgart
Telefon/Fax: 0711-459-237 80 / 0711-459-234 74
E-Mail: wfschulz@uni-hohenheim.de
Web-Adresse: www.umho.de
Forschungsetat: 461.600 Euro (2006)   **(davon) Drittmittel:** 423.600 Euro
Anzahl der Mitarbeiter: 15 (2006)

Zielsetzung/Kompetenzschwerpunkt:
Betriebswirtschaftliche Fragen des Umweltschutzes: nachhaltiges Wirtschaften, Unternehmensstrategien, Umweltmanagementsysteme, Umweltcontrolling.

Forschungsfelder:
Sämtliche Fragen des nachhaltigen Wirtschaftens der Unternehmen aus anwendungsorientierter Sicht. Zurzeit insbesondere Medialisierung der Nachhaltigkeit; betriebliche Instrumente des nachhaltigen Wirtschaftens.

Kurzportrait:
In den kommenden Jahren konzentriert sich das Fach insbesondere auf zwei Großvorhaben, die vom BMBF mit rund vier Millionen Euro gefördert werden:
1) Das innovative Internetportal ÖKORADAR soll zu einem universellen Nachhaltigkeitsportal für die Wirtschaft ausgebaut werden. An der Projektentwicklung beteiligen sich derzeit über 50 deutsche Unternehmen. Hierzu gibt es auch drei internationale Piloten: ECORADAR BRASILIA, ECORADAR RUSSIA und ECORADAR ITALIA. Hinzu kommt die branchenspezifische Weiterentwicklung (FOODRADAR).
2) Mit BALANCE soll die Forschung zur Medialisierung der Nachhaltigkeit vorangetrieben werden. Das transdisziplinäre Forschungsprojekt BALANCE untersucht, ob mit massenmedial kommunizierten emotionalen Erlebniskonzepten vorhandene Akzeptanzbarrieren gegenüber nachhaltigem Wirtschaften beim Verbraucher überwunden werden können. Gemeinsam mit dem Wissenschaftsmagazin Welt der Wunder (RTL II) wird versucht, Nachhaltigkeit zu einem gesellschaftlichen Trend für Millionen von Menschen zu machen.

Praktikumsmöglichkeiten:
—

Zukunft der Einrichtung:
Weiterentwicklung des „Deutschen Kompetenzzentrums für Nachhaltiges Wirtschaften" (Sitz an der privaten Universität Witten/Herdecke).

Lehrstuhl für Umweltverfahrenstechnik und Anlagentechnik (LUAT)

Zugehörigkeit: Universität Duisburg-Essen, Fakultät für Ingenieurwissenschaften
Wissenschaftsbereich(e): Ingenieurwissenschaften (Interdisziplinär)
Anschrift: Leimkugelstraße 10, 45141 Essen
Telefon/Fax: 0201-183-75 11
E-Mail: luat@uni-due.de
Web-Adresse: www.luat.uni-duisburg-essen.de
Forschungsetat: 1,37 Mio. Euro (2006) **(davon) Drittmittel:** 1,35 Mio. Euro
Anzahl der Mitarbeiter: 25 (2006)

Zielsetzung/Kompetenzschwerpunkt:
Angewandte Forschung zum Technischen Umweltschutz.

Forschungsfelder:
Energietechnik (CO_2-Minderung, Wirkungsgraderhöhung, Nutzung biogener Rohstoffe); industrielle Gasreinigung (Abscheidung von festen und gasförmigen Schadstoffen); Simulationstechnik (Optimierung von Anlagen und Prozessen zur Ressourcenschonung).

Kurzportrait:
Aufgabe des Lehrstuhls sind vor allem anwendungsbezogene Forschungs- und Entwicklungsarbeiten auf dem Gebiet der Umweltverfahrens- und Anlagentechnik. Diese werden in folgenden Arbeitsgruppen bearbeitet: Umweltfreundliche Energie- und Verfahrenstechnik, Abwasserreinigung, Abfall- und Reststoffbehandlung, Schadstoffabscheidung, Umweltmesstechnik und Umweltdienstleistungen.
Zu den Forschungsschwerpunkten gehören u. a.: MARS(r)-Modulare Anlage zur Rückstandsoptimierten Stoffbehandlung; Energiewandlungsprozesse mit Biomasse.

Praktikumsmöglichkeiten:
—

Zukunft der Einrichtung:
—

Lehrstuhl für Unwelt- und Innovationsökonomik

Zugehörigkeit: Universität Kassel
Wissenschaftsbereich(e): Geistes- und Sozialwissenschaften
Anschrift: Nora Platiel Straße 4, 34109 Kassel
Telefon/Fax: 0561-804-38 84
E-Mail: beckenbach@wirtschaft.uni-kassel.de
Web-Adresse: www.ivwl.uni-kassel.de/beckenbach
Forschungsetat: 850.000 Euro (2004-2) **(davon) Drittmittel:** 80 %
Anzahl der Mitarbeiter: 4 (2007)

Zielsetzung/Kompetenzschwerpunkt:
Akteursorientierte Umwelt- und Innovationsforschung.

Forschungsfelder:
Umweltinnovation, regionale Innovationssysteme, ökologischer Konsum, Stoffstromanalysen.

Kurzportrait:
Gegenstand des Fachgebiets ist die Behandlung von Umweltfragen aus wirtschaftswissenschaftlicher Perspektive. Dabei werden sowohl die traditionellen Bereiche der – allokationstheoretisch orientierten – Umweltökonomik (externe Effekte, Instrumentendiskussion, Ermittlung effizienter Pfade für die Nutzung erschöpfbarer und regenerierbarer Ressourcen) als auch die systemtheoretischen Ergänzungen und Erweiterungen dieser Betrachtungsweise in der ökologischen Ökonomik (Ökosystemtheorie, Nachhaltigkeitskonzepte) berücksichtigt. Ein Schwerpunkt ist die Behandlung der Komplexität in ökologischen und ökonomischen Sachverhalten (sowie in ihrer Wechselwirkung) und der Möglichkeit, diese Komplexität durch lernendes Verhalten und intelligente Steuerung zu bewältigen.

Schwerpunkte der derzeitigen Forschungstätigkeit sind: kognitionswissenschaftliche Erweiterung des ökonomischen Handlungskonzeptes; Multi-Agenten Modellierung ökologisch-ökonomischer Zusammenhänge; evolutorische Mikroökonomik; Beteiligung an der Integration der Umweltforschung an der Universität Kassel; Softwareentwicklung.

Praktikumsmöglichkeiten:
Praktika sind innerhalb der Drittmittelprojekte möglich.

Zukunft der Einrichtung:
Bis 2015 gesichert.

Lehrstuhl für Verkehrsökologie

Zugehörigkeit: Technische Universität Dresden, Institut für Verkehrsplanung und Straßenverkehr
Wissenschaftsbereich(e): Lebens-, Ingenieurwissenschaften (Interdisziplinär)
Anschrift: Hettnerstraße 1, 01069 Dresden
Telefon/Fax: 0351-463-365 66 / 0351-463-377 18
E-Mail: becker@verkehrsoekologie.de
Web-Adresse: www.verkehrsoekologie.de
Forschungsetat: 250.000 Euro (2006)   **(davon) Drittmittel:** 248.000 Euro
Anzahl der Mitarbeiter: 12 (2006)

Zielsetzung/Kompetenzschwerpunkt:
Mobilität, Verkehr und Umwelt; nachhaltige Verkehrsentwicklung.

Forschungsfelder:
Direkte Wirkungen des Verkehrs: Messverfahren, Instrumente und Modelle zu Energieverbrauch, Schadstoff- und Klimagas-Emissionen, Lärm, Fläche etc.
Grundlagen des Verkehrs und indirekte Wirkungen: nachhaltige Entwicklung im Verkehr, Tragfähigkeitsgrenzwerte, langfristige Ausrichtung der Verkehrssysteme und Verhaltensweisen, induzierter Verkehr, externe und interne Kosten, Zugang.

Kurzportrait:
Der Lehrstuhl für Verkehrsökologie besteht seit 1993/1994 an der Fakultät für Verkehrswissenschaften der TU Dresden. Verkehrsökologie ist die Wissenschaft vom System Mensch – Verkehr – Umwelt.
Die vielfältigen Wechselwirkungen und dynamischen Rückkopplungen müssen systemübergreifend und integrativ untersucht werden. Dabei werden drei Bereiche einbezogen: 1. verkehrsverursachende Welt (Mobilität: Menschen, Wünsche und Zwänge für Ortsveränderungen), 2. realer Verkehrsablauf (Fahrzeuge, Technik, Regeln, Verhaltensweisen) sowie 3. verkehrsbetroffene Welt (Umwelt, Wirkungen des Verkehrs, Energieverbrauch, Lärm, Abgase, Zerschneidung, Klimawirkungen usw.).
In allen Arbeiten sind direkte und indirekte Wirkungen, kurzfristige und langfristige Wirkungen sowie lokale und globale Wirkungen zu erfassen.
Für die Umweltbildung sind die Vorlesungen und Kurse, die Erstellung von Lehrmaterialien für alle Altersgruppen sowie die Lehrstuhlbibliothek „Umwelt und Verkehr" von Bedeutung. Der Lehrstuhl ist Mitglied im Informations- und Dokumentationsverbund Verkehr (IuDVV).

Praktikumsmöglichkeiten:
—

Zukunft der Einrichtung:
—

Lehrstuhl für Wald- und Umweltpolitik

Zugehörigkeit: Technische Universität München
Wissenschaftsbereich(e): Geistes- und Sozialwissenschaften
Anschrift: Am Hochanger 13, 85354 Freising
Telefon/Fax: 08161-71-46 25
E-Mail: suda@forst.tu-munenchen.de
Web-Adresse: www.wup.wi.tum.de
Forschungsetat: 200.000 Euro (2006) **(davon) Drittmittel:** 95 %
Anzahl der Mitarbeiter: 9 (2006)

Zielsetzung/Kompetenzschwerpunkt:
Politikfeldanalysen im Bereich Wald und Forstwirtschaft; Verräumlichung politischer Programme (WRRL, FFH, ÜSG); Umweltkommunikation.

Forschungsfelder:
- Forstpolitik: Meinungsbilder, Politikfeldanalysen, Konfliktanalysen, Beratungssysteme, Politikberatung
- Umweltkommunikation: Wissenschaftskommunikation gegenüber Politik, Praxis und Medien
- Naturgefahren: gesellschaftliche Wahrnehmung und politische Reaktionen

Kurzportrait:
Als Lehrstuhl für Wald- und Umweltpolitik konzentrieren wir uns in der Forschung und Lehre auf die Analyse politischer Prozesse im Umfeld der Landnutzung. Damit bewegen wir uns an der Schnittstelle zwischen Gesellschaften und ihrer natürlichen Umwelt, besetzen die Nahtstelle zwischen Naturwissenschaften und Gesellschaftswissenschaften und verstehen die Sprache und die Denksysteme von Gesellschafts- und Naturwissenschaften. Für das Verständnis von Interaktionen zwischen Mensch und natürlicher Umwelt auf globaler, nationaler, regionaler und lokaler Ebene verschafft uns dieser Zugang die Grundlage, um Erkenntnisse, Theorien, Modelle und Methoden aus den Natur- und Gesellschaftswissenschaften in unseren Forschungsfeldern anzuwenden. Mit unserem Fokus auf die Politik der Landnutzung konzentrieren wir uns auf den Umgang der Menschen mit ihrer natürlichen Umwelt. Die Wahrnehmungen, Entscheidungen und das Handeln der Menschen als Individuum, als Gruppen oder von Institutionen formen unser Erkenntnisinteresse. Basis unserer wissenschaftlichen Erkenntnisse ist damit der empirische Zugang in die Realität der politischen und sozialen Prozesse um die Landnutzung und ihrer Rückkopplungen in die Gesellschaft. Als wissenschaftliche Kernkompetenz pflegen wir unsere Methodenkompetenz in der empirischen Sozialforschung. In der Lehre wenden wir interaktive Methoden erfolgreich an.

Praktikumsmöglichkeiten:
Wir bieten die Möglichkeit im Rahmen eines Praktikums (mind. 6 Wochen) einen Einblick in die Tätigkeiten des Lehrstuhls zu erlangen.

Zukunft der Einrichtung:
Der Lehrstuhl ist Teil der Wirtschaftswissenschaftlichen Fakultät der TUM. Die Technische Universität ist Eliteuniversität – unsere Zukunft in Forschung und Lehre ist ausgezeichnet.

Lehrstuhl Gewässerschutz

Zugehörigkeit: Brandenburgische Technische Universität Cottbus, Fakultät 4 (Umweltwissenschaften und Verfahrenstechnik)
Wissenschaftsbereich(e): Naturwissenschaften
Anschrift: Forschungsstelle Bad Saarow, Seestraße 45, 15526 Bad Saarow
Telefon/Fax: 033631-8943 / 033631-5200
E-Mail: b.mueller@limno-tu-cottbus.de (Sekretariat)
Web-Adresse: www.tu-cottbus.de/BTU/Fak4/Gewschu
Forschungsetat: — **(davon) Drittmittel:** —
Anzahl der Mitarbeiter: 16 (2006)

Zielsetzung/Kompetenzschwerpunkt:
Grundlagen und angewandte Aspekte der Gewässerökologie und des Gewässerschutzes.

Forschungsfelder:
Trophieentwicklung von Standgewässern im Zuge reduzierter externer Belastung; abiotische Steuerungsmechanismen der Ökologie von Tieflandbächen; ökologische Entwicklung und Sanierung von Tagebaugewässern; Auswirkungen des Klimawandels auf den Stoffumsatzes kleiner Fließgewässer und die Blaualgenentwicklung von Seen.

Kurzportrait:
Der Lehrstuhl Gewässerschutz (gegründet 1993) ist Teil der Fakultät 4 für Umweltwissenschaften und Verfahrenstechnik an der BTU Cottbus. Er bildet mit den Lehrstühlen Hydrologie und Wasserwirtschaft, Abwassertechnik und Wassertechnik den Lehr- und Forschungskomplex „Wasser".

In der Forschung werden wechselnde Drittmittelprojekte im Bereich Gewässerschutz und Gewässerökologie in Stand- und Fließgewässern bearbeitet: Auswirkungen des Klimawandels auf die Trophieentwicklung von Seen und den Energiefluss in Waldbächen; Trophieentwicklung von Seen (insbesondere im Scharmützelseegebiet) im Zuge einer reduzierten externen Belastung: Blaualgen und Toxinproduktion, Sedimente und interne P-Belastung, Morphometrie, Schwefelbakterien und Primärproduktion; Ökologie von Sandbächen: Leitbildentwicklung, Prozessforschung zur pelagisch-benthischen Kopplung, Sestonretention, vertikaler Wasseraustausch, Bedeutung von Gerinnestrukturen (insbesondere Holz und Folgestrukturen) und sohlennaher Hydrodynamik, Umsatz von allochthonem organischem Material, Einsatz von Holz für Renaturierung und Gewässerentwicklung; Limnologie von Tagebaugewässern in der Bergbaufolgelandschaft: Besiedlung, Planktonsukzession, biogene Stoffumsetzungen, limnologisches Entwicklungspotenzial, Meromixie, Primärproduktion und Eutrophierungsgefährdung, Leitbilder, Sanierungskonzepte.

Praktikumsmöglichkeiten:
Praktikanten sind willkommen (Anzahl 1-3, je nach Art und Dauer des Praktikums); individuelle Absprachen sind notwendig. Kontakt über b.mueller@limno-tu-cottbus.de (Sekretariat); in der Regel keine Vergütung.

Zukunft der Einrichtung:
Forschungsprojekte in den Bereichen Klimawandel und Stoffumsatz in kleinen Fließgewässern, Veränderung in der Blaualgenbesiedlung norddeutscher Seen im Zuge des Klimawandels und der reduzierten Nährstoffbelastung, Güteentwicklung von Seen.

Lehrstuhl Ökonomie und Ökologie des Wohnungsbaus

Zugehörigkeit: Universität Karlsruhe (TH); Fakultät Wirtschaftswissenschaften
Wissenschaftsbereich(e): Ingenieurwissenschaften (Interdisziplinär)
Anschrift: Kaiserstraße 12, 76128 Karlsruhe
Telefon/Fax: 0721-608-83 36 / 0721-608-83 41
E-Mail: thomas.luetzkendorf@wiwi.uka.de
Web-Adresse: housing.wiwi.uni-karlsruhe.de
Forschungsetat: — **(davon) Drittmittel:** ca. 200.000 Euro (2007)
Anzahl der Mitarbeiter: 5 (2007)

Zielsetzung/Kompetenzschwerpunkt:
Angestrebt wird ein Beitrag zur Umsetzung von Prinzipien einer nachhaltigen Entwicklung in der Bau-, Wohnungs- und Immobilienwirtschaft u. a. durch Entwicklung und Erprobung von Planungs-, Bewertungs- und Entscheidungshilfsmitteln.

Forschungsfelder:
Mit Bezug zur Nachhaltigkeit im Baubereich werden u. a. folgende Felder bearbeitet: Begleitung des internationalen Normungsprozesses zum nachhaltigen Bauen, Entwicklung und Erprobung von Planungs- und Bewertungshilfsmitteln, Beschreibung und Bewertung der Qualität von Gebäuden/Performancemessung, Integration von Nachhaltigkeitsaspekten in Instrumente und Methoden von Akteuren.

Kurzportrait:
Der Lehrstuhl Ökonomie und Ökologie des Wohnungsbaus an der Fakultät für Wirtschaftswissenschaften der Universität Karlsruhe (TH) entstand im Jahr 2000 auf Initiative und mit Unterstützung der Stiftung „bauen-wohnen-leben". Über eine Doppelmitgliedschaft und die Mitwirkung im Innovationsforum Wohnungsbau besteht ein enger Kontakt zur Fakultät Architektur.

Der Lehrstuhl ist in Lehre und Forschung mit Fragen der Umsetzung von Prinzipien einer nachhaltigen Entwicklung in der Bau-, Wohnungs- und Immobilienwirtschaft befasst. Forschungsaktivitäten reichen von der politikbegleitenden Beratung (u. a. Unterstützung des Runden Tisches Nachhaltiges Bauen beim BMVBS, Obmann beim DIN) über die Entwicklung und Erprobung von Planungs- und Bewertungshilfsmitteln (u. a. LEGEP) bis hin zur Analyse von Sichtweisen, Interessenlagen und Entscheidungsabläufen von Akteuren mit Bezug zum nachhaltigen Planen, Bauen und Betreiben von Gebäuden. Insbesondere wird untersucht, wie in traditionelle Methoden (u. a. der Wertermittlung, des Objekt-Ratings, der Portfolio-Analyse) Nachhaltigkeitsaspekte integriert werden können.

Der Lehrstuhl ist über eine Mitgliedschaft im AK Baubereich am Netzwerk Lebenszyklusdaten beteiligt. Der Lehrstuhlinhaber ist u. a. Gründungsmitglied der International Initiative for a Sustainable Built Environment (iiSBE) und an Aktivitäten der UNEP-FI Property Working Group beteiligt.

Praktikumsmöglichkeiten:
Der Lehrstuhl bietet keine Praktikantenstellen an. Studierenden werden geeignete Praktikantenstellen in Forschungseinrichtungen, der Bauwirtschaft bzw. der Finanzwirtschaft mit Bezug zu Themen des nachhaltigen Bauens angeboten und vermittelt.

Zukunft der Einrichtung:
Künftig wird sich der Lehrstuhl intensiv mit Fragen des Zusammenhangs zwischen einem nachhaltigen Planen, Bauen und Betreiben von Gebäuden und der Bewertung, Finanzierung und Versicherung von Immobilien befassen.

Lehrstuhl Physische Geographie und Umweltforschung

Zugehörigkeit:	Universität des Saarlandes, Fachrichtung Geographie
Wissenschaftsbereich(e):	Lebens-, Naturwissenschaften
Anschrift:	Universität des Saarlandes, Fachrichtung Geographie, Postfach 151150, 66041 Saarbrücken
Telefon/Fax:	0681-302-23 14 (Sekretariat) / 0681-302-642 06
E-Mail:	j.kubiniok@mx.uni-saarland.de
Web-Adresse:	www.umwelt.uni-saarland.de
Forschungsetat:	ca. 200.000 Euro (2006) **(davon) Drittmittel:** 114.500 Euro
Anzahl der Mitarbeiter:	9 (2006)

Zielsetzung/Kompetenzschwerpunkt:
Schwerpunkte der Forschung liegen im Bereich der angewandten Landschaftsökologie und der Untersuchung des Einflusses des Menschen bzw. der anthropogenen Bodennutzung auf Landökosysteme und deren Auswirkungen auf den Landschaftswasserhaushalt.

Forschungsfelder:
Bodenschutz in Wald-, Agrar- und Stadtökosystemen; nachhaltige landwirtschaftliche Bodennutzung und Gewässerschutz; Gewässermorphologie; Geoökologie, Reliefentwicklung, Pedogenese, Landnutzungswandel in Mitteleuropa, Südostasien, Australien; Geoarchäologie.

Kurzportrait:
Der Lehrstuhl Physische Geografie und Umweltforschung von Prof. Dr. Jochen Kubiniok gehört zur Fachrichtung Geografie der Universität des Saarlandes. Die Fachrichtung Geografie, zu der auch ein Lehrstuhl für Kulturgeografie gehört, bietet einen Lehramtsstudiengang an, der mit der ersten Staatsprüfung für das Lehramt an Gymnasien und Gesamtschulen, an Realschulen und Gesamtschulen oder an Hauptschulen und Gesamtschulen abschließt.
Die Forschungen in der Physischen Geographie und Umweltforschung konzentrieren sich auf die Gebiete Angewandte Landschaftsökologie, insbesondere Bodenkunde und Geomorphologie in Mitteleuropa und Südostasien. Methodische Schwerpunkte liegen auf den Gebieten Umweltanalytik, Geoinformatik, Fernerkundung sowie der Analyse von Stoffflüssen in Wassereinzugsgebieten. Hierzu bestehen zahlreiche Kooperationen mit Landesbehörden, Kommunalverwaltungen und Ingenieurbüros.
Forschungen im Bereich der Nachhaltigkeit beziehen sich u. a. auf die Bereiche Hochwasserschutz, Gewässerschutz, diffuser Stoffaustrag in Gewässer, Nitrat in Quellen, Bodenerosion, Stadtböden, Waldbodenforschung, nachhaltige Bodenbewirtschaftung in Mitteleuropa und den Tropen.

Praktikumsmöglichkeiten:
In der Regel arbeiten kontinuierlich ca. 5 bis 10 Studierende/Absolventen im IZES. Durchweg ist zumindest der Abschluss des Grundstudiums Bedingung. Eine Vergütung kann es evtl. geben, wenn das Projekt es hergibt. Meldung über: izes@izes.de

Zukunft der Einrichtung:
Erforschung der ökologischen Folgen konventioneller Energiegewinnung und Anforderungen für die Zukunft.

Nees-Institut für Biodiversität der Pflanzen

Zugehörigkeit: Rheinische Friedrich-Wilhelms-Universität Bonn
Wissenschaftsbereich(e): Lebens-, Naturwissenschaften
Anschrift: Meckenheimer Allee 170, 53115 Bonn
Telefon/Fax: 0228-73 25 26 / 0228-73 31 20
E-Mail: nees@uni-bonn.de
Web-Adresse: www.nees.uni-bonn.de
Forschungsetat: 860.000 Euro (2006) **(davon) Drittmittel:** 790.000 Euro
Anzahl der Mitarbeiter: 34 (inklusive Doktoranden) + 10 Diplomanden (2006)

Zielsetzung/Kompetenzschwerpunkt:
Erforschung der Biodiversität, Systematik und Ökologie der Pflanzen; Naturschutzbiologie unter Nutzung geographischer Informationssysteme und molekulargenetischer Methoden; Nutzung biologischer Vielfalt u. a. im Bereich Bionik.

Forschungsfelder:
Biodiversität, Evolution und Ökologie der Pflanzen; Tropenökologie; Makroökologie und großräumige Naturschutzplanung; Schutz genetischer Ressourcen; pflanzliche Oberflächen: Struktur, Funktion und biomimetische Umsetzung (Bionik); Bioindikation.

Kurzportrait:
Das Nees-Institut für Biodiversität der Pflanzen der Universität Bonn beschäftigt sich mit über 30 Mitarbeitern mit der Biodiversität, Evolution und Ökologie der Pflanzen. Dies umfasst zum einen die Pflanzensystematik (klassische und molekulare), (Tropen-)Ökologie, die Erforschung einzelner Pflanzengruppen wie Epiphyten oder fleischfressende Pflanzen, Pflanzengeographie, Diversitätskartierung, Makroökologie und Conservation Biology, zum anderen aber auch die Rasterelektronen- und Rasterkraftmikroskopie pflanzlicher Oberflächen, die Bionik, sowie die Systematik, Ökologie und Bioindikation der Moose und Flechten. Das Institut besitzt derzeit zwei Lehrstühle die sich mit der Biodiversität, Systematik und Ökologie 1) der Blütenpflanzen und 2) der Moose und Flechten beschäftigen. Ab 2008 wird ein dritter Lehrstuhl für Molekulare Systematik besetzt. Über den Institutsdirektor ist das Institut mit den Botanischen Gärten der Universität und den dort gehaltenen Lebendsammlungen von Pflanzen verknüpft.
Neben Projektverbünden zur Erforschung und zum Schutz der globalen Biodiversität wie die BMBF-Programme BIOLOG BIOTA und BioTeam CoCe ist das Institut u. a. in das Bonner Zentrum für Molekulare Biotechnologie (CEMBIO) und verschiedene Industriekooperationen v. a. zu unverschmutzbaren Oberflächen mit dem Lotus-Effekt(r) und weitere Bionik-Projekte eingebunden.

Praktikumsmöglichkeiten:
Neben den 4-wöchigen Hauptstudiumspraktika im Fach Biologie gibt es studienbegleitend die Möglichkeit von 6-wöchigen Labor-Blockpraktika in aktuellen Forschungsprojekten für Studierende der Biologie oder angrenzender Disziplinen im Hauptstudium.

Zukunft der Einrichtung:
Das Institut wird 2008 um einen Lehrstuhl Molekulare Systematik erweitert, inkl. der für Naturschutz wichtigen Populationsbiologie. Neue Studiengänge ab 2008: BSc: Biologie; MSc: Plant Sciences; Organismic, Evolutionary and Palaeobiology.

Professur Aufbereitung von Baustoffen und Wiederverwertung

Zugehörigkeit: Bauhaus-Universität Weimar, Fakultät Bauingenieurwesen
Wissenschaftsbereich(e): Ingenieurwissenschaften
Anschrift: Coudraystraße 7, 99423 Weimar
Telefon/Fax: 03643-58-46 07 / 03643-58-46 31
E-Mail: anette-m.mueller@bauing.uni-weimar.de
Web-Adresse: www.uni-weimar.de/Bauing/aufber
Forschungsetat: 207.000 Euro (2006) **(davon) Drittmittel:** 193.200 Euro
Anzahl der Mitarbeiter: 12 (2006)

Zielsetzung/Kompetenzschwerpunkt:
Entwicklung und Bewertung von Recyclingverfahren und -produkten.

Forschungsfelder:
Rohstoffsicherung durch Recycling; Mechanische Verfahren für Korngrößenreduktion und Aufschluss; Entwicklung innovativer, hochwertiger Produkte.

Kurzportrait:
Die Widmung der Professur liegt auf dem Schwerpunkt „Aufbereitung von Baustoffen und Wiederverwertung". Die Arbeitsschwerpunkte der Professur liegen auf den Feldern mechanische Aufbereitung von Primär- und Sekundärrohstoffen: Aufbereitung als entscheidender technologischer Schritt zum Aufbau geschlossener Stoffkreisläufe; experimentelle Untersuchungen zur gezielten Eigenschaftseinstellung von mineralischen Rohstoffen und Abfällen durch Methoden der mechanischen Verfahrenstechnik; stoffliche und granulometrische Beurteilung der Aufbereitungsprodukte: Bestimmung der Merkmale der Aufbereitungsprodukte in einem modern ausgerüsteten Korngrößenlabor; vergleichende, methodische Untersuchungen mit verschiedenen Messverfahren; Verwertungswege für Bauabfälle und industrielle Nebenprodukte sowie Entwicklung neuer Produkte: Konzipierung und Erprobung von Verwertungstechnologien für Bauschutt, separierte Bauschuttbestandteile, Kraftwerksaschen etc. mit dem Ziel des Recyclings auf gleichem Niveau. Vorhandenes Recyclinglabor und modernes Aufbereitungstechnikum bieten exzellente experimentelle Kapazitäten.

Praktikumsmöglichkeiten:
Wird nicht angeboten.

Zukunft der Einrichtung:
Vorerst keine Veränderungen.

Professur für Betriebswirtschaftslehre, insbesondere Betriebliche Umweltökonomie

Zugehörigkeit: Technische Universität Dresden, Fakultät Wirtschaftswissenschaften
Wissenschaftsbereich(e): Geistes- und Sozialwissenschaften (Interdisziplinär)
Anschrift: 01062 Dresden
Telefon/Fax: 0351-463-343 13 / 0351-463-377 64
E-Mail: bu@mailbox.tu-dresden.de
Web-Adresse: www.tu-dresden.de/wwbwlbu
Forschungsetat: — **(davon) Drittmittel:** —
Anzahl der Mitarbeiter: 4 (2006)

Zielsetzung/Kompetenzschwerpunkt:
Im Mittelpunkt der Lehr- und Forschungsaufgaben an der Professur steht das Spannungsfeld zwischen Ökonomie und Ökologie, wobei der Schwerpunkt auf der Berücksichtigung der natürlichen Umwelt in betrieblichen Entscheidungsprozessen liegt.

Forschungsfelder:
Umweltleistungsmessung, Umwelt- und Qualitätsmanagement (Einstiegshilfen und systematische Umsetzung), umweltfreundliche Beschaffung, Entschleunigung, wertorientierte Steuerung, Klimaschutz/Emissionshandel, Wirtschaftlichkeit in der Abfallwirtschaft, Nachhaltigkeit in der Wasserwirtschaft.

Kurzportrait:
Die Bedeutung der natürlichen Umwelt in den Wirtschaftswissenschaften hat in den vergangenen Jahren kontinuierlich zugenommen: Durch die zunehmende ökologische Knappheit entwickelte sie sich zu einem ökonomisch knappen und somit entscheidungsrelevanten Parameter. Als Antwort auf diese Entwicklung wurde die Umweltökonomie zu einem eigenen Forschungsgebiet in den Wirtschaftswissenschaften.

Mit der Einrichtung der Professur für Betriebswirtschaftslehre insbesondere Betriebliche Umweltökonomie Ende 1996 wurde das Spannungsfeld zwischen Ökonomie und Ökologie in den Mittelpunkt der Lehr- und Forschungsaufgaben gestellt und damit die Bedeutung der natürlichen Umwelt in den betrieblichen Entscheidungsprozessen besonders betont.

Die Forschungsausrichtung der Professur widmet sich der ökonomisch-ökologischen Optimierung (O3) in Organisationen. Aufbauend auf der Erarbeitung theoretischer Grundlagen werden Konzepte entwickelt, die in der Praxis Anwendung finden. Die Professur widmet sich dabei drei großen Fragen der betrieblichen Umweltökonomie: Welche Rahmenbedingungen gelten für die privatwirtschaftlichen Unternehmen und die öffentlichen Einrichtungen und wie gehen die Organisationen mit diesen um? Welche Entscheidungsinstrumente zur ökonomisch-ökologischen Optimierung sind zielführend für die Integration ökologischer Aspekte in betriebliche Entscheidungsprozesse? Welcher Zusammenhang besteht zwischen der betrieblichen Umweltökonomie und der Zielstellung einer nachhaltigen Entwicklung?

Praktikumsmöglichkeiten:
—

Zukunft der Einrichtung:
In Zukunft wird sich die Professur verstärkt dem Zusammenhang von Umweltleistung und ökonomischer Leistung (Verbundprojekt „Unternehmenssteuerung im klimapolitischen Umfeld" mit IWH) sowie dem Thema Entschleunigung widmen.

Professur für Landschaftsökologie und Standortkunde

Zugehörigkeit: Institut für Management ländlicher Räume, Agrar- und umweltwissenschaftliche Fakultät der Universität Rostock
Wissenschaftsbereich(e): Naturwissenschaften (Interdisziplinär)
Anschrift: Justus-von-Liebig-Weg 6, 18059 Rostock
Telefon/Fax: 0381-498-32 20 / 0381-498-32 22
E-Mail: stephan.glatzel@uni-rostock.de
Web-Adresse: www.auf.uni-rostock.de/loe
Forschungsetat: 36.000 Euro (2007)   **(davon) Drittmittel:** 32.000 Euro
Anzahl der Mitarbeiter: 4 (2007)

Zielsetzung/Kompetenzschwerpunkt:
Das Ziel unserer Forschung ist die Kopplung von landschaftlicher Struktur mit dem ökologischen Prozess. Hierzu wird versucht, die Frage nach der Aussagekraft von Vegetation und Boden für den Stoffumsatz des Standorts zu beantworten.

Forschungsfelder:
Aufnahme und Freisetzung klimarelevanter Spurengase in verschiedenen Ökosystemen: Moore, Grünland, Wälder; Regionalisierung von Ökosystemfunktionen; Biodiversität und Störungsregimes.

Kurzportrait:
Im Jahre 2006 ist nach längerer Vakanz die Professur erneut besetzt worden. Wir sind nicht in Abteilungen gegliedert, sondern arbeiten alle eng zusammen.
Das Thema Nachhaltigkeit nimmt an unserer Professur einen zentralen Platz ein. Für die Beurteilung der Nachhaltigkeit von unterschiedlichen Landnutzungen ist eine Abschätzung des Stoffumsatzes des betreffenden Ökosystems erforderlich. Zu dieser Abschätzung tragen wir bei.
Wir kooperieren mit verschiedenen Forschungseinrichtungen im In- und Ausland (z.B. Universität Helsinki, Finnland; McGill University, Montréal, Kanada; Universität Wien, Österreich; Max-Planck-Institut für Biogeochemie Jena; Universität Göttingen; Universität Freiburg).

Praktikumsmöglichkeiten:
Zurzeit gibt es bei uns keine Praktikanten. Es besteht aber grundsätzlich die Möglichkeit, an unserer Professur ein Praktikum durchzuführen. Voraussetzungen für das Praktikum sowie Dauer und Vergütung sind im Einzelfall mit Prof. Glatzel zu klären.

Zukunft der Einrichtung:
—

Professur für Umweltethik

Zugehörigkeit: Universität Greifswald, mathematisch-naturwissenschaftliche Fakultät, Institut für Botanik und Landschaftsökologie
Wissenschaftsbereich(e): Geistes- und Sozialwissenschaften
Anschrift: Prof. Dr. K. Ott, Grimmer Straße 88, 17487 Greifswald
Telefon/Fax: 03834-86-41 21 / 03834-86-41 14
E-Mail: ott@uni-greifswald.de
Web-Adresse: umwethik.botanik.uni-greifswald.de
Forschungsetat: 300.000 Euro (2007) **(davon) Drittmittel:** 300.000 Euro
Anzahl der Mitarbeiter: 3 (2007)

Zielsetzung/Kompetenzschwerpunkt:
Den Begriff der Nachhaltigkeit im Rahmen einer normativen Theorie diskursethisch entfalten und Orientierungswissen für konkrete Handlungsfelder entwickeln.

Forschungsfelder:
Eine normative Theorie starker Nachhaltigkeit aus diskursethischer Perspektive (vgl. Ott/Döring 2004) unter besonderer Berücksichtigung einer ethisch-reflexiven Kritik der normativen Grundlagen der Mikroökonomik; Ausrichtung insbesondere auf die Handlungsfelder Klimawandel, Landwirtschaft (Agrarsubventionen, Biomassennutzung, Gentechnik), nachhaltige Waldwirtschaft, Fischerei.

Kurzportrait:
Die Professur für Umweltethik wurde zu Beginn des Wintersemesters 1997/98 neu am Institut für Botanik und Landschaftsökologie der Universität Greifswald eingerichtet. Sie ist die einzige ihrer Art in Deutschland. Ein Anspruch der Professur für Umweltethik in der Lehre ist es, Studierenden insbesondere der Studiengänge Landschaftsökologie und Naturschutz, Philosophie, Biologie, Green politics, Theologie sowie Humanbiologie in den ethischen Dialog zwischen Natur- und Geisteswissenschaften einerseits, Wissenschaft und Gesellschaft andererseits einzuführen. Regelmäßig werden die Vorlesungen Einführung in die Bioethik, Geschichte des Naturschutzes, Nachhaltigkeit und nachhaltige Entwicklung, Theorie und Geschichte der Ökologie, Umweltethik I und II angeboten.
Die Ernst-Moritz-Arndt-Universität Greifswald bietet vielfältige Gelegenheiten für interdisziplinäre Seminare, in denen die alte humboldtsche Idee einer Einheit von Lehre und Lernen zum Tragen kommt. Neben der Lehre und Forschung sieht die Professur es als ihre Aufgabe an, den Gedanken der Nachhaltigkeit in Gesellschaft und Politik mittels öffentlicher Vorträge, Workshops, der Durchführung partizipativer Verfahren sowie der Mitgliedschaft in verschiedenen Gremien der Politikberatung (SRU, DRL, WBU u. a.) in den gesellschaftlichen und politischen Diskurs einzubringen.

Praktikumsmöglichkeiten:
—

Zukunft der Einrichtung:
Projekte: das Konzept der Bestände als Entscheidungshilfe für eine Politik der Nachhaltigkeit, langfristige Szenarien der Waldnutzung, DBU-Stipendienschwerpunkt Umweltethik; internationale Tagung zum Klimawandel im Rahmen der G8-Konferenz.

Professur Öffentliches Recht, insbesondere Energie- und Umweltrecht

Zugehörigkeit: Institut für Umweltstrategien, Fakultät III Umwelt und Technik, Universität Lüneburg
Wissenschaftsbereich(e): Geistes- und Sozialwissenschaften (Interdisziplinär)
Anschrift: Wilschenbrucher Weg 69, 21335 Lüneburg
Telefon/Fax: 04131-677-79 30 / 04131-677-79 83
E-Mail: schomerus@uni-lueneburg.de
Web-Adresse: www.uni-lueneburg.de/fb4/institut/ustrat/recht
Forschungsetat: ca. 360.000 Euro (2006) **(davon) Drittmittel:** ca. 340.000 Euro
Anzahl der Mitarbeiter: 14 (2006)

Zielsetzung/Kompetenzschwerpunkt:
Umfassende Forschungsaktivitäten im Bereich des Energie- und Umweltrechts; Schwerpunkte in den Bereichen Recht der Erneuerbaren Energien, Kreislaufwirtschafts- und Abfallrecht sowie Bodenschutzrecht; interdisziplinärer Forschungs- und Arbeitsansatz.

Forschungsfelder:
Recht der Erneuerbaren Energien, insbesondere Forschung zu den rechtlichen Rahmenbedingungen zum Ausbau der Offshore-Windenergie, Biogas und Geothermie, Steigerung der Energieeffizienz; Forschungsprojekte zur Effizienzsteigerung im Bereich der Abfallwirtschaft sowie umfangreiche Forschungsaktivitäten im Bereich Bodenschutz/Altlasten; strategische Umweltprüfung.

Kurzportrait:
Die Professur Öffentliches Recht, insbesondere Energie- und Umweltrecht ist in der Fakultät Umwelt und Technik verankert. Diese ist interdisziplinär angelegt. Damit wird bewusst die bislang an Universitäten vorherrschende disziplinäre Ausrichtung aufgegeben. In immer stärkerem Maße können Fragestellungen nicht mehr angemessen von einer Disziplin allein angegangen werden, sondern nur im Miteinander verschiedener Fachdisziplinen. Das entspricht den beruflichen Anforderungen wie sie sich in der Praxis heute stellen. Im besonderen Maße gilt das aber auch für die Beschäftigung mit Umweltthemen: Ohne eine wirtschaftswissenschaftliche Fundierung sind sie allenfalls oberflächlich zu erfassen, und ohne die politikwissenschaftlich reflektierte Beherrschung eines breitgefächerten Kanons von Instrumenten lassen sich Lösungsansätze, die dem Sachproblem gerecht werden und zugleich Aussicht auf Realisierung haben, kaum finden. Die Professur steht innerhalb des Instituts für Umweltstrategien in intensiven Kooperationsbeziehungen zur Umweltpolitik, Umweltökonomie, zum Umweltmanagement und zur Umweltplanung. Außerhalb des Instituts hat sich eine Zusammenarbeit namentlich zu den Bereichen Umweltkommunikation, Naturschutz und Landschaftsökologie ergeben. Eine enge internationale Zusammenarbeit besteht u. a. mit Professor Patricia Park vom Law Research Centre am Southampton Institute.

Praktikumsmöglichkeiten:
Ein Praktikum an der Professur ist leider nicht möglich.

Zukunft der Einrichtung:
Die Professur Öffentliches Recht, insbesondere Energie- und Umweltrecht wird vor allem ihr Engagement in der Forschung zum Recht der Erneuerbaren Energien verstärken und weitere Schwerpunkte im Sinne eines „Nachhaltigkeitsrechts" setzen und entwickeln.

Professur Siedlungswasserwirtschaft

Zugehörigkeit:	Bauhaus-Universität Weimar
Wissenschaftsbereich(e):	Ingenieurwissenschaften
Anschrift:	Coudray Straße 7, 99425 Weimar
Telefon/Fax:	03643-58 46 15 / 03643-58 46 48
E-Mail:	joerg.londong@bauing.uni-weimar.de
Web-Adresse:	www.uni-weimar.de/Bauing/siwawi
Forschungsetat:	700.000 Euro (2006) **(davon) Drittmittel:** 150.000 Euro
Anzahl der Mitarbeiter:	10 (2006)

Zielsetzung/Kompetenzschwerpunkt:
Planung, Bau und Betrieb der Abwasserableitung und -behandlung, Entwicklung neuer Sanitärkonzepte auf Basis ressourcenökonomischer Gesichtspunkte, Flussgebietsmanagement.

Forschungsfelder:
Entwicklung neuer Klärverfahren, Phosphorrückgewinnung aus Klärschlamm, Bilanzierung von Umweltwirkungen von Abwasseranlagen, immissionsorientierte Konzepte zur Regen- und Mischwasserbehandlung, nachhaltige Sanitärkonzepte, Phosphorgewinnung aus Klärschlamm und Urin, Umsetzung der Europäischen Wasserrahmenrichtlinie.

Kurzportrait:
Prof. Dr.-Ing. J. Londong ist seit November 2001 der Leiter der Professur Siedlungswasserwirtschaft. Zuvor war er beim Wupperverband tätig und befasste sich dort neben der Planung, dem Bau, dem Betrieb und der Optimierung von Kläranlagen auch mit der Entwicklung und Umsetzung nachhaltiger Sanitärkonzepte. Die Projekte „Lambertsmühle: Zukunftsfähiges Abwassermanagement im ländlichen Raum" und „Integrierte Wasser- und Abwasserkonzepte mit dem Ziel eines nachhaltigen Gewässerschutzes und einer Reduktion der Kosten - Fallstudie Odenthal" sind nur einige Beispiele für die Forschungsarbeit aus dieser Zeit zu diesem Thema. Professor Londong ist heute Sprecher der DWA Arbeitsgruppe „Nachhaltige Siedlungswasserwirtschaft", stellvertretender Obmann des DWA Fachausschusses GB-5 „Stoffeinträge und Wirkungen auf Fließgewässer" und Obmann des DWA-Fachausschusses KA-1 „Behandlung von Abwasser aus alternativen Sanitärkonzepten". Außerdem ist er Mitglied in verschiedenen Haupt- und Fachausschüssen sowie Arbeitsgruppen auf nationaler (DWA), europäischer (EWA) und internationaler Ebene (IWA). Als Beispiele sollen seine Mitgliedschaften im DWA Fachausschuss KA-10 „Ländlicher Raum" und des Scientific Committee der European Water Association (EWA) Taskgroup genannt werden.

Praktikumsmöglichkeiten:
nein

Zukunft der Einrichtung:
—

Professur Umweltbildung

Zugehörigkeit:	Universität Potsdam
Wissenschaftsbereich(e):	Naturwissenschaften
Anschrift:	Universität Potsdam, Professur Umweltbildung, August-Bebel-Straße 89, 14482 Potsdam-Babelsberg
Telefon/Fax:	0331-977 46 66
E-Mail:	oekbildung@rz.uni-potsdam.de
Web-Adresse:	www.uni-potsdam.de/u/umweltbildung
Forschungsetat:	— **(davon) Drittmittel:** ca. 300.000 Euro (2007)
Anzahl der Mitarbeiter:	5 (2007)

Zielsetzung/Kompetenzschwerpunkt:
- Vermittlung von Biodiversität mittels Multimedia
- Entwicklungshilfeprojekte in Südafrika

Forschungsfelder:
Entwicklung und Evaluation von Multimediaprojekten zur Biodiversität, Entwicklung und Realisierung eines „Waterhouse-Project" mit südafrikanischen und deutschen Kooperationspartnern.

Kurzportrait:
Die Professur Umweltbildung besteht seit 1992, zunächst in Verbindung mit dem Interdisziplinären Zentrum für Umweltwissenschaften an der Uni Potsdam. Nach Liquidierung des Zentrums wurde die Professur der mat.-nat. Fakultät zugeordnet.
Neben der Ausbildung (Modul Umwelterziehung, Magisterstudiengang Umweltwissenschaften) wurden zahlreiche interaktive multimediale CD-ROM (Ökosystem Wald – Biodiversität in Brandenburg; Ökosystem Döberitzer Heide/Ferbitzer Bruch; Biodiversität im Biosphärenreservat Mittelelbe usw.) hergestellt und evaluiert.

Praktikumsmöglichkeiten:
Praktikumsangebot im Rahmen der Multimediaherstellung.

Zukunft der Einrichtung:
—

SPRING – Spatial Planning for Regions in Growing Economies

Zugehörigkeit: Universität Dortmund, Fakultät Raumplanung, Fachgebiet Raumplanung in Entwicklungsländern/SPRING
Wissenschaftsbereich(e): Ingenieur-, Geistes- und Sozialwissenschaften (Interdisziplinär)
Anschrift: SPRING, Universität Dortmund, 44221 Dortmund
Telefon/Fax: 0231-755-25 43 / 0231-755-43 98
E-Mail: spring@uni-dortmund.de
Web-Adresse: www.raumplanung.uni-dortmund.de/geo/spring
Forschungsetat: — **(davon) Drittmittel:** 60.000 Euro (2006)
Anzahl der Mitarbeiter: 9 (2007)

Zielsetzung/Kompetenzschwerpunkt:
Forschung über nachhaltige Stadt- und Regionalentwicklung in Entwicklungsländern; Ausbildung von PlanerInnen aus Entwicklungsländern im Bereich dezentrale Entwicklungsplanung und Entwicklungsmanagement (zweijähriger Master-Studiengang).

Forschungsfelder:
- Zukunftsfähige Gestaltung von Stadt-Land-Beziehungen in Entwicklungsländern;
- Aufwertung und Integration informeller Siedlungen in Entwicklungsländern unter räumlichen, sozialen, ökonomischen und ökologischen Gesichtspunkten;
- Institutionelle („governance") Voraussetzungen einer nachhaltigen dezentralen Entwicklung; nachhaltige Entwicklung von „Megastädten"

Kurzportrait:
Neben der Qualifizierung von PlanerInnen aus Entwicklungsländern führt das 1984 gegründete SPRING-Zentrum Forschungsprojekte unterschiedlicher Ausrichtung durch. Im Vordergrund stehen die nachhaltige Raumentwicklung und das Management raschen Siedlungswachstums in Entwicklungsländern, sei es in den „Megacities" oder in informellen Siedlungen. Am Fachgebiet werden zudem zahlreiche Dissertationen betreut, darunter auch Arbeiten zu Aspekten der Nachhaltigkeit (u. a. nachhaltige Entwicklung in historischen Zentren des Nahen Ostens, Stadtregionale Nachhaltigkeit im Zeitalter der Globalisierung, nachhaltige Stadtentwicklungsplanung in Palästina). Das „SPRING Colloquium" dient als Diskussionsforum für neue Erkenntnisse aus Forschung und Planungspraxis in Entwicklungsländern.
Mit dem Masterstudiengang „Regional Development Planning and Management" wird der wachsende Ausbildungsbedarf vieler Entwicklungsländer für dezentrale Entwicklungsplanung und Entwicklungsmanagement aufgegriffen. In einem Netzwerk mit Hochschulen in Ghana, Tansania, Chile und den Philippinen bietet SPRING den zweijährigen Studiengang an. Das Prinzip Nachhaltigkeit ist wichtiger Lehrinhalt, z.B. in Veranstaltungen wie „Development Theories and Strategies", „Land Use Planning" oder „Ecology and Environmental Planning".

Praktikumsmöglichkeiten:
keine

Zukunft der Einrichtung:
Geplante Neubesetzung der Professur zum Wintersemester 2007/08.

Umweltgerechte Produkte und Prozesse (upp)

Zugehörigkeit: Universität Kassel, Maschinenbau, Institut für Produktionstechnik und Logistik
Wissenschaftsbereich(e): Ingenieurwissenschaften
Anschrift: upp, Universität Kassel, Kurt-Wolters-Straße 3, 34125 Kassel
Telefon/Fax: 0561-804-31 79 / 0561-804-39 95
E-Mail: hesselbach@uni-kassel.de
Web-Adresse: www.upp-kassel.de
Forschungsetat: 400.000 Euro (2006) **(davon) Drittmittel:** 95 %
Anzahl der Mitarbeiter: 13 (2007)

Zielsetzung/Kompetenzschwerpunkt:
Erforschung von Energieeffizienz, Energiewandlung und Steuerung in der Produktion.

Forschungsfelder:
Interdisziplinäre Modellierung, Simulation und Steuerung von Produktionsstätten und ihrem Umfeld; die Fabrik der Zukunft im Spannungsfeld von Energiewende und Klimaänderung; klimaneutrale Produktion.

Kurzportrait:
Die Forschungsaktivitäten des 2002 gegründeten Fachgebiets für Umweltgerechte Produkte und Prozesse (upp) gliedern sich in folgende drei Themenfelder: zeit- und ortsabhängige Bilanzierung von Produktlebenszyklen; interdisziplinäre Modellierung, Simulation und Steuerung von Produktionsstätten und ihrem Umfeld; die Fabrik der Zukunft im Spannungsfeld von Energiewende und Klimaänderung. Allen Forschungsaktivitäten gemein ist die interdisziplinäre Sicht.
Beispiele für Projekte: DAAD-Partnerschaftsprojekt mit lateinamerikanischen Universitäten; Energieeffizienz durch optimierte Abstimmung von Produktion und TGA (gefördert durch das BMWI); Klimaschutz in der kunststoffverarbeitenden Industrie durch systemische Energieeffizienz; dezentrale vorausschauende und effiziente Energieversorgungseinheit, HA Hessen Agentur GmbH (Projekt Nr. 110/06-01) mit Mitteln aus dem Europäischen Sozialfonds (ESF).
Kooperationsbeziehungen bestehen mit DeNet; Wuppertal Institut für Klima, Umwelt und Energie GmbH; Helmholtz-Zentrum für Umweltforschung (UFZ).

Praktikumsmöglichkeiten:
Nicht möglich, aber im Rahmen der Kinder- oder Schüleruni sind Projekte mit Oberstufenschülern möglich.

Zukunft der Einrichtung:
Ziel ist es, in fünf Jahren das Team auf 20 Mitarbeiter auszubauen sowie Forschung und Kompetenz im Bereich energieeffiziente Produktion und Klimaneutralität zu erweitern.

Vegetationsökologie und Naturschutz

Zugehörigkeit: Universität Potsdam
Wissenschaftsbereich(e): Lebens-, Naturwissenschaften
Anschrift: Maulbeerallee 2, 14469 Potsdam
Telefon/Fax: 0331-977-19 54
E-Mail: jeltsch@uni-potsdam.de
Web-Adresse: www.bio.uni-potsdam.de/professuren/vegetationsoekologie-naturschutz
Forschungsetat: ca. 0,5 Milo. (2006) **(davon) Drittmittel:** 99 %
Anzahl der Mitarbeiter: 24 (incl. Diplomanden)

Zielsetzung/Kompetenzschwerpunkt:
Mechanistisches, prozessbasiertes Verständnis ökologischer Dynamiken unter anthropogenem Einfluss; Kombination empirischer und modellbasierter Forschung.

Forschungsfelder:
Dynamik von Einzelarten in variabler Umwelt: Verständnis und Vorhersagen auf der Basis demographischer Prozesse; prozessbasiertes Verständnis und Vorhersage der Dynamik und Interaktion von Gemeinschaften; Auswirkungen von Landnutzung und Klimawandel auf aride und semiaride Systeme.

Kurzportrait:
Seit dem Jahr 2000 besteht unser primäres Forschungsziel in einem generischen Verständnis und der Verbesserung von Vorhersagemethoden der Dynamik von Populationen, Gemeinschaften und Landschaften in einer variablen Umwelt. Dies ist eine entscheidende Voraussetzung zur Entwicklung nachhaltiger Management- und Nutzungskonzepte.
Unser Forschungsansatz basiert auf der räumlichen Analyse demographischer Prozesse und kombiniert computergestützte Simulationsmodelle mit empirischer/experimenteller Forschung.
Die regionalen Forschungsschwerpunkte liegen in ariden und semiariden Gebieten (z.B. südliches Afrika, Naher Osten, Australien), aber auch im mitteleuropäischen Offenland.

Praktikumsmöglichkeiten:
Bei ausreichenden Vorkenntnissen nach Rücksprache möglich; flexible Dauer; leider keine Vergütung möglich.

Zukunft der Einrichtung:
Ausbau der Forschung im Bereich mitteleuropäischer Agrarlandschaften; enge Zusammenarbeit mit dem ZALF (Leibniz-Zentrum für Agrarlandschaftsforschung Müncheberg e.V.).

Waldbau-Institut

Zugehörigkeit:	Albert-Ludwigs-Universität Freiburg, Fakultät für Forst- und Umweltwissenschaften
Wissenschaftsbereich(e):	Naturwissenschaften (Interdisziplinär)
Anschrift:	Waldbau-Institut, Universität Freiburg, 79085 Freiburg i. Br.
Telefon/Fax:	0761-203-36 78 / 0761-203-37 81
E-Mail:	waldbau@waldbau.uni-freiburg.de
Web-Adresse:	www.waldbau.uni-freiburg.de
Forschungsetat:	ca. 500.000 Euro (jährlich) **(davon) Drittmittel:** 95 %
Anzahl der Mitarbeiter:	40 (35 mit Bezug zur Nachhaltigkeit) (2007)

Zielsetzung/Kompetenzschwerpunkt:
Das Waldbau-Institut beschäftigt sich in Forschung und Lehre mit Methoden der nachhaltigen Steuerung von bewaldeten Ökosystemen zur Erreichung ökonomischer, ökologischer und sozialer Bewirtschaftungsziele.

Forschungsfelder:
Waldbau: Verständnis natürlicher Prozesse in Waldökosystemen, Auswirkungen von Bewirtschaftungsmaßnahmen auf Ökosystemfunktionen; Waldwirtschaft in den Tropen und Subtropen: Erarbeitung von Strategien zur nachhaltigen Waldbewirtschaftung mit partizipativen Forschungsansätzen; Vegetations- und Standortskunde: Einfluss von Standort und Bewirtschaftung auf die Vegetation, Dynamik und Entwicklung von Landschaften.

Kurzportrait:
Die Forschungsaktivitäten können drei Arbeitsbereichen zugeordnet werden:
1. Der Arbeitsbereich Waldbau beschäftigt sich mit der Steuerung von bewaldeten Ökosystemen über gezielte Veränderungen der Struktur, Artenzusammensetzung und Dynamik. Untersucht wird das Verständnis natürlicher Prozesse auf der Ebene von Bäumen und Ökosystemen sowie die Auswirkungen waldbaulicher Maßnahmen auf Vegetation, Standort und Stoffhaushalt.
2. Der Arbeitsbereich Waldwirtschaft in den Tropen und Subtropen beschäftigt sich mit der Frage, auf welche Weise Wald zur nachhaltigen Entwicklung ländlicher Regionen beitragen kann. Er fokussiert auf die Wechselbeziehung zwischen Mensch und Wald und verwendet dabei Methoden der Aktionsforschung und anderer partizipativer Ansätze.
3. Der Arbeitsbereich Vegetations- und Standortskunde analysiert den Einfluss des Standorts sowie der Bewirtschaftung auf die Vegetation. Neben naturschutzfachlicher Bewertung ist es ein weiterer Forschungsschwerpunkt die Evaluierung und Planung nachhaltiger Entwicklung von Kulturlandschaften (z.B. mittels Entscheidungsunterstützungssystemen).
Zudem koordiniert das Institut den internationalen MSc-Studiengang „Forest Ecology and Management" sowie das Nebenfach „Internationale Waldwirtschaft" im BSc Waldwirtschaft und Umwelt.

Praktikumsmöglichkeiten:
Max. 2-3 Praktikanten gleichzeitig; Studierende der Forst-, Agrar-, Geo-, Umweltwissenschaften u. a.; Dauer des Praktikums: 1-6 Monate; i.d.R. keine Vergütung möglich; Kontakt: Waldbau und Waldwirtschaft in den Tropen: Prof. J. Bauhus, Tel.: 0761-203-36 77; Vegetation- und Standortskunde: Prof. A. Reif, Tel.: 0761-203-36 83

Zukunft der Einrichtung:
Das Waldbau-Institut wird auch in Zukunft die etablierten Forschungsbereiche weiterführen und sich über Verbundprojekte zunehmend national und international vernetzen.

Bayreuther Zentrum für Ökologie und Umweltforschung (BayCEER)

Zugehörigkeit: Universität Bayreuth, Fakultät für Biologie, Chemie und Geowissenschaften
Wissenschaftsbereich(e): Naturwissenschaften (Interdisziplinär)
Anschrift: BayCEER, Universität Bayreuth, 95440 Bayreuth
Telefon/Fax: 0921-55-57 01 / 0921-55-57 09
E-Mail: info@bayceer.uni-bayreuth.de
Web-Adresse: www.bayceer.uni-bayreuth.de
Forschungsetat: — **(davon) Drittmittel:** 4,2 Mio. Euro (2005)
Anzahl der Mitarbeiter: 25 Professuren mit Arbeitsgruppen (2006)

Zielsetzung/Kompetenzschwerpunkt:
Naturwissenschaftliche Umweltforschung zur Struktur und Funktion von Ökosystemen; Grundlagenforschung zur nachhaltigen Nutzung, zum Schutz und zur Sanierung natürlicher Ressourcen (Boden, Wasser Atmosphäre); Klimafolgen.

Forschungsfelder:
Hydrogeologie, Geomorphologie, Hydrologie, Bodenkunde, Pflanzen- und Tierökologie, Physiologie, Populationsökologie und Pflanzensystematik, Mykologie, Biogeografie, Mikrobiologie, Umweltchemie, Chemische Ökologie, Meteorologie, Umweltbildung und Ökologisch-Botanischer Garten, Agrar- und Waldökosysteme, Ökosystemforschung, Ecological Services, Managementstrategien, Ressourcennutzung, Boden- und Gewässerschutz.

Kurzportrait:
BayCEER ist seit 2003 die zentrale Einrichtung der Universität Bayreuth für Forschung auf dem Gebiet Ökologie und Umweltforschung. BayCEER bündelt die umweltwissenschaftlichen, technischen und organisatorischen Kompetenzen und Ressourcen von derzeit 25 Professoren der Biologie und Geowissenschaften. Mitglieder sind wissenschaftliche Mitarbeiterinnen und Mitarbeiter dieser Professuren. Die Geschäftsführung wird jährlich aus dem Kreis der Professoren gewählt.
Gemeinsame Labors und Einrichtungen unterstützen die Mitglieder in Forschung und Lehre: Chemische Analytik und Labor für Isotopenbiogeochemie, EDV und Datenbanken, wissenschaftliche Werkstätten, Versuchsflächen im Freiland und Geschäftsstelle (Management und Organisation gemeinsamer Aktivitäten und Forschungsprojekte). Wissenschaftlicher Kern ist die Erforschung von Prozessen, Mechanismen und Strukturen natürlicher Systeme und Lebensgemeinschaften: Funktion und Nutzung von Ökosystemen, Biodiversität, Boden- und Gewässerschutz.
Diese Forschung ist wissenschaftliche Grundlage für die Beurteilung von Klimafolgen, für die Funktion von Ökosystemen (Ecological Services), für Landnutzung und die Bewertung der Nachhaltigkeit von Entscheidungen und Managementstrategien.

Praktikumsmöglichkeiten:

Zukunft der Einrichtung:
Verbundprojekte mit Rechts-, Wirtschafts- und Ingenieurswissenschaften; Kooperation mit Einrichtungen der Großforschung; Graduiertenschule Ökologie und Umweltforschung, Ausbau der Forschung zur Wechselwirkung Bio-/Geosphäre.

EnergieInstitut der Fachhochschule Gelsenkirchen

Zugehörigkeit: Fachhochschule Gelsenkirchen
Wissenschaftsbereich(e): Natur-, Ingenieurwissenschaften (Interdisziplinär)
Anschrift: Neidenburger Straße 10, 45877 Gelsenkirchen
Telefon/Fax: 0209-95 96-808 / 0209-95 96-829
E-Mail: energieInstitut@fh-gelsenkirchen.de
Web-Adresse: www.fh-gelsenkirchen.de/energieinstitut
Forschungsetat: ca. 1 Mio. Euro (2006/2) **(davon) Drittmittel:** ca. 1 Mio. Euro
Anzahl der Mitarbeiter: 21-50 (2006/2)

Zielsetzung/Kompetenzschwerpunkt:
Gemeinsame Aufgabe von 10 Professoren aus 3 Fachbereichen ist die Weiterentwicklung und Optimierung moderner Energiesysteme sowie ihrer Einzelkomponenten mit dem Ziel des rationellen Energieeinsatzes.

Forschungsfelder:
Brennstoffzelle, Energiesysteme und Hochleistungspulstechnik, Messtechnik in der Photovoltaik, schadstoffarme Verbrennung, Schwingungsuntersuchungen, Solarthermie, Systemdynamik und Leittechnik, Leistungselektronik und Antriebstechnik, Werkstoffkunde und -prüfung.

Kurzportrait:
Zehn Professoren aus drei Fachbereichen schlossen sich im Jahre 2000 zum EnergieInstitut der Fachhochschule Gelsenkirchen zusammen, um ihrer interdisziplinären Zusammenarbeit in der Energiesystemtechnik einen institutionellen Rahmen zu geben.
Das EnergieInstitut versteht sich als Partner für Industrie und Forschungseinrichtungen im Bereich der „Angewandten Energiesystemtechnik" mit Arbeitsschwerpunkten auf den Gebieten der Weiterentwicklung von PEM-Brennstoffzellensystemen kleiner und mittlerer Leistung, Systeme der Leistungselektronik und Antriebstechnik, Systeme der elektrischen Energietechnik, Energiesysteme der Hochleistungspulstechnik, schadstoffarme Verbrennung, Wärmepumpen, Schwingungsuntersuchungen, Photovoltaik, Automatisierungs- und Prozessleittechnik, Werkstoffkunde und -prüfung. Grundsatz der interdisziplinären Arbeit ist die Optimierung verschiedener moderner Energiesysteme mit dem Ziel einer ressourcenschonenden Energieverwendung.
In der traditionell energietechnisch geprägten Emscher-Lippe-Region bietet ein solches Institut Unterstützung bei der Wandlung der traditionellen Energietechnik und fördert damit den Strukturwandel in der Region.

Praktikumsmöglichkeiten:
Nach Absprache (auch für Schüler möglich), Prof. Dr.-Ing. Michael Brodmann, Tel.: 0209-95 96-828

Zukunft der Einrichtung:
Anwendungsorientierte energiesystemtechnische Forschung.

Forschungs- und Studienzentrum Landwirtschaft und Umwelt

Zugehörigkeit:	Georg-August-Universität Göttingen, Fakultät für Agrarwissenschaften
Wissenschaftsbereich(e):	Natur-, Geistes- und Sozialwissenschaften (Interdisziplinär)
Anschrift:	Am Vogelsang 6, 37075 Göttingen
Telefon/Fax:	0551-39-55 37
E-Mail:	eschroe1@gwdg.de; hsteinm@gwdg.de; mpottho@uni-goettingen.de
Web-Adresse:	www.uni-goettingen.de/zlu
Forschungsetat:	500.000 Euro (2006) **(davon) Drittmittel:** 500.000 Euro
Anzahl der Mitarbeiter:	12 (2006)

Zielsetzung/Kompetenzschwerpunkt:
Entwicklung umwelt- und ressourcenschonender Konzepte für die Landbewirtschaftung; Analyse der Beziehungen Boden, Tier, Pflanze, Management; Erarbeitung von Nutzungs- und Politikinstrumenten für den ländlichen Raum.

Forschungsfelder:
Ökologische Leistungen der Landwirtschaft, Biodiversitätsmanagement in Acker und Grünland, Verbesserung von Agrarumweltprogrammen, Bodenbiologie, integrierter Pflanzenschutz.

Kurzportrait:
Das Forschungs- und Studienzentrum Landwirtschaft und Umwelt wurde 1986 gegründet. Es wird getragen von den Einrichtungen der Fakultät für Agrarwissenschaften und verfügt über einen geschäftsführenden Vorstand und eine Geschäftsstelle.
Das Zentrum hat die Aufgabe, interdisziplinäre Forschungsprojekte zum wechselseitigen Einfluss von Landwirtschaft und Umwelt zu initiieren, aus der Fakultät heraus entstehende Forschungsinitiativen zu unterstützen und Verbundvorhaben zu dem Themenbereich zu koordinieren. Hierbei werden im Sinne eines Systemansatzes die unterschiedlichen Fachdisziplinen aus der Fakultät Agrarwissenschaften, anderer Fakultäten der Universität Göttingen sowie von Standorten außerhalb der Universität Göttingen zusammengeführt. Das Ziel ist dabei stets eine ressourcenschonende, umwelt- und sozialverträgliche Landwirtschaft. Die Projekte beinhalten sowohl naturwissenschaftliche als auch sozioökonomische Forschungsinhalte, zwischen denen themenzentriert Querverbindungen hergestellt werden. Neben grundlagenwissenschaftlichen, theoretischen Fragestellungen werden praxisnahe Themen bearbeitet.
Ein aktueller wichtiger Forschungsschwerpunkt ist ein BMBF-Verbundvorhaben zur Honorierung ökologischer Leistungen der Landwirtschaft in einem marktanalogen System.

Praktikumsmöglichkeiten:
Für Laborpraktika sind die Fachdepartments der Universität geeignet. In der Geschäftsstelle können Daten- und Literaturrecherchen durchgeführt werden.

Zukunft der Einrichtung:
Arbeiten weiter vernetzen mit den Bio-, Geo- und Forstwissenschaften am Standort; Beteiligung an Antragstellung von Graduiertenkollegs und weiteren Verbünden (Themen: Gesellschaft und Biodiversität, Agroforstsysteme, Terrestrische Ökosysteme).

Forschungsschwerpunkt Lifetec Process Engineering der HAW

Zugehörigkeit:	Hochschule für Angewandte Wissenschaften Hamburg, Campus Bergedorf, Fakultät Life Sciences
Wissenschaftsbereich(e):	Lebenswissenschaften
Anschrift:	Lohbrügger Kirchstraße 65, 21033 Hamburg
Telefon/Fax:	040-428 75-63 55 / 040-428 75-63 59
E-Mail:	Paul.Scherer@ls.haw-hamburg.de
Web-Adresse:	www.haw-hamburg.de/index.php?id=7640
Forschungsetat:	65.000 Euro (2007) **(davon) Drittmittel:** 57.000 Euro
Anzahl der Mitarbeiter:	15 (2007)

Zielsetzung/Kompetenzschwerpunkt:
Der Forschungsschwerpunkt betrachtet sich als Verbund innerhalb der Fakultät, der sich der angewandten Forschung verpflichtet fühlt, und zwar vornehmlich Aktivitäten und Projekten der nachhaltigen Stoff- und Energiewirtschaft sowie der Umwelttechnik.

Forschungsfelder:
Biogastechniken zur nachhaltigen Produktion von Biokraftstoff und Düngemitteln aus feuchten Biomassen; BTL-Treibstoffe zum nachhaltigen Verkehrs- und Energietransport aus trockenen Biomassen; stoffliche und energetische Verwertung von Shredderleichtfraktionen (SLF); Stoffliche und energetische Optimierung der Abgasreinigung in der Aluminiumindustrie.

Kurzportrait:
Der Forschungsschwerpunkt wurde 1998 gegründet und stellt einen Verbund dar mit Aktivitäten und Projekten aus dem Bereich der nachhaltigen Stoff- und Energiewirtschaft sowie der Umwelttechnik. Mit diesem Verbund werden vielfältige nationale und internationale Kontakte zu KMU-Firmen unterhalten, aber auch zu Großfirmen sowie zu weiteren Hochschulen. Folgende Projekte (mit diversen Unterprojekten) werden derzeit von FSP-Mitgliedern bearbeitet:
Prof. Dr. Paul Scherer (Technische Mikrobiologie): Biogastechniken zur nachhaltigen Produktion von Biokraftstoff und Düngemitteln aus feuchten Biomassen.
Prof. Dr. Thomas Willner (Verfahrenstechnik): BTL-Treibstoffe zum nachhaltigen Verkehrs- und Energietransport aus trockenen Biomassen.
Prof. Dr. Kerstin Kuchta (Umweltmanagement): stoffliche und energetische Verwertung von Shredderleichtfraktionen (SLF).
Prof. Dr. Martin Geweke (Verfahrenstechnik): stoffliche und energetische Optimierung der Abgasreinigung in der Aluminiumindustrie.

Praktikumsmöglichkeiten:
Im Bereich: Umwelttechnik, Verfahrenstechnik, Biogas Engineering.

Zukunft der Einrichtung:
Der Forschungsschwerpunkt bildet noch kein Institut, sondern eine Vorstufe dazu.

Forschungsschwerpunkt Nachhaltige Ernährung

Zugehörigkeit: Fachhochschule Münster
Wissenschaftsbereich(e): Lebens-, Natur-, Geistes- und Sozialwissenschaften (Interdisziplinär)
Anschrift: Corrensstraße 25, 48149 Münster
Telefon/Fax: 0251-83-654 29
E-Mail: petra.teitscheid@fh-muenster.de
Web-Adresse: www.fh-muenster.de/fspne
Forschungsetat: 38.000 Euro (2007)   **(davon) Drittmittel:** —
Anzahl der Mitarbeiter: 0,5 (2007)

Zielsetzung/Kompetenzschwerpunkt:
Wir wollen zielgruppenorientierte, alltagstaugliche Handlungsoptionen für und mit zentralen Akteuren im Handlungsfeld Ernährung erarbeiten.

Forschungsfelder:
Bildung für eine gesunde und nachhaltige Ernährung, Netzwerk für eine gesunde und nachhaltige Ernährung im Münsterland, genussvoll Essen, Lebensmittelqualität und -sicherheit, nachhaltige Ernährungswirtschaft, Umwelt und Technik.

Kurzportrait:
Der Forschungsschwerpunkt nachhaltige Ernährung ist ein wichtiger Knoten und Kooperationspartner im Netzwerk „Nachhaltige Ernährung" im Münsterland. Für alle Fragen rund um die Themen Ernährung, Verpflegung und Lebensmittel ist der Forschungsschwerpunkt die erste Adresse. Die Studierenden an der FH Münster profitieren von den Praxiskontakten des Forschungsschwerpunkts. Unsere Praxispartner und Praxispartnerinnen profitieren von den Leistungen der Studierenden und geben interessante Berufsperspektiven. Der Forschungsschwerpunkt leistet mit eigenen praxisorientierten Forschungsprojekten Beiträge zur nachhaltigen und gesunden Ernährung. Wir wollen zielgruppenorientierte, alltagstaugliche Handlungsoptionen für und mit allen Akteuren in diesem Feld erarbeiten. Wir wollen alle Akteure entlang des Lebenszyklus in unsere Forschungsarbeit integrieren. Wir wollen in sechs Schwerpunktbereichen einen Beitrag zur Entwicklung einer nachhaltigen Ernährungssituation in Deutschland leisten (siehe Forschungsfelder).

Praktikumsmöglichkeiten:
Möglich, wenn konkrete Forschungsprojekte anstehen. Bitte nachfragen.

Zukunft der Einrichtung:
Das Institut ist im Aufbau.

Forschungszentrum Nachhaltigkeit (artec)

Zugehörigkeit:	Universität Bremen
Wissenschaftsbereich(e):	Geistes- und Sozialwissenschaften (Interdisziplinär)
Anschrift:	Enrique-Schmidt-Straße 7, 28359 Bremen
Telefon/Fax:	0421-218 45 01 / 0421-218 44 49
E-Mail:	andrea.meier@artec.uni-bremen.de
Web-Adresse:	www.artec.uni-bremen.de
Forschungsetat:	— **(davon) Drittmittel:** —
Anzahl der Mitarbeiter:	19 (2006)

Zielsetzung/Kompetenzschwerpunkt:

Das Forschungszentrum Nachhaltigkeit bündelt ein multidisziplinäres Spektrum von – vorwiegend sozialwissenschaftlichen – Kompetenzen auf dem Gebiet der Nachhaltigkeitsforschung.

Forschungsfelder:

Soziale Nachhaltigkeit und Arbeit, Nachhaltigkeitsmanagement und Unternehmensentwicklung, nachhaltigkeitsorientierte Technikentwicklung und -bewertung, Nachhaltigkeit in Kommune und Region.

Kurzportrait:

Das Forschungszentrum Nachhaltigkeit ist eine zentrale wissenschaftliche Einrichtung der Universität Bremen. Es wurde 1989 zunächst als Forschungszentrum Arbeit und Technik (artec) gegründet. Seit Mitte der 1990er Jahre werden Umweltprobleme und Umweltnormen in die artec-Forschung integriert. Das Forschungszentrum bündelt heute ein multidisziplinäres Spektrum von – vorwiegend sozialwissenschaftlichen – Kompetenzen auf dem Gebiet der Nachhaltigkeitsforschung. „artec" wird nach wie vor als ein Teil der Institutsbezeichnung beibehalten.

Im Mittelpunkt stehen dabei zwei innovative Fragen: Was kann erkannt und getan werden, um die Verletzlichkeit sozialer und natürlicher Systeme zu reduzieren? Was ist nötig, um deren „Abwehrkräfte" zu steigern?

Die Hauptkompetenzen liegen in den Bereichen: Arbeitswissenschaft, Technikfolgenabschätzung und Technikbewertung, Managementlehre, Umweltsoziologie und Umweltpolitik. Integration, Interdisziplinarität und Gestaltungsorientierung bilden die Leitorientierungen für Forschung und Beratung. Es werden verschiedene konzeptionelle Zugänge zur Nachhaltigkeitsproblematik quer zum Disziplinbezug verfolgt. Die Forschung wird gegenwärtig in vier interdisziplinär ausgerichteten Forschungsfeldern betrieben (siehe Forschungsfelder).

Praktikumsmöglichkeiten:

—

Zukunft der Einrichtung:

—

Forschungszentrum Waldökosysteme (FZW)

Zugehörigkeit: Universität Göttingen
Wissenschaftsbereich(e): Lebens-, Naturwissenschaften (Interdisziplinär)
Anschrift: Büsgenweg 2, 37077 Göttingen
Telefon/Fax: 0551-39 35 12 / 0551-39 97 62
E-Mail: gwiedey@gwdg.de
Web-Adresse: www.gwdg.de/~fzw
Forschungsetat: — **(davon) Drittmittel:** —
Anzahl der Mitarbeiter: 3 Wissenschaftler (2006)

Zielsetzung/Kompetenzschwerpunkt:
Zielsetzung des FZW ist es, die Einflüsse, die sich aus dem gesellschaftlichen Wandel, dem Wandel der Bewirtschaftung und dem Klimawandel für die Wälder ergeben, zu prognostizieren, zu erfassen und zu bewerten.

Forschungsfelder:
Waldökosystemforschung, nachhaltige Waldbewirtschaftung, Entscheidungshilfesysteme Wald und Klima, Waldbewirtschaftung und Wasserkreisläufe/Wasserqualität, nachhaltige Bewirtschaftung von Mischbeständen, nationale Luftreinhaltestrategie im norddeutschen Tiefland, nachwachsende Rohstoffe, EU-Projekte.

Kurzportrait:
Das FZW wurde 1984 gegründet und ist eine gemeinsame wissenschaftliche Einrichtung der Fachbereiche Forstwissenschaften, Biologie und Geowissenschaften der Georg-August-Universität Göttingen.

Die Aufgabe des FZW liegt in der Zusammenführung und interdisziplinären Organisation der an der Georg-August-Universität vorhandenen waldbezogenen Expertise, in der Formulierung integrierter Forschungsprojekte sowie in der Koordination der Forschungsaufgaben.

Auf dieser Grundlage sollen Strategien für eine nachhaltige Nutzung, den Erhalt oder die Wiederherstellung von Waldökosystemen entwickelt werden. Eingeschlossen sind die planerischen Komponenten der Wald-Holz-Kette sowie die ökonomischen und sozialen Randbedingungen. Dazu bedarf es der Inventarisierung der biotischen und abiotischen Strukturen und der Aufklärung der Waldfunktionen und der ihnen zugrunde liegenden biotischen und abiotischen Prozesse, ihrer Änderungen und Anpassungsfähigkeiten.

Für die Realisierung der Forschung unterhält das FZW im Verein mit der Nordwestdeutschen Forstlichen Versuchsanstalt, der BFH und dem UBA dauerhaft angelegte Versuchsflächen und Messeinrichtungen (Klimatürme, Dach-Projekt, Hiebformenversuch etc.).

Das FZW betreibt das Interfakultative Kompetenzzentrum Stabile Isotope (KOSI) und stellt damit den beteiligten Instituten eine innovative Analytik zur Verfügung.

Seit 2007 besteht das Verbundprojekt „Entscheidungshilfesystem Wald und Klima".

Praktikumsmöglichkeiten:
Praktika werden zum Teil von den im FZW vertretenen Instituten angeboten.

Zukunft der Einrichtung:
Es wird in Zusammenarbeit mit verschiedenen Fakultäten der Universität Göttingen die Einrichtung einer „Göttingen Graduate School for Terrestrial Ecosystems" geplant.

Göttinger Zentrum für Biodiversitätsforschung und Ökologie

Zugehörigkeit:	Georg-August Universität Göttingen, Mathematisch-Naturwissenschaftliche Fakultät, Fachbereich Biologie
Wissenschaftsbereich(e):	Lebens-, Naturwissenschaften
Anschrift:	Untere Karspüle 2, 37073 Göttingen
Telefon/Fax:	0551-39-124 04
E-Mail:	dganser@gwdg.de
Web-Adresse:	www.biodiversitaet.gwdg.de
Forschungsetat:	— **(davon) Drittmittel:** —
Anzahl der Mitarbeiter:	ca. 400 (2006)

Zielsetzung/Kompetenzschwerpunkt:
Interdisziplinäre Forschung zur Evolution, Funktion und dem Erhalt von Biodiversität in terrestrischen Ökosystemen; Analyse, räumliche und zeitliche Dynamik und ökologische Funktionen von Biodiversität; Strategien zum Erhalt und Management von Biodiversität.

Forschungsfelder:
Agrarökologie, Bodenökologie, Evolution, Forstökologie, Klimatologie, Landschaftsökologie, marine Biodiversität, Mykologie, Naturschutz, Neurobiologie, Palynologie, Paläoökologie, Pflanzenökologie, Populationsökologie, Phykologie, Primatologie, Soziobiologie, Systematische Botanik und Zoologie, Tierökologie, Tropenökologie, Umweltschutz.

Kurzportrait:
Im Jahre 2001 wurde das Göttinger Zentrum für Biodiversitätsforschung und Ökologie gegründet mit dem Ziel, Biodiversität von der Ebene der Gene bis zur Landschaft interdisziplinär zu erforschen und in universitärer Lehre zu vermitteln. Dazu wurden neue Studiengänge der Biodiversität und Ökologie mit konsekutivem Aufbau vom Bachelor-, über den Master- bis zum Promotionsabschluss eingerichtet. Die Entstehung von Artenvielfalt, ihre Bedeutung für den natürlichen Wandel von Ökosystemen sowie deren langfristigen Erhalt zu erforschen und daraus erforderliche Maßnahmen abzuleiten, die im Sinne eines nachhaltigen Ökosystemmanagements die Balance zwischen Nutzbarkeit und Verfügbarkeit natürlicher Ressourcen in der Biosphäre wahren, repräsentieren die wesentlichen Aufgaben des Forschungszentrums.
Derzeit beteiligen sich rund 20 Arbeitsgruppen aus vier Fakultäten (Biologie, Agrarwissenschaften, Forstwissenschaften und Waldökologie, Geowissenschaften und Geographie) der Universität Göttingen an diesem Zentrum, die sich zum Zwecke interdisziplinärer Forschung mit der Synergie aus einem weitgefächerten Spektrum neuester Methoden zusammengeschlossen haben. Die Ergebnisse dieser Forschung sollen zur Schaffung der wissenschaftlichen Grundlagen zum Verständnis und für den Erhalt der Artenvielfalt in den vielfältigen natürlichen Lebensräumen auf diesem Planeten beitragen.

Praktikumsmöglichkeiten:
Als universitäre Einrichtung können in der Regel aus arbeitsschutzrechtlichen Gründen keine Praktikumsplätze an Nicht-Studierende vergeben werden. Die praktischen Forschungsarbeiten sind stets an die Ausbildung (Diplom, Master oder Promotion) oder Forschung derjenigen gekoppelt, die entweder immatrikuliert oder Angestellte der Universität sind.

Zukunft der Einrichtung:
Ausbau der internationalen wissenschaftlichen Kooperationen und des Wissenschaftstransfers insbesondere mit Blick auf Entwicklungs- und Schwellenländer (nachhaltiges Naturschutzmanagement); Qualifizierung ausländischer Studierende in Biodiversität.

Institut für angewandte Forschung an der Hochschule für Forstwirtschaft Rottenburg

Zugehörigkeit: Hochschule für Forstwirtschaft Rottenburg (HFR)
Wissenschaftsbereich(e): Lebenswissenschaften (Interdisziplinär)
Anschrift: Prof. Dr. Rainer Luick, IaF an der HFR, Schadenweilerhof, 72108 Rottenburg
Telefon/Fax: 07472-951-238
E-Mail: luick@hs-rottenburg.de
Web-Adresse: www.hs-rottenburg.de
Forschungsetat: 500.000 Euro (2006) **(davon) Drittmittel:** 90 %
Anzahl der Mitarbeiter: 2-6 (2006)

Zielsetzung/Kompetenzschwerpunkt:
Das Institut für angewandte Forschung (IAF) ist die zentrale Plattform für die Forschungsaktivitäten der HFR. Es bietet ein geeignetes Umfeld und eine günstige Infrastruktur für die Durchführung von Forschungs- und Entwicklungsaufgaben.

Forschungsfelder:
Landschaftsmanagement und ländliche Entwicklung, Klimawandel und seine Folgen, erneuerbare Energien insbesondere aus Biomasse, Prozesse und Logistik der Holzwirtschaft, Regionalwirtschaft, extensive Landnutzungen, Geo-Information.

Kurzportrait:
—

Praktikumsmöglichkeiten:
Ein Praktikum ist im Rahmen der Mitarbeit an aktuellen Forschungsprojekten fallweise möglich.

Zukunft der Einrichtung:
Das IAF an der HFR befindet sich derzeit im Aufbau.

Institut für Angewandte Forschung der Hochschule für Wirtschaft und Umwelt

Zugehörigkeit: Hochschule für Wirtschaft und Umwelt Nürtingen-Geislingen
Wissenschaftsbereich(e): Lebens-, Ingenieur-, Geistes- und Sozialwissenschaften
Anschrift: Schelmenwasen 4-8, 72622 Nürtingen
Telefon/Fax: 07022-404-192
E-Mail: iaf@hfwu.de
Web-Adresse: www.hfwu.de/iaf
Forschungsetat: 450.000 Euro (2006) **(davon) Drittmittel:** 350.000 Euro
Anzahl der Mitarbeiter: 16 (2006)

Zielsetzung/Kompetenzschwerpunkt:
Angewandte Forschung und Entwicklung in den Bereichen Landschafts- und Umweltplanung, Stadtplanung, Agrarwirtschaft, Volks- und Betriebswirtschaft.

Forschungsfelder:
Umweltindikatoren, Umwelt- und Ökobilanzen, Landschaftspflege, Naturschutz, Stadtentwicklung, Stadtökologie, nachhaltiger Pflanzenbau, nachwachsende Rohstoffe, tiergerechte Haltungsverfahren, Immobilienwirtschaft, Automobilwirtschaft, Ver-, Entsorgungs- und Umwelttechnik, Marketing.

Kurzportrait:
Das Institut für Angewandte Forschung der Hochschule für Wirtschaft und Umwelt Nürtingen-Geislingen wurde mit den Schwerpunkten Landespflege und Agrarwirtschaft im Jahr 1989 gegründet. Es ist eine interdisziplinäre Einrichtung und gliedert sich in die drei Abteilungen „Landschafts- und Umweltplanung", „Agrarwirtschaft" und „Volks- und Betriebswirtschaft".
Die Aufgaben des Instituts für Angewandte Forschung sind praxisnahe Forschung, Entwicklung und Anwendung in den o. g. Abteilungen. Ein Teil der Vorhaben wird in Forschungsverbünden mit Unternehmen und Hochschulen bearbeitet und in nationalen und internationalen Netzwerken begleitet. Zudem dienen die Arbeiten auch der Weiterentwicklung der Lehre sowie der Weiterbildung.
Bei verschiedenen Projekten der letzten Jahre, die sich mit den Themen Umweltindikatoren und kommunale Ökobilanzen, Reduzierung der Flächeninanspruchnahme, Entwicklung eines regionalen Gewerbeflächenpools, Landschafts- und Umweltplanung sowie Naturschutz und Landschaftspflege beschäftigten, lag der Schwerpunkt auf einer nachhaltigen Entwicklung.
Durch die Ausrichtung der Hochschule in der Verbindung von Wirtschaft und Umwelt können wesentliche Aspekte der Nachhaltigkeit abgebildet und auch in Forschungsvorhaben bearbeitet werden.

Praktikumsmöglichkeiten:
1-2 Praktikanten jährlich. Voraussetzung: Studium der Landschaftsarchitektur, Agrarwissenschaften, Geographie/Biologie. Dauer ca. 3 bis 6 Monate. Vergütung nach Vereinbarung. Ansprechperson: Wolfgang Bortt, Tel.: 07022-404-151, E-Mail: wolfgang.bortt@hfwu.de

Zukunft der Einrichtung:
Ein wesentliches Ziel des Institutes ist es, als Teil einer Hochschule für Wirtschaft und Umwelt, das magische Dreieck von Ökologie, Ökonomie und Sozialem stärker in der Forschung zu verankern.

Institut für angewandtes Stoffstrommanagement (IfaS)

Zugehörigkeit: In-Institut am Hochschulstandort „Umwelt-Campus Birkenfeld der Fachhochschule Trier"
Wissenschaftsbereich(e): Lebens-, Natur-, Ingenieur-, Geistes- und Sozialwissenschaften (Interdisziplinär)
Anschrift: Fachhochschule Trier, Umwelt-Campus Birkenfeld, IfaS, 55761 Birkenfeld
Telefon/Fax: 06782-17-12 24 / 06782-17-12 64
E-Mail: k.helling@umwelt-campus.de
Web-Adresse: www.ifas.umwelt-campus.de
Forschungsetat: 1,2 Mio. Euro (2006) **(davon) Drittmittel:** 1,2 Mio. Euro
Anzahl der Mitarbeiter: 30 (2007)

Zielsetzung/Kompetenzschwerpunkt:
Nachhaltige Entwicklung mittels Stoffstrommanagement, d.h. Optimierung von regionalen und betrieblichen Stoff- und Energiesystemen. Das IfaS betrachtet die Optimierung von Stoffströmen nicht primär als technisches Problem, sondern als Managementaufgabe.

Forschungsfelder:
Thematische Arbeitsschwerpunkte von IfaS sind u. a.: Nachhaltige Energieerzeugung (Nutzung erneuerbarer Energien), Material- und Energieeffizienz, Bildung von Unternehmensnetzwerken, nachhaltige Abfallmanagement-Konzepte, Zero-Emission Konzepte, regionale Wertschöpfung und wissenschaftliche Weiterbildungsprogramme.

Kurzportrait:
Das IfaS wurde in Initiative engagierter Professoren des Umwelt-Campus aus den Disziplinen Ingenieurwissenschaft, Betriebs- und Volkswirtschaft, Politikwissenschaft sowie Philosophie und Kommunikation im Jahre 2001 gegründet. Das Projektportfolio des IfaS umfasst Projekte der angewandten Forschung im Bereich nachhaltiger Optimierung kommunaler und betrieblicher Stoffströme im nationalen und internationalen Kontext sowie die wissenschaftliche Weiterbildung: Ab 2004 bietet das Institut einen zweijährigen Masterstudiengang im Bereich Stoffstrommanagement in englischer Sprache mit dem Abschluss eines Master of Science an. In einer Vielzahl von Projekten in Deutschland (Schwerpunkt in der Beratung von Kommunen und mittelständischen Betrieben in Rheinland-Pfalz), Länder der EU, Asien, (Schwerpunkt China und Japan), Südamerika (Brasilien, Chile, Kolumbien und Peru), Nordamerika (Kanada) und Afrika (Ruanda) wurden die verfolgten Ansätze und Konzepte bereits erfolgreich umgesetzt. Das IfaS arbeitet und forscht derzeit in 21 Ländern auf 5 Kontinenten.
Seit 2004 trägt das IfaS den Status des Kompetenzzentrums für Stoffstrommanagement und des Kompetenzzentrums für Biomassenutzung im Land Rheinland-Pfalz (RLP). Weiterhin wurde durch das IfaS im Juni 2002 die Initiative „Kompetenznetzwerk Umwelttechnik RLP" gestartet. Hier betreut das IfaS über 200 KMU aus der Umwelttechnik-Branche RLP.

Praktikumsmöglichkeiten:
Es können ca. 10 Praktikanten (Dauer: 8-24 Wochen) und 10 Diplomanden in verschiedenen Forschungsprojekten beschäftigt werden. Kontakt: Frau Evi Hubig, Tel: 06782-17-12 21.

Zukunft der Einrichtung:
Ausbau des Masterstudienprogramms IMAT mit weiteren internationalen Partnern, konsequente Weiterentwicklung regionaler und internationaler Projekte, neuer Schwerpunkt im Bereich Wasser.

Institut für Umwelt- und Biotechnik

Zugehörigkeit: Hochschule Bremen
Wissenschaftsbereich(e): Lebens-, Natur-, Ingenieurwissenschaften (Interdisziplinär)
Anschrift: Neustadtswall 30, 28199 Bremen
Telefon/Fax: 0421-59 05-23 05
E-Mail: mahro@fbb.hs-bremen.de
Web-Adresse: www.umwelttechnik.hs-bremen.de
Forschungsetat: 1,5 Mio. Euro (2006) **(davon) Drittmittel:** 1,5 Mio. Euro
Anzahl der Mitarbeiter: 30 (2006)

Zielsetzung/Kompetenzschwerpunkt:
Erarbeitung von Lösungen technischer Umweltschutzprobleme aus den Bereichen der Kommunen, des Gewerbes und der Industrie sowie Durchführung von anwendungsorientierten Forschungsprojekten.

Forschungsfelder:
Abfall- und Recyclingtechnik, Angewandte Mikrobiologie und Umweltbiotechnik, Umweltchemie und Chemietechnik, Verfahrenstechnik und Systemdynamik, Wasser- und Abwassertechnik; Ökologie und Naturschutz.

Kurzportrait:
Das Institut ist im Jahr 1994 als „Institut für Technischen Umweltschutz" gegründet und im Jahr 2005 in „Institut für Umwelt- und Biotechnik" umbenannt worden. Nachdem zunächst primär technische Ansätze zur Lösung von Umweltproblemen verfolgt wurden, konnten nach der Einrichtung zusätzlicher umweltbiologischer Professuren auch ökologische Fragestellungen zum Arten- und Landschaftsschutz kompetent bearbeitet werden.
Die Vielseitigkeit des Instituts kann an aktuell durchgeführten Forschungsprojekten illustriert werden: Biogene Abfälle der Kakao- und Schokoladenproduktion als Sekundärrohstoff; Biokonversion von Reststoffen der Fett verarbeitenden Industrie mit Mikroalgen; modellhafte energieoptimierte Turnhallen-Sanierung; Pushing Offshore Wind Energy Regions (POWER); Biogas-Echtzeit-Simulator zur Automatisierung von Biogas-Anlagen; eLearning für die umweltfreundliche Kfz-Werkstatt; mykorrhizierter Pflanzen-/Bodenfilter zur dezentralen Niederschlagswasserversickerung; Mikrokosmentechnik zur Bewertung von Selbstreinigungsprozessen im Grundwasser; Aufbereitung von Siedlungs- und Produktionsabfällen zu Ersatzbrennstoffen; digitaler Fischartenatlas Deutschland; Management von Gewässereinzugsgebieten; digitale Vegetationskarten als Planungsgrundlage; Autökologie und Standortansprüche seltener Grünlandarten.

Praktikumsmöglichkeiten:
Die von den Studierenden der Hochschule verlangten Berufs-Praktika werden in der Regel außerhalb der Hochschule durchgeführt.

Zukunft der Einrichtung:
Die Schwerpunkte des Instituts werden bestehen bleiben, evtl. mit mehr Gewichtung im Bereich Biokonversion und Bioenergie.

Institut Verkehr und Raum

Zugehörigkeit: Fachhochschule Erfurt
Wissenschaftsbereich(e): Ingenieurwissenschaften (Interdisziplinär)
Anschrift: Altonaer Straße 25, 99085 Erfurt
Telefon/Fax: 0361-67 00-654 / 0361-67 00-757
E-Mail: info@verkehr-und-raum.de
Web-Adresse: www.verkehr-und-raum.de
Forschungsetat: ca. 310.000 Euro (2006) **(davon) Drittmittel:** ca. 306.000 Euro
Anzahl der Mitarbeiter: 10 (2006)

Zielsetzung/Kompetenzschwerpunkt:
Angewandte Verkehrs- und Raumforschung; Dienstleistungen für Wirtschaft, Verwaltung und Politik; Wissenstransfer und Kooperation.

Forschungsfelder:
Integrierte Verkehrs- und Raumentwicklung, öffentlicher Personenverkehr und Schienengüterverkehr, Freizeit- und Tourismusverkehr, räumliche Erreichbarkeits- und Verkehrsmodellierung, Barrierefreiheit in Verkehr und Tourismus.

Kurzportrait:
Das Institut Verkehr und Raum wurde im Jahr 2003 als wissenschaftliche Einrichtung des Fachbereichs Verkehrs- und Transportwesen der Fachhochschule Erfurt eingerichtet. Seit der Gründung des Instituts ist Prof. Dr. Matthias Gather Direktor der Einrichtung.

Das Institut dient der anwendungsnahen, fachbereichsübergreifenden wissenschaftlichen Forschung sowie dem Know-how-Transfer in die Praxis in den Bereichen Verkehrswesen und Raumplanung.

Schwerpunkte der Arbeit sind die Erforschung von Verkehrsursachen und -wirkungen, generelle Zusammenhänge von Raum, Mobilität und Verkehrsverhalten sowie die Stadt- und Regionalentwicklung. Die Themenfelder Freizeit- und Tourismusverkehr sowie Barrierefreiheit in Tourismus und Verkehr ergänzen diese Schwerpunkte. Daneben stehen konkrete Raumuntersuchungen, Erreichbarkeitsanalysen oder Bewertungsverfahren. Das Institut arbeitet gleichermaßen in der Grundlagen- wie in der Auftragsforschung.

Die Mithilfe bei der Umsetzung von Konzepten und die Implementierung von innovativen Lösungen gehören ebenso zu den Aufgaben wie Methodenberatung, Kooperationsmanagement oder die Organisation von Tagungen.

Das Institut arbeitete bereits erfolgreich mit europäischen Einrichtungen, Ministerien des Bundes und der Länder, Gebietskörperschaften, der Wirtschaft, Beratungsunternehmen sowie in Kooperationen mit wissenschaftlichen Einrichtungen zusammen.

Praktikumsmöglichkeiten:
Zielgruppe: engagierte, interessierte und selbständig arbeitende angehende Verkehrsplaner, Geographen, Raum- und Umweltplaner oder Wirtschaftsingenieure aller (Fach-)Hochschulen. Dauer: mindestens 3 Monate; ab Hauptstudium; von Vorteil: GIS-/CAD-Kenntnisse und Sprachkenntnisse.

Zukunft der Einrichtung:
Stärkere Fokussierung auf Verkehrsmodellierungen; „Design for All" als Querschnittsthema aller anderen Themen.

Interdisziplinärer Forschungsschwerpunkt Risiko und nachhaltige Technikentwicklung (ZIRN)

Zugehörigkeit: Universität Stuttgart
Wissenschaftsbereich(e): Geistes- und Sozialwissenschaften (Interdisziplinär)
Anschrift: Seidenstraße 36, 70174 Stuttgart
Telefon/Fax: 0711-685-842 95 / 0711-685-824 87
E-Mail: ortwin.renn@sowi.uni-stuttgart.de
Web-Adresse: www.zirn-info.de
Forschungsetat: — **(davon) Drittmittel:** 340.000 Euro (2006)
Anzahl der Mitarbeiter: 12 (2007)

Zielsetzung/Kompetenzschwerpunkt:
Systematische Erforschung der Bedingungen, Voraussetzungen und Folgen nachhaltiger Technikentwicklung sowie der Risiken und Chancen dieser Entwicklungen in Wechselwirkung von Politik, Wirtschaft und Zivilgesellschaft (Governance).

Forschungsfelder:
Synthese von ökologischen, wirtschaftlichen, sozialen und kulturellen Formen der nachhaltigen Entwicklung; Kriterien und Indikatoren zur Messung und zum Monitoring von technischen und sozialen Wandlungsprozessen; Risikoanalyse, Risikomanagement und Risiko-Kommunikation (Umwelt, Klima, Gesundheit); Bedeutung der Wissensökonomie für eine nachhaltige Gestaltung der Technikchancen und der gesellschaftlichen Modernisierung.

Kurzportrait:
ZIRN wurde 2005 als Abteilung des Zentrums für Kultur- und Technikforschung der Universität Stuttgart gegründet. Leiter von ZIRN ist Prof. Dr. Ortwin Renn. Hauptarbeitsfelder sind: Bedingungen einer nachhaltigen Technik-, Wirtschafts- und Gesellschaftsentwicklung; Risikoforschung im Umfeld von Globalisierung und Vernetzung; Wissensökonomie.
Beispielhafte Forschungsprojekte mit Bezug zur Nachhaltigkeit (z. T. mit Partnern): Entwicklung von Indikatoren zur sozialen Nachhaltigkeit von Energiesystemen; Entwicklung eines normativ-funktionalen Nachhaltigkeits-Konzeptes und eines Konzeptes zur Analyse der Interdependenzen zwischen den Handlungs- und Problembereichen der nachhaltigen Entwicklung; Modellierung des Innovationsprozesses am Beispiel der Fotovoltaik.
ZIRN bietet aufgrund der breit gestreuten Kompetenzen seiner Mitarbeiter/innen, die von den Sozialwissenschaften bis zu den Ingenieur- und Naturwissenschaften reichen, hervorragende Voraussetzungen für interdisziplinäre Projekte. Die Einrichtung kooperiert mit zahlreichen nationalen und internationalen Projektpartnern. Eine ständige Kooperation verbindet ZIRN mit der gemeinnützigen Gesellschaft für Kommunikations- und Kooperationsforschung DIALOGIK gGmbH.

Praktikumsmöglichkeiten:
Zurzeit sind keine Praktikanten an der Einrichtung tätig. In Frage kommen Studierende, die sich (unabhängig von der Fachrichtung) mit den gesellschaftlichen Aspekten von Technik und Umwelt befassen. Die Festlegung der Vergütung erfolgt nach Absprache.
Ansprechpartner: Dr. Gerhard Fuchs, E-Mail: gerhard.fuchs@sowi.uni-stuttgart.de, Tel.: 0711-685-838 90.

Zukunft der Einrichtung:
In der näheren Zukunft sind keine Umstrukturierungen oder Änderungen der Forschungsschwerpunkte geplant.

Interdisziplinäres Ökologisches Zentrum (IÖZ)

Zugehörigkeit: Technische Universität Bergakademie Freiberg
Wissenschaftsbereich(e): Lebens-, Natur-, Ingenieur-, Geistes- und Sozialwissenschaften (Interdisziplinär)
Anschrift: Brennhausgasse 14 (Geschäftsstelle), 09599 Freiberg
Telefon/Fax: 03731-39-22 97
E-Mail: alexander.plessow@ioez.tu-freiberg.de
Web-Adresse: www.ioez.tu-freiberg.de
Forschungsetat: 1 Mio. Euro (alle) **(davon) Drittmittel:** 950.000 Euro
Anzahl der Mitarbeiter: ca. 50 (2006)

Zielsetzung/Kompetenzschwerpunkt:
Das IÖZ koordiniert umweltbezogene Forschung der Universität, betreibt eigene Forschung, bietet Lehrveranstaltungen für interdisziplinäre umweltorientierte Studiengänge an und kooperiert mit Unternehmen der Region im Verein der PraxisPartner.

Forschungsfelder:
Ökologie, Biologie (Biodiversität, Populationsökologie, Naturschutz), Geochemie (Isotopengeochemie, Analytische Geochemie von Haupt- bis Ultraspurenkomponenten, Prozessaufklärung, Umweltgeochemie in allen Kompartimenten, Atmosphärenchemie) und Geoökologie (Umwelttoxikologie, Regionale Klimaforschung), Umweltmikrobiologie (Mikroben zur Sanierung, für Filtration und zur Prozesssteuerung), Umwelt- und Ressourcenmanagement.

Kurzportrait:
Das Interdisziplinäre Ökologische Zentrum IÖZ wurde im Herbst 1996 als zentrale wissenschaftliche Einrichtung der TU Bergakademie Freiberg gegründet. Das Zentrum untersteht dem Rektoratskollegium und wird von einem Vorstand geleitet, der einen Direktor wählt. Das IÖZ hat die Aufgabe, die interdisziplinäre wissenschaftliche Zusammenarbeit auf dem Gebiet der umweltbezogenen Forschung in Zusammenarbeit mit den Fakultäten der TU Bergakademie Freiberg zu betreiben, zu initiieren, zu fördern und zu koordinieren. Das IÖZ fördert die umweltbezogene Lehre. Ihm obliegt die Initiierung und Koordinierung interdisziplinär angelegter, umweltorientierter Studiengänge in Zusammenarbeit mit den Fakultäten. Die Verantwortung für diese Studiengänge liegt indessen formal bei den Fakultäten. Forschungsseitig werden vor allem interdisziplinär strukturierte Verbundprojekte verfolgt, darunter aktuell ARSENEX (DAAD, DFG, BMBF) zur Minimierung der Folgen von Bergbaualtlasten auf die menschliche Gesundheit, EMTAL (BMBF) zum Einzugsgebietsmanagement in Mittelgebirgsregionen und Anpassung der EU-Wasserrahmenrichtlinie, EXTROSA (SMUL) zur Analyse des Regionalen Klimawandels unter besonderer Berücksichtigung von Extremwitterungen, HochNatur (DBU) zur Umsetzung von Maßnahmen für Hochwasser und Naturschutz im Mittelgebirge und VERTIKO (BMBF) zum Verständnis vertikaler Stoffflüsse in bewaldeten Einzugsgebieten.

Praktikumsmöglichkeiten:
Es sind zahlreiche Praktika zu geo- und biowissenschaftlichen Fächern im Angebot. Darunter gehören sowohl aufwändige Laborpraktika und Geländepraktika im In- und Ausland.

Zukunft der Einrichtung:
Das IÖZ steht im aktuellen Konzept für die Profillinie Umwelt der TU Bergakademie Freiberg (vier Profillinien: Energie – Geo – Material – Umwelt). Für 2007/08 wird eine Erweiterung des IÖZ angestrebt.

Interdisziplinäres Umwelt-Forum der Rheinisch-Westfälischen Technischen Hochschule Aachen

Zugehörigkeit: Rheinisch-Westfälische Technische Hochschule Aachen (RWTH)
Wissenschaftsbereich(e): Lebens-, Natur-, Ingenieur-, Geistes- und Sozialwissenschaften (Interdisziplinär)
Anschrift: Templergraben 55, 52062 Aachen
Telefon/Fax: 0241-80-945 67 / 0241-80-923 05
E-Mail: uwf@zhv.rwth-aachen.de
Web-Adresse: www.uwf.rwth-aachen.de
Forschungsetat: 100.000 Euro (2006) **(davon) Drittmittel:** 30.000 Euro
Anzahl der Mitarbeiter: 3 (2006)

Zielsetzung/Kompetenzschwerpunkt:
Strukturell: Inter- und transdisziplinäre Projektentwicklung, RWTH-interne und -externe Netzwerkbildung, Öffentlichkeitsarbeit.
Thematisch: Nachhaltige Energie- und Wassertechnologien, stoffliche und energetische Nutzung von nachwachsenden Rohstoffen.

Forschungsfelder:
Wasser, Energie, nachwachsende Rohstoffe, Abfall- und Kreislaufwirtschaft, Bildung für nachhaltige Entwicklung.

Kurzportrait:
Das Umwelt-Forum bündelt und systematisiert die Kompetenzen der RWTH Aachen auf dem Gebiet der Umweltwissenschaften. Umweltwissenschaftliche Fragestellungen erfordern in besonderem Maße die Kooperation unterschiedlicher Fachdisziplinen, um langfristig tragfähige, anwendungsbezogene und gesellschaftlich akzeptierte Lösungen zu erreichen. Dieser Anspruch spiegelt sich in der Zusammensetzung des Umwelt-Forums wider. Die rund 70 Mitglieder des Umwelt-Forums vertreten alle neun Fakultäten der RWTH Aachen. In den Arbeitsgruppen des Umwelt-Forums sind über 200 Wissenschaftler vernetzt und arbeiten an der Entwicklung inter- und transdisziplinärer Projekte in den Themenfeldern Energie, Wasser, nachwachsende Rohstoffe, Ressourcenmanagement und Bildung für eine nachhaltige Entwicklung. Neben seiner Funktion als Katalysator der hochschulinternen Zusammenarbeit ist das Umwelt-Forum auch eine Plattform für externe Kooperationen mit Wissenschaft, Wirtschaft und Gesellschaft.
Das Umwelt-Forum fördert aber auch den zügigen Transfer von aktuellen Forschungsthemen in die Ausbildung der Studierenden. Mitglieder des Umwelt-Forums bilden über die Fachgrenzen hinweg Nachwuchswissenschaftler gemeinsam aus. Gerade in den Umweltwissenschaften ist der ständige Transfer neuer Forschungsergebnisse in die Lehre und in die praktische Anwendung von wesentlicher Bedeutung.

Praktikumsmöglichkeiten:
Praktikumsdauer nach Absprache; ggf. Fahrtkostenerstattung; Praktikanten aus allen Disziplinen mit Bezug zur Umweltforschung möglich; Ziel: Einblicke in die Organisation von interdisziplinärer Forschung; mögliche Praktikumsaufgabe z.B. „Perspektiven der transdisziplinären Umweltforschung"; v. a. Praktika bei Mitgliedern!

Zukunft der Einrichtung:
Ausbau der inter- und transdisziplinären Aktivitäten, v. a. F&E-Projekte, (Lehr-) Veranstaltungen.

Interdisziplinäres Zentrum für Nachhaltige Entwicklung (IZNE)

Zugehörigkeit: Universität Göttingen
Wissenschaftsbereich(e): Lebens-, Natur-, Geistes- und Sozialwissenschaften (Interdisziplinär)
Anschrift: Prof. Dr. Hans Ruppert, IZNE, Goldschmidtstraße 3, 37077 Göttingen
Telefon/Fax: 0551-39 97 01 / 0551-39 79 96
E-Mail: hrupper@gwdg.de
Web-Adresse: www.izne.uni-goettingen.de; www.bioenergiedorf.info
Forschungsetat: 2,1 Mio. Euro (2000-2) **(davon) Drittmittel:** 1,3 Mio. Euro
Anzahl der Mitarbeiter: 6 (durchschnittlich)

Zielsetzung/Kompetenzschwerpunkt:
Ökonomische und soziale Ziele sollen mit der Erhaltung der natürlichen Lebensgrundlagen in Einklang gebracht werden; Umsetzungsmöglichkeiten für Strategien nachhaltiger Entwicklung.

Forschungsfelder:
Schwerpunkte: Energie und Gesellschaft (Bioenergiedörfer), Lebenskulturwandel, Nachhaltigkeit und Gesundheit.

Kurzportrait:
Das IZNE versteht sich als organisatorische Antwort der Universität auf die Herausforderung, ökologische, ökonomische und soziale Fragen einer nachhaltigen Entwicklung in Forschung und Lehre integrierend zu bearbeiten und die Kooperation mit der Praxis zu fördern. Das IZNE wurde offiziell im Jahr 2002 gegründet und gliedert sich in die Arbeitsfelder Energie und Gesellschaft, Biodiversität, Lebenskulturwandel, Gesundheit, Prozessforschung und Gender.
Im Bereich Energie und Gesellschaft steht die Erforschung der Realisierung von Bioenergiedörfern, ausgehend vom Universitätsteam initiierten Bioenergiedorf Jühnde im Vordergrund. Thema ist „Das Bioenergiedorf – Voraussetzungen und Folgen einer eigenständigen Wärme- und Stromversorgung durch Biomasse für Landwirtschaft, Ökologie und Lebenskultur im ländlichen Raum". Es wird Starthilfe bei mindestens 10 weiteren Bioenergiedörfern in den Landkreisen Göttingen und weiteren Kreisen geben.
Es bestehen mehrere regionale Projekte in Gemeinden und Firmen zum Themenkreis: Lebenskulturwandel als öffentlicher Reflexions- und Problemlösungsprozess. Der Beginn einer umweltmedizinischen Aktionsforschung ist in Planung.
Internationale Kooperationen bestehen mit Japan, Taiwan, Indonesien, Thailand etc. In Deutschland wird eine enge Zusammenarbeit mit der Universität Kassel und der Bundesforschungsanstalt für Landwirtschaft etc. gepflegt.

Praktikumsmöglichkeiten:
entfällt

Zukunft der Einrichtung:
Gute Chancen, im Rahmen von Klimawandel und Bewusstsein weitere Forschungsprojekte zu initiieren und durchzuführen.

Interdiziplinäres Forschungszentrum (IFZ)

Zugehörigkeit: Justus-Liebig-Universität Giessen
Wissenschaftsbereich(e): Lebens-, Naturwissenschaften (Interdisziplinär)
Anschrift: Justus-Liebig-Universität Giessen, IFZ, Heinrich-Buff-Ring 26, 35392 Giessen
Telefon/Fax: 0641-99-175 00 / 0641-99-175 39
E-Mail: info@ifz.uni-giessen.de
Web-Adresse: www.uni-giessen.de/ifz
Forschungsetat: 4,7 Mio. Euro (2005) **(davon) Drittmittel:** 4,7 Mio. Euro
Anzahl der Mitarbeiter: 330 (2006)

Zielsetzung/Kompetenzschwerpunkt:
Das Interdisziplinäre Forschungszentrum für biowissenschaftliche Grundlagen der Umweltsicherung (IFZ) entwickelt Methoden für eine nachhaltige Ressourcennutzung auf Basis von biowissenschaftlich orientierter Grundlagenforschung.

Forschungsfelder:
Biologie, Agrarwissenschaften, Ökotrophologie und Umweltmanagement; Interdisziplinäre Forschungsschwerpunkte: Landnutzungsoptionen und Biodiversität, Stressresistenz und Adaptation.

Kurzportrait:
Das Interdisziplinäre Forschungszentrum für biowissenschaftliche Grundlagen der Umweltsicherung (IFZ) entwickelt Methoden für eine nachhaltige Ressourcennutzung auf Basis von biowissenschaftlich orientierter Grundlagenforschung. Wissenschaftlerinnen und Wissenschaftler aus den Fachbereichen Biologie, Agrar-, Ernährungswissenschaften und Umweltmanagement der Justus-Liebig-Universität (JLU) bearbeiten grundlegende Fragen der Ökologie, der Landnutzung und Ernährung, deren Lösung zumeist interdisziplinäre Ansätze erfordern.

Das Fächerspektrum am IFZ bietet hervorragende Voraussetzungen für einen systemorientierten, interdisziplinären Forschungsansatz und fördert eine neue Qualität von Kommunikation zwischen grundlagenorientierter Biowissenschaft und problemlösungsorientierter Umwelt- und Ernährungswissenschaft.

Aktuell erforschen die IFZ-Arbeitsgruppen gemeinsam die beiden fächerübergreifenden Themenfelder Landnutzungsoptionen und Biodiversität (u. a. SFB 299) und Stressresistenz und Adaptation (u. a. FOR 666).

Das IFZ wurde 1999 etabliert und ist in einem neuen Gebäudekomplex mit mehr als 10.000 m² Arbeitsfläche auf dem naturwissenschaftlichen Campus der JLU angesiedelt. Über 200 Wissenschaftlerinnen und Wissenschaftler, unterstützt von mehr als 100 technischen Angestellten, forschen und lehren im Zentrum.

Praktikumsmöglichkeiten:
Praktika werden innerhalb der verschiedenen Studiengänge und der TA Ausbildung (LTA, MTA) durchgeführt. Das IFZ bietet außerdem Schülerinnen und Schülern der weiterbildenden Schulen, die sich für ein Studium im Bereich der Biowissenschaften oder eine Ausbildung als LTA- oder MTA interessieren, individuelle Praktika an.

Zukunft der Einrichtung:
Das IFZ sieht seine Zukunft in einer neuen Qualität von Zusammenarbeit zwischen grundlagenorientierter Biowissenschaft und problemlösungsorientierter Umwelt- und Ernährungswissenschaft.

Interfakultäres Zentrum für Ethik in den Wissenschaften (IZEW)

Zugehörigkeit: Interdisziplinäres Forschungszentrum der Eberhard Karls Universität Tübingen
Wissenschaftsbereich(e): Geistes- und Sozialwissenschaften (Interdisziplinär)
Anschrift: Wilhelmstraße 19, 72074 Tübingen
Telefon/Fax: 07071-29-779 81 / 7071-29 -52 55
E-Mail: izew@uni-tuebingen.de
Web-Adresse: www.izew.uni-tuebingen.de
Forschungsetat: — **(davon) Drittmittel:** ca. 70 %
Anzahl der Mitarbeiter: 35 (2006)

Zielsetzung/Kompetenzschwerpunkt:
Verfolgung des Forschungsprogramms „Ethik in den Wissenschaften", das die Verantwortungsfrage bereits in den Wissenschaften selbst thematisiert; Förderung des Dialogs zwischen Natur-, Geistes- und Sozialwissenschaften mit Blick auf ethische Fragen.

Forschungsfelder:
Fragen der Grundlegung einer normativen Ethik, Klärung der Aufgaben und Methodenprobleme in den Projektbereichen Bioethik, Umweltethik und Ökologie, feministische Ethik / Gender-Ethik, Ethik und Bildung, Ethik und Kultur.

Kurzportrait:
Das 1990 gegründete Interfakultäre Zentrum für Ethik in den Wissenschaften (IZEW) ist ein interdisziplinäres Forschungszentrum der Eberhard Karls Universität Tübingen. Getragen wird es von acht Fakultäten. Am IZEW wird das Programm einer „Ethik in den Wissenschaften" verfolgt, das die Frage der Verantwortung bereits in den Wissenschaften selbst thematisiert. Das IZEW will den Dialog zwischen Natur-, Geistes- und Sozialwissenschaften mit Blick auf ethische Fragen fördern. Die Forschung umfasst z.B. Gentechnik an Pflanzen, Tieren und Menschen, Umwelttechnik sowie Grundfragen der Ethik in den Wissenschaften. Weitere Schwerpunkte sind der Transfer von Ergebnissen wissenschaftsethischer Forschung in den Bildungsbereichen sowie die Koordination regionaler und internationaler Netzwerke zu ethischen Themen. Das IZEW verfügt über eine der größten wissenschaftsethischen Spezialbibliotheken Europas. Insbesondere durch das Graduiertenkolleg „Bioethik" sowie die jährliche Herbstakademie des Ethik-Netzwerks Baden-Württemberg fördert das IZEW den wissenschaftlichen Nachwuchs (Promotionen und PostDocs). Durch Vortragsreihen, Tagungen, Gutachten, Publikationen und Lehrveranstaltungen informiert das IZEW die Universität und die Öffentlichkeit.

Praktikumsmöglichkeiten:
Die Anzahl, Dauer und Bezahlung eines Praktikums hängt von den jeweiligen durchgeführten und bewilligten Projekten ab. Ansprechpartner für ein Praktikum sind Thomas Potthast und Walter Schmidt, Tel.: 07071-29-779 81.

Zukunft der Einrichtung:
Ausbau der interdisziplinären Kompetenz für Forschung, Nachwuchsförderung und den Wissenstransfer in allen Bereichen der Ethik in den Wissenschaften.

Kompetenzzentrum „Nachhaltigkeit im Globalen Wandel" (GLOKAL)

Zugehörigkeit:	Wissenschaftliche Einrichtung unter Verantwortung des Akademischen Senats an der Hochschule Bremen
Wissenschaftsbereich(e):	Lebens-, Natur-, Geistes- und Sozialwissenschaften (Interdisziplinär)
Anschrift:	Neustadtswall 30, 28199 Bremen
Telefon/Fax:	0421-59 05-21 70 (Vorstand); 0421-59 05-21 86 (techn. Leitung) / -21 27
E-Mail:	nachhaltigkeit@hs-bremen.de
Web-Adresse:	www.nachhaltigkeit.hs-bremen.de
Forschungsetat:	— **(davon) Drittmittel:** Neugründung Sommer 2006
Anzahl der Mitarbeiter:	15 (2007)

Zielsetzung/Kompetenzschwerpunkt:
GLOKAL gründete sich mit dem Ziel, die Anforderungen einer nachhaltigen Entwicklung im Kontext des globalen Wandels wissenschaftlich wie anwendungsbezogen zu konstituieren und weiter zu entwickeln.

Forschungsfelder:
Die Forschungsfelder des Kompetenzzentrums sind 1) nachhaltige Stadt- und Regionalentwicklung, 2) internationale Umweltpolitik, 3) nachhaltiger Tourismus, 4) Gesundheits- und Pflegeversorgung und 5) Kultur und Kommunikation.

Kurzportrait:
Das Kompetenzzentrum GLOKAL gründete sich im Mai 2006 als übergreifender Lehr- und Forschungsverbund an der Hochschule Bremen. Hochschulintern versteht es sich als „Querschnittszentrum", das Kompetenzen aus unterschiedlichen Disziplinen der Hochschule bündelt; hochschulextern als Akteur, der an dem Prozess der Nachhaltigen Entwicklung gestaltend mitwirkt, Orientierungs- und Handlungswissen für gesellschaftliche Akteure erarbeitet und wichtige Impulse für die Lösung der globalen Probleme auf der lokalen/regionalen Ebene gibt. GLOKAL verfolgt einen anwendungsorientierten, interdisziplinären, interkulturellen und transdisziplinären Lehr- und Forschungsansatz, fühlt sich den Ergebnissen der internationalen Konferenzen zur nachhaltigen Entwicklung in Rio de Janeiro (1992) und Johannesburg (2002), der Copernicus-Charta sowie den Beschlüssen der UNESCO-Welthochschulkonferenz verpflichtet und ist Partner für Zusammenarbeit und Wissenschaftstransfer in die Metropolregion Bremen/Oldenburg im Nordwesten. Die zentralen Aufgabenfelder von GLOKAL sind anwendungsorientierte Forschung, Technologietransfer, Förderung der Lehre und fachliche Kommunikation auf den Gebieten „Nachhaltigkeit" und „Globaler Wandel".

Praktikumsmöglichkeiten:
Ein Praktikum ist derzeit nicht möglich, da sich das Kompetenzzentrum im Aufbau befindet. (Anfragen an Manfred Born, E-Mail: manfred.born@hs-bremen.de)

Zukunft der Einrichtung:
Das Kompetenzzentrum „Nachhaltigkeit im Globalen Wandel" (GLOKAL) hat sich im Sommer 2006 gegründet. Es befindet sich in der Aufbauphase. In den 5 Forschungsfeldern werden die jeweiligen Forschungsschwerpunkte konkretisiert.

Koordinationsstelle Umwelt

Zugehörigkeit: Hochschule für Wirtschaft und Umwelt Nürtingen-Geislingen (HfWU)
Wissenschaftsbereich(e): Ingenieur-, Geistes- und Sozialwissenschaften (Interdisziplinär)
Anschrift: Schelmenwasen 4-8, 72622 Nürtingen
Telefon/Fax: 07022-404-192 / 07022-404-209
E-Mail: ku@hfwu.de
Web-Adresse: www.hfwu.de/ku
Forschungsetat: 46.000 Euro (2006) **(davon) Drittmittel:** 25 %
Anzahl der Mitarbeiter: 3 (2006)

Zielsetzung/Kompetenzschwerpunkt:
Unsere Aufgabe ist es, die Wahrnehmung von Verantwortung für die Umwelt innerhalb wie außerhalb der Hochschule durch Projekte im Bereich der Umweltinformation, -kommunikation und -ethik zu fördern.

Forschungsfelder:
Umweltinformation: Zusammenführung, Aufbereitung und Bereitstellung von Information für umweltrelevante Planungen; Umweltkommunikation: Weiterentwicklung von Partizipations- und Mediationsverfahren (z.B. Projekt Konkrete Diskurse); Umweltethik: Diskussion der Fakten, Werte und Normen, die für eine ethische Urteilsbildung im Umwelt- und Naturschutz von Bedeutung sind.

Kurzportrait:
Als zentrale wissenschaftliche Einrichtung der HfWU wurde die Koordinationsstelle Umwelt (KU) 2001 im Rahmen einer Stiftungsprofessur für Umweltinformation und -ethik (Professur Prof. Albrecht Müller) der Deutschen Bundesstiftung Umwelt gegründet. Die KU setzt sich neben dem Leiter Prof. Müller aus zwei wissenschaftlichen Assistenten und wechselnden Projektmitarbeitern zusammen. Die KU stellt ein Bindeglied zwischen den Fakultäten der Hochschule für Wirtschaft und Umwelt dar. Wir koordinieren Querschnittsprojekte auf dem Feld der Umweltinformation, Umweltkommunikation und Umweltethik. Unsere Ziele sind die Förderung des Dialogs zwischen den tragenden Hochschulsäulen ‚Wirtschaft' und ‚Umwelt' sowie die Kommunikation des Themas ‚Nachhaltigkeit' nach innen wie nach außen.
Forschungsschwerpunkte bestanden in den letzten Jahren zum Beispiel in der Gestaltung von Umweltkommunikation (Projekt „Konkrete Diskurse" – Gentechnik in der Landwirtschaft gefördert durch das BMBF) sowie in der Evaluation von Nachhaltigkeitsstrategien (Projekt „Evaluation des Ziels 30 ha" im Auftrag des Rates für Nachhaltige Entwicklung).
Eine landesweite Abstimmung unserer Aktivitäten in Baden-Württemberg ist über unsere Einbindung in die Netzwerke ‚Hochschulen für Nachhaltige Entwicklung' und Ethik-Netzwerk Baden-Württemberg gewährleistet.

Praktikumsmöglichkeiten:
In der Regel sind keine Praktikumsstellen eingerichtet. Bei konkretem Interesse bitte an Dr. Markus Röhl, E-Mail: markus.roehl@hfwu.de wenden.

Zukunft der Einrichtung:
Die erfolgreiche Arbeit der letzten Jahre soll weitergeführt werden. Schwerpunkte liegen neben der hochschulinternen Arbeit auch verstärkt in der Durchführung von Forschungsprojekten in den genannten Themenfeldern.

Lehr- und Forschungsgebiet Erneuerbare Energien und Energieeffizienz (E^2)

Zugehörigkeit:	Fachhochschule Düsseldorf, Fachbereich Maschinenbau und Verfahrenstechnik
Wissenschaftsbereich(e):	Ingenieurwissenschaften
Anschrift:	Josef-Gockeln-Straße 9, 40474 Düsseldorf
Telefon/Fax:	0211-43 51-448 / 0211-43 51-403
E-Mail:	mario.adam@fh-duesseldorf.de
Web-Adresse:	tww.fh-duesseldorf.de/DOCS/FB/MUV/adam
Forschungsetat:	100.000 Euro (2007) **(davon) Drittmittel:** 100 %
Anzahl der Mitarbeiter:	2,5 (2007)

Zielsetzung/Kompetenzschwerpunkt:
Entwicklung und Umsetzung von Techniken zur Nutzung erneuerbarer Energien und zur Steigerung der Energieeffizienz.

Forschungsfelder:
Insbesondere thermische Solaranlagen, Wärmepumpen und Heizungstechnik.

Kurzportrait:
Die Schwerpunkte in Forschung und Entwicklung des Lehr- und Forschungsgebiets E^2 – Erneuerbare Energien und Energieeffizienz liegen in den Bereichen Solaranlagen, Wärmepumpen, Heizungstechnik, energiesparendes Bauen, Gebäudethermografie und statistische Versuchsplanung. Die Arbeiten umfassen Messungen und Rechnersimulationen, Recherchen und theoretische Studien, Vorträge und Gutachten.
Beispiele für durchgeführte Projekte: aus dem Bereich erneuerbare Energien: thermische Solaranlage mit 50m² Kollektorfläche; Aufbau, messtechnische Instrumentierung und Analyse des Betriebsverhaltens (öffentlich finanziert, NRW, ab 2004); Biogas aus Pferdemist, theoretische Studie (hochschulintern finanziert, 2005); CO_2-Wärmepumpen, energetische Leistungsfähigkeit beim Einsatz als Heiz-Wärmepumpe (Industrieauftrag, 2004/05). Aus dem Bereich Energieeinsparung: Kraft-Wärme-Kälte-Kopplung im Leistungsbereich von 10 kW (öffentlich finanziert, Bund, 2005-2008); elektrische Deckenstrahlungsheizung, messtechnische Untersuchung und Behaglichkeitsbefragungen (Industrieauftrag, 2006).

Praktikumsmöglichkeiten:
ca. 2 Praktikanten, Vergütung nach Absprache.

Zukunft der Einrichtung:
—

Ökologie-Zentrum Kiel (ÖZK)

Zugehörigkeit: Universität Kiel
Wissenschaftsbereich(e): Naturwissenschaften (Interdisziplinär)
Anschrift: Olshausenstraße 75, 24118 Kiel
Telefon/Fax: 0431-880-40 30 / 0431-880-40 83
E-Mail: sekretariat@ecology.uni-kiel.de
Web-Adresse: www.ecology.uni-kiel.de
Forschungsetat: — **(davon) Drittmittel:** ca. 60 %
Anzahl der Mitarbeiter: ca. 90 (2006)

Zielsetzung/Kompetenzschwerpunkt:
Hauptarbeitsgebiet des Ökologie-Zentrums sind integrative Aufgaben in der ökologischen Grundlagenforschung und der angewandten Umweltforschung im marinen und terrestrischen Bereich.

Forschungsfelder:
Das Ökologie-Zentrum Kiel besteht aus der zentralen Abteilung Ökosystemforschung, den Fachabteilungen Geobotanik, Landschaftsökologie, Hydrologie und Wasserwirtschaft, Ökotechnik und Ökosystementwicklung und der Abteilung Küstenökologie des Forschungs- und Technologiezentrums Westküste. In allen Abteilungen sind Fragen der nachhaltigen Nutzung natürlicher Ressourcen Gegenstand der Forschung.

Kurzportrait:
Das Ökologie-Zentrum (ÖZK) ist seit 1996 eine Plattform für inter- und transdisziplinäre Vorhaben der ökologischen Forschung sowohl im Grundlagen- wie im angewandten Bereich.
Im Mittelpunkt der Arbeiten stehen: die Methodik und Theorie der Landschaftssystemanalyse, die Erfassung der Wechselwirkungen von Landnutzungen und biologischer Vielfalt in (intensiv genutzten) Kulturlandschaften, die ökosystemare Grundlagenforschung zur landschaftsökologisch orientierten Planung, die experimentelle Erfassung und Modellierung des Wasser- und Stoffhaushalts von Landschaften oder Landschaftsausschnitten, die Langfristanalyse der Entwicklung von Ökosystemen und Landschaften der Erde unter dem Einfluss des wirtschaftenden Menschen und unter dem Einfluss von Witterungsextremen, das Studium von Naturstrategien für ökotechnische Entwicklungen und die Analyse der Effekte von Meeres- und Küstennutzungen auf die Ökosyteme in der Küstenzone (IKZM).
Die Zusammenarbeit umfasst Institutionen der Universität Kiel, Forschungseinrichtungen des In- und Auslandes, Einrichtungen des Umweltmanagements und der administrativen Verwaltung. F&E-Vorhaben des ÖZK werden gefördert von der Deutschen Forschungsgemeinschaft, vom Land Schleswig-Holstein (MUNL, LANU, ANU), der Bundesrepublik Deutschland (BMBF, UBA, BfN), der Europäischen Union, der NATO sowie von Wirtschaftsunternehmen und Stiftungen (z.B. der DBU).

Praktikumsmöglichkeiten:
Keine

Zukunft der Einrichtung:
Die Erfassung und Analyse der Langfristwirkungen der Mensch-Umwelt-Interaktionen soll die bisherigen eher kurzfristigen Untersuchungen erweitern.

Oldenburg Center for Sustainability Economics and Management (CENTOS)

Zugehörigkeit:	Carl von Ossietzky Universität Oldenburg
Wissenschaftsbereich(e):	Geistes- und Sozialwissenschaften
Anschrift:	CENTOS, Fakultät II, Carl von Ossietzky Universität Oldenburg, 26111 Oldenburg
Telefon/Fax:	0441-798-42 64 / 0441-798-41 93
E-Mail:	centos@uni-oldenburg.de
Web-Adresse:	www.centos.uni-oldenburg.de
Forschungsetat:	— **(davon) Drittmittel:** 1,5 Mio. Euro (2007)
Anzahl der Mitarbeiter:	20 (2006)

Zielsetzung/Kompetenzschwerpunkt:
CENTOS dient der Forschung, Lehre und Beratung innerhalb der wirtschafts- und sozialwissenschaftlichen Dimensionen einer nachhaltigen Entwicklung. CENTOS bündelt Kompetenzen und leistungsfähige Strukturen im Bereich der Umwelt- und Nachhaltigkeitsforschung.

Forschungsfelder:
Umwelt- und Ressourcenökonomik, ökologische Ökonomie, nachhaltigkeitsorientiertes Innovations- und Supply-Chain-Management, kulturwissenschaftlich fundierte BWL mit Nachhaltigkeitsausrichtung, nachhaltigkeitsorientierte Berufs- und Wirtschaftspädagogik; aktuelle Projekte: Klimaschutz, Ernährung, Informations- und Kommunikationstechnologien, Konsumforschung.

Kurzportrait:
CENTOS will die sich aus den an der Universität Oldenburg vorhandenen Kompetenzen ergebenden Potenziale zur Profilbildung und bislang nicht ausgeschöpfte Synergien erschließen. Die anderen Schwerpunkte der nachhaltigkeitsorientierten Forschung an der Universität sollen durch das Center um eine wirtschafts- und sozialwissenschaftliche Komponente ergänzt werden, um das Handlungsspektrum einer nachhaltigen Entwicklung vollständig abzudecken. Die Arbeit des Centers zielt inhaltlich u. a. auf zukunftsweisende Konzepte der Umweltökonomik, Lern- und Veränderungsprozesse in Richtung Nachhaltigkeit bei Unternehmen und anderen gesellschaftlichen Akteuren, nachhaltige Dienstleistungen, Nutzungssysteme und Unternehmensnetzwerke, eine kulturwissenschaftliche Einbettung von Nachhaltigkeitskonzepten sowie die stärkere Berücksichtigung konsum- und lebensstilrelevanter Aspekte. Zu den konkreten Untersuchungsfeldern zählen gegenwärtig u. a. Klimaschutz und Energieversorgung, Ernährung sowie nachhaltige Informations- und Kommunikationstechnologien. Das Center strebt zudem die Erprobung und wissenschaftliche Begleitung innovativer Ansätze des nachhaltigen Wirtschaftens innerhalb des regionalen Kontextes an. Weiterhin soll das Center die hiesigen Forschungs- und Lehraktivitäten im Nachhaltigkeitsbereich in ein leistungsfähiges universitäres Forschungsnetz integrieren. Damit sollen die Chancen erhöht werden, Drittmittel einzuwerben.

Praktikumsmöglichkeiten:
—

Zukunft der Einrichtung:
Transdisziplinäre Theoriebildung durch eine nachhaltigkeitsorientierte Innovations- und Entrepreneurship-Forschung; Verbindung von wirtschaftswissenschaftlicher, sozialwissenschaftlicher, berufs- und wirtschaftspädagogischer Nachhaltigkeitsforschung.

Resource Efficiency in Architecture and Planning (REAP)

Zugehörigkeit:	HafenCity Universität Hamburg
Wissenschaftsbereich(e):	Natur-, Geistes- und Sozialwissenschaften (Interdisziplinär)
Anschrift:	Schwarzenbergstraße 95 D, 21073 Hamburg
Telefon/Fax:	040-428 78-32 09 (Sekretariat)
E-Mail:	Im Aufbau; bis dahin: irene.peters@hcu-hamburg.de
Web-Adresse:	Im Aufbau
Forschungsetat:	620.000 Euro (2006) **(davon) Drittmittel:** 480.000 Euro
Anzahl der Mitarbeiter:	13 ProfessorInnen, 18 Wissenschaftliche Mitarbeiter, 5 Sonstige Mitarbeiter (volle Äquivalente) (2006)

Zielsetzung/Kompetenzschwerpunkt:
Unterstützung der Implementation ressourcenschonender (energie-, wasser- und materialeffizienter) Technologien in der Stadt; Konzepte für städtisches Ressourcenmanagement unter Einbeziehung der Nutzer; Umsetzungsforschung.

Forschungsfelder:
Solararchitektur; erneuerbare Energien im Gebäudesektor; ökologische Nachrüstung des Gebäudebestands; städtische Energie- und Wasserkonzepte; Ecological Sanitation, Regenwassermanagement; nachhaltige Baumaterialien; (Stadt)raumakustik und Lärmschutz; ingenieurgeodätische Erfassung von Ressourcenströmen; ökonomische und planerische Instrumente zur Förderung urbaner Ressourceneffizienz.

Kurzportrait:
Die REAP-Gruppe wurde im Februar 2006 von Mitgliedern aller vier Departments der gerade neu gegründeten HafenCity Universität ins Leben gerufen (Architektur, Bauingenieurwesen, Geomatik, Stadtplanung). Die dreizehn ProfessorInnen der Gruppe vertreten ein breites Spektrum von Disziplinen: Architektur, Bauingenieurwesen, Maschinenbau, Geodäsie, Stadtplanung, Landschaftsplanung, Jura und Ökonomie. Viele Mitglieder der Gruppe haben durch Studium und berufliche Tätigkeit breite Auslandserfahrung und unterhalten Kontakte in Forschung und Lehre dorthin (neben dem europäischen Ausland auch Nord- und Südamerika, China, Südostasien und einige afrikanische Länder). Die Gruppe ist stark in einen geplanten englischsprachigen Masterstudiengang der HCU „Environmental Technology in Architecture and Urban Planning: Managing Energy, Water and Material Flows in the City" (Arbeitstitel) involviert. Beispiele aktueller Forschungsprojekte sind ökologische Nachrüstung denkmalgeschützter Bauten; Entwicklung einer Software zur energetisch-thermischen Gebäudesimulation; Konzeption eines virtuellen Kraftwerks unter Beteiligung Hamburgischer Einrichtungen; Regenwassernutzung als Puffer für abzuleitende Niederschlagsvolumina; Gutachten zur akustischen Gestaltung von Innenräumen für öffentliche Veranstaltungen; nachhaltiges städtisches Flächenmanagement durch Konzipierung von Nutzungszyklen.

Praktikumsmöglichkeiten:
Zurzeit keine Praktikanten tätig, Praktikum evtl. möglich nach Rücksprache mit REAP-Sprecherin Prof. Irene Peters.

Zukunft der Einrichtung:
Die REAP-Gruppe hat begonnen, gemeinsame, disziplinen- und department-übergreifende Projekte in der Lehre anzubieten. Sie arbeitet an der Formulierung gemeinsamer Forschungsprogramme und ist gemeinsam in der Akquise tätig.

Stability of Rainforest Margins in Indonesia – STORMA, Sonderforschungsbereich 552

Zugehörigkeit:	Georg-August-Universtität Göttingen; Centre for Tropical and Subtropical Agriculture and Forestry, CeTSAF
Wissenschaftsbereich(e):	Lebens-, Natur-, Geistes- und Sozialwissenschaften (Interdisziplinär)
Anschrift:	Büsgenweg 1, 37077 Göttingen
Telefon/Fax:	0551-39-95 43 / 0551-39-96 58
E-Mail:	storma@gwdg.de; dstiete@gwdg.de
Web-Adresse:	www.storma.de
Forschungsetat:	— **(davon) Drittmittel:** ca. 1,61 Mio. Euro (2007)
Anzahl der Mitarbeiter:	ca. 50 (2007)

Zielsetzung/Kompetenzschwerpunkt:
Interdisziplinäre Erfassung und Analyse der Stabilitätsfaktoren von Regenwaldrandzonen in Indonesien am Beispiel der Region in und um den Lore Lindu Nationalpark in Zentral-Sulawesi.

Forschungsfelder:
Nachhaltigkeitsaspekte werden als ein Ziel der gesamten Forschungskooperation mit disziplinär variierenden Ansätzen bearbeitet. Forschungsfelder der Teilbereiche sind: Sozioökonomische Dynamik; Wasser-, Kohlenstoff- und Nährstoffkreisläufe; Biodiversität; Landnutzungsmodellierung, Auswirkungen von ENSO-Effekten.

Kurzportrait:
Der Sonderforschungsbereich (SFB) 552 wurde im Jahr 2000 von der Deutschen Forschungsgemeinschaft (DFG) an der Universität Göttingen eingerichtet, um die Forschungskollaboration „Stability of Rainforest Margins in Indonesia – STORMA" zu unterstützen. Im Jahr 2007 arbeiten in der dritten Förderphase (2006 - 2009) 15 Forschungs- und zwei Serviceprojekte (Labor und Projektmanagement) gemeinsam mit indonesischen Kollegen der Bogor Agriculture University (IPB) und der Tadulako University Palu (UNTAD) an mono- und interdisziplinären Fragestellungen. Die vier Forschungsfelder einen zahlreiche Institute und mehrere Fakultäten organisatorisch. Hauptfragestellungen in drei Focusbereichen fördern einerseits den inhaltlich-wissenschaftlichen Dialog zwischen indonesischen und deutschen Wissenschaftlern sowie den Austausch unter den Disziplinen und ermöglichen andererseits synergetische Erkenntnisgewinn.
Auf Grundlage von wissenschaftlichen Erkenntnissen werden Empfehlungen möglich, die eine in vielfältiger Hinsicht nachhaltige Entwicklung der Region unterstützen können.
Neben den formalisierten Partnerschaften existiert eine informelle Kollaboration mit verschiedenen Institutionen und NGOs in Indonesien und Deutschland, über die Erfahrungen und Expertisen ausgetauscht werden können.

Praktikumsmöglichkeiten:
Im SFB 552 als Forschungsprojekt leider nicht möglich; ggf. können Praktikanten an Partnerorganisationen vermittelt werden.

Zukunft der Einrichtung:
Fortsetzung der Forschungsarbeiten bis zum Ende der vierten Förderphase (2012), parallel dazu Stärkung der praxisorientierten Auswertung der wissenschaftlichen Ergebnisse und Initiierung ergänzender und weiterführender Forschungsarbeiten.

Tropenzentrum

Zugehörigkeit:	Rektorat der Universität Hohenheim
Wissenschaftsbereich(e):	Lebens-, Natur-, Ingenieur-, Geistes- und Sozialwissenschaften (Interdisziplinär)
Anschrift:	Garbenstraße 13, 70599 Stuttgart
Telefon/Fax:	0711-459-237 42
E-Mail:	tropenzentrum@uni-hohenheim.de
Web-Adresse:	www.troz.uni-hohenheim.de
Forschungsetat:	ca. 2 Mio. Euro (2005) **(davon) Drittmittel:** 1,68 Mio. Euro
Anzahl der Mitarbeiter:	6 (2006)

Zielsetzung/Kompetenzschwerpunkt:
Untersuchung der Auswirkungen des globalen Klimawandels auf Agrarökosysteme; Erforschung von Agrarlandschaften; Ernährungssicherung durch Pflanzenzüchtung, Diversifizierung von landwirtschaftlicher Produktion und innovative Vermarktungsstrategien

Forschungsfelder:
Regenerative, dezentrale Energieversorgungskonzepte; Techniken zur Effizienzsteigerung der Ressource Wasser; Diversifizierung von Agrarlandschaften; Entwicklung von Technologien und Strategien zur nachhaltigen Landnutzung; Auswirkungen der Konkurrenzsituation zwischen zunehmender Bioenergieproduktion und Nahrungsmittelproduktion; Entwicklung von politischen Instrumenten und Strategien zur Ernährungssicherung.

Kurzportrait:
Das 1982 gegründete Tropenzentrum bündelt und fördert Hohenheimer Forschung und Lehre in den entwicklungs- und tropenbezogenen Ressourcen-, Agrar-, Umwelt- und Ernährungswissenschaften. Als Querschnittseinrichtung mit Mitgliedern aus allen Fakultäten bindet es die vielen in Hohenheim ansässigen Fachdisziplinen bedarfs- und zielorientiert in interdisziplinäre Projekte und Programme ein. Die im Tropenzentrum zusammengeschlossenen Wissenschaftler kooperieren aktiv mit über 50 Universitäten und Forschungseinrichtungen in den Ländern des Südens, sowie mit zahlreichen wissenschaftlichen Institutionen in Industrieländern. Gemeinsam mit diesen Partnern und mit den Internationalen Agrarforschungszentren der Weltbankberatungsgruppe CGIAR (Consultative Group on International Agricultural Research) führen sie Forschungs- und Trainingsprogramme in den Zielregionen Afrika, Lateinamerika und Asien durch. Seit 1985 führt das Tropenzentrum in ununterbrochener Folge DFG-Sonderforschungsbereiche durch; zunächst im Benin und dem Niger (1985-1999) und seit 2000 in Thailand und Vietnam. Das Tropenzentrum koordiniert mittlerweile vier englischsprachige Masterprogramme in den Agrar-, Umwelt- und Ernährungswissenschaften. Alle vier Ausbildungsprogramme haben einen hohen Anteil an ausländischen Studierenden.

Praktikumsmöglichkeiten:
In 2006 hatten wir zwei Praktikanten aus Kambodscha und Ghana für jeweils drei Monate. Förderung durch den DAAD über IAESTE; Ansprechpartner: Dr. Ludwig Kammesheidt, Geschäftsführer des Tropenzentrums.

Zukunft der Einrichtung:
Bioenergie-Projekte; internationales Graduiertenkolleg in Laos zusammen mit der Kyushu University (Japan) und lokalen Partnern; BMBF-Projekt zu Landnutzungs-Diversifizierung in Süd-China; Off-shore Campus in Chiang Mai, Thailand.

Tropenzentrum – CeTSAF (Centre for Tropical and Subtropical Agriculture and Forestry)

Zugehörigkeit:	Georg-August-Universität Göttingen
Wissenschaftsbereich(e):	Lebens-, Natur-, Geistes- und Sozialwissenschaften (Interdisziplinär)
Anschrift:	Büsgenweg 1, 37077 Göttingen
Telefon/Fax:	0551-39-39 08
E-Mail:	cetsaf@uni-goettingen.de
Web-Adresse:	www.tropenzentrum.de
Forschungsetat:	SFB 552: 2,0 Mio. Euro (2006) **(davon) Drittmittel:** 2,0 Mio. Euro
Anzahl der Mitarbeiter:	10 (2006)

Zielsetzung/Kompetenzschwerpunkt:
Initiierung und Koordination interdisziplinärer Forschungsvorhaben (z.B. SFB 552 – STORMA); Koordination und Betreuung internationaler und interdisziplinärer MSc/PhD-Programme; internationale Nachkontaktpflege als Basis von Forschungsprojekten.

Forschungsfelder:
Sonderforschungsbereich 552 „Stability of Rainforest Margins in Indonesia" – STORMA und das BMBF-finanzierte Verbundvorhaben IMPENSO-DEKLIM C.

Kurzportrait:
Beteiligte Fakultäten: Agrarwissenschaften, Forstwissenschaften und Waldökologie, Biologie, Geowissenschaften und Geographie; 19 Professoren; Gründungsdatum: 1961. CeTSAF ist im „grünen Bereich" (Ressourcennnutzung, Landschaft, Umwelt) und in der wissenschaftlichen Zusammenarbeit mit Ländern der Tropen und Subtropen eines von drei Kompetenzzentren in Deutschland und unter diesen das einzige im Bereich der Ressourcenanalyse mit integrierter nachhaltiger Landnutzung. Es schafft durch die synergetische Nutzung naturwissenschaftlicher, ökonomischer, sozialer und kultureller Fachkompetenzen an der Universität Göttingen und in internationalen Netzwerken ideale Voraussetzungen für die Entwicklung zukunftsfähiger Perspektiven für Forschung und Lehre. CeTSAF funktioniert katalysierend, um die in den Fakultäten und Instituten lokalisierten wissenschaftlichen Kompetenzen als hochproduktive Kerngruppe zu nutzen, um Ausbildungs- und Forschungsaufgaben der beteiligten Fachdisziplinen zu erkennen, Mittel zu akquirieren und die Durchführung der Ausbildungs- und Forschungsaufgaben zu unterstützen.
Kooperationen: internationale Alumni-Aktivitäten in Kooperation mit den Universitäten Kassel und Marburg (seit 1999, Gründung von 4 internationalen Netzwerken), Mitglied von SEARCA, NATURA, AGEP, ATSAF, ADLAF.

Praktikumsmöglichkeiten:
z. Zt. kein Praktikant beschäftigt.

Zukunft der Einrichtung:
Weitere Bündelung der Kräfte im Bereich der Umweltwissenschaften/nachhaltigen Ressourcennutzung, stärkere Einbindung der Gesellschafts- und Ingenieurwissenschaften, Ausbau der Führungsposition als Kompetenzzentrum.

Wissenschaftsverbund Um-Welt mit Koordinationsstelle für Agenda 21-Aktivitäten

Zugehörigkeit: Universität Rostock, Geschäftsstelle jeweils am Lehrstuhl des aktuellen Vorsitzenden
Wissenschaftsbereich(e): Lebens-, Natur-, Ingenieur-, Geistes- und Sozialwissenschaften (Interdisziplinär)
Anschrift: Justus-von-Liebig-Weg 6, 18059 Rostock
Telefon/Fax: 0381-498-56 45 / 0381-498-32 42
E-Mail: stefanie.sixel@uni-rostock.de; antje.sluschny@uni-rostock.de
Web-Adresse: www.uni-rostock.de/andere/wvu
Forschungsetat: — **(davon) Drittmittel:** —
Anzahl der Mitarbeiter: 1 wissenschaftliche Mitarbeiter (50 %), 2 wissenschaftliche Hilfskräfte (2006)

Zielsetzung/Kompetenzschwerpunkt:
Kommunikations- und Informationsplattform, Forschungskoordination interdisziplinärer Verbundprojekte, Vernetzung unterschiedlicher Fachdisziplinen, Organisation von Veranstaltungen, Öffentlichkeitsarbeit, Konzeption und Durchführung von Lehre.

Forschungsfelder:
Interdisziplinäre Forschung zu umwelt- und nachhaltigkeitsbezogenen Problem- und Fragestellungen; Entwicklung konzeptioneller Ansätze und Umsetzung des Leitbildes der nachhaltigen Entwicklung in Lehre, Forschung, Weiterbildung und Ressourcennutzung an der Universität Rostock.

Kurzportrait:
Der Wissenschaftsverbund Um-Welt (WVU) ist ein Zusammenschluss der mit Umwelt- und Nachhaltigkeitsfragen befassten ForscherInnen der Universität Rostock. Im Jahr 1996 wurde er als erste zentrale wissenschaftliche Einrichtung der Universität Rostock per Senatsbeschluss etabliert. Die getrennte Schreibweise Um-Welt verdeutlicht die Bandbreite und Interdisziplinarität der Forschungsfelder – die Themen „Umwelt" und „Nachhaltigkeit" sind nicht von einer Fachdisziplin allein zu lösen und bedürfen des interdisziplinären Ansatzes. Daher führt der Verbund Vertreter der Geistes-, Natur-, Agrar-, Ingenieur- und Wirtschaftswissenschaften zusammen. Dabei wirkt der Wissenschaftsverbund Um-Welt weit über die Grenzen der Universität hinaus und steht auch nicht-universitären Forschungseinrichtungen offen. Seit 2002 erfolgt eine enge Zusammenarbeit mit der Koordinationsstelle für Agenda 21-Aktivitäten der Universität Rostock, die mittlerweile an den WVU angegliedert ist, sowie der AG Agenda 21. Die Arbeit der Koordinationsstelle besitzt gleichermaßen Innenwirkung (Umsetzung der nachhaltigen Entwicklung innerhalb der Universität) wie Außenwirkung (Ausstrahlung der universitären Potenziale in die Region). Um auf interdisziplinärer Basis adäquate Lösungen zu entwickeln, entfaltet der Verbund Aktivitäten auf den Gebieten des interdisziplinären Dialoges, der Lehre bzw. Weiterbildung und der Forschung.

Praktikumsmöglichkeiten:
—

Zukunft der Einrichtung:
—

Wissenschaftszentrum Umwelt Universität Augsburg (WZU)

Zugehörigkeit: Universität Augsburg
Wissenschaftsbereich(e): Natur-, Geistes- und Sozialwissenschaften (Interdisziplinär)
Anschrift: Universitätsstraße 1a, 86159 Augsburg
Telefon/Fax: 0821-598-35 60
E-Mail: info@wzu.uni-augsburg.de
Web-Adresse: www.wzu.uni-augsburg.de
Forschungsetat: 100.000 Euro (2005) **(davon) Drittmittel:** 437.000 Euro (2006)
Anzahl der Mitarbeiter: 13 (2006)

Zielsetzung/Kompetenzschwerpunkt:
Zukunftsfähiger Umgang mit Stoffen, Materialien und Energie.

Forschungsfelder:
Risikokommunikation, Umweltbildung, Umweltkommunikation, Ressourcengeographie, Ressourcenmanagement, Aerosolforschung, Energiesysteme, historische Untersuchungen zu ausgewählten Materialien, Supply-Chain-Management.

Kurzportrait:
Der zukunftsfähige Umgang mit Stoffen, Materialien und Energie ist das leitende Thema unserer Arbeit. Ziel ist es, Impulse für transdisziplinäre, innovative Forschung und Technologieentwicklung im Bereich der Umweltwissenschaften zu geben. Dabei setzen wir auf die Produktivkraft des interdisziplinären Dialogs: Denn Umweltthemen können nur in der Zusammenarbeit mehrerer Disziplinen erfolgreich bearbeitet werden. Zugleich ergänzt die systematische Einbeziehung auswärtiger und ausländischer Wissenschaftler die universitären Potentiale. Durch den intensiven Austausch, den das Wissenschaftszentrum Umwelt fördert, werden gewohnte Routinen und Arbeitsmethoden ihrer Selbstverständlichkeit entkleidet. Innovation wird möglich.

Das Wissenschaftszentrum Umwelt wurde im Zuge der bayerischen High-Tech-Offensive im Oktober 2000 gegründet. Angesiedelt am WZU ist das Europabüro des World Environment Center (WEC, New York). Das WEC ist ein Netzwerk und Forum der Umweltdirektoren multinationaler Unternehmen, das 1974 von der UNEP gegründet wurde. Die Ansiedlung des WEC-Europabüros am WZU fördert den Transfer von Know-how in den Bereichen Umweltmanagement und Umwelttechnologie und dient zugleich als Forum für die Diskussion aktueller umweltpolitischer Fragen.

Praktikumsmöglichkeiten:
Ein Praktikum ist nur in Ausnahmefällen möglich, d.h. wenn besondere Qualifikationen vorliegen, die für ein Projekt von großer Bedeutung sind.

Zukunft der Einrichtung:
Das Institut hat ein rasantes Wachstum hinter sich und wird sich nun konsolidieren.

Zentrum für Energieforschung Stuttgart e.V. (ZES)

Zugehörigkeit: Universität Stuttgart
Wissenschaftsbereich(e): Ingenieurwissenschaften (Interdisziplinär)
Anschrift: Im Hause IER, Heßbrühlstraße 49a, 70565 Stuttgart
Telefon/Fax: 0711-685-878 80 / 0711-685-878 73
E-Mail: leipnitz@zes.uni-stuttgart.de
Web-Adresse: www.zes.uni-stuttgart.de
Forschungsetat: 150.000 Euro (2006) **(davon) Drittmittel:** 150.000 Euro
Anzahl der Mitarbeiter: 1 hauptamtlicher und 4-5 nebenamtliche Mitarbeiter (2007)

Zielsetzung/Kompetenzschwerpunkt:
Förderung der interdisziplinären Zusammenarbeit für eine nachhaltige Energieversorgung; Schaffung einer Kooperationsplattform für Industrie, Forschung und öffentliche Hand; Erstellung und Durchführung von Konzepten für Forschungsvorhaben.

Forschungsfelder:
Biomasse-Nutzung, dezentrale Energieversorgung, emissionsarme fossile Kraftwerke, Netze, Simulation und Optimierung in der Energietechnik, Smart Buildings, zustandsorientierte Instandhaltung in der Energietechnik.

Kurzportrait:
Das Zentrum für Energieforschung Stuttgart e.V. (ZES) ist ein 2002 gegründeter gemeinnütziger eingetragener Verein, mit elf Mitgliedern aus Industrie, Forschung und öffentlichen Einrichtungen. Im ZES arbeiten 17 Hochschulinstitute, die sich mit Fragen der Energietechnik beschäftigen und außeruniversitäre Einrichtungen wie DLR und ZSW aus der Region Stuttgart in einem Fachnetzwerk zusammen. Die Zusammenarbeit konzentriert sich auf die fachübergreifende Zusammenarbeit in den Forschungsschwerpunkten: Biomasse-Nutzung, dezentrale Energieversorgung, emissionsarme fossile Kraftwerke, Netze, Simulation und Optimierung in der Energietechnik, Smart Buildings und zustandsorientierte Instandhaltung in der Energietechnik. Die Zusammenarbeit findet in Projekten statt, die aus den Mitgliedsbeiträgen und Spenden der Mitglieder des ZES finanziert werden.
Die Kompetenzfelder des ZES liegen auf folgenden Gebieten: Strömung, Wärme- und Stofftransport; Verbrennung, Verfahrens-, Dampferzeugungs- und Feuerungstechnik; Stromtransport, Netze; Wasserkraft, Biomasse-Nutzung, Photovoltaik, Windenergie; Werkstoffe, Festigkeit, Schwingungen, Akustik; Mess-, Regelungs- und Leittechnik, Diagnostik; Reaktorsicherheit, Thermofluiddynamik, Reaktorphysik; Simulation und Optimierung energietechnischer Systeme und Komponenten; Energiemanagement, energiewirtschaftliche Analysen.

Praktikumsmöglichkeiten:
Es besteht keine Möglichkeit eines Praktikums.

Zukunft der Einrichtung:
Als neuer Forschungsschwerpunkt wird 2007 der Bereich Netze entwickelt.

Zentrum für Entwicklungsforschung (ZEF)

Zugehörigkeit: Universität Bonn
Wissenschaftsbereich(e): Natur-, Geistes- und Sozialwissenschaften (Interdisziplinär)
Anschrift: Walter-Flex-Straße 3, 53113 Bonn
Telefon/Fax: 0228-73-18 65 / 0228-73-18 89
E-Mail: zef@uni-bonn.de
Web-Adresse: www.zef.de
Forschungsetat: 8,39 Mio. Euro (2005) **(davon) Drittmittel:** 6,03 Mio. Euro
Anzahl der Mitarbeiter: 60 (2006)

Zielsetzung/Kompetenzschwerpunkt:
Internationale, interdisziplinäre Forschungsprojekte in und zu Entwicklungs- und Transitionsländern; Schwerpunkt auf Capacity Building in Entwicklungsländern, v. a. durch internationales Graduiertenprogramm mit etwa 140 Studierenden.

Forschungsfelder:
Land- und Wassernutzung (Usbekistan), regionaler Klimawandel (Ghana & Burkina Faso), Biodiversität (Äthiopien), Gesundheit, erneuerbare Energien, Wissensgesellschaften (Südostasien).

Kurzportrait:
Das ZEF wurde 1995 gegründet und startete 1997 seine eigentliche wissenschaftliche Arbeit. Das ZEF ist Teil der Universität Bonn sowie der Konzeption, Bonn nach dem Regierungsumzug nach Berlin zu einem internationalen Zentrum der Wissenschaft und Entwicklungspolitik zu machen. Das ZEF ist ein interdisziplinäres, internationales Forschungsinstitut, das sich mit Entwicklungsfragen befasst.
Die drei übergreifenden Forschungsabteilungen beschäftigen sich jeweils mit Fragen des ökonomischen und technologischen Wandels, des kulturellen und politischen Wandels sowie der Ökologie und dem Management von natürlichen Ressourcen. Innerhalb dieser Rahmenthemen gibt es große und mehrere kleinere Forschungsprojekte. Die großen interdisziplinären Forschungsprojekte sind: „Ökonomischer und ökologischer Wiederaufbau in Khorezm" (ein Projekt zu Land- und Wassernutzung im Aralseebecken in Usbekistan); „Globaler Klimawandel und der hydrologische Wasserzyklus in West-Afrika" (ein Projekt in Ghana und Burkina Faso, das sich mit dem regionalen Klimawandel befasst) und „Schutz und Nutzung der Wildpopulationen von Coffea arabica in den Bergregenwäldern Äthiopiens" (ein Projekt zur Biodiversität). In allen ZEF-Projekten spielt das Capacity-Building von lokalem wissenschaftlichen Nachwuchs und institutionellem Know-how sowie die Kooperation mit lokalen Partnern und Stakeholdern eine zentrale Rolle.

Praktikumsmöglichkeiten:
Praktika gibt es hauptsächlich für Studierende, die eine wissenschaftliche Karriere anstreben. Auf Ausschreibung oder nach eigener Anfrage; keine Vergütung.

Zukunft der Einrichtung:
Das ZEF wird sich immer stärker auf die Akquise von Drittmitteln konzentrieren, um seine Forschungsbereiche und das Graduiertenprogramm fortsetzen und weiter ausbauen zu können.

Zentrum für Innovative Energiesysteme (ZIES)

Zugehörigkeit: Fachhochschule Düsseldorf
Wissenschaftsbereich(e): Natur-, Ingenieurwissenschaften (Interdisziplinär)
Anschrift: Josef-Gockeln-Straße 9, 40474 Düsseldorf
Telefon/Fax: 0211-43 51-492
E-Mail: dieter.oesterwind@fh-duesseldorf.de
Web-Adresse: www.zies.org
Forschungsetat: 320.000 Euro (2006) **(davon) Drittmittel:** 120.000 Euro
Anzahl der Mitarbeiter: 5 (2006)

Zielsetzung/Kompetenzschwerpunkt:
Ganzheitliche Betrachtung von Energiesystemen.

Forschungsfelder:
Energiewirtschaft, regenerative Energien und moderne fossile Kraftwerke.

Kurzportrait:
Das Zentrum für Innovative Energiesystem wurde im Jahre 2004 von EnBW Energie Baden-Württemberg und der Fachhochschule Düsseldorf gegründet. Der Tätigkeitsbereich umfasst Ausbildung, angewandte Forschung und Beratung auf dem Gebiet der Energieanwendung, der Energietechnik und Energiewirtschaft.
Das Zentrum stellt sich in den Dienst der „nachhaltigen Energieversorgung". Bei der praktischen Ausgestaltung der Prinzipien der nachhaltigen Entwicklung stellt man häufig fest, dass diese in Konkurrenz stehen (Magisches Dreieck) und der Teufel immer im Detail steckt! Dies führt bei Strategievorschlägen und konkreten Projekten in Fachkreisen und in der Öffentlichkeit häufig zu heftigen Diskussionen und Akzeptanzproblemen. So zum Beispiel bei der Nutzung der Kern- und Windenergie. Das Zentrum leistet in diesem Spannungsfeld durch Lehre und angewandte Forschung einen Beitrag zur rationalen Entscheidungsfindung.
Angewandte Forschung findet statt im Bereich: ganzheitliche Betrachtung von Energiesystemen, Energieeffizienzanalysen auf der Nachfrageseite, sektorspezifische Studien, Potenzial- und Machbarkeitsstudien für regenerative Energien.
Das Zentrum ist im Forschungsnetzwerk integriert, arbeitet in der NRW-Initiative „Zukunftskraftwerke" mit und steht im engen Kontakt zur regionalen Wirtschaft sowie den einschlägigen Verbänden.

Praktikumsmöglichkeiten:
keine

Zukunft der Einrichtung:
Auswirkungen des Klimawandels auf Kraftwerksstandorte.

Zentrum für interdisziplinäre Technikforschung (ZIT)

Zugehörigkeit: Technische Universität Darmstadt (TUD)
Wissenschaftsbereich(e): Natur-, Ingenieur-, Geistes- und Sozialwissenschaften (Interdisziplinär)
Anschrift: Hochschulstraße 1, 64289 Darmstadt
Telefon/Fax: 06151-16 30 65 / 06151-16 67 52
E-Mail: zit@zit.tu-darmstadt.de
Web-Adresse: www.zit.tu-darmstadt.de
Forschungsetat: — **(davon) Drittmittel:** —
Anzahl der Mitarbeiter: 8 (2007)

Zielsetzung/Kompetenzschwerpunkt:
Organisation und Durchführung der fachbereichsübergreifenden Forschung und Lehre der TU Darmstadt.

Forschungsfelder:
Planung und Realisation von Projekten der Nachhaltigkeitsforschung, Interdisziplinaritätsforschung sowie Innovationsforschung; Entwicklung und Organisation der interdisziplinären Studienschwerpunkte Umweltwissenschaften sowie Technologie und internationale Entwicklung.

Kurzportrait:
Das 1987 gegründete ZIT ist die zentrale interdisziplinär-wissenschaftliche Einrichtung der TU Darmstadt und betreibt problemorientierte Forschung und Lehre im Spannungsfeld von Technik, Natur, Mensch und Gesellschaft. Das Zentrum ist wissenschaftlicher Qualität, gesellschaftlicher Offenheit und Internationalität verpflichtet. Das ZIT leistet einen Beitrag zu einer zukunftsorientierten Gestaltung von Wissenschaft und Gesellschaft. Das Arbeitsfeld des Zentrums in Forschung und Lehre umfasst sowohl technische Artefakte und Systeme im Kontext ihrer Entstehung (Internet, Nanotechnologie), Verwendung (Grünes Investment) und Folgewirkungen (Multikriterielle Staudammanalyse) als auch Prozesse und Konflikte zur sozio-technischen Lösung gesellschaftlicher Herausforderungen (Lokale Agenda 21). Das Zentrum überführt die Ergebnisse der interdisziplinären Forschung in innovative Lehre. Alle Vorhaben werden gemeinsam mit Vertretern der Fachbereiche der TU Darmstadt durchgeführt. Die Kooperation mit externen Partnern wie Gemeinden (Gemeinde Riedstadt, Stadt Darmstadt), NGOs (InWent) oder Unternehmen (GTZ, KfW Bank) erfolgt auf Grundlage förmlicher Kooperationsvereinbarungen.

Praktikumsmöglichkeiten:
Praktikumsstellen werden nicht angeboten. Es sind jedoch zahlreiche Studierende in die Vorhaben des ZIT in Forschung und Lehre eingebunden: sie profitieren von dessen Kontakten und nehmen am internationalen Austausch teil.

Zukunft der Einrichtung:
—

Zentrum für internationale Entwicklungs- und Umweltforschung (ZEU)

Zugehörigkeit:	Justus-Liebig-Universität Gießen (JLU)
Wissenschaftsbereich(e):	Lebens-, Natur-, Geistes- und Sozialwissenschaften (Interdisziplinär)
Anschrift:	Otto-Behaghel-Straße 10 d, 35394 Gießen
Telefon/Fax:	0641-99-127 00 / 0641-99-127 09, 0641-99-127 19
E-Mail:	Office-zeu@uni-giessen.de
Web-Adresse:	www.uni-giessen.de/zeu
Forschungsetat:	391.000 Euro (2006) **(davon) Drittmittel:** 83.000 Euro
Anzahl der Mitarbeiter:	21 (2006)

Zielsetzung/Kompetenzschwerpunkt:
Der fachlich-inhaltlichen Ausrichtung auf die Themen Umwelt und Entwicklung liegt der Gedanke zugrunde, dass Umwelt- und Entwicklungsprobleme zumeist interdependent sind und daher auch in fachübergreifenden Forschungsansätzen gemeinsam bearbeitet werden sollten.

Forschungsfelder:
Sektion 1: Nutzung natürlicher Ressourcen und Umweltschutz; Sektion 2: Ernährungssicherung; Sektion 3: Armutsbekämpfung; Sektion 4: institutionelle Grundlagen regionaler Entwicklungsprozesse.

Kurzportrait:
Das ZEU wurde 1998 gegründet und ist seitdem als eine interdisziplinäre, fachbereichsübergreifende Forschungseinrichtung der Justus-Liebig-Universität Gießen aktiv. Derzeit sind Wissenschaftler der Fachrichtungen Agrar- und Entwicklungspolitik, Agrarpolitik und Marktforschung, Angewandte Geomorphologie und Klimatologie, Bodenkunde und Bodenerhaltung, Entwicklungsländerforschung, Ernährungsberatung und Verbraucherverhalten, Öffentliches Recht, Politikwissenschaften, Völkerrecht und Europarecht sowie Wirtschaftsgeographie an den Forschungen unseres Zentrums beteiligt. Das Zentrum führt zu grundlegenden entwicklungs- und umweltpolitischen Fragestellungen interdisziplinäre Forschungsvorhaben durch und veröffentlicht diese in einer eigenen Schriftenreihe. Es steht im Rahmen seiner Aufgabenstellung als Kontakt- und Vermittlungsstelle für Anfragen zur Verfügung und unterhält eine Fachbibliothek sowie andere Daten und Informationssysteme. Überdies führt das Zentrum Symposien und Vortragsveranstaltungen durch und ist in die Vergabe des Entwicklungsländerpreises der JLU involviert. Das ZEU steht allen Wissenschaftlerinnen und Wissenschaftlern zur Mitarbeit in interdisziplinären Forschungsprojekten oder Arbeitsgruppen offen. Arbeitsgruppen werden sektions- und hochschulübergreifend gebildet, so dass auch alle, die nicht der Justus-Liebig-Universität Gießen angehören, mitarbeiten können.

Praktikumsmöglichkeiten:
Zurzeit 3 Praktikantinnen; Voraussetzungen: möglichst Vordiplom oder vergleichbaren Ausbildungsstand; Dauer eines Praktikums: 3-12 Wochen; Vergütung: keine, da rechtlich nicht möglich; Ansprechpartner: Geschäftsstelle des ZEU.

Zukunft der Einrichtung:
Alle drei Jahre Evaluierung plus jährlich interne Peer Review; anstehender Verjüngungsprozess bei professoralen Mitgliedern des Direktoriums; neuer interdisziplinärer, englischsprachiger Studiengang „Transition Studies".

Zentrum für Logistik und Verkehr (ZLV)

Zugehörigkeit: Universität Duisburg-Essen (UDE)
Wissenschaftsbereich(e): Natur-, Ingenieur-, Geistes- und Sozialwissenschaften (Interdisziplinär)
Anschrift: 47048 Duisburg
Telefon/Fax: 0203-379-26 19
E-Mail: zlv@uni-due.de
Web-Adresse: www.uni-due.de/zlv; www.uni-due.de/urbane-systeme
Forschungsetat: — **(davon) Drittmittel:** —
Anzahl der Mitarbeiter: 264 an 22 Mitglieds-Lehrstühlen und 4 in der Geschäftsstelle (2007)

Zielsetzung/Kompetenzschwerpunkt:
Stärkung der interdisziplinären Kompetenz in Forschung, Lehre und Transfer in Fragen von Logistik, Verkehr und Mobilität sowie relevanter angrenzender Wissenschaftsfelder (z.B. Urbane Systeme, Energie & Verkehr).

Forschungsfelder:
Supply Chains und Logistik inklusive Reverse Logistics, exklusive Finanzlogistik; energieoptimale Transportsysteme/Infrastruktur (urbane Systeme, Megacities); Ressourcen- und Produktkreisläufe, Abfallwirtschaftskonzepte; Menschen in technischen Umwelten (Verkehr, Infrastruktur, Sozialisation, ICT); Operations Research, Anwendungen in komplexen Systemen (auch humanitäre Hilfe).

Kurzportrait:
Die Strukturen und Prozesse in unseren Wirtschafts- und Gesellschaftssystemen gestalten sich zunehmend komplexer. Gerade für die Planung, Abwicklung und Kontrolle der Material-, Personen-, Energie- und Informationsströme hat dies enorme Folgen und stellt einen hohen Anspruch an interdisziplinäre Forschung und Ausbildung.
Als Kompetenzzentrum widmet sich das ZLV a) der interdisziplinären Konzeption, b) dem Management und c) dem Transfer von Wissenschaft (auch Lehre) im Zusammenhang mit Logistik, Mobilität und Verkehr aus verschiedenen Fachbereichen auf nationalen wie internationalen Plattformen. Dabei spielen z.B. die Gestaltung zukünftiger Versorgungs- und Wertschöpfungsketten, energieeffiziente Transportsysteme/Infrastrukturen und das Recycling von Wertstoffen genauso eine Rolle wie Methoden der Wirtschaftsmathematik in und zwischen Unternehmen, logistische Systeme in der humanitären Hilfe oder die Steuerung des Mobilitätsverhaltens junger Menschen.
Das ZLV orientiert sich dabei an langfristig zukunftsfähigen, ökonomisch förderlichen, sozialverträglichen und ökologisch sicheren Innovationen (Nachhaltigkeitsforschung). Das ZLV spielt mit dem Partnerzentrum ZMU die tragende Rolle bei der Ausgestaltung des Profilschwerpunktes „Urbane Systeme" der Universität Duisburg-Essen (Erforschung der nachhaltigen Entwicklung des menschlichen Lebensraumes).

Praktikumsmöglichkeiten:
Nach individueller Absprache mit der Geschäftsführung: insb. Hauptstudiums-Studierenden des am Zentrum beteiligten Fächerkanons und im Bereich Wissenschaftsmanagement.

Zukunft der Einrichtung:
Thematische Kooperation mit den Forschungsinstituten der Rhein-Ruhr-Schiene, Ausbau der Plattform „Energie und Verkehr" sowie nachhaltige Wertschöpfung / Stoffstrommanagement, Graduate School, Public-Private-Partnerships (Unternehmen).

Zentrum für Meeres- und Klimaforschung (ZMK)

Zugehörigkeit: Universität Hamburg
Wissenschaftsbereich(e): Naturwissenschaften
Anschrift: Bundesstraße 53, 20146 Hamburg
Telefon/Fax: 040-428 38-50 94
E-Mail: ulrike.seiler@zmaw.de
Web-Adresse: www.zmk.uni-hamburg.de
Forschungsetat: ca. 5,5 Mio. Euro (2004) **(davon) Drittmittel:** ca. 5,3 Mio. Euro
Anzahl der Mitarbeiter: 260 (2004)

Zielsetzung/Kompetenzschwerpunkt:
Das ZMK dient der freien interdisziplinären Meeres-, Klima- und Umweltforschung. Es betreibt Grundlagen- und angewandte Forschung, insbesondere auf den Gebieten der Wechselwirkungen zwischen Ozean, Atmosphäre und Geosphäre.

Forschungsfelder:
Wechselwirkung zwischen Ozean und Atmosphäre; Wechselwirkung zwischen Ozean und Geosphäre; aquatische Ökosysteme; Zustand und Änderung der marinen und atmosphärischen Umwelt; sozio-ökonomische Auswirkungen des globalen Wandels.

Kurzportrait:
Das Zentrum für Meeres- und Klimaforschung (ZMK) wurde 1989 gegründet. Es hat den Status eines Forschungsschwerpunktes und verfügt über eine eigene Satzung.
Das ZMK ist mit seinen Einrichtungen in die universitäre Lehre eingebunden. Drei seiner Institute sind für eigenständige Studiengänge zuständig (Meteorologie, Ozeanographie, Geophysik). Die übrigen Institute bzw. die Abteilung sind an den Diplom-Ausbildungen in Geologie, Chemie und Biologie beteiligt. Aus der engen Verbindung von Forschung und Lehre gehen zahlreiche Diplom-, Doktor- und Habilitationsarbeiten hervor.
Das ZMK betreibt die Leitstelle „Forschungsschiffe", die den Betrieb der Forschungsschiffe „Meteor" und „Maria S. Merian" organisiert.
Das Zentrum arbeitet auch mit Institutionen, Forschungsgruppen und Personen außerhalb des ZMK zusammen. Dies gilt insbesondere für das Max-Planck-Institut für Meteorologie, das Deutsche Klimarechenzentrum mit der Gruppe ‚Modelle und Daten', das GKSS-Forschungszentrum in Geesthacht sowie für die benachbarten Fachbereiche der Universität und weitere Institutionen der Meeres-, Klima- und Umweltforschung im Hamburger und norddeutschen Raum.
Das ZMK ist Mitglied des Konsortiums Deutsche Meeresforschung, eines Vereins von Forschungseinrichtungen und Einrichtungen von deutschen Universitäten, die auf dem Gebiet der Meeres-, Polar- und Küstenforschung arbeiten.

Praktikumsmöglichkeiten:
Praktikanten werden zurzeit nicht im ZMK beschäftigt. Studierende haben die Möglichkeit, in einigen Forschungsprojekten als studentische Hilfskräfte zu arbeiten (mit Vergütung nach dem geltenden Stundensatz).

Zukunft der Einrichtung:
Das ZMK und seine Kooperationspartner haben sich in der zweiten Bewerbungsrunde an der Exzellenzinitiative des Bundes mit dem Exzellenzcluster-Vorantrag „Integrated Climate System Analysis and Prediction (CliSAP)" durchgesetzt.

Zentrum für Mikroskalige Umweltsysteme (ZMU)

Zugehörigkeit:	Universität Duisburg-Essen (UDE)
Wissenschaftsbereich(e):	Lebens-, Natur-, Ingenieurwissenschaften (Interdisziplinär)
Anschrift:	Universitätsstraße, 45117 Essen
Telefon/Fax:	0201-183-46 40 / 0201-183-36 72
E-Mail:	zmu@uni-due.de
Web-Adresse:	www.uni-due.de/zmu; www.uni-due.de/urbane-systeme
Forschungsetat:	> 1,5 Mio. Euro (2006) **(davon) Drittmittel:** 1,25 Mio. Euro
Anzahl der Mitarbeiter:	71 (2006)

Zielsetzung/Kompetenzschwerpunkt:
Stärkung der interdisziplinären Kompetenz der Umweltforschung, lokal und international, zur nachhaltigen Lösung aktueller naturwissenschaftlicher Probleme von gesellschaftlicher Bedeutung. Schwerpunkt: Wechselwirkung von belebter und unbelebter Umwelt im mikroskaligen (molekularen) Bereich.

Forschungsfelder:
Ultrafeinstäube, grenzflächenkontrollierte Prozesse, Mobilität in porösen Systemen, Wechselwirkung von Zellen mit ihrer Umgebung, biologische Überwachung technischer Systeme.

Kurzportrait:
Zur Lösung aktueller naturwissenschaftlicher Probleme von gesellschaftlicher Bedeutung sind zunehmend interdisziplinäre Denk- und Arbeitsweisen gefordert.
Das ZMU versteht sich in diesem Sinne als Dienstleister bei der Stärkung des lokalen Kompetenzfeldes in Bezug auf seine Drittmittelfähigkeit, der Schaffung interdisziplinärer Synergismen, der Erhöhung der nationalen und internationalen Sichtbarkeit und Akzeptanz, der Erarbeitung eines neuen Forschungsprofils „Urbane Systeme" der Universität (Erforschung der nachhaltigen Entwicklung des menschlichen Lebensraumes, gemeinsam mit dem Partnerzentrum ZLV), sowie der begleitenden Entwicklung einschlägiger Lehr- und Ausbildungsprogramme. Inhaltliche Schwerpunkte sind das Verständnis abiotischer Prozesse im molekularen Bereich, sowie grundlegender Funktionen des lebenden Organismus unter Berücksichtigung sowohl der intrazellulären und interzellulären Wechselwirkungen als auch solcher mit seiner abiotischen Umwelt.
Ein besonderer Bezug zur nachhaltigen Entwicklung besteht im Rahmen der Akquise von Drittmittelprojekten, wie EU-Projekt EURO-Limpacs (Umsetzung von europäischen und internationalen Richtlinien zum Schutz der Süßwasser-Ökosysteme), DFG-Schwerpunktprogramm Biological responses to nanoscale particles (zur nachhaltigen Entwicklung nanoskaliger Materialien im Sinne der biologischen Verträglichkeit); Erfolgskontrolle der Pilotstudie des Umweltministeriums NRW zur ökologischen Sanierung von Gewässern sowie das „RiverCross-Projekt" (Vernetzung von Institutionen auf dem Gebiet der nachhaltigen Raumordnung und des nachhaltigen Wassermanagements).

Praktikumsmöglichkeiten:
Grundsätzlich möglich nach Absprache mit der Geschäftsführung, sowohl in den fachlichen Schwerpunktbereichen als auch im Wissenschaftsmanagement.

Zukunft der Einrichtung:
U. a. Ausbau des Universitätsschwerpunktes „Urbane Systeme" (mit ZLV).

Zentrum für Umwelt- und Nachhaltigkeitsforschung (COAST)

Zugehörigkeit: Universität Oldenburg
Wissenschaftsbereich(e): Natur-, Geistes- und Sozialwissenschaften (Interdisziplinär)
Anschrift: Carl-von-Ossietzky-Straße 9-11, 26111 Oldenburg
Telefon/Fax: 0441-798-35 36 / 0441-798-39 90
E-Mail: coast@uni-oldenburg.de
Web-Adresse: www.coast.uni-oldenburg.de
Forschungsetat: — **(davon) Drittmittel:** —
Anzahl der Mitarbeiter: 100 (2006)

Zielsetzung/Kompetenzschwerpunkt:
Koordination von Forschung und Lehre von Einrichtungen der Universität Oldenburg mit unterschiedlichen Schwerpunkten mit dem Ziel einer transdisziplinären Forschung und Ausbildung.

Forschungsfelder:
Windenergieforschung, Küsten- und Flachmeerforschung, Umweltmodellierung und wirtschafts- und sozialwissenschaftlich ausgerichtete Nachhaltigkeitsforschung.

Kurzportrait:
COAST wurde im Jahr 2006 gegründet und setzt sich als Ziel, aus den teilnehmenden wissenschaftlichen Einrichtungen der Universität Oldenburg eine transdisziplinäre Forschung und Lehre zu koordinieren. Diese Forschung verzahnt die Natur-, Sozial- und Wirtschaftswissenschaften und Informatik mit den Bereichen regenerativer Energien, dem nachhaltigen Wirtschaften sowie mit der Beziehung Mensch-Umwelt im Küstenraum.
Die teilnehmenden wissenschaftlichen Einrichtungen: Das Institut für Chemie und Biologie des Meeres (ICBM) befasst sich mit Küsten- und Flachmeerforschung. Das Zentrum für Windenergieforschung (ForWind) ist im Institut für Physik angesiedelt. Das interdisziplinäre Zentrum für Umweltmodellierung (CEM) verfolgt Umweltmodellierungen. Das Oldenburg Center for Sustainability Economics and Management (CENTOS) unternimmt Nachhaltigkeitsforschung in den Bereichen der Wirtschafts- und Sozialwissenschaften.
Im Bereich der Lehre steht die Transdisziplinarität der Ausbildung im Vordergrund. Insgesamt sieben Masterstudiengänge sind in COAST im Rahmen eines Master Clusters vereint. Die ausgeprägte Vernetzung der einzelnen Fachdisziplinen soll es den Studierenden ebenfalls ermöglichen, diverse Module aus unterschiedlichen Studiengängen zu belegen.

Praktikumsmöglichkeiten:
—

Zukunft der Einrichtung:
Transdisziplinäre Forschungsverbünde und -vorhaben.

Zentrum für Umweltforschung (ZfU)

Zugehörigkeit: Johannes Gutenberg-Universität Mainz
Wissenschaftsbereich(e): Lebens-, Natur-, Geistes- und Sozialwissenschaften (Interdisziplinär)
Anschrift: Zentrum für Umweltforschung, Johannes Gutenberg-Universität Mainz, 55099 Mainz
Telefon/Fax: 06131-392 45 28 / 06131-392 47 35
E-Mail: wolfgang.wilcke@uni-mainz.de
Web-Adresse: www.zfu.uni-mainz.de
Forschungsetat: 4,47 Mio. Euro (2006)   **(davon) Drittmittel:** 4,45 Mio. Euro
Anzahl der Mitarbeiter: 35 (2006)

Zielsetzung/Kompetenzschwerpunkt:
Förderung der interdisziplinären Umweltforschung mit den Schwerpunkten: Spurenanalytik und Elementspeziation, Extremereignisse am Beispiel von Überflutungen, interdisziplinäre Forschung im Ökosystem Mittelrheintal.

Forschungsfelder:
Auswirkungen globaler Umweltveränderungen, Ökosystemanalyse im UNESCO-Weltkulturerbe Oberes Mittelrheintal, Altlastenbeseitigung einschließlich Endlagerung radioaktiver Stoffe, Arten- und Naturschutz.

Kurzportrait:
Das Zentrum für Umweltforschung (ZfU) der Johannes Gutenberg-Universität Mainz wurde 1990 durch den Senat der Universität eingerichtet. Es fördert als „virtuelles Institut" interdisziplinär und fachbereichsübergreifend die Forschung in allen Bereichen, die umweltrelevante Themen betreffen.
Im ZfU kooperieren Sonderforschungsbereiche, Graduiertenkollegs, lokale Max-Planck-Institute und interdisziplinär kooperierende Forschungsgruppen. Beteiligt sind Arbeitsgruppen aus dem Gesamtgebiet der Naturwissenschaften, der Medizin, der Geisteswissenschaften und der Sozial- und Wirtschaftswissenschaften.
Das ZfU wird von einem Koordinationsausschuss geleitet.
Neben der Initiierung und teilweisen Finanzierung von Forschungsprojekten dient das ZfU vor allem auch als Forum der interdisziplinären Diskussion über Umweltfragen. Es veranstaltet eine jährliche Tagung, bei der Forschungsergebnisse vorgestellt und neue Projekte geplant werden.
Mitglieder des ZfU sind in zahlreiche lokale, nationale und internationale Forschungskooperationen eingebunden. Beispiele sind:
Graduiertenkolleg Elementspeziation, Sonderforschungsbereich „Troposphärische Eisphase", BMBF-Schwerpunkt BIOTA, DFG Schwerpunktprogramme „Radiationen" und „AQUA-SHIFT", EU-Projekt „BIOTEC MARIN", BfN-Entwicklungs- und Erprobungsprojekt „nachhaltige Entwicklung xerothermer Hanglagen am Beispiel des Mittelrheintals".

Praktikumsmöglichkeiten:
Nur im Rahmen des Hochschulstudiums möglich.

Zukunft der Einrichtung:
Planung eines Sonderforschungsbereichs mit dem Thema: Erhalt eines UNESCO-Welterbes durch Anpassung im Zeichen von Globalisierung, sozialem Wandel und Umweltveränderungen: Management-Optionen für das obere Mittelrheintal.

Zentrum für Umweltforschung und Umwelttechnologie (UFT)

Zugehörigkeit: Universität Bremen
Wissenschaftsbereich(e): Natur-, Ingenieur-, Geistes- und Sozialwissenschaften (Interdisziplinär)
Anschrift: Leobener Straße, 28359 Bremen
Telefon/Fax: 0421-218-76 44
E-Mail: uft@uni-bremen.de
Web-Adresse: www.uft.uni-bremen.de
Forschungsetat: 1,99 Mio. Euro (2006) **(davon) Drittmittel:** 1,69 Mio. Euro
Anzahl der Mitarbeiter: ca. 200 (2006)

Zielsetzung/Kompetenzschwerpunkt:
Entwicklung und Erforschung von biokompatiblen Produkten und Verfahren; integrierte Detektion, Evaluation und Management von Umweltrisiken.

Forschungsfelder:
Nachhaltige Produktentwicklung, produktionsintegrierter Umweltschutz, Biodiversität, Risikoforschung für Mensch und Umwelt, Biosensoren, molekulargenetische Prozesse, weiße Biotechnologie, ökotoxikologische Beurteilung von Chemikalien, nachhaltiges Chemikaliendesign, selektive Trenntechniken, Renaturierungstechniken, Bodensanierung, Abwasserreinigung, Mikrosystemtechnik, Risikoabschätzung von gentechnisch veränderten Organismen (GVOs).

Kurzportrait:
Das UFT besteht seit 1996. Verschiedene Fachbereiche (Biologie/Chemie, Produktionstechnik, Sozialwissenschaften) arbeiten interdisziplinär an gemeinsamen Umwelt-Forschungsprojekten. Die ca. 200 Mitarbeitenden setzen sich aus Hochschullehrern, Wissenschaftlichen Mitarbeitenden, Technikern, Sekretärinnen, Diplomanden und Doktoranden zusammen. Insgesamt gibt es 11 Abteilungen, die jeweils von Hochschullehrern geleitet werden. Neben Kooperationen mit anderen nationalen und internationalen Universitäten und Forschungseinrichtungen gibt es gemeinsame Projekte mit Industriepartnern. Das UFT wird neben einer Grundfinanzierung durch die Universität Bremen von verschiedenen Geldgebern finanziert: öffentliche Forschungsförderung (z.B. Europäische Union (EU), Deutsche Forschungsgemeinschaft (DFG), Bundesministerium für Bildung und Forschung (BMBF), Umweltbundesamt (UBA), Deutsche Bundesstiftung Umwelt (DBU), Bundesamt für Naturschutz (BfN), Bremer Innovationsagentur (BIA), Bundesamt für Strahlenschutz (BfS), Bremer Senator für Bau, Umwelt & Verkehr; Senator für Bildung und Wissenschaft, Bremen). Alle Projekte im UFT werden unter dem Aspekt „Nachhaltigkeit" durchgeführt. Neben den ökologischen und umweltrelevanten Fragestellungen sind auch Aspekte der Wirtschaftlichkeit und gesellschaftlichen/sozialen Akzeptanz in die Forschungsprojekte integriert.

Praktikumsmöglichkeiten:
Sowohl Schülerpraktika als auch Berufspraktika (Ausbildung zu Biologisch- oder Chemisch Technischen Assistenten/Laboranten) werden in den unterschiedlichen Abteilungen meist mit kleiner Teilnehmerzahl (3-10) angeboten. Ansprechpartner sind die jeweiligen Abteilungsleiter/innen (www.uft.uni-bremen.de/abteilungen).

Zukunft der Einrichtung:
Das Leitthema „Nachhaltige biokompatible Produkte und Verfahren" ist besonders in Hinblick auf die weitere Entwicklung des Zentrums ausgewählt worden. Das UFT strebt eine engere Kooperation mit dem Zentrum für Nachhaltigkeit in Bremen an.

Zentrum für Wasserforschung

Zugehörigkeit:	Albert-Ludwigs-Universität, Freiburg i. Br.
Wissenschaftsbereich(e):	Natur-, Geistes- und Sozialwissenschaften (Interdisziplinär)
Anschrift:	Freiburg Fahnenbergplatz, 79098 Freiburg i. Br.
Telefon/Fax:	0761-203-35 30 / 0761-203-35 94
E-Mail:	zwf@hydrology.uni-freiburg.de
Web-Adresse:	www.zwf.uni-freiburg.de
Forschungsetat:	— (davon) Drittmittel: —
Anzahl der Mitarbeiter:	—

Zielsetzung/Kompetenzschwerpunkt:
Vorrangiges Ziel des Zentrums ist es, die in Freiburg vorhandenen Potenziale der Wasserforschung integrativ zusammenzuführen, um Zukunftsfragen rund um das Thema „Wasser" mit Hilfe von interdisziplinären Verbundprojekten bearbeiten zu können.

Forschungsfelder:
Wasser und Gesundheit; neue innovative Messmethoden in der Umweltwissenschaft; regionale Aspekte des Integrierten Wasser-Ressourcen Managements (IWRM); neue Ansätze in der Öko-hydrologischen Modellierung; Folgenforschung von Global Change auf die Wasserressourcen von Einzugsgebieten; Erhaltung aquatischer Ökosysteme; Kultur und Wasser; Capacity Building – Förderung von Wissen und Transfer.

Kurzportrait:
Um gegenwärtige und zukünftige Herausforderungen bewältigen zu können, ist eine moderne und integrative Wasserforschung gefordert, die basierend auf anerkannten Forschungsstandards alle Aspekte der Wasserforschung von den naturwissenschaftlichen Grundlagen bis hin zu gesellschaftlichen Gegenwarts- und Zukunftsansprüchen integriert. Internationales und interdisziplinäres Zusammenarbeiten ist ebenso gefordert wie transdisziplinäres Denken, um das Verständnis für die ablaufenden Prozesse weiter zu optimieren und Problemlösungsstrategien entwickeln zu können. Aus dieser Motivation heraus wurde das Zentrum für Wasserforschung an der Universität Freiburg Anfang 2006 gegründet. Es bietet eine interdisziplinäre und integrative Schnittstelle für die wasserbezogene Forschung an der Universität Freiburg. Neben den universitären (wissenschaftlichen) Mitgliedern sind auch außeruniversitäre (assoziierte) Einrichtungen wie Forschungsinstitutionen, Privatwirtschaft und Fachbehörden im ZWF vertreten. Für die Praxis soll damit die Möglichkeit geboten werden, auf Forschungsbedarf hinzuweisen, Projekte zu initiieren und den Zugang zu Transferleistungen der Wissenschaften zu erhalten.

Praktikumsmöglichkeiten:
—

Zukunft der Einrichtung:
—

Albrecht-Daniel-Thaer-Institut für Agrarwissenschaften e.V. an der Universität Leipzig

Zugehörigkeit: Mutterfakultät ist die Veterinärmedizinische Fakultät der Universität Leipzig
Wissenschaftsbereich(e): Naturwissenschaften (Interdisziplinär)
Anschrift: Gustav-Kühn-Straße 8, 04159 Leipzig
Telefon/Fax: 0341-97 38-48 14 / 0341-97 38-489
E-Mail: thaer@uni-leipzig.de
Web-Adresse: www.uni-leipzig.de/thaerinstitut; www.uni-leipzig.de/ati
Forschungsetat: — **(davon) Drittmittel:** 100 %
Anzahl der Mitarbeiter: 16 Mitglieder (2007)

Zielsetzung/Kompetenzschwerpunkt:
Bearbeitung von Forschungsprojekten zur Förderung umweltgerechter nachhaltiger Landwirtschaft, Lehrveranstaltungen an Universitäten, Hoch- und Fachschulen, Erarbeitung von Bildungsangeboten für Lehrer, Schüler sowie für spezielle Berufs- u. Interessengruppen.

Forschungsfelder:
Nachhaltige landwirtschaftliche Produktion, agrarökologische Wirkprinzipien, Erhaltung und Gestaltung der Kulturlandschaft, Natur- und Ressourcenschutz, züchterische Maßnahmen zur Stabilisierung des Leistungspotenzials und Verbesserung der Produktqualität, Entwicklung von Prüfmethoden auf artgemäße Tierhaltung, Belastungsminimierung bei landwirtschaftlichen Nutztieren, Umweltverträglichkeit von Tierhaltungssystemen.

Kurzportrait:
Im Jahr 1995 wurde von engagierten Leipziger Agrarwissenschaftlern das A.-D.-Thaer-Institut für Nutztierwissenschaften e.V. gegründet und von der Fraunhofer-Gesellschaft positiv evaluiert. Im Oktober 2001 erfolgte die Anerkennung des Institutes als An-Institut und dessen Installation an der Veterinärmedizinischen Fakultät der Universität Leipzig. Damit einher ging die Umbenennung in A.-D.-Thaer-Institut für Agrarwissenschaften e.V. an der Universität Leipzig. Zu den Aufgaben des Institutes zählen: 1) die Förderung umweltgerechter nachhaltiger Landwirtschaft einschließlich Unterstützung und wissenschaftliche Beratung landwirtschaftlicher Unternehmen; 2) die Bearbeitung von Forschungsprojekten, Lehrveranstaltungen an Universitäten, Hoch- und Fachschulen; 3) die Durchführung wissenschaftlicher Veranstaltungen und Präsentation wissenschaftlicher Ergebnisse; 4) die Realisierung von Fortbildungskursen; 5) die Betreuung von Qualifizierungsaufgaben; 6) die Anfertigung wissenschaftlicher Gutachten.

Die Forschungen im Bereich der Nachhaltigkeit betreffen die Durchführung von Projekten zu den Wechselwirkungen zwischen Umwelt und Tierhaltungssystemen, die Mitarbeit an Projekten zur regenerativen Energie, die Erarbeitung von Bildungsangeboten zur Akzeptanz landwirtschaftlicher Prozesse in der Bevölkerung sowie Ernährungsbildung. Kooperationen bestehen mit den Ministerien und Umwelteinrichtungen des Freistaates Sachsen.

Praktikumsmöglichkeiten:
Jederzeit auf Anfrage, aber nur in Verbindung mit Drittmittelprojekten möglich.
Ansprechpartner: Geschäftsführerin Frau Dr. A. Wagner, E-Mail: thaer@uni-leipzig.de, Tel.: 0341-97 38-481.

Zukunft der Einrichtung:
—

Forschungsinstitut für Ökosystemanalyse und -bewertung e.V. (gaiac)

Zugehörigkeit: An-Institut der RWTH Aachen
Wissenschaftsbereich(e): Lebens-, Naturwissenschaften
Anschrift: c/o: Institut für Umweltforschung, RWTH Aachen, Worringerweg 1, 52056 Aachen
Telefon/Fax: 0241-80-276 01 / 0241-80-226 05
E-Mail: info@gaiac.rwth-aachen.de
Web-Adresse: www.gaiac.rwth-aachen.de
Forschungsetat: 346.000 Euro (2006) **(davon) Drittmittel:** 344.000 Euro
Anzahl der Mitarbeiter: 5 (2006)

Zielsetzung/Kompetenzschwerpunkt:
Analyse und Bewertung von Auswirkungen anthropogener Einflüsse auf aquatische und terrestrische Ökosysteme anhand von experimentellen Untersuchungen und der Modellierung von Umweltprozessen; Aquatische und Terrestrische Ökologie, Ökotoxikologie, Modellierung.

Forschungsfelder:
Entwicklung von Entscheidungshilfesystemen für die Brachflächennutzung und den Hochwasserschutz; Entwicklung von Simulationsmodellen zur nachhaltigen Nutzung aquatischer und terrestrischer Lebensräume (inklusive der Prognose von Schadstoffeffekten).

Kurzportrait:
gaiac ist ein im Jahr 2003 gegründetes Forschungsinstitut an der RWTH Aachen.
Forschungsschwerpunkte sind die Systemanalyse und -bewertung aquatischer und terrestrischer Lebensgemeinschaften und deren Veränderungen durch anthropogen bedingte Einflüsse (ökologische Risikobewertung).
Die Arbeiten umfassen neben experimentellen Untersuchungen im Labor und Freiland auch die Entwicklung von mathematischen Modellen für biologische Umweltprozesse sowie die Erarbeitung von Lösungsstrategien zur nachhaltigen Umweltentwicklung. Entsprechende Dienstleistungen werden für Behörden, Industrie und Wasserverbände angeboten.
Die Stärke des Instituts liegt in der Zusammenführung der experimentellen Arbeitsbereiche „Aquatische Ökologie", „Terrestrische Ökologie" und „Ökotoxikologie" und der mathematischen Modellierung. Die interdisziplinäre Struktur des An-Instituts sowie die enge Kooperation mit den RWTH-Instituten ermöglicht eine bereichsübergreifende Bearbeitung komplexer Fragestellungen, bei Bedarf auch in Kooperation mit externen Instituten. Im Bereich der Nachhaltigkeitsforschung wird in enger Kooperation mit anderen Fakultäten der RWTH Aachen, anderen Universitäten und Forschungsinstituten, verschiedenen Umweltbehörden (STUA, ULB, LÖBF, MUNLV) und Wasserverbänden gearbeitet.

Praktikumsmöglichkeiten:
Forschungspraktika sind im Rahmen des Hauptstudiums Biologie möglich.

Zukunft der Einrichtung:
Ausbau der ökologisch ausgerichteten Modellierung als Entscheidungshilfesystem und Prognosewerkzeug.

Institut für Agrar- und Stadtökologische Projekte e.V. (IASP)

Zugehörigkeit: Institut an der Humboldt-Universität Berlin (An-Institut), Landwirtschaftlich-Gärtnerische Fakultät
Wissenschaftsbereich(e): Natur-, Ingenieurwissenschaften (Interdisziplinär)
Anschrift: Invalidenstraße 42, 10115 Berlin
Telefon/Fax: 030-20 93-90 61 / 030-20 93-90 65
E-Mail: iasp@agrar.hu-berlin.de
Web-Adresse: www.iasp.asp-berlin.de
Forschungsetat: 1,6 Mio. Euro (2006) **(davon) Drittmittel:** 1,6 Mio. Euro
Anzahl der Mitarbeiter: 27 (2006)

Zielsetzung/Kompetenzschwerpunkt:
Anwendungsorientierte Grundlagenforschung auf den Gebieten der Agrarökologie und Stadtökologie an der Schnittstelle zwischen Universität und Unternehmen, insbesondere kleine und mittelständische Unternehmen (KMU) ohne eigene Forschungskapazitäten.

Forschungsfelder:
Kernkompetenzen: 1) Anwendung biologisch gewachsener Zell- und Gewebestrukturen (zellstrukturiertes Material) im Food- und Non-Food-Bereich; 2) Stoffliche Prozesse der Biogaserzeugung (Substrataufbereitung, Gärrestverwertung); 3) Naturierung urbaner Flächen (Grünes Dach, Grünes Gleis).

Kurzportrait:
Das IASP ist eine interdisziplinär arbeitende Forschungseinrichtung. Ziel und Aufgaben des IASP sind innovative Arbeiten in Wissenschaft, Forschung und Entwicklung zu speziellen integrativen Problemstellungen und die Überführung von anwendungsorientierten, innovativen Lösungen in die kommunale und betriebliche Praxis. Das IASP versteht sich als wissenschaftlicher Partner für kleine und mittelständische Unternehmen (KMU), insbesondere für solche ohne eigene Forschungskapazitäten. Es ist darüber hinaus Partner für Institute von Universitäten und wissenschaftlichen Einrichtungen des In- und Auslandes.
Das IASP ist in zwei Wissenschaftsbereiche strukturiert:
Ressort Agrarökologie/Stadtökologie: biologische Wertstoffgewinnung und Biorecycling, Produkte aus nachwachsenden Rohstoffen (Non-Food), Verfahrensentwicklung, Technische Vegetationssysteme, Regionale Entwicklungskonzepte.
Ressort Ernährungswirtschaft: Entwicklung neuartiger Lebensmittel und Herstellungsverfahren, Sicherung von Produkt- und Prozessqualität, Verbesserung der Tiergesundheit.
Rechtlicher und wirtschaftlicher Träger des 1996 als An-Institut an der Humboldt-Universität Berlin gegründeten IASP ist der gemeinnützige Verein zur Förderung agrar- und stadtökologischer Projekte e.V. (A.S.P.).
Das IASP ist zudem Träger des Europäisch-Lateinamerikanischen Zentrums für Logistik und Ökologische Projekte (CELALE).

Praktikumsmöglichkeiten:
Durchschnittlich 2-3 Praktikanten gleichzeitig; Studium der Agrarwissenschaften, Lebensmitteltechnologie, Umwelttechnologie, Biologie, Chemie, Wirtschaftswissenschaften; Dauer: 4-6 Monate; Vergütung nach Vereinbarung; Ansprechpartner: Dipl.-Ing. (FH) Boris Habermann, Tel.: 030-20 93-90 61.

Zukunft der Einrichtung:
Ausbau der Kernkompetenzen.

Institut für Energie- und Umwelttechnik e.V. (IUTA)

Zugehörigkeit:	Universität Duisburg-Essen
Wissenschaftsbereich(e):	Natur-, Ingenieurwissenschaften
Anschrift:	Bliersheimer Straße 60, 47229 Duisburg
Telefon/Fax:	02065-418-0 / 02065-418-210
E-Mail:	info@iuta.de
Web-Adresse:	www.iuta.de
Forschungsetat:	6 Mio. Euro (2006) **(davon) Drittmittel:** 1 Mio. Euro
Anzahl der Mitarbeiter:	106 (2006)

Zielsetzung/Kompetenzschwerpunkt:
Das IUTA befasst sich mit vielfältigen technologischen und analytischen Fragestellungen im Zusammenhang mit der Vermeidung, Verminderung von gasförmigen und partikulären Emissionen/Immissionen, der Weiterentwicklung spezieller Analysenverfahren und der Reinigung von Abgas, Abwasser.

Forschungsfelder:
Feinstaubemissionen und -immissionen, Gas- und Aerosolfiltration, mechanische, chemische und thermische Verfahrenstechnik, molekulare Kontaminationen in Produktionsprozessen der Mikrostruktur-, Pharma- und Gentechnologie, nachhaltige Nanopartikel-Technologie, CO_2-Abtrennung aus Rauchgasen, Biomassevergasung, Hochtemperaturchromatographie, Wasserstofferzeugung aus Biomasse für Brennstoffzellen, Umweltmedizin, instrumentelle Analytik.

Kurzportrait:
Der Zweck des IUTA e.V. ist die Förderung von Wissenschaft und Forschung auf dem Gebiet der Energie- und Umwelttechnik sowie angrenzender Gebiete. Die Gründung des Instituts erfolgte 1989. In den letzten Jahren hat IUTA sein Alleinstellungsmerkmal auf dem Gebiet der Aerosolforschung/Luftreinhaltung konsequent ausgebaut und ist in NRW ein zentraler Akteur, wenn es zum Beispiel um Themen geht wie Umweltrelevanz von Nanopartikeln an Arbeitsplätzen und in der Produktion, Vermeidung partikulärer und molekularer Kontaminationen von Oberflächen, Belastung von Feinststäuben (PM10, PM2,5) durch verkehrsbedingte Emissionen, Mykotoxinbelastung von Hausstäuben oder Belastung von Laborarbeitsplätzen mit CMR-Pharmazeutika (Zytostatika).
Das IUTA organisiert seine FuE-Aktivitäten in acht Arbeitsbereichen: Gasreinigungsverfahren/Molekulare Kontamination, luftgetragene Partikel/Luftreinhaltung, Filtration und Umweltverfahrenstechnik, produktionsintegrierter Umweltschutz (PIUS), Energietechnik/Brennstoffzellentechnik, Umweltmedizin/Instrumentelle Analytik, Kreislaufwirtschaft und Recycling, Messstelle.
Mit den diesbezüglichen Forschungsaktivitäten nimmt IUTA aktuell in Deutschland und auch europaweit eine exponierte Stellung ein, die das Institut in den folgenden Jahren durch weitere Forschungsaktivitäten untermauern und ausbauen möchte.

Praktikumsmöglichkeiten:
Derzeit sind vier Praktikanten im IUTA tätig. Voraussetzung: naturwiss. oder ingenieurwiss. Studium, Dauer: i.d.R. 3 Monate, Ansprechpartner sind die Bereichsleiter.

Zukunft der Einrichtung:
Neben den bisherigen Aktivitäten werden der sichere Umgang mit toxischen Nanopartikeln, Bioaerosolen sowie cmr-Substanzen, die Herstellung hochspezifischer Nanopartikel sowie der Ausbau der Energieverfahrenstechnik und Spurenanalytik im Vordergrund stehen.

Institut für Ländliche Strukturforschung e.V. (IfLS)

Zugehörigkeit: Unabhängiges Forschungsinstitut an der Johann Wolfgang Goethe-Universität in Frankfurt am Main
Wissenschaftsbereich(e): Natur-, Ingenieur-, Geistes- und Sozialwissenschaften (Interdisziplinär)
Anschrift: Zeppelinallee 31, 60325 Frankfurt a. M.
Telefon/Fax: 069-77-50 01 / 069-77-77 84
E-Mail: ifls-office@ifls.de; ifls@ifls.de
Web-Adresse: www.ifls.de
Forschungsetat: — **(davon) Drittmittel:** ca. 800.000 Euro-1 Mio. Euro (jährlich)
Anzahl der Mitarbeiter: 15 (2007)

Zielsetzung/Kompetenzschwerpunkt:
- Globaler Wandel, nachhaltige Entwicklung und Multifunktionalität des ländlichen Raumes
- Ländliche Entwicklung, Landwirtschaft und Umwelt
- Regionalentwicklung, Marketing und Beratung

Forschungsfelder:
Nachhaltige (Regional)Entwicklung: Entwicklungsstrategien, Politikanalyse und Bewertung, globaler Wandel, Multifunktionalität des ländlichen Raumes, Stadt-Land-Beziehungen, Agrarsystemanalyse: Szenariostudien, ökonomisch-ökologische Analysen, Entwicklungszusammenarbeit im Agrar- und Ernährungsbereich (u. a.).

Kurzportrait:
Gegründet wurde das Institut für Ländliche Strukturforschung (IfLS) im Jahre 1956 von Prof. Dr. H. Priebe. Seitdem ist es ein unabhängiges Forschungsinstitut an der Johann Wolfgang Goethe-Universität in Frankfurt am Main.
Das Leistungsspektrum umfasst multidisziplinäre Forschungs- und Beratungsprojekte über die nachhaltige Entwicklung ländlicher Räume. Einen Schwerpunkt bildet dabei deren Gestaltung durch die Agrar- und Ernährungspolitik sowie die Struktur-, Regional- und Umweltpolitik. Charakteristisch für die Arbeitsweise des Instituts ist die Fähigkeit, ganzheitliche Zusammenhänge zu erkennen, zu beurteilen und zu verknüpfen.
Die Finanzierung erfolgt fast vollständig aus Projekt- und Forschungsmitteln. Die wichtigsten Auftraggeber sind Bundes- und Länderministerien und deren nachgeordnete Behörden, die Europäische Kommission sowie Umwelt- und Forschungsstiftungen.
Themen- und projektbezogen kooperiert das IfLS mit einem großen Expertenkreis außerhalb des IfLS. Ein großer Vorteil im Hinblick auf die Bearbeitung multidisziplinärer Forschungs- und Beratungsvorhaben ist die Anbindung an die J. W. Goethe-Universität und deren Fachbereiche.

Praktikumsmöglichkeiten:
Praktika sowie auch Diplom-/Magister-/Projektarbeiten sind prinzipiell möglich.

Zukunft der Einrichtung:
Kontinuierliche Weiterentwicklung der bisherigen Forschungs- und Beratungsfelder, Verstärkung des Engagements im Bereich des globalen Wandels sowie der Entwicklungszusammenarbeit.

Institut für Zukunftsenergiesysteme gGmbH (IZES)

Zugehörigkeit: Hochschule für Technik und Wirtschaft des Saarlandes (HTW)
Wissenschaftsbereich(e): Ingenieurwissenschaften (Interdisziplinär)
Anschrift: Altenkesseler Straße 17, 66115 Saarbrücken
Telefon/Fax: 0681 9762 840
E-Mail: izes@izes.de
Web-Adresse: www.izes.de
Forschungsetat: 2 Mio. Euro (2005)   **(davon) Drittmittel:** 70 %
Anzahl der Mitarbeiter: ca. 30 (2005)

Zielsetzung/Kompetenzschwerpunkt:
Förderung der nachhaltigen Entwicklung durch Forschung und angewandte Projekte in den Bereichen Energieeffizienz, Stoffstrom Management, erneuerbare Energien.

Forschungsfelder:
Energiesystemtechnik, Energiekonzepte, Biomassenutzung und Stoffstrommanagement, Energiewirtschaft und Zukunftsmärkte, Solartechnik (Thermie und Fotovoltaik).

Kurzportrait:
Das IZES, gegründet 1999, betreibt angewandte Forschung und Entwicklung in den Feldern erneuerbare Energien, dezentrale Energieerzeugung und -verteilung, Energiesystemtechnik und Zukunftsmärkte. Dabei werden energietechnische und energiewirtschaftliche Fragestellungen integriert betrachtet. Zu den zentralen Aufgaben des IZES zählt die Entwicklung und Analyse zukunftsfähiger und dezentraler Energieversorgung z.B. für Gebäude, Siedlungen und industrielle Fertigungsprozesse unter Berücksichtigung des Zusammenspiels von Energiesystemen und Energiewirtschaft. Das IZES konzipiert zudem marktorientierte Dienstleistungen im Bereich der Energiewirtschaft.
Bei der Bearbeitung von Projekten arbeiten im IZES Ingenieure, Naturwissenschaftler und Wirtschaftswissenschaftler im Team zusammen. Regelmäßig werden auch fortgeschrittene Studierende technischer und wirtschaftlicher Fachrichtungen für Studien- und Diplomarbeiten sowie im Rahmen praktischer Studienphasen beteiligt.
Es bestehen Kooperationen mit vielen ähnlichen F&E Zentren wie u. a. dem Fraunhofer Institut Umsicht, dem Öko Institut, dem Wuppertal Institut und dem ZAE Bayern.

Praktikumsmöglichkeiten:
Praktika sind möglich, genauere Angaben bzw. Bedingungen sind individuell abzuklären.

Zukunft der Einrichtung:
Ein weiteres Wachstum wird angestrebt.

MARUM – Forschungszentrum Ozeanränder an der Universität Bremen

Zugehörigkeit:	Universität Bremen, Fachbereich Geowissenschaften
Wissenschaftsbereich(e):	Naturwissenschaften (Interdisziplinär)
Anschrift:	Leobener Straße (MARUM-Gebäude), 28359 Bremen
Telefon/Fax:	0421-218-655 00
E-Mail:	gwefer@marum.de
Web-Adresse:	www.marum.de
Forschungsetat:	ca. 10 Mio. Euro (2007) **(davon) Drittmittel:** 8 Mio. Euro
Anzahl der Mitarbeiter:	ca. 200 (2007)

Zielsetzung/Kompetenzschwerpunkt:
Das MARUM entschlüsselt die Rolle der Ozeane im System Erde, insbesondere in Hinblick auf den globalen Wandel. Es erfasst die Wechselwirkungen zwischen geologischen und biologischen Prozessen im Meer und liefert Beiträge für eine nachhaltige Nutzung der Ozeane.

Forschungsfelder:
Paläoumwelt, biogeochemische Prozesse, Sedimenttransporte, Küstendynamik und Nutzungsfolgenforschung, Gas- und Fluidaustritte, Meeresforschungstechnologien jeweils mit Schwerpunkten auf nachhaltige Nutzung der Meere.

Kurzportrait:
Der tiefe Ozean ist weitgehend unerforscht. Obwohl die Ozeane ca. 70 % der Erdoberfläche bedecken, wissen wir weniger über den Ozeanboden als über die Oberfläche des Mondes. Der Ozean nimmt eine Schlüsselposition im Erdsystem ein, da er unterschiedliche Komponenten, wie Geosphäre, Biosphäre und Klimasystem miteinander verbindet. Die zugrunde liegenden Prozesse und Wechselwirkungen sind hierbei jedoch nur ansatzweise verstanden. Dabei hat der Ozean eine zentrale Bedeutung für das menschliche Leben. Einerseits ist er eine wichtige Nahrungsquelle, andererseits deponieren wir im Ozean Abfälle und nutzen Rohstoffquellen im Ozean mit teilweise erheblichen Auswirkungen auf die marine Umwelt. Eine bessere Kenntnis der komplexen Zusammenhänge in unserer marinen Umwelt ist deshalb für eine nachhaltige Nutzung der Ozeane unbedingt erforderlich.
Im Zentrum für Marine Umweltwissenschaften (MARUM) und im DFG Forschungszentrum „Ozeanränder" (RCOM) arbeiten seit 1996 bzw. 2001 der Fachbereich Geowissenschaften und andere Fachbereiche der Universität Bremen, das Alfred-Wegener-Institut für Polar- und Meeresforschung in Bremerhaven, das Max-Planck-Institut für marine Mikrobiologie in Bremen, das Zentrum für marine Tropenökologie in Bremen sowie das Forschungsinstitut Senckenberg in Wilhelmshaven.

Praktikumsmöglichkeiten:
Das MARUM bietet keine Praktikumsmöglichkeiten.

Zukunft der Einrichtung:
Das MARUM beteiligt sich an der Exzellenzinitiative der Bundesregierung und erhielt im Oktober 2006 die Graduiertenschule „Global Change in the Marine Realm" zugesprochen. Für die zweite Antragsrunde, über die im Herbst 2007 entschieden wird, ist ein Antrag auf „The Ocean in the Earth System" gestellt.

Rheinisches Institut für Umweltforschung an der Universität zu Köln e.V.

Zugehörigkeit: Universität zu Köln, Mathematisch-Naturwissenschaftliche Fakultät
Wissenschaftsbereich(e): Naturwissenschaften (Interdisziplinär)
Anschrift: Aachener Straße 209, 50931 Köln
Telefon/Fax: 0221-400 22 58 / 0221-400 23 20
E-Mail: jr@eurad.uni-koeln.de
Web-Adresse: www.eurad.uni-koeln.de
Forschungsetat: 700.000 Euro (2006) **(davon) Drittmittel:** 100 %
Anzahl der Mitarbeiter: 21 (2006)

Zielsetzung/Kompetenzschwerpunkt:
Erforschung der Schadstoffumwandlung und -ausbreitung in der Atmosphäre, Entwicklung und Anwendung von Chemie-Transportmodellen, Bewertung und Unterstützung von Maßnahmen zur Verbesserung der Luftqualität.

Forschungsfelder:
Entwicklung und Anwendung numerischer Modelle, Emission von Schadstoffen, Spurenstoffe in der Troposphäre und Stratosphäre, Vierdimensionale variationelle Assimilation luftchemischer Daten, inverse Modellierung, Prognose der Luftqualität für Europa und seine Regionen (Länder, Provinzen, Städte), Wechselwirkung Luftqualität – Klima – Energiebedarf, Strategien der Luftreinhaltung.

Kurzportrait:
Das Institut wurde 1993 als Arbeitsgruppe gegründet und 2003 als An-Institut von der Universität zu Köln bestätigt. Es besteht aus den Abteilungen für Analyse der Luftqualität, Vorhersage und luftchemische Datenassimilation. Eine Abteilung für die Erforschung der extraterrestrischen Umwelt wird derzeit eingerichtet. Mit seiner Hauptarbeitsrichtung verfolgt es das Ziel, die Belastung der Atmosphäre durch anthropogene und biogene Spurenstoffe mit Hilfe komplexer numerischer Modelle zu erfassen, die Veränderung der Luftqualität unter dem Einfluss natürlicher und vom Menschen gesteuerter Einwirkungen zu verfolgen und die künftige Entwicklung vorherzusagen. Zu diesem Zweck verbessert es ständig bestehende Verfahren und entwickelt neue. Schwerpunkte sind dabei die numerische Prognose und die Datenassimilation. Die Simulationen erfolgen mit Hilfe institutseigener PC-Cluster und auf Supercomputern verschiedener Rechenzentren.
Es besteht eine intensive Zusammenarbeit mit in- und ausländischen Forschungsinstituten bei der Bearbeitung wissenschaftlicher Fragen, die schwerpunktmäßig auch Fragen der Nachhaltigkeit betreffen. Zu den Kooperationspartnern gehören neben mehreren Instituten der Universität zu Köln unter anderem die Forschungszentren Jülich und Karlsruhe, das Deutsche Zentrum für Luft- und Raumfahrt, NCAR in den USA und DARC in England.

Praktikumsmöglichkeiten:
Praktika im Bereich Umweltforschung werden nach Vereinbarung gestaltet.

Zukunft der Einrichtung:
Das Institut beteiligt sich mit innovativen Ansätzen und modernsten Methoden an der Umwelt- und damit Nachhaltigkeitsforschung. Es rechnet deswegen mit eigener nachhaltiger Entwicklung.

Zentrum für Marine Tropenökologie (ZMT)

Zugehörigkeit: Universität Bremen
Wissenschaftsbereich(e): Lebens-, Naturwissenschaften (Interdisziplinär)
Anschrift: Fahrenheitstraße 6, 28359 Bremen
Telefon/Fax: 0421-238 00-0 / 0421-238 00-30
E-Mail: contact@zmt-bremen.de
Web-Adresse: www.zmt-bremen.de
Forschungsetat: 4,1 Mio. Euro (2005) **(davon) Drittmittel:** 2,2 Mio. Euro
Anzahl der Mitarbeiter: 53, davon 35 Wiss. MitarbeiterInnen (2005)

Zielsetzung/Kompetenzschwerpunkt:
Ziel des ZMT ist, eine wissenschaftliche Grundlage für die nachhaltige Nutzung tropischer Küstenökosysteme zu schaffen. Forschung und Lehre widmen sich ihrer Struktur und Funktion, ihren Ressourcen und ihrer Verletzbarkeit durch menschliche Eingriffe und natürliche Veränderungen.

Forschungsfelder:
- Biologie/Ökologie: Mangrovenökologie, Korallenriffökologie, Fischereibiologie, Marine Botanik
- Biogeochemie/Meereschemie
- Sozialökologische Systemanalyse: Theoretische Ökologie und Modellierung, Sozialwissenschaften
- Fernerkundung/GIS/Datenbanken

Kurzportrait:
Das ZMT ist bundesweit die zentrale Institution für Forschung, Koordination, Lehre und Training im Bereich der marinen Tropenökologie. Es wurde 1991 als An-Institut der Universität Bremen gegründet. In enger Kooperation mit Projektpartnern in den Tropen erforscht es Struktur und Nutzung tropischer Küstenökosysteme, die durch menschliche Eingriffe und natürliche Veränderungen gefährdet sind. Damit erarbeitet es die Grundlagen für Handlungsempfehlungen, die ein nachhaltiges Küstenmanagement zum Ziel haben.
Die Projekte des ZMT sind weltweit, schwerpunktmäßig aber in Südostasien und Südamerika angesiedelt. Der erforderliche interdisziplinäre Ansatz wird gewährleistet durch die vier Forschungsfelder des ZMT: Biologie/Ökologie, Biogeochemie/Meereschemie, sozialökologische Systemanalyse und Fernerkundung.
Die Wissenschaftler des ZMT sind in die Lehre an der Universität Bremen eingebunden. Das ZMT koordiniert zudem den englischsprachigen Masterstudiengang ISATEC (International Studies on Tropical Aquatic Ecology), der in Kooperation mit der Universität Bremen durchgeführt wird. Weitere Lehrveranstaltungen, Spezialkurse oder ein „Training on the Job" werden in Zusammenarbeit mit Forschungseinrichtungen im In- und Ausland angeboten.

Praktikumsmöglichkeiten:
Das ZMT kann Studierenden der Naturwissenschaften eine begrenzte Anzahl von Praktikumsplätzen (gleichzeitig 1-2) anbieten. Das Praktikum ist i.d.R. 2-4 Wochen lang und kann im Chemie- oder im Biologielabor und gelegentlich auch im Rahmen einer Expedition absolviert werden. Anfragen unter: contact@zmt-bremen.de

Zukunft der Einrichtung:
Das ZMT wurde im Mai 2006 vom Wissenschaftsrat zur Aufnahme in die Leibniz Gemeinschaft empfohlen.

VI.1 Abkürzungsverzeichnis

ACQUIN	Akkreditierungs-, Certifizierungs- und Qualitätssicherungs-Institut
AHPGS	Akkreditierungsagentur für Studiengänge im Bereich Heilpädagogik, Pflege, Gesundheit und Soziale Arbeit
AQAS	Agentur für Qualitätssicherung durch Akkreditierung von Studiengängen
ASIIN	Akkreditierungsagentur für Studiengänge der Ingenieurwissenschaften, der Informatik, der Naturwissenschaften und der Mathematik
B.A.	Bachelor of Arts
B.Eng.	Bachelor of Engineering
B.Sc.	Bachelor of Science
BMBF	Bundesministerium für Bildung und Forschung
BMELV	Bundesministerium für Ernährung, Landwirtschaft und Verbraucherschutz
BMU	Bundesministerium für Umwelt, Naturschutz und Reaktorsicherheit
BMVBS	Bundesministerium für Verkehr, Bau und Stadtentwicklung
BTA	Biologisch-Technischer Assistent
BWL	Betriebswirtschaftslehre
CAD	Computer Aided Design
CFD	Computational Fluid Dynamics
DAAD	Deutscher Akademischer Austauschdienst
DBU	Deutsche Bundesstiftung Umwelt
DfE	Design for Environment
Dipl.-Kfm./Kff.	Diplom-Kaufmann, Diplom-Kauffrau
ECTS	European Credit Transfer System
EMAS	Eco Management and Audit Scheme
EPD	Environmental Product Declarations

ERASMUS	European Region Action Scheme for the Mobility of University Students
FFH	Fauna-Flora-Habitat (-Richtlinie, -Management)
FIBAA	Foundation for International Business Administration Accreditation
GIS	Geographisches Informationssystem
GSF	Gesellschaft für Strahlenforschung
GVO	Gentechnisch veränderter Organismus
IAESTE	International Association for the Exchange of Students for Technical Experience
ICES	International Council for the Exploration of the Seas
IELTS	International English Language Testing System
IT	Informationstechnik
KMU	Kleine und mittelständische Unternehmen
LCA/LCE	Life Cycle Assessment/Life Cycle Engineering
LL.B.	Bachelor of Laws
LL.M.	Master of Laws
M.A.	Master of Arts
M.Eng.	Master of Engineering
M.Sc.	Master of Science
MBA	Master of Business Administration
NABU	Naturschutzbund Deutschland
NGO	Non-Governmental Organization
PGREL	Pflanzengenetische Ressourcen für Ernährung und Landwirtschaft
SADC	Southern African Development Community
SFB	Sonderforschungsbereich
SVAT	Soil-Vegetation-Atmosphere-Transfer
TOEFL-Test	Test of English as a Foreign Language
UGB	Bundesumweltgesetzbuch
UNEP	United Nations Environment Programme
UNESCO	United Nations Educational, Scientific and Cultural Organization
UNU-EHS	United Nations University – Environment and Human Security Institute
UVP	Umweltverträglichkeitsprüfung
VWL	Volkswirtschaftslehre
ZEvA	Zentrale Evaluations- und Akkreditierungsagentur

VI.2 Ortsverzeichnis der Studienangebote

Aachen	49, 62, 95, 105, 124, 162, 202, 207
Aalen	91, 137
Amberg	84
Ansbach	57
Augsburg	79, 168, 214, 231
Bayreuth	76, 273
Benediktbeuern	138
Berlin	33, 36, 39, 54, 67, 100, 131, 150, 218, 220, 224, 238, 242, 252, 267, 270, 280
Bernburg	112, 244
Biberach	166, 295
Bielefeld	114, 132
Bingen	153, 182, 278
Birkenfeld	134
Bochum	35
Brandenburg	68
Braunschweig	44, 96, 99, 118, 281
Braunschweig (Salzgitter)	305
Bremen	64, 113, 184, 243, 245
Buxtehude	94, 96
Clausthal	27, 56, 63, 97, 179, 204, 229, 231, 312
Cottbus	138, 149, 152, 203, 213, 215, 227, 233, 266
Darmstadt	47
Dortmund	32, 192, 193
Dresden	50, 135, 293
Dresden (Pirna)	41
Duisburg	175
Düsseldorf	72
Eberswalde	117, 119, 120, 121, 251, 254, 256, 258
Eichstätt	167, 173

Emden	164, 185
Essen	128
Flensburg	142, 271
Frankfurt/Main	198
Freiberg	110
Freiburg	172, 261
Freising	98, 229
Freising (Weidenbach)	82
Fulda	126, 260
Geisenheim	28
Geislingen	129
Gelsenkirchen	101, 228
Gießen	61, 80, 158, 284
Göttingen	103, 104, 109, 157, 160, 189, 235, 241, 268, 287, 289, 290, 304
Greifswald	106, 107
Hagen	274
Hamburg	43, 60, 85, 208, 210, 226
Hannover	29, 46, 75, 88, 97, 188, 196, 230, 311
Heidelberg	300
Heilbronn	86
Höxter	42, 81, 211, 212
Isny	178
Jena	73, 115, 161, 291
Kaiserslautern	31, 48
Karlsruhe	92, 197, 200
Kassel	30, 136, 186, 190, 279
Kassel (Witzenhausen)	253
Kiel	108, 115, 140, 232, 234
Kiel (Österrönfeld)	66
Koblenz	165, 288
Köln	69, 71, 275, 283, 178
Konstanz	222
Landau	154
Leipzig	59, 145, 206
Lüneburg	38, 155, 263, 269
Magdeburg	77, 183
Marburg	123, 259
Merseburg	53
München	34, 195, 230, 272, 282, 307

München (Benediktbeuern)	133
München (Freising)	144
München (Freising)	170
München (Neubiberg)	70
Münster	111
Münster (Steinfurt)	26, 221
Nordhausen	74, 78
Nürnberg	37, 93
Nürtingen	308
Offenburg	89, 219
Oldenburg	262, 285, 294, 297, 298, 302, 306
Osnabrück	65, 151, 159, 171, 217, 292
Potsdam	95, 137, 227, 228, 301
Potsdam (Golm)	163
Ravensburg (Weingarten)	100, 223
Regensburg	240
Rostock	116, 116, 147, 148, 246, 265, 309
Rottenburg	141, 143, 191
Siegen	45, 101, 201
Stuttgart	51, 55, 122, 156, 176, 177, 199, 216, 247, 248, 249, 250, 255, 257, 286
Stuttgart (Hohenheim)	125
Trier	40, 52, 139, 187, 205, 236, 264, 276, 277
Tübingen	146, 237
Vechta	299, 303
Weimar	169, 209, 225, 296
Wernigerode	102
Wiesbaden	194
Wiesbaden (Rüsselsheim)	83
Wismar	87
Witten/Herdecke	130
Würzburg	174
Zittau	58, 127, 139, 239, 310
Zwickau	90

VI.3 Ortsverzeichnis der Forschungseinrichtungen

Aachen	413, 418, 447, 483, 511
Augsburg	497
Bayreuth	468
Berlin	324, 334, 344, 348, 350, 360, 366, 368, 371, 380, 394, 395, 397, 401, 421, 427, 437, 439, 512
Bonn	362, 405, 456, 499
Braunschweig	359, 423, 436
Bremen	370, 400, 444, 473, 479, 487, 508, 516, 518
Bremerhaven	330
Cottbus (Bad Saarow)	453
Darmstadt	369, 392, 501
Dortmund	429, 441, 464
Dresden	340, 398, 451, 458
Dresden (Tharandt)	442
Duisburg	503, 505, 513
Düsseldorf	489, 500
Eberswalde	390
Echterdingen	385
Eggenstein-Leopoldshafen	326
Erfurt	480
Essen	384, 449
Finsterwalde	363
Frankfurt/Main	367, 514
Freiberg	482
Freiburg	354, 364, 379, 404, 414, 435, 467, 509
Freising	355, 452
Garmisch-Partenkirchen	338
Geesthacht	329
Gelsenkirchen	469
Gießen	419, 485, 502

Göttingen	386, 407, 409, 415, 434, 470, 474, 475, 484, 493, 495
Greifswald	410, 443, 460
Großbeeren	346
Halle	396, 406
Hamburg	353, 357, 358, 402, 424, 432, 433, 471, 492, 504
Hannover	345, 373, 377, 411, 416, 431
Heidelberg	374, 403
Jülich	327
Karlsruhe	320, 389, 417, 454
Kassel	450, 465
Kassel (Witzenhausen)	391
Kiel	347, 490
Köln	333, 422, 517
Leipzig	328, 376, 425, 510
Lüneburg	388, 430, 445, 461
Magdeburg	352
Mainz	351, 507
Mannheim	343
Müncheberg	341
München	375, 378
Münster	472
Neubrandenburg	393
Neuherberg	332
Nürtingen	477, 488
Oberhausen	321
Offenbach	361
Oldenburg	446, 491, 506
Pfinztal (Berghausen)	322
Potsdam	331, 339, 342, 365, 463, 466
Quedlinburg	356
Rostock	349, 387, 438, 440, 459, 496
Rottenburg	476
Rüsselsheim (Wiesbaden)	428
Saarbrücken	455, 515
Schmallenberg	325
Stuttgart	323, 335, 336, 337, 372, 412, 420, 448, 481, 494, 498
Stuttgart (Hohenheim)	408
Trier	478
Tübingen	486
Vechta	426

Weimar	457, 462
Wuppertal	381
Würzburg	399

VI.4 Register: Wissenschaftsbereiche der Forschungseinrichtungen

Außeruniversitäre Forschungseinrichtungen

Einrichtungen der Forschungsgesellschaften

Lebenswissenschaften	320, 323, 325, 326, 327, 328, 332, 339, 341, 346, 350
Naturwissenschaften	320, 322, 323, 325, 326, 327, 328, 329, 330, 331, 332, 333, 336, 338, 339, 340, 342, 345, 346, 347, 349, 350, 351, 353
Ingenieurwissenschaften	320, 321, 322, 323, 324, 329, 330, 334, 335, 336, 337, 339, 352
Geistes- und Sozialwissenschaften	320, 328, 330, 340, 342, 343, 344, 348

Bundes- und Landeseinrichtungen

Lebenswissenschaften	355, 356, 357, 358, 359, 360, 363, 365, 368
Naturwissenschaften	355, 357, 358, 359, 360, 361, 363, 364, 365, 367, 368
Ingenieurwissenschaften	359, 363, 368
Geistes- und Sozialwissenschaften	354, 358, 359, 362, 364, 366, 367, 368, 369

Sonstige

Lebenswissenschaften	377, 380
Naturwissenschaften	370, 373, 374, 376, 377, 379, 380, 381
Ingenieurwissenschaften	370, 374, 376, 377, 379, 381
Geistes- und Sozialwissenschaften	371, 372, 373, 374, 375, 377, 378, 379, 380, 381

Universitäre Forschungseinrichtungen

Fakultäten, Institute, Lehrstühle

Lebenswissenschaften	390, 391, 393, 397, 399, 406, 408, 409, 412, 419, 420, 423, 426, 431, 435, 439, 442, 451, 455, 456, 466
Naturwissenschaften	384, 386, 387, 389, 391, 392, 393, 394, 396, 398, 399, 403, 405, 407, 408, 410, 411, 414, 416, 417, 420, 421, 422, 423, 426, 429, 431, 432, 434, 439, 445, 453, 455, 456, 459, 463, 466, 467
Ingenieurwissenschaften	385, 387, 389, 391, 393, 395, 396, 398, 411, 413, 418, 420, 424, 425, 427, 428, 431, 432, 433, 436, 438, 439, 440, 441, 447, 449, 451, 454, 457, 462, 464, 465
Geistes- und Sozialwissenschaften	388, 391, 393, 397, 400, 401, 402, 403, 404, 405, 410, 414, 415, 420, 422, 430, 431, 437, 438, 443, 444, 445, 446, 448, 450, 452, 458, 460, 461, 464

Interdisziplinäre Zentren

Lebenswissenschaften	471, 474, 475, 476, 477, 478, 479, 482, 483 , 484, 485, 487, 493, 494, 495, 496, 502, 505, 507
Naturwissenschaften	468, 469, 470, 472, 474, 475, 478, 479, 482, 483, 484, 485, 487, 490, 492, 493, 494, 495, 496, 497, 499, 500, 501, 502, 503, 504, 505, 506, 507, 508, 509
Ingenieurwissenschaften	469, 472, 477, 478, 480, 482, 483, 488, 489 , 494, 496, 498, 500, 501, 503, 505, 508
Geistes- und Sozialwissenschaften	470, 472, 473, 477, 478, 479, 481, 482, 483, 484, 486, 487, 488, 491, 492, 493, 494, 495, 496, 497, 499, 501, 502, 503, 506, 507, 508, 509

An-Institute

Lebenswissenschaften	511, 518
Naturwissenschaften	510, 511, 512, 513, 514, 516, 517, 518
Ingenieurwissenschaften	513, 514, 515
Geistes- und Sozialwissenschaften	512, 514